教育信息化国际比较研究

赵国栋 著

凤凰出版传媒集团
江苏教育出版社
JIANGSU EDUCATION PUBLISHING HOUSE

图书在版编目(CIP)数据

教育信息化国际比较研究/赵国栋主编. —南京:江苏教育出版社,2008.5
普通高等教育“十一五”国家级规划教材
ISBN 978-7-5343-8612-1

Ⅰ. 教… Ⅱ. 赵… Ⅲ. 信息技术—应用—教育事业—对比研究—世界 Ⅳ. G43

中国版本图书馆 CIP 数据核字(2008)第 071116 号

书　　名　教育信息化国际比较研究
作　　者　赵国栋
责任编辑　王许林
装帧设计　张金风
出版发行　凤凰出版传媒集团
　　　　　江苏教育出版社(南京市马家街 31 号　210009)
网　　址　http://www.1088.com.cn
集团网址　凤凰出版传媒网 http://www.ppm.cn
经　　销　江苏省新华发行集团有限公司
照　　排　南京水晶山制版有限公司
印　　刷　人民日报社南京印务中心
厂　　址　南京市幕府东路 339 号(邮编 210038)
电　　话　025－83302635
开　　本　787×1092 毫米　1/16
印　　张　30.25
插　　页　1
字　　数　520 000
版　　次　2008 年 5 月第 1 版
　　　　　2008 年 5 月第 1 次印刷
书　　号　ISBN 978－7－5343－8612－1
定　　价　49.50 元
批发电话　025－83260760,83260768
邮购电话　025－85400774,8008289797
短信咨询　10602585420909
E－mail　jsep@vip.163.com
盗版举报　025－83204538

目 录

内 容 提 要

信息通讯技术在将我们带入信息社会的同时，也为教育的改革与发展提供了一个强大而持久的动力之源，推动着学校从工业化的教育模式向信息化迈进。在这个重大的变革过程中，无论是发达国家还是发展中国家，都将信息技术在学校中的应用视为让自己的国家实现跨越式发展的重要契机。教育信息化，可以说为新时代全球的教育改革注入了新活力。

本书以教育信息化为研究主题，从国际比较的视角深入探讨了世界各国教育信息化发展的现状、存在的问题及未来发展趋势。在书中，利用近年来国外各政府机构、非政府组织和研究协会等发布的大量统计数据，研究者全面地介绍了欧美及亚洲主要国家的教育信息化建设成果。主要内容包括：学校的信息化基础设施建设(如联网率、生机比、宽带网络等)，教师的信息技术技能培训和在教学中的应用，学生的信息技术素养教育及信息技术对其知识学习、身心成长等方面的影响等。通过诸国所发布的内容翔实的各类调查统计数据，本书勾画出了一幅教育信息化在世界各个国家发展的多维画面。

从研究结构上来看，本书共分为五章。第一章为基础理论篇，主要对信息化和教育信息化相关的概念和理论进行探讨，同时也从文化的角度探讨了互联网发展对青少年身心发展的诸方面影响；第二章和第三章分别介绍美国、欧盟英国、法国、德国、芬兰四国、亚洲新加坡、日本、韩国三国及中国的教育信息化发展概况；第四章和第五章是两个教育信息化研究案例，研究者以问卷调查的方式获得了国内基础教育和高等教育信息化方面的大量数据，并以此为基础与国外同时期的调查数据进行了比较，试图揭示出教育信息化发展的内在规律及发展趋势。

本书的一个显著特点是用数据来提出和研究问题，用数据来说明和解释问题。此外，为方便教学使用，在书中的每章开始处都设有“内容导读”、“关键词”和“数据摘要”；在每章结尾处则有“思考题”和“动手研究”，以方便学生根据本章所学内容进行科研训练。

本书可作为教育类相关学科的本科生和研究生教材使用，也可作为与教育相关的研究者、管理者和教师科研、管理与教学参考书之用。

第 一 章

引言:信息化浪潮源头探究

内容导读

伴随着信息技术的发展和普及,20世纪90年代之后,教育信息化建设在世界各国相继启动,从发达国家向发展中国家迅速扩散,在世界范围内掀起了一股在学校中应用信息技术的浪潮。利用信息通讯技术与计算机网络来促进学校教育的改革与发展,成为世界各国的学校教育改革之焦点。技术的进步为学校教育的发展提供了更为宽广的前景,同时也对学校提出了更高和更多的要求。本章以信息化为中心概念,探讨了与之相关的信息社会理论的产生与发展过程,并以此为基础,进一步探讨了教育信息化的概念、内涵及相关的建设框架。在本章的最后,也对近年来教育界关注的热点问题——青少年网络文化进行了探讨。本章的主要目标是使读者对教育信息化的相关概念与理论有一个初步的了解,作为深入探讨的基础。

关键词

信息化、信息社会、教育信息化、信息技术教育、校园信息化、青少年网络文化

数据摘要

美国:

◉ 2005年,在美国12~17岁的少年中,有87%使用互联网,这意味着全美国有超过2 100万少年使用互联网,而在2000年仅有1 700万;

◉ 51%的青少年表示他们每日都会上网,比2000年增长了42%;

◉ 在使用互联网的青少年中,50%的人通过家庭宽带接入互联网;

◉ 以前青少年上网最常做的事是聊天,现在越来越多的青少年迷恋网络游

戏，此外网络购物、查阅新闻以及搜索健康方面的信息也成为青少年上网的主要目的；

◉ 81%的青少年在上网时会玩网络游戏，比 2000 年时的调查数据高了 52%；

◉ 76%的青少年在上网时会查阅新闻，比 2000 年统计的结果增长了 38%；

◉ 43%的青少年在网上采购物品，比 2000 年的统计结果增长了 71%；

◉ 31%的青少年在网上查阅与健康有关的信息，比 2000 年的统计结果增长了 47%。

中国：

◉ 到 2006 年，我国上网的计算机总数约为 5 450 万台，网民总人数约为 12 300万人；

◉ 从网民的年龄分布来看，6～18 岁的网民占总数的 14.9%；

◉ 从网民的职业分布来看，学生所占的比例最高；

◉ 从网民上网的主要地点来看，比例最高的是在家里(72.2%)，其次是工作场所(35.1%)、网吧(29.5%)和学校(18.9%)；

◉ 在 2 亿中小学生中，上网学生已达 3 000 万。其中，中小学生互联网渗透率达到 15.4%，而高中学生互联网渗透率已达半数以上，已超过我国平均 9.4%的水平。

若以曼纽·卡斯特尔(Manuel Castells)所指言之 20 世纪 70 年代作为人类社会信息技术革命之起始，那么，人类社会迈进信息社会之门槛已逾 30 载。虽然从技术发展之角度来看，信息技术之源头可追溯至 20 世纪 40 年代，但实际上“若将信息技术作为一种引发社会革命之因素来视之，其诞生于 20 世纪 70 年代”。尽管由于社会经济基础与技术发展水平之差异缘故，世界诸国政府、学者与民众对于信息技术革命对社会发展影响之理论基础、结构变化及表现形式的理解见仁见智，众说纷纭。然而，无论在发达国家抑或发展中国家，有一点似乎是共同且不容置疑的，那就是信息技术革命是继工业革命之后又一次将给人类社会带来翻天覆地变化的社会变革运动，与以往人类历史发展进程中数次技术革命相比，此次技术变革波及范围之广、内化程度之深、革新效力之强，皆属史无前例，其势必将推动人类社会摆脱工业社会之桎梏，进入如丹尼尔·贝尔所言之“后工业社会”，亦即“信息社会”。在这个新型社会中，正如有学者所指出的那样，信息技术作为一种外在的物质技术形式，看似仅表现为一种信息生产与传播的工具，而实际上却潜在地传播着社会对于自身发展的精神需求，“一旦新的信息技术扩散，并被不同国家、相异的文化、各种组织与各式各样的目标挪用，便会迅速扩大成为各种应用与用途，并反馈技术创新，加快速度，扩大技术变迁的范围”。

正缘于此，在过去的三十年中，信息技术所掀起的变革浪潮以发达国家为中心，迅速波及世界各个角落；信息技术所引发的变革，从电子领域发端，迅速扩展至社会各个领域：制造业信息化、企业信息化、商业信息化、政府管理信息化、教育信息化……诚如所言，“在本世纪的最后十年里，世界上那些发达国家的社会组织都已彻底地信息化，或者即将信息化。它们不再单纯是社会政治系统、社会经济系统和社会文化系统，而且还是信息加工系统”。

若从社会现代化理论的角度来看，信息社会实际上是在现代科学技术推动下人类社会发展的一个新阶段。正如有学者所指出的，所谓“信息社会”是指“通过从有形物质产品来创造价值的社会，向利用无形信息资源来创造价值的社会的转化和演变过程”。换言之，信息社会是这样一种社会形态，即社会上有越来越多的人从事与信息有关的工作，信息已经和材料、能源一样，成为一种社会的基本生产资料，同时，它又是一种人类生产的基本产品，在人类的社会生活中发挥着巨大的作用。信息社会的主要特征就是信息的产业化和产业的信息化，同时更为重要的是，还表现为人类生活、交流以及知识生产、传播的信息化。

从社会学的角度来看，信息化研究与社会现代化理论有着密切的关联。在始于美国20世纪五六十年代的经典现代化理论研究中，不同学派的现代化理论研究者从人文、政治、经济、组织制度和社会结构等角度就技术发展对社会变迁的影响进行了阐述，其中尤其以美国学者英克尔斯(Alex Inkeles)为代表的人文学派的视角最为独特和有代表性。英克尔斯从社会个体思想和价值观念变化的维度敏锐地指出了社会现代化的关键，在于一个人的现代化。他根据自己的调查和研究结果，提出了一个现代化的评价指标体系[①]，并指出：“若一个国家的人民缺乏一种能赋予制度以真实生命力的广泛现代心理基础，若执行和运用着这些现代制度的人，自身尚未从心理、思想、态度和行为方式上都经历一个向现代化的转变，那么，失败和畸形发展的悲剧结局是不可避免的。最完善的现代制度

---

① 英克尔斯的现代化指标体系：20世纪70年代提出，他认为，现代化指标主要有10个：人均国民生产总值在3 000美元以上；农业产值占国民生产总值比例低于12%～15%；服务业产值占国民生产总值的比例在45%以上；非农业劳动力占劳动力的比重在70%以上；识字人口的比例在80%以上；大学入学率在10%～15%以上；每名医生服务人数在1 000人以下；平均寿命在70岁以上；城市人口占总人口的比例在50%以上；人口自然增长率在1%以下。

和管理方式、最先进的技术，也会在一群传统人的手中变得一无用处”。

可以说，英克尔斯的理论第一次将“现代化的社会”与“现代化的人”两者联结为一对互为因果关系的变量，开辟了社会现代化研究的新领域。进一步，在20世纪90年代末期由中国学者提出的“第二次现代化理论”中，研究者们则充分吸收了上述卡斯特尔的理论和经典现代化理论的精髓，将社会个体、组织和制度的现代化进程建立在了一个“网络化”的基础之上。在“第二次现代化理论”中，从个人的“学习化”、“个性化”，文化教育的“多样化”、“普及化”，经济的“信息化”、“智能化”，到社会的“知识化”、“创新化”，这些因素从低到高、从具体到抽象系统地构建出了现代社会中“信息社会”的全景蓝图。其中，学者们尤其强调的是，在整个社会现代化过程中，通过教育来培养现代化的个体价值观念；通过现代化的“个人”来促进现代化“组织”和“制度”的顺利实施；通过科学技术手段（如信息通讯技术）来构建整个现代化社会的基础设施。

信息社会的基础便是网络，网络之根基在于信息通讯技术。正如卡斯特尔所指出的，“作为一种历史趋势，信息时代的支配性功能与过程日益以网络组织起来。网络建构了我们社会的新社会形成，……新信息技术范式为网络渗透扩张及整个社会结构提供了物质基础”。在这种社会发展背景下，若将信息视为是“知识在媒介上的表现形式”，那么，信息通讯技术，作为“一种处理信息的技术”，就必然会对知识的产生与传播产生重要的影响。知识之集合构成文化，而文化之积累、传播与发展不仅依赖于工具性的传播媒介（如文字、纸和印刷技术等），同时，更是须臾离不开另一种机构性媒介——学校的支持。因此，在这场信息技术所带动的信息社会浪潮中，学校，这种担负着人类文化传承、知识传授与创造等重大职责的社会机构，如同其他各种社会组织一样，同样也面临着信息化的任务。

虽然由于经济发展水平和文化背景等方面的差异，世界各国对于教育信息化的理解各有千秋，但总体来看，教育信息化通常被看做在一个在信息社会背景下，学校教育为适应新的社会人才培养需求而利用信息技术来改革其管理体系、教学组织形式及知识传递方式，进而培养符合社会发展要求人才的一种动态发展过程。某种意义上，如同信息社会被认为是人类在经历了农业、工业社会之后的一个崭新阶段一样，教育信息化，同样也被未来派学者们认为是学校教育未来发展的一个必然方向。越来越多的研究者认为，在信息社会的环境中，不顺应这种发展潮流和墨守成规的学校教育必然降低甚至失去其存在的价值。因为社会发展的历史已屡次证明，技术革命乃是引发社会变革之源泉，工业革命已将人类社会带入了工业时代，而信息技术则正在把人类从工业社会带进信息社会，这种发展趋势有目共睹。正是基于这样的社会现实，许多学者进而认为：作为社会系统之必然组成部分，学校教育之改革发展，同样也离不开信息技术的强有力支持，信息技术同样具有改变学校教育的体制、结构、组织形式及知识传播形式的潜能。教育信息化，是信息社会中重新塑造学校功能与作用的必然途径。

一 "信息化"与"信息社会"概述

如上所述，在如今信息技术日新月异的时代，信息化已成为社会各个行业和领域发展的趋势，那么，"信息化"、"信息社会"概念究竟是什么含义？其源自何方，又将向何方去？世界各国的研究者对此仍然莫衷一是，似乎并无一个明确的定义。正如有学者所指出的，"信息化、信息社会表现于日常化、常识化。但对'信息化'概念依然莫衷一是，对其多义性与论争性争论颇多"。

目前在学术研究界，通常认为，"信息化"[①]这种具有高度概括性特征的词汇，目前仅用于一些特定的国家和地区，但在西方发达国家，尤其是英语国家中并无类似之说法。例如，有学者指出，"'信息化'这一概念基本上属于东方语言思维的产物，主要用于亚洲国家（中国、日本和韩国等）。"虽然在上述国家中，经常将"信息化"的英文翻译做"informatization"[②]，但实际上，在英语国家中并无与之精确对应的词汇。既然所用术语都如此，那么，对于其概念涵义的多样性也就可想而知了。

实际上，从"信息化"与"信息社会"概念的起源来看，它们并不是突然出现的，而是在近半个世纪的时间里经历了从"知识产业""信息经济""信息产业""信息社会"等一系列的演变过程。如果回顾其逐步演变过程，就可以看出，新技术之崛起、产业结构之变化和对未来社会发展趋势之预测等诸多复杂因素，促进人们对于信息化、信息社会的认识不断变化与发展。

最初，信息化概念的提出以及与之紧密相关的信息社会理论，是从 20 世纪

① 在港台地区，通常称之为"资讯化"或"资讯社会"，通常将"Information Technology"译为"资讯技术"。

② 虽然中国 2002 年版的《英汉信息技术词典》收录了 informatization 一词，但是，近年来英美出版的英语词典，包括一些国际公认的比较权威的英语词典，均未收录 informatization 一词。因此，通常认为，这个词不是源于欧美英语国家的词汇。不过，目前此用法在国内似乎已渐趋公认，尤其被用于许多官方场合，例如"中华人民共和国国务院信息化工作办公室"（The State Council Informatization Office People's Republic of China），"国家信息化测评中心"（National Informatization Evaluation Center），《首都信息化》（*Capital Informatization*）。

60年代开始并逐步完善起来的。早在1959年，彼得·F.德鲁克(Peter F. Drucker)就曾预言，知识将主导多元化和知识化的新社会，认为"知识"将取代土地、劳动、资本、机器设备成为最重要的生产要素。到1962年，普林斯顿大学弗里茨·马克卢普(Fritz Machlup)教授提出了"知识产业"的概念，将教育、研究与开发、传播业、信息设备和信息服务作为知识产业的五大组成部分。他实际测算出这一产业1958年约占美国国民生产总值的30%，从业人员占当年美国就业人数的31%。同时，他还估算了从1947年到1958年，知识产业以每年10.6%的速度递增，为同时期国民生产总值增长率的两倍。因此，马克卢普认为，从50年代末到60年代初，美国经济就已开始出现由工业经济向知识经济转变的迹象。这里，马克卢普所说的"知识产业"与后来马克·波拉特所提出的"信息产业"有着密切关系。

1963年，日本社会学家梅倬忠夫在其发表的《信息产业论》中首次明确提出了带有强烈东方文化特色的"信息化"(informatization)概念，将"信息化"定义为一个从主要以物质生产来带动经济发展向以信息生产、传播与交换的经济形式发展的社会过程。在这篇文章中，他在研究信息产业发展原因的同时提出了信息化的问题，向人们描绘了"信息社会"的前景，并预言，今后的人类社会将是一个以信息产业为主体的信息社会。

1970年，日本东京帝国大学著名的社会经济学家增田米二(Yoneji Masuda)在其《信息社会》一书中首次提出了"信息社会"(information society)[①]的概念。他指出，信息社会的计算机、数据库、知识业、伦理业等是带动产业结构转型的原动力，它们影响着传统的产业，带来了新型的复合系统产业。同时，他指出，"人们普遍认为，教育体系的转变是全球化精神倡导下所发生的最剧烈的社会变革。它包含了下列变化情况：突破正规学校教育的限制；引入个体化的教育观念；自学体系将成为主要的教育方式；进行创造知识的教育；终身教育。"

20世纪70年代开始，西方发达国家也开始关注信息化方面的理论研究。1973年，丹尼尔·贝尔(Daniel Bell)指出，"后工业社会"的主要特征是，不是产品的制造(fabricating)而是信息的处理(processing)在社会经济活动中扮演关键角色，而理论知识和材料科学通过计算机技术的系统化整编是后工业社会科技创新与变革的原动力；同时服务业的内涵也由原来工业社会支持商品生产的服

---

① 日本学者增田米二在1970年的一次国际会议首次提出时所使用的术语是"情报社会"，因为在日文中通常将information翻译为"情报"。在相应的英语术语上，在日本学术界后来也有"information-oriented society"或"information-centered society"等表达方式。

务行业（如运输、电讯、金融等）转变为以信息性质的服务业为主轴。不过，后来贝尔认为自己所提出的“后工业社会”不如“信息社会”那样能够准确地反映出未来社会的中心特征，故也将之改称为“信息社会”。

1977 年，经济学者马克 · U. 波拉特（Marc U. Porat）在其出版的著作中明确提出了“信息经济”的概念。书中，他根据经济学理论设计了一套测量程序，从美国所有产业部门中分离出“主要信息部门”（primary information sector）及“次要信息部门”（secondary information sector）。结果计算出，早在 1967 年的美国国民总生产中，有 46％与“信息活动”（information activity）有关，全国几乎一半的劳动力从事有关信息的工作，占全国国民生产总值的 53％。在此基础上，他把 60 年代末期或 70 年代初期以来的美国经济定义为“信息经济”。

1982 年，美国社会预测学家约翰 · 奈斯比特（John Naisbitt）发表了他的新著《大趋势——改变我们生活的十个新方向》。书中提出，我们的世界正从“工业社会”向“信息社会”转变，并确定了“信息社会”的概念及其研究范畴。作者从十个方面论述了美国社会发展的趋势，认为美国正在蜕变之中，美国最根本的变化是已进入信息社会。他认为美国的信息社会始于 1956 年和 1957 年，有两个基本标志：一是“1956 年美国历史上第一次出现从事技术、管理和事务工作的白领工人数字超过了蓝领工人”；二是 1957 年“苏联发射了第一颗人造地球卫星”，“标志着全球性的信息革命的开始”。进一步，奈斯比特认为信息社会主要具有以下几个特点：起决定作用的不是资本而是信息知识。在工业社会里，战略资源是资本，人们没有资本难以参加经济活动。而在信息社会里，战略资源是信息，只要拥有信息，人们即可参加经济活动。价值的增长不再只通过劳动，而是主要通过知识。

1983 年，日本经济学家松田米津也提出了信息社会的特点问题，他认为：工业社会发展的核心技术是蒸汽机，其主要功能是代替和减轻人类的体力劳动；而信息社会发展的核心则是电脑，其主要的功能是代替和加强人的脑力智能。工业社会蒸汽机的发明带来了动力革命，生产力有很大发展，生产出大量的产品，促进了交通运输。在信息社会中，电脑的发展带来信息革命，产生大量系统化的信息、科学技术和知识。在工业社会，由各种机械设备所组成的现代工程，是物质生产的中心，也是整个社会的象征。在信息社会，由信息网和数据库组成的信息公用事业，是以电脑为基础的基本社会结构，将会取代工厂成为社会的特征。工业社会的主导工业是制造业；信息社会的主导工业是“智力工业”，其核心是“知识工业”。在工业社会以价值规律保持供求平衡，活动的主体是企业，活动体系包含资本、自由竞争和追求最高利润。在信息社会，“目标原则”是社会基本原则，主要的社会体系是志愿性社会、知识和信息公有。

20 世纪 90 年代初，日本学者冈田直之(Naoyuki OKADA)曾就“信息化”概念的涵义进行过系统整理，认为世界各国学者在使用“信息化”概念时，含义有所区别，各有侧重，其侧重点主要包括以下数种：计算机化，电子传播，资讯产业的成长，信息技术及信息机器的大众化，信息劳动者的增加，信息的爆发，社会规模中的双方向、相互作用的传播扩张，近代化（产业化、都市化、大众化、民主化、合理化、自律化、国际化等皆包含之），后工业化、信息精英层的诞生，软件化，信息的商品化，管理社会化、网络化和网络社会、国家的诞生等。此外，另一位日本学者美之谷和成对信息化进行阶段划分，将信息化划分为 2 个阶段：第一阶段为 20 世纪六七十年代，第二阶段为 20 世纪 80 年代至今，并对 2 个阶段的特征进行了分析（见表 1）。

表 1　第一次信息化阶段与第二次信息化特点比较

		第一次信息化阶段	第二次信息化阶段
年代		1960 年～1970 年	1990 年之后
主要特征	技术	第一代至第三代计算机 个别主体 种子主导型技术革新 产业主导型…… 效率化、统一化	第四代计算机 网络化 需求主导型与种子主导型均衡 生活主导型与产业主导型的均衡 多样化、自由化
	思想	近代合理主义的性格残存 机械论的总合 科学技术的偏重 论理知识中心为信息概念	超越近代合理主义的限界 生命论的总合 科学技术与心灵的均衡 包含理性、感性的广泛信息概念
	社会	重视计划 庞大政府 倾向集权化 信息量的增大 信息产业的发展 信息化、服务化的进展 供给均一 手段论 以传播论再发现人际关系	重视竞争 简洁、有效的政府 自由化、分权化的倾向 信息质的高度化、多样化 产业、生活和社会的信息化进展 信息化与服务化的融合 多样选择 目的论 人际关系再组织（个人与集团、社会新关系建立）

资料来源：高瑞坤(2003)，信息资讯学研究，台湾和春技术学院 http://www. ceg. fijtc. edu. tw/plan2/pp04/kun01. doc(2007-2-9).

综上所述，可以看出，“信息化”与“信息社会”概念随着社会发展，其内涵也处于动态变化之中，逐渐从一个社会学和经济学的概念向技术层面变化（见图1）。例如，在发展初期，无论“信息化”还是“信息社会”更多情况下是被作为一个社会学或经济学的概念来使用，其技术性成分相对较少，这也与 20 世纪 80 年代之前信息技术发展的水平有一定关系，因为当时计算机网络尚处于发展阶段。然而，自 20 世纪 80 年代，随着计算机技术和网络通讯技术的迅速发展，“信息化”及与其相应的“信息社会”开始具有越来越浓厚的技术色彩，尤其是与国际互联网络有了直接关系。可以说，随着美国“国家信息基础设施”（NII）以及“全球信息基础设施”（GII）计划的提出，信息化及信息社会相关研究的重点开始向技术层面发展。

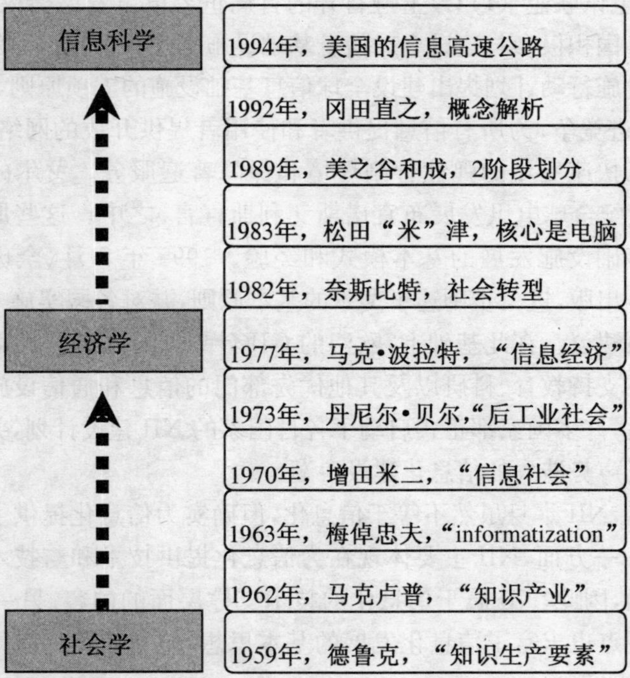

图 1　信息化与信息社会概念演变过程

“国家信息化基础设施”（National Information Infrastructure，NII）又被称为“信息高速公路”。这个概念实际上早在 1976 年就出现在美国“国内保护隐私权委员会”撰写的有关国家信息政策的报告中。[1] 不过直到1991年，美国国会才通过了“国家高能计算机法案”，其主要内容是关于服务、数据库和资源库方面的计算机网络建设。该法案内容虽并不完整，但被视为下一阶段国家信息基础设施行动计划的先声，同时也标志着NII计划开始步入实质性进展阶段。

1993年9月，克林顿政府以《国家信息基础设施：行动计划》报告的出版为标志正式启动了美国的国家信息基础设施计划。该行动计划明确了美国国家信息基础设施建设的总体目标，通过发展高等级的国家信息基础设施和保持美国在全球信息基础设施中的优越地位，使美国公民享用广泛的信息资源及信息服务；充分运用通讯和信息技术的创新成果，通过企业、劳动者、学术界、消费者和各级政府的相互配合，以实现美国更为广泛的经济和社会目标。随后，在1994年的由“国际电讯联盟”(ITU)主持召开的首届世界电讯发展会议上，美国副总统戈尔号召各国积极参与建设全球信息基础设施的宏伟工程。戈尔结合美国国家信息基础设施行动计划提出建设全球信息基础设施的五项原则，即：鼓励私人部门投资；促进竞争；为所有信息提供者和使用者提供开放的网络通道；创造紧跟技术和市场快速变化的弹性管制环境和保障普遍服务。戈尔的观点被写进ITU的《21世纪全球电讯发展布宜诺斯艾利斯宣言》之中。这些原则反映了美国国家信息基础设施发展的基本模式和经验。1995年2月《全球信息基础设施：合作计划》出版，进一步阐述了戈尔的基本原则，并对各国实施GII计划提出了一系列政策建议。在此基础上，欧盟的GII计划开始强调公共部门在开发战略性技术和在支持教育、科研以及其他优先部门的信息和通信设施建设中的重要作用。此后，许多国家都正式启动了各自国家的NII建设计划，并在全球范围内掀起了一场声势浩大的信息化建设浪潮。

可以看出，NII本身虽然不等于信息化，但确实为信息化提供了相应的技术保障和支持。一方面，NII主要体现在为信息化提供技术和与技术密切相关的制度保障方面，因此，NII属于信息化的技术支撑层面的内容；另一方面，NII计划中的许多观点也丰富了信息化发展的基本思想，包括信息化在国家战略层面上的影响和意义等。

通过以上对“信息化”及“信息社会”相关理论的综述可看出，一方面，“信息通讯技术”被认为是信息化的基础，或者是实现信息化的重要技术手段，但另一

[1] 该报告基本涵盖了克林顿和戈尔国家信息基础设施的相同主题，但是仅停留在提出问题阶段，未能给出相应的政策建议。在该报告的推动下，“白宫通讯政策办公室”被并入商务部成为国家通讯和信息管理部门的一部分。

方面，若从社会整体发展的角度来说，“信息化”这个概念并不是一个单纯建构于ICT基础之上的概念，而是与科技、经济与社会整体变迁紧密地联系在一起。因此，信息化实际上是一个包含多层面涵义的概念：从技术层面上看，信息化是一个新技术的扩散过程；从内容上看，信息化是一个不断提高对信息资源的开发利用程度的过程；从应用结果看，信息化又是一个社会经济活动流程再造过程；最后，从社会变革进程看，信息化还将是促进人类社会实现工业社会向信息社会转变的过程。

二 “教育信息化”概念分析

在信息化成为社会发展普遍趋势的大背景下，教育领域自然而然地成为信息化的前沿。之所以如此，是因为学校是实现人的知识、技能及观念转变的关键机构，正如英格尔斯认为人的现代化是社会现代化的重要前提一样，整个社会的信息化也必须首先从“人”的信息化开始。正如有学者所指出的，“教育即是传播信息。教育机构是信息社会的一个组成部分，其职能是进行信息的加工处理，并且向人们提供信息，因此，信息通讯技术对于学校的影响必然是深刻而长远的”。这种影响的直接表现形式就是“教育信息化”。

（一）“教育信息化”的内涵

追根溯源，目前多数学者都认为，“教育信息化”的概念实际上是在20世纪90年代伴随着美国“国家信息基础设施”计划而出现的。因此，从一开始，“教育信息化”无论从概念上还是内涵上来说，都与信息通讯技术保持着非常紧密的关系。例如，在NII报告中就专门列出了对于教育信息化的建设目标：“通过信息网络来实现个性化的教育、远程课堂，将提供最好的教师和教材，以及虚拟的实验环境。……虚拟博物馆、电子报刊、网上游戏、视频点播、交互式电视等将提供学习化社区和方便的生活。”随后，受此计划的影响，其他国家也先后制订了类似的教育信息化计划，将其列入国家信息化建设的一个基础组成部分。因此，不难看出，“教育信息化”一出现，便与信息技术，尤其是国际互联网络（Internet）有着不可分割的联系。恐怕也正是这个原因，使得研究者对“教育信息化”的研究主要集中于如何将信息技术应用于学校教育之上，重点关注技术层面的问题。

从教育信息化所用术语来看，与“信息化”概念类似，在中国大陆地区被广泛使用的“教育信息化”[1]，在英语国家中并无与之精确相对应之词汇。通常，英语国家中称之为“IT/ICT in Education”，例如，新加坡的教育信息化计划就称为“Masterplan for IT in Education”(教育信息化总体规划)。另外，在欧美国家，也有学者将之称为“Campus computing”(校园信息化)，其中“Computing”[2]就包含“信息化”之含义，例如，美国自1990年就开始的高等教育信息化研究项目，就称为“Campus Computing Survey”。在英国，也有“Educational ICT”之用语，旨在强调借助信息网络技术进行学习交流活动，将之作为一种沟通信息的途径与方法，用来拓宽学校教育中管理者、教学者、学习者的行为方式。同时，正如有学者所指出的，在国外还有e-Education，Network-Based Education，Online Education，Cyber Education或Virtual Education等用法，不一而足。

从教育信息化的定义来看，在中国教育研究界，对于“教育信息化”概念的认识，总结起来主要有以下几种观点：

第一种是宏观层面的定义，强调将信息技术视为促进学校教育整体改革和适应信息社会人才培养需求的动力，利用它来改革整个学校教育体系。这可称之为“改革论的教育信息化”，可以说，我国多数学者都持此类观点，其特点在于将教育信息化看做教育现代化的一个组成部分，注重信息社会整体背景下学校教育之未来改革趋势，但内容大多都比较笼统，未明确说明信息技术应用与学校改革之间的清晰关系，抽象程度高但缺乏可操作性。主要列举如下：

◉“教育信息化是指在教育领域全面深入地运用现代信息技术来促进教育改革和教育发展的过程”；

◉“教育信息化就是培养和发展以智能化教育工具为代表的新的教育能力，并使它促进教育事业发展的历史过程”；

◉“教育信息化是指在教育与教学领域的各个方面，在先进的教育思想指导下，积极应用信息技术，深入开发、广泛利用信息资源，培养适应信息社会要求的创新人才，加速实现教育现代化的系统工程”；

◉“教育信息化是以现代信息技术为基础的新教育体系，包括教育观念、教育组织、教育内容、教育模式、教育技术、教育评价、教育环境等一系列的

---

① “教育信息化”在国内经常被直接译为Education Informatization。

② Computing：原意为“计算”或“计算技术”，后来在欧美一些国家，也有“使用计算机技术”之含意，与“信息化”内涵比较接近。例如，英国出版的著名的《Computing》杂志，就是一份主要讨论如何在各行业利用信息技术的专业刊物。

改革和变化。教育信息化并不简单地等同于计算机化或网络化，而是一个关系到整个教育改革和教育现代化的系统工程”；

◉“教育信息化是将信息作为教育系统的一种基本构成要素，并在教育的各个领域广泛地利用信息技术，促进教育现代化的过程。教育信息化的过程中应高度重视对教育系统以信息的观点进行信息分析，并在此基础上进行信息技术在教育中的有效应用”。

第二种是中观层面的定义，它不仅强调将信息技术视为信息社会背景下改革学校教育的动力，同时也指出了信息技术的应用方式。这种定义的特点是突出计算机和网络技术在学校中的应用，技术色彩比较浓厚。例如：

◉“教育信息化是指在教育过程中，比较全面地运用以计算机多媒体和网络通讯为基础的现代化信息技术，促进教育的全面改革，使之适应于正在到来的信息社会对于教育发展的新要求。从技术上看，教育信息化的基本特点是数字化、网络化、智能化和多媒化”；

◉“所谓教育信息化，是指将信息通讯技术(ICT)充分整合应用在教育系统之中，在一定程度上实现教育教学、组织管理、校园生活服务等活动的数字化、网络化、虚拟化，从而提高教育质量和效率，最终形成适应信息社会要求的新教育模式”。

第三种是微观层面的定义，主要强调将信息技术视为学校中课程教学改革之工具，并据此来提高和培养学生的信息获取能力和创造能力。这种定义的特点是强调信息技术在学生培养方面所起的作用，虽然也包含有期待利用信息技术来改革学校的含义，但并不似前两类那样强烈，更多地着眼于学校内部的教学应用。这种看法主要盛行于中国的港台地区。例如，在我国港台地区，大陆地区所说的“教育信息化”通常被称之为“资讯教育”(Information Education)或“资讯技术教育”(Information Technology Education)。有学者指出：在香港，“资讯技术教育”是泛指通过计算机技术及电信技术进行的各种教育。其中涉及了三个层面：

◉ 第一个层面是把它视为一个学科，把计算机技术及通讯技术教授给学生；

◉ 第二个层面是把它作为教与学的辅助工具，以多媒体计算机取代影音设备，使教学达到最佳效果；

◉ 第三个层面是新的教学模式，学生可通过互动媒体，使教学内容和学习方法得到全面革新。其中以计算机辅助多媒体学习及互联网学习的成效最为显著。

◉ 概略而言，教学生来操作计算机、通过互联网进行教与学、通过计算机进行多媒体教学、以计算机为本的计算机辅助教学及一些以信息技术进行创作的教育，皆被列入香港资讯技术教育的体系中。

而在我国台湾地区，亦无“教育信息化”之说法，通常称之为“资讯教育”。根据台湾省教育部的文件，所谓“资讯教育”是指“借着使学习环境多元化和学习无国界的特点，目的在以通过信息科技融入教学的过程来培养学生信息撷取、应用和分析的能力，更要养成并培养学生创造思考、问题解决、沟通合作与终身学习的能力，以发展健全的国民”。此外，台湾许多学者也强调信息技术与课程的结合及利用：“信息科技融入教学除了包括教学者应在教学环境应用计算机资源，使学生在学习中能熟悉计算机的操作外，更包括教育者应善用各个适当的教学媒体来活化教学情境”和“改变传统以老师主导的团体教学模式，透过多媒体计算机辅助教学、计算机网络与学习数据库所创造的多元化、全方位的隔空学习环境，学生可依个人能力与兴趣自我学习，老师则扮演启发的角色辅导学生学习，使因材施教与终身学习的理想得以逐步落实”。

整体来说，正如有研究者所提出的，“在资讯科技教育的整体概念上，新加坡、台湾和香港有共同的目标：强调培养学生创意思维和自学能力的重要性；在教学模式方面，均认为应来一次‘范式的转向’，一改以往‘根据课本及以老师为中心的教学模式，转向较为互动并以学习者为中心的模式’”。因此，在我国港台地区所谓的“教育信息化”至少可以包含三种涵义：

◉ 信息科技与其他领域充分整合，整合于课程、教材及教学活动中，目的在于促进学生信息获取能力和创新能力的提高；

◉ 信息科技被视为一种不可或缺的教学与学习工具，就像教师手中的粉笔与黑板；

◉ 信息科技融入教学的焦点是“教学”本身，而不是信息科技。

综上所述，可以看出，我国所谓之“教育信息化”是一个多维的综合概念，其内容和涵义具有多样性特点，且在不同情况下，其用法和含义也各不相同。简单总结如下：

◉ 首先，教育信息化被认为是整个社会信息化的一个重要组成部分，是社会整体变迁过程中学校教育适应其发展变化的一种表现形式。在教育领域中推广信息技术是社会整体发展的要求，也是人才培养的要求，同时更是教育现代化之必然途径。利用信息技术来扩大受教育的范围，突破教育环境的时空限制，提高教育的效率，促进经济不发达地区的普及教育的发展和扩大受教育范围，发展继续教育，是整个社会发展的必然要求。从这个层面来说，利用教育信息化建设来实现“学习化社会”是信息化社会的重要目标之一；

◉ 其次，教育信息化的基础是使学生掌握信息技术的知识和技能，使之具备操作和使用各种信息技术设备的能力和信息获取能力，提高学生的“信息素养”，这就是所谓的“信息技术教育”；

◉ 将信息技术融入各科教学过程之中，转变以往以教师和知识为中心的课堂组织形式，利用信息技术的潜力来重新组织教学过程，提高学生的学习兴趣和动机，增加学生的相互协作或自我学习能力，促进学生创新思维的发展。这就是所谓的“信息技术与课程整合”；

◉ 利用信息技术来改变学校管理的组织方式，逐步实现学校管理自动化、校务管理信息化等，实现学校内部各部门之间，学校与学校之间以及管理部门与学校之间的信息交换的电子化与网络化。这就是所谓的“教育管理信息化”。

应该说，正如社会信息化的发展一样，“教育信息化”的概念与内涵同样也是一个动态的发展过程。它本身并没有一个预置的固定框架和模式，需要教育者在实践过程中不断研究和探索，根据各个国家、各个学校的具体条件和特点，找出一条适合于各自改革和发展需要的信息化道路。

(二) 教育信息化的基础：校园信息化

从教育信息化的具体发展步骤来看，学校是整个教育系统的基本组成单位，因此教育信息化的基础首先应该是学校信息化，即所谓的“校园信息化”(Campus computing)。再进一步,可以根据学校的主要职责或工作内容,可以将校园信息化相应划分为:"教学信息化"(Academic computing)、"管理信息化"(Administration computing)、科研信息化(E-research)和"图书资源信息化"(Digital library)等方面。另一方面,从结构上来说,校园信息化可以分为"技术层面的信息化"和"组织管理层面的信息化"两个基本组成部分。

首先,若单从技术角度来说,"校园信息化"即所谓的"数字化校园"(Digital campus)。通常认为,"数字化校园"是以校园计算机网络为主要技术基础,利用各种信息通讯技术工具和手段,实现整个校园从硬件基础设施、信息资源到组织活动的全方位数字化建设。也就是说,它是运用现代信息通讯技术,在校园里实现信息传输的网络化、信息资源的数字化和用户终端的智能化。其最终目标是,在传统校园的基础上,进一步延伸校园的辐射范围,提高校园的运行效率,拓展校园的基本功能,构建起一个数字化的空间。在实现整个学校运行部分或全面信息化的基础上,最终达到提高教学质量、科研和管理水平的目的。

目前,通常认为在校园的数字化过程中,主要可以划分为以下五个层次(见图 2):

- ◉ 校园网络基础设施层:即校园信息的存贮与传输的硬件基础,包括校园数据网络和服务器系统等;
- ◉ 网络基本功能层:即校园网络所能提供的基本性服务,包括电子邮件、文件传输、信息发布、域名服务、身份认证、目录服务等;
- ◉ 核心系统层:即整个校园网络的支撑平台,也称之为 ERP①。它是校园内各种信息系统相互之间有机结合的产物,不仅能够统一管理各系统内的信息资源,并且为这些系统之间实现信息交流、同步或异步共享数据提供一个系统平台。包括办公自动化系统、数字图书馆、电子商务系统和网络教学系统等;
- ◉ 信息服务层:即上述 ERP 系统的具体应用,不同的部门和用户可以在不同的系统内获得各种各样的信息服务;
- ◉ 基于校园门户的信息服务层:是上述"信息服务层"的进一步延伸和发

① ERP:即 Enterprise Resources Planning,简称 ERP,是一种综合了学校主要工作流程的大型管理信息系统,主要功能包括:学生注册管理,学籍与成绩管理,人事与财务管理和教学科研管理等,能够实现整个学校主要业务的电子化。

展。即利用“网络门户”①技术而建立的校园网络用户使用界面。在利用电子身份认证系统的基础上，为校园网各类用户提供个性化服务，用户进入后，可以获得与他身份相称的各类服务。

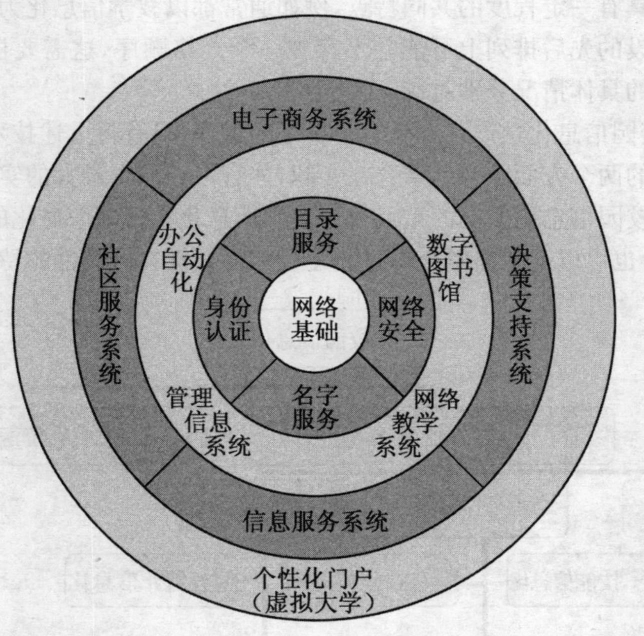

图 2　数字校园结构示意图

资料来源：沈培华，王遇雪等，清华大学数字校园建设与思考，管理信息化系统，2002 年第 2 期.

从中可以看出，数字校园实际上是一个与现实校园紧密相关的虚拟电子空间，它是现实校园在时间和空间上的延伸和扩展。从技术和构建结构上来说，数字化校园是一个具有相对较严格先后建设顺序的层次结构，通常情况下，在上一层次的技术支持系统尚未完善之前，很难进行下一层次系统的建设。

另一方面，从“校园信息化”的组织和管理层面来看，其框架则包括以下几方面：管理模式信息化、教学信息化、科研信息化、图书资源信息化等方面（见图 3）。不过由于各级各类学校的职能不同，在组织和管理信息化建设的具体内容

---

①　网站门户：即 Web Portal，Portal，是一种能够通过对信息进行有效组织并为用户提供单一访问入口，从而解决用户从海量信息中轻松获取有效信息的需求的系统。技术上，它对应用系统的数据和服务进行整合，消除了信息孤岛，屏蔽了应用的多样性，向用户提供了能够与人、内容、应用和流程进行个性化的、安全的、单点式互动交流的信息资源访问环境。

和环节上可能略有不同。在这些相互联系的组织和部门信息化过程中，又可根据其内部主要组成因素进一步细分。需要注意的是，与技术维度的校园信息化建设不同的是，在组织和管理信息化过程中，尽管在学校总体信息化规划和实施的重点方面具有一定程度的共同特点，例如通常都以教学信息化为中心，但在部门信息化建设的先后排列上可能并不存在一个严格顺序，这需要根据不同类型和级别学校的具体情况分别对待。

因此，校园信息化建设并不是一个单维的过程，只有将上述技术层面与组织和管理层面的两个方面综合地结合在一起，才有可能取得最大的实际应用效果。从下面关于校园信息化发展的重点——教学信息化和管理信息化的内涵及其组成部分来看，也可以反映出整个信息化建设的复杂性和多维性的特点。

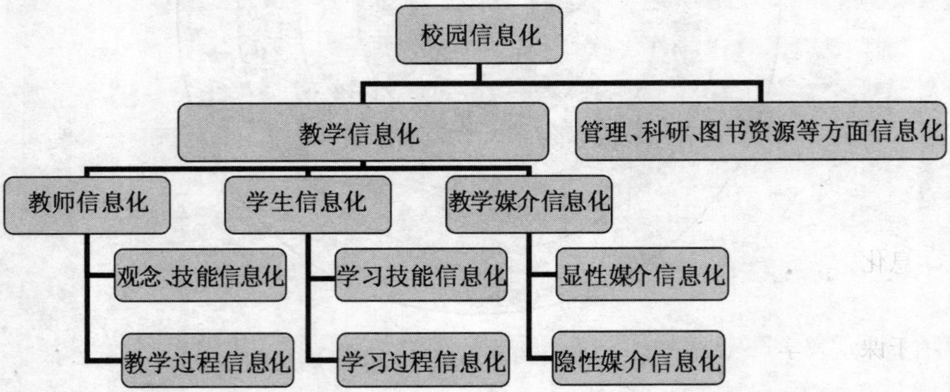

图 3　信息化校园建设的组织和管理框架：以教学信息化为例

(三) 校园信息化的中心：教学信息化及其影响因素

所谓“教学信息化”即在对学校教学过程各组成因素进行系统分析的基础之上，以教学目标为导向，以现代教学系统设计理论为指导，分步骤、分层次地利用现代信息通讯技术来实现传统教学组织模式与现代教学模式的有机组合，从而提高教学信息传递与反馈的效率，最终促进学生身心诸方面的协调发展。众所周知，教学过程是以师生之间的信息交流为基础，围绕着教学媒介（如教学材料、教学手段和教学方法等）而组织起来的一个系统过程。在这个系统之中，任何一个组成要素的变化，都会影响和导致其他因素的相应改变，最终改变整个教学系统的输出（即教学效果）。按照上述信息社会理论和英克尔斯的人的现代化观点，教学信息化的基础首先应该是“人的信息化”，即“教师和学生的信息化”。其中，尤其以“教师信息化”为重点。毕竟，无论从哪个角度来说，教师都是整个教学过程设计和实施的主要角色。

首先，“教师信息化”所面临的第一个问题便是“态度和观念”的信息化。按照心理学的理论，“态度”是影响个体做出行为选择的内部准备状态，经过接受、组织化、评价和性格化等步骤，态度又可以进一步内化为个体的价值观念体系，成为个体在面对外界事物和做出行为选择时的一个基本观念参照物。因此，从这个角度来看，教师信息化的第一个层面便是“态度和观念的信息化”。只有当教师具备了适应信息社会发展所要求的内在观念时，他（她）才有可能将这种观念外化为具体的行为，即产生在教学过程中应用信息化的理论、方法和手段来组织和实施教学活动的态度倾向。显而易见，仅有这种态度并不意味着一定能够产生实际的外显性行为。若想实现从态度到行为的转变，还需要经过第二个环节，即“教学技能信息化”。在这个环节中，教师通过必要的知识和技能的培训，不仅掌握包含现代教学理念的教学设计的基本理论和方法，而且能够掌握各种信息化教学设备、手段和工具的熟练操作程序。只有当上述两个环节的要求都已达到，而且学校在硬件设备条件、管理政策和制度方面能够为教师的教学信息化活动提供必要的物质和心理强化时，才会过渡到第三个阶段，即“教学过程的信息化”。在这一阶段中，通过上述内部和外部条件的准备，教师才有可能根据各自学科教学的具体情况和条件，开始不同程度地将各种信息技术教学手段运用于课堂教学过程之中。

其次，与“教师信息化”相对应，还存在着“学生信息化”问题，即所谓的“学生信息素养”。它实际同样也包含着态度和技能两个层面。不过相对于教师来说，“学生信息化”的过程相对来说要简单一些，从目前的教育实践来看，通过“信息技术课”教学通常能够达到其基本要求。

最后，在解决“师生信息化”问题的同时，还存在着一个“教学媒介信息化”问题。它所解决的主要问题，就是要为师生的教与学活动提供一个能够实施教学信息快速有效传递、反馈和交互的信息化教学平台。从教学论的角度来说，“教学媒介”主要是指师生在教学过程中所依据的各种教学信息载体、手段和方式等。在传统课堂教学中，主要表现为两个层次：一是所谓的“显性教学媒介”，即日常教学过程中所使用的各种物质化的工具和手段，如课程、教科书、黑板、粉笔、模型、挂图、实验仪器等；二是“隐性教学媒介”，即师生在教学过程之中通过各种各样的面对面接触和交流来传递各种深层次教育信息的组织方式，主要表现为教师对学生个性、价值观念、思想品德等非智力或情感因素方面的潜移默化的示范和影响。

从技术角度说，对于"教学媒介信息化"的第一个层次，即"显性教学媒介"的信息化问题，主要表现为以信息技术为基础的各种电子设备和资源，如校园网络、计算机软硬件设备、网络教学支持平台、教学课件和各种格式的电子资源等，基本上通过技术性的软、硬件设备建设即可解决。但另一方面，第二个层次"隐性教学媒介"的信息化问题则要比前者复杂得多。从信息科技目前所到达到的实际技术水平来看，现在显然还无法完全满足"隐性教学媒介"的要求。换言之，目前的信息技术手段还远不能达到能够有效传递教育信息背后所隐含的各种情感性和观念性因素的程度。因此，在这种情况下，正如许多教育研究者所强调的，"教学媒介信息化"并非意味着对各种传统教学媒介的完全抛弃，而将整个教学过程建立在一个完全"电子化"或"虚拟化"的空间之中。这其中必然存在一个"度"的问题。在实现"教学媒介信息化"的过程中，需要根据不同层次、不同类型教育机构所面对的主要教育对象的特征而分别对待。具体而言，对普通中小学教育来说，由于其所面对教育对象的是身心正处于发展之中的青少年学生，教学对他们来说，不仅意味着知识的学习和技能的传授，更重要的是个性、价值观念、品德和态度的深层次塑造和陶冶，最后达到身心诸方面的全面和协调发展的教育目标。从这一点来看，"教学媒介信息化"在普通中小学中目前只能而且必须控制在"不完全信息化"，即"显性教学媒介"信息化的程度和范围之内，而不可能完全实现"隐性教学媒介"的信息化。但同时，从整个学校教育系统的另一端——继续教育机构来看，由于其教育对象身心发展特点和教育内容的特殊性，"教学媒介信息化"的程度在这个领域则可能会达到较高甚至完全信息化的水平。这一点也可以从目前国内外网络教育已经比较广泛于运用于在职培训上清楚地反映出来。

(四) 校园信息化的组织保障：管理信息化

与教学信息化密切相关并且需要同步实施的校园信息化建设的另一个方面是学校管理信息化。从系统论的角度看，对于某一级别或类型的学校来说，在作为整个社会总系统的子系统同时，其内部的教学、管理、科研、服务等次一级系统同时又共同组成了一个完整的具有特定功能的亚系统。在这些相互关联的次一级系统之中，教学系统处于中心的位置，其他系统主要围绕着教学系统而存在和运行。因此，从这个角度来说，虽然教学信息化是整个学校乃至教育信息化的中心，但这并不意味着其发展可以摆脱其他次一级系统的影响而独立进行，其他与

之相互联系的次一级系统的信息化水平，同样也在相当大程度上影响和制约着教学系统信息化所能达到的程度和实际应用效果。从这个维度上看，要想要保持整个学校系统整体目标的明确性、运转的正常性以及各子系统之间关系的协调性，就必然要涉及学校管理的问题。

根据组织和管理理论，所谓管理，即“在特定的系统或组织内，对其所拥有的各类资源进行有效的规划、组织、领导和控制，并最终达到既定目标的过程”。在任何组织中，管理所涉及的对象无外乎人、财和物三个方面，但其中人的管理是关键。按照美国管理学家赫伯特·A. 西蒙（Harbert A. Simen）的系统决策过程理论，对于处于组织之中的个体来说，管理实际上就是组织内部人与人之间以信息相互交流为基础的沟通过程。也就是说，实现系统内各种资源的协调组织和科学管理的基础，就是信息。在传统的教育管理模式下，各级各部分之间信息的传递和交流主要是依靠传统的方式，如书面文件和自然语言（包括借助各种传播媒介的通讯设备，如电话、传真等）。在这种管理信息传递过程中，所产生的两个重要问题是：一是不仅信息传递速度较慢，而且传递过程中的信息失真度[①]较大；二是所传递各种信息格式之间的不一致性，从而导致了信息分类、管理以及传递效率的相应降低。这些都会直接造成管理过程中信息成本的增加。在这种情况下，如果能够借助于现代信息通讯，如基于校园网络的管理信息系统[②]，就能够在一定程度上解决学校管理信息传递过程中存在的上述问题，提高整个学校的管理效率。

目前，在教育信息化建设过程中，校园管理信息系统已经成为整个学校信息化的基础系统平台。它通常包括以下各子系统或模块：行政管理系统、教务管理系统、学生管理系统、人力资源管理系统、财务管理系统和图书管理系统等（见图5中的“业务层”）。另外，根据学校的层次和类型的不同，有些校园管理信息系统还包括科研项目管理、仪器设备和实验室管理系统、校园卡管理系统和学校基金管理系统等。通过这些系统，基本上能够实现整个校园管理信息传递、分类和管理的智能化、网络化，提高了学校整体的管理效率。进一步，在学校内部建设和使用校园管理信息系统过程中，若能达到“管理信息标准规范”（包括基础设

---

① “信息失真”是管理学的一个概念，主要指在组织之中，当某一管理层在接收一则信息并把它转发出去时，往往会由于各种原因（如部门利益、理解偏差等）而增加、修改或截取信息。尤其当接收到不熟悉的信息并转发时，错漏可能性尤甚。这就导致当信息在上传或下达过程中，信息失真会被逐级放大，最终造成上层的决策或下层的执行与信息初衷严重偏离。

② 管理信息系统：Management Information System，MIS 或 ERP，即数字校园示意图中的“核心系统层”。

施、应用系统、信息标准和用户规范等)的要求,那么,将来就有可能实现学校与学校之间,甚至整个教育系统之内的信息交流和共享。

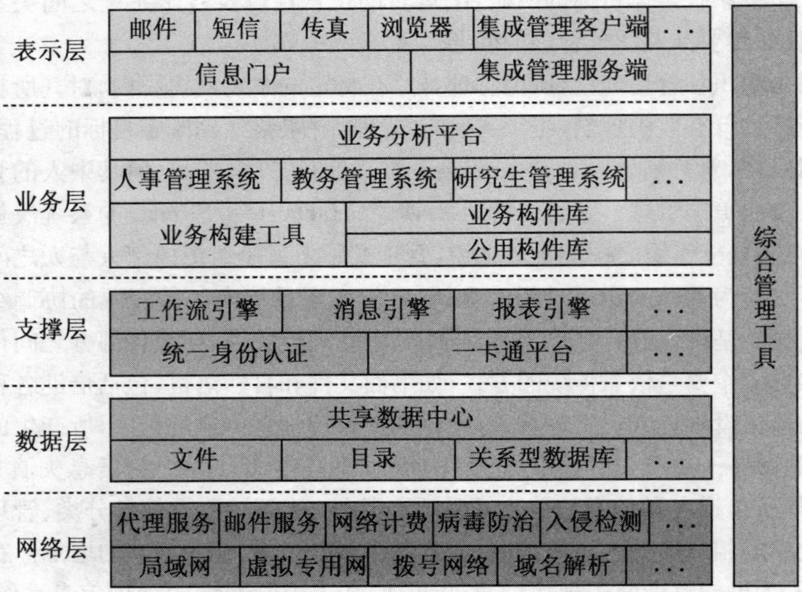

图4　数字校园中的各种应用系统

资料来源:许鑫,苏新宁,新一代高校数字化校园建设,现代图书情报技术,2005年第1期,48—55.

但另一方面,正如我们一再强调的,校园信息化的关键之处在人而非物或硬件技术设备。在管理信息化过程中,如同教学信息化一样,同样也存在着“管理人员信息化”的问题。对此,同样也可以采取与“教师信息化”类似的步骤和方法予以解决,即包括“观念信息化”、“技能信息化”和“管理工作信息化”三个步骤。实际上,学校作为一个典型的学习化组织,彼得·M.2圣吉(Peter M. Senge)所提出的“学习型组织理论”最能恰当地解释学校内部人员观念和技能更新问题。按照这个理论,所谓学习型组织,是指通过培养弥漫于整个组织的学习气氛、充分发挥员工的创造性思维能力而建立起来的一种有机的、高度柔性的、符合人性和能持续发展的组织。这种组织不仅具有持续学习的能力,而且具有最终产生出高于单个个体绩效总和的综合绩效之功能。实际上,无论管理人员还是教师,也无论其他何种组织和机构,建立这样一个具有个体知识和技能可持续发展能力的管理体系,都应该是这种组织实现信息化的一个基本要求。

最后,正如组织和管理理论中所强调的,“政策”同样也是组织和管理的一个非常重要的属性，它是指导整个组织向既定目标发展的一个重要制度性的保障因素。只有当组织所制订的各种政策具有明确的指向于特定发展目标的特点时，才能使组织内的个体产生向目标前进的合力，达到最终实现组织目标的结果。具体到学校管理之中，同样也是如此。在学校实施管理信息化（包括教学信息化）过程中，学校决策者应该重视制订各种指向于信息化发展目标的政策和规章制度，以鼓励和促进教职员工齐心合力工作。例如，针对学校全校教职员工的日常工作考核和职务、职称晋升制订各种保障性和鼓励性政策，对其在教学信息化和管理信息化过程的行为表现进行强化和反馈，使得这些行为成为其他组织成员工作的榜样，进而达到组织内成员行为协调一致的目标。正如美国组织学研究者巴纳德所认为的，组织是人的组织，不只是包含物，“它是有意识地协调两个人或更多人的行为或各种力量的系统”。换言之，组织在管理过程中应当提供必要的“引诱”，以调动个人的动机、满足个人的需求。同样，在学校信息化过程中，也需要通过各种方式激发起教职员工的积极性，同心合力来促进整个校园信息化目标的实现。

（五）校园信息化的发展阶段

综上所述，可以看出，教育信息化是一个综合性的系统工程，宏观性的社会因素和微观的内部成分都会在不同程度和不同层面上对它的进程产生非常重要的作用。换言之，其建设和发展既受到整个社会信息化进程的制约，同时也会受到其系统内部各组成单位信息化发展水平的影响，其发展过程中的影响因素非常复杂和多变。但是，通过以上从社会信息化到教育信息化的理论性探讨，我们仍然可以比较清楚地看出，总体来说，与其他社会领域的信息化发展一样，教育信息化同样也是一个分阶段分步骤的过程。借助美国哈佛大学的理查德·诺兰（Richard Nolan）和埃德加·斯凯恩（Edgar Schein）所提出的“信息技术发展阶段模型”理论，对教育信息化的一般性应用和发展阶段作一概括性预测。其主要出发点是将信息技术应用过程与组织变迁过程联系起来考察，有助于对整个教育信息化过程形成一种整体性的认识。诺兰和斯凯恩认为，无论何种组织和机构，其信息化进程通常包括以下四个阶段：

第一阶段，投资或启动阶段。在外力或内力的影响下，组织决定在信息技术方面进行投资。表现在教育领域，则是其决策者开始启动学校信息化建设，开始进行信息化的技术层面建设，包括校园网络基础设施层、网络基本功能层、核心系统层信息服务层和基于校园门户的信息服务层等。在这个阶段的建设过程中，如果学校在目标制订、步骤规划、资金投入和组织管理等方面能够做到有条不紊进行，就会为学校教学、管理和科研等方面带来明显的益处，顺利进入下一阶段；否则，则有可能由于新旧管理模式之间的冲突等问题而出现使用效率低下和许多不可预期的技术性问题。

第二阶段，技术学习和适应阶段。具体在学校信息化上，主要目标是解决上文中所提到的"人的信息化"问题，包括教师信息化、学生信息化和管理人员信息化等。若学校能够通过各种政策和培训等活动为这些使用者提供充分的观念、态度和技能方面的培训，使之通过学习来理解新技术手段及其益处，并掌握如何利用技术来完成各自的教学、学习和管理任务，则可以顺利过渡到下一阶段。相反，如果学校未能有效地提供这些学习和培训机会，那么就会影响他们的应用过程，并导致缺乏进一步开发信息技术潜力的动机等问题。

第三阶段，控制阶段。这实际上就是上文中所提到的"管理信息化"问题。在这一阶段，学校已经充分认识到信息技术的重要性并对系统发展和实施过程予以全面和有效的控制，如果控制过程能够确保学校各部门之间的充分协调性和各种应用的成本—效益性，则顺利进入下一阶段；否则可能会出现部门或使用者创新热情的丧失、新技术扩散的失败乃至从头再来等问题，即诺兰所谓的"技术性断点"，主要集中表现在信息技术对机构全面的影响之下，组织原有传统定势与改革要求之间的矛盾与冲突。

第四阶段，战略融合阶段。在这一阶段中，表现在学校方面，无论教学、科研和与外界交流，还是自身的改革和发展，信息技术已经成为整个学校赖以生存和发展的基础，信息化已经成为学校运行的必不可少的有机组成部分，学校逐步成为一个建立于现实和虚拟空间之上的信息化学习社区。

诺兰和斯凯恩的"信息技术阶段论"为教育信息化提供了一个比较全面的新视角，使得教育决策者在进行信息化的过程中，能够从战略的角度认识到信息技术发展阶段与学校组织和管理过程改革之间的相互关系，并相应制定针对性的发展规划。

总之，从社会变迁的角度来说，正如社会信息化是人类社会从农业时代、工业时代向信息化时代巨大转型一样，其未来的发展究竟会达到何种最终的目标，可能谁都无法预期，教育信息化同样也是一个需要不断探索和深入研究的领域。正如有研究者所指出的，"教育信息化产生于人类的一个大胆的假设。历史的发展已经证明，是信息技术把人类从工业社会带进了信息社会，信息技术是社会变革的原动力。这是一个毋庸置疑的现实。基于这样的事实，人类勇敢地做出了进一步的假设：信息技术同样具有改革教育的潜能，在教育中应用信息技术同样能使得教育发生顺应时代潮流的变革。”对于这个问题，纵观整个学校教育的历史变革过程，无论学校如何发展和变化，但在继承、发展人类文明发展过程所积累下来的文化精髓基础之上为现代和未来社会培养出合格的人才，这始终是学校教育的中心目标和任务。把握住这个中心宗旨，教育信息化的发展就不会偏离方向。虽然从目前的教育实践看，某种程度上，这个假设的正确性与否可能仍然是一个未知数，但我们相信，社会进步的步伐浩浩荡荡，教育改革的浪潮势不可阻，教育信息化的趋势必然将教育带入一个更加广阔的天地。

三 教育信息化热点聚焦：青少年网络文化

伴随着计算机和互联网的发展与普及应用，其对社会的影响早已超越了技术工具的范畴而演变成为一种令人瞩目的推动文化变革的力量。正如有学者所指出的，“种种迹象显示，互联网正在默默地主导一个人类新文化的成型。互联网所带来的其实是一场传媒的革命，而传媒乃是人类文化得以传布的基础。换言之，这山雨欲来的变化，所酝酿的正是一场文化的革命。”确实，自 20 世纪以来，传媒技术的变化不仅深刻地影响了大众生活，同时也在一定程度上影响和塑造了大众文化。例如，从报刊杂志、广播、电影、电话、电视，再到如今的互联网络，每一种新媒体的出现，都会引发相应的社会文化形态的变化。而如今，网络传媒所带来的文化冲击，更是倍受学者们的重视：“网络的崛起，使媒介不再只是传递信息的工具。互联网塑造了一个全新的社会生活空间和交往环境，人们能够在其间进行社会互动，而不只是交换信息。作为一个跨地域跨时限的人际沟通与互动空间，互联网打破了传统面对面互动的人际交往模式，塑造了以身体不在现场为基本特征的全新人际交往模式。”

历史已多次证明，在以技术为媒介的交流工具的更替与变化过程中，青少年总是社会中最为敏感和易受影响的群体。从收音机到电视，再到现在的互联网络，都对青少年的身心成长产生了重要影响。美国学者唐·泰珀斯格特（Don Tapscott）曾按照传媒技术的发展将整个 20 世纪划分为四个阶段（见表 2），他认为，技术对于青少年的群体文化特征和身心等都方面具有重要的影响，每一个阶段的青少年都因为受当时流行传媒的影响而具有相应的特点，带有强烈的时代烙印。

表 2　大众传媒技术发展与青少年亚文化的变化

	成熟的一代 Matures，1900～1946	战后婴儿潮一代 Baby Boomers，1946～1964	新生代 Gerneration X 1965～1982	“N 世代”Net Gerneration 1982～1991
主要的技术	电子管收音机、机械计算器、拨盘式电话等	晶体管收音机、大型计算机和按键式电话	电视、激光唱机和个人计算机	Internet，手机和 PDA
信息获得与交流方式	谈话，读书，看报	听收音机、打电话，读书，看报	看电视、听磁带、CD，读书	E-mail，即时通讯、短信和博客
群体特点	自我克制、权威和富有牺牲精神	乐观，热爱工作	独立、怀疑	乐观、有自己的想法
最喜欢	尊重权威，热爱家庭，乐于群体交际	富有责任心，视工作为职责	自由、多方发展，工作与生活的平衡	公共活动，最新科技，父母
最讨厌	浪费，技术	懒惰，立场不坚定	陈规陋习，吸毒	慢节奏，后退

资料来源：Diana G. Oblinger and James L Oblinger（2005），Educating the Net Generation.

目前，国内外许多研究都表明，互联网已成为影响青少年身心发展的一个不可忽视的重要因素，“在二十一世纪数字生活激活之际，青少年成了领导这一波数字热潮变革的主角。“N 世代”青少年透过网络媒介的使用，改变人际互动的模式，并创造一种新兴网络沟通语言。相比于以往情境因素对于自我认同塑造的局限性，在数字时代经由‘网络同侪’认同感之追寻，将可能彻底重塑青少年认同的归属与发展过程。”确实，在欧美发达国家里，互联网已经成为青少年日常生活的重要组成部分。美国 2005 年 7 月发表的一份研究报告显示：

◉ 在美国 12～17 岁的少年中，有 87％使用互联网，这意味着全美国有超过 2 100 万少年使用互联网，而在 2000 年仅有 1 700 万；
◉ 51％的青少年互联网用户表示他们每日都会上网，比 2000 年增长了 42％；
◉ 在使用互联网的青少年中，50％的人通过家庭宽带接入互联网；
◉ 以前青少年上网最常做的事是聊天，现在越来越多的青少年迷恋网络游戏，此外网络购物、查阅新闻以及搜索健康方面的信息也成为青少年上网的主要目的；

◉ 81%的青少年在上网时会玩网络游戏，比 2000 年时的调查数据高了52%；

◉ 76%的青少年在上网时会查阅新闻，比 2000 年统计的结果增长了 38%；

◉ 43%的青少年在网上采购物品，比 2000 年的统计结果增长了 71%。

在我国，伴随着计算机和互联网的普及应用，青少年同样也成为互联网用户的重要组成部分。2006 年“中国互联网络信息中心”(CNNIC)发布的调查报告显示：

◉ 目前我国上网的计算机总数约为 5 450 万台，网民①总人数约为 12 300 万人；

◉ 从网民年龄分布来看，6～18 岁的网民占总数的 14.9%，仅次于 18～24 岁(38.9%)和 25～30 岁年龄(18.4%)所占的比例；从网民的职业分布来看，学生所占的比例最高；

◉ 从网民上网的主要地点来看，比例最高的是在家里(72.2%)，其次是工作场所(35.1%)，网吧(29.5%)和学校(18.9%)；

◉ 在 2 亿中小学生中，上网学生已达 3 000 万。其中，中小学生互联网渗透率达到 15.4%，而高中学生互联网渗透率已达半数以上，已超过我国平均 9.4%的水平。

2006 年 12 月，一份关于国内东、中部地区中小学校 IT 应用情况的研究报告中，调查数据显示：

◉ 在参加调查的 2 万余名东、中部地区的城镇中小学生中，71.9%的学生家庭已拥有计算机；其中 54.0%可上网；

◉ 35.6%的学生在家里“每天使用”或“经常使用”计算机；

◉ 53.4%的学生每周在家里使用计算机的时间为 1～4 小时之间；

◉ 学生在家里使用计算机时最常做的事情是：“上网看新闻和查找资料”(30.50%)、“听音乐”(25.78%)和“上网与同学、朋友聊天”(25.13%)；

◉ 分别有 19.9%和 21.4%的学生表示经常在家里玩电脑游戏和网络游戏；

---

① 中国互联网络信息中心(CNNIC)对网民的定义为：平均每周使用互联网至少 1 小时的 6 周岁以上中国公民。

◉ 37.6%的学生拥有 E-mail 信箱；

◉ 学生们经常使用计算机所进行的学习活动是："上网查找各种学习资料"(77.04%)、"使用 word 等软件来完成作业"(29.03%)和"上网浏览老师提供的电子网络课件"(20.26%)；

◉ 13.6%的学生表示"经常去网吧"和"偶尔去网吧"，其中，"玩网络游戏"和"网上聊天"是最喜欢做的事情。

从中可清楚地看出，无论在家庭、学校内还是学校外，计算机和互联网都已成为中小学生日常学习与生活的重要组成部分。对学生来说，计算机和互联网不仅是他们学习、写作用和获取学习信息的工具，同时，更为重要的是，基于互联网而形成的"网络空间"、"虚拟社区"、"基于计算机的交流"以及"网络行为"等，都在逐步成为他们生活的一种形态。网络世界的各种虚拟感受、认知、情绪、体验和社会交际行为，都有可能转化或影响青少年现实生活的体验。从这个角度来说，中小学生的计算机和网络应用就与其良好个性之养成、心理健康发展和健全之世界观与人生观等教育培养目标密切地联系在了一起。正如有学者所指出的，"互联网所存在的诸多虚拟空间，成为每个人的最佳心理实验场所，于其间，心灵的各种防卫机能与心理运作程序都得到开展，也能得到满足。逐渐地，各种心理固着与人格特性，都能合理而有效地发展，成为个人心灵不可分割的部分"。

对于教育者来说，信息技术在学校内的普及应用和学生互联网应用比例的不断提高，无疑是一件值得高兴的事情。因为这表明教育信息化发展水平正在逐步提高，学生的信息素养也在不断提高。但另一方面，同以往其他新技术一样，对于青少年来说，信息技术同样也具有双面性特征。随着计算机和互联网在中小学生中的普及应用，网络的一些负面影响也在青少年群体中逐渐显现出来：过度迷恋网络游戏、沉迷于网络聊天和视频对话、浏览色情网站……各种媒体中有关中学生因为上网而影响学习和身心健康的报道越来越多，引起了社会的广泛关注。根据国内外的研究资料，目前研究界关于互联网对于青少年身心发展之负面影响的研究内容主要包括：网络犯罪、网络色情、网络情爱、网络上瘾、网络孤立与网络弱势等。2005 年，台湾有机构曾组织过一个名为"网络十大罪状"的调查，结果包括：网络外遇、垃圾邮件、网络谣言、网络上瘾症、网络色情、网络并发症、网络赌博、网络购物狂、网络疏离症和网络假民主等问题。将此结果与学术界所关注的问题相比较可以看出，两者有许多共同之处，尤其是其中的"网络成瘾”是备受关注的一个共同主题。在 2005 年，中国青少年网络协会曾发布过一份“中国青少年网瘾数据报告”，指出我国青少年所面临的网络成瘾问题非常严重。调查数据显示：

- 目前我国网瘾青少年约占青少年网民总数的 13.2%；在非网瘾群体中，另有约 13%的青少年存在网瘾倾向；
- 男性青少年网民上网成瘾的比例（17.07%）约比女性青少年网民（10.04%）高出 7 个百分点。在具有网瘾倾向的网民中男性青少年比例同样高于女性；
- 13～17 岁的青少年网民中网瘾比例（17.10%）最高，从总体趋势看，随着年龄的增长，上网成瘾的比例逐渐降低；
- 与非网瘾群体相比，网瘾群体的上网目的更倾向于娱乐性，网瘾网民更偏重于玩网络游戏，而非网瘾网民则更偏重于借助网络获取信息。

从上述调查结果可以看出，互联网的负面影响对于青少年，尤其是中小学生的身心健康影响很大，令人关注。目前，从国外研究现状来看，将学生使用计算机和上网的行为视为青少年亚文化的一个组成部分，重点选择从“网络文化”（cyber-culture）的角度来研究互联网对于青少年身心发展的诸方面影响，已成为教育信息化相关研究的重要内容。

国内外有关研究资料表明，如同其他传统形式的青少年亚文化一样，青少年网络文化中既包含着与社会主流文化相同的内涵和因素，同时也不乏为社会主流文化所不容的形式和内容。如何认识网络文化对于青少年身心的影响，确实是一个值得深入研究和探讨的重要问题。概括来分，根据目前国内外的研究成果，研究者认为，对于青少年群体，尤其是在校的中小学生来说，网络文化对于他们成长的影响是复杂和多方面的，其中既有积极因素，也有消极甚至不利的因素。关键在于教育者如何深刻地理解和认识互联网对于现代社会的全方位影响，而不是以传统的观点和视角来看待新生一代的成长问题，因为网络时代为当代的青少年赋予了与众不同的成长环境，相应也带来了独具特色的青少年亚文化现象。整体来看，可以将网络文化对于青少年成长的影响分为四个方面，分别是：“课程学习”“社会交际”“休闲娱乐”和“行为规范”（见图 5）。

可以看出，一方面，互联网对于青少年的影响是全方位的，从学校学习到校

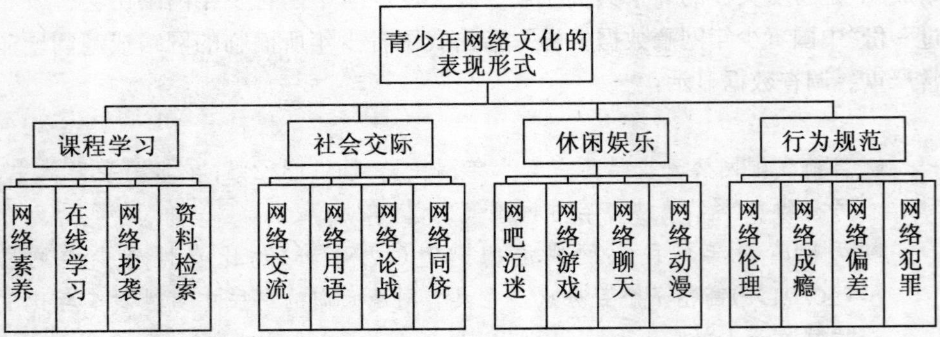

图5　青少年“网络文化”的表现形式

外生活，都可以见到网络的影响；另一方面，互联网对于青少年的影响是双方面的，既有积极之处，也有不利之面，这显示出了技术发展的双面性。

(一)“网络文化”概述

在学术界，有关“网络文化”(Cyberculture)的研究源于20世纪90年代初期。若从技术发展的角度来看，Cyberculture最初的研究主题和范围实际上并非集中于国际互联网(Internet)，而是更多关注于个人计算机(PC)这种技术工具对传统文化的影响，在当时的技术条件下可能译为“电脑文化”更为恰切。不过互联网的迅速崛起使个人电脑作为传播媒介的巨大威力得到了充分的发挥，“计算机就是网络”成为技术发展的趋势，电脑与网络的结合重构了人们感知世界的方式。在此背景之下，研究者们对于Cyberculture的关注点也从计算机转向了互联网。

作为国际互联网的发源地，美国学者于90年代初期率先开始研究“网络文化”问题。1996年，美国学者戴维·西尔沃(David Silver)在马里兰大学成立第一个专门研究Cyberclulture的机构：“网络文化研究资源中心”①。其后，网络文化研究成为西方社会学、教育学等领域的研究热点问题。例如，至2006年4月，在Amazon网上书店所收录的书籍名单中，仅是以Cyberculture为题的英文著作便达43部。同时，近年来出版的相关学术论文与会议文集更是数不胜数。据

① 网络文化研究资源中心：Resource Center for Cyberculture Studies，RCCS，原位于马里兰大学，后移至华盛顿大学。其主要研究内容是网络文化的形态、组成因素及其对社会群体的影响。该机构实施和发表了许多有关网络文化的研究项目并组织了多次学术研讨会，成为目前学术研究界内该领域的代表性机构。详细信息参阅：http://www.com.washington.edu/rccs/default.asp.

RCCS网站上的列表，1995年全美开设的相关课程只有6门，而到2006年已增加到600门之多，广泛分布于社会学、人类学、心理学、艺术学与文学诸领域。从现有的论文资料和著作来看，比较有代表性的研究主题主要集中在四个大方面："网络空间和虚拟现实""超文本与网络艺术""在线交往和性别身份"和"文化批评和后现代政治"。

关于"网络文化"概念的界定，加利福尼亚大学的学者菲尔·爱格瑞（Phil Agre）曾将Cyberculture定义为一种"在网络情景下个体交流的行为、心理及规范的集合"。他强调，网络将社会成员之间的交际关系由以往的集权式的相互关系变为一种松散的以民主为中心的形式。2002年，在马里兰大学召开的网络文化研讨会上，美国学者戴（R. E. Day）对Cyberculture作了一个归纳式的定义，他提出："网络文化的概念包括许多通过技术媒介进行互动的个体，并由各种行为（打字，聊天，搜索，漫游）、作品（主页，链接）和象征物（按钮，表情符号）等构成，这一切都发生在由电子硬件与软件所制造的虚拟环境下（网络空间、在线），并伴随着特定的心理、社会、政治和经济语境。"这一定义包含了四个非常关键的要素：技术媒介、行动主体、符号形式和社会语境，反映了当时网络文化研究中最受关注的议题，同时也成为后来网络文化研究的重要理论基础。

2000年，戴维·西尔沃（David Silver）曾在一篇论文中对网络文化的研究现状、成果和发展进行了总结性综述，将西方的网络文化研究分为三个阶段：

◉ 第一个阶段为"网络文化的大众化阶段"，它起源于新闻界，主要任务是对网络这样一种新兴媒介进行描述与前瞻，其特点是二元论，要么将网络视为乌托邦似的神话，认为它将创建一个基于网络的平等、信息共享与言论自由的新型文化，要么就是完全将它视作反面乌托邦。当时占主流的观点是，认为网络文化可能导致传统文化的堕落；

◉ 第二个阶段为"网络文化研究阶段"，这一阶段主要关注的是虚拟社区和网上的个体身份认同，强调网络交流方式对于传统文化中社会角色的影响；

◉ 第三个阶段为"批判性网络文化研究阶段"，这时的网络文化研究扩展到四个领域：网络中各种因素的相互作用——政治、经济、文化、社会等各种因素在网络中是如何共同发生作用的；关于电子空间的话语方式（digital discourse）——对于网络的描述方式是如何影响到人们对网络的认识的；使用网络的障碍（access and denial to the Internet）——哪些因素阻止人们上网；网络空间的界面设计（interface design of cyberspace）——网络界面的设计方式如何影响人们使用网络及在网络中的互动。这一阶段的研究也往往关注以上四个领域间的相互交织和相互依赖关系。

在中国学术界,自20世纪90年代中期以后,伴随着计算机技术和国际互联网的发展,国内港台地区的学者也开始关注Cyberculture研究。不过,限于国内当时的整体技术发展水平,国际互联网尚未在中国普及应用①,因此学者们更多的是关注计算机对文化的影响问题,而不是网络文化②。

台湾学术界对网络文化的研究始于1993年左右,在理论资源和研究方法上都较多借鉴于欧美。2000年以来,台湾的清华大学已连续举办了四次"网络与社会研讨会"。从出版的论文集来看,内容广泛涉及网络文化的各个方面。另外,台湾南华大学创办的在线期刊《网络社会学通讯》③和《资讯社会研究》,则定期发表关于数字经济、网络性别与权力、科技与人性、网络色情、在线出版、网络隐私、虚拟社区与角色扮演、网络心理、虚拟教育和在线游戏等十几个专题的文章,基本反映了目前中文学术界关于网络文化研究的最新成就。

香港的一些学者也曾使用"电脑文化"来代表Cyberculture。如1998年,香港中文大学成立"电脑文化研究中心"④。其目标是:"当我们期望香港在可见的未来成为一个'知识型社会',对现代科技的文化理论就得予以重视。计算机本体论出现之文化讨论,一直不被重视;本计划对此现象积极响应,并提出应从跨学科角度探讨香港的计算机文化。"虽然从该机构的名称来看,其研究主题仍然拘泥于计算机对于文化的影响,不过,从它近年来发表的研究成果来看,实际已超过计算机文化的范畴,而更多关注于网络环境下社会文化的变迁问题。

自进入21世纪之后,随着互联网在国内大陆地区的迅速普及应用,至2006年,中国大陆地区的上网人口已经突破1亿人,到2007年更是成为仅次于美国的网民人数列世界第二的国家。在这种情况下,与美国研究界的发展一样,国内

---

① 在中国,1994年中国科学院高能物理研究所网络和中关村地区教育与科研示范网络才正式接入互联网。1995年邮电部宣布向用户提供所有互联网服务。

② 例如,国内较早关注网络文化的学者吴伯凡在正式引入cyberculture概念的丛书《电脑文化译丛》(1998)和《赛博文化系列》(1998)中,并未采用"网络文化"的译法,而是称之为"电脑文化"。

③ 信息社会研究:由台湾南华大学社会学研究所主办的一个在线刊物,主要刊登关于信息社会学、传播科技与网络文化等相关议题之学术论文。该刊物与一般学术期刊的不同至少有两方面:第一,主要是通过网络来发行,并出印刷版;第二,内容完全公开,基于鼓励学生写作与扩大交流,接受比较宽松的论文形式。详细信息见:http://www.nhu.edu.tw/~society/e-j.htm.

④ Centre for Research and Development of Cyberculture, http://www.cuhk.edu.hk/rih/cyber.html.

对于 Cyberculture 的研究也摆脱了“电脑文化”或“赛博文化”的阶段，朝着“网络文化”的方向发展。不仅在学术界如此，甚至大众传媒领域也同样对“网络文化”产生了极大的兴趣，“网络文化”一词近几年频繁出现于各种媒体。总体看来，尽管目前在国内大陆“网络文化”已成为一个非常流行的概念，但其真正内涵仍然因研究视角与关注问题的不同而见仁见智，对其概念的理解和界定也莫衷一是。在国内学术界，比较常见的是采用基于“文化”概念的演绎定义办法，通常将网络文化理解为以网络为传播媒介而形成的文化形态。例如：

- 网络文化是“人们在互联网这个特殊的世界中，进行工作、交往、学习、沟通、休闲、娱乐等所形成的活动方式及其所反映的价值观念和社会心态等方面的总称”；
- “网络文化可以分为狭义的网络文化和广义的网络文化。狭义的网络文化是指在互联网上进行的文化活动，包括借助网络开展的娱乐活动和网上的节目。广义的网络文化是指借助电脑网络所形成的一种经济、政治、文化现象，是一种生活方式”；
- “网络文化是互联网与文化相结合的现象，网络文化是科技与文化创新的产物，它集中地体现着文化的内容，表现形式和传播手段全方位的信息，网络文化的出现和发展，应该说是深刻地影响着甚至是改变着人类的生活方式和生活习惯”；
- “所谓网络文化，就是以网络为载体和媒介，以文化信息为核心，在网络构成的开放的虚拟空间中自由地实现多样文化信息的获取、传播、交流、创造，并影响和改变现实社会中人的行为方式、思维方式的文化形式总和。”

表现在青少年网络文化上，近年国内曾有研究者提出了“学生网络文化”的概念，并对其进行了描述性的定义：“学生网络文化，是指在学校、家庭和校外环境下，中小学生在使用计算机和互联网时所表现出的行为、态度及规范之集合，同时也表现为以此为基础而形成的对中小学生的学习、人际交往和休闲娱乐等方面的综合性影响。”研究者指出，此定义主要强调两方面的因素：一是计算机和互联网对学生观念和思想的影响；二是对其日常行为和学习等方面的影响。两者之结合形成中小学生网络文化的基本结构。在学生网络文化的研究内容方面，根据文献检索的结果，研究者发现，目前国内外研究者关于在校学生使用互联网的研究内容主要集中在以下五个方面：

◉ 网络素养(Cyber Literacy):是信息素养(Information literacy)的重要组成部分,主要包括网络基本操作技能、信息检索能力、网络伦理(Cyber ethics)和网络防范意识(Cyber security)等;

◉ 网络学习(Online learning):主要集中于学生利用计算机和互联网所提供的便利来提高学习效率与效果,例如,使用计算机做作业,利用网络搜索引擎查找资源,参加网上学习讨论和网络文学等;

◉ 网络交流(Cyber communication):研究内容主要包括:基于计算机的交流(Computer-mediated-communication),网络用语(Internet language),网络空间(Cyber space),虚拟社区(virtual community)和网络交友(Cyber friendship)等;

◉ 网络娱乐(Cyber entertainment):网络游戏(Online game),网络聊天(Online chatting)和网络动漫(Internet cartoon)等;

◉ 网络滥用(Cyber abuse):主要包括网络成瘾(Internet Addiction),网络盗版(Internet piracy)和网络犯罪(Internet crime)等。

综上所述,可以看出,国内外学者目前正在从不同角度来研究和解释计算机与互联网对于青少年身心发展的多方面影响问题,内容涉及多个学科领域,如教育学、社会学、心理学和新闻传媒学等。这为教育者深入了解和正确认识青少年网络文化提供了越来越多的依据。

(二)"N 世代"与青少年亚文化新特征

1999 年,在研究当代青少年与互联网之间的密切关系时,美国学者唐·泰珀斯格特(Don Tapscott)提出了"N 世代"(Net Generation)的概念。他指出,1946 年战后形成的婴儿潮,可说是"电视世代";而 1982 年以后,婴儿潮时期的人开始积极地生儿育女,形成的"新婴儿潮",这一代在计算机和互联网环境下成长起来的就是"N 世代"。

在书中,唐·泰珀斯格特认为"N 世代"是在网络和信息科技的影响下而发展成为具有网络族群特性的新兴世代。这一代年轻人由于从小生活在网络环境下,已将计算机和互联网视为如同"麦当劳"一样的日常生活基本组成部分,因此在对信息技术的使用和信息素养等方面已远远超过了其父辈的水平。正如唐·泰珀斯格特所说的:"如今,所谓代沟(generation gap),如今已演变为世代超越(generation lap)。年青一代在技术进步的轨道上超越并掌握了主导权,并且在

日常生活的许多领域都领先于成人。……这是人类文明发展的头一次，孩子们可以教育年纪较大的人们，因为孩子们更娴熟于使用电脑，所以父母、老师及其他成人等，都向孩子寻求与电脑相关的资讯及协助。”某种程度上，对于“N世代”来讲，科技就像是空气一般。一生下来就坐在电脑旁的孩子们，很快就弄清了电脑内部的运作，并尝试改变和修正它们。对他们来说，计算机和互联网变得如同隐形眼镜一般透明，是日常生活中的一部分。而且，更重要的是，互联网同样也成为“N世代”获得信息、人际交流、结交新朋友和休闲娱乐的重要工具。简而言之，“N世代”不再仅是技术上瘾，而是为技术所化，或者说，技术已成为他们的生活方式。

对此，台湾也有学者提出了类似的观点：“在网络大环境下出生的年轻人，在网络、科技的环境包围下成长，与上一个世代所拥有的环境不同、资源不同，整个社会都不一样了，使得这个世代的年轻人也有着独特的世代风格，我们称为‘N世代’。”在台湾，“N世代”“大多是指在年龄30岁以下，即台湾教育界所谓的‘六年级生’和‘七年级生’”①（见表3）。

表3　台湾学者对于“N世代”阶段的划分

称谓	四年级生	五年级生	六年级生和七年级生
出生	1950～1959年	1960～1969年	1970～1989年
态度	前PC世代，期待又怕被伤害	PC世代，站在抉择点上	“N世代”，网络是生活的一部分
群体特点	上大学时正处于大型机时代，故未接触过网络或Windows，对计算机感觉比较陌生。在计算机素养上，除少数人之外，大多数缺乏计算机使用经验，计算机技能多数是在补习班或工作上需要时所学，其学习计算机化过程多数是一个艰辛过程。因此，若非工作需要，其生活基本与计算机关联性不大。	扮演过渡者的角色。在上大学时个人计算机刚刚出现，可能接触过DOS，但大多数工作后才开始接触Windows，因此可细分为DOS世代或是Windows世代。五年级生的数字素养常因为工作、个人专业或兴趣的区别而存在着极大差异性。	在上学或是初入社会期间就已是互联网蓬勃发展的年代，因此是标准的“N世代”。他们在写研究报告、寻找生活信息、交朋友、工作和生活中都与计算机网络密不可分，网络早已成为其生活的一部分。其数字素养通常都较高，其中有些人甚至已经达到极其熟练的水平。

施俊良，郭家华等，六年级与“N世代”，http://www.nhu.edu.tw/～society/e-j/40－39.htm.

① “六年级生”和“七年级生”：在台湾分别是指民国60或70年代，也就是1970年和1980年期间出生者。

相对于其他年代的年轻人，唐·泰珀斯格特认为，如今的“N世代”拥有其独特的群体文化特点，主要表现为：

◉ 强烈的独立自主性：他们更愿意成为积极的信息寻求者，而非被动的信息接收者。并且，他们努力试图在虚拟社群中建立自我认同及角色，这也有助于他们在其他社会情境中确认本身的人格。换言之，他们更加喜欢和善于开放地表达自己的思想和观点，而不愿人云亦云；

◉ 彼此之间的包容性：在互联网虚拟社区的广泛性及网民国际化的时代背景下，“N世代”充分展现了在搜寻信息、活动及沟通的全球化倾向。他们的全球化意识使不同国家之间更能彼此包容。网络鼓励孩子们走出国界的限制，朝全球化发展，例如：“N世代”在聊天上网时，不在乎对方的外表与肤色，而是注重这个人的人格特质；

◉ 自由表达与强而有力的主张：作为一个亚文化群体，“N世代”在网络交互式的环境之下强化了自己独特的语言及表达想法的能力。“N世代”愿意参与多样化的想法、见解的争辩，这是网络吸引人的关键所在。而且，大多数人都对于沟通及年纪的层次都没有预设任何立场，他们视信息的存取及意见的表达为基本权力；

◉ 创新意识：“N世代”在网络创新的环境中生存及呼吸，不断寻找能将事情做得更好的方式。“N世代”的创新文化，通常比青少年信息网制作者及软件开发厂商领先一步，因为目前软件及信息网供货商都是发现孩子们在用成人产品后，才开始开发适合孩子的软件，如：聊天室、布告栏等；

◉ 深入探究的精神：“N世代”在开始使用科技时，最初关心的重点并非运作机制，而是如何使用它来达到自己的目的，例如，如何将讯息布告在网络上，如何使用仿真程序及查询数据库等；

◉ 即时性与交互性：在“N世代”的文化生活中，其反应则是即时的，例如，上网与他们最喜爱的体育或电影明星交谈，马上就有响应。所以当系统采用实时运作，并且信息的传递以光速进行时，势必加快青少年文化的不断更新；

◉ 对其他传播媒体逐渐疏远：网络的互动文化使得原先媒体的垄断性渐渐消失。新一代年轻者对于各种被动接受信息的传播媒体（如广播、电视）具有一种天生的反感情绪，他们更喜欢互联网这种能够参与其中的交流媒体；

◉ 认证及信赖：因为网络上的匿名性、可自由访问、多样性及独特性，使得网络上讯息的可靠性远远低于传统媒体，因此使用者需要不断确认在网络上接收的讯息是否可靠，所以“N世代”对于讯息的正确性有赖于彼此间所建立的互信基础。

另外，表现在学校环境下，也有学者指出，这些“N世代”学生，在学习、生活、心理和情感等方面均具有与以往年代学生不同的特点，主要表现在以下诸方面：

在线式的生活：正如雪莉·特克(Sherry Turkle)所提出的，计算机和互联网所构成的虚拟环境已成为如今学生身份认同、游戏和表达情感的必然组成部分，他们的生活中充满了电子化的交流行为；

自我的充分展示：在网络教学系统中，即使那些在面对面课堂中最沉默寡言的学生也可能变成积极的在线伙伴。在如今的学校教育过程中，通讯和交流工具的多样性为个性各异的学生提供了更多的显示自我特长的途径；

即时性的交流：由于文字处理程序的普及应用，使得年青一代的学生已经习惯于用“手”来表达其思想和情感。利用ICT，学生们可以很快地在屏幕上展示出其想法，虽然这种想法可能并不一定具有条理性或价值，但他们确实善于和喜欢用这种方式来表达内心的想法。在网络上，无论公开的还是私下的各种交流都充分表明了学生们活跃的发散性思想和独特的文字语言表达方式。从某种程度上说，在线学习有助于学生创建性思维的发展。

社交性的网络：伴随着互联网而成长起来的“N世代”已经习惯于利用网络来丰富和拓展他们的社交活动范围。例如，美国学校Weblog(博客)和各种社交性网站的流行，表明这能够“帮助学生跨越时空的限制去结识新的同学，参加和形成研究小组，或者结交校园之外的各种朋友”；

游戏与模拟：游戏和模拟是“N世代”学生的重要娱乐方式，这甚至对他们的学习方式都产生深刻的影响。目前国外教育界已经逐渐开始接受利用游戏和模拟的形式来向学生提供练习和学习的机会的观念。不过在教学中，教师也应向学生强调，现实的世界显然不可能像游戏那样严格按照规则来发展变化，学生们仍然需要模拟之外的实践练习；

信息素养：正如文字处理程序使得学生表达其内心想法变得非常容易一样，计算机各种强大的应用软件，从电子表格到数据库，使得学生无须了解计算机的软、硬件工作原理就可以使用各种软件来完成学习任务，这也导致了学生在数字素养方面的“表面性”现象。雪莉·特克曾指出，如今的学生已习惯于“界面”式的思考方式，即直接点击图标来完成相应的学习任务。这使得学生们在学习时经常知其然而不知其所以然。因此，虽然如今的这些“N 世代”学生们通常被认为都是拥有较高水平的数字素养，但实际上他们可能并不具备理性和正确使用这些技术所需要的深层次知识和技能。

综上所述，正是由于这些“N 世代”学生所具有的与以往年代学生不同的特点，有研究者认为，教师应根据学生的这些特点来对自己的教学方式进行相应转变，以适应时代发展和学生的要求。按照学者们的分析，这些“N 世代”学生聪明伶俐但缺乏耐心，无论干什么事情，他们都希望立刻能看到结果；他们总是随身携带着各种各样新奇的电子产品，而且是越轻便越好；他们可以做作业的同时还与同伴通过短信或即时通讯程序来聊天，上网冲浪或听音乐，而且似乎对学习的效果并没有产生负面的影响。换言之，这些“N 世代”的学生已经习惯了多任务同时进行的方式。对此，美国研究者斯科特·卡尔森(Scott Carlson)认为，教师也许应“改变自己的教学方式和风格，在教学中充分利用 Blog，iPod 和游戏来提高学生的兴趣，并且尝试着适应‘N 世代’学生的特点：因为他们可能没有足够的耐心安静地在教室里连续听一小时的讲座……”

(三)“网络学习社群”与青少年的学习

学习，尤其是学校环境的学习，无疑是青少年阶段主要的活动和任务，因此，青少年网络文化的一个必不可少的组成部分就是基于网络的知识获取方式。目前在学校中流行的网络教学、在线学习、同步教学、异步教学，以及信息技术与课程整合等，实际上就是所谓的 E-learning 的不同表现形式。而“网络学习社群”是实施 E-learning 过程中一个不可缺少的重要环节。通常，所谓“网络学习社群”(Online learning community)是一种基于计算机和网络技术而产生的强调知识交流与分享的集体性学习文化，“是一群人通过网络沟通(computer-mediated communication)来分享观念、知识、经验、信息和策略，建立共同的目标，创造集体的探究行动，目的在于扩展集体的知识与能力。在相互支持、关怀、开放和遵守规范的气氛中，挑战个人既有的信念、价值、知识和经验，促进个人反思，进而获得个人知识和能力的成长。”它实际是网络文化在教学过程中的一种体现形式。帕罗福(Palloff)曾指出，在教学实践中，“‘网络学习社群’的建构是提升在线学习成效的重要方法，是在线学习成功的关键。当师生缺乏‘网络学习社群’的概念时，‘在线教学’难以达到预期的成效。”萨拉曼(Saloman)认为，网络学习社群的核心是“分布式知识”，所谓的“分布式知识”，指的是不同的知识散落在不

同的人与地方，而为了达到多样化学习的目的，透过虚拟学习社群的方式将不同的知识加以串连，以此来增加学习社群成员的知识与学习广度。古德耶尔(Goodyear)也有类似的观点，认为网络学习社群主要就是将散落在学习社群中不同型态与脉络的知识加以连贯，增加知识学习的多元化。因此，从这个角度来说，在虚拟学习社群中，依然具有传统社群的某一些特性，如分享与提供，而在网络虚拟学习社群中所提供的，也可能不只是知识，还包含了情感上的支持与互动。

研究表明，“认知互动”与“团队合作”是“网络学习社群”的主要特征，知识的应用与问题的解决则是“网络学习社群”的目标。思考和学习是存在于学习情境、学习伙伴和沟通中，因此，学习者不是个别学习，而是透过与教材、资源和社群成员的知性互动进行学习。此外，学习活动必须具有弹性、合作性和对话性，并且根植于与真实情境相仿的复杂情境之中。所以，强调以真实问题情境或学习任务为核心，引导学习者以团队方式，透过探索、对话与讨论，以解决问题或完成学习任务的“专题式学习”(project-based learning)，被视为促进“网络学习社群”之形成与运作的有效教学法。对于每一名在社群中学习的学生，均可扮演教师角色(learners as a teacher)，被赋予同侪教导的权力与责任，以便创造学习者分享知识和学习经验的机会。因此，教师需要利用师生的共同协商，响应学习者的学习需求，强化学习者对于课程设计的参与感，以提升学习者的参与动机。通常情况下，教师仅需提供课程架构，并且保有课程调整的弹性，创造师生共同设计课程的学习机会。此外，学习者也是“网络学习社群”的促进者(learners as a facilitator)，他们必须从实际参与社群讨论中，学习促进社群互动与提升讨论质量的技巧。最有效的讨论应是由学习者所主导，通过学习者的自我监控，达到自我规范的效果。

在网络学习过程中，还应强调网络教师必须改变评价的方式，因为在线学习的环境会使传统面对面的评量方式受到限制。网络学习社群既是学习者中心的在线学习型态，评估方式也应以学习者为中心。“学习者中心的评估”(learner-centered assessment)促使学习者反思学习历程、技巧和策略，提升学习者的后设认知能力，增强学习者对于学习责任和参与感的觉知，改善学习质量，强化同侪间的知性互动。所以，教师宜运用自我评价和同学评价了解学习者的学习，促进“网络学习社区”的知性互动。

另外，由于学习者通常对于“以学习者为中心的学习”(student-based learning)、“合作式的互动”和“建立及维系异步学习社群”等学习模式缺乏相关学习经验，容易导致适应困难的问题。所以，教师必须通过各种先导活动来说明教师对学习者的期待，帮助学习者设定合理的学习目标，重新思考、界定“师生的角色与责任”，协助学习者建立“网络学习社群”的基本概念。

综上所述，可以看出，计算机与网络的出现在教育上建构了一个前所未有的学习情境，它具有与传统的学习环境完全不同的特点(见表4)。在这种环境下，学生的学习方式与以往相比产生了很大的变化。另一方面，这种学习方式也更加符合“N世代”学生的群体特点：

表4 网络学习环境与传统学习环境之差异

内　容	网络学习环境	传统学习环境
场所	学习者可在任何地方进入网络学习	教师与学生必须在同一地点
人际交流	提供即时性与非即时性的多种沟通方式	只能进行面对面交流
教学信息	拥有多种学习资源，具有互动性、便利性和多样性特点	受限于既有资料，资源不易取得与呈现
课程单元	网络媒体具有高度互动性与即时性，可随时更新	不容易互动与更改
学习社区	师生沟通途径畅通，地位平等	易流于权威而造成沟通困难
教学记录	网络的任何行为皆可自动留下记录，教师可随时查看	需要刻意地记录学生的学习过程

资料来源：林建仲，郑宗文(2001)，合作式学习与问卷解决：培养以问题解决为中心的网络合作学习，台湾资讯与教育杂志，2001年.

第一，“网络学习群体”是一个全球化的多元学习情境。透过网络数据传输的特性，传统物理的空间与时间限制被缩小了数倍，及时性与多元性学习成为网络学习的特色之一，而这样的学习不只是学科知识的部分，在社会文化层次方式，也是如此，通过计算机网络更容易与迅速地接受到更多元的文化，当然这个部分也包含了影响的层次。在某个程度来说，青少年亚文化的快速传递，也是借助于网络而发展。

第二，在“网络学习群体”中，学习内容的组织模式是一种“非线性的超链接”。在网络学习环境下，“超链接”是一个非常重要的特色，透过不断的超链接，在信息之海中不断地冲起迎头大浪。而这也是一种既分散又集中的学习模式，透过散落在不同角落的网站文本中，就像拾起了信息拼图的一小块，然后当学生单击链接，就连结到了另一块相关却又不同的拼图，就这样一步一步、一片一片逐渐地收集到所企求信息的全貌。当然在这其间，也可以中断连结，不再深入，而这样的过程并不是一个线性学习的历程，而是跳跃式的。

第三，“网络学习群体”是一种基于匿名的多元沟通模式。在网络教育中，匿名性的互动也是相当重要的一个环节，因为匿名性是网络的特性之一，在这个特性之下的互动自然不同于现实生活社会中的互动模式。在匿名性之下的互动模式是比较多元的方式，因为使用者之间并不晓得隐藏在ID之下的是一个什么样的性别、个性、国籍、种族。所以，必须要有比较多元而包容的互动模式，才能让互动进行下去。

可以看出，从某种程度上来说，“N世代”的学生可能更适合于利用“网络学习社群”的方式来进行学习，因为这与其各种基于互联网而产生的群体新特征有着极其密切的联系。

(四) 网络“自我认同”与青少年的心理发展

心理学研究表明，在青少年时期，个体的自我意识高涨，在自我概念与自我发现上有不同以往的看法，因此，此时期被称为“自我认同”转机时期。艾里克森(Erikson)认为，自我认同(Self identity)[①]是青少年发展阶段最重要的任务，其发展将影响青少年的情绪、认知、行为与性格特征以及未来的社会适应能力。他指出，青少年阶段所获得的完整，实际上是“一种内在的认同感”。青少年为经验到此完整性，他必须在儿童期中所形成的我，和未来希望中的我，他所认识的自己和别人看到的、期待的自己当中，感受到一种日益增加的连续感。也就是说，认同是个体在面对新环境时，能将过去的经验所连续下来的感觉，目前自己的知觉以及对未来的期望作一统整，以了解并接受自己和自己的群体。

雪莉·特克曾指出，进入信息社会之后，个体的多重认同不再是罕见的事，网络的匿名特性为青少年扮演各种角色提供了不可多得的便利条件。上网者一方面借着网络的隔离，隐匿部分或者全部的真实身份，在网络世界中建立一个或多个自我；另一方面，由于自我必须在与他人的互动关系中逐渐建立，网络使得人们可以跨越时空障碍与生理上的限制，进而与其他参与者共同探索自我认同。与现实环境中的自我认同相比，网络环境下的自我认同具有多种特点：平行、多

① 艾里克森将个体社会心理的发展分为八个阶段。个体在发展过程中，因生理成熟、智力成长以及社会文化要求的不同，其所需面临的难题也因而异之，当个体面临待解的难题时会形成心理的压力与冲突，即“危机”(crisis)，个人的成长就是每个人生阶段中冲突与紧张所导致的结果。他认为一个时期的危机能否化解，有赖于前面各阶段的成败经验及当时的心理适应能力。另一方面，在危机中个人会面临危险，但也同时充满着机会，个人如能发展新的技巧以面对人生危机的挑战，成长则会发生，产生好的内外在一致感，并忠于自我的价值体系目标；反之则可能变得适应不良，形成负向的自我认定，逃避责任或自我迷失。

元(不同角色扮演)、去中心化(人不再受限于单一面向统合的权力中心,使得权力分布成为多面向、不受限制的)、片断化的(表现出的是部分人格)。借着网络的匿名特性,人们可以利用它作为弥补现实生活中无法实现的一些缺憾。

关于青少年在网络空间中的自我认同问题,一些研究表明,网络有助于青少年自我认同的发展。譬如,台湾学者黄厚铭的研究表明,青少年流连于网络的主要原因之一,便是自我认同的探索与追寻。在这个过程中,与真实世界不同的是,虚拟的网络世界打破了人们原有的疆界,以数字的方式决定群体或个人之间互动的时机。网络上的社会互动性、匿名性和多重场域的特性,让个体得以在这虚拟空间中呈现并认同不同的自我。利用匿名性的特点来扮演不同的角色,使得个体在使用网络时,不会产生那种在真实社会交际中那样自我的呈现须得到他人同意或角色本身遭人拒绝的困扰,因此网络较易成为个体自我表现的舞台。这种虚拟的自我认同不断得到网友的支持与正向的反馈,于是理想自我在网络互动中得到相当有利的验证,有利自我概念的积极发展。

此外,在真实社会情境中感到寂寞及缺乏安全感的人,也可以借助于网络来注入他们在情感、心底的秘密以及内心深层的渴望。这种在真实情境中无法求得满足的网络使用者,可能在自我认同、自尊及自我价值方面都有被满足的需要。另一方面,个体在网络空间上使用不同身份同时,亦呈现多重人格,这有助于形成自我统合的多样性,有利于个体重新建构自己。因此,人们在网络上寻求自我统合(identity formation),借助网络上所认同的族群或团体来了解自己的价值、目标、生活形态、需求以及其他因素,这些网络上形成的新性格会转移到真实生活中,并对真实生活产生影响。这些透过网络形成的性格,将深入到日常生活的行为当中,具有促成个体社会化的作用。

但另一方面,也有研究者认为,网络也可能会对青少年的自我认同产生不良影响。例如,虚拟的网络世界会使他们内心中产生不确定感,这种不确定感同时也会影响到个人对于自我概念的建构。利用网络个体可以从中形塑多重自我,呈现不同的个性,因为一切都可以虚构假装,在过去视为会影响个人自我认同的行为,在网络世界中却丝毫不造成任何影响。此外,根据顾里(C. H. Cooley)的"镜中自我"①理论,网络上的虚拟身份是通过联网的计算机所建立出的"屏幕中

① "镜中自我"理论:Theory of looking-glass self,由查尔斯·顾里(Charles Horton Cooley)提出,主要是解释个体如何从一个生物个体转变成为一个社会人的过程,亦即个体获得"自我认同"的过程。顾里认为,自我的形成包含三个过程:表现(presentation)、辨认(identification)和主观解释(subjective interpretation)。个体是从别人对其的态度与行为,以及想象别人对其的看法,来获得自我的概念。

的自我”(life on the screen)所形成的。然而，当真实与虚拟世界间的分际消失后，可能会造成自我的模糊化。因此，有学者认为，个人过度沉浸网络世界，将使人忘却人是有所限制与不足的事实，甚而产生不当的膨胀与错觉，以及过度重视自我的极端情形。再者，网络沉迷的青少年多在虚拟的世界中，借以宣泄情绪与挫折，建立虚拟的自尊，久而久之，面对真实的人际互动会有认同迷失或延宕的问题产生。另外，在相关实证性研究方面，也有研究发现，大部分网络沉迷的初中生对自我概念抱持负面的态度，包括认为自己“不是有出息的人”“不是值得信任的人”及“不是个不错的人”等，并且沉迷网络的初中生的自信心明显低落。

目前，虽然对自我概念与网络的使用行为之间是否有正面或负面影响的说法尚无定论，但可以确定的一点是，网络沉迷行为严重或网络成瘾者，其自我概念或自尊较一般人负面或消极。不过，多数研究者还是认为，青少年在虚拟的社群中利用匿名的特性，掩饰现实生活中的不满足，选择理想的角色来扮演，从而得到网友的支持与关怀，在不断地受到正面的回馈中获得一种积极的体验，对其个人成长来说，通常有利于正向积极自我概念的建立。

（五）“虚拟社区”与“网络伙伴”对青少年社会交往的影响

早在互联网出现之前，麦克卢汉(McLuhan)就曾预言，全世界将因电子媒体的发展而促成“地球村”。电子媒体的发展促成全球化的趋势，媒体将重构现代社会的主要人际关系。如今看来，计算机和互联网对于人际交往的影响确实是巨大的。当无数独立的个人计算机被以某种技术规则逐一串连起来之后，一个具有沟通情感与传递信息功能的“在计算机支持下的社会网络”(Computer-supported Social Networks)就出现了。换言之，当计算机网络联络计算机之时，同时也联系了使用的人们，因而计算机网络就变成了社会网络，即所谓的“虚拟社区”(Virtual Communities)。

“虚拟社区”也被称为“网络空间”(Cyberspace)，是一种源自以计算机为中介之交流(computer mediated communication)而产生的虚拟人际方式。在这个空间内，所有的文字、人际关系、数据、财富与权力都是经由人们使用CMC而产生的，虚拟社区实际上是由于众多的成员进入了网络空间而产生的文化集合体。根据郝伍德·黑格德(Howard Rheingold)的定义，所谓“虚拟社区”，就是“一群主要借助于计算机网络彼此沟通的人们，彼此有某种程度的认识、持续的公开讨论、分享某种程度的适合信息、相当程度如同对待友人般彼此关怀，通过网络建立个人关系，在虚空间中所形成的社会集合体”。

目前，许多研究都表明，虚拟社区对于青少年的人际交往可能产生非常重要的影响。从个性与心理发展的角度来看，人际关系是青少年生活中的重要需求，网络中人际的吸引力是青少年使用网络的重要原因。虽然就互联网的特性而言，信息传递是当初设计的主要目的，但实际上，它用来满足人类沟通、互动与社交才是最为主要的功能。网络吸引人之处就在于人们可以在公众媒体中得到个性化的服务，这是其他传统媒体所不容易达到的。因此，网络对人际的拓展作用主要表现在两方面：一是网络延伸了人际关系所及的范围，使得人际关系可以超越地域的限制；二是网络增加了青少年认识各式各样人的可能性；换言之，网络的沟通及联系功能，带来了信息双向交流的潜力，透过电子邮件、聊天室交谈，让原本没有机会、或无法保持联系的人们，得以通讯、交谈，进而得到互相了解，甚至能够维系感情。

根据学者贝尔姆（Baym N. K.）的说法，虚拟社区是在下列沟通过程中产生的：

◉ 创造各种表达意见及沟通的形式：每个社群中都可能出现特殊的沟通形式，这些特殊沟通形式的产生都是为了弥补在计算机中介传播无法看到对方表情，以及无法听到对方声音的缺点而产生的，例如：“：)”表示笑脸、“：(”表示不高兴，都是许多虚拟社群中共通的特殊符号；

◉ 身份（Identity）：在互联网中由于匿名性高，成员很难知道对方的真实身份，但要持续一个社群的延续，成员之间就必须有相当程度的认同，而第一步就是建立每个成员在社群中的身份，在经过长期的沟通后，渐渐被其他成员所接受；

◉ 彼此之间的关系：根据“社会渗透理论”①的观点，在虚拟社群中“社会渗透”过程会花费较久的时间，亦即人们必须费时较长的时间，才能在互动中产生更亲近的关系；

---

① 社会渗透理论（social penetration theory）：是一种由阿特曼（I. Altman）等人提出，解释人际关系发展过程的理论。该理论认为人际交往主要有两个维度：一是交往的广度，即交往或交换的范围；二是交往的深度，即交往的亲密水平。关系发展的过程是由较窄范围内的表层交往，向较广范围的密切交往发展。人们根据对交换成本和回报的计算来决定是否增加对关系的投入。阿特曼等认为，良好的人际关系的发展，一般经过四个阶段：定向阶段、情感探索阶段、情感交流阶段、稳定交往阶段。

◉ 建立规则：在虚拟社群中，成员彼此间会产生一些共通的行为规则让大家遵守，即使言论中偶尔产生激烈冲突的言语或不当的言论，也会有其他成员出面制止。

台湾学者翟本瑞认为，实际上，虚拟社区的人际关系所产生的心理效果并不比任何真实的人际关系弱小，长期经营有助于内部成员产生高度的凝聚力。因此有越来越多的人喜爱甚至于习惯于这种不需直接面对面，就可按照自己的兴趣和意愿来建立人际关系的模式，以满足其建立人际互动之亲密关系的需求。因此，网络的使用被认为有助于人际的互动与支持。对于那些遭遇现实生活中人际挫折或孤立的青少年，不仅将网络当做一种情绪的缓冲，更进一步将网络视为解决其人际困境的另类方式。不过，也有学者认为，青少年虽然借助于网络来扩展其交友空间，实际上却难以建立较深度的人际关系，而仅仅流于肤浅表面化。原因在于，这种基于虚拟网络的人际互动与真实的人际关系相比较时，缺乏真实演练的空间，故也很难以学习到在实现交际中所产生的各种感受，如真正关怀他人及体谅别人等。同时，反而可能会造成人际压力及陷入疏离感的危机中。所以，网络的社交是快速而易碎、容易发展，却也更显脆弱。简言之，网络的人际关系其实就是一种化名的人际关系。

另一方面，社会交往是由同伴之间的互动而形成，同伴在青少年的个人成长过程中扮演着极其重要的角色。实际上，青少年阶段最明显的转变之一就是，他们正试图脱离父母的管束，与同伴的关系更加密切，因而同侪的影响力大增，而父母的影响力则相对减低。在这一时期，由于正处于缺乏安全感与焦虑的青春期，通过与有类似经验的同侪做比较，可使青少年意识到有相同烦恼的人不只我一个，进而共谋解决之道。少年被同侪影响主要是通过“社会比较过程”①（social comparison process）。因此，对青少年来说，同侪关系是最重要的一种人际关系。

在传统的社会环境下，青少年同侪团体的发展必须受限于地理环境，无论适合与否，学生都必须迫使自己融入到某一团体中，为的就是希望能够适应外在条件，以求同侪团体的认同与接受，满足其人际基本需求及安全感。而如今，网络

① 社会比较过程：social comparison process，Festinger 于 1954 年提出的一个心理学理论，该理论认为人类体内存在一种评价自己观点和能力的驱力，这种把自己的观点和能力与他人进行比较的过程，即为社会比较。

打破了时空的界限，也改变了以往人际交往仅限于面对面的交流的形式限制。青少年借助于网络的特性，在虚拟世界中分享他们的经验，并认识许多朋友，于是便出现了所谓的“网络同侪”(cyber peer)。根据台湾研究者陈俞霖的定义，所谓“网络同侪”是泛指一切在网络上认识的朋友。是一种彼此不受年龄、性别、种族、身份地位等外在因素的影响，而是借着情感的支持、信息的互换和学习经验的分享等所形成密切关系的网上伙伴。

网络同侪形成的场所多半是在聊天室、电子布告栏系统(BBS)与新闻群组(News group)、WWW 虚拟社群、QQ 或 MSN 等实时传讯工具及在线游戏中。尤其是虚拟社群和在线游戏所形成的网络同侪对于青少年的认同有着很大的影响。通常，在线游戏之所以会在“N 世代”中受到极度的欢迎，一方面是因其兼具了游戏趣味性的层面，另一方面更是因为是具有实时聊天的功能，“N 世代”习惯于在网络上寻找同侪团体，好让自己在茫茫网络中不会过于孤单。少年们通过游戏拉近彼此的距离并寻求认同，并且在从事游戏的过程彼此互相帮助、陪伴。从这个角度来说，网络、图像所营造的游戏世界并不是构成少年“沉迷”的最主要原因，人际之间的互动与团体认同感，才是让他们忘我投入的重要影响要素。例如，有研究者发现，角色扮演网络游戏所具有的人际关系的功能，实际上是一种多样化的同盟社群组织，是通过共同的兴趣或任务而结合起来分享情感、经验过程中逐渐发展起来的伙伴关系，玩者也从中获取了“社会支持”与“归属感”。

另外，如上所述，由于少年期正面临着艾里克森称之的角色认同混淆的危机时期，因而少年期望在网络同侪中寻找到团体认同，进而加快社会化的过程。有研究者指出：由于网络同侪的结识与拓展相当多元化，再加上其限制少、选择性多，因此网络同侪的形成有机会取代传统同侪所无法给予的支持力量。目前，网络空间涉入的门槛低，越来越多的青少年都能够利用网络进入到一个似成人化的社会里。这是以往传统社会中所不曾发生的一大转变。青少年在这过程中，可以提早学习，并体验不同的社会化经历。过去青少年经常是在一个受保护、隔离的特殊校园文化中学习、成长。所以当他们离开校园之后，都得进行再社会化，才能够适切地融入到大社会环境中。但是到了网络时代，青少年都能够透过和网络同侪的人际互动与交往，利用在线角色模拟与尝试，提早认识并体验到真实社会的面貌，并促进自己的社会化过程。从这个角度来说，虚拟社区和网络伙伴对于青少年的心理发展有一定的积极影响。

（六）“网络游戏”与青少年的休闲娱乐

随着宽带网络的发展及普及应用，上网玩游戏已成为青少年课余休闲活动的新宠。如今，一到周末或假期时间，少年玩家们经常是呼朋引伴，趋之若鹜，丰富多彩和引人入胜的网络游戏为青少年的业余生活带来了极大的乐趣。但是，正如十年前的电子游戏一样，网络游戏也有可能会对青少年的身心发展带来种种负面影响。因此，近年来，研究者又开始关注网络游戏对青少年群体的影响问题。

实际上，游戏自古以来就与年轻一代的教育有着密切联系，学生们在游戏的充满惊奇、刺激、幻想、欢愉与趣味中一起成长。著名教育家福禄贝尔就曾说过，“游戏是人类最纯粹、最极致的精神活动。同时，在人与所有事物内的蕴含生命中，就整体来说，游戏是人类生活的翻版，所以，它提供了欢乐、自由、满足、内外在的休憩和世界的祥和”。自 20 世纪以来，许多社会学、心理学和教育学研究者开始关注游戏对于青少年心理、个性及社会化等方面的影响，提出各种有关游戏的理论。总体来看，这些理论可以分为古典游戏理论和现代游戏理论。其中，古典游戏理论主要包括席勒等提出的“精力过剩游戏理论”①，格罗斯(Gross)提出的“生活准备游戏理论”②，以及莱拉罗斯(Lazarus)的“游戏的放松和休养理论”③。

在现代游戏理论中，主要以精神分析学派弗罗伊德(Frued)及艾里克森(Erikson)的游戏理论为代表。弗罗伊德认为，游戏在个体情绪发展中扮演重要之角色，是个人愿望实现和克服创伤的一个重要途径。在其心理分析理论中有关“本我”的人格结构中，是受到快乐原则所支配，人们是透过游戏来达成自己所不及的愿望和获得满足。游戏能帮助个人发展“自我”的力量，克服“本我”和“超我”的冲突。另外，游戏在情绪抒发上亦有其重要性。他认为，儿童通过游戏更能“安全地”把自己的情绪“宣泄”，将内心所凝聚的能量抒发出来。因此游戏具有心理治疗的功能，通过其过程来达成心灵净化的作用。

---

① 精力过剩游戏理论：该理论指出，人类在生活中要受到精神与物质的双重束缚，在这些束缚中就失去了理想和自由。于是人们利用剩余的精神创造一个自由的世界，它就是游戏。这种创造活动，产生于人类的本能。席勒认为，游戏是精力的发泄，是无目的地消耗充沛的精力；因此游戏是个人以过剩充沛精力，驱使着他们的活动，是把生存之多余出来的精力以游戏的方式消耗掉，否则会造成压力。

② 生活准备游戏理论：该理论认为，游戏并不是没有目的的活动，游戏并非与实际生活没有关联。游戏是为了将来面临生活的一种准备活动。格罗斯认为游戏因本能而起，或为适应生活作准备。

③ 游戏的放松和休养理论：这种理论认为，人在生活中会消耗脑力及身体上的能量造成疲劳，因此需要充分的休息才能获得真正的恢复，只有透过游戏和休闲活动，才能提供恢复健康的功能。

可以看出，对于青少年来说，游戏并非只是在游乐、玩耍当中所感受到的一种能够让人产生满足感的情绪体验，实际上，游戏的过程，也会对个体心理深层次的内在经验产生影响。实际上，游戏是一种很有价值的学习经验，游戏对个人适应社会有非常重要的作用。法国社会学家罗杰·凯约华曾经提出过一种名为“游戏四分类”理论（见图6），他认为，人类的游戏形式虽然千差万别，但是按照“意识”和“规则”的标准来定义，可以将游戏限定在4种基本类型之内。

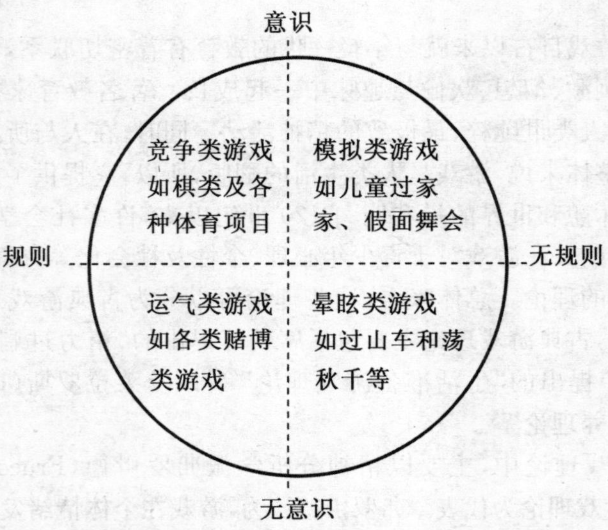

图6 罗杰·凯约华的游戏四分理论

例如，在图中以是否调动游戏者的意识为横轴，以游戏本身是否具有规则为纵轴，将全部游戏分为四大类，分别是：

- ◉ 竞争类游戏：既有意识也有规则，例如象棋、台球、竞技性的体育运动；
- ◉ 模拟类游戏：有意识但无规则，例如儿童过家家；
- ◉ 运气类游戏：有规则但无意识，如各种赌博游戏；
- ◉ 晕眩类游戏：无意识也无规则，如过山车、荡秋千等。有人认为，网络游戏也属于此类。

目前，许多研究者认为，网络游戏就是上述四种游戏构成因素的集大成者。换言之，在电脑游戏中，既包括“竞争”和“模拟”，同时也有“运气”和“晕眩”成分。

因此，其吸引力是各种传统游戏所难以比拟的。网络游戏起源于电脑游戏①，20世纪70年代的MUD游戏②可以被视为在线游戏的前身。通常，根据游戏型态和玩法，可将网络游戏区分为以下三种类型：

在线游戏(on-line games)：可供千人甚至万人同时上网的游戏，能使玩家在网上建构属于自己的虚拟世界，如“天堂”、“石器时代”等。通常这类游戏无固定的游戏模式，让玩家自行发展。这类在线游戏无法单机使用，玩家需要花钱购买点数或者是交月费后，才能连上游戏公司的服务器与其他玩家一起在服务器游玩。服务器会随时纪录玩家在游戏世界中所扮演的角色经历。

联机游戏(Network games)：是一种既可以在单机上玩，也可以将几台计算机连在一起，让单机游戏拥有联机功能，提供4至8人(目前国外已发展到32人以上联机)玩家对打的实时游戏，如实时战略“帝国时代Ⅱ”、第一人称射击FPS“绝代武力CS”。玩家只需买游戏光盘，之后不需再付钱。不过，这类游戏没有累积性，属于回合制竞争型。

网页游戏(web game)：这类游戏因采用技术多以网页制作软件Flash或跨平台程序语言java等研发游戏。游戏提供简单、普通的回合制游戏，玩家人数以2至4人为主，如棋、牌类的游戏，到较为复杂的赛车、撞球、益智类游戏。这类游戏网站通常都采免费注册成为会员后就可直接在网络上玩游戏。

有研究者指出，网络游戏之所以对于青少年具有重要意义，是因为它具有多方面的功能。根据相关研究成果，网络游戏的主要功能如下：

- ◉ 心灵慰藉之功能：在线游戏能够提供给游戏者心灵慰藉、疏发情绪的机会。玩家进入游戏后自身意识可以脱离现实世界，从新的自我或压力中纾解，获得重新面对现实的勇气。换言之，游戏成为参与者的精神寄托；
- ◉ 自我的发现与重塑：透过网络角色扮演，游戏者能够在网络世界中把自

---

① 电脑游戏的出现与20世纪60年代电子计算机进入美国大学校园有密切的联系。1962年一位叫斯蒂夫·拉塞尔的大学生在美国DEC公司生产的PDP-1型电子计算机上编制的“宇宙战争”(Space War)是当时很有名的电脑游戏。一般认为，他是电脑游戏的发明人。1971年，誉为“电子游戏之父”的诺兰·布什内尔发明了第一台商业化电子游戏机，并创办了世界上第一家电子游戏公司。随着苹果电脑的问世，电脑游戏才真正开始了商业化的道路。此时，电脑游戏的图形效果还非常简陋。从80年代开始，PC机和多媒体技术开始成熟，电脑游戏则成为了这些技术进步的先行者。尤其是3Dfx公司的3D显示卡给行业带来了一场图像革命以后。进入90年代，电脑软硬件技术的进步，互联网的广泛使用为电脑游戏的发展带来了强大的动力。进入21世纪，网络游戏成为了电脑游戏的一个新的发展方向。

② MUD的含义是：Multi-UserDungeon：多人地下城堡；Multi-User Dimension：多人世界；Multi-UserDialogue：多人对话。它是最早出现的多人在线游戏，它是一种以文字为媒体，可以多人互动的角色扮演的网络游戏。

己性格中潜在的，在现实生活中从来没有可能展现的那部分性格发觉出来，重新定位自己，重新确认自己的价值；

◉ 角色的实验场：在角色扮演的网络游戏里，游戏可以在网络游戏空间这一"虚拟"舞台上，根据自己的兴趣和喜好，在自己的想象力所及的范围内，自由地选择和塑造身份，进行自我表演和呈现；成为一个试验新身份的地方；

◉ 教育启发之功能：在线游戏也可增进游戏者学习各种知识、经验、增加阅读、组织、想象和思考等能力。同时，在线游戏的内容亦可传达历史、科学、文学知识，游戏融合历史性题材，使游戏成为一种重要学习方式，既补充学校教育之不足亦能提高学习兴趣。另外，游戏过程与内容蕴含某些人生哲理，有某种程度的启发学习的正面意义；

◉ 人际关系之功能：游戏者通常在游戏过程中的彼此间互动，"网络同侪"逐渐形成。在线游戏不仅是个人消遣之方式，并且可以增进同侪间之情感，扩大同侪族群之间的共同话题，开辟新的交友渠道促进人际关系。

但与此同时，研究者也发现，网络游戏的盛行同样也对青少年的身心发展带来许多负面影响。由于网络游戏提供了前所未有的新鲜感和刺激，其高度官能化的刺激和快感，诱发"网络游戏成瘾"的形成。根据麦克勒瑞斯(Mcllwraith)提出的电视成瘾理论，美国心理学研究者格里菲斯(Griffiths)认为有两类网络游戏成瘾：一类是被游戏的刺激性所吸引，或是因为可以得到社会的回报，或是为了检验他们的熟练技能，所以不断增加游戏时间来获得玩游戏而带来的心理愉悦感；另一类是为了替代其他的活动，或是为了减少某个领域的压力。他认为，前者是轻度的成瘾，后者更为严重成瘾，因为从心理上说后者倾向于逃离现实世界。另外，他还认为，电脑游戏成瘾可能对于人的想象力会有不利的影响，例如，无节制使用电脑游戏的人想象力比较差。因此，对于青少年来说，网络游戏对其身心发展具有双重的影响作用，这需要教育者及社会更多的关注和引导，使之更多地成为促进青少年个性心理发展的积极影响因素。

（七）"网络成瘾"对青少年成长的影响

"成瘾"(addiction)一词最初仅用于药物依赖，通常被应用于一些行为障碍，如饮食障碍、药物成瘾等。但随着互联网在社会生活中影响的不断扩大，互联网也成为一种引诱人们"成瘾"的诱因。1996 年，美国心理学家伊凡·格德伯戈

(Ivan Goldberg)率先提出了“网络成瘾”(Internet addiction disorder,IAD)的概念,用来特指那种由于过度迷恋上网活动而导致的各种负面影响。随后,另一位美国心理学家凯伯莉·杨(Kimberly Young)也提出了“病理性网络使用”(pathological internet use,PIU)的概念,认为PIU和药物依赖不同之处在于,它更像是一种冲动性控制障碍。此外,她结合对网络成瘾的实际研究,还设计了一个用于判断上网者是否成瘾的心理量表①。后来,另一位学者戴维斯(Richard. A. Davis)则进一步根据认知行为模式将PIU分为了“一般性PIU”和“特殊性PIU”。前者指的是一般的、多维度的使用网络,这种使用时没有目的性;后者则是指依赖明确的网络功能,比如网络游戏。戴维斯认为,这两类症状的原因有很大差异,一般性PIU的患者大部分是家庭朋友的缺失而导致,而特殊性PIU的患者则以前多存在精神和生理等问题。

后来,台湾学者周荣在根据国际卫生组织对成瘾的定义上稍作修改后,将“网络成瘾”定义为:“由重复的对于网络的使用所导致的一种慢性或周期性的着迷状态,并带来难以抗拒的再度使用之欲望。同时并会产生想要增加使用时间的张力与忍耐、克制、戒断等现象,对于上网所带来的快感会有一种心理与生理上的依赖”。另外,台湾学者陈淑惠还提出网络成瘾的五种表现形式,并编制了相应的中文网络成瘾量表②:

◉ 强迫性上网行为:指的是一种渴望上网的冲动。在看到计算机时有想要上网的欲望或动机,在上网后个体变得有精神,并渴望得到更多上网时间;
◉ 戒断行为与退隐反应:在被迫离开或中断上网行为时,容易产生不愉快的感觉或挫败的情绪反应。例如:情绪低落、生气、空虚感、无法集中注意力、心神不宁等;
◉ 网络成瘾耐受性:随着网络使用经验增加,使用者必须通过更多的网络内容或投入更多的上网时间,才能得到原来所感受的上网乐趣;
◉ 时间管理问题:是指无法再按照未上网以前的时间来安排日常活动,例如睡眠、上班上学、用餐时间等,换言之,上网占用了过多时间,打乱了原有的生活规律;

① 网络成瘾量表见本书附录B,有关凯伯莉·杨的相关研究信息见 http://www.netaddiction.com/.

② 见本书附录C。

◉ 人际及健康问题：由于沉迷在网络上的时间过久，导致日常生活中人际关系及个人健康出现危机。

根据凯伯莉·杨的分类，从网络衍生的成瘾问题，可分为五种类型：

◉ 网络色情瘾(Cyber sexual Addiction)：沉迷于观看、下载和交换色情作品；
◉ 网络关系成瘾(Cvber Relation Addiction)：将全部精力投注于在线关系之中，在线朋友变得比现实生活中的家庭成员和朋友更为重要；
◉ 网络博彩或购物成瘾(Net compulsion on gambling or shopping)：将大量时间精力和金钱花费在网上赌博、购物和拍卖等活动之中；
◉ 网络游戏成瘾(Net Game)：将大量时间、精力和金钱花费在网上游戏活动之中；
◉ 信息收集成瘾(1nformation Overload)：花费大量时间致力于在网上查找和收集信息，伴随有强迫性冲动倾向和下降的工作效率。

凯伯莉·杨认为，引发网络成瘾的动机最主要基于网络特殊的环境所导致，包括网络上的匿名性、个人私隐性、广阔的信息、可自我调控的沟通环境及高科技产品带来的刺激快感等。例如，网络世界的匿名性及私隐性保护了个人在网络活动中的隐私，减低行为受约束或受监察的程度；当网络能随时提供以往不容易取得的另类信息时(如色情信息)，市场效应便催生了网络色情信息的泛滥，其背后的成因是网络信息的自由取用性。另外，网络游戏的出现提供了前所未有的新鲜感和刺激，其高度官能化的刺激和快感，诱发沉溺网络游戏的形成。杨将以上这些成因归纳为一个诱发网络沉溺的架构，简称 ACE Model，即 Accessibility、Control 和 Excitement。有研究者归纳相关学者的理论及相关研究，将网络成瘾的可能因素分为行为学派主张、人本学派观点以及精神分析学派看法(见表 5)。

◉ 行为学派认为网络成瘾是一种操作性条件反应，沉迷者因为上网带来的愉悦感而不断增强其行为；
◉ 人本学派认为造成网络成瘾的原因是个体自身的各种心理需求未得到满足；

◉ 精神分析学派认为网络成瘾者利用网络当做心理逃避机制，借助网络来减少焦虑。

表 5　青少年网络成瘾原因之各学派观点

理论观点		网络成瘾原因	相关之网络使用项目
行为学派		上网本身的增强作用导致网络成瘾。	宽带网络
人本主义学派	自我实现	网络成瘾者因为日常生活的不满足，转向虚拟世界寻求自我实现的机会。	
	自尊与自我认定	1. 网络成瘾者借助于网络的匿名性，发展新的自我认定，将“理想之我”投射在“虚拟之我”上。 2. 网络成瘾者借助于网络游戏不断得分的过程，提升自我效能以及满足自尊的需求。	匿名性的沟通（BBS、ICQ、聊天室） 互动性网络角色扮演游戏
	爱与隶属	真实社交中爱与隶属感的不满足，转而向虚拟友谊寻求情感的支持。	BBS、QQ、聊天室、互动频繁的电子邮件
	生理需求	借助于网络满足人类的性需求。	色情网站、虚拟性爱
精神分析学派		网络成瘾者借助网络减少焦虑及冲突，把上网当做一种心理逃避机制。	网络游戏

资源来源：游森期（2002），青少年网络成瘾之成因探讨，台湾国立政治大学教育研究所，学生辅导 2002 年 11 月．83 期．

美国心理学家约翰・格罗赫尔（John M. Grohol）曾提出了一个“病态网络行为模式”（Model of Pathological Internet Use）理论来解释青少年的网络成瘾问题。根据 Grohol 的理论假设，所有网络活动的参与都具有阶段性特点（见图 7），即每项活动的参与都会由最初新鲜狂热、之后慢慢淡化、到最后稳定或是没落。任何人刚刚开始接触网络世界或接触新兴的网络活动（如新游戏）时，都会出现短暂的“着迷”（enchantment），这是大多数参与者必经的第一阶段。情况就如人们初次买新手机的时候，也会花很多时间去了解如何使用，并热中于试用其诸多功能。在此期间，使用者可能会出现过量参与、时间管理失衡和倾向沉溺等情况，此阶段所持续的时间长短因人而异，可能数天，也可能数周。

随着新兴活动的热潮和魅力和趣味减退后，使用者便会逐渐察觉过量参与对自己日常生活的影响，开始不再过分沉迷，因而减少参与，甚至抽离不参加；这

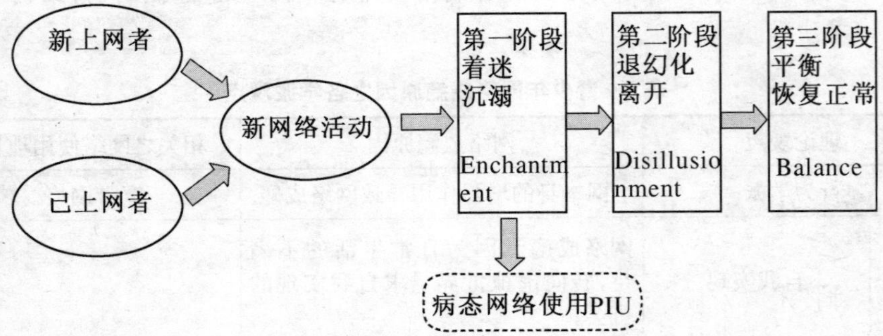

图7　约翰·格罗赫尔的病态网络行为模式理论

便是所谓“退幻化”(disillusionment)的第二阶段。再经过一段时期的适应,参与者可以重拾对有关活动的兴趣和价值,清楚网络媒体的运作,晓得分配时间、平衡生活,不再容易着迷;回复正常生活。这是最后的“平衡阶段”(balance)。

可以看出,约翰·格罗赫尔的观点是,网络活动具有“阶段性”特点,最终大部分的使用者都会进到平衡的阶段,只不过时间的长短不一样而已。假若有些参与者经过一段长的时间依然停留在“着迷”的阶段,这就表明他个人出现了问题,特别是因某些个人的欠缺例如孤独、缺少同伴等;若他继续停留于“着迷”,便会演变成强迫性行动,形成真正的成瘾或“病态网络使用行为”,此时则需要辅导介入的协助。实际上,许多研究都发现,缺乏同伴、生活沉闷和欠缺生活目标的青少年,最容易被网络的环境诱发沉溺的倾向。已有多项研究发现,有上网成瘾倾向的青少年中,性格内向、孤独、不善言词及缺乏人际支持的学生居多。

上述这些有关网络成瘾的研究结果为教育者和家长正确认识互联网络对青少年的多方面影响提供了诸多的有益提示,有助于引导和规范青少年的网络使用行为。

(八)用开放的眼光看待青少年网络文化

综上所述,可以看出,网络文化对于青少年成长的影响是复杂和多方面的,其中既有积极因素,也有消极甚至不利的因素。关键在于,教育者如何深刻地理解和认识互联网对于现代社会的全方位影响,而不是以传统的观点和视角来看待新生一代的成长问题,因为网络时代为当代的青少年赋予了与众不同的成长环境,相应地,也带来了独具特色的青少年亚文化现象(网络文化)。从这个角度来说,研究者对这种新文化现象的复杂性和综合性要有比较清醒的认识,需要通过各种方式和途径来认真研究它,认识它,从而能够利用它来引导青少年健康成长。

首先，教育者需要承认，正如以往的电视等大众传媒一样，计算机和网络已成为青少年日常学习与生活的一个重要组成部分。学生的网络文化实际上是学校环境下青少年亚文化的一个重要表现形式，它反映了在信息科技发达时代，学生群体亚文化的最新发展和表现。以往的研究表明，青少年亚文化的具体内容、特点和形式实际上是反映不同时代的社会经济文化和技术发展的时代特点和特色。教育者、家长和学校管理者应该充分理解，如同电视等媒介工具一样，学生对于这种技术的依赖和喜欢都是正常的，是青少年群体对于各种具有高科技特点的新应用和产品的正常反应。

其次，教师和家长应充分理解学生网络文化的内涵，采取因势利导的方式来规范学生的计算机和网络应用，而不是简单的“禁”和“堵”。例如，为引导学生适当玩网络游戏，家庭和学校可以考虑合理为学生在学校和家庭环境中提供玩游戏的时间，释放学生对网络游戏的好奇感。研究者认为，一方面，学生家长应理解学生对于各种新式电子工具和电子游戏的好奇心，在学习之余，可作为一种业余娱乐方式适当参与，家长可以在游戏类型选择和玩的时间方面加以控制；另一方面，在上信息技术课时，学校也应该增加信息技术课的课时量，并在教学内容中增加有关信息伦理、网络成瘾等方面的内容；这样，适当在信息技术课中增加一些游戏内容，通过这种方式来释放或稀释中小学生对于电脑游戏的心理需求，来减少其负面影响。另外，利用网络游戏进行教学也是目前教育技术研究领域的一个前沿和热点性的问题，国外已经有一些教育性的网络游戏出现，这实际上也是利用网络游戏的一个非常好的形式。

另外，在学校教学过程中，教师利用计算机和网络进行教学，对于促进学生在学习过程中使用各种与计算机和网络相关的学习方式有着重要促进作用。而且，计算机和网络在教学中的应用也会使得学生拓展对于计算机和网络作为一种技术工具用途的认识，意识到计算机不仅可以用来玩游戏和看电影，同时，更为重要的是，它是一种学习工具，可以利用它来促进自己的学习。从这个角度来说，教师在教学中使用信息技术的情况，对于促进学生认识、理解和建构一个正向、积极的学生网络文化有着重要意义。

需要强调的一点是，研究者认为，目前，网络成瘾的概念和内涵已被泛化，许多媒体过分渲染了上网或网络游戏对于学生的负面影响，这种情况不利于鼓励学生学习和使用计算机与网络知识和技能。研究者认为，在这种网络成瘾泛化的影响下，学校管理者、教育者和家长可能会有意识地通过各种方式来控制中小学生接触和使用计算机和互联网的时间和途径，在某些情况下甚至完全禁止学生接触和使用计算机网络(例如为了升学考试和高考等)。研究者认为，这种做法实际上是剥夺了中小学生利用计算机和网络来促进和发展其信息获取、问题解决和社会交流等方面能力的机会，而在如今的信息社会里，这些能力如同各种传统的能力(听说读写等)一样，会对青少年的健康成长产生重要作用。

总之，研究者认为，青少年网络文化是符合现代信息社会发展的基本潮流和趋势的，它使得中小学生从小就形成了将计算机和网络视为生活和学习之不可分割组成部分的观念和意识，并养成了以计算机和网络作为学习和解决问题工具的良好习惯，有利于青少年创造力和开拓能力的培养。更为重要的是，这种态度和观念对于今后适应信息化和网络社会的工作、生活和学习将具有重要意义。从这个角度，作为教育者和家长来说，应该充分理解这种由于年龄、身心发展特点、学校教育环境的压力以及对于高科技产品天生的好奇等因素综合在一起而形成的网络文化，首先将之视为一种正常和合理的青少年亚文化表现形式，而不是视为洪水猛兽。进一步，应根据学校教育的规律，对其积极方面加以保持和发扬；对其消极方面进行有意识的抑制和修正。

思 考 题

1. 在关于信息化社会理论的研究中，也有学者将各种关于信息化和信息社会的理论和观点总结为三大类，分别是“文明史型信息社会论”、“政策论型信息社会论”和“实证型信息社会论”。请根据此分类标准，将本章中所提及的各种与信息社会相关的理论进行归纳，看一看分别属于上述三大类中的哪一类。
2. 分别以“教育信息化”、“资讯教育”和“ICT in education”为关键词，在 Google 搜索引擎上进行检索。然后，有选择性地浏览所搜索到的网页资料，试分析国内大陆地区、港台地区及国外对于教育信息化认识的差异，并以此为主题撰写一篇小论文，题目自定。
3. 你周围有经常上网的同学吗？若有的话，请根据本章“网络文化”中的相关内容来设计一份访谈提纲，对经常上网的同学进行访谈，看一看上网对其学习、人际交往和娱乐等方面有哪些实际影响。

动手研究

请在自己所在班级寻找 5—10 位经常上网的同学，然后根据本书附录中所提供的两种网络成瘾量表来分别测量他们的上网情况，看一看两份量表测量的结果是否相同，并对测量结果进行分析。

参考文献

中文：

[1] 谢清俊(1998)，网络与知识的传承，http://www. sinica. edu. tw/~cdp/paper/1998/19980215_1. htm(2007-2-9).

[2] 尹建中等(1997)，信息科技对人文、社会的冲击与影响期末研究报告，台湾中央研究院信息科学研究，1997 年 6 月 20 日，http://www. sinica. edu. tw/~cdp/project/01/index. html(2007-2-9).

[3] Straubhaar，Joseph(1996)，蔡念中译，传播媒介与信息社会(Communications Media in the Information Society)，台北：亚太，1996 年.

[4] 松田米次(1987)，洪荣昭译，21 世纪的信息社会：计算机理想国的省思(The Information Society As Post Industrial Society)，台北：幼师文化，1987 年.

[5] 高瑞坤(2003)，信息社会学研究，台湾和春技术学院 www. cge. fjtc. edu. tw/plan2/pp04/kun01. doc(2007-2-9).

[6] 杨耀忠(1998)，资讯科技教育之新加坡经验——香港与新加坡的比较，香港文汇报，http://htms. homeip. net/yeungyiuchung/news/yw055a. htm(2007-2-9).

[7] 洪秀雄(1997)，试论信息科技快速发展对人际关系的影响，第二届“当前台湾社会与文化变迁学术研讨会”，新竹：交大通识教育中心，1997 年 3 月.

[8] 增田米二(Yoneji Masuda)(1994)，游婉娟译，信息地球村(Managing the Information Society)，台北：天下文化 1994(1990)年.

[9] 王春(2001)，信息化与跨越式发展，2001 年《中国信息年鉴》国家信息中心和中国信息协会，Http://www. ciia. org. cn/infoyearbook(2003. 4. 30).

[10] 曼纽尔·卡斯特(2001)，网络社会的崛起[M]，夏铸九，王志弘等译，北京：社会科学文献出版社，2001：12.

[11] 欧文·路易斯·霍罗威茨(1996)，国际发展比较研究中的个性和结构领域[M]. 上海：上海译文出版社. 1996：321.

[12] 联合国教科文组织国际教育发展委员会编著(1987)，学会生存：教育世界的今天和明天[M]，上海：华东师范大学出版社. 1987：33.

[13] 王春(2001)，国际资料篇：国家信息基础结构：美国行动计划，2001 年

《中国信息年鉴》,国家信息中心和中国信息协会,Http://www.ciia.org.cn/infoyearbook(2003.4.30).

[14] 王春(2001),国际资料篇:"电子日本(e-Japan)"简介,2001年《中国信息年鉴》,国家信息中心和中国信息协会,Http://www.ciia.org.cn/infoyearbook(2003.4.30).

[15] 祝智庭(2002),教育信息化的概念与特征[J],山东电大研究动态.2002:34-38.

[16] 黎加厚,谈教育信息化[J].中国电化教育 2002(1):12-26.

[17] 沈培华等(2000),教育管理现代化与信息系统建设[J],清华大学教育研究 2000.1:44-47.

[18] 沈培华,王遇雪等(2002),清华大学数字校园建设与思考,管理信息化系统,2002年第2期.

[19] 蒋东兴,史宗恺等(2004),大学资源计划的方案研究,清华大学学报(自然科学版),2004,(04).

[20] 许鑫,苏新宁(2005),新一代高校数字化校园建设,现代图书情报技术,2005年第1期,48-55.

[21] 安东尼模型(2002),基于"安东尼模型"的企业管理信息系统理论基础[J].制造业信息化快递,2002-12:33:42

[22] 巴纳德(1997),经理人员的职能[M].孙耀君等译,北京:中国社会科学出版社 1997:11.

[23] 陈书勤(2002),几个重要的信息系统发展阶段论模型简介[J],制造业信息化快递.2002:12-31.

[24] 陈丽,周鸿媛(2002),关于教育信息化实践中关键问题的思考[J],网络科技时代(信息技术教育),2002(4):12-14.

[25] 吴齐殷(1998),计算机网络的社会冲击:以伦理议题为例,台湾中央研究院社会学研究所筹备处,第4期1998.1.

[26] 翟本瑞(2004),如何研究网络文化?台湾南华大学社会所.

[27] 中国互联网络信息中心(CNNIC),中国互联网络发展状况统计报告[R],2006年7月,http://www.cnnic.cn(2006-9-27).

[28] 王珠珠,赵国栋等(2006),2006年中国东中部地区基础教育信息化调查报告[R],教育部基础教育资源中心,2006年9月.

[29] 王智弘(2003),辅导因特网中的青少年:探讨青少年网络成瘾之咨商

与辅导策略，彰化师大辅导与咨商学系，辅导人员对青少年网络成瘾行为之挑战与因应研讨会. 台北市，淡江大学.

[30] 中国青少年网络协会(2005)，中国青少年网瘾数据报告[R]，http://www. cycnet. com/images/2005/zhuanti/2005chinayouth. doc(2007-2-10).

[31]《人民日报》2005 年 3 月 15 日第十一版.

[32] 唐·泰珀斯格特(Don Tapscott，1998)，陈晓开、袁世佩译，“N 世代”：主导 21 世纪数位生活的新新族群，Growing Up Digital：The Rise of the Net Generation，McGraw Hill 1998.

[33] 海峰，网络文化的美学反思，http://okuc. net/bbs/dispbbs. asp? boardID=19&ID=934(2007-2-16).

[34] 吴明隆(1998). 计算机网络学习特性及其相关问题的省思. 台湾教育部电子计算器简讯 64.

[35] 陈俞霖(2002)，网络同侪型塑及对青少年社会化影响之探讨，信息社会研究(3)页 149-181，2002 年 7 月南华大学社会学研究所.

[36] 游森期(2002)，青少年网络成瘾之成因探讨，国立政治大学教育研究所，学生辅导 2002 年 11 月. 83 期.

[37] 王千幸(2003)，以“网络同侪教学”建构“网络学习社群”之行动研究，国立彰化师范大学学报：科学教育类，2003 年，48(1)，119-142.

[38] 关于电脑游戏的一个介绍，2004 年 2 月，http://www. swarmagents. com/bs/forum/viewarticle. asp? id=2291&catagory=生活学习科研(2007-2-16).

[39] 理查德·A. 斯皮内洛(1999)，世纪道德——信息技术的伦理方面[M]. 刘钢译，北京：中央编辑出版社，1999：169.

[40] 李涤非，王辉，网络伦理学的几个基本问题[J]，淮阴师范学院学报哲学社会科学版，2006. 4 第 28 卷，489-494.

[41] 基础教育信息化国际比较研究报告书[R]，东北师范大学教育信息中心，2006 年 5 月.

[42] 赵国栋，缪蓉等(2004)，中国教育信息化 2004 年调查报告[R]，北京大学教育学院教育技术系，http://www. websurvey. cn/index. php? option=com_content&task=blogsection&id=7&Itemid=29(2007-2-11).

[43] 赵国栋，黄永中等(2006)，互联网上的“N 世代”：北京市中小学生“网络文化”研究报告[R]，北京大学教育学院教育技术系，2006 年 11 月.

[44] 林建仲,郑宗文(2001),合作式学习与问卷解决—培养以问题解决为中心的网络合作学习,台湾资讯与教育杂志,2001 年.

[45] 施俊良,郭家华等,六年级与"N 世代",http://www. nhu. edu. tw/society/40/40 - 39htm(browsed in 2007 - 2 - 10).

[46] 雪莉・特克(Sherry Turkle)(1998),虚拟化身:网络世代的身份认同,台北:远流出版社.

[47] 黄厚铭(2001),虚拟小区中的身份认同与信任,国立台湾大学社会学研究所博士论文.

[48] 周荣,周倩(1997),网络成瘾现象、网络使用行为与传播快感经验之相关性初探,中华传播学会 1997 年会学刊,2 - 12.

[49] 陈淑惠(1999). 我国学生计算机网络成瘾现象之整合研究,子计划:网络成瘾现象的心理病理之初探 1/2. 台湾行政院国家科学委员会专题研究计划. http//report. ice. ntnu. edu. tw/nscreport/872511002023N.

[50] 陈之虎(2004),网络发展中的青少年危机:香港的情况,http://www. breakthrough. org. hk/ir/articles/A18%20cyberrisk%20hkfyg%20article. pdf (2007 - 2 - 16).

英文:

[1] Scott Carlson (2005), The Net Generation Goes to College, The Chronicle of Higher Education, Volume 52, Issue 7, Page A34, http://chronicle. co/fe/v52/307/3401. htm(browsed in 2007 - 2 - 10).

[2] Diana G. Oblinger and James L Oblinger (2005), Educating the Net Generation, http://www. educause. edu/ir/library/pdf/pub710. pdf(2007 - 2 - 10).

[3] Basmat Parsad, Jennifer Jones(2005), Westat Bernard Greene, Internet Access in U. S. Public Schools and Classrooms: 1994 2003, National Center for Education Statistics, February 2005, http://nces. ed. gov/pubsearch.

[4] Paul Hitlin, Director Lee Rainie(2005), The Internet at School, Pew Internet & American Life Project, http://www. pewinternet. org/pdfs/PIP_Internet_and_schools_05. pdf(2007 - 2 - 10).

[5] Palloff, R. M., & Pratt, K. (2001). Lessons from the cyberspace classroom: The realities of online teaching. San Francisco, CA: Jossey-Bass.

[6] Grohol, J. M. (1999) Internet Addiction Guide (Last revised: April

16, 2005). (Online) Available at: http://psychcentral. com/netaddiction/ (browsed on 2006 - 11 - 9)

[7] David Silver, Looking Backwards(2000), Looking Forward: Cyberculture Studies 1990 - 2000, Web. studies: Rewiring Media Studies for the Digital Age, edited by David Gauntlett (Oxford University Press, 2000): 19 - 30. http://rccs. usfca. edu/intro. asp.

[8] Saloman, G. (1993). Distributed cognition: Psychological and education consideration. Cambridge University Press.

[9] Baym, N. K. (1998), The Emergence of On-line Community. In S. Jones (Ed.) Cybersociety: communication and community (pp. 35 - 68), Newbury Park, CA: Sage.

[10] Griffiths, M. (1998). Internet addiction: Does it really exist? In J. Gackenbach(ed.), Psychology and the Internet: Intrapersonal, interpersonal, and transpersonal implications, pp. 61 - 75. New York: Academic Press.

[11] Goldberg, I. (1995). Internet addiction disorder. Retrieved October 1, 2005, from http://www. physics. wisc. edu/~ shaizi~ internet_addiction_criteria. html.

[12] Young, K. S. (1996). Internet addiction: The emergence of a new clinical disorder. Paper presented at the 104th annual meeting of the American Psychological Association, August 11, 1996. Toronto, Canada. Retrieved October 15, 2005, from http://www. netaddiction. com/articles/newdisorder. html.

[13] Young, k. s. (1998). The center for on-line addiction—Frequently asked questions. Retrieved October 5, 2005, from http://www. netaddiction. com/faqsindex. html.

[14] Young, k. s. (2004). Internet addiction: A New Clinical Phenomenon and Its Consequences. American Behavioral Scientist, 48(4), 402 - 415.

[15] Davis, R. A. (2001). "A Cognitive-behavioral model of pathological Internet use". Computers in Human Behavior, 17, P187 - 195.

[16] Grohol, J. (1999). Too much time online: Internet addiction or healthy social interactions. CyberPsychology and Behavior, 2, 395 - 402.

[17] Philip E. Agre(2002), Cyberspace as American Culture, Science as

Culture 11(2), 2002, pages 171 - 189. http://polaris. gseis. ucla. edu/pagre/sac. pdf(2007 - 02 - 16).

[18] Peter Goodyear, Gill Salmon(2001), Competences for online teaching: A special report, http://www. springerlink. com/content/q101330606t10301/(2007 - 2 - 16).

[19] Howard Rheingold(1998), The Virtual Community, http://www. rheingold. com/vc/book/(2007 - 2 - 16).

[20] Kimberly S. Young (1997), What Makes the Internet Addictive: Potential Explanations for Pathological Internet Use. http://www. netaddiction. com/articles/habitorming. htm(2007 - 2 - 16).

[21] Davis, Richard A. (2000). A Cognitive-Behavioral Model of Pathological Internet Use(PIU). http://www. victoriapoint. com/piu. htm(2005. 7. 3).

[22] Grohol, J. M. (1999), Internet Addiction Guide, http://psychcentral. com/netaddiction/(2007 - 2 - 16).

第　二　章

浪潮巅峰的美国教育信息化

内容导读

20 世纪 90 年代初，作为全球信息社会建设之先行国家，美国政府率先开始实施“国家信息基础建设计划”(NII)，其目标在于使所有美国人都能以负担得起的价格在任何地点和任何时间获取所需的信息。此计划的核心是围绕“信息高速公路”的建构而起，在这个计划描绘的蓝图中，将计算机、网络与通信结合，希望通过整合多元化的信息、应用软件、计算机通信及来自各阶层的用户，最终使每个美国人能够公平、方便地取得各种信息资源。在这份报告中，专门列出了对教育信息化的目标：“通过信息网络来实现个性化的教育、远程课堂，将提供最好的教师和教材，以及虚拟的实验环境。……以虚拟博物馆、电子报刊、网上游戏、视频点播、交互式电视等形式来提供学习化社区和方便的生活”。从此，揭开了美国教育信息化建设的序幕。以美国联邦教育部在 1996 年、2000 年和 2004 年发布的三份国家教育技术计划为依据，本章介绍了美国教育信息化的政策制订、应用及发展概况，其中包括美国 K-12 网络学校和高校的数字化校园发展。最后，本章也探讨了美国高校信息化建设过程中所面临的一些热点问题，如校园的数字版权保护和开放教育资源运动。

关键词

国家教育技术计划，E-learning，K-12 网校，数字化校园，数字版权，开放教育资源

数据摘要

美国 K-12 学校：

◉ 自 2003 年起，美国公立中小学校已实现 100%接入互联网

◉ 2006 年,美国公立中小学校的生机比已达到 3.8∶1;
◉ 平均已有 94%的公立中小学校的教室都已实现全部联网;
◉ 97%的美国公立学校是使用宽带(broadband)接入方式;
◉ 45%的学校已开始使用无线网络接入(wireless Internet connection)技术;
◉ 89%的美国公立中小学校通过网络的方式向学生提供教学计划;
◉ 51%的学校通过在线课程来向教师提供有关专业发展方面的培训材料;
◉ 32%的学校向那些无法来校学习的学生提供远程学习材料;
◉ 平均 79.6%的美国中小学生利用计算机来做作业;
◉ 62%的美国中小学教师表示自己对在教学中使用信息技术有较高的自信心;
◉ 25%的 K-12 公立学校提供了某种形式的 E-learning 和虚拟教学;
◉ 2004 年,美国建立网校的州的数目已达到 25 个。

美国高校:

◉ 2006 年 51.2%的美国高校开始使用无线网络技术;
◉ 80%的美国高校网站提供在线支付服务;
◉ 91.6%的美国高校实现了网上课程注册;
◉ 80.9%的美国高校制订了关于数字资源"合理使用"的相关政策;
◉ 69%的大学生曾经使用校园网或 P2P 文件共享程序来下载音乐;
◉ 61%的大学生在下载商业软件时很少或从不付费;
◉ 57%的美国高校已经在校园信息化建设中使用开放源代码类软件。

一 美国教育信息化发展概述

在美国正式开始实施"国家信息基础设施"(NII)计划后不久,1994 年,美国 NII 咨询委员会(National Information Infrastructure Advisory Council)就发布了名为"学习方式的转变:为了教育和终身学习而使用 NII"(A Transformation of Learning:Use of the NII for Education and Lifelong Learning)的咨询报告。报告指出:

"通讯技术正在改变着我们的交流与生活方式,NII 将利用四通八达的语音、数据和影像对商业、政府、医院、家庭和学校产生重大影响。尤其是在对于孩子们学习方式的影响上，NII 将会扮演至关重要的角色。然而，在过去的一个世纪里，美国人教学、学习和信息获取与传递的方式并未产生大的变化，美国教育与培训的现状更是令人担忧……如今，NII 为我们提供了前所未有的机遇。若运用得当，我们相信，NII 将会促进美国学校教育和终身教育系统的发展，我们的国家将会实现任何年龄的公民都可以接受教育的梦想。利用 NII，任何年龄的学习者都能够使用电子图书馆和博物馆中的各种电子文本、图像、视频、音乐和教学软件等；NII 将为教师、学生、工人和培训者提供各种各样的教育资源，这将为教育者提供各种新的工具和手段来提高自己的工作效率。此外，NII 也将可能废除学校的围墙，使学生接触到教室之外的世界，与其他地区，甚至其他国家的师生交流……总之，NII 将会改变我们的教育。"

以此为基本目标，在随后的数年里，美国政府有关部门制订了多项有关教育信息化的实施计划，在全国范围内兴起了一场教育信息化建设高潮，促进了美国整个学校教育系统的信息技术应用的快速发展(见表 6)。

表 6　美国政府颁布的与教育信息化相关的计划

时　间	计　划　名　称
1994 年	学习方式的转变：为了教育和终身学习而使用 NII
1996 年	教育技术行动
1996 年	让美国学生为 21 世纪作准备：迎接技术素养的挑战
1997 年	1998—2002 年教育发展战略规划
2000 年	数字化学习：让所有的孩子随时随地都能得到世界一流的教育
2001 年	不让一个孩子掉队
2004 年	走向美国教育的新黄金时代：互联网、法律和当代学生的变革展望

1996 年，克林顿政府提出了"教育技术行动"(Educational Technology Initiative)。该计划的目标是 2000 年，全美国的每间教室和每个图书馆都将联上信息高速公路，让每个孩子都能在 21 世纪的技术文化中受到教育。该计划共提出了四个主要目标：

◉ 每一名学生都有条件使用现代计算机和相应的学习设备；
◉ 每一间教室既要连上互联网，教室间又要互相联网；

◉ 使用各种能够整合到课程中的优秀教育软件；

◉ 教师要能应用和传授信息技术。

计划指出，前三个目标将由美国联邦政府、州和当地政府以及企业联合资助和实施，而第四个目标，将由美国教育联合会等几家著名的全国性教育组织联合建立“21 世纪教师网”，其目的是“鼓励、组织和支持使用新技术对学生进行革新教育的教师”。该网络服务预计将培训 10 万名美国教师，并为参与该项服务的教师提供交流经验的场所。

1996 年，联邦教育部正式提出了美国的第一个国家教育技术计划：“让美国学生为 21 世纪作准备：迎接技术素养的挑战”（Getting America's Students Ready for the 21st Century：Meeting the Technology Literacy Challenge）。在计划中提出了五个国家教育技术发展的目标：

目标 1：所有的学生和教师都能在教室、学校、社区以及家中使用信息技术。为实现这一目标，政府应保证为技术提供持续的资金，保证技术计划能够反映学生的教育需求并定期修订；提高信息技术的可利用性，可靠性和使用便利程度，保证学校建筑和设施的现代化；进一步努力消除数字鸿沟；保证所有的学生都有平等的机会接触和使用技术；

目标 2：所有的教师都将有效地运用技术来帮助学生达到较高的学业标准。政府应提供机会来提高的教师素质，加强教师培训工作，尤其是与教师有效利用教育技术相关的培训，包括传播如何有效地利用技术进行教与学方面的知识与技能；提高以技术为中心的、旨在发展教师专业的各种活动的质量与连续性；加大对使用技术的教师的政策支持；

目标 3：所有的学生都要具备信息技术方面的知识与技能。为学生提供统一和有意义的教育方式，使学生不仅能够熟练地掌握使用信息技术的基本技能，更重要的是能够利用信息技术来解决学习和生活中所面临的问题；在各州和各地区设立技术与信息能力标准；教育学生使他们能够恰当地、负责任地使用信息技术；开发新的学生评估工具；加强与产业界的合作，帮助学生达到未来对劳动力的要求；

目标 4：通过研究与评估，促进新一代技术在教师与学生中的应用。实施一项大规模的有关技术的全国性研究与评估计划，以促进新一代技术在教与学中的应用。应创建一个系统的研究与评估议程；鼓励各州和地方对技术项目进行评估；传播和应用相关的研究信息，以促进教与学的发展；

目标 5:通过数字化的内容和网络应用来改革教与学。数字化内容和网络应用将使教与学的方法发生革命性的变化,为使这些变化给所有学生带来更多受教育的机会,必须按照高质量的标准进行评估,数字内容要求完整全面,适用于所有的年级和所有的学科,能激励和调动学生,提高学生的学习兴趣。同时,技术的应用还能扩大家长的参与,提高学校行政管理的效率。为实现该目标,应确保管理人员及政策制订者都通晓技术;在符合版权法的前提下扩大教学资料的数字化工作;支持各种研究来消除数字化内容和网络应用所面临的各种障碍;把数字化内容应用和整合到国家及地方的学习标准和课程体系中。

1997 年,美国联邦教育部又提出"1998—2002 年教育发展战略规划",阐述了教育改革与发展的七大优先事项,其中第五项目标为"到 2001 年为止所有教室都连上互联网,并完成网络技术的扫盲",具体指标是:

- ◉ 接触和使用高质量技术手段的学生将会在核心学业课程方面表现出更高的成就和较好的技术普及水平;
- ◉ 到 2001 年,实现学生与每台现代多媒体电脑之比为 5∶1;
- ◉ 连上信息高速公路的公立学校教室由 1996 年的 14%增至 1998 年的 25%,以后比例再逐年增高;
- ◉ 到 2001 年,至少 50%的教师能够将把高质量的教育技术、软件和信息高速公路与学校课程整合起来;
- ◉ 到 2001 年,低收入水平家庭的学生、残疾学生将与其他学生一样可以接触到高级技术;
- ◉ 到 2001 年,至少 60%的教师、学校管理人员和学校图书管理员将完成电脑及上网操作的培训,以帮助学生学习。

显然,与此同时,在教育信息化建设过程中,经费支持是必不可少的基础。美国政府所公布的与教育信息化相关的项目皆为规模宏大的巨额投资计划,其投资范围主要包括:学校硬件基础设施建设(如计算机硬件设备购置、校园网络构建)、各种系统程序、应用软件及教育资源建设、相关课程设计的投资、教学及管理人员技能培训投资等。例如,在 NII 计划开始后不久,美国政府就开始利用各种方式向全国教育领域投入巨资进行教育信息化建设。1996 年,美国国会通过了一项新的电信法案,将对全国中小学和图书馆使用国际互联网的基本费率实行优惠。10 月,克林顿向联邦通信管理委员会提出一项 Education E-rate 计划，建议对所有中小学图书馆使用国际互联网实行两项优惠：一是对学校和图书馆使用国际互联网的基本内容实行免费；二是对学校和图书馆使用其他的网上服务，如使用视频会议系统等实行优惠，其优惠幅度将根据学校的承受能力来决定。同时，低收入和边远地区的学校将会得到比较多的优惠。这项计划包括了全国10万所公立小学和9 000个图书馆以及少数非营利的私立学校，根据不同情况，对中小学和图书馆使用国际互联网的使用费率实行20%到90%优惠，其平均优惠幅度为60%。据估计，实行这种优惠政策政府每年将需耗资22.5亿美元。另外，仅在1999年一年里，美国国会就通过了7项与教育信息化相关的教育预算法案，投资总额超过8亿美元(见表7)。由此也可看出美国政府在教育信息化建设方面的力度之大。

表7　美国1999年在教育信息化建设方面的投资项目

项目名称	目标及方案	投资数额
"教师科技训练"(Technology Teacher Training)	确保所有新教师都能将科技有效整合于课程之中，并了解各种基础信息技术的教学组织模式	7 500万
"随时随地学习伙伴计划"(Leaning Anytime Anywhere Partnership)	使得住在偏远地区的、身体残障的或家庭与工作无法兼顾的美国人更容易接受到个别式的、内容最新的、经济的学习与训练	3 000万
"科技素养挑战基金"Technology LiteracyChallenge Fund	是总投资20亿美元五年计划的第三期款。将鼓励各州将其中至少30%的经费分配于教师在课堂上有效运用科技的专业进修上	4.75亿
"科技创新挑战基金"Technology Innovation Challenge Grant	组织地方学区、大学、企业、图书馆、软件设计人员等联合探索教育技术的创新性应用。1998年资助集中在发展创新策略以帮助教师、行政人员等教育工作者运用并整合信息技术以改进教学的方案上，1999年之经费除此之外，将着重在专业进修及其内容等方面	1.06亿
"区域教育科技联盟"Regional Technology in Education Consortia	这些中心对各州、学校、学区、成人识字中心及其他教育机构等提供关于运用高科技以提升教学及学生成绩之专业进修、技术辅助及信息传播。这六个区域联盟并对各种不同类型之硬件、软件与电子网络之规格及其有效运用之道提供信息，以帮助学生达到具挑战性的学业标准，同时提供使用教育优惠费率(E-Rate)所需之技术协助	1 000万

续 表

项目名称	目标及方案	投资数额
“计算机与通讯之学习计划”Computer & Communication Study Program	对于计算机与通讯之学习程序及其进展情形如能做进一步之了解，将有助于提升全美各年龄阶层所接受教育与训练之品质	7 500 万
“建设以社区为基础的科技中心”Community-based Technology Center Plan	用于建设以社区为基础的科技中心，旨在低收入社区中建立计算机学习中心，为贫困而无力购买计算机的学生与成人提供学习科技的途径	1 000 万

经过近五年的努力，至 2000 年，美国基本实现了联邦教育部 1996 年提出的第一个国家教育技术发展目标，在教育信息化建设方面获得了丰硕的成果。例如，据全美教育统计中心（NES）统计的数据显示，截至 2000 年秋，美国公立学校的入网率已达到 98%；学校教室中计算机的联网率也从 1994 年的 3% 上升到 2000 年秋的 77%；学生数与计算机数之比已升至 5∶1；学生数与联网的计算机数之比也从 1999 年的 9∶1 提高到 2000 年的 7∶1。

跨入 21 世纪之后，美国教育信息化建设进入了一个新的阶段。2000 年，美国国会授权成立了一个名为“网络教育委员会”（Web-based Education Commission）的新机构，并于 11 月正式发表了名为“学习中互联网之力量：从承诺到实践”（the Power of the Internet for Learning：Moving From Promise to Practice）报告书。该报告就进一步加强美国社会的网络教育提出了七点建议：联邦和州政府应当把为每一个学习者推进宽带网作为电讯政策的中心目标；各层次的决策者们应当与教育机构和私立机构一起，使教育工作者通过运用技术获得专业的持续发展；联邦政府应当就信息技术教育构建一个综合性的研究、发展和创新的框架；公立和私立部门应当联合起来开发高质量的在线学习内容和软件；国会、教育部、州和地方教育行政部门在保证纳税人资金合理使用的前提下，应扫除阻碍顺利通往在线学习资源、课程和计划的各种障碍；家长、教育团体和私人部门都应当采用各种保护措施确保所有年龄的学习者在参与在线学习活动中不受到网络中不良信息的影响；联邦政府、州、地方和私营机构应当增加资金投入，制订出将上述政策付诸实践的新模式。

2000 年 12 月，在组织各界对美国基础教育信息化状况进行评估的基础上，美国联邦教育部结合新一轮教育改革和信息技术发展的新趋势，发布了第二个国家教育技术发展计划：“数字化学习：让所有的孩子随时随地都能得到世界一流的教育”（E-learning：Putting a World-Class Education at the Fingertips of All Children）。该计划指出：电子学习（E-Learning）是指通过互联网络获取信息资料在电脑上学习的形式，是对各种网络学习形式的综合，其特点是没有空间和时间限制。它将是未来构成学校课堂的基础，也将构成美国基础教育信息化新战略的核心。以此为基础，计划提出了未来几年的发展目标和相应的保障措施，又进一步提出了美国基础教育信息化发展的新目标：

◉ 提高设备标准，普及网络技术，缩小数字鸿沟；
◉ 进一步加强师资培养与培训，大幅度提高教师水平；
◉ 加强学生信息素养教育，培养学生技术和信息读写技能，以适应未来社会发展需求技术和信息读写技能；
◉ 进一步开发教育软件，加强在教学中的应用，并最终使传统的教学方式发生根本性的变革。

与1996年的国家信息教育目标相比，可以看出，2000的目标发生了若干变化：一是对学生和教师运用信息技术的要求已从课堂、学校延伸到了社会、家庭；二是信息技术教育与美国正在轰轰烈烈进行着的提高学生学业标准运动联系在一起；三是不仅要求信息技术的应用要体现在各门学科的教学中，而且要成为变革美国未来教学和学习方式的重要工具；四是注重开发和研究新一代的技术在教学和学习中的应用。

2001年，美国总统布什在题为“不让一个孩子掉队”(No Child Left Behind)教育报告中再次重申，政府始终坚信信息技术应成为学校努力提高学生学业成就的一项有力工项，呼吁社区、企业、州级官员和个人一起行动起来，为实现21世纪美国信息技术的普及而努力实现以下目标：

◉ 美国学校的所有教师都将接受到必要的培训，以帮助学生学会使用电脑和利用信息高速公路；
◉ 所有的教师和学生在教室里都可以直接使用现代的多媒体电脑；
◉ 每一间教室都连上信息高速公路；
◉ 开发有效的软件和在线学习资源，使其成为每所学校课程整体的一个重要组成部分。

随后在2004年，美国联邦教育部又发布了第三份国家教育技术发展计划：“走向美国教育的新黄金时代：互联网、法律和当代学生的变革展望”(Toward A

New Golden Age in American Education：How the Internet，the Law and Today's Students Are Revolutionizing Expectations)。该计划对美国前些年的教育信息化建设进行了阶段性总结，指出："显然，我们已达到一个历史性的转折点。在整个国家的教育领域里，我们看到了一种令人兴奋的，同时也是具有决定意义的渴望变革的趋势。原来那些已经改变了学校外部世界的技术正在改变着我们的学习和教学环境……作为传统教学的一种重要辅助形式，在线教学和虚拟学校发展很快。通过向学生提供个性化的高质量的课程，这些新教育形式不仅可以给学生、教师和父母提供即时的反馈，同时学生的测验也可以在线进行。这在跟踪学生进步和识别学生需求上确实是前进了一大步。为了更加有效地设计和管理教学过程，新的学生数据管理系统将会为测试、统计以及其他数据的收集和使用带来极大的便利……在未来的十年，随着这些可喜趋势的发展和扩展，我们将迎来美国教育的黄金时代。"进一步，计划提出了今后美国学校中信息技术应用的七个发展重点：

1. **加强领导**：随着信息通讯技术的快速发展，公立教育从中获益匪浅，处于各个阶层的领导者，包括学校、地区和州的教育管理者，都不应该只是扮演监督的角色，而应该具有广博的、充满创造力的以及能从根本上进行改革的领导才能，并能随着体系的不断改变做出相应的改变；

2. **进行预算改革**：通过调整预算和对现代预算经费的重新分配，可以为学校提供更多和更好的技术设备，同时也可以提高应用效率和节省经费。以后将考虑建立一个预算调整系统，以实现高效地使用经费，同时也要聚焦于技术及其他项目如何帮助学生达到教育目标以及如何对其进行评估；

3. **加强教师培训**：目前，教师通过技术已经拥有了比以往更多的资源，但是还有一些教师尚未得到相应的有效使用技术所需要的培训，今后教师将需要得到更多的参与到研究、改革的机会。今后应提高新教师使用技术的水平，确保每一位教师都有机会学习网上课程；保证每一位教师都掌握实现个别化教学的方法，最终实现因材施教的目标；

4. **支持 E-learning 和虚拟学校的发展**：在过去的五年里，E-learning 和虚拟学校得到显著的发展，这些新教学形式的出现使不同水平的学生能够接受高质量的教育，或能够得到符合自己需求的个性化课程。传统的学校则借助于网络扩大了学生学习的机会、选择机会以及教师的专业化发展。今后应为每一个学生提供在线学习的机会，并使教师都参与到在线学习中来；制订在线学习的质量评估标准，提高在线学习的效果；

5. 鼓励学校使用宽带网络：目前，大多数美国公立学校、学院和大学都已拥有高速宽带通讯网络。今后的发展目标则是需要帮助教师和学生了解和意识到宽带技术的全部潜能，并将之运用于教学之中；

6. 走近数字知识：长期以来困扰学校的一个问题就是教科书价格的上涨和体积的笨重。而如今，以多媒体或在线资料为形式的数字知识为学校带来很大便利，如降低费用，提高效率，并且扩大了学生的学习机会。今后，应保证师生都能得到如何获得在线资源的培训；建立严格的学术标准，为学生建设更多的个性化数字知识；

7. 资源整合系统：建立一个整合和共享的资源系统是今后的发展重点，利用这个系统，可以更多地分配资源，提高管理效率，促进教学信息的传递和满足学生的个别化要求。

综上所述，可以看出，1996 年、2000 年和 2004 年由美国联邦教育部发布的三份国家教育技术发展报告，实际上构建起了美国教育信息化发展的基本框架。它们不仅为信息技术在学校中的推广与应用指明了方向，同时也提出了许多富有远见的建议，对美国教育信息化的发展过程起到了重大作用。

同时，另一方面，除美国联邦教育部发布的与教育信息化相关的计划和报告以外，美国的其他政府部门、协会、非政府组织和基金会也非常重视信息技术在美国学校的应用情况，开展了多项有关美国教育信息化的研究计划和项目，发表了许多研究成果(见表 8)，对于促进美国教育信息化的发展同样也产生了重要的积极意义。

表 8　美国各类机构发布的与教育信息化相关的研究报告(1995～2003)

时间	名　称	发布机构
1995	连接 K-12 学校与信息高速公路	麦肯锡公司
	教育与技术：远景展望；教师与技术：建立连接	国会技术评价办公室
1996	学习的连接：信息时代的学校	Benton 基金会
	启动倡议：连接美国社区到信息高速公路	国家信息基础设施顾问委员会
	计算机与教室：联邦学校的技术情况	教育考试服务中心
1997	向总统提出的用技术加强美国 K-12 教育的报告	总统科学技术顾问委员会
	学校技术和准备就绪报告：从支持到发展	CEO 教育技术论坛

续 表

时间	名 称	发布机构
1999	学校技术和准备就绪报告，专业发展：为更好的学习联网	CEO 教育技术论坛
2000	互联网用于学习的力量	网络教育委员会
	学校技术和准备就绪报告，数字化学习的力量：整合数字内容	CEO 教育技术论坛
2001	任何的时间、地点、途径和进度：引领数字化学习政策	国家州教育董事会协会
	教育技术必须包括在综合立法中	CEO 教育技术论坛
	投资 K-12 技术设备：州政策决策者的策略	国家教育委员会
2002	21 世纪学生成就：评价、合作、责任、上网和分析	CEO 教育技术论坛
	技术之声：为什么所有的美国人都需要知道更多的技术	国家研究委员会国家工程院
	2020 愿景：通过高级技术变革教育和培训	美国商务部技术行政办公室
2003	为了 21 世纪的学习	面向 21 世纪技能合作者组织
	持续的挑战：将教育技术提高到更高水平	Benton 基金会 EDC/儿童与技术中心

资料来源：陈海东(2006)，科学有效地推进我国基础教育信息化：美国教育技术 20 年政策解读及启示，基础教育参考，2006 年第 9 期，p9—15.

经过十多年的努力之后，美国目前已经建成了可以说是世界上最先进的教育信息化体系，尤其是在信息化基础设施建设方面取得了令人瞩目的成就。根据美国教育统计中心(National Center for Education Statistics)2006 年 11 月发布的最新调查数据，在美国公立中小学校中，自 2003 年起，就已实现全部学校接入互联网的目标；而到 2005 年，无论何种类型、层次或地理位置(如城乡镇等)的公立学校中，都毫无例外地完成了联网建设工作(见图 8)。

调查数据也显示，平均已有 94%的公立中小学校的教室都已经实现联网(见图 9)。从城乡镇的学校教室联网率来看，目前，美国乡镇公立学校的教室联网率反而高于城市学校。例如，乡村学校、城镇学校和城市学校的平均教室联网率分别为：95%、98%和 88%。

在学校的网络接入方式上，调查发现，97%的美国公立学校是使用宽带

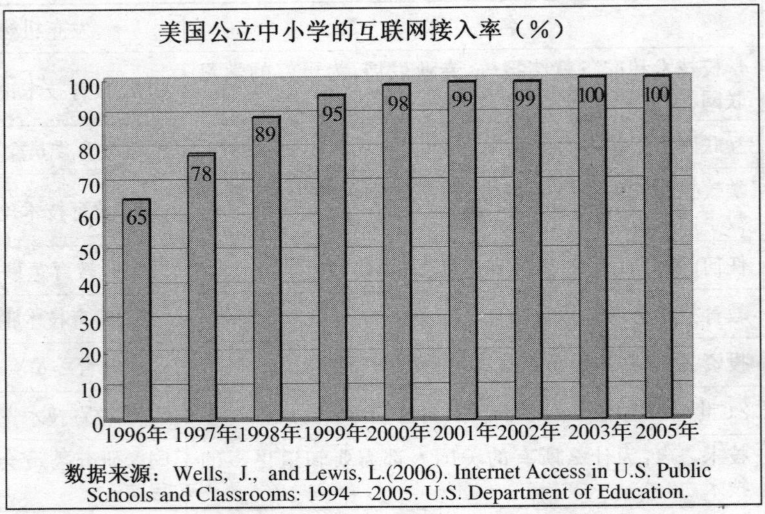

图 8　美国公立中小学校的互联网接入率变化情况

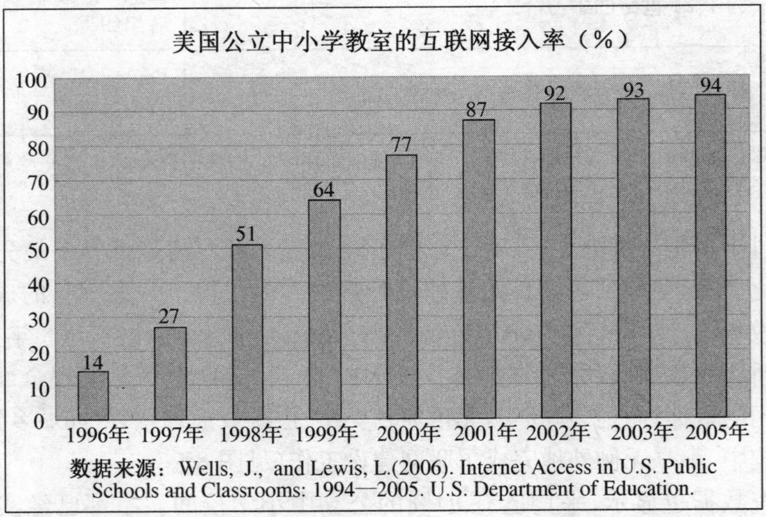

图 9　美国公立中小学教室的互联网接入率

(broadband)接入方式①(见图 10);同时令人注意的是,45%的学校开始使用无线网络接入(wireless Internet connection)技术,而在 2003 年,使用无线网络的学校比例只有 32%。在那些使用无线网络的学校中,已有 15%的学校表示,其教室内已经能够实现无线上网。

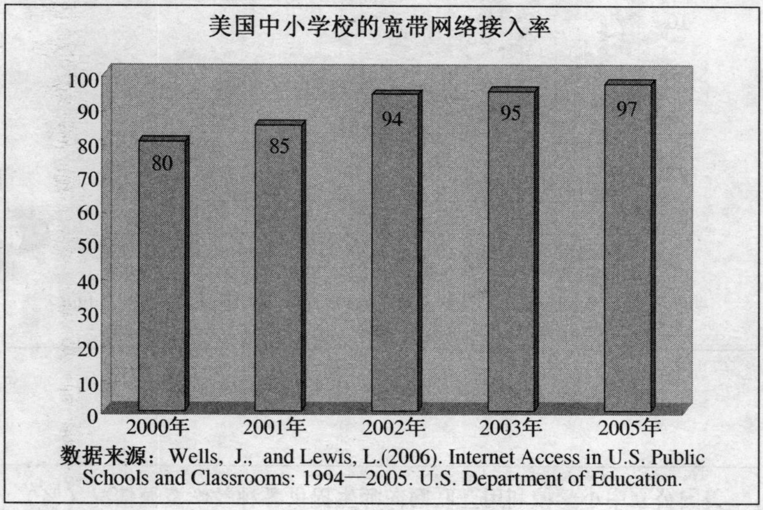

图 10　美国中小学校的宽带网络接入率

另外,在学生与计算机比率方面,调查数据显示,美国公立中小学校的平均生机比已达到 3.8∶1,比 2003 年又有所降低(见图 11)。同时,数据也显示,在不同规模的学校②中,生机比率有所不同。例如,在规模小的美国公立学校中,其生机比为 2.4∶1;而在中等规模学校和大型学校中,其生机比分别为 3.9∶1 和 4.0∶1。

在互联网的教学应用方面,调查数据显示,89%的美国公立中小学校通过网络的方式向学生提供教学计划(见图 12),超过一半(51%)的学校通过在线课程来向教师提供一些专业发展方面的培训材料。另外,也有近三分之一(32%)的学校向那些无法来校学习的学生提供远程学习材料。

---

① 调查数据显示,在 1996 年,74%的美国公立中小学是通过拨号的方式来接入互联网,而到 2001 年,只有 5%的学校还在使用这种方式,同时 55%的学校开始使用 T1/DS1 宽带接入方式。

② 在调查中,学校规模划分的标准是:小规模学校:少于 300 名学生;中等规模学校:300—999 名学生;大型学校:1 000 名学生以上。

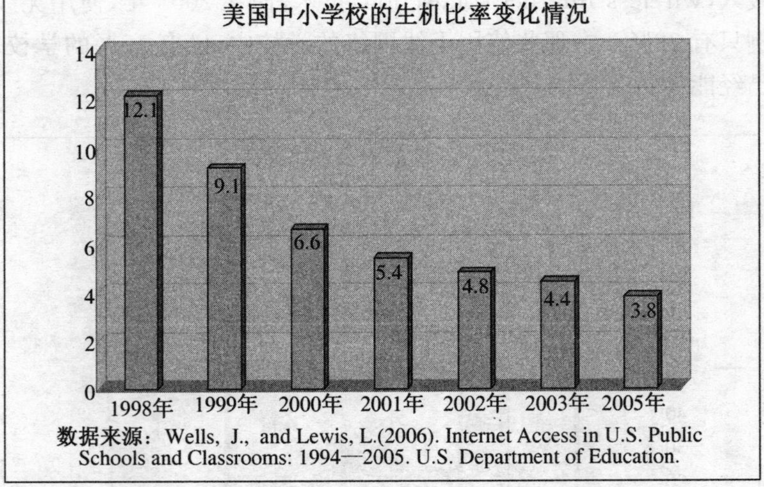

图 11 美国公立中小学校的生机比率变化情况

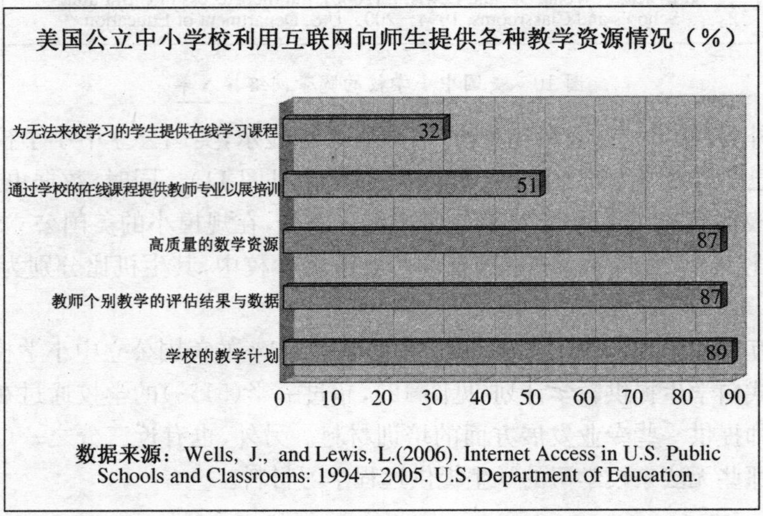

图 12 美国公立中小学校互联网向师生提供各种教学资源情况

另外，在美国中小学教师与学生的信息技术实际应用方面，根据美国科学基金会发布的 2006 年“科学与工程指数”①所提供的数据，目前教师的信息素养水平、在教学中使用各种新技术的态度和实际应用情况都得到了较大发展，学生在学校和家庭中使用计算机进行学习、信息检索和人际交流也逐步普及。例如，从 2001 年到 2003 年，美国中小学学生家庭计算机拥有率和联网率不断增长。其中，最明显的变化是学生家庭的宽带互联网接入比率，从 2001 年的 9%增加到 2003 年的 30%。在 2003 年，平均 76.6%的美国中小学生家中都有计算机，同时也有 67%的计算机已经接入互联网（见表 9）。从学生的使用情况来看，超过三分之二的学生（69.1%）在家里经常使用计算机；同时 87.2%的学生在学校会经常使用计算机，而且在学校经常上网的学生比例也接近一半（46.6%）。

表 9　美国中小学生在家里和学校计算机使用情况（%）

分　类	家庭计算机拥有比例	在家计算机使用比例	家庭计算机联网比例	在家上网的比例	在学校计算机使用比例	在学校上网的比例
总计	76.6	69.1	67.0	47.4	87.2	46.6
公立学校	75.2	67.6	65.3	46.3	87.4	46.7
私立学校	88.6	82.5	82.4	57.0	85.2	46.2
小学	74.1	64.2	64.0	34.5	83.6	33.5
中学	79.3	74.5	70.4	61.5	91.1	61.0

数据来源：The National Science Board（2006），Science and Engineering Indicators 2006，Elementary and Secondary Education，February 23，2006.

另外，越来越多的美国中小学生在日常学习和娱乐方面使用计算机和互联网。例如，平均 82.7%的学生经常在家里玩游戏（见表 10）；79.6%的学生利用计算机来做作业。同时，也有近一半（48.7%）的学生收发电子邮件，或浏览新闻（36.9%）。

① 科学与工程指数：Science and Engineering Indicators，SEI，是由美国科学基金会（NSF）下属的科学资源统计处（SRS）出版的一个关于美国和其他国家有关科学和工程事业发展状况的研究报告，内容主要由各种调查数据组成，通过多种方式发布，以便使美国公众了解和使用这些关于国家整体发展状况的信息。其中在“中小学教育”中会包括有关信息技术在美国教育领域的应用情况介绍。详细信息见其网站：http://www.nsf.gov/statistics/seind06/front/about.htm.

表 10　美国中小学生在家里使用计算机时经常做的事情(%)

	玩游戏	收发电子邮件	做作业	在线课程	浏览新闻等	看电影/电视
平均值	82.7	48.7	79.6	2.1	36.9	21.6
公立学校	82.6	48.7	79.8	2.0	36.8	21.4
私立学校	83.4	49.0	77.7	2.3	38.5	23.0
小学	87.2	26.6	64.0	0.9	21.4	12.8
中学	78.5	69.7	90.6	2.8	48.0	27.8

数据来源:同上表

关于美国中小学教师的信息技术技能准备情况,调查数据显示,在问及是否已经为在教学中使用计算机做好了准备时,超过一半(62%)的教师表示自己对在教学中使用信息技术有较高的自信心(见表 11)。

表 11　美国中小学教师对于自己信息技术能力准备状况的态度(%)

	很同意	同意	不好说	不同意	很不同意
平均值	17.0	45.3	17.8	19.9	18.9
公立学校	17.8	46.2	16.8	19.3	18.9
私立学校	12.0	39.4	24.3	24.3	18.8

数据来源:同上表

通过以上数据,可以看出,在基础设施建设方面,美国教育信息化已经达到了较高的水平,为师生的教学应用提供了较好的硬件基础。同时,教师和学生在课堂教学过程中的信息技术应用情况也达到了相当水平。

二　基于 E-learning 的美国 K-12 网校

伴随着美国教育信息化建设的不断发展,一种借助于计算机网络而形成的全新学习方式 E-Learning 应运而生。按照美国培训和发展协会(ASTD)的定义,E-Learning 是指一种由网络电子技术支撑或主导实施的教学内容或学习体验,E-Learning 通常具备以下特征:

◉ 基于 Internet/Intranet,这是其最主要的特征,正是有这样的技术背景,才极大地方便了教学资源的即时更新、信息的传递和共享，以及师生、学生之间的相互交流；

◉ 运用标准的网络技术，通过计算机把知识传输给最终学习者，如TCP/IP协议、各种教育资源标准以及网页浏览技术等组成的平台；

◉ 不局限于知识和技能的传授，其学习方式、内容及结果早已超越了传统学习或培训所涵盖的外延。

在E-learning的基础之上，近年来，美国中小学的网络教育发展非常迅速。2004年发布的美国第三个国家教育技术计划就曾指出，“在过去的五年中，E-learning、多媒体教学和网络学校呈现出爆炸式增长的趋势。目前在美国，至少15个州提供了虚拟学校用于补充正规学校并提供特殊的学习需求，成百上千的学生由于E-learning而获益。现在，25%的K-12公立学校提供了某种形式的E-learning和虚拟教学。我们相信，在下一个十年中，每个州的大部分学校都将会这么做。”同时，该计划也指出，实际上，E-learning和虚拟学校（Virtual School）是相同的，其目标都是为学生提供个性化的在线教学，这是一种通过互联网来学习和选修课程的21世纪的远程教育形式。E-learning不仅为教学的时间、地点和步调提供了弹性，同时，它也为教师提供了建立一种灵活的教学环境的机会，使得学生无论在家里或学校都可以随时随地学习。

(一) K-12网校的类型简介

在美国，K-12网络学校通常被称为“Online School”、“Cyber School”、“Net school”、“Virtual School”或“Internet School”。作为一种与传统学校完全不同的教育组织形式，网络学校由于发展时间较短，教育者对其定义、内涵和形式等方面的看法都各不相同。因此，“网络学校”目前仍然是一个含义比较模糊的概念。正如汤姆·克拉克（Tom Clark）所指出的，“若让30位学者来对‘网校’下定义，可能会得到30个各不相同的网校概念”。不过，通常情况下，可以将“网校”定义为“一种通过互联网或网络方式为中小学生（K-12）提供在线课程的教育机构”。学者们认为，网校是远程教育的一种形式，而“远程教育”则是一种“师生相互分离的教学组织形式”，它包括各种各样的教学信息传递方法，既有传统方式，如自学、函授，同时也包括各种基于现代信息通讯技术的方式，如网络课件、视频会议系统和卫星电视等其他教学技术。因此，从这个概念来看，虽然网校是一种建立于现代信息通讯技术基础之上的新式的教育机构，但从教学方法和内容来看，并非与传统学校和教学截然对立，而是具有非常密切的联系。

在美国，受分权制教育管理体制的影响，美国中小学网校的类型呈现出多样化的特点。据美国伊利诺伊州立大学信息技术应用研究中心（The Center for the Application of Information Technologies）汤姆·克拉克博士的研究表明，目前，在美国共有六类网校，分别是："州政府批准建立的网校"、"大学创办的网校"、"联盟和区域性的网校"、"学区教育机构创办的网校"、"特许网校"和"私立网校"。这六类网校在管理机构、经费来源、师资来源和运行方式等方面，各有特点（见表 12）。

第一种是"州政府批准建立的网校"（State-Sanctioned "State-Level" Virtual Schools，SLVS）：至 2005 年，全美国至少已经有 14 个州建立了由州政府、立法机构或州教育管理部门官方承认的"州级网校"。其中，佛罗里达州和密歇根州都是直接通过州政府的资助而建立了一个独立地向全州提供在线教学的网校[①]。而在其他州的网校则主要是由州教育部门或社团创办的。

第二种是"大学创建的网校"（College and University-Based Virtual Schools，CUBVS）：最著名的代表是内布拉斯加-林肯大学拥有一所历史悠久的附属中学，1999 年开始以此附属中学为基础建立了一所网校。近年来，利用联邦政府 1 500 万美元的"明星学校"资助和从美国通用服务管理部门所获得的资助，该大学的远程教育部研制出一套在线课件制作工具并开发了许多网络课程。目前，该网校每门课程每学期的收费是 275 美元。该校所研制的在线课件制作工具能够制作流媒体和交互功能的课件。

第三种是"联盟和区域性的网校"（Consortium and Regionally-Based Virtual Schools，CRBVS）：在美国，各种形式的联盟也在网校的发展中起着非常重要的作用。其中最著名的是由哈德森公立学校和康科德联盟在 1997 年所创建的"康科德网校"。目前，这所网校已经由一个名为"VHS 公司"的非赢利性机构来管理。VHS 是一种非常独特的联盟合作方式。在美国，任何一家参加该联盟的学校，只要向该联盟提供一门网络课程，则相应能够在 VHS 所提供的 100 多门网络课程中获得 20 名学生的免费注册学习名额。目前，其他一些网校也采用了类似的方式来扩大网络课程的内容和生源。例如由位于俄勒冈州尤金市的"赛伯网校"（Cyberschool）和科罗拉多州在线学校所组成的联盟，就采用了这种方法。

---

① 密西根州的 K-12 网校属于其虚拟大学的一个组成部分。

第四种是"本地学区机构的网校"(Local Education Agency-Based Virtual Schools,LEABVS):在美国,许多当地教育机构也创建了一些网校,主要是为本学区的学生提供补充或替代式的学习方式。例如,由华盛顿的公立学校所建立的"互联网学园"(Internet Academy)即属于此类型的网校,它主要是为本区的在家学习的学生(Home School Students)提供在线课程服务。

第五种是"特许网校"(Virtual Charter Schools,VCS):是州政府资助网校的另一种形式,实际上是一种网上的特许学校。在这种网校中,州政府会根据每名注册学生在网校所完成的课程数及学习成绩,从州教育经费出拨出相应的经费给网校。不过,从目前的实际情况来看,多数特许网校都是由本地或地区教育部门来管理。目前美国最大的一所特许网校是 1997 年在堪萨斯州建立的 Basehor-Linwood Virtual Charter School。从目前的情况看,特许网校的主要教学对象是美国的在家学习者(home schooler)。2001 年,美国教育部的统计数据表明,共有 85 万的在家学习者。

第六种是"私立网校"(Private Virtual School,PVS):目前,许多美国非赢利性私立中小学也开始涉足网络教育市场。与特许网校类似,私立网校的主要服务对象也是美国的在家学习者,这类网校中只有极少数具备颁发学业证书的资格。在具有颁发学业证书资格的私立网校中,最著名的是 KeystoneVirtual High School。通常情况下,虽然许多私立网校都向参加学习的学生提供一份由其他资格认证机构所提供的资格证书,但是,与从其他获得州政府认证的学校中得到的毕业证书相比,当学生持此类证书申请上大学或工作时,许多大学和机构都不太认可私立网校所颁发的这种资格证书。不过,这种私立网校的一种显著的优点是能够为那些在家学习者的父母提供许多有用的资源,以便其指导子女在家学习。

表 12 美国 K-12 网络学校的类型及特点

网校类型	创办者	经费来源	招生对象	毕业证书
1. 州政府批准建立的网校	州政府、立法机构或教育管理部门	州政府资助、联邦政府专项经费和学费	主要是本州的学生,同时也面向其他州招生	具有颁发州政府承认的毕业文凭的资格
2. 大学创办的网校	大学、学院	联邦政府专项资助、学费	主要是本州的学生,同时也面向其他州招生	具有颁发州政府承认的毕业文凭的资格

续　表

网校类型	创办者	经费来源	招生对象	毕业证书
3. 联盟和区域性的网校	由非赢利机构创建和管理	联邦政府专项资助、学费	面向全美国招生	具有颁发州政府承认的毕业文凭的资格
4. 学区教育机构创办的网校	由各地学区管理委员会创建并管理	州政府资助	本学区的普通学校和"居家学习者"（Homeschooler）	具有颁发州政府承认的毕业文凭的资格
5. 特许网校	由当地教育管理部门创建并管理	州政府根据每名注册学生在网校所完成的课程数及学习成绩，拨出相应经费给网校	本学区的普通学校学生和"居家学习者"（Homeschooler）	具有颁发州政府承认的毕业文凭的资格
6. 私立网校	由非赢利的私立学校创建并管理	学费	主要招生对象是"居家学习者"（Homeschooler）	只有极少数具备颁发学业证书的资格。通常向学生提供由其他资格认证机构所提供的毕业证

资料来源：Tom Clark (2001), Virtual Schools: Trends and Issues, A Study of Virtual Schools in the United States, October 2001.

（二）K-12网校的发展现状及趋势

据美国联邦教育部2004年4月发布的统计数据表明，在全美国建立网校的州的数目已经从2001—02年的14个，发展到2002—03年的25个（见图13）。全美国各种类型的网校总数已经达到100余所，在网校注册学习的中小学生数量，已经从2001—02年的40 000—50 000名迅速增加到100 000名。其中，仅在华盛顿州，目前就有57所"特许网校"，约有25%的华盛顿州中小学生参加在线学习，预计网校的注册学生数在今后的4年中可能增加3倍以上。

针对全美国网校的研究也表明，自1995年在美国出现第一所网校之后，美国网校的总数、所提供的课程、所使用的技术手段和注册学生数等方面，都产生了较大的变化。例如，从美国网校的办学宗旨来看，调查显示，不同类型的美国网校在办学宗旨方面既有相同点也有所不同。研究者发现，网校的任务、宗旨和目标主要分为以下三类："打破学校和地域的限制，利用互联网为学生提供高质

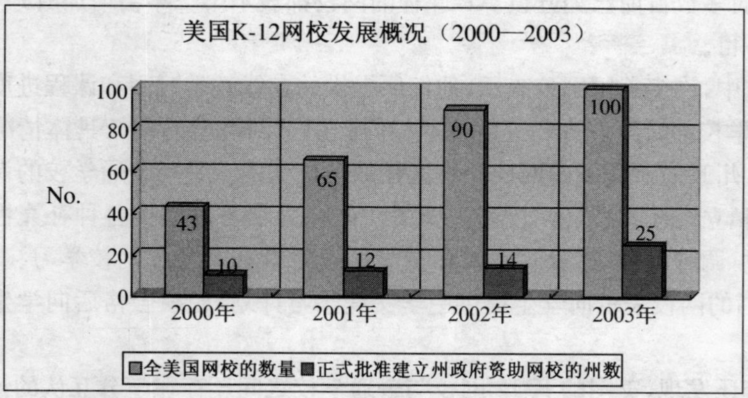

图 13　美国 K-12 网络学校的发展状况

量的课程教学”，“使任何学生能够在任何时间和任何地点都能进行双向交互式的学习”，“为本州的每一名学生提供电子形式的中学核心课程”。从中可以看出，不同类型的网校在办学目标方面存在着一定差异，但总的来看，为受教育者提供平等的受教育机会，是美国网校办学宗旨的重要组成部分。

在网校开设的课程层次方面，100％的网校都主要为高中学生提供在线课程；但同时，也有 51％的网校也为小学高年级和初中生提供服务；有 27％的网校则为整个 K-12 阶段教育。另一方面，在网校课程设置方面，调查结果显示，90％的美国网校都主要集中于向学生提供常规中学课程的补充材料，如中学的核心课程或选修课程。① 72.7％的网校则主要向学生提供补救性或补考用的中学课程内容。约有近一半（48.5％）的网校则表示同时提供上述两种教学内容。另外，约有 60.6％的网校还向学生提供“进阶先修课程项目”②。例如，33.3％的网校开设了“微积分初步”课程，是所有 AP 课程中开设比例最高的一门；其次是英语、政府和政治、美国历史、宏观经济学、微观经济学、物理 B 和统计学。在那些目前尚未开设 AP 课程的网校中，60％的学校表示它们将在第二年开始提供这

① 美国高中课程由共同的核心课程和选修课程组成。共同的核心课程主要包括以下各学科：语言类，历史，公民课，科学课，数学，技术，健康，职业，跨学科。选修课：高中阶段在共同的核心课程的基础上开设一定的选修课，以满足不同兴趣与志向的学生需要。高中阶段的后两年学生可以花一半的时间继续学习核心课程，另一半时间，每个学生必须选修五六门课程。选修课应有目的性，选修的内容可以是学术性的，也可以是职业性的，或者兼而有之。

② 进阶先修课程项目：Advanced Placement Program，简称 AP。即在美国中学中向优秀高中生提供的选修大学学分的课程。AP 测验成绩分为 1—5 级，最高一级相当于美国大学中课程成绩 A。AP 成绩不仅可做为中学生申请上大学资历的有效证明，而且被大多数美国大学所认可，当学生升入大学后，可直接抵作大学中相应课程的学分。

种课程；而多数目前已经开设 AP 课程的网校都表示第二年会增加所开设的 AP 课程的科目。

调查中，许多美国网校表示，他们所提供的在线教学时间和课程进度都与公立 K-12 学校的时间安排和进度基本相同。但不同类型的网校具体情况有所区别，例如，州政府所资助的网校和地区性的网校基本上是与普通学校的课程进度同步；而私立网校和特许网校则主要关注向在家学习者提供各种补充性教学内容。不过，调查发现，在家学习者和在学校学习者都会参加网校学习。另外，只有 21.7%的网校表示向学生提供中学文凭学习计划，成绩合格后向学生颁发毕业证书。

调查还发现，美国的 K-12 网校与普通学校之间还存在学分互认的情况。在一些美国网校，尤其是州政府举办的网校中，通常都把网校所提供的在线课程当作普通中学课程教学的一个组成部分，学生在网校所获得的学分能够被中学所认可。不过，不同州的情况略有不同。例如，在犹他州，本州学生只有在"电子中学"所获得的学分才能够在全州范围的中学内获得承认。而在肯塔基州，只要学生上的网校属于"肯塔基州教育技术系统"中的成员，其所获学分都可以得到承认。

在网校的师资方面，调查显示，美国网校的师资来源差异性很大。大约 50%的网校表示其教师来自其他普通中小学的全职教师。在这些普通学校的教师中，约有四分之三与网校签订了教学合作，为网校提供教学；而另外四分之一则将部分时间在网校进行教学，平时仍然在普通学校工作。调查也发现，约有 30%的网校有自己的全日制教师，而 6%的网校则表示它们只有部分工作时间的教师。

网校所使用的技术手段是其区别于普通 K-12 学校的标志性特点。调查发现，在网校所采用的在线课程开发方式方面，49%的网校表示，它们是与其他机构合作开发课件；39%的网校则是自主开发课件；只有 12%的网校是完全依靠其他机构来为其提供课件。据了解，目前在为美国网校提供在线课件的商业性机构中，最著名的是 Apex Learning 公司、Class. com 公司、Academic System 和 Intelligent Education 公司。而网校所采用的网络教学系统平台则主要来自 Blackboard 公司和 eCollege 公司。而在为网校提供教学内容的非赢利机构中，最著名的是 Florida Virtual School，Stanford EPGY 和 Internet Academy。而为网校提供课件开发工具的公司中，最有名的则是 Macromedia 公司，它为网校提供各种 Html 编辑器及其他工具。不过，研究者发现，尽管多数美国网校都是使用其他公司所生产的开发工具来开发自己的网络课件，但是也有一些网校自己开发出了一些辅助系统工具。例如，阿拉斯加州的独立中学学习项目就开发出了一套非常有名的工具软件，用于其CLASS项目课程的设计和开发。

至于网校所使用的教学技术工具，调查结果显示，在90年代初期，一些美国网校主要是利用向学生邮寄光盘的方式来传递教学内容。但后来随着互联网带宽的不断发展，多数网校都开始使用在线视频课件来进行教学。目前，绝大多数美国网校都把基于互联网的在线教学作为其唯一的远程学习手段。不过，也有一些网校还提供一些面对面的教学活动。例如，一些美国网校要求学生每学期都进行一次面授或组织一些类似夏令营的集体活动。另外，在一些由大学举办的独立学习项目网校中，经常也同时提供在线和面授两种教学方式，并且为学生提供一些印刷版的学习指导手册。除了使用在线课件以外，一些美国网校也联合起来采用视频远程学习系统来传递教学内容。例如，密歇根州的奥克兰网校联盟就利用其视频会议系统来向其联盟成员传送课程内容。同时，越来越多的美国网校也开始使用流媒体课件来进行在线教学。

对多数网校来说，初期投资及运行经费都是一个非常关键的问题。调查发现，网校除了通过学费或其他途径来获得经费以外，绝大多数网校的经费来源都是州政府投资。一些州直接为网校提供经费，或者向网校的管理机构提供经费。同时，各州教育管理部门也根据网校注册的学生数来提供经费资助。另外，除了一些基金会和社会组织提供的资助外，美国联邦政府也会提供一些津贴。不过，总的来说，网校的经费来源主要是州政府资助和学费。调查显示，美国网校在2000—01财政年度所获得的除州政府资助之外的各类经费平均总额为957 566美元；而在2001—2002年度则达到1 207 795美元。

除此之外，网校的另一个经费来源是向参加学习学生所收取的学费。调查显示，73%的美国网校目前收取学费。而其他不收学费的网校则通过州政府按照注册学生数所拨发的资助，或其他形式的拨款来维持网校的运行。不过，这些网校通常只是对本学区或本州的学生免费，对其他学区或州的学生则收费。因此，多数网校都是通过州政府补贴和学费的形式来获得运行经费。收费的方式一般是按学期收费。平均每学期的收费为300美元。各类不同的网校收费标准差异很大，有的只有78美元，有的则高达385美元。总的来说，大学为网校所提供的独立的学习项目对本州居民子女的收费最低，而各州所举办的网校收费最高；那些由本地教育机构所举办的网校收费水平则居于其中。

在报告中，研究者认为，近年来，美国K-12网校之所以发展非常迅速，其原因主要在于以下几方面：

第一，通过网校来解决教育公平问题，为更多学生提供平等受教育机会。目前在美国，参加基于卫星和互联网传递的中小学远程教育课程的学生主要分布于农村和小学校之中。一项研究表明，许多参加在线和视频课程学习的学生都将网络课程作为其在公立学校常规学习的一个组成部分。与那种认为网校将替代传统学校观点不同的是，网校更多的是起到一种拓展学生课程选择和学习资源的作用，尤其对于那些在家学习者来说，更是如此。

第二，公众可接受性问题，学生家长对网校的态度是决定学生是否参加网校的关键因素。盖洛普公司在 2001 年举行的一项调查中发现，在 1 108 名成人中，30％的受访者赞同子女通过互联网而不是常规学校来获得中学学分。而同时，40％的对象则愿意让子女在家中接受教育。不过，目前的通常情况是，家长更愿意让子女在传统学校上课的同时，再通过互联网来获得学分，认为这是一种更为实际可操作的方案。

第三，教育市场推动的力量。目前，美国许多赢利性的机构都开始涉足网络教育领域。对这些机构来说，网校是一个含金量很高的重要市场。由于这些机构通常都与州、地区和地方和教育管理部门有着密切的联系，因此也会在网校的发展方面产生重要的影响。

第四，教育信息化的迅速发展为学生上网学习提供了硬件基础。显然，要想参加网校学习，一个首要的技术前提就是必须有联网条件。据美国教育部 2006 年的数据显示，美国学校的联网比例已经从 1994 年的 35％上升到 2005 年的 100％。

第五，政府政策导向的影响。美国各地教育管理机构、州和联邦政府的政策和行为对网校的发展起着相当重要的作用。在美国，向来具有利用教育技术和远程学习来促进教学改革和学校改革的传统。因此，目前有许多联邦资助计划来支持 K-12 学校的网络学习。这些政府的资助极大地促进了美国网校的产生和发展。同时，各州政府也提供了一些教育资助项目。

最后，政府的证书认证也对网校的发展产生了重要影响。从州政府的角度来看，资格认证和学业证书是保证网校教育质量的一个关键因素。地区教育资格认证机构通常为本州各种教育机构提供人员资历认证，同时也与一些资助项目密切合作，对教师和其他教育人员的资格进行审查。目前，所有的州都要求网校的教师必须在本州获得教师资格证书，或者其他州所颁发的具有同等效果的证书。没有地区教育资格认证机构和州政府的支持，网校很难对学生产生吸引力。如果能够通过一个州或多个州资格认证机构（如美国北中部高校与学校协会）的审查，网校就能够向学生颁发大多数高校都承认的中学毕业证书。

三 美国大学数字化校园的理想与现实

除基础教育以外，信息技术同样也对美国的高等教育领域产生了深远的影响。数字化校园建设就是教育信息化浪潮在美国高校中的典型表现。在谈到信息技术对大学发展的影响时，Ferris 州立大学（FUS）的校长威廉姆·西德伯格（William A. Sederburg）曾指出，“信息技术的迅速发展为大学的管理和发展都带来了挑战与机遇：一方面，数字化校园所需要的庞大经费支出正在以惊人速度吞噬着大学的财政预算；而另一方面，若决策者处理得当，则信息技术能够为大学发展带来巨大之收益。”美国著名高等教育学者菲利普·G. 阿特巴赫也认为，“信息技术革命拥有促进高等教育转型的因素，包括知识的传播、储存和检索……信息技术开始重塑教与学，并且改变着高等院校的管理方式。”

（一）基于学术文化的数字化校园

早在 10 年前，在谈及信息技术与高等教育的关系时，就曾有学者指出，“从来还没有任何事物能够像互联网这样如此强烈和长久地吸引着全球教育者的想象力和兴趣”。究其原因，可能是因为“ICT 不仅仅表现为计算机，互联网或万维网，实际上它是各种具有改变教育潜力的技术之集合，高等教育的对象，无论是一年级的新生还是 60 岁的成人受教育者，都可能从中受益”。譬如，马修斯（Matthews）就曾断言，高等教育最终将以技术为基础而进行“重构”：“教学活动必须发生在教室之中的师生之间这样一个基本前提，构成了高等教育整个组织框架的基础，进而又进一步影响了教学过程之组织、教师之考核及政府之资助等诸方面。而现在由于信息技术的发展，这个前提开始发生变化……”

若从目前世界范围内信息技术在高等教育领域所产生的影响来看，此诚非虚言。信息技术为越来越多的大学那充满历史沧桑感的象牙塔式的校园笼罩上了一层数字化的外衣，使校园逐渐摆脱时间与空间之束缚，借助于信息技术而塑造出一个全新的虚拟形象：数字化校园（Digital Campus）。若将美国学者凯西·格林（Casey Green）在 1990 年所提出的 Campus Computing Project 视为美国高校数字化校园之肇始，那么，实际上，早在“数字地球”和“数字城市”提出之前，“数字化校园”的理念就已初露端倪。这一方面证明了信息通讯技术对当今社会影响的广泛性和深远性，同时，对于高等教育领域来说，也表明了“数字革命带来的变化将极其普遍，以至于高等院校将不得不从根本上重新思考其所提供的服务方式和方法。换言之，学术界已有一个大家默认的假设：教育技术将引发重大的机构改革并使教与学过程产生革命性剧变”。

在技术层面上，“数字化校园”被认为是“通过建设宽带多媒体信息网络、校园管理信息系统等基础设施平台，整合学校信息资源，建立电子校务、电子教育、远程教育保障等信息系统及信息化班级，最终形成一个体系完善、功能健全、组织有序的数字信息体系，从而逐步实现校内育人环境和部分社区教育环境的信息化”。目前从技术角度看，数字化校园之架构及其建设已相当成熟，技术专家们已提出了各种建设方案。只要有充足的经费与人力，决策者只需按图索骥便可很快完成技术层面的基础设施建设工作。

然而，尽管信息技术是数字化校园之基础，但若仅将之视为一个技术问题，则未免失之偏颇，并可能在实践中产生各种问题。例如，在过去十余年里，美国高校里 IT 技术专家们以极高的热情和工作效率不遗余力地推进着高校的数字化校园建设：购置、安装数不胜数的硬件设备，调试各种功能复杂的管理信息系统，建立各种庞大的数字资源和数据库；校园网带宽不断升级；而且，为了让学校里的人能够熟练地使用各种复杂的设备和系统，他们又不辞辛苦地进行各种培训活动。可以说，在如今许多美国大学的校园里，学生从入学至毕业，多数活动都可以在线的方式来完成：学生入学系统、课程注册和选课系统、学生成绩管理系统和交费系统等。至少从技术层面来说，大学校园已逐渐被数字化了。

然而，与上述技术建设成就形成鲜明对比的是，在实际应用层面，数字化校园所取得的效果却是很难以令人满意的：“尽管几乎所有的高等教育机构都在信息技术上斥资巨额，尽管教室的联网率不断攀升、计算机数量持续增加，但是，与那些科技无处不在的其他社会领域相比，绝大多数大学的教室仍然是缺少变化的，甚至处于离群索居的状态。即使当教授们在享用着校园网络和数字图书馆为其所来的快捷文献检索方式时，他们也很少会想到，‘这种方法如果能用在我的教学上就好了’。实际上，可能更多的教授想到的是‘我可不想用这种方式来教学’”。

为什么会产生这种现象呢？有研究者指出，究其根本，在于 ICT 所代表的那种技术文化尚未真正融入大学文化的核心之内。何谓大学之“核心”？按照美国学者爱德华·艾尔斯(Edward L. Ayers)的说法，就是指“在大学教室、实验室及在教学之中所传授之学问”。确切地说，是“一种根深蒂固的思维习惯及行为

方式,即学术研究背后所蕴含的文化”。其核心理念包括:

- ◉ 大学中的学者向来被认为是一种具有公众性和自治性的特殊群体;
- ◉ 大学乃是一个用来保护未来社会创造者的象牙塔;
- ◉ 在大学之中,社会声誉乃是成功的唯一衡量标准,每一成员皆视之为金科玉律;
- ◉ 每一所大学都是独一无二的,但同时又具有大学之所以为大学的相同特质。

从表 13 可看出,大学的学术文化与信息技术文化确实存在着诸多显著差异。

表 13 学术文化与 IT 文化特征比较

IT 文化的特征	学术文化的特征
一个新兴的领域	一个古老的具有强烈自我意识的领域
具有广泛性和普适性	具有极强的独特性及专业性
高度多变及不稳定	无论在何种文化背景下,都是最稳定的机构
新的竞争者不断涌现	学术声望与资历、年龄密切相关
具有明显的趋利性	与金钱无关
追求即时和快速的结果	崇尚耐心与持久
操作与流程的透明与可视化	晦涩模糊、难解

资源来源:Edward L. Ayers (2004), The Academic Culture & the It Culture: Their Effect on Teaching and Scholarship, EDUCAUSE review November/December 2004。

实际上,与其他组织通常以金钱或权力为成功衡量标准不同的是,在大学里,获奖、发表论文、研究报告和创新性观点,是学者表明其学术成功的主要标准,学者们依此来建立自己的社会声誉。尤其是当青年人刚进入大学时,其首先想到的,可能更多的是如何发表文章、申请课题和尽快建立自己的学术声誉,这就是大学“学术文化”的一个基本组成部分,古今中外概莫能外。但是,与此同时,恐怕很少有年轻教师能想到,“我应该首先掌握如何在教学中使用信息技术,因为这对于我的教师生涯来说太重要了”。实际上,在学术圈内,对于刚入道者,年长者向他们传递的信息更多是这样的:“试一试各种新教学工具是可以的,但是别太沉迷于此。靠这个可评不上教授,也很难在你的研究领域树立起自己的

学术声誉。”

当然，这样说并非意味着否定数字化校园建设对于大学未来改革与发展所具有的意义。实际上，这里实际上是要传递这样一种信息：“要想适应高校学术领域的复杂环境，信息技术就必须不断调整其应用和表现形式，使之能够符合大学教师的特定需求，且简单易用，而不是像以前那样动辄就希望信息技术在教学中产生翻天覆地的变化，因为变化总是从最小、最细微之处开始的……”从这个角度来说，急风骤雨式的变化与大学学术文化的核心理念是格格不入的，必须充分考虑到大学的这种学术文化特点，这是在数字化校园规划和建设过程中应注意的一个基本原则，并将之贯彻于整个规划与管理过程之中。

（二）基于知识型组织的数字化校园

卡尔·艾瑞克·斯韦柏（Karl Erik Sveiby）曾指出，如今的时代是知识组织的时代，这要求人们必须以一种与此相适应的眼光来考察组织，即将组织视为一种知识型组织。根据他的观点，所谓“知识型组织”（Knowledge organization）就是一种为适应知识经济的发展而形成的以知识为基础的开放、互动的组织结构，其具有以下基本特点：

- ◉ 知识是知识型组织的核心资源；
- ◉ 知识管理是组织管理的焦点；
- ◉ 智力资本是组织创造价值的核心资产；
- ◉ 智力产品是组织生产的最具有竞争力的产品。

不难看出，大学就是一种典型的知识型组织，大学具备知识型组织的四个核心要素：知识、知识管理、智力资本和智力产品。实际上，数字化校园就是大学作为知识型组织的一个关键表现形式和载体。“从知识型组织的观点来看，数字化校园关注的是如何利用各种新教育技术手段来传递各类新型课程内容，更加紧密地与校园内的各种学术、图书和管理功能整合为一体，保持和转化校园的知识资源，并进而向学生提供更加个性化和更加完善的服务”。

作为一个知识型组织，大学的数字化校园建设需要从知识管理的角度来处理信息技术与校务、教学、科学研究和社区建设（包括学术社区和学生社区）之间的关系（见图 14）。因此，从组织管理的角度来说，数字化校园可以被认为是“一种向大学校园的主要成员提供的诸种服务、功能及业务之综合体，它能够使校园成员相互之间实现电子化和连续化的事务处理、信息咨询、内容提供及交流”。

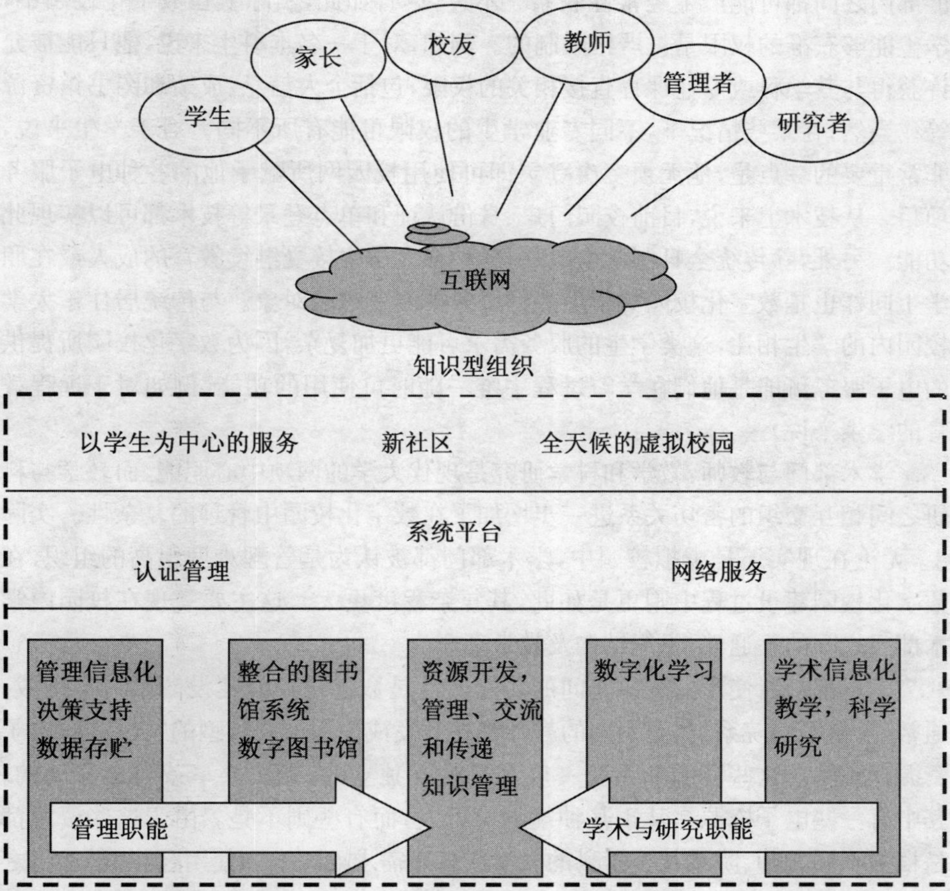

图 14　基于知识型组织的数字化校园架构

通常，大学的成员主要包括四类：教师、学生、管理者和校友（包括公众）。据此则形成了大学组织管理的主要领域：学术功能、图书馆功能、服务功能和校友（公共）关系功能。数字化校园的建设，并非是试图改变或重新组织上述不同部门之间的工作，而是要建立一种支持当前组织程序及校园工作流程的“工作流”。换言之，数字化校园的设计理念是能够使大学校园内的不同成员群体能够利用信息技术的支持而更加容易和方便地获得全部的校园服务和功能。需要注意的是，在数字化校园建设过程中，大学的不同群体和职能部门所面临的问题和需要处理的相互关系是各不相同的，需要区别考虑和对待：

各管理部门与学生：作为大学校园中数量最多的群体，学生与校园的各个职能部门之间都可能产生经常性联系。不过，尽管如此，实际上在数字化校园中，学生能够获准的权限是被严格限制的。例如，对于一名本科生来说，他只能被允许获得与其学科或专业课程直接相关的权限，包括个人信息、成绩和图书馆资源等。当然，在某些情况下，不同专业学生的权限可能有所不同。对于学生来说，非常重要的一点是，他无须多次登录即可使用校园网所赋予他的各种电子服务项目。从技术上来说，目前校园门户、身份认证和单点登录等技术都可以实现此功能。另外，除传统全日制学生以外，各种在大学中接受继续教育的成人或在职学生同样也是数字化校园为学生提供服务需要考虑的对象。与传统居住于大学校园内的学生相比，这类学生的服务需求可能更加复杂，因为数字化校园所提供的电子服务可能是他们在学习过程中唯一随时可使用的功能（例如对于远程教育的学生来说）。

学术部门与教师：教学和科学研究是现代大学的两项中心职能，而教学与科研之间相互交织的密切关系进一步增加了在数字化校园中管理的复杂性。实际上，无论在现实还是虚拟校园中，学术部门都被认为是管理难度很高的组织，在数字化校园建设过程中则更是如此，其复杂程度更大。这主要表现在校园内学术部门之间的互通性、组织结构及教学理念。

学术部门所使用的资源之间的非互通性是数字化校园建设的第一个挑战。通常，大学不同院系，甚至不同的教师都在开发或使用不同类型的“自发性”电子资源存贮库。这些资源和系统一般都是相互独立的，无法共享或自由移动的。其中有一些电子资源是基于某种规划而开发，而有些则不是。由于这些资源都是根据不同教师、院系甚至学科的教学或科研需求而开发和使用，因此很难将之扩展至其他院系或全校使用。无疑，这对于数字化校园建设中的数字、资源的互通和共享是一个极大的障碍。

学术部门的高度分权化特点是另一个挑战。大学教师通常仅仅关注各自不同的专业研究领域，除此之外则不闻窗外事。因此，对于不同专业领域的教师来说，他们很难从全局的角度来了解数字化校园之益处。另外，学术自由、个人信息隐私及安全等问题也会使得教师们对于数字化校园的态度变得复杂和多样。

目前在美国的大学教学方面，无论对教师还是学生来说，在线教学，尤其是与课堂教学相结合的 E-learning，都仍处于发展和应用的初级阶段。例如，在有些大学中，在线学习发展较快一些，可能已达到“虚拟学习”的程度；而在另外一

些大学里，教师们可能还没有适应通过网络的方式来实施教学。因此，尽管这些电子资源被认为对于补充和提高传统面对面讲授教学的效果有所帮助，但总体来看，目前大学教师们对于使用在线学习仍然持一种谨慎和有保留的态度。

图书馆及其工作人员：以往的实践已充分证明，在整个数字化校园建设过程中，图书馆及其工作人员扮演着极其重要的角色。目前，至少从服务的角度来说，数字图书馆已充分展示出其在为学生、教师和其他服务对象服务方面的巨大潜能。与传统的图书馆相比，数字图书馆的使用效率有了极大提高。对于学术性部门和教师来说，数字图书馆可以说是使其相信数字化校园建设必要性和意义的一个最好的证明，因为无论从教学还是科研的角度来说，数字图书馆都对提高文献检索效率和降低成本起到了不可低估的作用。

但这样说并非意味着数字图书馆的建设是一帆风顺的，它目前同样也面临着许多问题，其中既包括技术性问题也包括非技术性问题。例如，从技术上来说，数字资源的标准、权限管理以及影音资源的分类编码等问题都是数字图书馆研究者目前面临的难题；从非技术角度来说，如何处理数字资源的版权管理则是最为棘手的问题。

管理部门及管理人员：相对于学术部门来说，许多大学的管理者可能更容易意识到数字化校园对于自己所在部门工作的及大学其他职能的重要意义，因为对于管理部门来说，其所承担的工作都是服务性的，而且条理清晰，分工明确，与学术性部门的工作性质有很大区别。总体来看，数字化校园将会提高绝大多数管理性工作的效率，而且通常效果比较明显，例如招生、入学注册、餐饮住宿管理、校园整理、学生信息管理和排课和教室管理等。

校友（公众）关系部门及工作人员：对于大学来说，通过各种方式来保持与公众（包括校友）交流渠道的畅通性和经常性，对于提高大学的社会声誉、获得经费支持和国际交流都具有非常重要的意义。因此在美国大学里，通常都有专门的部门来管理校友相关的事宜。相对来说，私立大学要比公立大学更加重视校友关系。在这个过程中，数字化校园同样也扮演着重要角色。传统上，美国大学在处理公众关系上通常采用媒体报道和校园活动等形式来进行，而与校友的关系则通过同学聚会、邮递校园杂志、组织校园娱乐活动、召开基金筹集活动以及为校友使用学校的资源（如图书馆）提供各种便利等。以往由于通讯工具等因素的影响，大学与校友的联系通常是滞后而迟缓的。而借助于数字化校园，通过校友信息管理系统及各种现代化的通讯手段（如电子邮件列表、即时通讯工具等，甚至专门的校友管理系统），大学在保持与校友的联系方式上获得了重大进步。

综上所述，可以说，信息技术渗透至上述大学校园的不同成员群体及部门的过程，实际上就是以知识型组织为基础而实施数字化校园建设的过程，它体现了信息、知识与组织之间的密切关系，数字化校园为知识型组织的建设提供了一个最适宜的技术载体。

（三）“基于信息”或“基于交流”的大学

戴维·圣吉(David Siegel)曾经指出，在信息时代，若尚未制订出一个针对自己的电子服务对象(e-customers)的应对策略，那么，对于任何机构来说，都将会铸成大错。他认为，许多机构在应用信息技术时都存在以下问题：

◉ 未充分意识到技术(互联网)的重要性；
◉ 在应用技术之前，未能根据机构的特点而制订相应的策略和方法；
◉ 在采用技术时，缺乏明确的目标，为技术而技术；
◉ 仅仅将互联网当做机构的一种公关宣传方式，即“数字宣传册”。

威廉姆·西德伯格承认，在刚开始数字化校园建设时，Ferris 州立大学确实就犯了类似的错误：“我们并没有形成一个充分利用互联网优势的明确策略，我们尽学校财力所能提供的可能性，来最大程度地满足校内各个部门对信息技术的需求，我们将网站视为一个数据的存贮库而不是校园成员之间交流和对话的渠道。换言之，我们试图将数字化校园建设成为一个‘以网络为中心的校园’(net-centered campus)。但是，这个概念具有相当大的误导性，因为它似乎意味着将大学的全部教育服务都转移到互联网上。”后来，决策者逐渐意识到，他们所希望的数字化校园并非如此，而是一种“为网络所强化的大学”(net-enhanced university)。换言之，就是利用互联网技术来加强大学的核心活动(教学和科学研究)，而非全部活动，并据此来促进校园成员之间的沟通与交流，最终达到提高服务水平的目标。

从“以网络为中心”到“为网络所强化”的转变，实际上体现了数字化校园理念的变迁，即将应用重点从“信息”转向了“交流”，使之成为交流和沟通的工具，而不仅仅是信息存贮的仓库。实际上，在大学校园中，年轻者与年长者之间存在着一种“技术代沟”(Technology gap)：年长者更多地是将互联网视为一种信息获取的来源，因此，网站被设计成一种反映大学的组织管理机构的信息库，实际上是扮演着大学的文件柜或宣传册的功能。而对于年轻者来说，则不仅将互联网视为信息来源，同时也当做一种与他人交流与沟通的手段。按照这种理念，网站则倾向于被设计成为一种强调与个人需求和电子邮件等个性化信息相关的人际沟通资源的集合。也就是说，网站的结构是根据校园成员群体的需求，而不是机构的组织结构来设计的，它更多的是反映成员之间交流与沟通的需要。

研究者认为，后者更能真正反映数字化校园的本质特点。若互联网真正成为大学校园中不同群体之间人际对话的新载体，那么，数字化校园的重心就会实现由技术向人际关系的转化。从这个角度来说，互联网将有助于校园内不同成员群体之间产生更加个性化（personalization）和分散化（Decentralization）的交流与对话。

使交流结构更加个性化：所谓“个性化的交流结构”，就是要求数字化校园中网站的设计者事先了解网络访问者的各种可能性需求，以及他们希望交流与沟通的对象究竟包括哪些，并据此来设计网站的结构。一个好的校园网站，应该按照其服务对象的群体来组织，例如入学申请者、在校生、校友以及访问者等，而不是按照学校的部门单位来设计；同时，一个好的网页内容应该使访问者产生进一步探究的欲望。但令人遗憾的是，目前在许多校园网站设计中，过多的注意和精力被浪费在“机构形象”上，令人眼花缭乱的图片充斥着整个网站。但实际上，这种设计思路和形式可能会影响沟通的效率，因为大量图片会降低网站的访问速度，而且也会分散访问者的注意力。

威廉姆·西德伯格认为，对于大学来说，这种基于互联网的交流并非总是正面和积极的，“不可否认，这种基于网络的交流在向公众或潜在的学生呈现大学好的一面的同时，也有可能暴露大学存在的问题和缺陷。因为访问者在与校园内的不同成员交流时，总会有些人会向访问者传递一些负面的观点和信息，这是不可避免的。”然而，对于一个对学校有信心的管理者来说，他并不会因此而去阻挡这种负面信息的传递，因为他相信，在校园网络上，会有更多的人向来访者传递比负面消息多得多的积极信息。实际上，对于校园网站的访问者来说，可能正是由于正、反两方面信息的存在，他们反而会更加容易相信这种网络交流内容的真实性。换言之，这种基于互联网的对话是个性化和真实的。

使交流结构更加分散化：所谓“交流结构的分散化”，包括两个层面的含义，一是指校园内每个成员群体都能够发出自己的声音；二是校园网站内容的管理职责必须分散于各个部门，而不是由某个部门来单独负责。表现在网站设计上，可以在校园网上公布每一名教职员工的 E-mail 信箱，或者在相应的机构设置讨论区，以便访问者提出问题和获得回答。当然，随着通讯技术的不断发展，可能会使用更多的网上交流方式，如即时通讯工具等。

之所以这样做，最重要的目的在于形成一种“任何部门皆有责任回答任何来访者提问”的机制，而不是像以往那样各部门的职责条块分割，各人只管一摊。也就是说，在网络环境下，部门职能开始分散化或泛化。例如，校长信箱通常是许多大学校园网站的一个重要组成部分，若能够运用得当，会对学校的管理产生重要影响。例如，威廉姆·西德伯格就谈到，他经常收到学生的 E-mail 并定期给他们回信。“我想，当收到校长写的回信时，许多学生的心情无疑是非常激动的，这会使学生与学校的关系变得更加富有人情味和个性化。同时，我也经常会给那些潜在的未来学生回信或与之交谈。我相信，这种交流方式将对这些学生未来的入学选择或对我校的看法产生非常积极的影响。”图 15 展示了上述数字化校园中人际交流模式的变化。

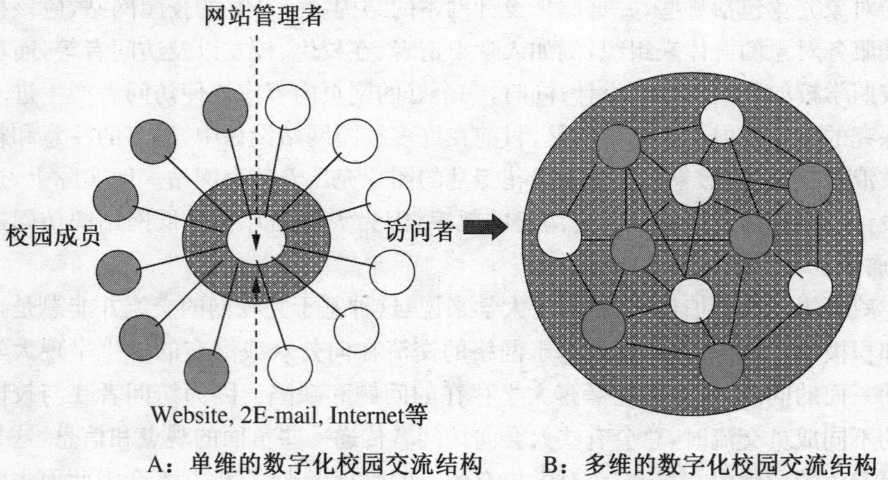

图 15　数字化校园对学校中人际交流模式的影响

可以看出，在数字化校园建设中，新的网络交流模式之优势主要表现在：

◉ 可极大地增强大学内部成员群体之间，以及校园内部与外部之间人际沟通的渠道与效率，并使这种交流更加人性化和分散化；
◉ 可增强大学校园网站内各种信息的广泛性与可信性，提高机构的社会声誉；
◉ 鼓励校园内部利用各种网络交流工具进行信息交流与沟通，实现不同部门、群体和成员的交叉性多维交流，进而培育并形成一种网络校园文化

(Campus Cyberculture)。

(四) 数字化校园构建之原则

如今，信息技术被认为是一种能够引发广泛社会变革的技术，同时大学也被誉为人类社会中最重要的知识传递与生产机构。这两股社会力量代表的是传统与现代的相互交织与结合，这两种文化的相互融合预示着一个新时代的开始，这就是数字化校园。在此结合过程中，毫无疑问，信息技术的应用方式及其代表的IT文化必须有创新性和能够符合学术领域新的要求。同时，作为知识型组织的大学，其学术文化也应变化以适应新的环境与要求。这样，两方面基于双向动态变化的结合则奠定了数字校园发展的建构基础。

综上所述，基于信息技术，学术文化和知识型组织诸因素交织所构建起来的数字化校园，应遵循一些基本的建设与实施原则：

1. **服务于大学之核心任务**：信息技术对大学的多个方面都能产生重要影响，但需要分清主次，要利用它加强大学的核心任务：教学与科学研究。数字化校园的一切建设都应以此为中心和主旨来展开。

2. **认识到技术的局限性**：在看到信息技术优势的同时，我们也必须意识到其在教育上的局限性。教学并不是一个简单地将数据资源从一处下载到另一处的过程，而是一个交互的社会交往过程。诚如所言，"教育者应意识到：学习是一个高度受社会环境影响的过程，多数学习活动都产生于交流过程。"基于网络的交流有利于创建和加强教学的交流环节，但它不是万能的。

3. **积极创建相应的政策环境**：要想支持和创建数字化校园，大学首先需要创建一个与之相应的政策与组织结构。"在理想状况下，应建立一个专门的技术支持部门来为各个院系服务，形成一个网络咨询委员会，制订数字环境下的知识产权保护政策，在学校的每一个重要部门中都培训一名技术专家，并在学校设置相应的管理人员"。

4. **为用户提供个性化的使用基础**：若想使校园各成员在各自的工作及学习中充分利用数字化校园的成果，适当的教育与培训同样不可缺少。在校园的绝大多数成员尚不能有效使用信息技术和互联网的情况下，数字化校园是无法实现的，即使硬件已经具备也不行。

5. **形成多元化的交流与沟通社区**：无论在校园中还是在学术团体中，数字化校园的首要目标都是要利用互联网来创建一个相互交流与对话的社区。从技术的角度来说，实现此目标的方法很多，而且以后也会越来越多：E-mail 列表，BBS，聊天室，博客……现在需要做的是，让越来越多的校园成员开始使用并建设起基于网络的交流平台。

6. **提供更多的数字化共享资源**：在数字化校园建设过程中，需要尽量多地实现大学各种资源的数字化，并通过互联网来实现不同院校，甚至不同国家之间的资源共享与交流。“开放教育资源”（Open Educational Resources）的理念，将是数字化校园的重要组成部分。

7. **鼓励创新而不是重复**：信息技术之核心在于创新而不在于复制。数字化校园所追求的是将信息技术创造性地应用于大学的管理、教学、科学研究和服务中，技术所提供的创新性应用是永无止境的，关键在于如何将之与大学的各项工作有机地结合起来，从而最终实现一个基于创新的数字化校园。

四 美国高校信息化热点聚焦：数字版权保护与开放教育资源

（一）美国大学校园中的数字版权保护问题

伴随着美国数字化校园的建设与快速发展，层出不穷的各种数字复制技术在为大学师生带来诸多便利的同时，也使得各种出版物的著作权保护问题日益突出，网络环境下的版权资源保护逐渐成为美国教育信息化焦点问题之一。2003 年 8 月，国际规划与研究组织（International Planning and Research Corporation，IPR）公布了一份名为“美国软件盗版研究报告”的报告。在报告中，研究者指出，虽然 2003 年美国的平均软件盗版率仅为 23%，居世界最低水平，但在美国国内，盗版软件出现的地区和行业差距性非常大。例如，从行业分布的角度来看，盗版率较高的行业主要集中于美国中小规模的 IT 企业和教育领域等，尤其是美国大学和学院之中。研究者认为，之所以如此，是因为目前 99%以上的美国高校都已建成宽带校园网络，98%以上的学生宿舍已接入校园网，便利的网络基础设施为学生的网络盗版提供了技术条件。同时，在全美国上网群体中，大学生已成为仅次于商业界的第二大网络用户。再加之大学校园中相对比较宽松的管理环境、学生对知识产权保护意识的相对淡薄，使校园网络成为美国盗版的“重灾区”。这不仅表现在商业软件的盗版上，同时也表现在其他一些能够通过网络进行传播的数字化资源上，如音乐、电影等。

确实，许多情况都表明，近年来，尤其是自 P2P① 软件在互联网上广泛应用之后，美国大学校园网络的软件和数字资源盗版问题有愈演愈烈之势。在2001 年，美国唱片产业协会（RIAA）以 Naspter 网站通过互联网和 P2P 软件向人们提供免费音乐下载为由，将其告上联邦法院。但是，即使在案件审理期间，大学校方仍未采取有效的措施来禁止学生登录 Napster 网站进行免费交换音乐活动。据美国 Gartner 公司的调查报告显示，案件审理期间，在被调查的50 所美国大学和学院中，只有 34%的院校已禁止免费互联网唱片下载网站 Napster 在其校园里为大学生提供相关服务。然而，美国的一些著名大学，如哥伦比亚大学、哈佛大学以及斯坦福大学，则仍然允许学生登录该网站。

显然，大学校方这种对校园网络盗版疏于管理的态度，引起了美国软件界，尤其是音像制作业界的强烈不满。2001 年 12 月，在要求对大学校园盗版现象严加整治的强大呼声下，美国联邦政府有关部门突击检查了全美 27 个城市中的大学和 IT 公司，其中包括著名的麻省理工学院、加州大学洛杉矶分校、杜克大学和普度大学，调查这些大学的学生参与盗版网站 DrinkOrDie 的情况。随后，在2002 年 8 月，美国唱片产业协会又以在校大学生通过校园网非法传播版权音乐歌曲为理由，通过法院向美国 800 余所大学发出了传票，要求它们协助法庭调查这些大学生。在收到传票的大学中，波士顿大学和麻省理工学院对此予以明确拒绝，并提请法院撤销这些传票，理由是这种做法既不合适也不合法，校方不可能为针对自己学生的这种诉讼提供合作。在这种情况下，美国唱片产业协会则直接向法院提出了对这两所大学四名大学生的诉讼，指控他们经营非法网络共享服务，在连接该学校网络的计算机中搜索 MP3 歌曲文件，而且在其计算机中共享版权音乐。这是美国知识版权历史上 RIAA 首次直接起诉大学生，引起了美国各界的关注。

从上述情况可以看出，美国高校校园中确实存在着通过校园网来传播非授权数字资源的问题。但是，这种盗版现象究竟达到了何种程度呢？这些诉讼案，究竟是由于软件、音像制品行业为追逐高利润而引发的，还是缘于大学校园中的盗版现象如此盛行，以至于业界无法容忍了呢？

1. 大学数字校园建设过程中的网络盗版

自 20 世纪 90 年代以来，美国高等教育信息化的发展如火如荼，可谓执全球

① P2P：Peer to Peer，是一种用于不同 PC 用户之间，不经过中继设备直接交换数据或服务的技术，它允许 Internet 用户直接使用对方的文件。每个人可以直接连接到其他用户的计算机，并进行文件的交换，而不需要连接到服务器上再进行浏览与下载。

数字化校园建设之牛耳，成为世界各国高校信息化建设的典范。据“校园信息化调查”(Campus Computing Project，CCP)2006 年 10 月公布的最新调查数据，在过去一年中，作为全球高等教育信息化的领先者，美国大学数字化校园的建设步伐一如既往保持着高速发展的态势，新技术的进步推动着美国高校数字化校园的建设不断锦上添花。CCP 的调查数据显示：“在 2006 年中，尽管存在着一些技术和数据标准等方面的障碍，但是，开始使用‘校园门户’(Campus Portal)技术的大学比例仍然从 2002 年的 21.2%上升到 2006 年的 46.6%。”同时，美国高校的校园无线网络的建设也达到一个新水平：“开始使用校园无线网络(Wireless LAN)的高校比例从 2004 年的 34.7%上升到 2006 年的 51.2%。”在美国高校中，许多已经实现了师生“随时在线，移动学习”的梦想。另外，基于校园网的电子生活保障系统也使越来越多的高校师生体验到信息技术所带来的无限便利：统计数据表明，“目前能够在校园网站上处理信用卡网上交易的美国高校比例，已从 2002 年的 40.5%增加到 2006 年的 80%；已实现在线课程注册功能的高校比例也从 2002 年的 70.9%上升到 91.6%。”这些数据都充分展示了美国高等教育信息化所取得的最新成就。

但另一方面，在美国高校信息化建设过程中，校园内数字资源(包括数字化音像制品和应用软件等)的盗版问题，则是长期以来令许多美国高校都搔首无策的痼疾。自 2001 年以来，受上述诉讼案的直接影响，许多美国大学不得不开始正视和着手解决以往在大学校园中长期存在的数字资源盗版现象。例如，早在 2003 年，CCP 的调查数据就显示，当时绝大多数美国高校都开始制订和实施有关在校园网内禁止传播非授权数字内容方面的专门政策和规定。研究者发现，66.2%的被调查美国高校表示，即将着手制订禁止在校园网上下载商业性音像内容和盗版软件的政策。不过，在不同类型的高校中情况有所差别。例如，在大学中，约有 80.9%的公立大学和 77.5%的私立大学都已制订了这种规范；而在四年制公立和私立学院中，比例为 66.6%；社区学院中制订规范的比例则最低，仅有 49.6%。这种情况说明，对于校园网盗版现象的管理，美国各高校之间的差异较大。

经过 2001 年的 Napster 案件之后，许多美国高校的 CIO(首席信息官)本来以为，在校园里普遍存在的由于使用 P2P 软件所导致的网络堵塞和版权问题，如学生下载音乐、电影和其他有版权限制的媒体信息，可能会得到有效的解决。但现实情况表明，这些问题实际上远未得到圆满解决。按照美国音像行业的看法，美国高校校园网络内的盗版现象仍然是有增无减，甚至有愈演愈烈之势。针对这种情况，许多美国软件和音像制品行业已向许多美国高校管理者发出警告，认为学校应该对其校园网络中普遍存在的学生盗版问题负有很大责任。他们的证据之一，便是商业软件联盟(Business Software Alliance, BSA)2003年公布的调查报告“美国大学校园中的互联网盗版”。此报告以“非授权商业软件”(Unlicensed commercial Software)和商业音像制品在大学校园网络中的下载和传播为主题，研究者利用调查问卷和访谈相结合的方式，从全美国范围的高校中随机抽取了1 000名大学生和300名教职人员(其中教师和管理人员各150名)进行了大规模调查。调查数据多方面显示了数字资源盗版在当今美国大学校园中的严峻形势。

例如，调查显示，“69%的大学生曾经使用校园网或P2P文件共享程序来下载音乐。其中，75%的学生表示从未为所下载的音乐付费；74%的大学生曾经使用校园或P2P文件共享程序来下载电影。其中，84%的学生表示从未为所下载的电影付费。同时，分别有77%的学生、69%的教师和和69%管理人员曾经使用校园网或P2P文件共享程序来下载软件。其中，有42%的学生、16%的教师和管理人员表示，从未为所下载的商业性软件付费。”在被调查对象中，仅有22%的学生表示，教师会有时告诫他们不要从校园上下载非授权的商业软件；同时，也只有21%的学生表示，教师会有时告诫他们不要把所购买的一套商业软件安装在多台计算机上。

在问及这种非授权商业软件下载行为的正当性时，88%的学生认为花数百美元去购买一份软件的用户使用协议书价格太不合理，因为软件的复制成本只不过几元钱而已；74%的学生认为出于省钱的目的与他人共享或下载软件没什么大问题；52%的学生认为，目前软件界商业利润很高，仅有一部分人使用非授权软件不会对其发展产生很大的影响；66%的学生认为，软件公司应该为学生们去下载其编制的软件而感到高兴，因为这说明他们的产品是成功的。与此同时，虽然持上述观点的教师比例要低一些，但同样也分别有52%、47%、14%和26%的教师对上述诸观点表示赞同。

调查数据显示，尽管大学生们经常通过校园下载和使用非授权的商业软件，但多数都认为知识产权保护或为软件开发者提供回报能够鼓励软件的进一步开发和发展。例如，分别有93%的学生、99%的教师和100%的管理人员都认为，软件开发者应该为他们的智力劳动获得必要的回报；84%的学生、97%的教师和99%的管理人员认为保护知识产权有利于促进软件业的继续投资和发展；同时，有49%的学生、65%的教师和63%的管理人员认为，应该针对校园网上所下载的软件加强知识产权方面的保护；另外，也有67％的学生、85％的教师和90％的管理人员认为，通过校园网免费交换和共享资源的想法很好，但是应该加强所交换的资源内容的管理，尤其是盗版问题。

另外，研究还发现，只有28％的学生知道学校已针对非授权软件制订了相应的政策；66％的学生表示不知道学校是否制订这方面的规定。但是，关于这种政策的有效性问题，只有14％的学生认为这种政策对于校园网知识产权保护有效果。与此相比，教师和管理人员的情况则好得多。分别有74％的教师和88％的管理人员表示自己所在的学校已经制订这种政策。同时，47％和66％的教师和管理人员认为，制订这种政策对于防止校园网软件盗版能够起到有效的作用。从高校教师和管理人员的角度来看，总体上，他们是对校园网内的反盗版持支持的态度。不过，同时也有23％的教师和20％的管理人员认为，商业软件界没有必要太在意学生的盗版行为。

根据这份调查报告，研究者认为，目前，“许多美国高校在有效防止盗版方面远未尽到自己的责任。这不仅表现为校方未能切实做到制订周密有效的校园网络管理规范，并对之进行大力宣传和严格实施。更为重要的是，一些校方管理人员甚至教师，都对学生在校园中的盗版行为持过于宽容的态度。”

2. 新版权法对美国大学信息化建设的影响

实际上，美国高校校园网中的版权保护之争，在一定程度上反映了传统版权保护法律在如今的网络时代已显得力不从心。正如许多学者所指出的，随着媒体传播技术，尤其是互联网在全球范围内的迅速发展和广泛应用，以往那些主要针对传统传播媒体(如印刷、电视、广播等)所制订的版权保护法律已无法适应时代的要求。因此，根据技术发展情况来修改或制订版权法律已成为一件非常迫切的事情。

1996年12月20日，在《伯尔尼公约》的基础之上，世界知识产权组织(WIPO)在日内瓦会议上连续制订并通过了两项新的版权条约:《世界知识产权组织版权条约》(WCT)和《世界知识产权组织表演和录音制品条约》(WPPT)。关于新版权条约的意义，WIPO指出:“出于以尽可能有效和一致的方式发展和维护作者对其文学和艺术作品之权利的愿望，承认有必要采用新的国际规则并澄清对某些现有规则的解释，以提供解决由经济、社会、文化和技术发展新形势所提出的问题的适当办法；承认信息与通信技术的发展和交汇对文学和艺术作品的创作与使用的深刻影响。”在这两项新版权条约中，针对作品和录音制品的数字化的问题，做出了明确规定:“《伯尔尼公约》第9条所规定的复制权及其所允许的例外，完全适用于数字环境，尤其是以数字形式使用作品的情况。”不言而喻，在电子媒体中以数字形式存储受保护的作品，构成《伯尔尼公约》第9条意义下的复制。“所规定的复制权及其例外，完全适用于数字环境，尤其是以数字形式使用表演和录音制品的情况。”显然，在电子媒体中以数字形式存储受保护的表演或录音制品，构成这些条款意义下的复制。这些规定就意味着，将文学作品或录音制品转化为数字化形式，属于是对原作品的一种复制行为，并不形成新的作品录音制品，也要受到版权法的限制与保护。这就为对于传统的文学艺术作品的版权和录音制品邻接权的保护从传统的传播媒体延伸到了网络环境提供了基本依据。因为文学作品或录音制品要进入网络环境，首要的条件就是将其数字化。

同时，对于作品和录音制品在网络环境下传播的问题，WCT也做出了明确的规定：“文学和艺术作品的作者应享有专有权，以授权将其作品以有线或无线方式向公众传播，包括将其作品向公众提供，使公众中的成员在其个人选定的地点和时间可获得这些作品。”在条约中，这种专用权被称为“向公众传播的权利”。与此相对应的，是WPPT也给予表演者和录音制品制作者对其享有版权邻接权的录音制品授以“因广播和向公众传播获得报酬的权利”，这种权利是“一次性合理报酬的权利”。正如有学者所指出的，“这种规定实际上就为版权所有人对其作品、表演者和录音制品制作者对其录音制品增加了一项专有权，即未经版权所有人、表演者和录音制品制作者的许可，不得将其作品或录音制品上网和在网上传播。”这样，通过WPPT和WCT的这两项新规定，就为各种形式的作品在网络环境下的制作、复制和传播提供了基本的版权保护框架。不过，总的来说，条约只是原则性地规定了新增的权利，具体采用何种保护方式和权利内容则由各国国内法律做出规定。

在美国，一方面为应对国内日益严峻的网络盗版形势，另一方面，也为了与WIPO所制订的上述两项新版权条约相协调，1998年10月，美国国会通过一项专门的《数字千年版权法案》(DMCA)，用来规范和解决互联网广泛应用时代各种电子出版物所遇到的各种版权问题，这被称为自1976年美国著作权法修正以来最重要的修正。

在这项法案中，专门制订了一条“在线版权侵犯责任的限制”，其中规定：“在线信息提供机构”(Online Service Provider，OSP)所提供的下列四种在线服务：“瞬间数字网络传输、系统缓存、基于用户指示的系统或网络信息驻留和信息检索工具，当其用户做出违反网络版权行为时，OSP均可免于承担金钱形式的版权侵权责任，而且除了具备该法规定的特殊情节外，也不会遭受法院颁发的禁止令。"但同时，法案也规定，要求OSP在提供这四个方面的服务时都必须向用户提供有关"网络版权保护"的明确信息，以督促用户规范自己在互联网上的各种行为，防止网络盗版。按照DMCA的规定，OSP有义务防止侵犯版权的内容在Web站点上传播。

同时，在《数字千年版权法案》中，针对像大学这样的非赢利性教育机构所承担的网络版权保护责任，则专门制订了512H条款。该条款规定，在符合一定条件的前提下，提供网络服务的大学和学院不必对其所属的教职员工和学生（包括研究生）的版权侵犯行为负责。其理由是："因为从信息提供的技术上讲，高等院校只是提供软件来连接信息用户和网址，它们在自己的服务器上储存信息，为用户提供录制节目和展览作品的便利条件，这种行为是得到版权法认可的。"实际上，从教育机构的特点来说，高校本身也应该不控制信息交流过程中的实际内容。因为在网络世界中，同样也应该尊重学术研究和学术自由的普遍原则，不干涉教学和科研工作。所以，对于高校内工作人员或学生的网上侵权行为，学校通常情况下不必连带负责，而应该遵循"个人而非机构负责"的原则。但是，这并非意味着高校对于自己内部的教职员工或学生的网上盗版行为在任何情况下都毫无责任。因为该条款同时还规定，高校上述的这种责任免除必须符合以下三项条件：

◉ 高等院校的教职员工或研究生通过校园网络所做出的网络盗版行为，与校方在过去三年时间内所要求或推荐的课程内容无直接关系。
◉ 在过去三年时间内，高校没有接到过两次以上的关于本校教职员工或研究生的网络侵权行为通知。
◉ 高校向校园网络用户所提供的版权保护信息和资料描述都符合美国版权法的要求。

换言之，当高校内部的人员发生网络盗版行为时，只有同时符合上述三个条件，法庭才会认定这种校园网盗版行为与校方无关，一切责任都由盗版行为人来承担。但是若不符合上述三个条件，则高校需要为自己校园网上的盗版行为承担一定的法律责任。除此以外，DMCA还建议，为了保证高校作为在线服务供应者履行其责任和义务，美国大学和学院还应该及时向版权管理机构注册登记，以便及时获得所需要的材料，享受版权管理机构对其的保护性政策。与此同时，高等院校也应当开设一些版权保护方面的教育课程，使学校里的各个部门和个人都能够理解新的版权法并遵守它。具体说来，高等院校可采取的措施大致有如下几条：

◉ 在学校成立专门部门或聘请专家专门负责处理与版权相关的问题；
◉ 在版权管理机构登记注册；
◉ 设立专门部门，及时与版权管理机构取得联系，获得版权保护或侵权信息；
◉ 及时提供和更新学校的版权政策和程序；
◉ 在校园网上公开学校关于版权的政策；
◉ 通过各种途径进行宣传，使学校的各个机构与个人了解和遵守版权法。

应该说，若 DMCA 仅就上述这些问题做出规定，那么，对大多数美国大学和学院来说，这些规定都是可以接受的，校方在校园网中数字版权保护方面所承担的责任也不会被无限扩大。但问题上，在规定上述对非赢利教育机构免责条款的同时，DMCA 同时还制订了另外一些网络版权保护规定，在美国高校中引起了许多争议。其中最典型的两条是：

◉ 版权所有者在符合一定条件下可以要求法庭向“在线服务提供者”(OSP)发出传票，要求其提供涉嫌网络侵犯版权用户的各种个人信息；
◉ “合理使用”(Fair use)的条件和范围比传统版权法律中所规定更加严格。

关于第一点，DMCA 中的 512H 条款规定，“只要版权所有者能够向联邦法庭提供一份关于某 OSP 用户网络侵权行为的证据，证明网络版权侵权行为已经发生；同时，再签署一份作伪证将受到惩罚的誓言文件(用以表明想要得到该侵权用户信息只是为了保护自己的版权)。那么，联邦法庭将可以根据版权所有者的要求向为该涉嫌网络侵犯版权用户提供网络接入服务的机构(OSP)发出传票，要求它公开该用户的个人信息，以协助制止网络侵权行为的扩散和继续。”尽管与此同时，512H 条款也规定，即使在确定 OSP 用户侵犯网络版权之后，只要 OSP 和版权所有者共同合作一起反盗版，就可以赦免 OSP 的责任。但是这也足使许多非赢利性的教育机构陷入了无休止的法庭诉讼之中，影响了它们的正常工作秩序。

正是利用DMCA的这项条款，自2000年之后，美国软件界、音像制作界频频向美国高校发起校园网版权诉讼，使得美国大学在校园网上防止“网络盗版”(Internet Piracy)和保护学生个人隐私(Stuent Private)两者之间处于进退维谷的境地。正如加州大学伯克利分校的CIO(首席信息官)杰克·麦克莱第(Jack McCredie)所指出的，“我们现在面临的一个两难问题是，如何权衡网络版权和用户(教职员工和学生)隐私两者之间的关系。毫无疑问，我们应该设法加强对校园网络的管理，以便使校园网络上成千上万台计算机都能够以合法和负责的方式来被使用。但是，我们同时也必须保护我们学校教职员工和学生的个人隐私权不受侵犯。”同样，宾夕法尼亚州立大学的校长格雷厄姆·斯班尼尔(Graham Spanier)也指出，“应该清楚地意识到摆在大学管理者面前的挑战，即我们在努力采取措施减少和消除P2P技术在校园中非法应用的同时，也应该保护P2P技术在校园中的合法应用。因为这是在信息时代保护我们教育、科研活动的创造力、活动和效率的基础，同时也是学术自由和成果自由交流的一个重要组成部分。另外，同样不能忽视的是，在这个过程中，不能侵犯学校教职员工和学生的个人隐私权。”

第二点，即“合理使用”原则。早在美国1976年的版权法中就规定了对各种版权资料的“合理使用”。这种规定对于像大学这样的非赢利性教育机构在教学、科研过程中使用各种版权出版物提供了便利条件。当时，“合理使用”的四条标准是：

- 使用的目的不是为了商业利益，而是为了非赢利性的教育；
- 作品的性质与内容应当适合用来为非赢利性的教育目的服务；
- 同整个作品相比，所使用的部分仅仅是该作品的小部分；
- 这种使用对作品的潜在销售市场和价值影响不大。

但是，在DMCA的规定中，增加了许多对于网络版权资源合理使用的限制条款，使得许多在已往版权法中属于“合理使用”的行为在DMCA则变成了盗版行为。例如，DMCA规定，即使个人或机构仅从网络上下载了有版权的资源，并未滥用之从中获利，仍然被认为是盗版行为。同时，对非营利性教育机构的版权资源复印也提出更严的要求：“非营利性图书馆、档案馆和教育机构可以避开版权保护的技术措施而获得浏览商业开发的著作权作品，但其目的限制在为作出更可靠的是否购买的决定。该类机构仅在它不能依靠其他的途径而获得同一作品的复制件时才可以这样做，并且不能持续浏览超过必要的时间，且这类机构不能利用此免除责任获得商业利益的金额收益。”这就对美国高校的数字图书馆的网络资源建设起到了很大障碍作用。

正由于上述诸种原因，《数字千年版权法案》不仅受到了美国教育机构，同时也受到了除软件界和音像出版业以外其他行业的强烈抗议，认为它更多的是保护出版者的利益，却忽视了社会公益，扭曲了知识产权保护的本意。正如有学者所指出的，“《数字千年版权法案》对待技术措施的极端立场不仅影响了使用者的利益，也影响了消费电子产品制造商、个人计算机制造商等许多方面的利益。消费者团体、教育机构、研究机构、图书馆、电子消费品制造商、计算机和通信产业等众多利益团体都纷纷呼吁修改《数字千年版权法案》，恢复版权法业已建立的平衡。”因此，自 2003 年之后，美国多位众议员连续向众议院提交了名为《数字媒体消费者权利法》、《增进作者利益且不限制进步或网络消费需求法》和《数字消费者知情权法》三项法案，以期对 DMCA 进行修正，使知识产权失衡的天平重新恢复。

3. 美国高校数字资源版权保护的对策

尽管美国大学的管理者一方面对于 DMCA 的一些规定颇有争议，但另一方面，面对接踵而来的联邦法庭传票和意识到校园网盗版可能对学校社会声誉所产生的严重后果之后，多数大学还是不得不采取了积极合作的态度，开始加强学校在政策、法规和技术等方面的建设。“在这种情况下，美国各类高校的管理者不得不设法寻求一个切实可行的解决方案，希望在兼顾版权和个人隐私权的前提下来解决这个问题。”目前越来越多的美国高校开始制订一些关于校园网络资源版权方面的政策和规定。主要包括以下几个方面：

学校明文制订有关授权软件和各类网络资源的使用规定，并将之广为宣传。要求相关教学人员在教学、科研和各种校园活动中进行讲解、宣传，使教职员工和学生都能及时了解到美国版权法的规定和变化，预防校园盗版现象。

加强校园网电子邮件账户管理的规定。例如，在宾西法尼亚州立大学，“师生在申请电子邮件账户时，必须了解有关联邦版权法律和学校相关政策的规定，否则将被拒绝开户。同样，在向学校申请其他一些在线服务（如 FTP 网络服务等）时，也将被明确告知可能存在的版权侵犯可能。”另外，已有 40%以上的美国高校规定了电子邮件附件的容量限制（1.5M 至 4M），防止学生使用电子邮件来传递盗版资源。

加强对校园网大流量数据交流的管理工作。尽管校方不会对校园网上所交换数据的具体内容进行监控，但会对校内个人计算机的网络流量进行适当控制。例如，加州大学伯克利分校规定，“在校园居住区范围内的计算机，每台计算机每周发出或接受的网络流量限定为 1.5G。多次违反此规定的用户将被禁止上网。”

对那些存放于校园服务器上的个人网站内容做出明确规定，防止盗版资源贮存于校园网上。例如阿尔伯尼大学规定，“校方一旦发现学生的个人网站上放有盗版资源，将禁止学生连入校园网，并通知学生参加学校定期举办的版权教育课。另外，这些学生如果再想重新上网，必须交纳 25 美元的费用。”

从技术上加强校园网的管理，及时发现校外计算机的入侵，防止校园网内的计算机被当作各类 P2P 软件的共享服务器。例如，在加州大学伯克利分校内，仅仅数星期内，网络技术人员就发现 100 起以上的这种网络入侵事件。技术人员在进行技术处理的同时，也会要求被入侵计算机的用户学习一些计算机知识和技能，防止类似事件的再度发生。

应该说，上述各种措施，对美国大学校园中的盗版现象起到了一定遏制作用。在 2005 年 BSA 又发表了一份名为“高等教育领域非授权软件状况——关于学生与教师的调查”(Higher Education Unlicensed Software Experience - Student and Academics Survey)的调查报告，在报告中，研究者指出：“尽管还有相当数量的大学生在使用 P2P 程序来下载软件，但这样做的学生比例比 2003 年有所下降；与 2003 年的 28%的学生不付费下载音乐相比，2005 年已下降至 7%；学生中“经常使用 P2P 程序的比例从 2003 年的 38%下降至 22%；三分之一的被调查学生已认识到不付费交换或下载文件是一种不对的行为，2003 年的比例为 23%；近一半的学生(44%)都知道所在院校有关网络下载的规范和要求，此比例在 2003 年只有 28%；70%的听说网络下载者被起诉消息的学生表示，这种消息对于阻止他们下载非授权或盗版软件行为有一定作用。”但同时，这份报告也指出，美国高校中网络盗版的总体形势仍然不容过于乐观：

“一些大学生仍然对下载音乐很不在意，但是，下载音乐有可能进一步发展至下载软件。那些经常下载盗版音乐的大学生很有可能发展至下载盗版软件和各种文件；越来越多的大学生开始使用校园网宽带，这些学生通过校园网利用 P2P 来下载游戏、电影和商业软件的可能性很大；那些通过校园网来下载商业软件的大学生付费的比例较低；65%的大学生表示使用 P2P 程序来下载音乐；大学生们对于网络下载的认识仍然是矛盾的：48%的

学生表示他们会根据情况来决定是否下载商业软件；目前，61%的大学生在下载商业软件时很少或从不付费；一半的大学生认为，即使工作以后，下载各种电子资源是一种正常的行为。”

最后，调查报告对于美国高校目前的软件版权保护并不十分满意：“虽然高校中教师和管理人员对于校园网络下载的规范了解程度要远远高于学生；不到一半的学生认为，校园网下载的规范对于防止盗版是有效的；然而，只有不到四分之一的学生表示，教师和管理人员曾经强调禁止网络下载版权资源。”

可以看出，尽管美国高校已经在网络规范方面做了许多工作，但商业界对此仍然不满意。实际上，有关美国大学生因为下载盗版资源而被起诉的例子还是经常出现。这说明这个问题远未得到有效解决。正如美国“商业评论”(Business Review)中一篇文章所指出的，“相对于其他行业和部门来说，在大学校园中整治网络盗版现象要困难得多。这一方面是因为其他行业人员基本都是使用单位所有的计算机，而在大学中，绝大多数学生所使用的是个人所有的计算机，因此很难进行直接控制；另一方面，这还涉及大学的组织特点和机构文化的问题。对于其他机构来说，监视成员的网络行为通常是可以被接受的。但在大学中，则直接涉及大学的学术自由问题，而这正是被大学认为是数百年以来创新之根本源泉。”诚然，从这个角度来说，美国高校中的网络版权保护确实还有很长的路要走，需要更多的政策和行动，正如格雷厄姆·斯班尼尔所强调的：“在大学里，我们所信奉的一个基本信念是：任何人的原创性工作，无论是语言学教授发表的诗歌还是科学家的发现，都应得到承认和保护。如果我们容忍对版权的侵犯，实际上就是对我们的教授和学者的不公正对待……因此，我呼吁各院校的校长们来采取行动应对这种由于校园网络的出现而对大学文化所带来的挑战。盗版与我们的价值观水火不容。”

(二) 美国大学中的“开放教育资源”运动

与商业界所强调的数字资源的版权保护相反的是，近年来，越来越多的美国高校开始通过互联网将自己的资源免费向外界开放，逐步形成了一场影响深远的“开放教育资源运动”(Open Educational Resources，OER)。正如有研究者所指出的，“对于美国大学来说，倘若将 20 世纪的最后十年称之为‘E 时代’(E-commerce，E-business，E-publishing，E-city，E-campus，E-globe 等)，那么，21 世纪之初始十年则可称之为‘O 时代’(Open source，Open resource，Open course，

Open access, Open standard, Open system 等)”。可以说，在如今信息技术突飞猛进的时代里，计算机和互联网实际上充当着一个能够集中反映当今社会技术进步与文化变迁的宽阔舞台，各种最新的技术、应用及其所引发的新思潮一个个如走马灯般相继登台亮相，又隐于后台。在这种前赴后继的技术、应用与思想的交互作用中，大学仍然扮演着至关重要的角色，因为它既是新发现、新技术和新工具的主要发源地，同时也是新观念、新思潮和新文化的最好的温床、传播者和推广者，其所承担的多重角色决定了大学在当今网络时代功能的复杂性与多样性。

从信息化建设的角度来说，在电子化之后，随之而来的是电子资源的应用问题，“O时代”则代表着数字资源应用的基本理念：开放和共享。近年来，在基金会、国际组织和高等教育机构的大力支持和促进下，一场致力于为世界各国的教育者与受教育者提供高质量免费教育资源的“开放教育资源”运动正在美国大学内悄然兴起。这场运动看似是以美国麻省理工学院 2001 年的“开放课件”(Open Course Ware, OCW)项目为起点，但究其渊源，则实际上源于 20 世纪 60 年代国际互联网的前身在美国大学校园中的出现，同时也与 20 世纪 80 年代的“自由软件”运动和 90 年代的“开放源代码运动”均有着不可分割的紧密联系。目前，这股以信息技术的创新性发展为核心，以技术和资源的开放性传播为要旨的新思潮，已经在美国的一些重要和前瞻性的组织和机构中初露端倪。在参与的机构中，既有当今世界一流的公立或私立大学，同时也包括各种与文化教育相关的基金会和国际组织。一些研究者认为，“这场开放教育资源运动的意义重大，它一方面可能影响到信息通讯技术中新工具的开发、应用与创新模式，同时，也可能会对大学的教育内容、教学组织形式和教育思想等产生深远影响”。

1. 信息技术在美国大学中所带来的两种对立思潮

新技术的背后通常总是伴随着新的哲学理念和文化思潮。正如有研究者曾指出的，“以信息通讯技术为基础的 Internet 拉开了人类社会信息时代的序幕，与此同时，也随之而产生了两种相互对立、依存或盘根错节的文化理念：自由传播与专利控制。”确实如此，纵观 Internet 短暂的历史发展过程，可以清楚地看出这两种理念之间相互论争与冲突的发展轨迹：

信息通讯控制与技术自由探究之争：在 20 世纪 60 年代，建设互联网的初衷是出于军事目的，它体现的是一种基于命令和控制的目标，美国军方希望在战争状态下保持军事通讯的畅通无阻；但同时，互联网最初主要的研制者和使用者是大学和科研机构，其所追求的目标是技术的创新和知识的传播。其中最为典型的代表便是源于 60 年代在麻省理工、斯坦福大学和加州大学伯克利分校等高校的出现的 Hacker 文化①和 80 年代出现的 Free software 运动②，其所体现的是对于新技术应用的无穷探究及对技术自由发展的至高推崇。1984 年，麻省理工的理查德·施托曼(Richard Stallman)发表了著名的“GNU 宣言”，旗帜鲜明地提出 GNU Project 的最终目标是，“每个人都能够自由地获得优质的计算机软件，就像空气一样……这意味着可以避免在软件开发中浪费重复性的代码编写工作，以便将更多的时间和精力投入到提高技术水平上。当每一个人都能够获得完整的程序源代码……用户就不再需要看某一个拥有源代码的程序员或公司的脸色，在修改程序方面，他就处于独立不受影响的地位。”此后，自由软件的精神就开始伴随着互联网的发展而不断扩散，成为互联网时代的技术自由主义的经典代表。

商业专利与软件自由使用之争：20 世纪 90 年代，AT&T(美国电话电报公司)与加州大学伯克利分校之间关于 UNIX 专利权的诉讼案③集中展现了专利控制与自由传播这两种理念的冲突与矛盾：在如何使用 UNIX 这个双方共同开发和完善起来的计算机操作系统的问题上，AT&T 与 Berkeley 各执一词：一方面，商业机构希望通过掌握软件专利和封闭源代码的方式来出售软件而从中获利；而另一方面，大学则希望共享源代码，“这种与世俗共享源代码的观点很大程度上应归功于公开发表研究成果的学院式学术传统，这种传统使得其他人能够阅读、思考和评论这些成果，从中受益并最终发展这些成果”。这次诉讼的结果之一，导致了在 1991 年三种开放源代码的操作系统的出现，即 OpenBSD，NetBSD 和 FreeBSD④。这使得计算机用户可以在商业性的

---

① Hacker 文化：hacker 一词最早出现于 60 年代的 MIT，原意为“真正的程序员”，主要指大学中那些以编写计算机软件与热衷于各种程式技巧的青年人。后来，这些人成为美国大学中第一批专门研究计算机学科的研究者，他们所形成的对于计算机程序的使用方法及信念，最终演变成为今天的开放源代码文化。

② Free software 运动：根据 Free software 概念创始人 Richard Stallman 的观点，“自由软件”是指用户能够自由使用、复制、传播、研究和修改的软件。

③ UNIX 是 20 世纪 70 年代由美国 AT&T 公司在贝尔实验室设计的一套计算机操作系统。起初，AT&T 与加州 Berkeley 分校计算机科学系里的研究人员共享其源代码，许多研究者对 UNIX 进行了大量的改进。后来在 1989 年，Berkerley 的一个项目组基于 BSD 协议发布一个名为 Networking Release1 的开放源代码 NUIX 新版本，这导致了 UNIX 的最初设计者 AT&T 公司的反对，并因此提出了诉讼。

④ BSD：Berkeley Software Distribution 的缩写。这是一个由加州大学伯克利分校的比尔·乔伊在 20 世纪 70 年代首先发布的软件包。目前，它既可用于代指各种类型的 UNIX，也可用于指保护此类软件的使用许可证。

UNIX 版系统之外，还可以选择开放源代码的操作系统。但与此同时，此诉讼案也直接导致了大学在自由软件世界中天马行空地位的终结。至少从大学官方的角度来说，从此以后，大学暂时退出了自由软件的开发领域。以后即使有大学的研究者发布一些能够自由使用、修改和分发的软件，那也更多的是个人行为，而与大学校方无关。

封闭的 Window 与开放的 Linux 之争：伴随着计算机与互联网的不断发展与普及，微软公司逐渐发展达到了商业机构历史上从未有过的水平，它在计算机操作系统和某些应用程序上的垄断程度已如此之高，甚至已达到能够影响或控制一些国家政府运行方式的水平。虽然自 20 世纪 90 年代以来，微软已经在全球范围内遭受了数十次的反垄断指控，但迄今为止，其在软件行业的巨无霸地位仍然未被撼动。而与此同时，这种基于技术垄断而产生的“命令与控制”一方独大的趋势很快就受到天平另一端的“自由传播”理念的强大狙击。1991 年，芬兰赫尔辛基大学的一名学生通过互联网向全世界发布了他写的一个新的操作系统内核：Linux。随后，Linux 与 Free software 的结合产生了 GNU/Linux，并很快在全世界开源社区的强力支持之下在数年的时间内以此中心出现了许多开放源代码的应用程序，进而出现了多种发行版①的 Linux 操作系统，例如 RedHat Linux，Dibian Linux，SuSe Linux，Fedora Linux 和 Ubuntu Linux 等。目前，国外许多研究结果显示，目前，Linux 在服务器操作系统领域中所占据的市场份额已经超过了 Windows Server；同时，近两年来，Linux 也开始向桌面用户和程序进军，发展迅速。

从中可见，对于大学来说，新技术发展所带来的结果可能是一种进退维谷的两难境地：一方面，信息通讯技术极大地提高了信息传递的效率，先进的数字技术和遍布全球的互联网络使得信息发布、复制和传递的成本已经降至了最低，信息和技术资源的传递已完全具备了自由传播的条件。因此，大学希望利用互联网来实现知识和思想开放和自由传播的梦想。这就是“自由传播”一方所持的基本理念；而与此同时，“专利控制”则是绝大多数商业机构所信奉的理念，这一方认为：应该加强信息和技术的专有保护，防止因为数字技术的进步而对各种形式的传统资源的知识产权产生冲击。他们认为，互联网的发展、技术的进步和信息

① Linux 发行版：从严格技术角度来说，Linux 只是一个操作系统的内核(kernel)。不过，目前人们已习惯用 Linux 来形容整个基于 Linux 操作系统和基于 GNU 的各种工具和数据库的应用软件。通常，包括上述组件的 Linux 软件被称为 Linux 发行版。一个 Linux 发行套件包含大量软件，如软件开发工具，数据库，Web 服务器(如 Apache)，X Window，桌面环境(如 GNOME 和 KDE)，办公套件(如 OpenOffice.org)等。

的传递绝不能以牺牲私有专利为代价。

当然，需要明确的一点是，对于"自由传播"派来说，并不是所有的商业性运作模式都是与信息技术的开放相互对立的。正如我们现在所看到的，目前有许多公司都在通过提供服务的方式来经营开源 Linux 操作系统并获得相应的商业利润，但同时，这种模式仍然也遵循和实现了自由软件运动所强调的源代码开放，用户自由选择、修改、分发和传播的目标。正如开放源代码首创计划（OSI）的倡导者艾里克·瑞蒙德（Eric S. Raymond）所强调的，"对开放源代码开发模式的讨论和提倡，不能被理解为对商业封闭源码模式的彻底否定，也没有反对现有的软件知识产权体系，……重要的是开放源码的开发模式和经济效益能够制造出质量更好、可靠性更高、成本更低、可以选择的方案更多的好产品来。"换言之，开放源代码软件与商业性专有软件两者之间并不矛盾，这只是不同的软件开发模式。问题的关键之处在于，对于信息类的产品来说，开放和非私有化有助于技术的传播与进步。

2. 开放教育资源运动在美国大学中的兴起

从互联网在大学中出现到今天，上述两种开放与控制思潮之间的斗争就呈现出了此消彼长的关系，在某一个历史阶段，某一种思潮占优势；而在另一个历史时期，另一方面则取而代之。在 20 世纪 60 年代，当计算机和互联网的前身阿帕网在美国数所大学中刚刚出现时，就很快在校园内引发了一场以钻研编程技能和应用技巧至上为主题的风潮，并进而演变出了所谓的"hacker 文化"，为网络时代的技术理想主义之滥觞打下了伏笔。随后在 80 年代，麻省理工最著名的 hacker 之一，理查德·施托曼基于理想主义的追求而首创了 GNU Project，并打出了自由软件的大旗，开始了与商业软件对垒的漫长圣战之路。从此之后，自由，开放和共享的精神就伴随着互联网的成长而萦绕在大学校园的上空，成为技术专家、理想主义者和实用主义等群体共同的目标。在此期间，经历了 Berkeley 为实现 UNIX 的自由共享而与商业机构的法律博弈，同时也带来了艾里克·瑞蒙德在"开放源代码首创行动"（OSI）中基于实用主义而提出的"开放源代码软件"[1]的新概念。实际上，开源软件既是对商业文化的妥协，同时也是对自由软件的继承和发展，使得这场运动逐渐脱去了乌托邦式的外衣而进入一个与商业

① "开放源代码软件"（Open source software）：指的是符合"开放原始码组织"（Open Source Initiative，OSI）所制订的开放原始码定义（Open Source Definition，OSD）的软件。目前开放原始码定义由 OSI 基金会维护，最新版为第 1.9 版，共有十项标准，分别是：自由再散布、原始码、衍生著作、原创作者程序原始码的完整性、不得对任何人或团体有差别待遇、对程序在任何领域内的利用不得有差别待遇、散布授权条款、授权条款不得专属于特定产品、授权条款不得限制其他软件和授权条款必须技术中立。

利益和专利制度共存的阶段。不过，总体来看，在进入21世纪之前，在整个西方高等教育领域，专利与控制的思潮占据着绝对的统治地位。这种趋势尤其到了20世纪90年代之后发展到了顶峰。

在20世纪的最后十年里，与其他领域一样，计算机和互联网的迅速发展对美国大学校园产生了愈来愈重大的影响，“在互联网发展的初期，用户主要是大学和科研机构的技术专家，但到了90年代初之后，在大学里，即使是非计算机科学专业的教师和学生们也开始逐渐感受到了互联网扑面而来的数字化气息。互联网开始走出实验室，在大学校园中迅速蔓延。”在此背景之下，数字化校园（Digital Campus）开始成为信息时代大学变化的一个共同趋势。在20世纪的最后十年里，数字化校园的建设热潮以美国大学为策源地，随后延伸至其他发达国家的大学，最后扩散至发展中国家的高等教育领域。在这场轰轰烈烈的数字化浪潮中，大学逐渐为信息技术所渗透和包围，计算机、局域网、科学计算、电子邮件和文件传输等，不再像以往那样仅局限于计算机科学或理工科院系使用，而渐渐成为全体院系师生手中的基本工具；同时，信息技术也走出了实验室，向校园的每一个角落扩散，图书馆信息存贮与查询、财务与人事管理、学生信息管理、课程信息管理，等等，大学的教学、科研和管理越来越倚重于校园网络。此时，表现在数字化校园建设所需要的计算机软件方面，美国多数大学开始逐渐放弃了自计算机在校园中出现之后就长期采用的“定制自主开发策略”①，转而通过软件许可协议（Software license）的方式来向软件公司购买商业化的产品。某种程度上，也正是由于美国大学在计算机软件应用方式方面的重大转变，导致了一个专门针对高等院校的商业性计算机软件产品及服务市场的产生，进而在美国的计算机软件行业出现了一些主要以高校为销售和服务对象的教育软件公司，例如，在教学软件产品方面，有Blackboard公司和WebCT公司②，其主要产品是针对高校的网上课程管理系统③；在校务管理产品方面，有PeopleSoft④和Oracle，其主要产品是ERP系

---

① 定制自主开发策略：Homegrown software method，即根据学校的具体需求来自主开发计算机程序和软件系统而不是购买成品的商业软件。

② WebCT公司已经在2005年10月与Blackboard公司合并。

③ 课程管理系统：即Course Management System，简称CMS，是一种能够在互联网上实施E-learning教学的网络教学平台，通常采用B/S架构，师生只需具备基本的计算机知识和技能，就可以利用此系统实现电子讲义演示、师生交流与讨论、作业布置与提交、教学资源传递与共享和学生成绩与信息管理等功能。

④ PeopleSoft公司已经于2004年与Oracle公司合并。

统①。此外还出现了一些主要经营数字资源产品的出版公司等。

2000 年前后，是互联网在美国大学中应用与发展的一个重要转折点。在此期间，世界各国的投资者被互联网所勾画出的诱人前景所吸引，相信信息技术能够创造一个全新的能够经久不衰的新经济形式，大量的投资接踵而至，网络经济在世界范围内甚嚣尘上。在此过程中，大学同样也未能免俗。2000 年，哥伦比亚大学与伦敦经济与政治学院、纽约公共图书馆、芝加哥大学和密歇根大学等 14 个教育机构共同投资数千万美元创办了一个名为 Fathom 营利性在线教育机构，期望能够通过互联网来“出售”教育资源并从中获利。但不久，伴随着互联网经济泡沫的破灭，这个由大学首创的商业性教育机构于 2003 年黯然退场。正如 Monash 大学的西蒙·马金森所指出的，“从网络教育投入的资源和产生的期望值来看，从各国、各大学对商业网络教学寄予的厚望来看，作为高等教育未来主要的发展新方向，网络教育的失败是灾难性的”。美国大学的此次尝试以及其他国家大学在商业性在线教育方面的经验都证明，对于大学来说，要想通过利用互联网来出售教育资源赚钱，即使目前尚不能肯定地说绝对不可能，但也至少证明它是一条非常艰难的道路。更重要的是，这也与大学长期以来所信奉的“知识自由传播”的精神和理念格格不入。

与此同时，历史的钟摆又荡到完全相反的方向。就在哥伦比亚大学投资创建 Fathom 的同时，美国麻省理工学院(MIT)的校长查尔斯·维斯特(Charles M. Vest)在年度报告宣布，MIT 也将于 2001 年开始实施它的在线教育计划，但不是营利性的，而是将学校的课程教学材料通过互联网向全球免费开放。正如查尔斯·维斯特后来所说的，在当时如此浓厚的网络教育商业化氛围中，MIT 之所以能够力排众议发布这项计划，根本原因在于，MIT 的决策者相信，“对于大学来说，互联网和网页技术最本质和与生俱来的特点就是开放与机遇，这应该是大学运用它的出发点。”2001 年 4 月，美国麻省理工学院正式启动了著名的“开放课件”项目(Open CourseWare Project)，开始通过互联网向全球免费开放其教学资源，由此揭开了“开放教育资源”运动(Open Educational Resources Movement)的序幕。

随后，在 MIT 的影响之下，开放和自由的理念开始逐步占据美国大学信息

① ERP 系统：见本书 17 页注释 2。

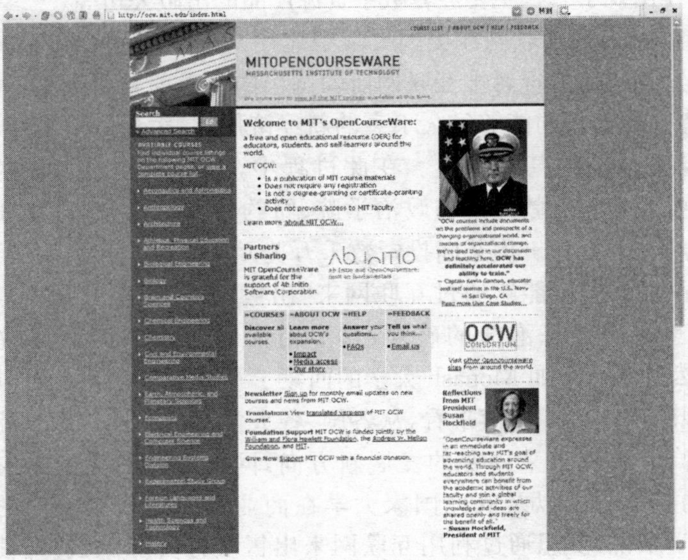

图 16　麻省理工学院的 OCW 项目网站首页

技术应用的主导思想，越来越多的类似 OCW 的项目出现在了美国大学之中①。同时，OCW 的精神也随着互联网超越国界而进入其他国家。目前，据不完全统计，世界上已有 14 个国家超过 100 所教育机构开始实施类似的 OCW 项目，资源所使用的语言至少有 6 种②。

在此影响之下，2002 年，联合国教科文组织（UNESCO）于法国巴黎举办的一个主题为“开放式课件对发展中国家高等教育的影响”论坛中，基于“希望共同开发出一种能够为整个人类所共享的具有广泛性特点的教育资源”的设想，首次对“Open Educational Resources”的概念和内涵进行了界定：

> 开放教育资源是“指那些基于非商业性目的，通过信息与通讯技术（ICTs）来向有关对象提供的，可被自由查阅、参考或应用的各种开放性教育类资源。通常，这些开放式教育资源可通过互联网（Internet）来免费获得，主

① 自 2001 年以来，以下美国大学纷纷启动了自己的 OCW 项目：Carnegie Mellon University、Foothill College、John Hopkins University，Rice University，Defense Acquisition University，Harvard Law School，Michigan State University，Tufts University，University of Michigan，University of Notre Dame，Utah State University，Utah Valley State College，Weber State University，Wheelock College。

② 主要包括：美国、中国、日本、英国、奥地利、法国、荷兰、西班牙、葡萄牙、南非、毛里求斯、泰国、越南、印度、秘鲁、匈牙利、委内瑞拉等 19 个国家。

要用于教育机构中教师的课程教学，但也可用于学生的学习。其类型主要包括：讲义、参考文献、阅读材料、练习、实验和演示，另外也包括教学大纲、课程内容和教师手册等。”

在随后的数年里，UNESCO及相关机构又多次召开了关于开放式教育资源的国际会议，从多个层面促进了世界各国开放式教育资源运动的发展。例如，2004年由UNESCO下属的“国际教育规划研究所”（IIEP）所组织的“建立合作关系：拓展高质量开放式教育资源的获得途径”论坛和“自由与开放源代码软件与E-learning”论坛；2005年由UNESCO举办的“高等教育中的开放式教育资源与开放式内容”论坛。在这些会议中，各国学者对“开放式教育资源”的定义、内涵、类型，实施方式，未来的发展前景及存在的问题等进行了广泛而深入的探讨，对于OER在世界各国的推广产生了重要影响。此外，UNESCO还于2006年11月举办主题为“开放式教育资源：机构所面临的挑战”的国际会议，会议从教育、经济、科技和法律四个角度来全方位地探讨OER的深远影响。

除联合国教科文组织之外，其他一些国际机构也开始重视OER问题。2005年8月经济合作与开发组织（OECD）的“教育创新研究中心”（CERI）专门启动了一项名为“开放式教育资源之机遇与挑战”的研究课题，其着眼点是研究OER在高等教育领域的应用与发展，主要研究内容包括：OER的概念分析，实施模式，针对全球高等教育机构的OER进行调研以及与UNESCO的IIEP进行合作。在此项研究中，研究者将OER定义为：“向教师、学生和自学者提供的免费和开放性的数字化资源，其可被用于教学、学习和研究之中”。对于OER所包含的资源类型，CERI的研究者认为，OER不仅包括内容性的资源，同时还应该包含技术性的资源，如用于开发、传播和使用开放式内容的软件工具。因此，与UNESCO的OER概念的定义相比，CERI在其中增加了“开放源代码软件”。CERI认为，OER的类型主要包括以下5大类：

- 开放源代码的软件工具（如学习管理系统）
- 开放课件与相关内容
- 用于帮助教师提高其E-learning能力的开放资源

◉ 学件①资源库

◉ 免费的教育类课程

可以看出，OCED的定义拓展了“开放教育资源”的内涵，将这场运动引向了深入。在谈及“Open Course Ware”与“Open Source software”两者之间的关系时，查尔斯·维斯特曾指出，“需要强调的是，在使用‘开放’这个词时，它的含意其实是多方面的。如‘开放课件’是指通过互联网提供免费的教育资源；而‘开放源代码软件’则是指向开源社区和用户提供软件的源代码，并允许其根据自己的需要修改和再分发，比如Linux。因此，所谓的‘开放’，是用来描述那些非营利性的电子资源、技术工具和文档建设项目，其通常都能通过互联网来获得。”

因此，研究者认为，CERI将“开放源代码软件”列入OER的范畴并非偶然，而是在一定程度上反映了OER与开放源代码软件两者之间不可分割的紧密关系。OER的主要类型都属于数字化资源，其主要传播途径是Internet。而在OER实施过程中，要想制作、存贮、发布、浏览或使用这些开放式教育资源，必然会涉及各种工具性软件的应用。显而易见，使用商业性软件肯定会增加OER的制作、传播和使用成本，而且商业软件也与OER所崇尚的开放、免费的理念不相符。在这种情况下，与OER在理念上异曲同工的“开放源代码软件”则成为最佳的选择，承担起从技术上辅助OER发展的重任。

这样，根据项目内容的不同，研究者将开放教育资源运动划分为三个基本组成部分（见图17）：“开放的协议”（Open Licenses），“开放的内容”（Open Access Contents）和“开放源代码的工具”（Open Source Software）。

“开放的协议”，主要是指工具性软件的使用协议、内容的版权处理协议和网络学习的技术标准等，是在OER运动中实现内容性资源、技术性工具之间的交流与互用以及解决各种版权法律问题的基础。目前，比较著名的协议包括：

---

① Learning object：也有人将之译为“学习对象”，指一种专门设计与制作的可在多种教学情境下重复使用的数字资源。学件概念的提出引出了有关数字资源的元数据标准的研究，进而产生了IMS、SCORM/ARIADNE、IEELTSC/LOM等标准。

GNU Public License①，Creative Commons License②，OKI③，IMS④，SCORM⑤等。

“开放的内容”，即向各类学习者提供可用于阅读、参考和查阅的免费数字化内容，类型包括直接与教学相关的资源（如教学、讲义、练习和阅读资料等）、电子课件（如符合各种技术标准的学件和课件）、资源库（包括文字、音频和视频资料的集合）。简言之，此模式强调的是向公众提供包含具体学习内容的信息和材料。

“开源的工具”，即通过向公众和特定教育机构免费提供各种功能的开放源代码软件的方式来促进开放式教育资源的开发、传播、交流与共享。它所提供的开源软件功能众多，从资源的制作、编辑、存贮，到资源的交流、传播，应有尽有。换言之，它不直接向学习者提供具体的学习内容，而是为之提供一个能够帮助其实施学习活动的技术工具和数字化学习环境。

最后，需要强调的是，在美国大学掀起的这场声势浩大的开放教育资源运动中，除大学、国际组织和研究机构之外，还有另外一种机构也扮演了至关重要的角色——基金会。正如 MIT 的校长所指出的，“基金会对 OCW 的支持功不可没，迄今为止，主要是由 William & Hewlett Foundation，Andrew W. Mellon Foundation 和 MIT 承担了 OCW 项目的经费支持……实际上，这两个基金会对于推动美国大学利用互联网来实现世界各国的学者、学生、教师和院校之间的各种资源开放和共享，起着极其关键的作用。”据不完全统计，至 2006 年底，这两个

---

① GNU Public License：简称 GPL，是由 Free software 运动创始人 Richard Stallman 于 1985 年提出的一种自由软件的开发与使用协议，目前是开源软件中使用比例最高的协议。除此之外还有 LGPL，BSD，MIT 等开源软件协议。

② Creative Commons License：创作共用协议，CC，由 Stanford University 的 Lawrence Lessig 主持的项目，得到了 Hewlett 基金等的支持。其主要是提出了一种有别于传统作品版权规定的网上数字作品（文学、美术、音乐等）许可授权机制，它致力于让任何创造性作品都有机会被更多人分享和再创造，共同促进人类知识作品在其生命周期内产生最大价值。

③ Open Knowledge Initiative：简称 OKI，是由 MIT 主持和多所美国大学参加的研究项目，由 Mellon Foundation 提供资助。它是一项开放和扩展性的框架，其中规定了教育软件的各个部分如何与其他系统进行交互，其主要目的是，使大学在进行在线教学时避免受制于某一种单一的软件解决方案。

④ IMS：全称是 Instructional Management Systems，是由 AUDCAUSE 下属的名为 Global Learning Consortium，Inc. 提出的学习技术系统规范，它致力于发展及推广网上学习活动的开放性技术标准，如寻找及使用教学内容、学生进度跟踪、全面学习报告等功能。IMS 应用了 XML 语言来形容学习资源，尤其应用寻找数据，令使用者更易浏览或搜寻所需资源。

⑤ SCORM：全称为 Sharable Content Object Reference Model，是在 Advanced Distributed Learning（ADL）项目中提出的一个学习技术标准。它整合了 AICC、IMS 及 IEEE 标准，各取所长。主要引用了 IMS 的 XML 语言来形容学习资源和内容包装指针，以及 AICC 中内容软件与学习平台之间之沟通协议等标准。目前，美国国防部及联邦政府均声明采用 SCORM 标准。

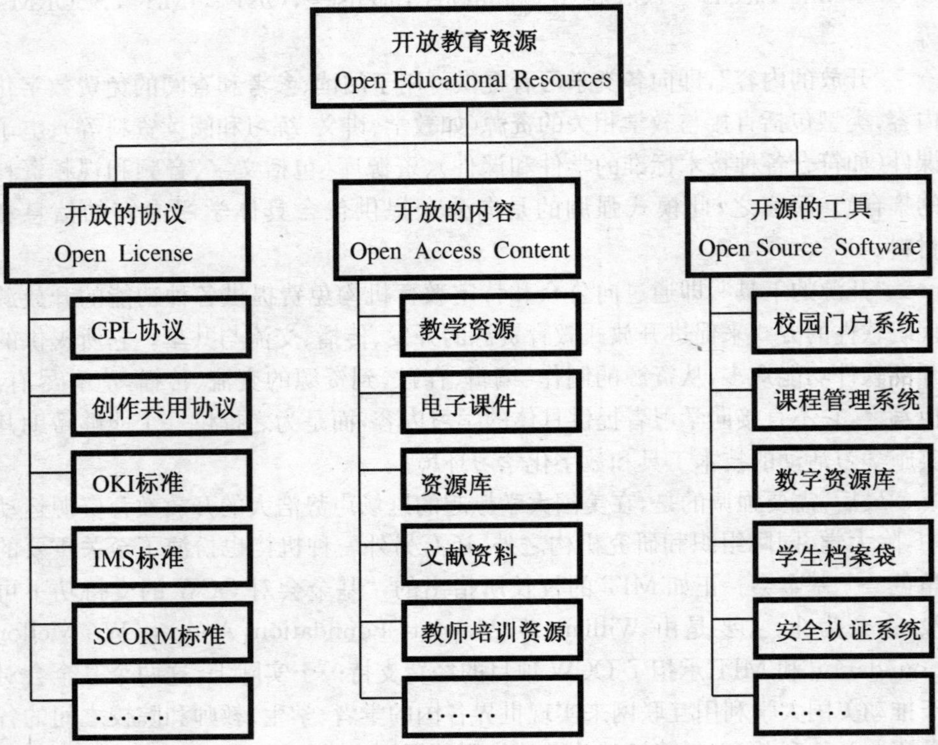

图 17　开放教育资源的结构与内容

基金会所资助的美国大学的开放教育资源项目已经超过 30 余项[①]，为 OER 运动提供了强大的经费支持。

综上所述，大学所特有的自由、开放的文化理念，国际组织的大力宣传与支持，基金会强大的经费资助，这些因素汇集在一起共同促成了开放教育资源运动在美国大学中的兴起。

3. 美国大学中的“开放源代码软件”项目概述

技术上看，在信息技术向大学校园的扩散过程中，软件扮演着至关重要的角色，数字化校园是硬件与软件共同作用的产物。如今，各种各样功能的软件系统已渗透到了大学的里里外外：校园的管理需要 ERP 系统，教学需要 CMS 系统，

① 后面所介绍的各个开放源代码的项目，主要都是由这两个基金会提供经费资助。在过去的 5 年中，仅 William and Flora Hewlett Foundation 向 OER 项目的资助总额就已达到 4 500 万美元。此外，World Bank 也参与了对 OER 的经费支持。

文献检索需要数字图书馆系统。此外,还有各种大学所特有的系统,如校园门户、学生电子档案袋系统、学籍管理系统和资源交流与共享系统以及各种学科研究中所需要的功能复杂的专业软件。同时,大学的校园网络也必须向师生和员工提供安全、有效和高速的本地和远程的用户服务。可以说,这一切都有赖于各种符合大学实际需要的软件来实现。

正如前面所提到的,在校园信息化的过程之中,除少数大学以外,许多美国高校都已放弃了原来那种“自主定制开发”的模式,而转而依靠软件公司所开发的商业软件。但实践证明,这种做法带来了许多至今难以解决的问题。最近的研究显示,在美国大学中,“绝大多数院校的校长和教务长都对他们当前正在使用的教育管理软件表示强烈不满。对于那些最近刚经历过某种校园管理系统建设的大学来说,则更是如此。他们的不满主要集中在三个方面:成本、性能和受制于人”。例如,由于对大学内部的管理与运行流程不了解,商业软件公司所开发出的产品经常无法满足学校的特殊需要,在使用时问题较多,经常迫使学校不得不为适应软件的功能而改变学校的工作流程或方式。这主要表现在学校财务、人事和学生管理方面;其次,由于近年来软件公司大行合并之风,许多涉及大学关键性业务的软件公司的产品垄断程度急剧上升①,导致许多大学感觉到在一些软件产品的选择,功能和价格等方面越来越受制于软件公司,自己在软件产品方面的主动权和话语权越来越弱;三是商业软件公司出于趋利的目的,软件的版本升级频率越来越快,向大学收取的使用许可费也不断攀升。甚至在一些情况下,即使某个版本的软件功能已经能够满足应用需要,学校本身无升级的需求,但软件供应商也会通过停止向旧版本提供技术支持服务的方式来逼迫高校升级产品,因而不得不向公司支付更多的许可费用。

正如有研究者所指出的,在许多情况下,美国大学在过去数年内使用商业软件的总体感受就是,“从时间和经费成本上来看,大学的支出要远远大于收获。因此,在一些与大学的核心业务密切相关的大型软件系统的选择方面,出于诸多方面的考虑,许多大学开始从‘购买’向‘开发’转变。当然,这种开发并不是原来那种基于 Homegrown 式的开发,而是基于多所院校合作基础之上的开放源代码式的联合开发”。此外,促使美国大学做出联合自主开发某些教育系统决定的

---

① 2005 年,调查数据显示,在美国市场中,使用课程管理系统的学校中有 45%至 50%是 Blackboard 的用户,而 WebCT 也占有 35%至 45%的市场。因此,在 2005 年 10 月这两家公司宣布合并之后,由于这两家公司所占有的市场份额过大,美国司法部曾对次合并进行过审核,以确认这次合并是否会导致课程管理系统产品市场的垄断。

另一个重要因素是,“大学有充分的理由相信,它们能够联合开发出质量优于商业产品且符合学校实际需求的开源软件。因为从技术力量上来看,许多院校尤其是著名的研究型大学,拥有足够数量的高水平软件开发人员。实际上,从 IT 发展史上看,目前美国许多著名的软件公司最初都是发源于大学①,这表明大学有能力开发各种大型的软件系统。”

以上述信念为基础,近年来美国大学在基金会的资助下启动了许多开放源代码的合作开发项目(见表 14)。从这些系统的功能上来看,主要包括:校园门户系统、课程管理系统、数字资源库系统和身份认证系统等。

表 14　2001～2006 年美国大学启动的开放源代码软件项目

类型	项目名称	主要参与院校	开源协议
网络门户	uPortal	JA-SIG 高校联盟	BSD
单点登录	CAS	由 Yale University 创建,目前属于 JA-SIG 高校联盟	BSD
课程管理系统	Sakai	Indiana University, MIT, University of Michigan 和 Stanford University.	ECL
	Pachyderm	200 所美国大学和博物馆组成的新媒体协会	Apache License
	EduCommons	Utah State University	GPL
	Manhattan Virtual Classroom	Western New England College	GPL
电子档案	OSP	University of Minnesota 等	ECL
机构资源库	DSpace	Massachusetts Institute of Technology Libraries	GPL
	Fedora	Cornell University, University of Virginia	ECL
应用工具	Chandler	The Open Source Applications Foundation	CCL
	UW Calendar Project	University of Washington	BSD
	LionShare	Pennsylvania State University	GPL

① 例如,Blackboard 公司最初源于 Cornell University;Mosaic (Firefox 的前身)和 NCSA(Apach 的前身)最初源于 University of Illinois; SUN 公司的 Solaris 系统源于 Berkeley Standard Distribution(BSD)的 UNIX; Cisco System 源于 Stanford University 的网络软件。

续表

类型	项目名称	主要参与院校	开源协议
校务管理	Kuali	Indiana University, the University of Hawaii	ECL
安全认证	Shibboleth	Internet2 院校联盟	Apache License
	Pubcookie	University of Washington, University of Wisconsin	Apache License
	Signet	Stanford University and the National Science Foundation	GPL
科学计算	Globus	Argonne National Laboratory, University of Southern California 等	Apache License

随着开源软件项目的不断增多,在校园信息化建设中充分利用开源软件,也成为美国高校降低使用建设成本的一种常见做法。美国高等教育技术联合会的副主席理查德·凯茨(Richard N. Katz)曾指出,"高校正在探索一种开发和协议使用软件的新型商业模式,其中,开放源代码的项目首当其冲。"据美国高等教育竞争联盟(The Alliance for Higher Education Competitiveness, A-HHC)在2006年2月发布的一项研究报告的数据,目前,在美国的高校中,57%的高校已经在校园信息化建设中使用基础类开源软件。其中,使用最多的基础类的开源系统包括:Apache (53%),Linux (51%),MySQL (38%), Firefox (35%),和Tomcat (33%)。同时,在应用类的开源软件中,使用最多的软件包括:uPortal (29%),SCT Luminis Platform (29%),OpenOffice (21%),Moodle (19%),Sakai (13%),Unicon Academus (9%), and OSPI (7%)。从这些数据可以清楚地看出开源软件在美国高校信息化中所扮演的重要角色。

以下将介绍在美国大学中比较有代表性的开放源代码软件项目:uPortal,CAS,Sakai,Dspace,EduCommons 和 OSPI。

(1) 开放的大学校园门户系统——uPortal

在高校的校园信息化建设过程中,由于缺乏统一规划、经费限制或技术架构差异等原因,在应用软件系统的建设时,经常会出现已建成的各种系统之间无法形成一个统一整体的情况,进而导致不同的信息成为分散异构的"信息孤岛",极大地影响了校园内信息与数据的使用、交换与共享。为解决这个问题,近年来,网络门户技术①(Web Portal Technology)逐渐在美国高校中出现,成为解决此

① 网站门户系统:见本书 17 页注释。

问题的一个重要技术方案。从技术的角度来说，Portal是一个软件基础框架，其主要功能是为校园网络提供聚集信息与服务的能力（但其本身并不提供信息）。它主要解决的问题是一个门户系统所必需的基础服务功能，如用户认证、用户管理和授权等；通常，它采用通行的标准，具有良好的扩展性，能够适应不同的实际情况和技术的不断发展。据美国ADUCAUSE 2005年的调查数据显示，在参加调查的美国高校中，平均已有59.3%的院校开始或正在建设网络门户，29.2%的学校则表示正计划建设；同时，在使用网络门户的高校中，96.3%的被调查高校已将网络门户与学校的各种管理信息系统整合起来。这说明，越来越多的美国高校开始在校园信息化建设中采用portal技术。也正是在这种背景之下，uPortal项目出现了。

作为最为著名的开放源代码的校园门户系统，uPortal是由一个名为JA-SIG① 的美国高校协会主持开发。它可以为高校的校园网站增加强大和灵活的"定制"和"社区"功能。例如，定制功能可以使校园网的每一名用户都能够为自己设置一套个性化的和与众不同的校园网站；而社区工具，则主要包括聊天室、论坛、问卷调查等功能，它可以为大学师生建立一种可持续的相互联系。通常，一个典型的校园门户能够为学生提供"一站"式的网页服务，即登录之后（包括统一认证和单点登录），通过一个网页而获得全部与其相关的信息，例如，课程信息、成绩单、交费记录、学校通知、课程消息以及其他一些相关的校园资源连接（见图18）。另外，uPortal系统所使用的都是开放标准的技术，如Java，XML，JSP和J2EE。根据其使用协议，任何用户都可以免费下载和使用uPortal。

自项目之初，uPortal就制订了一个共同的发展目标，主要包括：

◉ 通过单一的图形界面来向用户提供全部的信息和服务；
◉ 对于全部的信息资源和应用系统都支持统一认证和单点登录；
◉ 提供一个框架结构，其包括整个大学的各个组成部分（教学、管理、科研和社区等）及其与各商业系统的整合；
◉ 提供一系列方便的基于网络的服务项目；
◉ 提供"一站式"服务功能，校园的全体成员都能够处理所有的事务和

① JA-SIG：即"Java架构特别兴趣团体"（Java Architectures Special Interest Group），简称JA-SIG，此团体的目的在于推广Java编程语言在高校中的应用。该项目获得Andrew W. Mellon Foundation77万美元的项目资助。目前，uPortal项目组已经与Sakai项目形成了合作伙伴关系，以便使这两套系统能够相互配合使用。

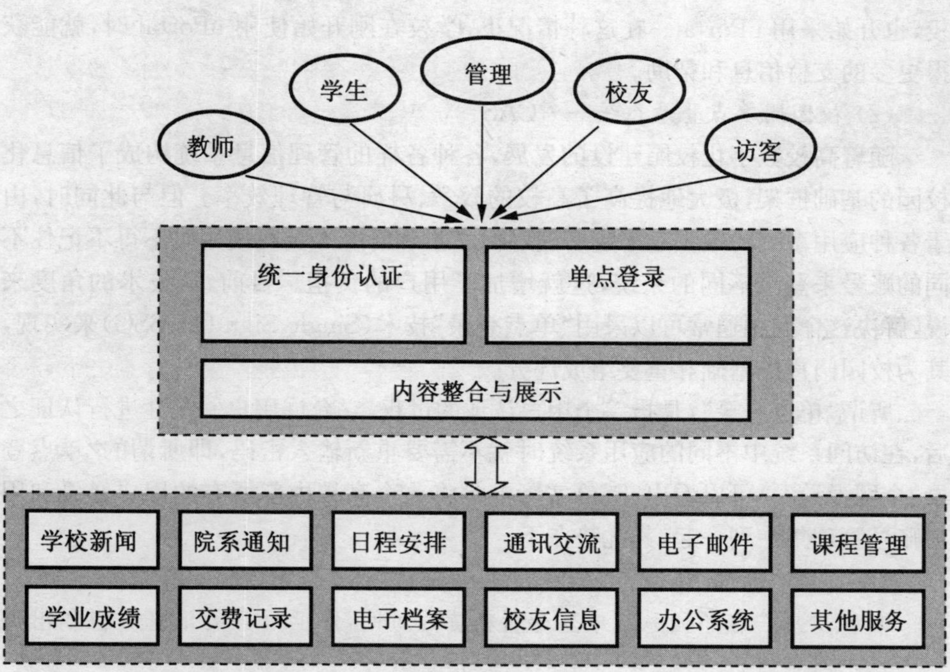

图 18 uPortal 的系统结构示意图

工作；

◉ 提供一种基于个人的个性化信息呈现和服务使用方式；
◉ 提供一种基于个人的外观、结构和信息定义方式；
◉ 允许大学能够自主控制和管理系统的外观和内容；
◉ 完全摆脱商业产品的束缚（即不必使用特定的硬件或软件）；
◉ 为全体协会成员提供全天候的支持服务；
◉ 保持灵活与开放，随时吸收新技术和新应用。

与其他商业化 Portal 产品相比，uPortal 具有以下优势：第一，该系统本身就是一个由许多大学联合设计与开发的系统，因此在功能、结构和应用等方面自然比商业产品更能适应高校的实际情况；第二，该系统是基于开放的标准（如 Java，XML，JSP 和 J2EE）而设计与开发，这就意味着它能够在任何平台下正常工作；第三，该系统的源代码开放，任何院校都可以根据自己学校的特殊需求来修改系统的功能，同时无须支付任何费用。另外，目前越来越多的高校开始采用 uPortal，不仅包括美国高校，其他一些国家的高校如加拿大和英国等地的 100 余所高校，也开始采用 uPortal。在这种情况下，学校在刚开始使用 uPortal 时，就能获得更多的支持信息和帮助。

(2) 校园网单点登录系统——CAS

随着高校数字化校园建设的发展，各种各样的管理信息系统构成了信息化校园的基础框架，极大地提高了高校的教学、科研与管理效率。但与此同时，由于各种应用系统的数量越来越多，教师、学生和管理人员在使用时不得不记住不同的账号来登录不同的系统，这就增加了用户的负担。目前，从技术的角度来说，解决这个问题通常可以采用"单点登录"技术(Single Sign-On，SSO)来实现，其为校园门户的基础和重要组成部分。

所谓"单点登录"，是指一个用户认证的过程，它允许用户一次性进行认证之后，在访问系统中不同的应用系统时就不需要重新输入密码，即所谓的"单点登录、全网漫游"。可以看出，SSO 实际上是将一个高校内部所有的用户登录和用户账号管理集中到一起，其优势在于：

◉ 减少用户在不同系统中登录所耗费的时间，降低用户的记忆负担和出错的可能性；
◉ 提高了应用的安全性，并避免了处理和保存多套系统用户的认证信息；
◉ 降低了系统管理员的工作强度，不必花大量时间在不同系统中去增加、删除用户和修改用户权限；
◉ 增加了整个校园系统的安全性，系统管理员可以通过直接禁止和删除用户来取消该用户对所有系统资源的访问权限。

除各种商业性的 SSO 产品①之外，由美国耶鲁大学开发的开放源代码的"中央认证系统"(Central Authentication System，CAS)是高等教育机构实现单点登录的很好选择。CAS 系统最初是由耶鲁大学创建的一个开源项目，自 2004 年起，CAS 与 uPortal 一样，成为 JA-SIG 下属的一个项目，同时也成为 uPortal 的重要组成部分。

CAS 的应用流程主要包括(见图 19)：用户在某个应用程序中首先要发起第 1 次认证，在单点登录服务器的登录页面中，输入用户名和密码。然后单点登录

① 专门 SSO 商业软件主要有：Netgrity 的 Siteminder，Novell 公司的 iChain，RSA 公司的 ClearTrust 等。

服务器会对用户名和密码进行统一认证①。认证完成后，CAS把页面重定向并回到Web应用系统之中。这时，单点登录服务器会在用户客户端创建一个加密的Cookie，其中保存了用户登录的信息。若用户还希望进入其他系统，这时，安装在这些应用程序中的单点登录客户端仍然会重定向到CAS服务器。不过此时CAS服务器不再要求用户输入用户名和密码，而是首先自动寻找Cookie，根据Cookie中保存的信息进行登录。登录之后，CAS重定向回到用户的应用程序。这样就最终实现了单点登录。

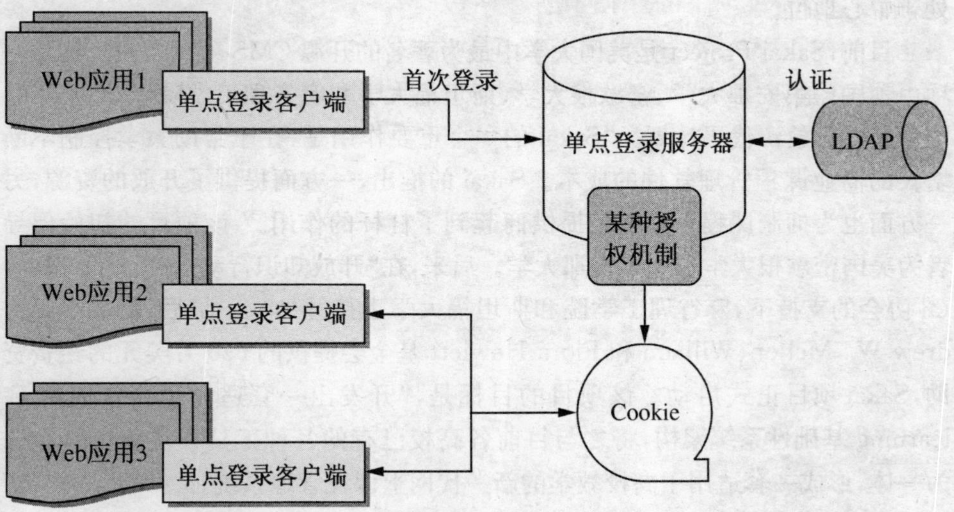

图19　CAS的应用工作过程

与其他OSS系统相比，CAS具有以下特点：源代码完全开放，同时也有完整的技术文档，对Java，Net，PHP，Zope，Apache等多种客户端的支持较为成熟；拥有良好和成熟的开源社区支持和不断升级的版本；目前已经在世界近50个高等教育机构中推广使用，系统技术和性能都得到了广泛的验证。

(3) 开源的课程管理系统——Sakai

教学是大学最重要的职能之一，课程管理系统(CMS)自然是校园信息化建设过程中最重要的系统之一。根据CDS 2005年的调查数据显示，在被调查的美国高校中，平均有90.1%的院校正在使用CMS系统。同时，调查数据也表明，平均有19.1%的美国高校已达到全部课程或多数课程都使用CMS教学的

① 统一认证本身并不是单点登录服务器的功能，因此，通常会引入某种认证机制，例如LDAP。

程度;76.5%的高校则采取了教师自愿选择使用的方式,而教师不使用的比例仅为4.4%。

然而,对于美国高校来说,购买商业CMS系统的价格不菲,而且伴随着商业软件使用许可费的不断增长,学校使用CMS的成本直线上升①。"在数字化校园建设过程中,对于大学来说,无论在选择课程管理系统,还是学校资源规划系统时,都必须在垄断和开放两者之间选择其一。"CMS系统的选择与使用,对于大学校园信息化建设具有深远的影响。因此,CMS在美国高校开源软件项目中处于中心地位。

目前,Sakai Project是美国大学中最为著名的开源CMS项目之一。这是一项由美国印第安那大学、密歇根大学、斯坦福大学和麻省理工学院于2004年共同发起的开放源代码计划。"Sakai的一个重要作用是,在于帮助大学控制不断增长的商业课程管理软件的成本。Sakai的推出,一方面提供了开放的资源,另一方面也为抑制课程管理系统提供商起到了杠杆的作用。"该项目的初始倡导者为美国密歇根大学和印第安那大学。后来,在"开放知识行动"(OKI)和uPortal协会的支持下,麻省理工学院和斯坦福大学也接踵加入。最后,借助于Andrew W. Mellon、William和Flora Hewlett基金会提供的680万美元的经费资助,Sakai项目正式启动。该项目的目标是,"开发出一套适合于高校使用E-learning基础性系统架构,将之与目前各高校已有的各种工具模块和组件整合为一体,形成一套适用于高校教学的新一代网上课程管理系统。"

在Sakai中,系统的逻辑起点是"站点",这是一个以班级或课程为基础的师生共同交流和活动的在线空间(见图20)。一门课程加上一个班级即构成一个站点的基本框架。站点可分为"课程站点"、"项目站点"和"电子档案袋"三种。各种类型的站点相互关联构成了系统的基本框架。在使用时,创建站点的数目无任何限制,每一个站点管理者都可以根据需要从工具库中为自己的站点选择相应的工具。目前,Sakai能够提供四大类30余项教学与管理工具,为高校教师组织和实施E-leaning提供了众多个性化的教学工具和手段。

---

① 研究结果显示,美国高校使用商业CMS的费用支出通常会高达数十万美元(Angelo, 2004)。例如,the University of Massachusetts在CMS上的投资总额已达到50万美元,而且还需要每年支付5万美元的使用许可费。以前,商业CMS的使用许可费每年仅数千至1万美元,但是在2002年,出于商业目的,美国两家主要的CMS公司Blackborad和WebCT将年度使用许可费提高了20%。这样,一所学生注册数为15 000名的高校,其每年需要支付的许可费高达75 000美元。而且更为令美国高校担心的是,在2005年,Blackborad兼并了WebCT,这样就使得Blackborad成为目前世界上最大的一家CMS提供商,其对整个CMS市场的垄断地位使得其产品价格不断上升,美国高校使用CMS的成本可能会越来越高。

而且随着系统开发的深入，可供选择和使用的工具模块将会越来越多，功能越来越丰富。

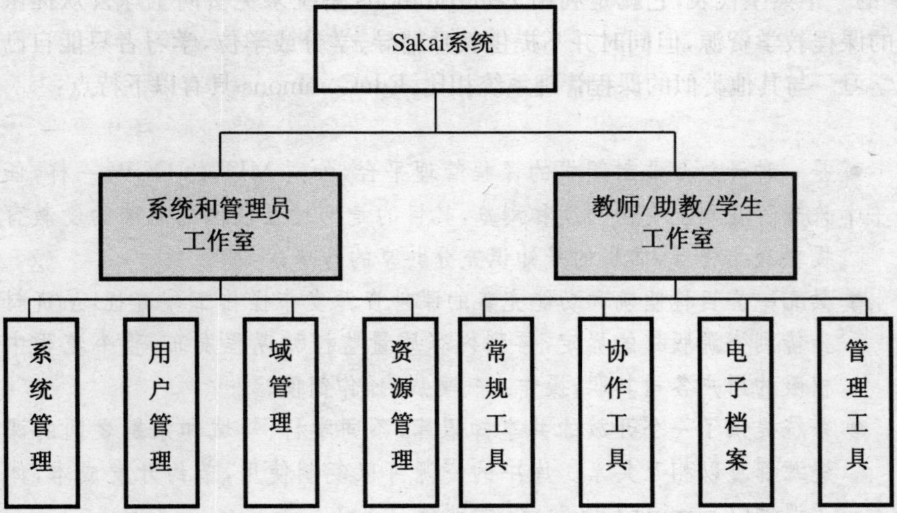

图 20　Sakai 的结构与工具

目前，Sakai 项目已发布 5 个重要软件版本，分别是 1.0、1.5、2.0、2.1 和 2.2。在世界范围内共有超过 100 所高等教育机构采用，其中包括美国、加拿大、英国、南非、日本和中国等国的高校。

(4) 网上的课程共享系统——EduCommons

EduCommons 是由 Utah State University 的“开放与可持续学习中心”(COSL)创立的一项著名的教育开源项目，由 William and Flora Hewlett Foundation 提供经费资助。其目的是开发一套方便实用的网上共享课程的管理系统，为世界各国高校之间的教学资源交流与互通提供一个技术平台。目前，在全球教育资源共享社区中，其与 Sakai、uPortal 一起被列为最为著名的美国大学资源共享项目。

与“课程管理系统”不同的是，“开放课程系统”(Open Curriculum System, OCS)的主要功能，是为各高校之间的教学资源共享提供一个通用性的网络平台。简言之，CMS 是以高校的教师和学生为主要服务对象的网上管理系统，其主要职责是为教师和学生提供一个教学信息传递、交流和管理的平台，其通常具有封闭性、动态性和交互性特点。而 OCS 则是以其他高校的师生为服务对象，为之提供本校目前开设的各种课程信息和资源，如教学大纲、讲义、测验和作业等，其主要功能是向其他高校展示其特有的教学资源，通常具有开放性、静态性和展示性的特点。例如，美国MIT的开放课件项目（OCW）即属于“开放课程系统”的一个典型代表，它就是利用EduCommons系统来免费向全球公众提供本校的课程教学资源，但同时并不提供教师辅导、学分或学位，学习者只能自己浏览学习。与其他类似的课程管理系统相比，EduCommons具有以下特点：

- ◉ 是一种开放而非封闭式的课程管理平台，如同MIT的OCW一样，任何人皆可在网上自由阅读和浏览，其目的是通过互联网向全球的受教育者提供教学资源，体现的是知识充分共享的理念；
- ◉ 具有一套目标明确和功能完善的课件资源发布操作工作流程，从资料的上传到资源版权的界定，再到内容质量监控和课程发布，整个流程中各权限的用户各司其职，操作一气呵成，操作简便；
- ◉ 系统提供了一个开放的共享知识库，不同学科、领域和系别之间的课程资源都可以相互共享。库中的资源可以复制使用，节约开发成本，体现了课件（Learning Objects）①的理念；
- ◉ 不仅可用于向学生提供开放的教育资源，同时也可用作高校之间进行网上课程资源共享。利用该系统，高校可将其知名或具有特色的课程和教学资源通过互联网向其他院校展示出来，一方面增进院校之间的教学交流，另一方面也可以提高本校的社会声誉和知名度。

从技术上来看，EduCommons是基于一个名为Plone的内容管理系统②而构建，系统的主要管理，如模块安装、配置、用户管理和参数定义等都是通过Plone系统来进行。系统功能主要围绕着创建课程的工作流程而展开（见图21）。只要按照这个流程来逐步操作，就可以方便快捷地创建并发布一门网上课程。其工作流程包括：

---

① 该理论的核心是实现各种教学资源的充分管理和再利用。这些资源可表现为图片、录音、动画、文字等，也可是一个知识单元。这些可再利用的电子资源片段都可被称为课件或学习对象。它们可被不断地再利用，但是需要很好的管理。

② Plone是Zope上的一个用户界面友好、功能强大的开源内容管理系统（网站建设系统），适用于作为内部网/外部网的服务器、文档发布系统、门户服务器和异地协同的群件工具。Plone具有高度可定制的服务器架构，高度可延展、十分稳定、易于扩展，采用开放标准是其核心理念之一。其可运行在很多的操作系统上，包括Linux，Windows，Solaris，Mac OS X，以及多种Unix。

◉ 创建新课
◉ 质量审核
◉ 网上发布

上述各流程既可以由教师一人来承担，独立负责整个课程从创建到发布的全部环节，也可以由院系不同的人员承担。例如，教师可负责创建新课，而助教则负责教学内容和资源的检查，如版权、内容的适当性和科学性等；院系学术带头人则可主管课程内容的学术质量的监督；最后，院系的管理员或教务人员则将课程发布于网站之上。利用 Plone 平台的用户权限管理功能，可以将在不同环节承担不同工作的用户权限进行详细划分，使在整个工作流程中承担不同角色的用户具有不同的权限。

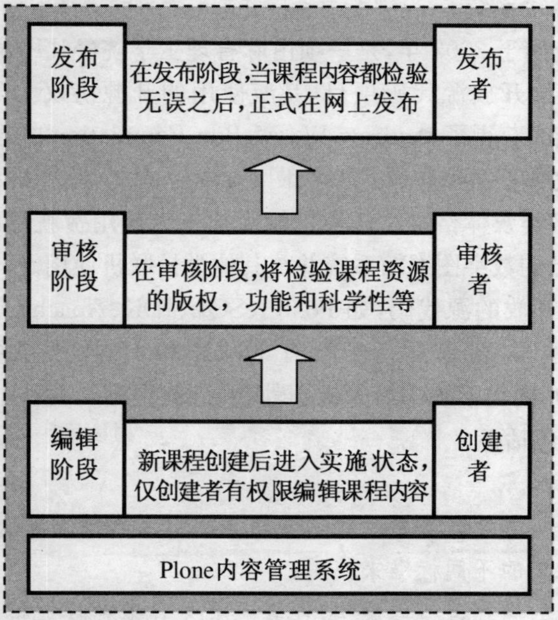

图 21　EduCommons 系统的功能及流程

目前，EduCommons 系统已经被世界上近 30 所大学采用，作为其开放课程的平台，成为开放教育资源运动中一个非常重要的工具。

(5) 共享的大学知识库系统——Dspace

随着大学校园信息化的发展，如何管理各类数字化资料逐渐成为大学图书馆的一个重要工作。目前，虽然有各种资源管理系统，但大多是商业化产品，因此高校和科研机构在使用时不得不付出高昂的许可费，同时其功能也不一定能够满足大学的实际需求。在这种情况下，在美国高校中，一种开放源代码的被称为“大学知识库”①的系统出现了。该系统对于大学具有多重的意义：对教师或研究人员而言，提供多媒体方式展现作品，同时也提供跨学科领域分享学术作品。对使用院系而言，可成为教学与研究中心，协助展现机构的学术成果。对大学机构而言，促成大学校际学术成果的合作与分享。此系统的出现，打破了传统图书馆的馆藏收集和利用方式，不再单纯地依赖书刊出版商提供内容，同时也可以广泛地收集由师生在教学科研过程中所产生的各种形式的资料，如未正式出版的文本、讲课笔记、多媒体课件和其他研究成果。另外，这种系统还能够通过分布式的方法来让任何获得授权的机构都分享到海量的学术信息资源。在某种程度上，它为研究机构提供了一个学术交流的平台。在这种机构知识库系统中，最为著名是 Dspace 系统。

DSpace 系统始于 2002 年，是一项由麻省理工学院(MIT)和惠普(HP)实验室合作研究开发的开放源代码项目，其所使用的开源协议为 BSD。该项目在 2003～2004 年期间获得了 Andrew W. Mellon Foundation 的经费资助。目前，DSpace 可处理之数据类型包含：文件、图书、学位论文、计算机程序、影音数据、多媒体、教具等各类媒体格式。任何机构无须支付使用费就可以直接取用或改写软件，建置自己的数字图书馆系统并与其他学校联机使用。同时，其所使用的第三方软件也是开放的源代码，如 PostgreSQL、JDK、Apache 等。DSpace 主要代码均为 Java 编写，可以运行于所有 UNIX 和 LINUX 系统。在 2004 年，Dspace 曾被称为“同类系统中最为雄心勃勃、最值得密切关注的一个”。Dspace 系统的主要特色包括：

◉ 是第一个能够处理多种专业领域档案的数字存储系统，可容许依照个别领域所制定的不同标准来使用；

◉ 具有弹性的储存与检索架构，可应用于含有多种数据格式及研究领域的社区，每一社区可依其运作与术语设计管理机制。采用社区方式建立存储库，可符合不同单位的管理需求；

① 大学知识库：university-based institutional repository，是 Institutional Repositories(机构知识库)的一种。它是由一种为大学社区诸成员所创建的各种数字化资源提供管理和传播的多功能服务系统。本质上来说，它是一种由教育和学术机构自己负责的数字资源管理系统，包括长期的存储、组织、检索和传播等，参见：http://dspace.org/federation/index.html.

◉ 社区表现为有组织的单位，例如：学校、系所、研究室及研究中心等，每一社区可以采用此系统去执行其特殊需求和管理；
◉ 采用 Dublin Core metadata 标准来描述款目数据。基本数据项为题名，语言与日期，其他数据项则为可选；
◉ 提供单一接口即可检索机构中所有类型的数字资源；
◉ 使用者界面为 web-based；
◉ 用途广泛，除可作为机构知识库（Institutional Repositories，IR）以外，还可用作学件库（Learning Object Repositories）、电子论文库（eTheses）和电子出版库（E-Publishing）等，实现大学和研究机构的人员提供数据储存、保存和分享。

从技术的角度上看，DSpace 的系统可以分为三个层（见图 22），每个层包括多个组件，最上层是应用层，包括一些与外部交流的组件，如 Web 用户界面、OAI 元数据收割服务、条目批量导入器、条目导出器等；中间层是事务逻辑层，主要用来管理数字资源、句柄、电子用户、认证和工作流；底层是存储层，负责元数据和内容的物理存储。每一层只调用它下部的层。位于存储层和事务逻辑层的组件都有一个定义的公共 API 接口。

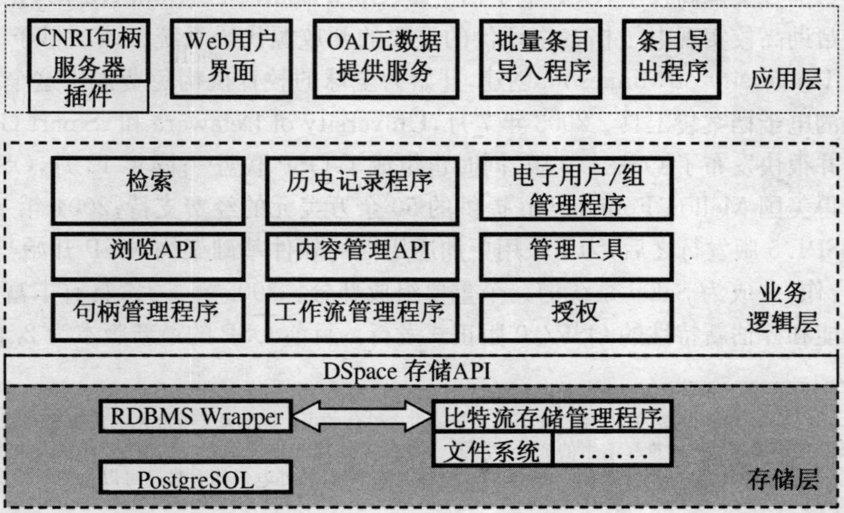

图 22 Dspace 的系统结构

资料来源：许鑫，苏新宁，高校数字资源整合平台研究，南京大学信息管理系.

目前，DSapce 系统在世界各国高等教育机构中的用户已经超过 150 余所，许多著名的大学如 MIT、康奈尔大学、哥伦比亚大学、英国的剑桥大学和加拿大多伦多大学都已经采用。另外，目前一些大学还合作建立了 DSpace 联盟，这样，不同大学的用户就可以通过 DSpace 根据标准协议进入不同院校的系统，从而实现数字资源的交流与共享。

(6) 学生电子档案袋系统——OSP

"档案袋评价"(Portfolio Assessment)是源于美国的一种教学评价方式，又称"成长记录袋评价"，是以档案袋里的内容为依据而对评价对象实施的一种发展性、客观性和综合性的评价。主要是指通过让学生收集和呈现各种能够证明自己学习进步、创新精神和知识技能的成果，例如学习计划、作业、论文以及教师的评价等相关资料，以此来评价学生学习和进步的状况。若档案袋里的有关材料利用计算机数字技术来辅助搜集、保存、管理和展示，那么就变成了"电子档案袋(e-portfolio)"①。其内容主要包括三个方面：一是专业内容，如论文、试验报告、项目计划、小组合作、作文样本、国外研究、实习情况等；二是课外内容，如学生社团、社区服务、运动项目、领导力、参与的活动等；三是个人内容，如反思、日志、旅游、家庭、社区服务、工作经历等。档案袋的发布形式则主要有：文本、网页(HTML)、PDF、图片、声音和视频等。

目前在美国高校中，OSP 电子档案袋(Open Source Portfolio，OSP)，是一个能够帮助高校实现电子档案袋评价的重要的开放源代码系统。该项目于 2003 年由 University of Minnesota 创建，开始为全球的教育机构免费提供这个功能强大的电子档案袋工具。2003 年 7 月，University of Delaware 和 rSmart Group 加入并很快发布了 OSP 1.0 版，同时也组成了 OSP 联盟②；同年 12 月，OSP 项目获得美国 Mellon Foundation 提供的 50 余万美元的经费支持；2004 年 6 月，在 OSP1.5 版发行之后，为了采用更加通用性的软件基础架构，OSP 开始与 Sakai 合作，并成为 Sakai 系统的一个重要组成部分。2005 年 6 月，具有丰富定制化功能和评估新特性的 OSP2.0 版正式发行。目前 OSP 的最新版本为 2.1 版。

---

① 根据 Berkely 的定义，电子档案袋是一种高度个性化的可定制的基于互联网的信息管理系统，电子档案袋能够展现随时间推移学生的成长、学习、业绩的个性化和协作等方面的情况，其对人生事业规划、个人履历形成传播、学术计划、学术评价与鉴定有支持作用，另外电子档案袋还可以作为学生成长过程中的反思工具。

② OSP 的主要成员包括：the Carnegie Foundation for the Advancement of Teaching, DePaul University, George Mason University, Indiana University, Portland State University, The rSmart Group, Syracuse University, University of Amsterdam, University of Minnesota Duluth, University of Washington, 和 Virginia Tech.

总体来看，OSP 系统的具体开发目标主要包括以下方面：

- 以一种能够促进学习的多样化并易于获得和使用的方式，来提供一个可支持学生个人展示和反思的系统支持环境；
- 为学生提供一个重新认识自己的机会，使之能够从自己所收集的各类作品之中深入挖掘其深层意义与关系；
- 使档案的拥有者能够个性化地设计电子档案的外观与布局；
- 为档案所有者（即学生）、课程教师、学位管理者和学校管理人员提供关于学习效果的诸种信息；
- 向学校、院系和课程组提供至关重要的评估数据，从而促进学生的学习和资格鉴定程序的科学性；
- 为不同专业的教学应用提供一个收集内容，流程管理和展示成果平台；
- 能够实现档案项目中不同成员之间对所展示作品的意见交流；
- 为高校院系之间信息的无缝传递提供一个工具，以实现机构内部，机构之间和多机构同时管理的角色转换；
- 提供一个符合国内和国际标准的系统环境；
- 能够与高校内部的人力资源、学生信息、课程管理、学习管理以及其他管理信息系统实现对接；
- 当学生毕业找工作时，能够通过此平台向未来的雇主展示自己的特长与风采。

从应用的角度来看，OSP 是一个基于个人信息发布的网上管理平台，它能够使学生（档案所有者）利用此平台全方位地展示自己的各种信息与资料（见图23）。该电子档案系统具有以下功能：收集学生的各种信息与资料，包括个人信息、爱好、作业、学习和研究成果等；对这些资料进行讨论、反思和组织；将上述各种材料综合设计并展示出来；最后将档案中的内容通过互联网向特定的对象公布。同时，系统的其他一些用户，例如学习小组协调员（如同学）、项目评估员（如任课教师）或管理者（如教学管理人员）同样也可以使用上述工具。通过此类工具，他们可以从各自不同的角度来向档案所有者（学生）提出一些指导意见和改进建议。例如，项目调协员、项目评估者、评论者以及档案的访客都能够对已发布的内容进行评论，并向档案所有者提出一些正式或非正式的评估意见或看法。此外，那些与档案内容结合在一起的分析工具，也使得协调员、管理者或项目评估者能够充分测量项目实施的效果或教育效果。

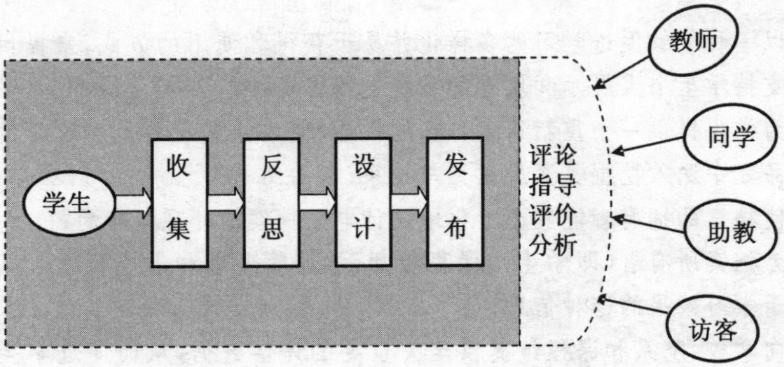

图 23　OSP 开放电子档案袋的应用结构

目前在世界范围内,已有近百所高校正在使用或试用该系统,是美国高等教育领域中应用最为广泛的电子档案袋系统之一。尤其是自从与 Sakai 系统整合之后,OSP 已经成为 Sakai 的重要教学工具之一,实现了两个系统资源的统一与整合,共同促进了 OSP 与 Sakai 的共同发展。

思考题

1. 将美国的 K-12 网络学校与中国的中小学网校(例如北京四中网校、北京 101 网校或北大附中网校等)进行比较,试分析两者在办学者、课程和教学对象等方面有哪些异同。
2. 据你的了解,国内大学生是否经常从网上下载各种软件? 你认为,在校园里出现盗版软件的主要原因是什么?
3. Linux 是目前最为著名的开源操作系统,有多种发行版,其中 Ubuntu 是比较著名的一个版本。请去其中文网站(http://www. ubuntu. org. cn/)下载并试用该操作系统,并试比较其与 Windows 的异同。
4. 请分别查找和登录本章所介绍的 6 个开源教育软件的项目网站,浏览这些开源软件目前在世界各国教育领域的应用情况。请思考,如果在你所在的学校开始使用,将可能对你校的信息化建设产生哪些影响?

动手研究

Sakai 是由美国四所大学共同开发的开放源代码的网上课程管理系统，该系统的源代码向全球开放，任何人皆可自由下载、安装和使用，无须支付任何费用。目前，国内已有大学开始使用 Sakai（北京大学的试用网站是：http://162.105.142.29:8080/portal）。有兴趣的同学可以直接去 Sakai 的项目网站（http://www.sakaiproject.org）下载其源代码并尝试安装使用。若有条件的话，也可以将之与商业课程管理系统（如 Blackboard）进行比较，看各有哪些特点。

参考文献

中文：

[1] 单从凯，杨雪红（2002），迎接技术教育的挑战：美国国家教育技术计划，开放教育研究，2002 年第 2 期，p24—25.

[2] 王晖译（2002），美国：将技术应用于教育的国家战略，中小学信息技术教育，2002 年，p56—57.

[3] 田宝军，王德林，电子学习：构建世界课堂——美国基础教育信息化发展的新战略，电化教育研究 2003(3).

[4] 黎加厚，赵英芳和潘洪涛（2005），美国国家教育技术计划——迈向美国教育的黄金时代，中国电化教育，2005 年第 4 期，p76—81.

[5] 洪明（2002），欧美国家教育信息化的现状与趋势，比较教育研究，2002 年第 7 期，p17—20.

[6] 陈海东（2006），科学有效地推进我国基础教育信息化：美国教育技术 20 年政策解读及启示，基础教育参考，2006 年第 9 期，p9—15.

[7] 钱松岭，解月光，孙艳（2006），美国基础教育信息化最新进展述评，中国电化教育 2006.9，p84—88.

[8] 世界知识产权组织版权条约（WCT，1996）.http://www.wipo.org/cn/treaties/ip/wct(Oct.25,2003)

[9] 世界知识产权组织表演和录音制品条约（WPPT，1996）.http://www.wipo.org/cn/treaties/ip/wppt(Oct.25,2003)

[10] 李顺德，网络环境对版权保护提出的新问题[J]，环球法律评论 2001,(1)

[11] 章忠信，美国一九九八年数字化千禧年著作权法案简介[J]，台湾《万

国法律》107 期,八十八年十月,http://www.copyrightnote.org/paper/paoo10.doc(Oct. 25,2003)

[12] 宋红松,恢复版权法自身的平衡——介绍美国三个有关技术措施的新议案[J]zscq.law.ytu.edu.cn/bill.htm(Oct. 25,2003)

[13] [美]菲利普·G·阿特巴赫,全球化与大学——不平等世界的神话与现实[J],北京大学教育评论,2006,(1):103.

[14] 赵国栋,黄永中,开源软件在高校的应用与推广策略研究[J],中国远程教育研究,2007 年第 1 期.

[15] 罗康林(1997),实施“教育技术规划”——美国电脑教学概览,计算机世界报 1997 年第 28 期,http://www2.ccw.com.cn/1997/28/158357.shtml.

[16] 李绯,李海霞,数字化校园建设[R],北京:清华大学教育技术研究所,2005.

[17] [美]Peter Wayner,王克迪等译,共创未来:打造自由软件神话[M],上海:上海科技教育出版社(2002).

[18] 见 Sakai 项目网站中关于开发目标的说明,http://www.sakaiproject.org(2006-10-12).

[19] 陈绚,亚洲国家面临的数字化“鸿沟”与数字化“机遇”,2003-9-23.

[20] 许鑫,苏新宁,高校数字资源整合平台研究,南京大学信息管理系.

[21] 杨瑞龙,“虚拟大学”还有市场吗? 2006 年 4 月,http://www.globrand.com/2006/04/19/20060419-13521-1.shtm(2007-1-9).

[22] Christopher K. Knapper and Arthur J. Cropley,高等教育与终身学习[M],上海:华东师范大学出版社,2003:145.

英文:

[1] Basmat Parsad, Jennifer Jones, Westat Bernard Greene(2005), Internet Access in U. S. Public Schools and Classrooms:1994—2003, National Center for Education Statistics, February 2005,http://nces. ed. gov/pubsearch.

[2] Tom Clark(2001), Virtual Schools:Trends and Issues A Study of Virtual Schools in the United States, The Center for the Application of Information Technologies, Western Illinois University, http://www.wested.org/online_pubs/virtualschools.pdf(2007-2-16).

[3] Bonnie Bracey (1994), A Transformation of Learning:Use of the NII for Education and Lifelong Learning, National Information Infrastructure Ad-

visory Council, http://www. isoc. org/HMP/PAPER/245/txt/paper. txt (browsed in 2007 - 2 - 12).

[4] U. S. Congress, Office of Technology Assessment, Education and Technology: Future Visions, OTA-BP-EHR-169 (Washington, DC: U. S. Government Printing Office, September 1995). http://govinfo. library. unt. edu/ota/Ota_1/DATA/1995/9522/PDF(browsed in 2007 - 2 - 12).

[5] U. S. Department of Education, Office of Educational Technology, Toward A New Golden Age in American Education: How the Internet, the Law and Today's Students Are Revolutionizing Expectations, Washington, D. C. , 2004, http://www. ed. gov/about/offices/list/os/technology/plan/2004/site/edlite-background. html(browsed in 2007 - 2 - 12).

[6] Wells, J. , and Lewis, L. (2006). Internet Access in U. S. Public Schools and Classrooms: 1994 2005 (NCES 2007 - 020). U. S. Department of Education. Washington, DC: National Center for Education Statistics, http://nces. ed. gov/pubs2007/2007020. pdf(browsed in 2007 - 2 - 12).

[7] The Eighth Annual BSA Global Software Piracy Study: Trends in Software Piracy 1994—2002[R], published in August 2003, www. bsa. org (Oct. 25, 2003)

[8] U. S. Software State Piracy Study[R], published in August 2003, International Planning and Research Corporation, http://www. ipr. com(Oct. 25, 2003)

[9] Kenneth C. Green, Campus computing 2006, The 17th National Survey of Information Technology in U. S. Higher Education, issued in Oct. 2006, http://www. campuscomputiong. net(2007 - 2 - 13).

[10] Internet Piracy on Campus: American Students and Educators Share Their Attitudes Toward Online Downloading[R], File-Sharing and Copyright Law, Sep. 16, 2003, Public Affairs of Business Software Alliance, 1101 Connecticut Avenue, NW, Suite 200, Washington, Dc 20036, 202 - 463 - 7300. http://www. bsa. org/usa/research/(Oct. 25, 200)

[11] The Digital Millennium Copyright Act Of 1998, U. S. Copyright Office Summary, December 1998. http://www. loc. gov/copyright/legislation/dmca. pdf(Oct, 25, 2003)

[12] Jack McCredie. Piracy and privacy: Critical network management issues[J]. http://istpub. berkeley. edu: 4201/bcc/Winter2003/cio. privacy. html (Oct. 25, 2003)

[13] Graham B. Spanier, Testimony Before The Subcommittee On Courts, The Internet, And Intellectual Property, Committee On The Judiciary, United Stated House Of Representatives, February 26, 2003, http://www. aau. edu/intellect/SpanierTest. pdf(Oct. 25, 2003)

[14] Matthew Phillips, Colleges crack down on online piracy[N], The Business Review. http://albany. bizjornals. com/albany/stories/2003/04/14/story3. html(Oct. 25, 2003)

[15] Sederburg, William A. (2002). The net-enhanced university [J], EDUCAUSE Review Sep. 〈http://www. educause. org〉(2006-10-10).

[16] The National Science Board(2006), Science and Engineering Indicators 2006, chapter 1: Elementary and Secondary Education, February 23, 2006, http://www. nsf. gov/statistics/seind06/c1/c1s4. htm (browsed on 2007-2-13).

[17] Owston, R. D(1997). The World Wide Web: A technology to enhance teaching and learning? [J], Educational Researcher, 26(2), 27—33.

[18] Green, K. C(1999). When wishes come true: colleges and the convergence of access, lifelong learning, and technology, Change[J], 31(1), 10—15.

[19] Mathews, D (1998), Transforming higher educationa: implications for state higher education finance policy, Educom Review, 88(5), 48—57.

[20] Ayers, Edward L. (2004). THE academic culture & the IT culture: Their Effect on Teaching and Scholarship[J], EDUCAUSE review November/December. 〈http://www. educause. org〉(2006-10-20).

[21] Sveiby, Karl Erik. (1997). The New Organizational Wealth: Managing and Measuring Knowledge-based Assets [M], Berrett-Koehler Publishers, Inc., San Francisco.

[22] Paul Losch (2003), White paper of the digital campus primer, March, 〈http://www. sun. com/〉(2006-10-20).

[23] David Siegel, Futurize Your Enterprise: Business Strategy in the Age

of the E-Customer[M], New York: Wiley, 1999.

[24] Brown, John Seely. (2000). Growing Up Digital: How the Web Changes Work, Education, and the Ways People Learn[J], Change, March/ April 〈http://www. aahe. org/change/digital. PDF〉(2006 - 10 - 30).

[25] Philabaum, Don. (2001). Create a Net-centered college campus, Akron, Ohio: Internet Association Corporation, 〈http://www. iaccorp. com/netcentered〉(2006 - 10 - 3).

[26] UNESCO. (2002). Forum on the Impact of Open Courseware for Higher Education in Developing Countries: Final report, Paris, 1—3 July.

[27] Paul N. Courant, Rebecca J. Griffiths, Software and Collaboration in Higher Education: A Study of Open Source Software, July 26, 2006.

[28] John M. Unsworth, The next wave: Liberation Technology, The Chronicle of Higher Education, January 30, 2004, http://chronicle. com/weekly/v50/i21/21b02601. htm(2006 - 12 - 20).

[29] Richard Stallman, GNU Manifesto, 1998, www. gnu. org/gnu/manifesto. html(2007 - 1 - 9).

[30] Eric S. Raymond, The magic Cauldron, June 1999, http://nam. lupaworld. com/content/develop/joyfire/project/7. html#I682(2006 - 12 - 21).

[31] Charles M. Vest, Open Content and the Emerging Global Meta-University, EDUCAUSE Review, May/June 2006, http://www. educause(2006 - 10 - 12).

[32] Gary W. Matkin, The Open Educational Resources Movement: Current Status and Prospects, APRU DLL 2006. http://apru2006. dir. u-tokyo. ac. jp/pdf/2a-2. pdf(2006 - 10 - 2).

[33] NESCO, Forum on the Impact of Open Courseware for Higher Education in Developing Countries: Final report, Paris, 1—3 July 2002.

[34] CERI, Note from Expert meeting on open educational resources, Malmo, Sweden 6—7th February 2006. www. hewlett. org/NR/rdonlyres/AC77BB99-CA79-4220-AC51-6C6CECB6A357/0/Malmnotes. pdf (2006 - 10 - 5).

[35] Courant, Paul N. Griffiths, Rebecca J. (2006), Software and Collaboration in Higher Education: A Study of Open Source Software, July 26, ht-

tp://www. ithaka. org/strategic-services/oss/OOSS _ Report _ FINAL. pdf (2006 -10 - 2).

[36] The r-smart group(2004), Open source-opens learning: Why open source makes sense for education, www. rsmart. com/assets/OpenSourceOpensLearningJuly2004. pdf(2006 - 10 - 6).

[37] Hawkins, Brian L. Rudy, Julia A. and Nicolich, Robert(2005). Core Data Service survey: Fiscal Year 2004 Summary Report, September, http://www. educause. edu/cds(2006 - 3 - 28).

[38] YOUNG, JEFFREY R. (2004). Google Teams Up With 17 Colleges to Test Searches of Scholarly Materials, The Chronicle of Higher Education, Friday, April 9, http://chronicle. com/free/2004/02/2004020901n. htm(2006 - 10 - 20).

[39] R. N. Katz(2003), "Balancing technology and tradition: The example of course management systems", EDUCAUSE Review, volume 38, number 4 (July/August), pp. 48 - 59.

[40] Abel, R J. (2006). Best Practices in Open Source in Higher Education Study The State of Open Source Software. March, 2006. Lake Mary, FL, The Alliance for Higher Education Competitiveness, Inc.

第三章

逐浪伴行的全球教育信息化热潮

内容导读

自20世纪90年代之后，在美国一系列教育信息化发展战略的影响下，世界其他国家和地区也先后制订了类似的教育信息化计划，并很快就在全球范围内兴起了一股利用信息通讯技术来促进学校教育改革的浪潮。尽管在不同国家中，这些计划名称各不相同，但中心宗旨皆大同小异，都是希望利用信息通讯技术来推动学校教育的改革，提高教学质量，使所培养出的人才更加适应信息社会的需求。根据各个国家政府近年来发布的相关政策及统计数据，本章将从全球发展的视角，介绍世界主要国家的教育信息化建设与发展状况。这些国家主要包括：欧盟四国（英、法、德和芬兰），北美的加拿大，亚洲三国（新加坡、日本和韩国），以及中国（台湾、香港和大陆地区）。主要内容包括：教育信息化政策与计划、基础设施建设、教师培训和信息技术课教育等。本章的主要目的是用详实的数据来构建一个世界教育信息化发展的整体蓝图。

关键词

教育信息化计划，信息基础设施建设，学生信息素养，教师信息技能培训，数字化学习

数据摘要

欧盟诸国：

◉ 到2006年，欧洲诸国中小学的平均生机比率为8.8∶1

◉ 68%的欧盟中小学校开始将计算机布置于普通教室中

◉ 74%的欧盟中小学校教师经常在教学中使用信息技术

◉ 英国中小学教师的ICT准备状况名列欧洲27国第一

◉ 英国中小学的平均生机比率为5：1
◉ 法国中小学的平均生机比率为8：1
◉ 法国教师的ICT状况在欧洲27国名列倒数第三名
◉ 德国中小学的平均生机比率为11.2：1
◉ 德国中小学教师的信息技术准备情况在欧洲诸国排名第7
◉ 芬兰中小学校的平均生机比率为5.9：1
◉ 芬兰教师的信息技术准备情况在欧洲27个国中排名第15名
◉ 加拿大中小学的平均生机比已达到5：1
◉ 加拿大中小学90%的计算机都已联网

亚洲国家：

◉ 新加坡学生与计算机的比例已达到5：1
◉ 日本中小学平均生机比为7.6：1
◉ 日本中小学的联网率达到99.9%
◉ 韩国中小学的平均生机比已达5：1

中国：

◉ 台湾中小学、高中及高职学校的连网比率皆已达到100%
◉ 香港中小学的平均生机比是6：1
◉ 香港中小学有网站的比率是98.5%
◉ 超过96%的香港教师每天都会在学校使用电脑
◉ 64.1%的大陆地区中小学校已建成校园网
◉ 大陆地区中小学校的平均生机比为18.9：1
◉ 22.2%的中小学教师感觉对使用计算机非常有信心

一 欧盟国家的教育信息化发展概述

欧洲联盟(European Union)是由“欧洲共同体”(European Communities)发展而来，是一个集政治和经济实体于一身、在世界上具有重要影响的区域一体化组织。自欧盟成立之后，其主要成员在政治、经济、文化教育诸方面都采取了步调一致和相互配合的发展模式，这对于促进欧洲诸国一体化进程起到了重要作用。表现在学校教育的改革与发展上，欧盟诸国同样也是如此，这对于从整体上促进欧洲各国教育信息化的发展水平起到了重要作用。研究资料显示，自20世纪90年代以来，欧盟制订并实施了多项与教育信息化相关的学校改革计划

（见表 15）。

表 15　欧盟历年来发布的与教育信息化相关的计划

时　　间	计划名称
1994 年	“信息社会中的学习:欧洲教育创议行动规划”(1996～1998)
2000 年	数字欧洲行动计划中的“数字化学习计划”
2003 年	“教育与培训 ICT 计划”(2004～2006)
2005 年	“欧洲信息社会的五年发展规划”(2006～2010)
2005 年	“欧洲数字化图书馆计划”

欧盟有关教育信息化的重要计划都是在 20 世纪 90 年代中期以后推出的，主要目的在于推广信息通讯技术在教育领域的应用，以缩短与美国教育信息化水平的差距。1994 年，欧盟发布名为”信息社会中的学习:欧洲教育创议行动规划”(1996～1998)，旨在加速学校的信息化进程，同时推出多项有关教育信息化和教育改革的开发计划，主要包括:“计算机通讯应用计划”(1994～1998)；关于多媒体教材开发的“MEDIA Ⅱ与 INFO2000 计划”(1996～1999)；关于高校教育改革的“苏格拉底计划”，以及关于职业技能培训“达·芬奇计划”(1995～1999)等。这些计划使得欧盟的教育系统具备了信息技术的应用基础。

进入 21 世纪之后，欧盟整体社会信息化进程加速，带动教育信息化发展也相应进入一个新的发展阶段。2000 年 3 月，欧洲理事会在葡萄牙的里斯本召开会议，提出了著名的“里斯本战略”，发布了欧盟未来 10 年的宏观战略发展目标:到 2010 年把欧盟建设成一个“世界上最具竞争力和活力的知识经济实体，一个能维持经济持续增长、创造更多更好的就业机会、更具凝聚力的社会”。欧盟诸国认为，要实现里斯本战略，“一个关键部分就是调整现有的教育和培训系统，使其有能力为任何年龄的个人提供一体化学习机会，使其通过对公民的知识增长和能力发展的投资提高全民的就业能力和社会的包容性，促进全民信息社会的创建和公民的自由流动”。

基于里斯本战略的发展目标，2000 年 6 月，欧盟发布了“数字欧洲行动计划”(eEurope Action Plan)，其主旨是“消除数字鸿沟，构建信息社会”，计划目标是:加速欧洲向知识经济的转变，挖掘经济高速增长的潜能，在服务和信息时代为所有公民提供更多、更好的工作机会。该计划指出，现代技术已经从根本上重新塑造了我们生活的社会，并改变了创造、开拓、传递和共享知识的途径。作为消费者和公民，我们的行为模式正在被数字技术改变。对这种变化进行管理以获得最大收益是新世纪的重要任务。教育和培训，无论是职业教育还是成人教育和终身学习，都必须适应这个新的任重道远的挑战，整合各种力量来适应知识经济社会的需求。按照此计划，欧盟未来的信息化建设进程将分为两个阶段(见表16)：2000年6月至2002年6月为第一阶段，2002年6月至2005年底为第二阶段；计划内容包括五个部分："电子政务"(e-government)、"健康信息化"(e-health)、"数字化学习"(e-learning)①以及"电子商务"(e-business)等规划。其中，"数字化学习"承担了"数字欧洲"行动计划中的教育和培训部分。

整体来看，欧盟"数字化学习"计划的主要目的，在于促进人们学会使用宽带网，并能够利用宽带网支持合作学习和研究、获得学习资源和传递知识。该计划历时7年，经费总额近40亿欧元。计划期望在这7年的"新时期"里，通过在欧洲教育培训和终身学习中使用数字技术，使200万欧洲人，其中大部分是年轻人掌握新技术和外语，以改善其就业状况，同时加快学校和其他培训机构进入数字时代的步伐。

表16　欧盟的数字化学习计划

阶段划分	主要目标	实施方案
第一阶段 (2000～2002)	为学校配备多媒体电脑 用数字技术培训教师 开发欧洲的教育服务和软件 加速学校和教师的网络化	组织开发欧洲适用的数字服务系统和教育软件等资源 加强"欧洲学校网(European Schoolnet)"的建设
第二阶段 (2002～2005)	宽带网应用 促进虚拟校园的开展 大学和科研用的计算机支持的合作系统 通过互联网将学校联系在一起 消灭数字技术文盲	基础设施建设和添加设备，各个层次的培训，增加服务内容并提高服务质量，加强各方面的合作和对话

资料来源：王文槿(2006)，解说欧盟的教育与培训信息化策略，中国职业技术教育，2004年24.

根据计划，"数字化学习"在第一阶段(2000～2002)实施的内容包括：

① 在欧盟的"数字化学习"计划中，将"数字化学习"定义为：利用新的多媒体技术和互联网，通过对资源和服务的共享以实现远程交流和合作，其目的在于提高学习质量，其主要目标为：帮助个人发挥其全部潜能并实现幸福和美满的生活；减少个体之间与群体之间的差异和不平衡；确保获得的技能满足行业和用人方的需要。

◉ 2001 年底之前：所有的学校接入互联网并能使用多媒体资源以及相应的支持服务，包括网上信息和教育资源，使每一个学生和教师都能使用这些资源；每一个年轻人都能在公共的学习中心接入互联网和多媒体资源，包括条件最差的地区；

◉ 2002 年底之前：所有教师都要配备和熟练使用互联网和多媒体资源，所有学生可以在教室中快速地接入互联网和多媒体资源；

◉ 2003 年底之前：所有学生可以在校外通过数字化技术学习。

在第二阶段(2002—2005)实施的内容包括：

◉ 到 2005 年底，所有成员国的所有学校和大学都要连接到宽带互联网上，并能够实现网上的教学和科研。博物馆、图书馆和档案馆等在数字化学习中起重要作用的机构也要与宽带网络连接；

◉ 支持各大学间的相互合作，鼓励将新的 ICT 应用到一些特定领域，比如教师和学生的交流、提高教学质量、对课程和学分互认等。到 2005 年底，所有欧盟成员国的大学都要开放在线课程，使学生和研究工作者能参与到高质量和高效益的学习过程和学习活动中来。还鼓励学生利用宽带网开展虚拟国际交流活动；

◉ 在 2003 年底，要启动研究和开发全欧洲范围的网络和平台，这些设施基于高性能计算架构和网格技术的计算机支持，可以用在解决复杂问题的合作工作中，并且通过虚拟接入，实现学习和研究资源共享；

◉ 到 2006 年，计划有 15 万所欧洲的学校通过互联网与另外一个或多个欧盟成员国的学校或者非成员国的学校结成“电子姊妹校”(eTwinning)①关系，使在校学生都能在校内利用互联网与其他的孩子一起完成合作学习项目。同时要进行师资培训，组织他们开展经验交流，并且开设数字技术支持服务，使教师们参与该姊妹校的活动，在活动中给予指导和教

---

① eTwining 是欧盟 2003 年提出的“教育与培训 ICT 计划(2004～2006)”中的一个项目，该项目的应用对象是小学和中学。它支持和促进欧洲中小学校应用信息通信技术，通过网络使处于不同欧洲国家中的至少两个学校之间开展合作项目，提高学生和教师在不同文化间的交流能力。其主要目标是：增强掌握信息通信技术的技能，建立起包容的文化和价值观念，促进教育方法的革新，创造有吸引力的学习环境，增强语言学习和文化对话能力，通过交流实践经验来建立跨国的多学科的合作项目，提高教师和指导人员在教学与合作项目中应用信息技术的技能。详细内容见其项目网站：http://www.etwinning.net/ww/en/pub/etwinning/index2006.htm.

育。在此活动中，还要组织竞争和评奖；

◉ 开发数字技术入门培训，重点针对那些无法接受传统教育和培训的人群。2003 年底，各成员国将启动对成人（特别是失业人员和重新进入劳动力市场的女性）进行知识社会需要的关键技能（指计算机基础技能、高级技能如团队工作、解决问题、项目管理等）培训，提高他们的就业竞争力和全面生活质量。

目前，欧盟的"数字化学习"计划已对整个欧洲教育领域产生了深远的影响，无论在基础设施建设、课堂教学应用，还是在欧盟不同国家学校之间的合作与交流方面，都取得重大进展。

根据欧盟委员会 2007 年 1 月最新发布的一份关于欧洲学校中信息技术应用状况的调查数据，至 2006 年，基本上欧盟各国的学校都已开始使用宽带方式来接入互联网（Broadband Internet Access），学校的平均宽带连接率已达到 72%（见图 24）。其中，北欧国家的学校宽带联网比例最高，丹麦、爱沙尼亚和马耳他三国的学校中使用宽带接入互联网比例已达到 95%；相对来说，希腊、波兰、塞浦路斯、立陶宛等国的学校宽带联网比例较低。

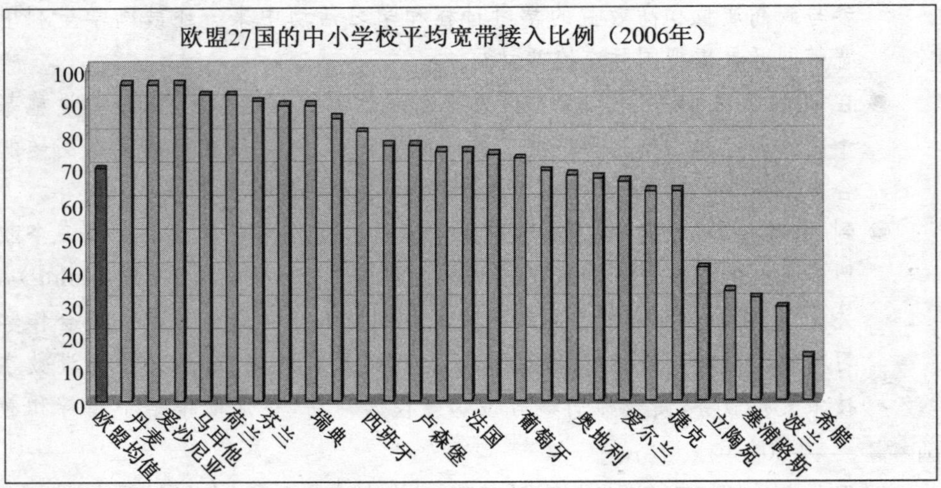

图 24　欧盟 27 国的中小学校的平均宽带网络接入率

资料来源：Werner B. Korte and Tobias Hüsing(2006), Benchmarking Access and Use of ICT in European Schools 2006: Results from Head Teacher and A Classroom Teacher Surveys in 27 European Countries.

从欧盟诸国不同层次学校的平均宽带联网率来看，职业学校的宽带接入率最高，平均已达到 74%；小学最低，平均为 64%（见表 17）。另外，研究者也发现，在欧洲多数国家中，城市和乡村地区的“数字鸿沟”问题已基本解决，城市学校和乡村学校的宽带联网率已差异不大。例如，在人口高度聚集地区学校的平均宽带联网率为 74%，而在中等人口聚集地区和人口稀少地区学校宽带接入率分别也达到 66%和 61%。

表 17　欧洲诸国各类学校的平均宽带接入比例(2006 年)

学 校 层 次	平均宽带联网率(%)
小学(Primary)	64
初级中学(Lower Secondary)	71
高级中学(Upper Secondary)	74
职业学校(Vocational)	75

数据来源：同上图.

在学生与计算机比率方面，此次调查的结果显示，在所有参加调查的欧盟成员国中，平均每 100 名学生拥有 11.3 台计算机①（见图 25）。同时，调查报告也指出，在不同类型的欧盟成员国中生机比率差异较大。例如，在北欧国家、英国和卢森堡等国，其生机比为 4—5∶1；而在拉脱维亚、立陶宛、波兰、葡萄牙和希腊等国，生机比则为 17∶1。

另外，调查数据也表明，在参加调查的欧盟国家中，平均每百名学生拥有的联网计算机数为 11.3。其中，同样是丹麦最高（每百名学生拥有联网计算机 26.3 台），立陶宛最低（5.2 台）。

报告着重指出，自 2001 年起，研究者发现，在使用专门的计算机实验室的同时，越来越多的欧洲中小学校开始倾向于将计算机布置在普通教室以便随时辅助教师的课堂教学。例如，在 2001 年的调查中，将计算机布置于普通教室中的学校比例仅为 21%（见图 26），而 2006 年则提高至 68%。其中，有些国家，如德国和意大利，2006 年的比例要比 2001 年提高了 5 倍之多。

在教师的信息技术应用方面，调查数据显示，平均 74%的欧盟学校教师表示，在 2006 年中经常在教学过程中使用信息技术。不过，不同国家之间的比例差异较大。例如，英国和丹麦学校教师在教学中使用信息技术的比例最高，分别

① 根据换算，欧洲诸国的平均生机比率为 8.8∶1。

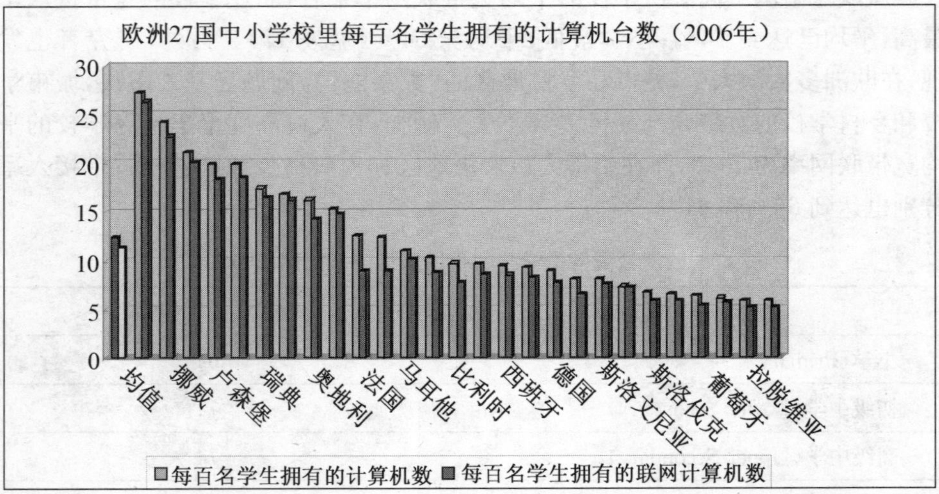

图 25　欧洲 27 国的中小学里每百名学生拥有的计算机数

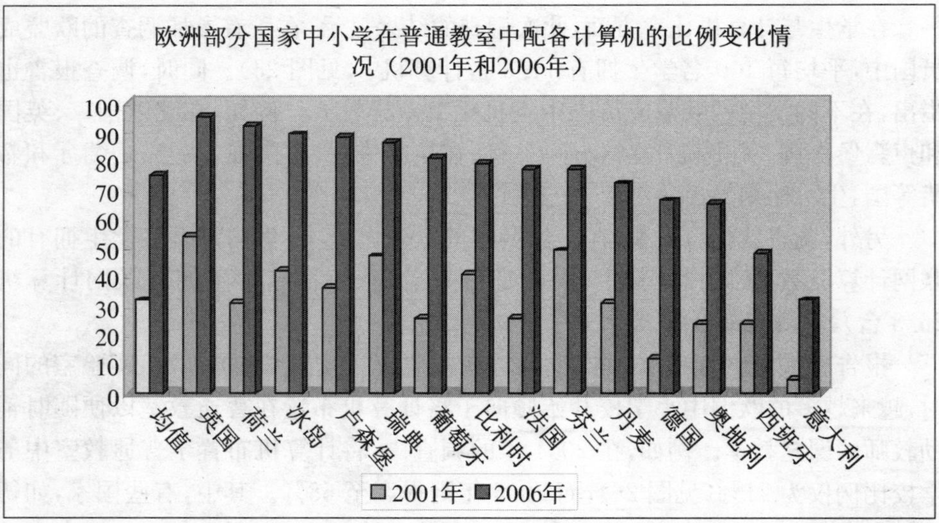

图 26　欧洲部分国家中小学在普通教室中配备计算机的比例变化情况

达到 96％和 95％；而在拉脱维亚和希腊，则分别仅为 35％和 36％。

关于教师的信息技术技能水平，研究报告指出，不同国家和不同层次学校的教师 ICT 技能水平差异较大。整体来看，大约三分之二的教师表示已经掌握文字处理工具的操作方法；三分之一的教师能够自己制作演示文档。从不同层次学校的教师情况来看,小学教师的情况略差,仅有30%的教师达到熟练使用的水平;高级中学和职业学校的教师则分别达到46%和47%。此外,分别有三分之二和三分之一的教师表示,能够熟练使用电子邮件和自己动手安装计算机软件。

在研究报告中,研究者利用德国学者vihera和Nurmela提出的一个用于衡量教师ICT准备情况的模型ACM Model① 对参加调查的欧洲27国的中小学教师信息技术教学准备情况进行了比较研究。统计数据显示,英国中小学教师的ICT准备状况最佳,名列欧洲诸国第一(见图27),其次为荷兰;准备状况较差的有拉脱维亚、冰岛和法国,分别名列后三位。

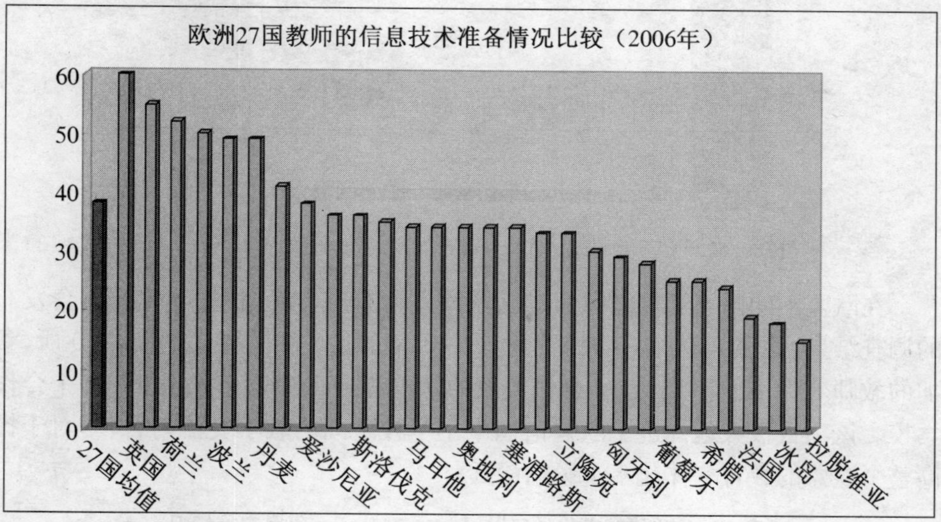

图27 欧洲27国的教师信息技术准备情况比较

从教师使用信息技术的学科分布情况来看,"数学、科学和计算机"类学科教师的计算机使用比率最高,达到80%;其次分别为:"普通初等教育"学科(78%),"职业教育"学科(75%)和"人文社会学科"(75%)。相对来说,"文学和语言"和"体育和艺术类"学科教师的使用率低一些,分别为70%和68%。

在欧盟学校的数字化教育资源建设方面,目前,"欧洲学校网"已成为整个欧

① ACM Model:其中A表示Access,即学校是否向教师提供使用计算机和互联网的条件和机会;C表示Competence,即教师在教学中使用信息技术时所需具备知识和技能;M表示Motivation,即对于在教学中使用信息技术能够获得较好的教学效果所具有的信心和动机。研究者认为,这三个方面结合在一起,将会直接影响教师在课堂中使用信息技术的实践情况。

盟诸国联系中小学校的最重要的门户网站(见图 28),承担着整个欧盟各国学校之间信息和资源交流与共享的任务,在欧盟成员国教育一体化和教育信息化建设中所起的作用越来越重要。

图28　欧洲学习网(http://www.eun.org/portal/index.htm)首页

在欧盟不同国家学校之间通过互联网进行交流方面,根据欧盟委员会发布的调查结果,截至 2006 年 3 月,注册参加 eTwinning 的学校达到 13 250 所,参加的教师数为 13 710 名,建立合作关系的学校达到 2 706 所,结成 1 353 个合作学校。该项目极大地促进了欧盟诸国中小学校之间的教学交流与合作,对于提高整个欧盟的教育一体化水平影响深远。

表 18　欧盟"数字化学习"计划中 eTwinning 项目实施情况

国　家	注册学校数	合作学校数	参加教师数
1. 奥地利	172	60	181
2. 比利时	264	54	270
3. 保加利亚	105	3	112
4. 塞浦路斯	75	20	78
5. 捷克	647	110	681
6. 丹麦	173	47	176
7. 爱沙尼亚	82	19	83

续 表

国　家	注册学校数	合作学校数	参加教师数
8. 芬兰	318	112	330
9. 法国	1 273	228	1 290
10. 德国	902	151	920
11. 希腊	639	201	668
12. 匈牙利	288	63	294
13. 冰岛	40	9	45
14. 爱尔兰	138	31	139
15. 意大利	1 585	327	1 623
16. 拉脱维亚	144	20	145
17. 立陶宛	418	89	423
18. 卢森堡	15	8	16
19. 马耳他	114	65	172
20. 荷兰	224	55	221
21. 挪威	184	44	202
22. 波兰	1 467	337	1 485
23. 葡萄牙	359	99	370
24. 斯洛伐克	349	77	362
25. 斯洛文尼亚	77	33	82
26. 西班牙	1 777	187	1 880
27. 瑞典	400	78	423
28. 英国	1 021	179	1 039
合计	13 250	2 706	13 710

资料来源：彭玉然，薛学通（2006），欧盟推进 eTwinning 的现状及其对我国中小学教育信息化的启示，中小学电教，2006 年 4 月，p72—75.

目前，从欧盟诸国教育信息化建设的整体状况来看，经过多年的努力，其与美国的差距已大大缩短，在某些方面甚至已经超过了美国的教育信息化水平，这主要得益于欧盟诸国之间密切的合作与协调关系。

（一）英国

在欧洲国家中，英国向来被认为是教育信息化发展领先之国家，其信息化基础建设得到了政府的大力支持。1998 年，英国工党执政后，制订和实施了多项与教育信息化相关的计划，将网络建设和计算机教育作为施政纲领之一，主要包括：促进国际互联网应用，将政府信息、商业信息上网；对教师进行计算机培训；更新计算机和网络设备。这些措施都在一定程度上促进了信息技术在英国学校教育领域的推广应用（见表 19）。

表 19　英国实施的与教育信息化相关的计划（1989～2005 年）

时　间	计划名称
1989 年	"计算机用于教学创新"计划
1995 年	"教育高速公路：前进之路"计划
1997 年	英国高等教育基金委员会建立"英国联合学术网"（JANET）
1998 年	英国政府实施"全国教育高速网络"计划（NGFL）
1998 年	"学科教学中应用 ICT 教师能力培训"计划
2000 年	E-University 计划（2001—2004 年）
2005 年	下一个十年"高等教育机构应用 E-learning 的战略计划"（2006—2016）

在英国，对教育信息化的实施推进起关键作用的机构是"英国教育通讯技术管理局"①。目前，英国基础教育信息化方面的建设与管理都主要由该机构来负责，其主要职责是：为学校和教育机构提供 ICT 应用性建议和支持；为教育部门提供专家意见，主动支持参与国家 ICT 政策发展；制订 ICT 教育应用的指导性技术标准，为 ICT 应用和决策提供项目进展信息；研究技术的发展演变，为未成熟或已成熟技术提供评估。它负责制定教育信息化的实施策略。

早在 1989 年，英国就在全国范围所有高校中实施了一项称之为"计算机用于教学创新"（Computers in Teaching Initiative，CTI）的教育信息化项目，其目标是要通过计算机、多媒体与远程通讯技术相结合，实现对高等院校所有学科

① 英国教育与就业部属下的"教育通讯技术署"：British Educational Communication Technology Agency，简称 Becta，专门负责教育领域信息通信技术的应用，为教育和技术的发展与学校之间架起桥梁。其具体任务包括：扩大网络途径，支持信息技术的应用，改善技术并推动有效的管理，评价信息通信技术的实践，调研、整合并推广与技术相关的教学法。

（包括文科、理科、医学、环境等各个领域）从教学模式、教学内容到教学组织形式的变革。

20 世纪 90 年代之后，随着计算机网络的发展，英国开始关注互联网在学校中的应用。1995 年，英国政府提出“教育高速公路：前进之路”计划，开始将 400 家教育机构首批联网，并为 23 个试验项目拨款 1 200 万个欧洲货币单位。随后在 1998 年，英国政府正式开始实施“全国学习网络”计划（National Grid for Learning，NGFL）①，目标要将全国 32 000 所中小学、540 所大学院校、360 家学术机构及 4 300 座图书馆联网，让教师、学生、研究员、图书馆员与读者都能拥有电子邮件账号。该计划提出：“到 2002 年，每所中小学都将拥有最先进的计算机，免费与教育高速网络联机，并有与之配合的各项教学软件。每位授课老师都知道如何应用计算机来改进教学，学生也知道如何利用计算机来学习课程”。在随后四年里，英国政府共投资十亿英镑建立若干区域型门户网站连接学校、图书馆、大专院校和社区中心。

1997 年，英国教育科研网（JANET）②计划开始实施，此计划由英国高等教育基金委员会③主持，范围覆盖英格兰、苏格兰、威尔士等地。JANET 的主旨是负责研究、开发和推广英国高等学府和科研机构的网络项目，协助它们建设先进的电子交流设施，促进它们与外界的电子联系。JANET 的主结点在牛津大学，几乎所有英国大学网与其他教育和研究机构的链接都是通过此网络来实现。

1998 年，英国政府宣布此年是英国的“网络信息化年”，并发布“我们的信息时代”政府报告，指出政府应率先改革教育，在教育中利用新技术，使人们能够获得信息时代所必需的知识和技能，扩大信息收益面，确保所有公民与时俱进，适应信息时代对人的发展要求。政府以立法的形式规定，将中小学中原来的信息

---

① 英国全国学习网：The National Grid for Learning，NGFL，是由 Becta 负责策划、建设、维护、协调以及运行。NGFL 是英国政府所提供的网络教育资源途径，也是主要的信息高速公路的教育通道。NGFL 的特点是教学资源丰富，包含教师培训、教育研究、教师职业发展、教育咨询、教育督查、图书馆、就业咨询与培训、职业教育、教育管理等内容广泛的信息资源栏目，以供用户选择。它曾经是欧洲最大的教育门户网站，功能强大的搜索功能。不过，自 2006 年 4 月起，NGFL 已关闭，Becta 目前仍然提供内容检索服务，详细信息见：http://contentsearch. becta. org. uk/search/index. jsp? clear=y。

② JANET：Joint Academic Net，英国教育科研网，于 1997 年正式建成并使用。它的主结点在牛津大学，JANET 遍布英国全境，目前全英的各高等院校均已入网，其特点是覆盖面辽阔和速度高，所有大学端口都超过 100Mb，因此它曾经成为美国建立国家教育网的主要参考依据。详细情况见 http://www. ja. net.

③ 英国高等教育资助委员会：Higher Education Funding Council for England，HEFCE，是一个负责向英国大学和学院分配教学与科研经费的专门机构。其主要目的在于，利用有效的经费拨款机制来促进和提高高校的教学与科研水平。同时，此委员会也在高校教育质量审核和评估等方面起着重要作用。详细信息见 www. hefce. ac. uk.

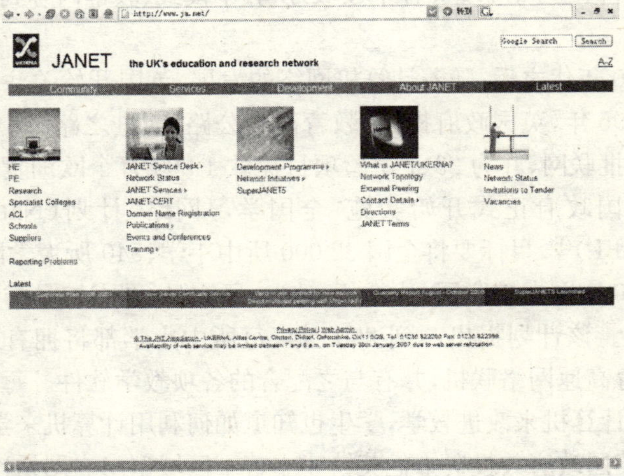

图 29　英国的 JANET 网首页

教育选修课全部改为必修课，同时拟定中学信息技术课评价的九项标准。在政府投入的教育经费中，法定的 6%必须作为学校专款用于硬件的购置。

在进行基础设施建设的同时，为提高英国教师的信息技术能力，1998 年 9 月，英国教育与就业部、北爱尔兰教育署和威尔士教育署联合制定“学科教学中应用 ICT 教师能力培训计划”。该计划由 New Opportunities Fund 提供资金支持，由“英国教师培训署”①具体实施。该计划的首要目标是：为教师在学科教学中正确选择和有效利用 ICT 提供必要的知识、技能和理解力，其培训内容主要分为 A 和 B 两部分(见表 20)。

表 20　英国学科教学中应用 ICT 教师能力培训计划内容(1998 年)

培训模块	主要内容
A. 关于有效教学与评价的方法	了解如何在本学科教学中充分利用 ICT 来实现教学目标；利用 ICT 来有效组织教学资源；在教室中，应用 ICT 来帮助那些有特殊教育需求的学生；选择和应用最适合的 ICT 和软件来满足教学目标；巩固和提高学生的信息技术能力；利用 ICT 来评价学生学习；幼儿园教师应理解向 3—5 岁学生介绍 ICT 应用的重要性

① “英国教师培训署”：根据 1994 年颁布的教育法案，英国成立了“师资培训署”(Teacher Training Agency，简称 TTA)。师资培训署负责英国教师的培训工作，包括他们进入这个职业范围，成为教师的入门训练和就业，以及在职教师的专业进修。这是英国历史上第一个专门管理教师训练、就业以及在职进修等相关政策和实施的机构。

续 表

培训模块	主要内容
B. 关于 ICT 知识、理解和能力的培训	能正确理解和应用 ICT 专业术语，能了解本专业相关的 ICT 应用；熟练使用常用 ICT 设备和资源；理解各类信息的特性；能够根据学科特点和学生年龄特征来利用 ICT 检索、沟通和交流信息；能应用一般程序和工具、参考资源、学科教学相关的 ICT 工具、教学程序和课件；了解国家课程标准中对学生提出的信息技术应用要求，了解当前与计算机应用相关的健康和安全法律，识别潜在危害，并将危险性降到最低限度；了解个人信息保存、著作权和违法信息等相关法律规定；了解 ICT 应用的相关伦理原则；能够利用 ICT 来进行信息管理、记录、保存、分析、报告和传递，了解当前有关 ICT 的课堂教学研究，参加专业讨论，查找和访问帮助与支持资源，促进自己的专业发展

资料来源：于志涛，英国 ICT 国家教育计划及其启示，中国远程教育，2006 年 9 月，p71—75.

经过以上多项教育信息化项目的建设，英国中小学的教育信息化水平在整个欧洲处于比较发达的地位。根据 2007 年欧盟委员会发布的一份关于欧洲学校计算机和互联网应用情况的调查报告，英国中小学的平均宽带网络接入比例为 75%，在 27 个欧洲国家中居 13 位①。在学校的信息化基础设施建设方面，英国中小学的每百名学生拥有的计算机数为 19.8②；而在学校的互联网接入率和计算机使用率上，英国学校基本上已达到完全普及的程度。在校园局域网络建设方面，平均有 65.3% 的英国中小学已建成校园网；在校园网站建设上，平均 73.4% 的英国学校拥有校园网站，高于欧洲平均比例（63.0%）。另外，平均有 85.3% 的英国学校为教师提供电子邮件服务，详细数据见表 21。

表 21　英国中小学的信息化基础设施建设情况

基础设施	英国均值	欧洲 27 国均值	小学	初级中学	高级中学	职业学校
每 100 名学生拥有的计算机数	19.8	11.3	15.9	25.0	26.4	28.5
有教学计算机的学校比例	99.8	98.7	100	99.5	98.7	96.0
接入互联的学校比例	99.8	96.2	100	99.5	98.7	96.0

① 见本章第一节中的图 24。报告同时也指出，英国的城市和乡村学校的宽带接入率差距较明显，在人口稠密地区的学校宽带接入率已达到 85%，而在人口稀少地区的学校则仅为 69%。

② 经过换算，英国中小学的平均生机比率为：5∶1。

续 表

基础设施	英国均值	欧洲 27 国均值	小学	初级中学	高级中学	职业学校
宽带接入互联的学校比例	75.1	66.9	74.1	80.4	81.0	70.9
有学校网站的学校比例	73.4	63.0	71.2	86.2	87.8	87.3
多数教师拥有 E-mail 信箱的学校比例	85.3	65.2	84.6	90.5	87.9	79.7
为多数学生提供 E-mail 信箱的学校比例	40.5	23.5	37.1	58.0	59.6	58.7
有校园局域网的学校比例	65.3	55.2	63.2	75.0	76.0	83.6

数据来源：Empirica (2006): Use of Computers and the Internet in Schools in Europe 2006. 27 countriesbriefs-United Kingdom.

关于教师的信息技术应用状况，调查数据显示，在 2006 年中，96%的英国教师在课堂教学中使用过计算机(见表 22)，此比例在全部参加调查的欧洲学校中名列前茅。另外，分别有 89.5%和 82.8%的教师在教学中使用演示文档和让学生在学习中使用计算机。

表 22　英国中小学校中教师的信息技术应用情况

内　容	英国均值	欧洲 27 国均值	小学	初级中学	高级中学	职业学校
在课堂教学中使用计算机的教师比例	96.4	74.3	97.4	90.4	91.5	92.9
在课堂教学中使用演示文档的教师比例	89.5	63.4	91.5	77.1	75.4	84.7
在课堂教学中让学生使用计算机的教师比例	82.8	66.3	84.9	70.9	71.5	81.8

数据来源：同上表.

在教学资源方面，英国教师在课堂教学中使用的教学资源类型繁多，比例最高的是在网上检索，也有教师使用光盘等资料(见表 23)。

表 23　英国中小学教师使用数字教学资源情况

内　　容	英国均值	欧洲 27 国均值	小学	初级中学	高级中学	职业学校
使用在互联网上搜集到的资料	93.8	82.7	93.9	93.1	94.2	97.8
使用教育资源库中的资料	94.2	74.2	95.6	86.2	85.8	89.0
使用学校局域网或数据库中的资料	83.8	63.1	84.5	79.0	78.1	86.9
使用离线的电子资源（如 CD）	88.0	83.0	89.7	79.3	80.0	82.5

数据来源：同上表.

最后，此项调查也发现了一些英国中小学信息技术应用中存在的问题。调查数据显示，目前在英国中小学校中，缺乏足够的计算机设备仍然是影响教师信息技术应用的一个重要原因；另外，在那些未使用计算机的教师中，也有 24.3 的教师认为，并不是所有的课程都适合使用计算机（见表 24）。

表 24　英国教师在教学中使用信息技术遇到的障碍

部分英国教师未在课堂中使用信息技术的原因	英国均值	欧洲 27 国均值	小学	初级中学	高级中学	职业学校
缺乏计算机设备	31.0	48.3	20.0	44.8	52.9	56.9
缺乏适当的教学资源	4.2	20.3	0	10.1	28.8	
缺乏本国语的教学资源	0	8.6	0	0	0	0
教师缺乏相应的技能	10.7	22.5	8.8	10.2	16.9	14.5
对应用效果不甚明了	5.2	16.2	8.5	12.4	0	0
教师没有使用的兴趣	0	8.9	0	0	0	0
所授课程本身不适合用计算机来教学	24.3	24.4	27.8	29.8	10.1	28.8

数据来源：同上表.

在高等教育信息化建设方面，2000 年 2 月，英国高等教育资助委员会曾提出一个为期5年的“E-University”计划(2001～2004年)①,提出要整合英国各大学的力量,建立一所网上大学,向全世界提供远程教育。英国政府将为此投入6 200万英镑,目的是占据至少25%的海外英语国家的教育市场,并计划将在2005年前吸引超过75 000名海外远程学员。按照该计划,2002年4月首批课程将在E-University上运行,预计招生5 600名,收入2 700万英镑。E-University运行后的第一个六年学生数将迅速增长到110 000名,到十年达到250 000名。与此同时,国家收入预计五年收回成本,十年产生毛利润超过1.1亿英镑。但实际上,UkeU的运作和招生情况不佳,未能按照原计划开始。直到2003年9月,E-University才正式启动,但当年仅招收了900名学生,远没有达到所预期的5 600名学生的招生目标。2004年2月,HEFCE被迫终止UkeU的运作。

尽管如此,英国并没有放弃对于高校的数字化学习计划。2005年3月,英国高等教育资助委员会又提出了一个关于在下一个十年支持高等教育机构发展E-learning的战略计划。该计划将由“联合信息技术委员会”(JISC)和“高等教育研究会”(HEA)共同负责,并吸收更多的高等教育机构参与和合作。

表25　英国下一个十年E-learning战略计划(2005年)

基本原则	最大程度地满足学生多样化的需求 增加备课的灵活性 加强工作与研究,工作和闲暇以及工作与研究相结合的能力 开发个性化的学习支持计划和学业成就评估方法 将“传统学习方式”与E-learning都作为高等教育的组成部分
主要目标	利用技术来改变教育,使E-learning成为一个更以学生为中心的、灵活的教育系统,成为所有受教育者终生学习过程中的一个重要组成部分
实施阶段	阶段1:教学,课程设计和开放 阶段2:学习资源和网络学习 阶段3:学生支持,进程和合作 阶段4:战略管理,人力资源和能力发展 阶段5:质量保证 阶段6:研究和评价 阶段7:基础建设和技术标准

资料来源:丁桂芝,薛勇(2005),英国高等教育E-learning发展战略及执行情况,计算机教育,2005年11月.

① 英国E-University计划:是英国政府E-learning战略的一个组成部分,它采用的是一种由高等教育机构与私营企业共同投资、共同承担风险的商业模式。私营企业的投资作为项目资金的关键来源。其运作基本模式是:HEFCE负责保证有效的机制,保证资本的价值和计划的目标、目的和任务的完成。建立私营公司(UK E-Universities Worldwide Ltd,UkeU)则负责提供技术支持、市场和商业运作,并负责开发专门的技术平台。

2005年1月，HEFCE又宣布，为提高教学水平，将在英国高等院校中建立74个“高质量教学促进中心”（Centres for Excellence in Teaching and Learning，CETLs）。这是HEFCE的E-learning下一个十年战略实施计划中第一个阶段的第一个项目。计划从2005年6月到2010年10月用五年多时间完成，共计投资3.15亿英镑，是HEFCE在历年单笔教学资金投入上数额最大的一次。其主要目的包括两方面：一是奖励卓越的教学实践活动；二是进一步投资在这种教学实践中，让学生、教师和院校在CETLs投资中获得实际利益。

（二）法国

相对于其他欧盟国家来说，法国的信息化建设有其独特之处。自20世纪80年代以后，法国就开始建设自己的Minitel网络①，但目前总体来看，法国的整体信息化程度并不很高。在2005年“世界经济论坛”（WEF）公布的全球2004—2005年“网络化准备指数”②（NRI）评估结果中，法国排名第20位，在整个欧盟国家中仅属于中等偏下的水平。另外，根据2004年11月法国政府的一份调查结果显示，法国1/3的家庭拥有互联网接入，其中1/2使用宽带接入。在过去两年中，法国在线销售额达到60亿美元。Wi-Fi的用户接入率为5%，尽管比例不是很大，但普及速度非常迅猛。目前，法国90%的政府和管理部门均具备了Wi-Fi接入条件。报告指出，上述数字使法国处于欧盟成员的中游位置。在家庭互联网接入方面，落后于德国和荷兰。

与其他欧盟国家一样，自20世纪90年代之后，法国政府同样也非常重视信息技术的推广与应用。1997年8月，法国宣布把建立信息社会定为政府的优先行动之一，开始实施“信息社会的政府行动”计划。计划从1998～2000年，政府投入了50亿法郎的资金来发展互联网。另外，法国政府于2002年11月提出了一个“2007信息社会中的数字共和国计划”，目的是想建立一个忠实于“自由、平等、博爱”的“数字共和国”。规划希望借助互联网来鼓励公民和企业的创新精

---

① Minitel是法国电信早在1981年就开始运营的一种独立的专用通讯网络系统，它是通过法国大部分家庭中安装的与电话相连的专用终端提供按文本信息服务，主要限于在法国境内使用。通过Minitel，用户可以搜索信息、阅读诗歌、购买商品、寻找保姆和预订列车航班等。Minitel被认为是互联网出现之前世界上最大的商用信息系统，也有人将之视为互联网的雏形。

② 网络化准备指数：Networked Readiness Index，NRI。是由哈佛大学国际发展中心与世界经济论坛合作提出的一种用于测量各国家和地区信息化发展水平的一种评估指标体系。NRI评估体系由四级要素构成，具体包括2个第一级要素（网络应用指数和网络支撑因素指数）、9个第二级要素、10个第三级要素和60个第四级要素。2002年首次对世界上75个国家的信息与通信技术应用现状和发展潜力进行了综合评估和对比分析，并发表了题为《全球信息技术报告2001—2002：准备进入网络世界》的研究报告。

神，并以创新来为互联网增值，促进信息社会的发展。在教育信息化建设方面，法国政府自 20 世纪 80 年代之后就开始实施一系列在学校中推广信息技术的计划(见表 26)。

表 26　法国的教育信息化计划

时　间	计划名称
1985 年	"人人学习计算机"计划
1998 年	"三年教育信息化发展方案"
2000 年	"数字校园"计划(2001～2003)
2002 年	知识数码频道(CNS)和教育数字社(KNE)
2003 年	学校应用信息通讯技术的 10 项措施

1985 年，法国政府曾经实施过一项"人人学习计算机"计划，开始在小学新设"科学与技术课"，规定从第四学年开始在"科学技术"学科中设"计算机入门"为必修课。当时政府共投资 20 亿法郎，为中小学配置了 1 万～2 万台微机和万余套软件。不过，当时由于教师培训准备不足等原因，造成大部分设备闲置。据当时的有关研究表明，学校的计算机设备的利用率仅为 20%。因此，此计划最后的实际效果并不理想。

1998 年，法国教育部又公布了"三年教育信息化发展方案"，政府计划每年直接投入 10 亿法郎，加上地方政府的投入，资金总额将达到 150 亿法郎。重点放在信息技术教育师资的培训上，着重提高信息教育师资应用多媒体教学和计算机操作水平，从而发挥现有信息设备的使用效率，计划的目标是提高法国学校的计算机硬件基础水平。

2000 年，法国教育部长雅克·兰提出，在 2001～2002 学年结束以前，中小学校全部上网，并在设备资金方面对一些特殊地区和边远地区的学校给予资助，对设备购置给予一些优惠政策。为实现法国政府提出的这一目标，有关政府部门和网络企业还同时行动，积极创办教育和教学网，以丰富的内容吸引老师和学生们上网。如全国教育资料中心创办的教育网(Educnet[①])为各个专业的教师提供专业资料，并进行专业指南。此外，还有不少网络公司也办起教育网站，内容涉及教育研究、教学方法、教学内容、教育界情况交流等方面。

2000 年，为促进法国中小学生的信息技术素养，法国教育部开始在学校中

① 详细信息见：http://www.educnet.education.fr。

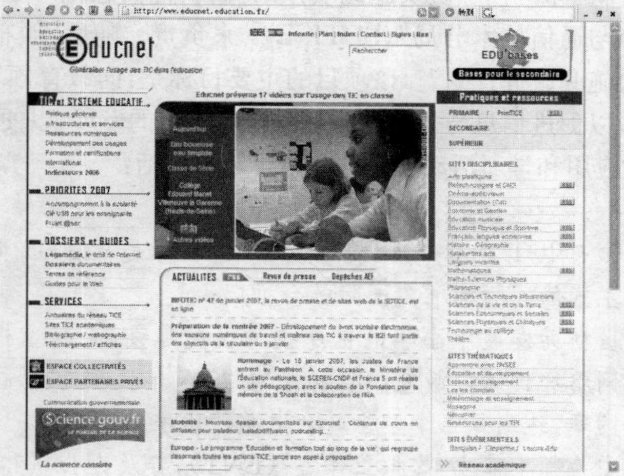

图 30　法国的教育网(Educnet)首页

设置“信息与互联网证书”，其目标是“规定信息通讯技术领域中的全部与中小学生相关的重要能力并证明其掌握程度”。此证书划分为“水平 1”和“水平 2”两种(见表 27)。前者用于衡量小学毕业生的信息技术素养水平，后者则用于衡量初中毕业生。法国教育部计划将于 2007 年在 法国小学、初中和高中普及互联网和信息技术课。

表 27　法国中小学生“信息通讯技术证书”内容(2000 年)

程　度	目　　标	主要内容
水平 1	学生能够自主地合理地使用 ICT，如阅读和整理资料，搜索信息并通过电子邮件进行交流	掌握基本操作和相关软硬件基本术语 学生使用文字处理软件 学会使用浏览器搜索信息 学会如何使用电子邮件
水平 2	在水平 1 基础之上，进一步要求学生能够使用各种常用的工具来整理、制作和交流信息	使用电子表格工具来组织数据库文件 创建演示文档 掌握搜集和组织信息的各种方式 通过电子邮件与他人交流

资料来源：王晓辉(2004)，法国教育信息化的基本战略与特点，外国教育研究，2004 年第 5 期，p60—64.

2002 年，法国政府提出“数字共和国”计划后，为尽快实施此计划，2003 年，法国政府在“信息社会部际委员会”(CISI)中新成立一个名为“互联网使用委员会”(DUI)①的部门来专门负责实施此项计划，而教育信息化的建设工作将由法国“教育部信息与通信技术分局”(SDTICE)②来负责。随后，颁布了“所有人的互联网：基础设施和服务计划”。该项目的主要目标是：向教育领域提供ICT基础设施和服务，以促进信息与传播技术在学校中应用的发展，以便使每个师生都能从ICT课堂应用和学习活动中受益。主要工作包括：

- ◉ 制订并颁布ICT应用方案、规范以标准，目标是从2005年起，将那些代表法国主张的国际标准向国际社会推广；
- ◉ 与各地区协助发展中小学的信息技术设施建设，尤其重视弱势地区，发展校园网络和计算机教室。目标是在2007年达到100%的学校电脑配备及上网率，达到每三个学生一台电脑的比率。
- ◉ 在学校中为师生建立“虚拟工作室”(ENT)，普及办公室和教室的联网建设：对于学生而言，有了数字工作空间或虚拟教室，就意味着他在课堂内外都可以上网查看他的时间表、课本和笔记，也可以参考由老师放置在网上的文件或课堂资料，还可以与其他同学一起协同学习。在普及化的第一阶段(2004～2006)，政府将投资三千万欧元(其中中央政府承担50%，地方政府承担50%)。计划在2007年所有教师和学生都能够建立起虚拟工作室。总投资估计将达到六千万欧元。
- ◉ 创建“数字校园”(UNR)：计划至2007年，开发针对大学生的在线数字服务设施；建立一些设施，尤其是那些最必要的设施供全体学生方便使用。计划投资近五千万欧元。
- ◉ 在小学、初中、高中以及高等教育机构应用新式的互联网接入技术，如Wi-Fi终端设备，计划于2003～2004年在80个小学里进行一项试验。目前在大学中，从2004年开学起，已有超过40%的学校配备了至少一个

---

① 互联网使用委员会：这是一个由部长直接领导的、专门负责新技术的部门，主要职能是在社会中普及互联网接入以及信息与传播的新技术，同时也协调各部门之间的行动。其主要职能是：提出并落实适于普及ICT应用的方法；家庭、儿童及大众的ICT培训；协调政府部门与公众机构采取的措施；支持地区组织和私营单位；发展对大众开放的互联网场所和公营与私营机构之间信息的传播和交换。详细信息见：http://delegation.internet.gouv.fr。

② 教育部信息与通信技术分局：这是法国“高等教育研究部”下属的一个部门，主要负责普及互联网以及ICT的接入和培训。其主要职能是：准备并落实信息与传播技术发展方面的方针策略，面向中小学教育和高等教育；跟踪高等教育机构，特别是对ICT部门应用状况的评估；指导ICT培训机构；支持数字资源的制作；与地区组织和企业协调与配合；对国家教育文献中心(SCEREN-CNDP)及其网络和国家远程教育中心(CNED)的ICT部门进行监督。另外，它也负责法国教育网(Educnet，http://www.educnet.education.fr)的运行工作。

Wi-Fi 终端站点，总数达到 600 个接入点，预计至 2007 年 9 月将增加至 3 000个。

◉ 实施保护未成年人上网计划，防止网络色情和网络犯罪对青少年的影响。一方面，对小学生、教师和教育机构针对互联网特征进行培训、宣传以及使他们产生责任感（正确使用规范）；另一方面，给教育机构配备工具，帮助他们选择或控制交由学生支配的信息，比如通过内容过滤系统。将投入 750 万欧元用于落实这些措施。

2002 年，法国教育部宣布：一些教学和数字出版社联合几家报刊杂志社，将成立一个知识数码频道（CNS）和一个教育数字社（KNE），专门为法国师生提供服务。它们不仅可以提供教育内容在线数据库，还会推荐全国地理研究所出版的地图、法新社的快讯、法国文学作品、辞典和百科全书、报纸等数据。知识数字频道由 25 家教育多媒体出版社和 8 家报刊杂志社及发行商组成。而教育数据社由多家教材出版社联合成立，将提供一份可在学校和家庭使用的数据教育数据目录。这两项教育服务计划还可为中学生提供个性化的数字课本和法语、数学、物理、史地、英语等数字补充读物，以及相关参考资料。

在高等教育信息化方面，自 1997 年法国实施“信息社会的政府行动计划”之后，法国高校开始大规模实施校园信息化建设。为支持高校的信息化发展，法国政府在高校拨款计划中专门增加了有关信息通讯技术方面专项经费。此外，为适应国际网络教育市场的发展，同时也为了加强法国文化的国际宣传，法国教育部于 2000 年开始实施“数字校园”计划（French digital campuses2000～2002）①，向高校提供经费来建设具有国际竞争力的开放式远程培训体系。在这三年期间，政府共向数字校园投资总额已经超过 1 000 万欧元。至 2003 年，法国共建立 77 个数字校园（Campus numeriques），总数接近 400 所的大学、工程学院、教师培训学院及国内外相关机构参与其中（见表 28），涉及的学科包括科学技术、信息工程、医学、法律、经济管理和人文社会科学等（见表 29）。至 2003 年，在数字校园注册的法国学生已超过 25 000 名。

① 数字校园的网站是：http://www.educnet.education.fr/eng/superieur/campus.htm。

表 28　参与法国"数字校园"计划的各类机构

类　型	参与的机构	数　目
法国高等教育机构(194 所)	大学	78
法国高等教育机构(194 所)	大学校("Grandes écoles")和专门学院	50
法国高等教育机构(194 所)	技术学院(IUTs)	26
法国高等教育机构(194 所)	教师培训学院(IUFMs)	21
外国教育机构(33 个)	其他欧洲国家中	13
外国教育机构(33 个)	说法语的国家	20
国内外其他机构(154 个)	私立机构、协会和公司等	154

资料来源:http://www.educnet.education.fr/eng/super/campus.htm#guide(2007-1-24).

表 29　法国"数字校园"开设的学习科目

学　科	数　目	涉及的层次
科学与技术	15	所有层次
疗与保健	9	所有层次
教育工程与信息通讯科学	8	大学预科和其他所有层次
经济管理	6	所有层次
法律	4	本科和研究生
人文与社会科学	3	所有层次

资料来源:http://www.educnet.education.fr/eng/super/campus.htm#guide(2007-1-24).

此外,为保证和规范数字校园的发展,法国政府还于 2002 年制订了一份有关数字校园的知识产权保护文件。法国教育部认为,尊重知识产权和制订保护知识产权的规章制度是数字校园稳定发展的重要制度保证。该文件由两大部分共五章构成,其中对有关数字校园的许多方面进行规定和说明,例如,参与项目合作的性质、权利与义务,资源著作权的转让,转让者的义务与保障,数字资源的开发、销售和产业化运作,大学内部局域网使用和共享多媒体资源的章程等。尽管此文件并不是真正意义的法律,但是为参与数字校园建设的各方提供了一个共同合作的基础原则,使得各方可以在实践中不断修改和完善,有利于促进数字校园的长期发展。

2007 年,根据欧盟委员会发布的一份关于欧洲学校计算机与互联网应用状况的调查报告，在参加调查的27个欧洲国家中，法国中小学的宽带接入率为75%，与英国并列第14名①。每百名学生的计算机数为12.5②，略高于欧洲平均值。不过，调查发现，法国不同层次学校的宽带接入率差异较大，小学的宽带接入率为70%，而初级中学已达到96%。另外，从法国学校的网站拥有率来看，它远远低于欧洲学校的平均比例(63.0%)。在校园局域网建成的比例上，法国也低于欧洲平均值(见表30)。

表30　法国中小学信息化基础设施建设情况

基础设施	法国均值	欧洲27国均值	小学	初级中学	高级中学	职业学校
每100名学生拥有的计算机数	12.5	11.3	8.1	11.4	19.7	25.1
有教学计算机的学校比例	99.3	98.7	99.2	100	100	98.8
接入互联的学校比例	90.3	96.2	88.4	99.4	100	97.5
宽带接入互联的学校比例	74.8	66.9	70.3	96.2	87.6	90.2
有学校网站的学校比例	29.0	63.0	20.6	64.8	86.5	82.6
多数教师拥有E-mail信箱的学校比例	67.8	65.2	65.4	76.6	67.4	77.4
为多数学生提供E-mail信箱的学校比例	19.0	23.5	15.4	29.6	26.0	41.3
有校园局域网的学校比例	21.7	55.2	16.9	42.5	64.2	56.7

数据来源：Empirica (2006)：Use of Computers and the Internet in Schools in Europe 2006. 27 countriesbriefs- French.

从前面欧洲27国学校教师的信息技术准备情况排名③可以看出，法国教师的ICT状况在欧洲27国名列倒数第三名，这说明法国教师的应用情况相对较落后一些。关于教师在教学中应用信息技术的调查数据也证明了这一点。结果显示，法国教师在课堂使用计算机的比例远远低于欧洲27国学校的平均比例

① 见本章第一节的图24。
② 经过换算，法国中小学的平均生机比率为8∶1。
③ 见本章第一节的图27。

(74.3%),仅为65.5%(见表31)。同时,无论在教师演示文档应用比例还是在让学生使用计算机的比例上,法国教师的比例都低于欧洲平均比例。这说明,整体来看,法国中小学教师的信息技术应用状况有待提高。

表31　法国中小学教师的信息技术应用情况

内　　容	法国均值	欧洲27国的均值	小学	初级中学	高级中学	职业学校
在课堂教学中使用计算机的教师比例	65.5	74.3	65.7	56.1	72.1	78.9
在课堂教学中使用演示文档的教师比例	50.9	63.4	50.0	45.6	63.6	71.5
在课堂教学中让学生使用计算机的教师比例	55.1	66.3	54.6	49.5	65.5	70.7

数据来源:同上表.

在教师数字教学资源的应用方面,法国教师的情况也相对较差。尤其是在使用学校局域网和数据库资源方面,其比例数仅为欧洲27国平均值的一半左右(见表32)。整体来看,应用比例最高的不是网络资源,而是离线的电子资源。这说明,法国的网络教学资源建设情况相对比较落后。

表32　法国教师的数字教学资源应用情况

内　　容	法国均值	欧洲27国的均值	小学	初级中学	高级中学	职业学校
使用在互联网上搜集到的资料	75.0	82.7	73.6	85.0	83.4	83.3
使用教育资源库中的资料	73.5	74.2	72.7	78.5	71.7	69.3
使用学校局域网或数据库中的资料	39.9	63.1	38.4	47.9	46.1	48.4
使用离线的电子资源(如CD)	82.1	83.0	85.2	65.1	70.8	72.7

数据来源:同上表.

在调查中,研究者发现,有34%的法国教师表示其在教学中并不使用计算机(见表33),在问及原因时发现,最重要的原因是"缺乏计算机设备";其次,33%的教师表示,缺乏使用计算机进行教学的相应技能;另外,也有30%的教师认为自己所授课程并不适合使用计算机来实施教学。

表 33　法国教师在信息技术应用方面存在的障碍

部分法国教师未在课堂中使用信息技术的原因	法国均值	欧洲 27 国均值	小学	初级中学	高级中学	职业学校
缺乏计算机设备	63.0	48.3	67.9	50.2	44.7	48.8
缺乏适当的教学资源	26.0	20.3	25.6	26.7	30.7	20.3
缺乏本国语的教学资源	14.3	8.6	15.4	12.5	8.4	10.4
教师缺乏相应的技能	32.7	22.5	30.9	38.5	36.5	37.7
对应用效果不甚明了	21.7	16.2	18.4	32.9	37.3	30.4
教师没有使用的兴趣	10.3	8.9	10.4	8.0	9.8	10.5
所授课程不适合用计算机来教学	29.5	24.4	28.9	31.9	36.6	34.4

数据来源：同上表.

在研究报告的最后，研究者指出，相对于其他一些欧洲国家，目前在法国中小学里的信息化水平有待进一步提高，尤其是在硬件设备建设和教师信息技术素养培训方面，需要加大建设力度。

(三) 德国

相对北欧诸国的信息化程度来说，德国的整体社会信息化水平在整个欧洲处于中游位置。早在 1999 年，欧盟委员会曾发布第一份关于欧盟成员国的计算机网络普及程度比较数据。数据显示，德国作为欧盟内最大的国家，在信息化排名上却名列第 9 位，远远比不上北欧国家。当时德国政府的领导人施罗德认为，德国在信息化建设方面的差距将会严重影响到未来经济发展和竞争力。因此，政府在当年就制定并发布了名为“21 世纪信息社会的创新与工作机遇”的信息化发展纲要，这是德国第一个走向信息社会的战略计划。该计划的主要目标是，增加上网人口的普及率，计划从 1999 年的 9%提升到 2005 年的 40%以上。根据 2003 年欧盟发布的一份研究报告，在 2003 年，德国的网络的普及率高于上一年度，已有 3 400 万的人口或 53%14 岁以上的人口上网。相对而言，此数字仅为北欧国家的三分之二。

不过，近几年来，德国的信息化水平发展较快。根据 WEF 2004～2005 年的研究结果，德国的“网络化准备指数”(NRI)在世界排名已从2004年的第14名上升到第11名；同时，其在欧盟成员国中的排名也从2004年的第8位上升到2005年的第7位。这些情况说明，经过政府的多方努力之后，德国的信息化水平在不断提高。

在上述背景之下，德国政府对于信息技术在教育领域中的应用也给予充分重视，自20世纪90年代开始就启动了多项与教育信息化相关的计划，主要包括：

表34　德国的与教育信息化相关的计划和项目

时　间	名　称
1995年	“学校媒体教育”计划
1996年	“学校网络计划”
1997年	“教育体制中的新媒体与电讯沟通”计划
1998年	“媒体教育的角色”计划
1999年	“化学课程联网计划”
2002年	“网上识字计划”
2005年	“2006年走向信息社会的主体计划”

1995年，德国的“研究、科技与革新审议委员会”(Der Rat für Forschung, Technologie und Innovation) 发表了“信息社会：机会、革新与挑战”(Informationsgesellschaft-Chancen, Innovationen und Herausforderungen)报告书。报告书中强调，多媒体技术将可能决定信息社会的未来。教育领域应积极运用信息通讯科技，以促使人人具有运用媒体的能力。因此，在师资教育与培训过程中，亦应将现代信息沟通媒体的运用列为重要教育内容。德国的各州教育文化部长常设会议，对于新媒体与沟通科技在终身学习上的运用也极为重视，并先后做出了若干决议，主要包括：1995年的“学校媒体教育”(Medienpädagogik in der Schule)；1997年的“教育体制中的新媒体与电讯沟通”(Neue Medien und Telekommunikation im Bildungswesen) 及1998年的“媒体教育的角色”(Zur Rolle der Medienpädagigik)。

随后在1996年，德国“联邦教育与研究部”(BMBF)又开始实施“学校网络”

计划(Schulen ans Netz)①,这项计划希望在世纪交替之际,至少能有一万所德国学校具有互联网设备,而到 2001 年则每所学校均有适宜的互联网设备可供使用,学生能够利用它来获得更多的学习资源。

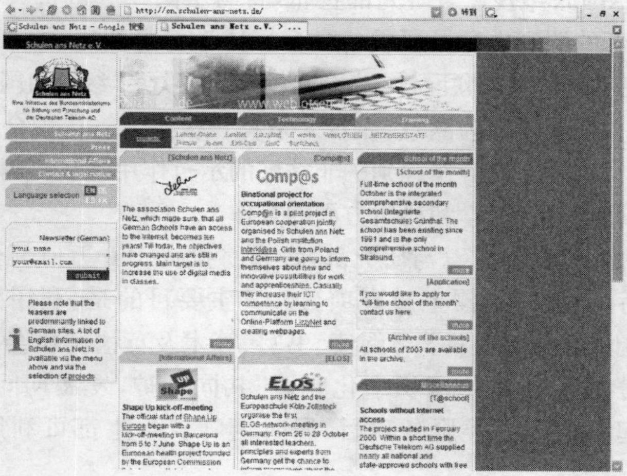

图 31　德国的“学校网络”(Schulen ans Netz)首页

1999 年,德国政府发布“德国 21 世纪的信息社会”(D21)的行动计划。该计划的实施重点是在教育和工业部门,力图推进信息技术在教育领域和工业部门中的应用,并面向社会提供了相关的咨询服务。这个计划使全社会认识到信息技术和互联网在经济、教育、文化及个人发展方面的重要意义。D21 计划有三个基本目标:

- 发展传输速度更高的互联网基础设施;
- 实施“全民享有互联网”(Internet for All)工程;
- 帮助平时接触不到网络的弱势群体也能够上网。

政府围绕这三个基本目标确定了许多具体措施,如到 2001 年所有学校连结互联网,增加女性在互联网领域的工作机会,扩大多媒体应用等等。D21 的一个目标是要所有人都进入互联网,尤其是要让不积极利用互联网的人,如老年人、低收入家庭也进入和利用互联网。为此,德国政府启动了规模很大的宣传活动,

① 网址为:http://en.schulen-ans-netz.de/。

同时也降低互联网费用。目前,德国已经是欧盟国家中互联网费用最低的国家之一。另外,为了让使用者能够更好地掌握和应用互联网,在学校、企业开展了一些培训课程,并增加了学习软件的开发。

1999 年,德国联邦教育与研究部宣布,将与法国一起进行大学化学专业的改革,并制订新的课程内容及研发各种多媒体教材与教法。在 1999 年 4 月到 2003 年期间,在"化学课程联网计划"投入 2 100 万欧元,参与的国家还有英国和瑞士。法国对初期成果极为满意,表示未来将积极参与。这种合作模式对欧洲诸国高等教育机构之间的合作起到了非常好的示范作用,此后,越来越多欧盟高校开始通过互联网进行教学和科研方面的合作。

2002 年,德国"联邦教育与研究部"宣布将投资 150 万欧元经费实施一项名为"网上识字计划"①的网上教育项目。其主要目的是,利用网络形式为各种学习者提供以在线形式来学习阅读、书写、算术及英语的机会。该网站将由"德国民众大学联盟"与"德国识字化联盟"共同维护,发展期间为三年,计划 2005 年建立起完整的各类服务项目,届时老师及学生都可利用该网取材或学习。

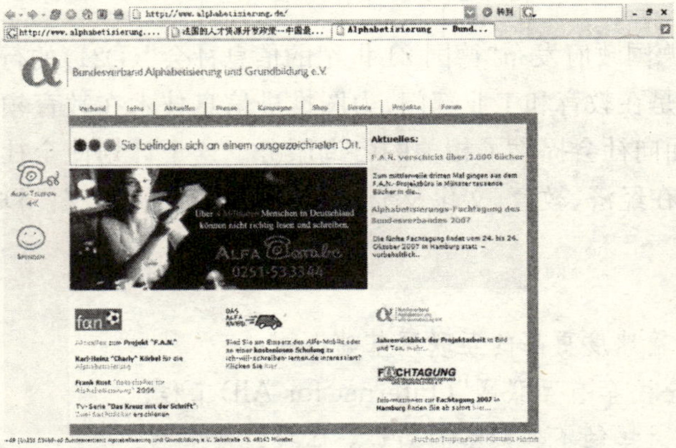

图 32　德国的"网上识字计划"网站首页

为了增强综合国力和国际竞争力,2005 年 10 月,德国"联邦经济与劳工部"与"联邦教育研究部"又制定了"2006 年德国信息社会行动纲领——走向信息社会的主体计划",对信息化建设的主要方面提出了明确的目标,强调要通过政府创造环境,实行政府与产业界及社会各界的合作,形成向信息社会转移的体制和

① Alpha-Portal Literacy Learning-APOLL,详细信息见:http://www.alphabetisierung.de。

机制。

在学校教育方面，该计划指出，“学校教育媒介”计划已为使德国成为世界教育软件领域的领导者创造了条件，德国所有的学校都已经联网。政府将进一步发展IT培训的新系统。为保证教育机会的平等，计划指出，要保证社会中所有的群体都不受限制地、无障碍地接入互联网。特别是要让残疾人、下层的年轻人和失业者都能通过获取互联网技能而增大他们在社会中和工作市场中的机会。目前，德国的互联网用户占人口的比例现在是14%，到2006年计划将提高到75%。为男女平等，联邦政府打算在发展的基础上，保证男女使用互联网的机会均等。除短期目标外，政府的中期目标是把妇女接受IT培训和参加计算机学习课程的比例提高到40%。根据上述计划，德国政府提出了今后在教育信息化方面的建设目标：

- 到2006年，扩大新媒介在中学、职业培训学校和大学中的应用；
- 2006年制定计算机在全日制中学中的应用战略；
- 从2004年起，为德国的研究建立卓越网络和技术网络基础设施；
- 从2004年起，发展和提高电子科学应用水平；
- 进一步大幅度提高互联网的普及率。联邦政府设定的目标是，到2005年，把14岁以上的人使用互联网的比率提高到75%；
- 2003年12月启动虚拟就业市场；
- 使用互联网的男女比例要尽快相等，并使男女拥有平等的权利。进一步提高妇女参加IT培训和计算机学习课程的比例，在中期要达到40%。

此外，目前德国正在制定第三套信息化行动计划（2006年至2010年），这个计划与欧盟的信息社会计划是一致的，将于2007年正式发布。

2006年，根据欧盟委员会发布的一份关于欧洲学校计算机与互联网应用状况的调查报告，德国中小学的宽带接入率为63%①，在参加调查的27个欧洲国家中名列第21位，落后于英国和法国的名次。在学校的信息化基础设施建设方面，调查数据显示，在德国中小学校中，每百名学生拥有的计算机数为8.9台②，低于欧洲27国的平均数（11.3，见表25）。拥有校园局域网和校园网站的学校比例数分别为66%和70%，略高于欧洲27国的平均值；不过，在为教师和学生

① 见本章第一节中的图24。

② 经过换算，德国中小学的平均生机比率为11.2：1。

提供电子邮件服务的比例上，德国学校的比例数低于平均值，分别仅为 57.6%和 19.7%。

表 35 德国中小学校的信息基础设施建设情况

基础设施	德国均值	欧洲 27 国的均值	小学	初级中学	高级中学	职业学校
每 100 名学生拥有的计算机数	8.9	11.3	10.6	8.3	8.0	9.4
有教学计算机的学校比例	99.6	98.7	99.5	100	100	98.8
接入互联的学校比例	96.5	96.2	95.5	99.6	100	98.8
宽带接入互联的学校比例	62.9	66.9	54.1	72.0	82.5	68.1
有学校网站的学校比例	70.2	63.0	53.5	81.8	93.9	82.8
多数教师拥有 E-mail 信箱的学校比例	57.6	65.2	62.2	56.8	53.0	58.8
为多数学生提供 E-mail 信箱的学校比例	19.7	23.5	16.9	21.9	21.5	25.1
有校园局域网的学校比例	66.0	55.2	58.1	77.0	83.7	68.7

数据来源：Empirica (2006): Use of Computers and the Internet in Schools in Europe 2006. 27 country briefs- German.

在教师的信息技术应用方面，德国中小学教师的信息技术准备情况在欧洲诸国排名较高，名列第 7 名①。如表 36 所示，78%的教师表示，在过去的一年中经常在教学中使用计算机进行教学，而且各级学校的比例数相差都不大。从整体来看，教师的信息技术应用比例都略高于欧洲的平均水平。

表 36 德国中小学教师的信息技术应用情况

内　　容	德国均值	欧洲 27 国的均值	小学	初级中学	高级中学	职业学校
在课堂教学中使用计算机的教师比例	78.0	74.3	78.0	77.2	80.4	78.6

① 见本章第一节图 27。

续 表

内　　容	德国均值	欧洲27国的均值	小学	初级中学	高级中学	职业学校
在课堂教学中使用演示文档的教师比例	69.7	63.4	69.3	70.1	74.2	72.1
在课堂教学中让学生使用计算机的教师比例	74.7	66.3	76.0	73.6	75.8	73.6

数据来源：同上表.

在教师的数字教学资源应用上，有88.2%的教师经常使用互联网上的资料(见表37)；88.3%的教师也会经常使用离线资料(如CD等)。整体来看，除教学资源库的使用比例略低于欧洲平均值以外，德国教师在其他资源应用方面都高于平均值。

表37　德国中小学教师数字教学资源应用情况

内　　容	德国均值	欧洲27国的均值	小学	初级中学	高级中学	职业学校
使用在互联网上搜集到的资料	88.2	82.7	85.7	90.0	90.6	90.0
使用教育资源库中的资料	69.4	74.2	68.4	70.6	68.1	71.8
使用学校局域网或数据库中的资料	71.4	63.1	71.1	74.1	70.9	73.4
使用离线的电子资源(如CD)	88.3	83.0	92.4	84.4	88.8	88.8

数据来源：同上表.

关于教师应用中存在的问题，调查数据显示，有22%的德国教师表示未在教学中使用计算机(见表38)。主要原因分别是："缺乏计算机设备"(49.5%)；"对实际应用效果不甚明了"(47.5%)和"教师缺乏相应的技能"(46.2%)。

表38　德国教师在信息技术应用中存在的障碍

部分德国教师未在课堂中使用信息技术的原因	德国均值	欧洲27国的均值	小学	初级中学	高级中学	职业学校
缺乏计算机设备	49.5	48.3	50.1	47.8	44.4	53.0

续 表

部分德国教师未在课堂中使用信息技术的原因	德国均值	欧洲 27 国的均值	小学	初级中学	高级中学	职业学校
缺乏适当的教学资源	21.5	20.3	19.1	25.2	19.7	18.9
缺乏本国语的教学资源	13.9	8.6	12.6	14.0	12.5	15.4
教师缺乏相应的技能	46.2	22.5	52.8	45.6	39.2	39.3
对应用效果不甚明了	47.5	16.2	46.2	46.6	46.6	47.3
教师没有使用的兴趣	21.5	8.9	23.1	22.7	22.5	19.6
所授课程不适合用计算机来教学	25.4	24.4	26.9	24.1	26.5	20.8

数据来源：同上表.

(四) 芬兰

在欧盟国家中，北欧诸国(包括芬兰、丹麦、荷兰、挪威和瑞典等)都是社会信息化程度较高的国家。从 2002～2005 年的世界各国“网络化准备指数”(NRI)的排名可以看出，除荷兰在 2005 年的排名在 13 名以外，其他四国都在世界居前十名(见表 39)，这说明了北欧国家在社会信息化建设方面引领着世界发展的潮流。

表 39　2002～2005 年“网络化准备指数”(NRI)排名前 20 位的欧洲国家

国　家	2002～2003 年度排名	2003～2004 年度排名	2004～2005 年度排名
冰岛	5	2	10
芬兰	1	3	3
丹麦	8	4	5
瑞典	4	6	4
瑞士	13	9	7
英国	7	12	15
挪威	17	13	8

续 表

国家	2002～2003 年度排名	2003～2004 年度排名	2004～2005 年度排名
德国	10	14	11
荷兰	11	16	13
卢森堡	N/A	17	14
奥地利	16	19	21
法国	N/A	20	19

数据来源：Globle Information Technology Report 2002—2003，2003—2004，2004—2005.

在北欧国家中，芬兰的社会现代化发展非常迅速。在二战结束时，芬兰还是一个以农业为主的经济相对落后的国家。但随后芬兰用 40 年的时间完成了工业化进程，接着又用 10 年左右时间完成了由工业社会向信息社会的转型，其社会发展水平的速度令世界瞩目。

进入 21 世纪之后，在联合国发布的全球电子政务准备度排名中，芬兰一直排在前十位以内。"世界经济论坛"（WEF）从 2002 年起开始发布主要经济体的信息化建设水平排名，芬兰的"网络准备度指数"（NRI）在历次排名中都处在前五位，2003 年曾一度上升为世界第一（见表 40）。这充分说明，芬兰的整体国家信息化水平在世界上名列前茅，这与芬兰政府自 20 世纪 90 年代初就开始积极推进芬兰"国家教育信息化战略"有着直接的关系。

表 40　芬兰信息化水平在全球排名中的位次

年　度	2002	2003	2004	2005	2006
联合国电子政务调查	3	1	3	3	5
世界经济论坛 NRI 调查	N/A	N/A	10	9	9

注：表中 N/A 表示"无"。

早在 1994 年，芬兰政府就推出了它的第一个国家信息社会战略："面向信息社会：国家概要"。紧接着在 1998 年，又开始实施"生活、知识与竞争质量"战略，被称为芬兰信息社会建设的第二个战略。芬兰政府认为，影响信息社会进步的政策性因素有：电信政策、研发基金投入方向、社会政策、教育与文化政策以及就业政策等。为推进战略的实施，芬兰政府将建成信息社会作为其首要发展目标，制定和修订了电信法、数据法、商务电子通信法、电子签名法和信息社会保护法等一系列法律，完全开放了电信市场，在信息和通信基础设施建设方面投入了巨资，为整个国家的信息与通信产业的发展创造了有利环境。

在教育信息化建设方面，自20世纪90年代以来，芬兰教育部为配合“国家信息社会计划”的实施，连续制订和实施了数项教育信息化建设计划（见表41）。

表41 芬兰教育信息化建设计划

时　间	计划名称
1995年	“信息社会教育、培训及研究国家策略”
1996年	“面向一个以文化为导向的信息社会”
2000年	“国家信息技术教育”计划
2004年	“为了教育和研究信息社会计划”（2004～2006年）
2004年	“虚拟学校计划”

在第一阶段（1995—1999年），芬兰政府出台了“信息社会教育、培训及研究国家策略”，明确提出，基础学校要让每个学生学会独立从不同渠道获取、管理和处理信息的能力，具有分析和批判地使用信息的能力，让每个学生具备基本的信息技术使用技能，特别提出鼓励女童使用信息技术。同时重视教师使用信息技术的训练，开发国家的中小学数字化教育产品，2000年所有中小学校都能连接到互联网。1996年又发布了补充策略文件“面向一个以文化为导向的信息社会”。这两份政策文件的目的，都是要保证所有的国民在这个新的信息环境中享有公平使用信息技术的机会；让每个芬兰人享有高质量的教育、培训和终身学习的机会；转换人们一劳永逸的学习观念为终身学习观念。

为实施第一阶段的国家信息策略，芬兰教育部投资约1.67亿欧元。芬兰加入欧盟后，各中小学校积极参加欧洲校园网和北欧国家教育数据网的各种活动，如欧盟委员会资助的“庆祝计划”，“eTwinning学校计划”，与欧盟其他成员国通过网络开展诸如交换教师、互派学生、共享优秀网络学习资源等的交流互动。

在第二阶段（2000～2004年），芬兰教育部又发布了“国家信息技术教育”计划，其主要目标是使芬兰成为世界上最主要的信息交互型知识社会，让每一位公民都能平等地享用信息资源和教育服务，建立一种高质量的、合乎伦理道德的、可持续发展的、基于网络学习和研究的社会可操作模式，强调用网络教育促进基础教育和高中教育的公平发展，提高学生的交流能力，并提出了针对女童和妇女的信息社会能力计划。

2000年，为促进中小学在ICT教学上能运用更多的先进技术，开发电子教材，芬兰与北欧的冰岛、挪威、丹麦、瑞典等国教育部一起组织了五国联合的“北欧教育软件与技术委员会”。从20世纪90年代以来，该组织举行了一系列会议，制定统一的标准，研制统一的平台，合作开发中小学教育软件，并且迅速利用工具将其转换成为各国相应的语言。

2003年，芬兰教育部的统计结果显示，全国中小学教育信息化的基础设施水平已得到了很大提高，例如，基础教育阶段的生机比为6∶1，校园网络连接达到69%；在高中阶段生机比为5∶1，学校的网络连接达到99%。81.7%的15岁左右学生拥有家庭电脑，其中55.2%已连接互联网。

2004年，芬兰教育部针对过去两个阶段的信息技术教育战略的实施情况，又发布了“为了教育和研究信息社会计划”(2004～2006)，进一步强调信息技术在教育、培训和研究中的运用，其中芬兰国家教育委员会提到将出台基础教育、高中教育及培训中网络学习资源的质量标准。

在学生的信息技术素养方面，虽然在芬兰教育部2004年1月颁布的“基础教育国家核心课程纲要”中未将信息技术列为一门单独的科目讲授，但明确指出，小学阶段信息技术的学习目标和课时分配整合在其他课程的学习中来实现；到义务教育八年级和高中阶段时，将设立与信息技术有关的初、中、高级选修课程。该课程纲要强调：

- ◉ 在中小学信息技术教育阶段最重要的是发展学习能力与沟通能力，特别提出媒体素养与信息技术技能是民主社会全体公民工作的基本技能与基本需要；
- ◉ 中小学信息技术教育的发展目标已从关注硬件设施建设转移到更新教学方法，建设高质量的网络教育资源，努力促进更多的学生能够依靠信息构造与解决问题的技能进行学习。教育观念上形成一种开放的学习型环境意识，教师要转变成为指导者与学习安排的组织者，学生成为自己学习策略的开发者，实践信息技术技能，进而获取信息与管理信息，同时获得更多在信息化环境中与其他学生合作学习的互动机会；
- ◉ 教学大纲不仅要求在每门课程中贯穿和利用ICT，同时不让孩子们淹没在浩瀚的信息海洋中，而是循序渐进地教会学生如何辨别信息的真伪，评估其价值，逐步形成正确的价值判断。在综合基础学校和高中，信息技术都在作为学习其他课程时的一门工具来使用。

2004 年，为促进信息技术在教育中的运用，芬兰又开始实施“虚拟学校计划”(Virtual School)。虚拟学校的基本目标是，开发与应用合作互动的开放学习环境和教学方法，其先决条件是有系统地研究、开发虚拟学习和学习资源的有效运用。学生在虚拟学校里可以研修自己喜欢的课程，教师帮助学生制定适合自己的个性化学习计划。各中小学也与企业界在网络培训领域加强合作，共同推动教育信息化的深入发展。地方和区域性的“虚拟学校计划”主要集中在促进基础教育的教育公平、高中教育发展以及适合残疾儿童的特殊教育网络服务的发展问题上。

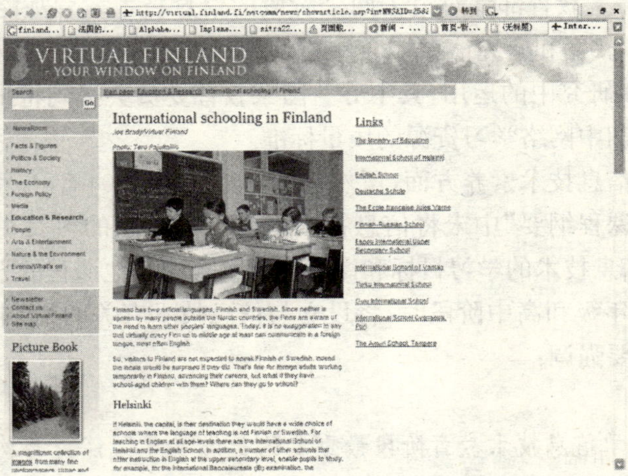

图 33　芬兰的“虚拟学校”(http://virtual.finland.fi/)首页

在教师的信息技术培训方面，芬兰的信息技术的教师培训内容与教师的教学工作紧密结合，从基本的 ICT 知识和技能到欧盟及世界范围内的信息技术实践，主要内容涉及信息通讯技术对教育的冲击、信息技术在教育中的问题及使用、信息技术带来的教学和学习方式的变革等。培训方式多种多样，有集中培训、轮训、研讨会、远程教育和网上培训等形式，具有较大灵活性。通常，芬兰中小学教师培训分为三个阶段，国家教育委员会拨款给地方，让教师免费参与培训。每个阶段的具体内容(见表 42)。

表 42　芬兰的教师信息技术培训内容

阶　段	目　　标	主 要 内 容
第一阶段	掌握基本的计算机技能，理解 ICT 在教育中的使用原则	文字处理、互联网、电子邮件和 ICT 知识概况。还有关于两门选修课(图画处理和幻灯片制作)的课文补充内容。
第二阶段	熟练运用 ICT 于教育，要求能运用各种组件(包括普通教学工具软件)，能使用相关科目的数字化学习设备，掌握 ICT 发展中的相关问题	教材除了有书面的练习，还通过创造 Flash 动画环境，激发教师运用信息技术的兴趣。这就可以让教师学会把个人的信息技术能力运用到文字处理和其他重要科目的基本操作上
第三阶段	要求不仅自己熟练掌握相关的知识、技术和应用能力，同时也能够承担起培训其他教师的工作	最具特色的是采用“教学协调制”，先对 10％的骨干教师进行培训，把他们培养成为专业教学协调者，对其他参加 ICT 培训的教师提供帮助

资料来源：李雪垠，透视芬兰中小学 ICT 教育，中小学信息技术教育，2006.1，p66—68.

有调查结果显示，到 2004 年，大约有 77％的小学教师、81％的高中教师已进行了正规的信息技术培训。芬兰政府要求到 2007 年全国至少有 75％的中小学教师掌握信息技术的知识并能运用于教学之中。

2007 年，在欧盟委员会发布的一份关于欧洲学校计算机和互联网应用情况的调查报告中，数据显示，在芬兰的中小学校里，目前已经 90％实现了宽带接入互联网，这在参加调查的欧洲 27 国中名列第 6 位①。芬兰中小学平均每百名学生拥有的计算机数为 16.8 台②(见表 43)，其中职业学校的计算机数最多，达到每百人 22.2 台。另外，芬兰中小学已建成校园网的比例为 50.4％，略低于欧洲平均值；而拥有学校网站的学校比例则高达 86.1％；为多数教师提供电子邮件服务的比例也高达 95.0％。总体来看，芬兰中小学的信息化基础设施建设情况在整个欧洲都属于领先水平。

表 43　芬兰中小学的信息基础设施建设情况

基础设施	芬兰均值	欧洲 27 国的均值	小学	初级中学	高级中学	职业学校
每 100 名学生拥有的计算机数	16.8	11.3	12.2	12.3	17.5	22.2

① 见本章第一节中的图 24。

② 经过换算，芬兰中小学校的平均生机比率为 5.9∶1。

续 表

基础设施	芬兰均值	欧洲27国的均值	小学	初级中学	高级中学	职业学校
有教学计算机的学校比例	100	98.7	100	100	100	100
接入互联的学校比例	99.7	96.2	100	100	100	97.0
宽带接入互联的学校比例	89.9	66.9	87.0	94.0	98.5	94.8
有学校网站的学校比例	86.1	63.0	81.6	95.9	100	97.0
多数教师拥有E-mail信箱的学校比例	95.0	65.2	93.5	99.1	99.9	97.0
为多数学生提供E-mail信箱的学校比例	33.2	23.5	26.5	47.2	33.8	68.5
有校园局域网的学校比例	50.4	55.2	44.2	55.7	54.6	79.9

数据来源：Empirica (2006): Use of Computers and the Internet in Schools in Europe 2006. 27 country briefs-Finland.

在教师信息技术应用方面，芬兰教师的信息技术准备情况在整个欧洲27个国家中的排名为第15名，居于中等水平①。调查数据显示，85%的芬兰中小学教师在教学中经常使用计算机（见表44），其中小学教师的使用比例最高，达到88.0%。另外，在教师使用演示文档进行教学和让学生操作计算机的比例上，芬兰教师的平均比例都高于欧洲平均值，分别达到64.7%和78.8%。

表44　芬兰中小学教师的信息技术应用情况

内　容	芬兰均值	欧洲27国的均值	小学	初级中学	高级中学	职业学校
在课堂教学中使用计算机的教师比例	85.1	74.3	88.0	77.1	80.5	81.4
在课堂教学中使用演示文档的教师比例	64.7	63.4	65.5	60.4	67.1	71.7
在课堂教学中让学生使用计算机的教师比例	78.8	66.3	82.0	72.2	72.3	77.6

数据来源：同上表.

① 见本章第一节中的图27。

在教师所使用的数字教学资源方面，数据显示，芬兰教师使用互联网上搜集到的资源的比例较高，达到 90.9%(见表 45)，这显然与芬兰学校的高联网率和高宽带接入率有直接关系。另外，教师使用离线资源(如 CD)的比例相对较低，仅为 54.2%，低于欧洲学校的平均值。总体来看，与其他欧洲国家教师的情况类似，芬兰教师在使用数字教学资源时采取了多样化的方式，通过多种方法和手段来搜集和使用各类教学资源。

表 45　芬兰教师使用数字教学资源的情况

内　　容	芬兰均值	欧洲 27 国的均值	小学	初级中学	高级中学	职业学校
使用在互联网上搜集到的资料	90.9	82.7	91.4	90.9	93.7	88.7
使用教育资源库中的资料	77.7	74.2	81.6	80.7	65.1	52.1
使用学校局域网或数据库中的资料	54.2	63.1	53.9	45.2	49.0	65.3
使用离线的电子资源(如 CD)	70.7	83.0	74.2	65.2	70.8	64.5

数据来源：同上表.

在信息技术应用存在的问题方面，数据显示，有 15%的芬兰教师尚未在课堂中使用计算机(见表 46)。在问及原因时，比例最高的回答是“缺乏计算机设备”(42.6%)，此比例低于欧洲的平均值；其次，也有 25.3%的教师认为，自己所授的课程并不适于使用计算机来教学。同时，也有 24.2%的教师认为，没有使用的原因是“教师缺乏相应的技能”和“对应用效果不甚明了”。可以看出，与其他欧洲国家学校类似，目前仍然有部分教师对于在教学中使用计算机持有不同的看法。

表 46　芬兰中小学教师在信息技术应用中存在的障碍

部分芬兰教师未在课堂中使用信息技术的原因	芬兰均值	欧洲 27 国的均值	小学	初级中学	高级中学	职业学校
缺乏计算机设备	42.6	48.3	51.0	48.6	48.2	34.3
缺乏适当的教学资源	18.8	20.3	18.3	17.3	29.9	18.8
缺乏本国语的教学资源	1.0	8.6	0	0	6.4	6.0
教师缺乏相应的技能	24.2	22.5	28.5	20.0	24.0	26.3

续 表

部分芬兰教师未在课堂中使用信息技术的原因	芬兰均值	欧洲27国的均值	小学	初级中学	高级中学	职业学校
对应用效果不甚明了	24.2	16.2	25.6	26.1	39.0	18.5
教师没有使用的兴趣	13.5	8.9	15.6	9.6	18.6	14.0
所授课程不适合用计算机来教学	25.3	24.4	18.7	25.4	27.8	57.1

数据来源:同上表.

通过以上调查数据可以看出,由于芬兰整体信息化的水平较高,因此,芬兰中小学在信息化基础设施建设方面在整个欧洲国家都处于领先地位,这主要表现在学校宽带接入率和生机比等方面。但同时,芬兰的教育信息化同样也存在一些共性的问题,如仍然缺乏硬件设备、教师信息技术能力有待提高和对计算机教学效果的看法不统一等。

(五)欧盟教育信息化问题分析

通过以上对欧盟四个国家教育信息化发展状况的介绍,可以看出,利用信息通讯技术的力量来推进学校教育的改革与发展,已经成为欧盟诸国教育改革的一个中心内容。这不仅是技术发展对于人才培养提出的新要求,同时也是信息社会大趋势下学校改革的必然趋势。然而,尽管信息技术已进入欧盟国家的学校和教室之中,教师和学生也开始在课堂中使用它,但是,欧洲的许多研究者还是认为,信息技术对学校的影响和作用尚处于初级阶段,在当前和今后的应用中仍然存在着许多亟待解决的问题。例如,究竟如何认识信息技术对于欧盟各国学校教育系统所带来的深刻影响,信息技术的应用有可能将在学校中引起哪些复杂的连锁反应,以及将可能产生哪些新的矛盾和冲突等问题。由于欧洲各个国家政治、经济、文化和教育体系存在着一定的差异性,怎样解决这些矛盾和冲突的动因和措施也各不相同,故而在当前和今后教育信息化建设上所采取的策略上可能也会有所不同。

在欧盟委员会发布的一份名为"关于技术在教育中应用的未来政策分析"(the Think Report Technology in Education Futures for policy)研究报告中,对于欧盟部分国家①教育信息化过程存在的问题进行了详细分析,并提出了一些

① 此报告的主要研究对象是英国、法国、葡萄牙、荷兰、丹麦和瑞典。

解决方案。

1. 欧盟教育信息化过程中存在的问题与对策

研究报告指出，当信息通讯技术成为各国教育系统的重要组成因素时，将在学校引起一系列复杂的连锁反应，并相应产生一些新的矛盾和冲突，如课程设置、考核体系、数字鸿沟和教师角色等。要想顺利推进学校的信息化建设进程，必须认真对待和思考这些问题，并提出相应的解决方案。这些问题主要表现在以下诸方面：

第一，信息技术与课程、教材之间的矛盾

由于信息技术对教学过程的影响越来越显著，教学方法与目前体现在课程里的教育目标之间的矛盾将会越来越激烈。在这种情况下，如果不去重新考虑课程设置和教材内容的相应改革，信息技术在教育中的创新和应用会被限制和压抑。就目前欧盟国家的整体情况看，无论课程和教材是由地方还是国家决定的，改革的步伐都未能跟上新形势变化的需求。基本上仍然趋向于简单地把新的教学内容加到传统的课程里，这不仅给教师和学生了增加了额外的负担和压力，同时也混淆了学校的培养目标。

报告指出，对于这个问题，至少有两种解决对策：一是在保留核心传统课程目标和考核体系的前提下，同时也为教学中的信息技术创新性应用提供一些活动的空间；二是在承认这个矛盾同时，采取更进一步的政策去鼓励教师在信息技术上的创新性应用。这样，原来传统的学校教育中那种为了满足学生将来工作和更高层次教育的需要而去掌握知识的方式将被完全改变。利用信息技术，将创造和发展一个全新的教育体系，换言之，把学校变成社会生活的核心部分，同时把发展学生的自学能力、应变能力和培养有责任感的公民成为学校的主要目标。

第二，信息技术与学习考核方式之间的矛盾

目前在欧盟学校中，用来衡量学习成绩和衡量教学质量的工具与方法仍然是基于考记忆、重复和掌握书本知识。在这种情况下，即使改革了课程的设置和教材，这些方法仍将制约学校中信息技术的创造性应用。

研究者认为，要想解决这个矛盾，一个解决方案是强调教师和学校在学生学业考核中的自主权，由教师和学校自主决定考核的内容和方式，并以教师和学校作为教育研究和发展的中心，去进一步开发和完善指导和评估学生的新方法。

第三，信息技术与家长、公众传统观念之间的矛盾

这个矛盾主要表现在学校教育改革政策与家长、媒体及公众的意见不一致方面。对于学校来说，由于信息技术带来的不仅仅是教学方式、教学内容的变革，同时也对整个社会的教育观念、教育思想和教育目标产生了重大冲击。因此，如果学校的教育信息化改革未能赢得家长和公众的支持和理解，那么，试图运用信息通讯技术去改善学校系统的改革措施将会遇到很大的阻力。

对于解决此问题的策略，研究报告指出，学校方面应采取各种方法去获取公众的认同和支持，充分利用信息通讯技术去扩大和深化学校与社会之间的联系，例如，利用网络去交流和传递教师在教学中创新地使用信息通讯技术方面的信息，并将所取得的成就及时向社会发布。这使得社会公众能够随时了解到学校的新改革措施。

第四，信息技术所带来的数字鸿沟

信息技术对学校的影响具有双重性。一方面，信息技术使学生能够以更加灵活的方式进行学习，满足了他们对更具挑战性的复杂学习的需求；但另一方面，也可能会由于个人兴趣和智能等方面的差异，学生的学习进度和学习成绩之间的距离被进一步扩大。同时，信息通讯技术为学生虽然提供了在家中也能学习的机会，增加了学校和家庭之间的联系，然而，由于不同的家庭经济状况和社区条件的制约，学生将可能由于缺乏基础硬件条件而导致学习的机会不平等。

对于这个问题，最基本的解决方案自然是要求政府增加对学校教育信息化的投入和支持力度。但是，考虑到学生家庭条件之间差异总是会存在的，那么，也许应该考虑以一种更加多样化的评估方式来评价学生的学业成绩，例如，更强调个人的价值观、对社会的贡献以及作为一个有责任感的公民，考核主要基于个人文档资料，小组参数以及包括来自各种渠道的评估。

第五，信息技术与教师角色的转变

由于信息技术在学校教学中的广泛应用，相应地，就增加了教师在教学中的技术含量，教师的传统职业素养和角色都受到了冲击，教师被要求既要掌握信息技术的应用技能，同时也必须掌握学科专业知识。因此，在教师的培养和培训等方面，信息技术的应用对教师提出了更高的要求。在这种情况下，如何将这种要求体现在教师培养和专业发展等方面是一个值得认真考虑的问题。

报告指出，针对教师角色的变化，教师的专业角色将会被大大延伸。他们一方面肩负着保证国家确定的学生考核标准、教育研究和发展的任务，同时，也要负责运用信息通讯技术去实现国家制定的一系列教育目标。此外，他们还需要探索如何改变教学方式，以配合新的考核形式去实现每个学生的潜能。这些要求对于当前和未来的教师来说，都是一个严峻的挑战。

第六，信息技术与长期可持续发展经费之间的矛盾

毫无疑问，教育信息化建设要求源源不断的经费支持，而在现实中，学校所获得的经费投入总是无法满足其信息化发展的实际要求，无论在基础设施建设还是在技术支持等方面，都是如此。在这种情况下，就迫切要求制订一种能够保证学校信息化可持续发展的经费来源机制，以保证教育信息化的长远发展。

对此，研究者在报告中提出了三种解决方法：

一是向教育系统增加公共教育经费的投入，同时从企业获得各种支持。一个良性循环的教育技术产品和服务市场将出现，制作和传播一些常用的教育资源，如国家统一的课程。教师培训作为一种赢利性质的服务将变成国家提供的免费支持，去更新教师的知识和对教师进行再培训。在此情况下，国家将能够寻求额外的资源去进一步支持薄弱学校和家庭。

二是学校的信息基础设施的维护经费将主要由国家承担。但有一点例外，今后教师将变成教育信息化中主要的资源和服务的提供者。另外，利用专业网络联盟的方式来进行教师的继续教育和发展，也可以降低教师培训的费用。

三是需要最大限度的公众认可和资金支持。学校的发展将主要依赖于从当地社区所得到的经费支持和专家帮助。国家将设法去弥补由于区域资金投入的不同带来的差异。

第七，信息技术的推广与学生合理使用之间的矛盾

在应用信息技术的过程中，学校一方面在千方百计地为学生提供各种接触和使用计算机和互联网的机会，但另一方面，在使用信息技术时，学校也需要规范学生的行为，尤其是在上网时，保护他们远离各种负面信息和犯罪诱导，例如，网络色情、游戏成瘾等。这需要家长、学校和社会要共同负责去帮助和引导学生提高判断和自我保护能力。

对于这个问题，解决方案主要有：一是国家加强对互联网内容的审查制度。国家将直接控制和规定信息通讯技术在学校运用的内容和功能，国家将扮演信息世界守门人的角色。另外，也需要制订相应的规定和制度将去规范学生运用信息通讯技术所涉及的一些问题，如知识产权和个人隐私保护等。二是加强对学生信息伦理等方面的教育，使学生在使用计算机和互联网时，在充分享受到信息技术所带来便利的同时，也能够清楚地意识到，在这个虚拟世界中，他们仍然必须同现实世界一样共同遵守基本的社会规范和伦理要求。只有这样，才有可能保持这个网络世界的可持续发展性和可用性。

2. 欧盟各国教育信息化的发展模式

在欧盟各个国家中，由于国家政治、经济、文化和教育体制的不同，在实施教育信息化的过程中，解决上述矛盾和问题的方法与策略也可能各不相同。在研究报告中，研究者根据欧盟六个国家的实际情况提出了三种教育信息化的发展模式①(见表 47)，分别是：

- ◉ 模式 1：被 IT 所强化的集权式学校管理体制；
- ◉ 模式 2：学校成为基于 IT 的“学习型组织”；
- ◉ 模式 3：IT 支持下的以学校为中心的“学习型社会”。

表 47 欧盟国家教育信息化的发展模式

发展模式	政策	课程设置	考核评估	教师	学生、家长和社会	产品与服务
模式 1 被 IT 所强化的集权式学校管理体制	认为学校必须进行重大改革。将 IT 视为推动学校进行改革达到现行教育目标的工具；国家仍然规定学校的课程，考核和证书发放	学习关键的知识和技能，利用新技术手段来传授原有课程，教学中强调 IT 与课程相互整合	计算机和网上评估考核将支持一些新功能，如：智能性、灵活性、跟踪性和持续性	要求科学地将 IT 带入教学中，提高传统教学的质量，满足新的教育需求，帮助学生适应信息社会生活的需要	IT 为父母参与对子女的教育提供了一种有效手段；学生必须掌握一些能力，如信息素养和协作能力等	相关的产品和服务将由统一的服务市场提供，私营企业和政府有着紧密的合作关系，国家将扮演控制和调整的角色
模式 2 学校成为基于 IT 的“学习型组织”	IT 将作为催化剂去促进教育创新，学校将成为新知识的生产中心	在确保全部学生达到基本要求的前提下，提供不同内容和形式去满足不同学生的智力和能力需要，课程的设置更灵活和有选择性	开发新的评估工具和方法；有效采用 IT 来建立和保持学生个人的成绩和成果档案，并通过各种工具扩大评估的信息来源	在达到模式 1 的要求的基础之上，教师将承担研究和发展任务，要不断探索新的教学方法去发掘学生的潜力	为了取得公众的理解和信任，学生和家长将被纳入学校发展的每个步骤中。学校、家庭和社区之间存在着强有力的协作关系	由于学校的不同要求，需要个性化和多样化的教育产品市场，这要求大量小型教育产品和服务供应者，而不仅是几个大公司

① 在研究报告中，研究者也提出了第四种模式，即“创新失败，信息通讯技术从学校消失”。不过，从目前的情况来看，这种模式显然已无出现的可能性。

续 表

发展模式	政策	课程设置	考核评估	教师	学生、家长和社会	产品与服务
模式 3 IT 支持下的以学校为中心的"学习型社会"	要求国家大量的资金的投入，在课程设置，教学评估和考核上是分散管理体制。IT 促使整个社会成为一个大的学校	在掌握必须的知识和技能基础之上，调查实践和解决实际问题将成为主要的内容，IT 将支持以创新为中心的新教学内容	以社会实践为中心的评价方法；学生自我评价和与他人合作成果所构成的档案将成为对学生评估的主要手段，扩大了原来的评估考核方式	要求教师围绕新技术去提高专业发展能力；要求教师创造性地使用新的教学模式去满足新教育体系的需求	在此剧烈变化期间，保持家长的信心和信任是一个重要因素；社区提供机会使各方面的人员都去参与到学校的计划中，并执行和评估整个过程	这种模式需要国际间统一和一致的协议和标准；较高的教育分散性也形成了对个性化服务的需求

资料来源：袁莉，教育信息化和未来学校教育模式——透视伍德的国家教育信息化政策框架，教育信息化，2005 年第 9 期，p60—65.

研究报告也指出，在以上所分析的三种模式中，没有任何一个欧洲国家可以简单地归为其中之一。但是，研究者认为，根据一个国家最基本的对于社会和教育的价值观、信仰以及目前学校的教育实践，还是可以推论出欧洲各个国家教育信息化政策的未来潜在发展前景。研究报告最后指出，英国、法国和葡萄牙将可能朝"模式 1"发展，荷兰和丹麦趋于"模式 2"，而瑞典属于"模式 3"。

二 加拿大教育信息化发展概述

在北美国家中，加拿大可以说是除美国之外社会信息化发展水平最高的国家，甚至在信息化的某些方面的发展水平已经超过了美国。例如，根据 Accenture 电子政务成熟水平[①] 2005 年的最新调查，在网络服务和电子政务成熟度上，加拿大名列第一，新加坡第二，美国第三。总体来看，在 OECD 国家中，加拿大的信息化水平一直处于领先地位。此外，加拿大比较独特的地理环境也是促进它大力推广和应用信息技术的一个重要原因。与欧洲国家国土多数

① 这是 Accenture 第四年发布电子政务研究报告。这次报告一共采访了北美、欧洲和亚洲 22 个国家，140 个高级官员。Accenture 根据电子政务的成熟级别将所有的国家，分为五个级别。第一个级别是成熟度最低的，它仅仅提供了有限的基本的信息。第五个级别是最高的级别，提供全面而完整的事务服务。

都比较狭小不同，加拿大地域辽阔而人口稀少，城市和居民分布极不均匀，绝大多数加拿大人居住在南部与美国接壤的狭长地带。加拿大这种地广人稀的特殊国情客观上使得信息通讯技术的应用对于教育的发展具有非常重要的现实意义。

1994 年，加拿大政府开始建设投资额为 60 亿元的"国家基础设施计划"(National Infrastructure Program)，将把全国各级各类学校与社区连入该网络。按照计划，该网络将为全国的公立和私立学校提供加入联网的服务，同时，也能与大学、图书馆、政府机构、社区等相互连接。同年，加拿大工业部启动"全国学校网络计划"(National SchoolNet)①，旨在使学生为知识社会作好准备，与各个省、地区教育部、图书馆及私营伙伴共同用现代信息技术营造终身学习环境和建设世界级的教育资源。它的口号是"建设四周无墙的教室，提供无穷无尽的信息，享用浩瀚无边的通讯"。SchoolNet 已于 1999 年 3 月 30 日成功地把全国所有的 16 500 个中小学校，3 400 个公共图书馆，467 个土著居民学校与互联网连接起来，使加拿大成为当时世界上第一个所有学校都联网的国家。

图 34　加拿大学校网(http://www.schoolnet.ca)首页

① 该计划共有 25 个子项目，主要包括：完善学校硬件设施的"计算机进入学校"项目(Computer for School)，引导学校校园网络建设的"网站建设者"项目(SchoolNet Site Builders)，支持和奖励网上教育教学资源开发的基点项目(SchoolNet GrassRoots Program)，以及为使中小学更好地开发和运用计算机网络而发起的创新学校网络项目(SchoolNet Network of Innovative Schools)，即在全国建设 20 所运用信息技术改进学习的先进中小学，使它们成为全国其他学校的典范。

到1999年，加拿大已建成一个无论任何国民居住何处均可借由互联网连结到公立的学校与图书馆的网络，而且目前这些学校和图书馆皆已全面上网。随后，2001年3月，加拿大政府宣布已经实现所有学校全部教室的联网工程，让所有加拿大学生都能享用信息高速公路。

随着中小学校园网的开通及学校信息设施的完备，摆在学校面前的另一个重要任务就是师资培训问题，如何对教师进行培训，使信息技术为教师所用，真正提高学生的学习效果，加拿大联邦及地方政府作了多方面的尝试并积极寻求国际合作与交流。1999年，在“加拿大教育部长联合会”(CMEC)的倡导下，十个“亚太经贸合作组织”(APEC)的成员①共同发起了名为“通过教师的专业发展整合信息和通讯技术”(Intergration of ICT through Teacher Professional Development)的国际合作项目。该项目由加拿大教育部长联合会负责执行，参与的国家和地区被要求完成三方面的工作：总结各自的教师信息和通讯技术培训中出现的问题及发展趋势；分析和评价教师信息技术培训中应用信息，以及通讯技术方面有推广价值的案例。

此外，信息技术与课程的整合问题也是加拿大教育信息化建设中的一个重点。在1995年，加拿大政府就颁发了“广域技术教育(broad-based technological education)课程②指南(10～12年级)”。此后，各省和地区都根据所在的实际情况制订了许多相关政策来鼓励教师在教学中使用信息技术，例如，加拿大安大略省教育部从1999年开始，新的中小学课程计划及各学科课程标准都对信息技术与课程的整合进行了系统规划和描述，具有很强的操作性。在此基础上形成了开发、选择、使用教育软件资源的良性运行机制，为信息技术与课程整合提供了有力支持。

在安大略省教育管理部门2000年颁布的“信息技术与课程指导纲要”中，在9至12年级学段的课程计划和评价方案中论述了信息技术在整个中学课程中的地位，界定了信息素养，对教师和学生提出了具体要求，为各学科课程标准规划了纲领。该纲要指出：信息素养是指存取、选择、收集、批判地评价、创造和交

① 加拿大、澳大利亚、美国、文莱、智利、朝鲜、中国香港、中国台湾、新加坡、泰国。

② 在加拿大，广域技术课程是以活动为基础，以项目为中心来教给学生通讯、建筑、设计、旅游服务、制造、健康与个人保健、交通等方面的知识、技能与体验。每个领域都基于十个概念的系统框架之上，即结构、材料、制造、部件、能源、控制、系统、功能、美学、人类工程学，这十个概念描述了不同类型的知识与技能，理解和运用这些概念有助于学生分析、分类技术问题，找出最有效的解决问题办法。计算机学习包括“计算机与信息科学”和“计算机工程技术”两门课程，同时计算机本身也是学习的内容。计算机及相关技术作为工具在所有课程学习中都发挥重要作用。

流信息的能力，同时也包括利用获得的信息解决问题和做出决定的能力。关于信息技术在课程里的角色，它指出：当今社会和各种工作越来越依赖于计算机、电信网络和信息技术，因此使学生成为具有使用计算机能力的人，发展学生的信息素养是9～12年级课程的重要目标。在纲要中提出了对学生信息素养的具体要求：

◉ 为了实现公民的权利和义务，作好继续教育、工作以及终身学习的准备，学生必须能够使用多种信息技能从各种信息中获得有价值、有实际意义的信息；
◉ 作为学生使用计算机和培养信息素养的一部分，学生应该熟悉各种程序软件。能协助学生学习的应用软件有模拟、多媒体资源、数据库和计算机辅助学习模块，这些已经被开发用于很多学科中；
◉ 鼓励帮助学生在写作、解决问题，调查和交流中使用应用软件，从而发展他们的一般技能；
◉ 学生要学会对所获得的信息，尤其是从Internet上获得的信息，从信息的准确性、有效性、流行性、广泛性以及深度进行批判性的评价。

对教师的具体要求如下：

◉ 教师必须努力保证学生获得相应的知识，技能和态度，从而使他们安全、有效、自信并且合乎伦理地使用计算机和信息技术；
◉ 教师应该在本学科内和各个学科之间有效地合作，为将计算机和信息技术整合到教学/学习过程中制定有效的计划；
◉ 如同信息技术能改进学生的学习那样，在本学科内和各学科间教师应该把信息技术整合于他们的教学计划和学生的学习活动中；
◉ 另外，有效地利用学校图书馆，通过支持和协调学生间的合作、阅读、探究、独立研究，能帮助和促进全部学生信息素养的发展。

经过多年的建设之后，加拿大的教育信息化建设取得了巨大的成就。在2004年，加拿大联邦工业部学校网工程项目组和加拿大统计局联合对全国15 500所中小学的ICT技术及应用情况进行了调查，内容包括中小学的ICT基础设施、学校联网状况、计算机和软件应用情况、教师技能与专业发展以及学校

ICT 建设面临的挑战等，这些结果反映了当前加拿大中小学 ICT 的最新发展水平及应用状况。

调查结果显示，2003—2004 学年，几乎所有的加拿大学校都已拥有计算机设备，目前整个加拿大只有不到 1%的中小学由于一些特殊原因（如宗教、技术或其他原因等）未配备计算机设备。目前，全国用于学校教学的计算机已超过 100 万台，平均每所学校的计算机数达到 72 台（见表 48）。一般来说，中学的计算机数要多于小学。加拿大中小学的平均生机比已达到 5∶1。不过，不同类型学校的生机比略有差异。中学的生机比低于小学，乡村学校的生机比低于城镇学校，反映出中学和乡村学校的计算机配备情况均好于小学和城镇学校，而公立学校和私立学校的差别不是很明显。

表 48　加拿大中小学的计算机数和生机比

学校类型	所有学校	小学	中学	小学、中学混合校
平均计算机数（台）	72	53	134	55
平均学生数（人）	351	294	608	204
学生与计算机之比	5.0	5.5	4.3	3.4

数据来源：李志涛，李震英（2004），加拿大中小学的信息化发展走笔，中小学信息技术教育，2004.11，p56—59，以下各表同此。

在政府大量资金投入的支持下，目前在加拿大的中小学校中，联网计算机的使用同样也十分普遍。2003—2004 学年，加拿大几乎所有中小学都已接入互联网①，只有极少部分的学校尚未联网（少于 3%）。中小学 90%的计算机都已联网，每台联网计算机平均服务的学生数稍高于 5.5（见表 49）。学校的网络联通状况与学校的类型、规模和管理密切相关。中学、规模大的学校和公立学校的计算机联网情况分别好于小学、规模小的学校和私立学校；乡村学校的平均联网计算机数小于城镇学校。

① 关于联网的方式，调查结果显示，加拿大 86%的中小学都采用宽带上网方式，只有 9%的学校使用电话线拨号上网。在众多普遍使用的网络连接方式中，高速线 ISDN/DSL 占 32%，其次是光纤（23%）和光缆调制解调器（15%），其他还包括 T1 线（12%）、固定无线装置（8%）和卫星连接（5%）。通常，乡村学校更倾向于选择固定无线装置和卫星来实现网络连接，而且卫星联网对于一些孤立和偏远地区基本上是唯一的高速上网方式。

表 49　加拿大中小学联网计算机数和生机比

学校类型	所有学校	小学	中学	小学、中学混合校
平均联网计算机数(台)	66	48	128	49
平均学生数(人)	351	294	608	204
学生与联网计算机之比	5.5	6.0	4.6	4.1

调查结果还显示，加拿大76%的学校都有自己的校园局域网；中小学中一半连通城域网。2003—2004学年，近3/4(74%)的加拿大中小学都有了自己的网站，中学与小学拥有网站的比例分别是86%和73%。另外，加拿大7%的学校具有视频会议系统。中学拥有视频会议技术的比例(15%)比小学高(4%)。其中，公立中学(16%)和乡村中学(21%)拥有此项技术的比例分别高于私立中学(5%)和城镇中学(14%)。

在学生使用计算机方面，调查发现，学校不仅在上课时间为学生提供计算机操作机会，同时在课余时间也经常为学生提供上机的机会。例如，数据显示，2003—2004学年，近61%的学校在课余时间(如午餐时段、课间休息)为学生提供经常性的联网计算机使用，中学提供此项服务的比例(87%)比小学(64%)要高。将近42%的中小学在上学前和放学后为学生提供计算机使用，同样，中学的比例(67%)高于小学(30%)。不过，只有3%的学校在周末经常性地为学生提供联网计算机使用。

在计算机软件使用方面，调查结果显示，使用最广泛的前五类软件分别是：字处理软件、网页浏览器、训练和练习软件、电子表格和数据库以及演示软件(见表50)。

表 50　加拿大学校的软件使用情况

学校类型	所有学校(%)	小学(%)	中学(%)	小学、中学混合校(%)
字处理软件	97.1	96.7	99.5	94.8
网页浏览器	95.9	96.8	98.4	87.3
教育、训练和练习程序	93.1	94.6	90.3	90.1
电子表格和数据库	88.0	83.7	98.1	91.8
演示软件	84.5	80.3	95.3	86.8
图形程序	81.1	81.6	83.6	73.9

续表

学校类型	所有学校(%)	小学(%)	中学(%)	小学、中学混合校(%)
桌面出版软件	68.8	62.2	87.5	69.1
E-mail 软件①	63.3	60.5	55.5	24.4

在信息技术整合于课程的具体应用方法上，调查结果显示，文字处理软件是最常用于教学实践的软件。78%的学生“绝大部分时间”或“一直”在使用该软件；其次是“互联网/局域网”(34%)和“为有特殊需要的学生提供的软件或提供个性化学习的辅导软件”(29%)。技术软件的使用率最低，包括“支持创作的软件”和“用于简单的数据处理和统计分析的电子表格和数据库软件”(见表 51)。

表 51　2003～2004 学年学校经常整合于教学的技术应用(%)

	所有学校	小学	中学	小学、中学混合校
字处理软件的使用	78.2	77.3	82.1	75.7
使用互联网/局域网传播信息	34.4	32.5	40.5	33.5
使用为有特殊需要的学生提供的软件或提供个性化学习的辅导软件	29.1	30.4	28.7	22.9
使用互联网进行在线学习②	28.8	27.0	32.7	30.5
使用特殊学科领域的学习软件	28.3	28.1	30.9	25.0
使用桌面出版系统	24.1	23.5	26.1	23.6
使用演示软件	21.4	16.0	35.5	23.8
使用电子表格和数据库软件进行简单的数据处理和统计分析	15.3	10.3	27.4	19.5
使用软件进行创作	10.8	8.9	17.1	9.5

在教师的技能培训方面，调查数据说明，加拿大的学校普遍重视通过各种培

① 调查结果显示，加拿大学校为大多数教师提供了电子邮件账号，近 84% 的学校表示，超过 75% 的教师有学校或教育局提供的电子邮件账号。大部分学生没有学校提供的电子邮件账号，大约 3/4 的学校(77%)只为不足 25% 的学生提供了电子邮件账号。

② 调查结果显示，加拿大约 1 / 10 的学校的学生参加了在线课程的学习。超过 1/3 的中学(36%)的学生参加了在线课程学习，而小学参与在线课程学习的只占 3%。近 40%的乡村中学和 35%的城镇中学为学生提供在线课程。

训活动帮助教师学会如何使用ICT。例如,25%的学校校长表示“非常重视”与其他教师的学习活动,这也是最普遍的一种方式。另外,其他教职员工的信息共享、个人学习活动、职业发展和培训课也是比较受欢迎的培训方式,这些都是被校长们称为“十分有效”的培训策略。整体来说,对于ICT在教育教学中应用的成效,加拿大90%以上的校长是认同的。他们认为:ICT帮助教师拓展和丰富了教学内容,使课程更具挑战性,更充实丰富;ICT使学生超越了指定的课程内容,奠定了更广泛的知识基础。

需要指出的是,此次调查在肯定了加拿大教育信息化建设成果的同时,也发现了目前存在的一些问题。例如,ICT建设资金是加拿大中小学关注的一个主要问题。近67%的学校认为,获得足够的技术资金是学校ICT应用面临的普遍挑战。此外,保证计算机及其辅助设备的更新,获得充足的教学应用软件,为教师提供充分的培训机会和保证计算机数量的充足等,也是ICT建设中面临的主要问题。

三 亚洲诸国教育信息化概述

整体来看,在20世纪90年代末之前,世界信息化发展的中心主要都集中在欧美国家,在亚洲地区,除日本和新加坡等少数发达国家的信息化进程较快以外,其他国家和地区的信息化水平普遍都较低,这一方面与亚洲的整体经济发展水平有直接的关系,另一方面,相对于欧美国家来说,由于受地理、社会经济以及文化、政治等因素的影响,亚洲地区是一个文化多样化的地区,在文化、政治制度和国家关系等方面都与西方国家有一定差异。因此,在信息化建设和发展方面也面临着更多的问题和挑战。

例如,在1996年IDC(国际数据公司)第一次公布的世界主要国家和地区“信息社会指标”①(ISI)排名中,信息化发展水平高的国家主要都集中于欧洲和北美洲国家中,亚洲国家和地区中只有日本、新加坡和中国香港被列入“健行者”水平(见表52),其他亚洲国家和地区都被列入“短跑者”和“起步者”。这说明,此时绝大多数亚洲国家和地区的信息化建设都处于起步阶段。

① 信息社会指数:Information Society Index,ISI,自1996年开始,IDC每年都对全球55个国家(或地区)参与信息社会的能力进行综合。评估体系由两级要素构成,具体包括计算机基础设施、通信基础设施、网络基础设施、社会基础设施4个第一级要素和23个二级要素。

表 52　IDC 发布的世界主要国家“信息社会指标”(ISI)排名(1996 年)

级别名称	ISI 得分	国家或地区	特　征
滑雪者	3 500 以上	美国、芬兰	信息能力达到新水平,堪称范例
健行者	2 000—3 500	瑞典、丹麦、挪威、加拿大、荷兰、瑞士、新西兰、英国、日本、澳大利亚、新加坡、中国香港、德国、奥地利、以色列、法国、比利时、爱尔兰	对信息技术有目的明确而有效的长期投资,投资谨慎、连续、一致
短跑者	1 000—2 000	中国台湾、韩国、意大利、西班牙、捷克、阿联酋、葡萄牙、希腊、匈牙利、波兰、阿根廷、智利、保加利亚、俄国、马来西亚、南非	稳定高速发展中,机遇超过障碍,过去存在的问题仍对现在的发展产生影响
起步者	300—1 000	委内瑞拉、哥伦比亚、巴西、哥斯达黎加、墨西哥、厄瓜多尔、巴拿马、泰国、约旦、罗马尼亚、菲律宾、秘鲁、中国大陆、土耳其、沙特阿拉伯、印度尼西亚、印度、埃及、巴基斯坦	不平衡激增,在历史发展与潜力之间振荡

不过,随着亚洲国家政府对于信息化建设的重视程度不断提高,这种情况开始出现变化。根据世界网络研究机构 Nua. com①2002 年全球网络趋势报告,从 1997 年至 2002 年,亚洲地区的上网人数增长很快,上网者占全球网民的比例从 1997 年的 14. 7%增加到 2002 年的 30. 9%,已经与欧洲和北美洲的比例相差无几(见图 39)。

可以看出,进入 21 世纪之后,亚洲作为世界上经济发展势头最好的地区,其信息化水平也在持续提高,越来越多的亚洲国家和地区步入信息化发达水平行列。

例如,2000 年,法国研究公司 Net Value SA2000 年 8 月对亚洲 5 个国家和地区使用网络的情况进行了调查。研究结果表明,亚洲部分地区网络用户已超过西方国家,其中新加坡和韩国利用网络的人数比例已经与绝大多数西方发达国家不相上下。结果显示,在被调查的国家当中,新加坡是亚太地区除日本之外网络用户比例最高的国家。新加坡 15 岁以上的网民已占该国人口的 46%。而

① Nua. com:成立于 1996 年,是一家专门研究互联网在全球应用状况及发展趋势的权威机构,自 1997 年起,它就建立了一个免费的世界各国互联网发展状况数据库,其数据来源于世界各国研究机构的调查数据。目前,联合国、美国商务部和美国互联网委员会都在使用该机构的研究数据。详细情况参见:http://www. hua. com.

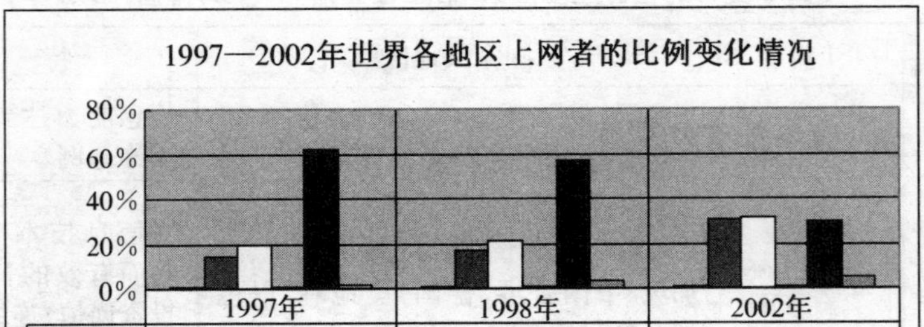

	1997年	1998年	2002年
非洲	0.6%	0.8%	1.0%
亚洲	14.7%	17.0%	30.9%
欧洲	19.7%	21.7%	31.5%
中东地区	0.5%	0.5%	0.8%
北美洲	62.5%	57.0%	30.2%

图 35　1997～2002 年世界各地区上网者的比例变化情况

数据来源：http://www.nua.ie/surveys/about/index.html(2005 年 2 月 10 日)

韩国已成为下一个亚洲网络热点，在被调查的韩国人口中，有 42%已与网络连接。同时，Net Value 对中国大陆部分地区和城市也进行了调查和研究，结果表明，固定网民用户比例为：台湾省是 36.4%，香港特别行政区 29.2%，北京市、广州市和上海市均为 23%。

NetValue 的结果还表明，就家庭使用网络的比例来说，亚洲一些国家已超过西方国家。新加坡当时有大约 53%的家庭已与网络连接，而美国只有 50%。此外，其他的亚洲国家与地区的家庭上网比例是：中国台湾省 40%，中国香港特别行政区 36%，韩国 31%(大致与英国持平)，中国大中城市 21%。

至 2005 年，IDC 又一次发布针对全球 53 个国家和地区的信息化的评比结果。数据显示，亚洲地区的信息化已经有长足的进展，越来越多的亚洲国家或地区开始进入信息化发达的行列。例如，韩国居全球第八名，首次成为亚洲国家中唯一入选整体性指标排名前十的国家；中国台湾则前进至全球第二十名；其他亚太主要国家和地区的排名，分别是中国香港第 11 名、新加坡第 13 名、日本第 18 名(见表 53)。

表 53　亚洲主要国家和地区的“信息社会指数”排名变化情况

国家和地区	2004 年排名	2003 年排名	变动情况
韩国	8	16	↑8
中国香港	11	18	↑7

续 表

国家和地区	2004年排名	2003年排名	变动情况
新加坡	13	12	↓1
日本	18	17	↓1
中国台湾	20	24	↑4

资料来源：IDC.

同时，在单项的“通讯”发展水平的排名上，韩国、中国香港、中国台湾及新加坡则在世界居前五强(见表54)。

表54 亚太主要国家和地区信息社会指针构面排名情况

国家和地区	各项指标				总排名
	计算机	通讯	互联网	社会	
韩国	20	1	5	23	8
中国香港	9	2	17	34	11
新加坡	7	5	6	26	13
日本	6	25	7	22	18
中国台湾	25	3	14	29	20

资料来源：IDC.

另外，更令人瞩目的是，亚洲国家和地区在通讯及网络相关的基础设施建设方面的发展更是非常突出。例如，在宽带网络技术和无线通讯方面，韩国、中国香港、新加坡、中国台湾及日本发展非常迅速，在53个国家和地区中表现突出①。

综上所述，可以看出，亚洲国家和地区的信息化基础设施建设水平正处于不断上升之中，这就为这些国家和地区的地区的教育信息化发展提供了良好的硬件和应用基础。

(一) 新加坡

作为亚洲地区经济最发达的国家之一，新加坡自20世纪90年代初期就开

① 例如，韩国有68%的家庭采用宽带服务，此数据几乎是美国的三倍。在移动电话用户方面，依人口比例计算后，中国台湾排名第一，而香港及新加坡则分别位居第3名及第4名。

始了国家的信息化建设，新加坡的信息基础建设在东南亚地区可说是最为完善的。近年来，新加坡政府多次提出要建设“21世纪全球信息中心”、“全球网络中心”等口号，因此新加坡政府在国家规划方向上，非常强调利用信息密集接收的方式，将专业知识、技术、服务、资金、人力等多种资源在此作一个汇集及处理，并进一步形成经贸、信息的交换中心，进而吸引更多的公司企业及技术来此发展，促使新加坡的知识触角能从点线传送扩展至全球世界各地，进而发挥国际影响力。正是在这种背景下，“世界经济论坛”(WEF)在自1999年来的“全球竞争力”报告比较全球59个国家，评估各国中长期的经济成长潜力，新加坡连续4年蝉联全球第一名。

在信息化水平排名方面也是如此。早在1998年，在IDC发表的对世界主要各国“信息社会指数”(ISI)排名中，新加坡的信息化建设水平在全球范围内就已经表现非常突出，由1997的总体排名第13名跃升至世界第4名，超过英、法、日等先进国家。同时，“通讯建设”和“计算机建设”两项的排名更是居世界第一；IDC在报告中指出，之所以如此，是因为新加坡政府多年来在社会各个层面积极推动信息科技的应用与普及，连续发布了多项信息化建设计划并以极高的效率付诸实施，因而促进了新加坡的信息化水平的快速发展。

早在1991年，新加坡就制订了“信息技术2000年报告：智能岛的远景”计划(The IT2000 Report：Vision of an Intelligent Island)。整个计划的主要目标，是将新加坡建设为一个基于信息通讯技术的“智能岛”。1996年，新加坡政府正式开始实施名为“新加坡1号：人人联网”(Singapore ONE：One Network for Everyone)的信息化建设计划。该计划的目标是，在新加坡岛上铺设宽频高速网络，将岛内的各个通讯网络网网相连，使所有的政府机构、学校、图书馆、企业和家庭能够连接起来，以实现“智能岛”的目标。该国政府期望通过Singapore ONE的目标，扶植多媒体网络宽带产业蓬勃发展，而其所带来的宽带服务能进一步扩及每一个人，并促使新加坡在宽带技术领域里占有领导地位。该计划政府总投资达到1.6亿美元，分两阶段执行：第一阶段从1996年至2001年，预定投入3 200万新加坡币的经费，目标在建设完成核心宽带网络及推广以政府部门为主的信息应用服务；第二阶段则由1999年开始，继续强化该网络的容量及范畴并推展商业性质的多媒体应用服务，投入的经费提高为五千万新加坡币。

2000年，新加坡信息通讯科技部又制订了一份名为“21世纪的信息通讯技术：2001～2010年”(Information and Communication Technologies 21－2001～

2010)的国家建设计划。此计划是新加坡为了21世纪信息社会的到来作准备，希望能在三年内推动该国为继美国之后的全球第二大信息主导经济成长的国家。方案内容包含传统信息科技与电讯传播的整合、大幅提升互联网的重要性。该计划的目标是促使新加坡在信息与通讯技术应用上居于领先地位，成为亚太地区的门户，并成为全球信息基础建设中心。

在教育信息化建设方面，在“新加坡1号”计划开始实施的第二年，新加坡政府就正式启动为期五年的“第一个教育信息化总体计划”(Master Plan for IT in Education I)。计划指出，今后五年中将投入12亿美元，而后每年再拨3.5亿美元投入信息教育的软硬件建设及师资培训。在计划中，提出了教育信息化的四大目标：

- ◉ 将学校与其周围的世界连接起来，使学习更为宽广而丰富。在无国界的网络世界中，学生和教师可使用学校以外的教育资源，并与其他国内或国外的教育机构进行沟通合作，扩大学习的视野；
- ◉ 鼓励创造思考、终身学习及具备社会责任感。在IT导向的学习环境下，必须发展学生存取、分析和应用资讯的能力，养成其独立学习的习惯，并与他人进行合作学习，培养健全的社会价值观；
- ◉ 促进教育的革新。将IT融合到教育上，可以促进课程的革新与评估方式的改变，满足学生个别的需求，激发学生学习和学校行政的最大潜能；
- ◉ 强化教育行政管理和效率。资讯科技将使得学校内部、校际以及学校和教育部间的沟通更有效率，以提升各级行政之决策。

计划中还制订以下四个重点方向：课程与评估、内容与学习资源、科技基础建设和人力资源与发展。在实施策略方面，主要以融合并扩大先前已实施的实验方案，以便从中吸取经验，落实整个计划的推动。这些方案分别在小学、中学及初级学院阶段进行了试验，包括以下项目：

- ◉ “加速信息科技在小学应用”(AITP, Accelerating the Use of IT in Primary School)。自1995年在6所小学试行，希望教师运用多媒体教学于英语、中文、作文、数学、社会和自然等主要科目，使课程的10%时间使用IT，至1997年初已推广至全部小学；
- ◉ “中学的师生工作间计划”(STW Student's and Teacher's Workbench)。

自 1996 年开始在 6 所中学一上级各学科试行，主要是提供教师课程软件和教育资源的资料库运用于教学，希望最后达到课程 30%的时间用 IT，2000 年开始向全部中学推广；

◉ "初级学院的 Internet 使用研究与发展计划"(Junior Colleges Network，JCNet)。自 1997 年开始在 2 所初级学院试行，主要是探索如何应用网络的资源于教学的实验，2000 年开始向全部初级学院推广。

其中，在信息科技基础建设方面，政府希望最终达到以下目标：

◉ 小学利用计算机学习的时间约 10%，学生与计算机的比例为 6.6∶1；
◉ 在中学/初级学院利用计算机学习的时间达 14%，学生与计算机的比例为 5∶1；
◉ 至 2002 年，目标是学生利用计算机学习的时间达 30 %，学生与计算机的比例为 2∶1；
◉ 此外，还为教师提供笔记本计算机，目标为每两名教师共享一台，教师若购买私人计算机，也可获得补助；
◉ 除硬件外，订定全国特许计划，让学校能以统一折扣价格与特约厂商洽购软件，鼓励厂商发展课程软件。

另外，在组织面上新加坡政府于 1996 年成立"教育科技署"，下设"教育科技发展处"、"信息技术培训处"及"媒体及基础设施支持处"推动这个总体计划。

在计划实施中，政府非常重视教师的信息技能培训工作。从 1997 年到 2002 年，大约 24 000 名教师接受了 30～50 小时强制性的在职培训。培训由新加坡教育部教育技术司培训处负责，聘请有经验的教师和部门负责人担任高级 IT 教师。培训内容是信息通讯技术在教与学中的使用，重点考虑的是 ICT 与课程整合的问题，例如，强调学生运用电脑学习而不是学习电脑或电脑应用软件。因此，培训的中心是基于教学法的原则，以有效地利用 ICT 到达教学目的。培训活动通过课程示范、建模、亲身实践活动，使学校教师掌握把 ICT 整合到学校课程教学的技能。此培训课程由 6 个核心模块构成，涵盖了 ICT 资源使用的各项要素(见表 55)。

表 55　新加坡“第一个教育信息化总体计划”中教师培训内容

模　块	主要内容
教育信息化总体计划与教学	使用课件设计、信息技术支持的课堂教学
信息技术资源	运用信息技术和数字资源来支持项目研究
信息技术与教学	把思维技能和协作学习策略整合到基于信息技术支持的课堂教学
开放式工具与教学	开放工具和网络资源的使用国
互联网与专题作业	如设计一个有效的学校 IT 规划

资料来源：王佑镁，新加坡教师教育信息化专业发展模式简述，教育信息化/2006.1，p70－73.

此外，新加坡中小学的在职老师也可以申请攻读由新加坡南洋理工大学国立教育学院授予的“教学设计与科技”硕士学位课程，以提高运用资讯科技教学的能力；而师资培训除了学习核心资讯科技科目外，也可选修教学设计单元、学习制作教学用软件，或学习在不同学科运用资讯科技的能力，如“语言研究之电脑应用”、“化学之电脑应用”等课程。

通过第一个教育信息化计划，新加坡在教育信息化硬件基础建设方面发展很快。调查数据显示，不同类型学校的信息技术设备建设都达了较高水平(见表 56)。其中，学生与计算机的比例已达到 5∶1，教师与计算机的比例已达到 2∶1；在学习资源开发方面，包括为各级学校开发光盘、搜集多媒体资料库，并在 22 所示范学校试用、制作教育影像光盘，以及建立互联网页和专题学习网站等。

表 56　新加坡不同类型学校配备 IT 设备的教室数量情况

配备 IT 设备的教室	小学	中学	初级学院/中心学院
教室	40	40	36
计算机实验室	3	4	5
IT 学习资源室	1	3	2
图书馆	1	1	1
教员办公室	1	1	1
科学实验室	0	6	10
AV/LT	1	1	5

数据来源：新加坡教育部 http://www.moe.gov.sg/edumall/mpite/infrastrue/index.html (2005－10－2).

2003年,新加坡的教育信息化发展进入一个新的阶段,开始实施新的“教育信息化总体计划2”(Master Plan for IT in Education2:2003～2007年)。与第一阶段不同的是,第二阶段的重点是将信息技术应用于现有课程转向在新课程设计阶段,并考虑信息技术应用和融合于课程内容。第二阶段教育信息化建设计划的6个目标是:

◉ 学生能够有效地利用信息技术进行主动学习;
◉ 利用信息技术来加强课程、教学和评估之间的联系;
◉ 教学能够有效地利用信息技术促进个人职业发展和自身提高;
◉ 学校具有利用信息技术来提高管理水平的能力;
◉ 积极进行信息技术在教学中应用领域的研究;
◉ 建设能够广泛和有效支持信息技术应用的硬件基础建设。

表57 新加坡第二个教育信息化计划的目标

现　状	发展目标
利用信息技术支持现有的课程	在课程设计的准备中已将信息技术完美地整合到课程中
课堂教学的主要形式还是静态的印刷品	课堂教学的主要形式是动态的数字形式
许多教学方法基本上都是一种固定的形式	大多数教学形式是专用的或教师依自身能力设定的教学方法
在利用信息技术教学时教师讲解的是一些基本的概念和技能	在利用信息技术教学时教师讲解的是更宽泛的知识
规定学校信息技术的使用方法	在使用信息技术方面学校有更大的自主权和自由
提供的是标准技术	提供的是灵活,多变的技术

资料来源:沙红(2005),新加坡的教育信息化,中国远程教育,2005年2月,p74-77.

为实现上述目标,新加坡政府制订了5个实施计划,每个计划都包括数个项目:

◉ 信息技术应用于课程和评估:创建灵活的课程体系,不断完善信息技术在教育评价中的应用,利用信息技术的自身特点,创建一套规范的教育评价体系;
◉ 教师职业发展:对全体教师进行信息技术在教学中应用的再培训,计划每一位老师一年有100个小时的培训，形成一支综合的、稳定的职业人员队伍。提高教师和学生电子学习的文化水平。建立一个有效的信息系统和一支稳定的教师队伍；

◉ 培养能力与素质：进一步促进信息技术在教育中的应用。加强学校领导层信息能力的建设，在信息技术的使用和信息化的建设方面学校有更多的自主权；

◉ 研究与开发：对于教育领域来说，采用新的技术往往先要经过实践的验证，再进行推广。因此研究和发展工作要引导信息技术在教育中的应用，为教育提供相关的论证，即在教育中怎样的技术模式可以较好地满足未来教育的需求；

◉ 基础设施与支持：实现教师配备计算机的比例为1∶1，学生配备计算机的比例为2∶1，信息技术在课堂中的应用的比例平均达到30%；学校全部采用网络环境下的教学，并建立完善的配套技术支持服务体系等。

在第二个教育信息化计划，教师的信息技术技能培训仍然是一个重要内容。通过第一期教育信息化总体规划的设计与实施，新加坡教师基本上掌握了把电脑作为一种教学工具和选择合适的ICT学习资源的基本技能。为适应性的发展要求，原来教育部教育技术司所属的"IT培训处"被改组为新的"专业发展与顾问处"，机构新的工作重点从"培训"转向"发展"。这反映出这样一种教师教育信息化的信念与观点：必须持续地巩固教师在教学中使用ICT所带来的效果，实施中以系统性更强的专业发展模式代替那种指导者定向特别强的学习与训练。因此，应该以新的教师专业发展模式来促进教师教育信息技术素养的形成。

在新加坡国立教育学院(NIE)参与设计的教师培训和发展框架以及与之配套的教师培训课程中，教育部教育技术培训处(ETD)已经运用新的专业发展模式来指导和支持ICT在教与学中的应用。这种系统的方式促进和提高了ICT在教学技能中的作用。该教师培训与发展框架通过入门训练、专业重点训练、与专业实践相关的不同维度、个人效力、领导能力和管理、国家教育等五个层次的实施来实现其目标。该模式的基本理念如下：

◉ 教师专业发展是在一个连续统一体上的实施的连续过程，这一个过程始于职前教师培训，包括在职培训和重点培训计划如部门领导的教育信息化管理资格证书培训；

- ◉ 为了鼓励教师创设学生所需要的学习环境，专业发展项目应该为学习构建一些新的模式以支持和促进学习的深度化和经验化；
- ◉ 教师专业发展中同伴的影响非常关键。与传统的培训相比，在专业发展项目中教师的信念——即技术在教学实践的应用中有很多益处，有必要重点强调。当同事们把实际经验模仿好，并且从ICT成功使用的经历中分享到成功的话，学习效果将得到提升和加强；
- ◉ 教师作为一个社团的实践者，能够协同和创造新的知识。有了在线通讯工具的便利后，能够进一步促进和发展团队建设；
- ◉ 学校领导尤其部门领导通过对教师的领导和支持，是促进ICT与课程整合的推动器。他们必须具备教育信息化的远景发展目光，认识到这种新的专业发展模式是一种促进教师和学生整合在一起的方式。同时在学校中必须为教师准备更好的管理专业发展的技能，为师生准备足够的IT资源。

可以看出，新加坡政府希望，通过第二阶段的教育信息化计划，能够强化信息教育的学习，亦不断研发及改进计算机的软硬件及相关的配套措施，融入学校课程中，并扩大应用信息的机会，提供便利、资源丰富的学习环境及教学资源。通过这些措施，最终实现新加坡的教育信息化能够居于全世界信息教育领先水平。

(二) 日本

早在20世纪60年代，日本学者就首次提出了“信息化”的概念。当时许多日本学者就认为，日本的国家经济发展应由实物生产为核心的工业社会向以知识获取和出售为主要内容的信息社会转变。这在一定程度上反映了日本在信息化方面的超前思想和意识。早在20世纪90年代初期，日本就开始了教育信息化建设，颁布了一系列与教育信息化相关的建设计划(见表58)。

表58　日本政府提出的教育信息化相关的计划

时　间	计划名称
1990年	“教育用计算机整备”的五年计划
1994年	“教育用计算机新整备计划”

续 表

时　间	计 划 名 称
1995 年	“100 所学校联网”试验研究项目
2000 年	“信息化教育立国工程”
2004 年	“IT 人才培养计划”
2005 年	“教育信息化推进行动计划”

1990 年，日本文部省制定了“教育用计算机整备”的五年计划，开始在全国范围内有计划地配备计算机。该计划将计算机的设置目标定为小学校大约 3 台/校、初中为 22 台/校、高中为 23 台/校。文部省 1994 年度又出台了为期五年的“教育用计算机新整备计划”，将计算机的设置目标重新设定为公立小学校平均设置台数为 22 台(学生 2 人/台)，初中和高中平均设置台数为 42 台(学生 9 人/台)，特殊教育各学校平均设置台数为 8 台(学生 1 人/台)。

1995 年，日本的文部省和通产省开始联合实施“100 所学校联网”试验研究项目，共有遍布全日本的 111 所中小学参加试验。所有试验学校均要求利用联机系统接入互联网。该项目的目标是要在传统教育体制和教育方法的框架之外，探索一种全新的教学模式，并通过网络创造理想的交互式学习环境。这可以说是日本教育信息化建设的初步实验项目。

1996 年，日本中央教育审议会在“展望 21 世纪我国教育”的咨询报告中强调，为了使教育适应国际化、信息化等科学技术的发展需要，必须系统地实施信息素质教育，通过使用信息设备和通讯网络改善学校的教育质量。1997 年，日本中央教育审议会又公布了面向 21 世纪的“关于改善教育课程基准的基本方向”的文件，指出“要培养能够适应运用计算机和信息通讯网络等信息手段的基本素质和能力，加深对信息发出和接受的基本原则与信息化影响的理解”。开始从小学到高中都应开设信息技术课。初中要把现行的“信息基础”选修课改为必修课。高中阶段开设“信息”课，该科设三门科目：信息 A、信息 B 和信息 C①。

2000 年，日本政府制订“高度信息通讯网络社会组织基本法”(IT 基本法)，其宗旨为，为全体国民提供均能自主便捷地运用高度信息通讯网络，享受信息通讯技术的便利。通过建立世界最先进的高速信息通信网络、加强信息知识教育、促进电子商务发展和电子政府建设、推进公共领域信息化、确保信息安全等一系

① 信息 A 着重培养学生运用计算机在网上选择、处理、发信的基本技能；信息 B 着重计算机的机能和组成；信息 C 着重计算机网络在社会中的运用和效果。

列战略举措，确保到2005年实现“使日本成为世界最先进的信息化国家”的总体战略目标。其中，将教育信息化列为国家信息化发展的五个重点之一，宗旨是“到2005年使日本成为IT人材的资源大国。为促进教育现场IT技术的活用，将充实、普及多种教育用网络内容，促进教学信息化”。具体内容包括：

◉ 尽快实现“教育信息化”的新世纪计划，完善小学、中学和高中的互联网接入环境；
◉ 完善图书馆等公共设施的互联网接入环境，丰富教育信息内容；
◉ 加强学校的信息技术专业教育，增设有关课程，增加IT领域的硕士、博士学位人数，扩大培养高学历的信息技术人才，建立信息保密技术资格认定制度，加强IT的伦理、道德方面的教育；
◉ 促进以学校为单位的利用互联网与国内外其他学校的交流，培养能够与持不同文化和观点的人们合作的人才；
◉ 改革大学的教育制度，引进竞争机制；
◉ 在人事和预算、学部和学科的设定以及与民间企业交流等方面增强大学的自主权，改善IT领域的教育环境。

以此法案为基础，同年，文部省提出“信息化教育立国工程”报告。该计划到2005年的具体目标是：

◉ 完善全国所有学校的电子计算机设备（硬件）：为全国约8 100所公立中小学铺设校内光缆，同时为所有的私立中小学（约2 160所）配备电脑、连接国际互联网；
◉ 完善能够充分利用电脑环境的体制（软件）：使所有公立学校的教师（约90万人）掌握电脑的操作方法，同时在各个地区继续配备帮助平台；通过电脑取得支援系统，实现教师一人一台专用电脑；
◉ 最终在提高所有孩子的信息活用能力的同时，通过日常在学校使用电脑，根本改变“授课”形式，快速提高学生的理论思考能力、创造力、表现力。

此外，通过信息技术来改变学校、家庭、地区间的合作方式，以及学校本身的运营方式。进而，在拉动全国约4万所学校及家庭的巨大内需的同时，以包括孩子们在内的全体国民为对象，继续开发硬件、软件技术，促进整个产业的飞速发展。日本政府推出的这一计划大约耗资 15 亿日元，由文部省、通产省、邮政省及相关民间企业合作实施。

2001 年，以上述各项计划为基础，日本政府又于发表“E-Japan 2002 规划书”。在此影响下，日本的文部科学省设置“文部 IT 战略本部”，除执行政府制订的 IT 改革政策之外，采取了一系列相关信息化建设项目，例如，通过“ELNET”（教育信息卫星通讯网络）向全国学校和相关教育机构提供多元化教育信息资源；建立“Manabinet”（学习网络），主要为学校提供各种教育信息与资源。该规划明确提出了日本教育信息化的具体指标，即 2005 年度在中小学要实现每 5.4 名学生一台计算机、所有的学校要实现宽带网络接续率和普通教室的 LAN 接续率达到 100%、所有的教师都能够利用计算机进行教学指导等硬性指标。

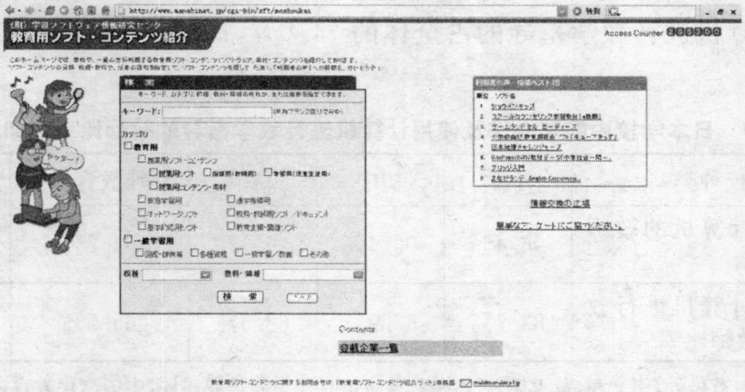

图 36　日本的“学习网络”(Manabinet)首页

从 2004 年起，文部科学省开始实施旨在培养 IT 领域高级人才的“IT 人才培养计划”，并从高中阶段开始培养。该计划的内容概要有：指定重视并重点开展信息教育的高中，鼓励被指定的学校研究开发有效利用 IT 的先进的教育教学方法，并进行普及和推广；实施“IT 学校”活动，其目的是培养 IT 领域世界一流水平的创新人才。具体做法是招收在 IT 方面有特殊兴趣和创新欲的高中学生，在暑假期间以合宿的形式，接受 IT 专家的指导，并尝试制作和开发 IT 相关的软件和资源信息。

在教师的信息技术技能培训方面，从 1995 年开始，文部省就提出要多为教师创造学习计算机的机会，让所有的教师都会操作计算机，各都道府县以教龄在 10～20 年的教师为对象进行培训，开设了“教育信息化方法和技术”的培训课程，在培训中进行计算机基础的进修。日本重视教师的信息教育技能也体现在中小学教师许可证的标准之中，在教职科目中增设了包括运用信息手段和资料能力在内的教育技术内容。

日本中小学教师接受信息教育的研修方式基本上有五种：国家举办的培训活动、本校内的研修、大学举办的研修活动、研究团体举办的研修活动和企业举办的研修活动等。依照国家战略方针以及教育信息化的要求，中小学教师从2000年开始有计划地接受信息教育研修。小学教师从2000年到2004年平均每年每人接受了一次以上的研修，初中教师每年平均70%的人接受了研修，而高中教师每年不到50%的人接受了研修。各类学校的培训都是以校内的研修为主，以点带面的研修是日本教师研修的基本方式，即少数教师参加国家、教育委员会等举办的研修，再由这些教师来培训更多的教师。

截至2005年，日本中小学教师中能够操作计算机的教师已达到95.9%，能够利用计算机进行教学指导的占全体的74.0%，比2004年提高了9%（见表59）。

表59　日本学校中能够操作及使用计算机进行教学指导的教师比率（2005年）

学校种类	小学	初中	高中	特殊教育学校	平均值
能够操作计算机的教师比率	96.4%	95.4%	96.1%	94.2%	95.9%
能够使用计算机进行教学指导的教师比率	83.7%	67.9%	63.5%	65.5%	74.0%

数据来源：黄松爱，唐文和，董玉琦，日本基础教育信息化最新进展述评，中国电化教育，2006年8月，p89—93.

2005年是日本e-Japan战略的最终年度，鉴于基础教育信息化各项指标完成得不够理想，2005年日本文部科学省发表"面向e-Japan战略目标的实现——教育信息化推进行动计划"，以进一步推动中小学教育信息化，保证e-Japan战略目标的实现。"行动计划"中要求开展以下四项活动：

- 以教育大臣为首领导地方各级部门特别是信息化环境建设不足的地区管理部门积极开展一系列活动，促进教育信息化发展；
- 实施"教育信息化强化月"活动；
- 实施"促进ICT教学应用活动"；
- 制作、发布促进信息化发展的成果汇集活动。

2005年12月，日本文部科学省发布了“2005年度中期学校教育信息化现状”的调查结果。调查数据显示，截至2005年9月，日本平均每所学校教育用计算机的台数达到45.5台，与2004年度相比平均每校增加了2台，其中高中平均每校增加了7台(见表60)。

表60　日本学校中每所学校教学用计算机数量

学校种类	小学	初中	高中	特殊教育学校				平均值
				盲人学校	聋哑学校	养护学校	小计	
台　数	32.7	47.8	114.0	31.0	36.8	29.8	30.6	45.5

数据来源：同上表.

在生机比方面，日本中小学平均生机比为7.6人/台，其中小学为9.6人/台，初中为6.9人/台，高中为5.5人/台，特殊教育学校为3.4人/台(见表61)。各方面情况都比2004年所有所改善。

表61　日本学校的平均生机比率

学校种类	小学	初中	高中	特殊教育学校				平均值
				盲人学校	聋哑学校	养护学校	小计	
生机比	9.6	6.9	5.5	1.6	1.6	3.8	3.4	7.6

数据来源：同上表.

在教室联网方面，日本中小学的普通教室LAN的联网率平均达到48.8%，其中小学为41.9%、初中为45.8%、高中为74.3%，特殊教育学校(含盲人、聋哑人学校，养护学校等)为59.8%(见表62)。

表62　日本学校中普通教室联网比率

学校种类	小学	初中	高中	特殊教育学校				平均值
				盲人学校	聋哑学校	养护学校	小计	
教室联网率	41.9%	45.8%	74.3%	67.6%	68.0%	58.3%	59.8%	48.8%

数据来源：同上表.

由于日本中小学的窄带联网工作在2004年就已基本完成，2005年的重点工作是向宽带网络发展。调查数据显示，宽带的接续虽然有一定的长进，但发展的速度还不够快，距离其目标还有一定的差距(见表63)。

表 63 日本学校的联网率(包括宽带)

学校种类	小学	初中	高中	特殊教育学校				平均值
				盲人学校	聋哑学校	养护学校	小计	
学校联网率	99.9%	99.9%	100%	100%	100%	99.9%	99.9%	99.9%
学校宽带联网率	81.0%	85.1%	96.2%	89.7%	93.3%	90.4%	90.6%	84.0%

此外,2005 年,在完成 e-Japan 计划的基础上,日本主管信息通信产业的总务省又提出"2005 年度 ICT 政策大纲",即所谓的"u-Japan"计划①。该计划指出,推动 u-Japan 不同于以往着重在通讯基础建设及应用上的规划,而是 IT 社会新范式的转移,强调民众生活的社会议题(包括安心安全生活环境、高龄者生活照顾、医疗机构有效利用等)及技术背景(网络技术、安全认证、软件应用、装置技术等)两个层面。换言之,要将民众的意见纳入政策推动过程,利用资讯科技解决现前的社会问题。日本政府认为,无所不在的网络社会包含"供给端"及"使

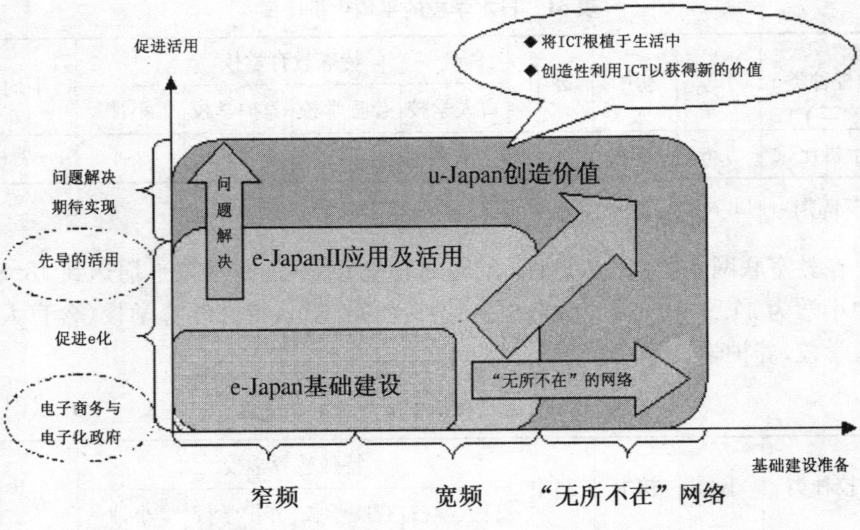

图 37 日本政府提出的 u-Japan 计划图示

① 此处的"u"代表"ubiquitous",意指"无所不在"。1988 年,美国的 Mark Weiser 博士便提出了"Ubiquitous Computing"(无所不在的计算机化)的概念,指出:"计算机在我们没有意识到它的存在的时候,它已融入我们的生活中",他认为这样的时代即将来临。其后,据此又衍生出"Ubiquitous 网络"的概念,认为"人们将不会意识到网络的存在,而能随时随地通过任何终端设备上网并享受到各项数字内容服务"。

用者端”两个方面。“供给端”上需要建构-整合各种网络、信息装置、基础平台、应用内容及解决方案的策略；“使用者端”则必须提供使用者可在任何地点都可使用网络处理任何事情的安心及安全环境。

在这个新的战略中，教育信息化建设仍然将作为重点。计划强调学校信息化环境的建设、教学活动中信息技术的有效运用、教师能力的提高以及信息伦理道德的教育等问题，并具体提出了基础教育信息化建设的目标：

- ◉ 实现教师每人一台计算机并接续互联网，实现学校信息化；
- ◉ 通过评价教师的信息技术指导能力促进教师运用信息技术能力的提高；
- ◉ 为学生提供运用信息技术的学习机会；
- ◉ 通过在学科教学中信息技术的运用，以及在小学中开展信息道德教育，提高学生包括信息道德在内的信息运用能力。

新的战略针对以上目标提出了具体实施方案及评价指标，计划将在未来的五年中扎实地完成基础教育信息化建设，培养适应信息社会发展的人才以及高尖端科技人才。

(三) 韩国

自20世纪90年代以来，亚洲各国政府为了提升国家竞争力，纷纷提出了该国的信息化建设方案，例如，新加坡的ICT21、日本的e-Japan等，韩国亦不例外。1995年，韩国政府为了把握住信息科技所创造出来的契机，提出了名为“Cyber Korea 21”的计划，希望让韩国早日成为一个信息化的社会。经过数年的建设，从目前的信息化基础设施建设情况来看，韩国的信息化水平发展可以说是亚洲国家中发展速度最快的，尤其在宽带网络方面，韩国成为世界宽带网络普及率最高的国家。

从近年来韩国在全球的信息化发展水平排名变化来看，在1996年由“世界经济论坛”(WEF)发布的NRI(Networked Readiness Index)评比中，韩国的排名仅为第20名。而到了2005年，在IDC发布的ISI世界排名中，韩国已上升至全球第8名，首次成为亚洲国家中唯一入选整体性指标排名前十的国家。此外，2006年，在另一项由国际电信联盟(International Telecommunication Union,

ITU)主持的名为“数字机会指数”①的评估中，韩国则一跃成为全球排名最高的国家(见图 38)。同时，在前 19 名经济体当中，亚太地区就占了 7 个，亚洲四小龙及日本皆名列其中。

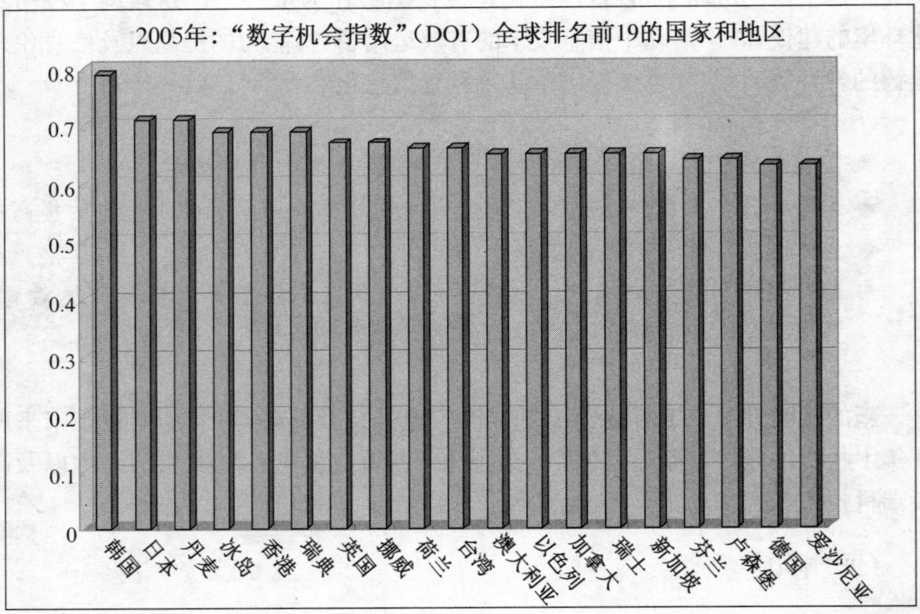

图 38　ITU 发布的全球“数字机会指数”排名(2005 年)

以上述国家信息化建设为基础，韩国在教育信息化方面同样也取得了巨大的成就。早在 1987 年，韩国教育部就在“教育改革发展计划”的指导下颁布了“韩国计算机教育提高计划”，真正开始了韩国利用 ICT 促进学校信息化的进程。随后，韩国政府制订和实施了多项教育信息化建设计划(见表 64)。

① 数字机会指数：Digital Opportunity Index，DOI，是一种用来衡量各个国家信息社会发展程度的指标，是于 2002 年由联合国教科文组织与国际电信联盟合作举办的“全球信息社会高峰会议”中提出，该指数的制订是由多个国家共同讨论后制订，因此其评比结果也更具可信性。它将各指标表现标准化成单一数值，该数值分数最高为 1 分，最低为 0 分。主要是由三个方面所组成，分别是“联网机会”(Opportunity)、“基础建设”(Infrastructure)及“联网运用”(Utilization)，其三个方面下共包含 11 个细项指标。

表 64　韩国的教育信息化相关的计划

时　　间	计 划 名 称
1987 年	“韩国计算机教育提高计划”
1996 年	“K-12 教育应用计划”
1997 年	“学校 IT 基础建设计划”
2000 年	“国家教育信息系统”计划
2000 年	“中、小学 ICT 必修课计划”
2001 年	“ICT 应用教学、学习方案”
2002 年	“大学信息化综合方案”和“网上校园计划 2007”
2006 年	“U-learning 计划”

1995 年，韩国政府发表题为“建立主导世界化、信息化时代的新教育体制”教育改革方案。该计划指出，世界化、信息化时代的到来，意味着世界从产业文明时代进入一个新的文明时代。在这个新时代，国民的学习能力、创造能力是决定性因素，而开发这些能力的正是教育。

1996 年，韩国教育部与信息通讯部下属的三个报社发起一个“K-12 教育应用计划”，主要是由政府提供校园网络系统，报社则向学校提供计算机，计划将为 30 所小学、40 所中学、30 所大学每校提供一间网络实验室，并协助学校进行相关规划和建设。该项目由学校自愿报名参加。该计划一直持续到 2001 年。同年，韩国政府又制定“促进信息化基本计划”和“网络韩国 21 世纪”计划。计划核心是，在 2005 年完成超高速通信网的建设。韩国十分注重信息化教育的普及，将其视为跻身世界十大信息产业国的必要条件。信息通信部为中小学配备了 30 万台教学电脑，普遍建立电脑实习室和短距离通信网，并在全国 100 多个邮电局开设了“网络广场”，向普通民众提供免费电脑教育，使人人都能掌握使用电脑和互联网的技能。针对低收入家庭以及特殊情况，政府决定向 5 万名低收入家庭的学生免费提供电脑，允许他们在一定时间内免费上网，对 50 万名低收入家庭的学生实行免费电脑教育。

1997 年，韩国开始实施“学校 IT 基础建设计划”，原计划是在 2002 年前完成整个国家学校的信息技术基础建设工作。不过随后在 2000 年，韩国总统又发表了“2000 年新年谈话”，将该计划提前至 2000 年完成。以此为基础，韩国又开始了新一轮教育信息化建设，主要包括以下几个方面：

第一，采取各种措施来加速学校的信息技术基础设施建设步伐，包括校园网建设、计算机实验室、计算机教室、为教师配备计算机，以及向学校提供低于正常收费10%的优惠价格来促进学校接入互联网；

第二，对低收入家庭学生补助计划，由中央与地方政府共同分摊这些学生的计算机培训费用；

第三，加强教育软件的开发，主要分三个方面进行：地方教育部门采取各种措施鼓励教师参加软件的开发；定期举办各种教育软件比赛；建立专门的部门(韩国教育资源与资讯服务中心，KERIS)进行开发工作，推广一种被称为 Saebit 的课件开发工具，以优惠的价格出售给教师或相关人员；

第四，教师的信息技术技能培训，主要以二种形式开展，一是在师范院校或大学中开设信息技术课程；二是对教师进行在职培训，计划将在 1 年之内对全校的 30 万中小学教师都进行培训，培训主要分为以下几种：基础培训(140 000 名)，专业培训(160 000 名)，电脑实验室教师培训(16 500 名)，教育软件开发培训(9 600 名)，教育行政人员培训(12 844 名)和派遣至国外培训(420 名)；

第五，加强中小学资讯教育，扩充教学内容，提高在各个学科的应用范围和水平。在小学阶段，3～6 年级学生可选修电脑课程(各学校根据实际情况每周安排 1～2 节)，在初中和高中阶段，将电脑课程融入其他相关学科中选修，如“工业与家政管理”(初中)、“资讯工业”、“工业艺术”(高中)等课程中都有关于电脑的单元内容；

第六，在乡村或位置偏远的小型学校(被称为 Naechon 学校，指学生人数少于 180 人者)装备视频教学系统，教学内容由一所中心学校向周围的小型学校传递，目前传递的学科主要有社会学科、韩国文学和科学课程；

第七，将信息技术应用于学校行政管理，在 2000 年建立教育机构、教育人员、学生及教育设施的资料库，将把中小学大部分的校园事务建立一套统一的资讯管理系统，主要包括教育机构资料库、师资资料库、学生资料库、设备资料库等。

1998 年，韩国教育部又颁布了“初等和中等学校信息化发展规划”，主要是新增了加强 ICT 教育方面的内容和相应措施，进一步表明了韩国政府提高教师和学生利用 ICT 能力的决心。至 2000 年末，随着此项工程的结束，韩国所有的中小学都建立了学校局域网，一间以上的电脑实习室；全国 222 000 余间教室可直接连接互联网；并且还装配了大型显示屏和投影仪等设备。同时，师生也可以在课堂上网，可以直接应用多媒体网上学习资料和资源进行教学。此项工程还向全国 34 万名教师无偿提供个人电脑，使之应用于教学和行政辅助业务

（见表 65）。

表 65　韩国“学校 IT 基础建设计划”的成果(2001 年)

建设项目	目　标	内　容	经费来源
校园局域网络	5 729 所学校	三千万韩币/学校	政府负担 20%
计算机实验室	7 666 所学校(108 910 台 PC)	每间实验室 42 台 PC	政府负担 20%
装备信息技术设备的教室	103 957 间教室	每间教室 1 台 PC	政府负担 100%
教师的计算机	7 643 位教师	每位教师 1 台 PC	政府负担 20%
互联网接入	10 003 所中小学	79 000 韩币/M　共 5 年	政府负担 50%

数据来源：Okhwa Lee. 韩国中小学资讯教育的现况与展望[J]. 台湾资讯教育杂志，2001，(2)：45—54.

2000 年 7 月，韩国教育部为了减轻各级学校的互联网通信费负担，与国家信息部、韩国通信签订“互联网免费利用协议书”，使全国所有的中小学免费使用或低廉费用使用互联网。此外，教育部于 2000 年 7 月至 2001 年 2 月，为 50 万名低收入家庭子女免费实施电脑应用教育，并向 5 万余名特困学生免费提供电脑，支援此后 5 年的网络通信费（见表 66）。

表 66　韩国对低收入家庭学生的 IT 教育与 PC 资助计划

计划项目	对　象	内　容	经费预算
PC 教育	500 000 名学生	20 000 韩币/人	政府 50%
给优秀学生的 PC	50 000(10%)	1 台 PC	政府 100%
免费网络接入	5000 000(10%)	17 000 韩币/M，5 年	政府 50%

数据来源：同上表.

2000 年初，韩国教育部制定了“中、小学 ICT 必修课计划”，决定从 2001 年开始将 ICT 教育变为必修课，向小学所有年级学生进行每周一小时以上的 ICT 教育，教授基础操作、信息收集、分类等电脑基础课程。另外，将之前在高中实行的信息素养认证制扩大到初中，培养初中学生掌握应用软件的基础能力和 ICT 应用于学习的能力。在此之前，韩国中小学的 ICT 教育都是作为选修课或课外活动，学生在学校主要利用各种 ICT 作为工具或媒体来学习。但是从 2001 年起，韩国中小学信息技术教育的内容体系开始改革，由 5 个阶段（小学 1～2 年级、3～4 年级、5～6 年级、初中 1～3 年级、高中 1 年级)和 5 个内容领域(信息和信息伦理的理解、计算机基础知识、软件的应用、计算机通讯、综合实践)构成;课程任务由计算机教育转移到了应用,即这不是某一特定学科或专门的技术教育课,而是要在所有科目中应用 ICT。

建设高效便捷的全国性网络教育管理系统,实现教育行政管理信息化和现代化教育管理信息化,也是教育信息化的重点内容之一。为了改善教育行政业务环境和提高业务效率,在国家推进"电子政府"的方针下,韩国政府于 20 世纪 90 年代中期开始投入大量资金建设教育行政管理信息化平台。起初,这项工作主要分两大块进行:一是教育部和地方教育厅的行政业务管理系统建设;二是学校学生综合信息管理平台建设。2000 年,韩国教育部投入 729 亿韩元开发出 NEIS①,并于 2003 年投入运行。

在教师的信息技能培养上,韩国主要是通过两个途径进行:一是通过对预备教师的培养;二是通过对在职教师的培训。韩国的小学教师是由大学培养,中学教师是由师范大学培养的,而小学教师一人负责所有科目的教学。在大学里,为了培养和提高预备教师的 ICT 素养,学生必须修 6 学分的计算机科目,选深化课程的学生必须修 20 学分。计算机科目的教学侧重于教学应用,而不是计算机软硬件素养。师范大学的非计算机专业的学生没有严格的学分规定,这是由于中学与小学不同,中学有专门的计算机专业教师。但实际上,几乎所有大学作为基础科目开设计算机课,而且计算机教育普遍受到重视,师范大学生的计算机实际操作能力是相当高的。

同时,在职教师的 ICT 素养教育分为两种途径进行:一为对中学计算机专业教师的资格进修;二为中小学教师的职务进修。在中小学教师中,从 1988 年至 2001 年共有 73 万人次受到培训,尤其是自 1997 年到 2001 年每年对 25%的教师进行培训,四年间每位教师至少进修一次以上。从 2001 年开始,根据教育部提出的"学校 ICT 应用教育加强方案",往后每年有 33%的教师可以得到职务进修,每位教师每 3 年将受到一次 ICT 职务进修。

在 2001 年,为加强中小学教师的信息技术应用能力,韩国教育部又颁布了"ICT 应用教学、学习方案"。方案提出:在 ICT 应用教学活动中,更重要的是如

---

① 国家教育信息系统:National Education Information System,NEIS,是由韩国教育部和全国 16 个地方教育厅共同构筑,利用互联网环境处理业务,把教育管理业务和学校综合信息管理合为一体的,全国统一的、开放的综合管理系统。NEIS 系统十分庞大,涉及面十分广泛,面向全社会提供基础教育相关的 10 个大领域、19 个中领域、85 个具体领域的资料和信息。

何设计一个课堂教学活动，并指出教师的ICT素养和ICT应用教学能力之间有着相当大的鸿沟。为了解决此类问题，教育部组织开发“各科目ICT应用教育进修课程”。目的在于围绕着第7次教学大纲规定的课程内容，在充分考虑各级学校的教育信息化平台建设的基础上，开发合适的各科目教学、学习模型。进而把这些模型普及和推广到各级各类学校，以便在各级各类学校进行有效的ICT应用教学。此课程于2004年年初已投入教师进修班。各市道教育厅将在中小学教师中选拔和推荐进修人员，进修人员进修结束回到原单位进行汇报讲解，使所有教师理解进修内容和宗旨，在教学中有效运用。韩国第7次课程计划里明确规定：从小学一年级到高中一年级的所有科目教学必须实行10%ICT应用教学，从2003年起，规定此比例提升到20%。

为保证ICT教育目标的实现，韩国政府还大力支持教育软件的开发。韩国教育软件的开发主要由公共教育部门和私人开发者共同实施。公共教育部门包括教育人力资源部、各级地方教育主管部门和韩国教育研究信息服务协会等，他们通过公开的软件竞争促进教育内容和软件开发。到2000年，韩国总共开发了4 500多种教学软件及教学数据库。为了调动私立机构开发教育软件的积极性，公共教育部门还采取了一些激励策略，包括主办教育软件展览，建立权威的教育软件分配委员会，为合格教育软件颁发韩国教育和研究信息服务资格证书等措施。到2002年，韩国已经开发了50 000种多媒体教材，8 000种采用ICT的实验性教学计划，3 600种采用ICT的学习材料。

根据韩国的统计数据，至2005年，韩国中小学的平均生机比已达5∶1(见表67)；同时，中小学教师与计算机之比率早在2001年就已经达到1.2∶1，可以看出，韩国在教育信息化硬件基础设施建设方面已经居世界前列。

表67　韩国中小学1999～2005年的生机比率

年　份	小学	初中	普通高中
1999年	14.1∶1	11.3∶1	14.5∶1
2000年	14.4∶1	10.6∶1	11.7∶1
2001年	10.0∶1	7.1∶1	7.5∶1
2002年	8.3∶1	6.2∶1	6.1∶1
2003年	8.0∶1	6.1∶1	5.9∶1
2005年	7.6∶1	6.1∶1	4.2∶1

数据来源：王晓平，李震英，韩国中小学教育信息化的发展，教育信息化，2004年6月，p17—19.

在高等教育信息化建设方面，2002 年，韩国教育人力资源部发表“大学信息化综合方案”和“网上校园计划 2007”。按计划，到 2007 年，建成全韩各大学的数字化校园，有 70%的大学讲堂可上网进行实时在线授课，并可把这些网上讲课内容上网。另外，各大学的学术与研究信息趋于集成化和标准化，而且如招生报名和发证书等各大学的服务系统将实现标准化。2002 年后 5 年内，投资7 980 亿韩元，其中 4 023 亿韩元由中央负担，3 957 亿韩元由各大学预算支付。根据这一计划，到 2007 年，在全韩大学的 5 215 个讲堂中，拥有上网功能的多媒体计算机及电子银幕的网上讲堂将从目前的 1 101 个(21.1%)增至 3 650 个(70%)。此外，2002 年后平均每年还将开设由三所以上大学的教授共同参与的 10—50 个网上联合讲座。

在 2006 年 3 月，韩国信息及通讯部又提出了一个名为“u-Korea 总体政策规划”的新计划。u-Korea 意旨建立无所不在的社会(ubiquitous society)，也就是在民众的生活环境里，布建智能型网络、最新的技术应用等先进的信息基础建设，让民众可以随时随地享有科技智慧服务。其最终目的是，除运用 IT 科技为民众创造衣食住行各方面无所不在的便利生活服务，亦希望扶植 IT 产业发展新兴应用技术，强化产业优势与国家竞争力。

在此计划的项目之一“u-Home”中，就提到了未来教育信息化的发展远景，U-learning 就是一个重要的方面。所谓“U-learning”，是一个与 Ubiquitous computing 相对应的概念，指的是 Ubiquitous 环境下的学习。在教育上，U-learning 是为了克服 E-learning 的限制而提出来的。一般来说，E-learning 是利用网络空间来实现的，但是网络仅仅是连接在网上的人们的共同体，虽然超越时空，但并非与现实的时空自然地融合。以显示屏为界面的 E-learning 主要是以视觉为中心，而视觉化的客观信息显然无法包含情感和价值观因素。超出如此界限的教育环境就是 U-learning 环境。

U-learning 与 E-learning 的最大的区别是：创造智能化的环境让学生充分获取学习信息。这与让学生到图书馆或学校进行学习或通过网络获取学习信息有很大的差异，U-learning 的目标就是创造让学生随时随地、利用任何终端进行学习的教育环境，实现更有效的以学生为中心的教育。在 U-learning 环境中，学生根据各自的需要，在多样的空间、以多样的方式进行学习，即所有的现实空间都成为学习的空间。知识的获得、储存、编辑、表现、传授、创造等的最优化的智能化环境将提高人们的创造性和问题解决能力。

四 中国教育信息化概述

作为一个发展中国家，中国自 20 世纪 80 年代改革开放以后，随着政府在信息化建设方面的投资力度不断加大，中国的总体信息化水平提高很快。同时，伴随着中国社会信息化水平的提高和“科教兴国”国家发展战略的确定，教育信息化建设也成为中国政府改革学校教育体制，促进教学改革，提高人才培养素质的一个重要方面。

根据 2005 年国家统计局发布的关于中国“信息化发展指数”(IDI)①研究报告，虽然目前中国信息化发展总指数在世界的位次较低，但中国信息化发展指数年均增长速度较快，部分地区已达到或接近世界高信息化水平地区的水平。例如，在 1996～2004 年，中国信息化发展指数在所比较的 33 个国家(地区)中的排名分别为 28、28、27、27、27、26、25、25 和 25。1996～2004 年，中国信息化发展指数年均增长速度居世界第 5 位，是世界平均速度 13.58%的 3.1 倍。中国五个分类指数的年均增长速度也都居世界前列，基础设施指数、使用指数、知识指数、环境与效果指数和信息消费指数分别居所比较国家(地区)的第 4 位、第 5 位、第 8 位、第 2 位和第 1 位。

同时，在国内不同地区的信息化发展水平上，该研究发现，全国 31 个省(自治区、直辖市)可归为五个类型地区，这五个地区间信息化发展指数存在着较大差距②，这表明我国信息化发展在地区上还不平衡，地区间存在较大的数字鸿沟。

表 68 中国不同地区的“信息化发展指数”(IDI)差异

地区类型	省、自治区、直辖市	平均 IDI	主要特点
第 1 类型地区(信息化发展高水平地区)	北京和上海	0.809	达到或接近加拿大(0.845)和西班牙(0.780)的水平

① “信息化发展指数”(IDI)：是由国务院信息办与国家统计局国际统计信息中心联合提出的一种信息化发展指数测算与比较研究方法，主要是通过运用聚类分析及相应的信息化评价方法，分别对世界主要国家和中国 31 个省市区进行分类，运用科学的分类方法来比较各类型国家和各类型省份的信息化主要特点及发展趋势。IDI 由五个分类指数组成，分别是：信息消费指数、基础设施指数、使用指数知识指数、环境与效果指数。

② 从全国各地区来看，2005 年信息化发展指数位居全国前五位的省份(自治区、直辖市)分别为北京、上海、天津、广东和浙江；位居后五位的分别是安徽、青海、云南、贵州和西藏。

续 表

地区类型	省、自治区、直辖市	平均 IDI	主要特点
第 2 类型地区（信息化发展中高水平地区）	天津、广东、浙江、江苏、福建、辽宁、陕西、吉林、山东和山西	0.632	基础设施指数和环境与效果指数明显低于第 1 类型地区
第 3 类型地区（信息化发展中等水平地区）	黑龙江、重庆、湖北、河北、内蒙古、新疆、海南、宁夏、湖南、四川、广西、江西和甘肃	0.554	基础设施指数明显低于第 2 类型地区
第 4 类型地区（信息化发展中低水平地区）	河南、安徽、青海、云南和贵州	0.514	基础设施指数和使用指数明显低于第 3 类型地区
第 5 类型地区（信息化发展低水平地区）	西藏自治区	0.442	信息消费指数和知识指数明显低于第 4 类型地区

数据来源：国家统计局国际统计信息中心，中国信息化发展指数年均增速快，中国信息报，2006－12－29 8：50：57.

因此，表现在教育信息化建设上，中国不同地区和城乡之间的发展水平差距性也非常大。以下将分台湾地区、香港特别行政区和大陆地区来分别介绍中国教育信息化近年来的发展概况。

（一）中国台湾地区

作为“亚洲四小龙”之一的中国台湾地区，其经济发展在整个亚洲地区名列前茅。尤其是 20 世纪 80 年代之后，随着台湾地区信息产业的迅速发展，带动了其整体经济水平的上升，并推动了台湾地区整体社会信息化的进程。在这种背景下，教育信息化建设也很快成为台湾学校教育改革与发展战略的重点目标之一。实际上，早在美国 NII 计划提出后不久，台湾地区就已经开始教育信息化方面的建设，陆续发布了多项与教育信息化相关的政策与计划（见表 69）。

表 69　台湾省教育部历年推展资讯教育计划

时　间	计 划 名 称
1986 年	订定《国民中小学实施计算机教学计划》，开始建立国中信息教育推行网，各县市选定一所中心学校，负责推展信息教育至其他国中
1990 年	省政府教育厅每年开始核定补助 170 所国中小校务行政计算机化，每校十万元采购设备

续 表

时 间	计划名称
1992 年	教育厅在每一县市成立校务行政计算机化中心学校，补助设备四十万；教育部订定《国民中小学信息教育课程范围标准参考纲要草案》
1986～1993 年	拨款充实中小学信息设备
1993～1997 年	“各级学校信息教学计划”（1993～1997）；CAI 软件开发及推广计划（92.7～97.6）TANET 至中小学计划
1997 年	教育部订定《资讯教育基础建设计划》；远距教学计划（97.7～01.6）NII 人才培育发展计划（97.7～01.6）；社会教育信息计划（97.7～01.6）
1998 年	行政院实施《扩大内需》方案，开始建置全省国中小的计算机教室。教育部在各县市成立“信息教育软件与教材资源中心”，共 39 所学校，每校 120 万元
1999 年	为了加速推动信息教育基础建设，追加 64 亿 7 千万元建置中小学网络教学环境，于 6 月完成全省国中小都有计算机教室及网络联机，主要工作内容为：1. 计算机软、硬件购置 2. 网络联机 3. 师资培训
2001 年	《中小学信息教育总蓝图》，将全面提升中小学信息教育，以达到“信息随手得”、“主动学习乐”、“合作创新意”、“知识伴终身”四大愿景
2002 年	《信息种子学校建置与教师团队培训计划》，从 2002～2004 年设置 600 所（20%）的种子学校，在各县市进行推广
2002 年	朝“班班有计算机”目标落实
2005 年	“数字学习国家型科技”计划
2005 年	“数字内容分享及交换”计划

资料来源：施俊良，历年信息教育的推展成效，http://www.nhu.edu.tw/～society/e-j/43/43-08.htm(2007-2-2).

1990 年，台湾教育部开始实施“台湾学术网络建设计划”，目标是建立一个教育部与台湾各大学之整合性的高速学术网络。根据美国 TRPANET、NSF-NET 等网络的建设经验，台湾教育部投资协助各国立大学建立校园网络之间的连接，以台湾大学、台湾中央大学、交通大学、中兴大学、成功大学、中山大学等大学为局域网络中心，采用 TCP/IP 通讯协议，使各校之间资源能互通，该网络即现在的“台湾学术网络”（Taiwan Academic Network，TANET）。

随后，1995 年，台湾教育部提出“远距教学中长程发展计划”（1998～2001 年）。该计划的主要目标为：

◉ 通过大学高速网络平台之建置，尝试跨校教学资源共享，并提供 30 门跨校选修课程，同时各大学可与国际名校合作，建造全球化学习环境；

◉ 通过进行中小学、补习、特殊及社会教育之教材开发与实验计划，以观摩及引进具体之应用实例，将远距教学技术循序推广至各层面的教育需求；

◉ 通过“远距教学联合服务中心”，对在职教师、企业员工与公务人员进行远距训练实验；

◉ 培训远距教学规划、教学、工程技术与教材设计人才；

◉ 配合 TANet 到中小学计划，鼓励民间与各校在 Internet 上建置学习资源。

根据此计划，1996 年，以 TANET 为基础，台湾数所大学开始进行远程教学实验，尝试在台湾大学、清华大学、交通大学三所大学之间进行以 ATM 为骨干的远程视讯教学，即数字学习。在实施过程中，由于技术成本居高不下，后来又改在南部中山大学、高雄师范大学、成功大学、高雄技术学院及高雄工学院等五所大学之间，使用带宽较低的网络联机，利用学术网络进行实时远程教学，为五所学校的学生提供跨校选课的机会。在教育部大力推广下，目前，参加的校数有 60 多所、学分课程数超过 1 700 门、修课人数近 12 万人次。

图 39　台湾省教育部提出的“数字学习”设计示意图

图 40　台湾大学数字学习计划中的一门示范课程

资料来源：http://environment.edu.tw/index2.htm.

1994 年，就在美国开始实施 NII 计划之后，中国台湾行政院很快也成立“资讯通信基本建设项目推动小组”，以建设通讯网络与普及信息应用为宗旨，开始台湾地区的信息化建设。1997 年，NII 小组公布了“资讯通信基本建设计划”(1998～2001 年)，其中，普及网络教育是 NII 中程工作计划项目的一个重要组成部分。NII 中程工作计划项目主要分为八类：健全法规组织，加强网络建设，普及网络教育，推广信息应用，发展网络产业，加强研究发展，扩大国际合作和防止网络色情及犯罪等。在教育信息化方面，该计划指出：

- ◉ 完成全省中小学教室计算机规范模式之规划及教学软件采购经费补助，并在各县市国立中小学 142 校的 1 009 间教室建置校园网络及教室计算机；
- ◉ 由各县市 82 所资讯教育软件与教材资源中心共同建置网络教材，并建设“学习加油站”网站(http://www.content.edu.tw)；
- ◉ 对各县市教师及教育行政人员进行资讯基本素养培训，并办理资讯融入各科教学技能培训，对离岛地区在职教师则实施远距信息培训。

为配合上述计划，台湾教育部于 1997 年制订并实施“资讯教育基础建设计划”。此计划是融合当时即将完成的“改善各级学校资讯计划”(1993～1997 年)及“计算机辅助教学软件开发与推广计划”(1992～1997 年)两项计划，并与

"TANet 到中小学计划"整合而成的一个综合性教育信息化建设规划。该计划实施时间预定为 1997 年至 2007 年,为期 10 年。分为短期目标(1997.7～2001.6)和长期目标(2001.7～2007.6)。

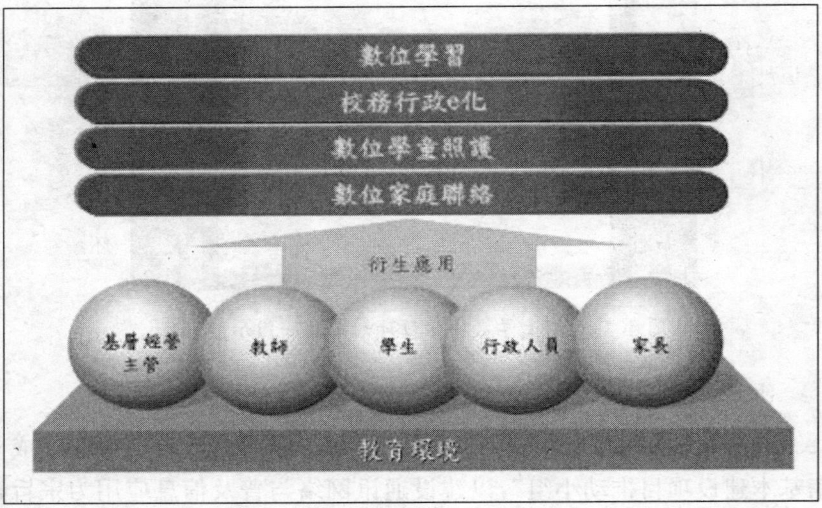

图 41　台湾教育部提出的教育信息化示意图

资料来源:吕炳辉,2004 年为止信息科技辅助教育应用之概况,资策会 ACI-IDEA, http://www.find.org.tw/0105/trend/0105-trend-disp.asp? trend-id=1295.

整个计划的宗旨是,使台湾地区各级各类学校都能利用网络进行教学、研究、行政、图书等相关信息活动,构建一个全方位的信息教学环境,即要使中小学之"教室有计算机"、"网络延伸到教室"、"信息科技融入各学科"、并让"所有老师具有信息素养"(见表 70)。

表 70　台湾省"资讯教育基础建设计划"目标(1997 年)

项　目	短 期 目 标(1997～2001)	长 期 目 标(2001～2007)
充实信息教学资源	1. 设立信息教育软件及教材资源中心,提升教学资源之质与量 2. 整合各界资源,鼓励民间企业开发教学资源 3. 专款补助各校基本教学资源(软件)需求,提升教学资源之质与量	1. 各校具制作与创造教学资源之环境与能力 2. 各校编列经费采购

续 表

项　目	短期目标(1997～2001)	长期目标(2001～2007)
改善教学模式	应用计算机科技建置多元化教材及学习环境,先选重点学校、重点科目,实施信息应用教学,以实验教学成果再推广至其他学校	计算机辅助教学融入各科、结合网络资源与隔空学习环境,突破传统以老师主导教学模式,落实多元化、个别化的学习
加强人才培训	加强在职师资素养,使70%国小至高职教师具信息基本素养	教师皆具信息基本素养
推动和调整组织制度	结合各校图书馆人力,扩大图书馆功能,朝教学资源中心发展	各校信息化环境建置完成、各单位组织人力重整
提升设备	1. 每校至少有一间计算机教室,且计算机设备规格不低于部颁之参考标准 2. 逐步朝教室有计算机方向发展,补助所有推广中心学校购置笔记型计算机供普通教室使用	1. 50%教室有计算机 2. 国小、国中各教室视听媒体与计算机结合运用
延伸台湾学术网络	所有高中、高职皆连上台湾学术网络,国中、国小约80%学校连上 TANet	所有学校皆连上台湾学术网络,且有40%以上学校普及至学科教室
普及信息素养	信息教育向下扎根,所有国中学生具备计算机操作能力、所有国小学生有机会接触信息教学环境,依兴趣学习	1. 所有学生皆具备信息基本素养 2. 普及全民信息教育

资料来源:何荣桂、吴正己、赖锦缘、篮玉如(1999):各国信息教育课程实施概况及对九年一贯信息课程的启示。课程与教学季刊,43—60.

1998年,为了配合当局提出的扩大内需方案,台湾教育部又制订并实施"资讯教育基础建设计划扩大内需方案",增加经费预算64亿7千万台币,以促进台湾地区中小学信息化基础设施建设水平。主要内容包括:

◉ 补助中小学信息教学软硬件设备:使所有国小均有计算机教室,并以上计算机课时1人1机为目标;

◉ 补助中小学联机设备建置及偏远地区学校通信费用:使所有学校均可专线连接互联网;

◉ 补助中小学在职教师信息应用培训费用:使所有中小学教师均有机会进行基本信息素养之培训;

◉ 补助设置国中小及高中职信息教育软件与教材资源中心，充实中小学学科网络教材；

◉ 补助信息推广重点学校购置二部可移动式计算机费用，每县市 4 所重点学校每校 10 万元；

◉ 推动“台湾学术网络”(TANet)到中小学，补助各县市教育网络中心、联机机房及各网络中心设备费、运作维护费及业务推广费等；

◉ 补助无障碍计算机工作站供特殊学校使用；

◉ 补助九所师范学院购置计算机教学设备。

同时，台湾教育部还投资在各县市成立“信息教育软件与教材资源中心”，共 39 所学校，每校 120 万元。至 1999 年，已实现所有中小学均有计算机教室，上计算机课时学生 1 人使用 1 台计算机，且连接国际互联网的目标，实际上是提前完成了“信息教育基础建设计划”中第一期短期目标(原本预定 2001 年完成)。

2001 年，台湾省教育部又制订并开始实施“中小学资讯教育总蓝图”，计划在随后四年内投资 100 亿台币的经费预算，以达到国中小学“师师用计算机，班班上网络”的目标。该计划的宗旨是，“希望学生能了解信息与信息科技的特色、结构及其对人类的影响；能具备运用信息进行判断、组织、决策与处理的能力，并能创造新信息，有效传递信息；能养成爱好学习、独立学习的习惯，并能主动寻求信息进行学习活动；能孕育独立学习的能力，并能在全球化的网络学习社群中与他人进行合作学习，培养健全的社会价值观与开阔的世界观”。以此为基础，达到“信息随手得”、“主动学习乐”、“合作创新意”和“知识伴终身”的最终目标。该计划由“网络与硬件基础建设”、“教材与软件”、“学生、教师与学校”、“城乡均衡发展与缩短数字落差”、“社区与产业参与”以及“教育行政”等六个方面进行规划，最主要的十项策略包括：

◉ 建设优质的信息教育环境，学校均能达到点对点基础网络频宽；

◉ 鼓励师生购置信息工具，善用计算机资源，增加设备使用效率；

◉ 融合信息科技于学校课程中，创新学习典范与形式，鼓励各县市发展具地方文化特色教学资源；

◉ 建置共通的信息流通机制与开放的教育平台，发展整合素材库，共享网络教育智能；

◉ 培训与支持教师运用信息科技于其教学活动，鼓励将信息融入各科教学能力纳入师资养成教育及教师聘选标准；

◉ 设立种子学校发展教学特色，鼓励各校成立各领域信息教学小组；

◉ 促进城乡教育均衡的发展，推动城乡资源共享，缔结信息姊妹学校；

◉ 学校结合社区，形成亲、师、生共同学习社群；建立产学合作机制，鼓励产业参与信息教育的建置与推展；

◉ 透过信息科技简化教育行政管理程序，提升教育行政人员信息素养，使教学与行政能相互支持；

◉ 针对网络对学生、学习、教师、教室、学校、家庭、社群、社会、国家的影响，持续进行评估与研究，适时反映于信息教育相关施政中。

2002 年，为提高台湾地区中小学教师信息技术技能水平，台湾省教育部开始实施“信息种子学校建置与教师团队培训计划”。计划从 2002—2003 年设置 600 所(占全国中小学总数的 20%)的“种子学校”(即示范学校)，在各县市进行推广。目标是通过各项培训，让所有教师均具有信息科技融入教学之专业能力，同时要求教师于教学活动中，应用信息科技占其教学总时数应达 20%，让学生体验不同的学习方法，以提高学生学习兴趣，提升教学品质。计划安排每所种子学校内需由校长筹组成立“信息融入教学小组”，成员包括校长、教务主任或教学组长、计算机教师、领域(学科)教师等，形成学习型组织，共同拓展信息融入教学之各种教学模式。其中六至七人并担任“种子学校教师团队”，参与相关培训及规划事宜。各校校长、教务主任或教学组长参与“种子学校教师团队”，且校长参加培训课程总时数达三分之一以上者将优先考虑列为种子学校。参加学校在第一年可申请为“初级种子学校”，第二年为“中级种子学校”，第三年为“高级种子学校”。

根据 2005 年的调查数据，台湾地区总体的教育信息化发展已经达到比较发达的程度。例如，在台湾学术网络联机方面，中小学、高中及高职学校的连网比率皆已达到 100%(见表 71)。其中，高中职学校与学术网络之连网方式，均以 ADSL 以及专线与学术网络联机，高中学校有 51.81%的学校已将专线改行为价格较低的 ADSL，专线连接的比例是 42.17%，高职学校则还是以 59.38%的专线连接比例占多数，使用 ADSL 联机之比例则为 31.25%。其他方式之连接则为 ADSL 与 T1 或 64K 专线并行，或以多条 T1 专线联机等。高中职学校与学网之联机频宽，资料显示联机频宽不及 T1 的比例分别为高中 13.25%、高职 14.52%。其他学校的联机频宽皆在 T1 专线以上，可视为高速之联机频宽。

表 71　台湾地区中小学信息化基础设施建设状况(2006 年)

台湾 25 县合计		国小	国中	合计
计算机教室间数		3 827	1 392	5 219
计算机数量	教学使用	168 272	69 431	237 703
	非教学使用	39 479	22 716	58 079
至 2006 年累计更新计算机数量		111 173	45 085	156 258
已完成校园网络的校数		2 627	747	3 374
可上网班级数		65 018	23 580	88 598

2006 年国中小学校基本资料. 计算机设备更新. 校园互联网建置统计表,台湾省教育部电算中心,http://www. edu. tw/EDU _ WEB/EDU _ MGT/MOECC/EDU6673001/ie/infra/index. html(2007 - 1 - 30)。

另外,根据英国"经济智囊团"(Economist Intelligence Unit)在 2004 年针对 60 个国家和地区所做的"数字学习准备程度"(e-Learning Readiness)的调查结果显示,台湾在全球整体数字学习的整备度位居第 16 名;在亚洲国家和地区中排名列于韩国和新加坡之后,为第 3 名。这说明,台湾地区的教育信息化水平已经达到一个较高的水平。

(二) 中国香港特区

香港作为国际金融、信息的中心,其各方面的发展向来紧跟世界潮流。在将信息通讯技术运用于教育方面,香港同样也处于整个中国的发展前沿。早在 20 世纪 90 年代初,香港许多学校就采取家长捐助、热心人支持等多种途径来筹集资金购置部分电脑,并将之用于教学。1997 年,香港回归之后,特别行政区首任长官董建华在第一份施政报告中就提出了香港信息技术教育未来 5～10 年的目标,以及在 1998 年推行的一系列新措施。报告指出,"为培养青年人有求知欲、具备沟通和掌握新信息的技巧,政府会推行长远的信息科技教育策略"。

1998 年,香港开始实施"信息技术策略数码 21 新纪元"。该策略的重点在于加强香港的资讯基建设施和服务,使香港在全球网络相连的 21 世纪成为一个领先的数码城市。计划到 2001 年,策略的实施使香港成为全球网络设施最完善的城市之一,预期于 2002 年年初至 2003 年年底分阶段竣工。"数码港"提供灵活的频宽容量,可使用户应付迅速发展的技术发展,再加上内有各式各样的高科技设施,例如多媒体实验室、内容开发中心、影音制作室和传媒招待中心等，数码港的建成将为信息技术教育提供后备资源。同时，全香港有100多所中小学校、香港教育学院等，都建立“多媒体学习中心”（Multi-Media Learning Center，简称MMLC），多媒体学习中心已成为信息技术教学的必需设备。

与该发展策略相适应，1998年，香港特区教育署出台了名为“与时俱进，善用信息科技学习：五年策略1998／99至2002／03”的5年发展规划。该计划描述信息技术发展对学校教育带来的影响转变，提出学校教育需要作一次“范式”（Paradigm）的转变，而信息科技教育在此担当重要的作用。所谓“范式”，计划指出：“由一个主要以课本为根据，以教师为中心的教学模式，转向较互动和以学生为中心的模式”。据此，学校须针对这些转变制订相应的信息技术教育政策。根据此计划，政府将投入292.5亿港币，运用于软硬件设备的采购、校园网络建置、教师专业培训、课程与教学资源支持，以及整体社会环境发展。平均一所香港中学可获得的经费超过125万元港币，小学有近75万元港币。而20所先导学校（即示范学校），每所可用的经费更高达250万元港币。根据香港教育署的统计，香港花费在每一位中小学老师身上的信息技术训练费，平均一人4 000元港币。

5年计划主要有四部分组成，分别是：让学生有更多机会接触信息技术和互联网；为所有教师提供培训及支持；在学校课程中应用信息技术辅助教学；建立有助于推动信息技术教育的社会文化。其具体措施如下：

重点普及信息技术及连接网络。为确保家境较差的儿童使用电脑和连接网络的机会不比其他儿童逊色，政府通过发放津贴的方式，鼓励学校在正常上课时间以外，让学生使用电脑室和资讯科技设施。另外，香港政府与其他部门共同研究，考虑在社区增加电脑装置，并接上互联网。这些设施包括公共图书馆、儿童及青年中心，以及社区中心。

为教师提供培训及技术支援服务。政府已预留约5.14亿元，在未来四年为在职教师提供四个不同程度的信息技术培训课程，名额约有8万个；并会进行一项研究，以便更明确界定各级运用信息技术能力水平的准则，以及制定相应的评估工具；学校可尽量灵活地为教师安排培训；政府要求师资培训机构修订职前教师培训课程加入不同的信息技术训练；长远而言，政府考虑设立一个由独立评审机构管理的分级证书制度。教师可在既定的时间内，按照本身的进度，考取不同程度的证书；政府与学校及高等教育院校合作，以确保在2002至2003学年完结：约75％的教师最少达到“中级”程度；

约25%的教师最少达到"中上"程度；每所学校有一至两名教师达到"高级"程度；政府以合约形式分区为所有中、小学安排技术支援服务，以使学校在上课的大部分时间内，能获得技术支援，为校内的教师和学生解决技术问题。

强调改革课程及提供资源支援。为达到25%的目标，以及因应需求的转变而修改课程，政府准备分两个阶段进行：一是在现时课程中提高教师及学生的信息技术意识，以及鼓励他们更多运用信息技术；二是把信息技术全面融合在新课程内，课程发展议会于1999年全面检查学校课程；致力促进发展更多优质软件及其他支援教材。

大力建设整体社会文化。信息技术教育工作的开展需要学校管理当局、教师、学生、家长，以至工商界和社区组织之间通力合作，才可完成信息技术教育的任务，实现信息技术教育的最终理想。因此，香港政府鼓励这些主要成员各尽其责。

1998年，由香港7所大学合办的"香港资讯校园"成立，是目前香港最大及使用率最高的教育网址，它与次年成立的"优质教育网上资源中心"一起共获得香港优质教育基金资助1 200万港元。"香港资讯校园"现已连接超过600所中小学校及特殊学校，为3万名教师与35万名学生提供电子邮件账户，并提供2 000个免费电子邮件账户给清贫学生使用。2001年，据互联网调查公司Nielsen//NetRatings的调查显示，"香港资讯校园"网站是香港最受欢迎的教育网站，仅在当年2月份共有超过18万人次浏览，高居榜首。

1999年，为进一步推动信息技术在香港学校教育领域的普及使用，"优质教育基金"(QEF)①拨款成立了"优质教育网上资源中心"(Cyber Resource Center)，并委托香港中文大学负责发展。"优质教育网上资源中心"可使教师利用国际互联网来分享教学资源。该中心收集了政府、学校及网上的教学资源，以便教师利用信息技术进行教学，教师还可从该中心取得优质教育基金计划的报告及成果，作为推动优质教育的参考。

2000年，香港教育署开始投资建设"香港资讯教育城网站"(HKeducationCITY.net)。这是全球首个网上的教育电视频道，所有由香港电视台摄制的教育

---

① "优质教育基金计划"是由香港特区行政长官董建华在首份施政报告中提议成立，旨在资助各项有助推动香港优质教育的计划。自1998年批款五十亿港元成立以来，共收到4 500多份申请，其中1 140项计划获批拨款，总数达5.85亿多港元。其中，共资助信息教育相关计划632件，约7亿港币，QEF的设计让资金更有效应用，提升香港的信息教育素质，提供学校IT教育所需之主要经费。

电视节目将存放在网站内，供市民观看。“香港资讯教育城”分为教师、学生、家长及公众四个频道，汇集了丰富的教育资源，内容包括最新的教育新闻、教学资源库、探讨教育问题、剖析信息技术教育趋势、个人健康成长、文化艺术专题、发放最新产品消息等，并收集、整理、分享老师的教育资源及教学经验等。目前，香港已有 150 个志愿团体为网站提供信息内容。

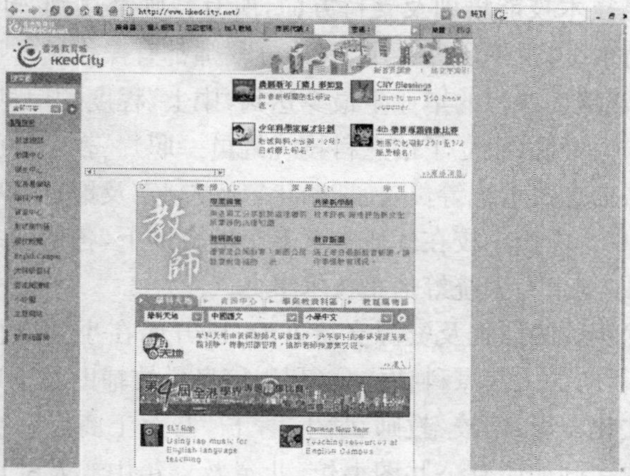

图 42　香港资讯教育城网站首页

2001 年，“香港资讯校园”网络计划宣布推出了扩展计划，设立网上英文校园小组，促进学生通过互联网交流学习英语的经验，教师能从中解答学生疑难。扩展计划包括成立 40 人的网上校园小记者计划，加深学生对社会的了解。另开设“教师中心”培训及方便教师制作多媒体教材。

近来，根据相关研究成果，香港在经过数年教育信息化建设之后，目前，已取得了相当的成果。有研究者指出，“在现阶段，按具体策略之四个项目做出评鉴，可发现在技术层面上（量方面），已达到原先订下的目标”。主要表现在以下数方面：

香港设立了一个独立、跨部门及有决策能力的“信息技术教育统筹委员会”来领导工作，将大学、商界及专业团体的力量凝聚在一起。统筹委员会下设执行委员会，成员主要由政府各个有关部门组成，加上由统筹委员会委员、商界、大学、中学、小学及专业团体代表出席会议。此外，还设立“信息技术教育咨询委员会”，成员由一线教师、校长、信息技术界专业人士及教育署的代表等组成，以监察计划的执行，并为执行过程中出现的问题提供意见。香港的信息技术教育就是在这五个方面的协调下推行的。

在学校信息技术基础设施建设方面，为所有香港学校提供基本水平的信息科技设施及把计算机接上互联网；提供津贴予学校在正常上课时间以外开放计算机设施；提高了计算机与学生的比率；提高了学生使用计算机的机会；为所有教师及某一年级以上的学生设立个人电子邮箱；以合约方式为中、小学提供技术支持服务。

在教师信息技术技能培训及支持方面，所有教师都达到“基本”或以上程度的信息科技能力水平，根据研究显示，大部分教师都有操作基本计算机软件的信心；所有职前师资培训课程的毕业生最少达到“中上”程度的信息科技能力水平；提供了额外的人力资源(设立了信息科技统筹员一职)。教育署已为大约250所学校各提供一名信息技术统筹员，任期两年，负责制定及推行各项校本信息技术计划。此外，另有163所学校在优质教育基金的资助下，各增聘一名任期两年的信息技术教师，以利于专人统筹信息技术事务。

在信息技术相关的课程及资源支持方面，已开始在小学推行信息科技认知课程；在各科课程内加入信息科技成分(利用信息科技辅助教学)。

整体社会文化方面，学校、教师、学生、家长，乃至工商界和社区组织都对信息科技更加重视。例如所有公共图书馆、儿童及青年中心及社区中心增加计算机装置，并接上互联网，让学生可在课余使用。

2004年7月，香港教育部门正式颁布了“善用资讯新科技开拓教学新世纪”的文件，为第二个五年策略制定了新的信息技术教育应用策略和目标：

◉ 借助信息技术产生杠杆作用，推动教育改革；
◉ 提高学校领导层的能力，以制定有效使用信息技术的全面的、策略性的学校计划，实现学校的理想和目标；
◉ 进一步把信息技术融入课程以及学与教的过程；
◉ 界定“信息素养”的级别，为学生制定目标，发展他们的信息技术技能，并使他们能够将之使用在学习与沟通上；
◉ 汇集各界的力量、经费和专业知识，延续发展的动力。

根据香港理工大学在2002～2004年进行的调查数据，在信息化基础设施方面，目前香港的家庭个人电脑及互联网普及率十分高(见表72)，学校领导、教师、专家等的家庭个人电脑已经达到97.1%～98.9%，联网率达到93.4%～96.7%。学生方面虽然略低于这个数字，但也在80%以上。

表 72　香港中小学信息技术基础设施建设情况

	小学	中学
学校计算机平均数	89.8	237.0
生机比	7.4∶1	4.6∶1
普通教室中计算机平均数	11.8	10.5
宽带上网率(%)	95.8	97.6
有网站的学校比率(%)	97.2	99.7
学校有课程/教学网站的比率(%)	52.1	88.4
学生家中有计算机的比率(%)	84.4	97.8
学生家中联网比率(%)	79.0	95.4

数据来源:王春蕾,刘美凤,黄少颖,吕留成,香港中小学信息技术教育应用状况研究,中小学信息技术教育 2006 年第 3 期,p51—54.

调查结果显示,在教师使用计算机的时间方面,超过 96%的教师表示每天都会在学校使用电脑,有 97%或以上表示会在家中使用电脑。使用电脑的时间超过 1 小时的教师在 50%以上。在小学生使用信息技术方面,数据显示,22.2%的小三学生及 22.8%的小六学生表示他们每天会在学校使用电脑超过 1 小时;分别有 45.9%及 71.9%的小三及小六学生表示他们会每天在家中使用电脑超过 1 小时。在中学生中,17.7%中二学生、12.1%中四学生及 11.1%中六学生表示他们每天会在学校使用电脑超过 1 小时;分别有 83.2%、79.0%、95.4%、87.1%及 82.1%的中二、中四及中六学生表示他们会每天在家中使用电脑超过 1 小时。在师生使用计算机所做的活动上,调查数据显示,教师的使用主要是准备课程材料、搜索信息和设计活动,较少用于交流和科研(见表 73)。

表 73　香港中小学教师使用计算机和上网时所做的活动

用　途	各种活动所占的百分比(%)	
	小学	中学
准备课程材料	81.2	94.2
搜索信息	86.9	91.1
设计活动和教学安排	71.1	69.0
管理、处理、搜集和测试	43.0	50.4

续 表

用　　途	各种活动所占的百分比(%)	
	小学	中学
与学生讨论或交流	38.6	43.7
与其他教师讨论	35.6	32.0
和其他学校进行协作项目	30.2	24.4

数据来源:同上表.

中小学生在学校主要用信息技术来搜索信息,学习计算机技能和项目学习,家中主要用于娱乐和信息搜索,有时用于学习和交流(见表 74)。

表 74　香港中小学生使用计算机和上网时做的活动

用　　途	各种活动所占的百分比(%)	
	小学	中学
阅读学校网站	74.3	72.5
下载学习材料	56.6	66.3
在线考试	32.9	41.5
查看教师的反馈意见	42.7	31.4
参加讨论	21.1	24.4
与其他人交流	27.4	33.8
与其他人协作	49.4	49.0
自学	56.3	56.4
处理日常生活中的问题	73.9	66.2
创新性任务	62.4	57.4

数据来源:同上表.

此外,在教师的信息技能教育与培训方面,2004 年的调查数据表明,香港大部分中小学教师都曾接受过资讯科技教育的培训,所有被调查的教师都表示已达到基本级资讯科技能力水平。其中有 89.2%的小学教师、89.3%的中学教师及 92.2%的特殊教育学校教师已达到中级或以上的水平。不过,在小学、中学及特殊教育学校中,只有 54.1%至 68.7%的教师认为在他们任教的科目中使用/整合资讯科技已达到熟练掌握的程度,仍有 15.7%至 28.2%的教师认为自已在教学上应用资讯科技上仅是“非使用者/新手/初学者”程度。这表明提高教师在课程教学中使用信息技术的能力是非常必要的。

可以看出，从香港整体的教育信息化发展情况来看，尽管基础设施已经明显改善，绝大部分教师已接受培训，但距离“旨在把学校教育由主要以教师为中心的教学模式，转向较为互动和以学习者为中心的模式”的改革目标还有一定距离。信息技术的实际使用仍较倾向于以教师为本，而非以学生为本；主要的模式仍是讲授法(例如讲解与示范)。个体学生很少有机会与电脑进行互动学习，参与需要高层次思考能力的协作互动学习的机会就更少一些。因此，今后的发展，应强调利用信息技术来加强学生自主学习和自主应用能力的培养。

(三) 中国大陆地区

自 20 世纪 90 年代以后，中国大陆的信息化水平在不断提高，互联网的快速普及与应用可以说是大陆地区信息化发展的一个突出表现。根据中国互联网中心(CNNIC)2007 年发布的研究报告，大陆地区的上网人数已经超过 1.3 亿人，上网者的绝对数量在全球居第二(见图 43)。此外，从上网者的职业构成情况来看，调查数据显示，上网者中的学生所占比例最多，达到了 32.3%。同时，学校教师及行政人员所占比例为 6.2%。另一项关于上网地点的数据显示，12.6%的上网者是在学校中。

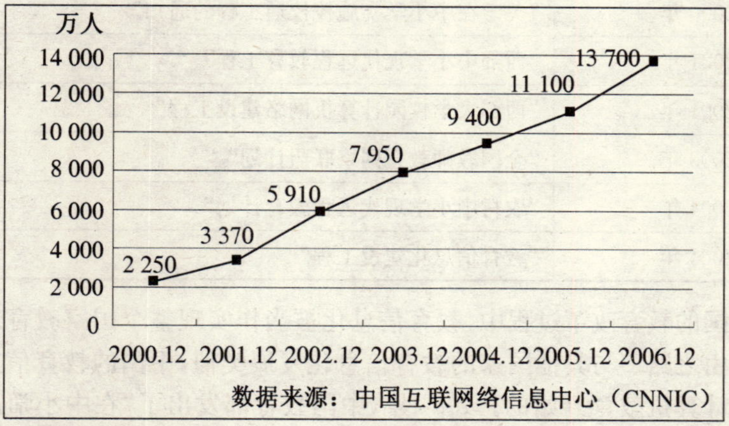

图 43　中国大陆地区上网人数的变化情况(2000～2007)

这些数据说明，在中国大陆地区，信息技术在教育领域的应用确实已取得了一定成就，教师和学生使用互联网的比例在逐年提高。实际上，自 90 年代以来，中国政府和教育主管部门制订和公布了许多改革与促进中国学校教育改革发展的计划。

总体来看，中国大陆地区的教育信息化发展可概括分为三个阶段：20 世纪 80 年代中期至 90 年代初期为萌芽阶段，主要是进行计算机教育、使用单机的计算机辅助以及传统的电化教育工具来进行教学改革；90 年代初期至 2000 年是起步发展阶段，主要进行硬件基础设施建设和开展信息技术教育，中国教育科研网络（CERNET）的建设和在中小学广泛开设信息技术课，推动了教育信息化的普及应用；2000 年之后则属于迅速发展阶段，通过政府实施的各种教育信息化计划，使得整个教育信息化快速起来。期间，中国政府和教育主管部门制订和颁布了多项教育信息化相关的计划（见表 75）。

表 75　中国政府颁布的与教育信息化建设相关的计划（1994～2004 年）

时　间	计 划 名 称
1994 年	“中国教育和科研计算机网”工程
1996 年	“中小学计算机教育五年发展纲要（1996～2000 年）”
1999 年	“现代远程教育工程”
2000 年	“新世纪网络课程建设工程”
2000 年	“中小学信息技术课程指导纲要（试行）”
2000 年	“关于在中小学实施校校通工程的通知”
2001 年	“西部中小学现代远程教育工程”
2001 年	“西部大学校园计算机网络建设工程”
2003 年	“全国教师教育网络联盟计划”
2004 年	“农村中小学现代远程教育计划”
2004 年	“教育信息化建设工程”

在中国的教育改革过程中，教育信息化被当作实现整个国家教育现代化的基础和必由之路。与其他国家的教育信息化发展类似，中国的教育信息化建设首先是从计算机教育开始的。1984 年，中国教育部发出了“在中小学进行计算机教育试点工作的通知”，并拨款 20 万元购置 300 台计算机及配套设备，装备 30 所小学作为试验点，这可视为中国教育信息化之开端。1993 年，中共中央、国务院印发“中国教育改革和发展纲要”，制定了我国教育 90 年代发展的目标中、战略和指导方针。文件中首次提出了“教育现代化”的概念，并指出应充分利用

信息通讯技术(当时主要指广播电视和各种传统电化教育工具)来提高学校教学效率和质量,并计划“到2000年基本建成全国电教网络,全国70%左右的县要建立起教育电视台(收转台),70%左右乡镇中心小学以上的学校和少数民族寄宿制学校要能够直接收看教育电视节目”。

其后,随着以计算机为和网络为基础的现代信息通讯技术的发展,计算机网络成为我国教育信息化发展的主要方向。1994年,由清华大学等六所高校建设的“中国教育和科研计算机网CERNET”试验网开通,该网络连接北京、上海、广州、南京、西安等五所城市,并与INTERNET互联,成为中国第一个运行TCP/IP协议的全国性计算机互联网络。同年,国家“八五”重点科研项目“中国教育和科研计算机网CERNET示范工程”[①]正式启动。在CERNET建设初期,其主要目标是:“能够使中国大部分高等院校的教师、研究生和科研人员在全国和全世界的计算机网络环境下进行学习和开展科研工作,提高教学质量和研究水平,成为中国高等学校进入世界科学技术领域的快捷方便的入口和科学研究的重要基础设施。”

随着计算机应用的不断推广和普及应用,培养学生计算机操作技能、加强教师计算机教学能力培养以及相关的硬件基础设施建设等问题也成为中国教育信息化建设的重要内容。1996年,原国家教委公布“中小学计算机教育五年发展纲要(1996~2000年)”。该规划要求,到2000年,我国中小学计算机教育发展的目标是:计算机设备达到最低配备台数的学校,城市,县(市)和农村分别要达到如下比例:

表76 “中小学计算机教育五年发展纲要”中的硬件建设计划(1996年)

地区划分	学校类别	达标学校百分比	少量微机学校百分比
城市	高中	100	0
	初中	60	40
	小学	15	50
县镇	高中	80	20
	初中	30	50
	小学	5	40

① 该项目由国家教育委员会主持,清华大学、北京大学、上海交通大学、西安交通大学、东南大学、华南理工大学、东北大学、北京邮电大学、华中科技大学、电子科技大学等十所高校承担建设。

续 表

地区划分	学校类别	达标学校百分比	少量微机学校百分比
农村	高中	50	50
	初中	5	50
	小学	0	5

数据来源:"中小学计算机教育五年发展纲要(1996年~2000年)",1996年.

同时,规划还要求有计划、有步骤地普及高中的计算机教育。所有达到硬件配备标准的普通高中必须开设计算机必修课,开设计算机必修课的学校约占全国高级中学和完全中学总数的60%,同时也要积极开展计算机辅助教学和辅助管理等活动;所有的高完中都要开展不同程度的计算机知识教育。发展初中计算机教育。所有达到硬件配备标准的初级中学必须开设计算机必修课或选修课,开设计算机课程的学校约占全国初中学校数的16%,城市和县(市)开设计算机课程的学校约占全国城市和县(市)初中学校数的42%,同时也要积极开展计算机辅助教学和辅助管理等活动;未达标的学校以选修课、课外活动或讲座等形式进行计算机教育。实际上,由于当时诸方面条件的限制,上述计划中许多目标都未付诸实现。

1999年,中共中央、国务院颁布"关于深化教育改革全面推进素质教育的决定",明确提出了教育信息化的要求。"决定"指出:"大力提高教育技术手段的现代化水平和教育信息化程度。""在高中阶段的学校和有条件的初中、小学普及计算机操作和信息技术教育,使教育科研网络进入全部高等学校和骨干中等职业学校,逐步进入中小学。"同年,教育部发表"面向21世纪教育振兴行动计划"。计划中强调指出,"在即将到来的21世纪,……教育将始终处于优先发展的战略地位,现代信息技术在教育中广泛应用并导致教育系统发生深刻的变化",将教育信息化建设视为实现整个国家教育现代化的一个重要方面,明确提出实施"现代远程教育工程"。主要内容包括:

◉ 以现有的中国教育科研网(CERNET)示范网和卫星视频传输系统为基础,提高主干网传输速率,充分利用国家已有的通信资源,进一步扩大中国教育科研网的传输容量和联网规模。2000年,全国全部本科高等学校和千所以上中等学校入网,并争取计算机网络进入5万名高校教授家中。利用中国教育科研网建立全国大学生招生远程录取、计算机学籍管理、毕业生远程就业服务一体化的信息系统；

◉ 继续发挥卫星电视教育在现代远程教育中的作用，改造现有广播电视教育传输网络，建设中央站，并与中国教育科研网进行高速连接，进行部分远程办学点的联网改造。2000年，争取使全国农村绝大多数中小学都能收看教育电视节目。要运用优秀师资力量和现代教育手段，把教育电视节目办好，重点满足边远、海岛、深山、林牧等地区的教育需求；

◉ 改变落后、低水平重复的远程教育软件开发制作模式，发挥政府宏观调控作用，利用各级各类学校教育资源的优势，通过竞争和市场运作机制，开发高质量的教育软件。要重点建设全国远程教育资源库和若干个教育软件开发生产基地。同时注意引进国外优秀现代远程教育软件；

◉ 建立和完善继续教育制度，适应终身学习和知识更新的需要。有条件的高等学校要开设继续教育课程，建设继续教育基地。要依托现代远程教育网络开设高质量的网络课程，组织全国一流水平的师资进行讲授，实现跨越时空的教育资源共享，向各行业的管理人员和专业人员提供多种继续教育课程。要发挥高等教育和中等专业教育自学考试制度的优势，不断扩大社会成员的受教育机会。

1999年，教育部又发布了“关于启动现代远程教育第一批普通高校试点工作的几点意见”，开始了高校远程网络教育的试点工作。该文件指出，“现代远程教育工程的实施及普通高校的参与，将使我国远程教育开始进入多媒体交互式发展的新阶段，突破了广播电视学校单一的开办现代远程教育的模式，逐步出现多层次、多规格、多形式、多功能的现代远程教育办学新局面”。首次批准清华大学、浙江大学、北京邮电大学、湖南大学四所大学进行远程网络教育的试点工作，建立了利用互联网进行远程教育的“网络教育学院”。目前，教育部共批准67所全日制普通高校参加现代远程教育工作。

2000年，为支持网络教育学院的网络课程建设和应用，教育部实施启动“新世纪网络课程建设工程”。计划在2年之内重点规划建设300门基础性的网络课程，并以网络课程建设带动课件库的建设，以课件库的建设推动网络课程的建设。新世纪网络课程建设工程所建设的课程，不仅要用于若干所大学的网络教育学院的试点，而且还应用于其他大学有关院校专业的教学和校际之间网络课程的互通以及学分的相互承认。同时，也是为了支持贫困地区的高等学校与西部地区的高等学校，通过网络教学进行对口支援，使全国各地的学生都能共享先进的教学方法和丰富的教学资源。同年，教育部又发出“关于在中小学普及信息技术教育的通知”，并印发“中小学信息技术课程指导纲要（试行）”。要求从2001年开始用5～10年的时间，在中小学（包括中等职业技术学校，下同）普及信息技术教育。其目标是：

◉ 2001年底前，全国普通高级中学和大中城市的初级中学都要开设信息技术必修课；
◉ 2003年底前，经济比较发达地区的初级中学开设信息技术必修课；
◉ 2005年前，所有的初级中学以及城市和经济比较发达地区的小学开设信息技术必修课，并争取尽早在全国90％以上的中小学校开设信息技术必修课。

随后，教育部接着发出“关于在中小学实施校校通工程的通知”，指出，“用5～10年时间，使全国90％左右的独立建制的中小学校能够上网，使中小学师生都能共享网上教育资源，提高所有中小学的教育教学质量，使全体教师能普遍接受旨在提高实施素质教育水平和能力的继续教育。”其具体目标是：

◉ 2005年前，争取东部地区县以上和中西部地区中等以上城市的中小学都能上网；
◉ 西部地区及中部边远贫困地区的县和县以下的中学及乡镇中心小学与中国教育卫星宽带网联通；
◉ 2010年前，争取使全国90％以上独立建制的中小学都能上网。不具备上网条件的少数中小学校也可配备多媒体教学设备和教育教学资源。

2001年，为解决由于地区经济发展水平不同而造成的教育信息化发展不平衡问题，教育部与李嘉诚基金会合作的“西部中小学现代远程教育工程”正式启动。李嘉诚基金会出资8 000万元，向西部12个省市区边远山区[①]的中小学校赠送5 000套现代远程教育卫星接收设备。同时，教育部也将向西部12个省市区的中小学提供5 000套现代远程教育卫星接收设备。该项目的目标是：

---

① 包括西藏、新疆、青海、甘肃、宁夏、内蒙古、陕西、四川、重庆、贵州、云南、广西、新疆建设兵团、湘西土家族苗族自治州、恩施土家族苗族自治州和延边朝鲜族贫困县乡镇中小学校。

◉ 在西部地区建立一万个接收中国教育卫星多媒体宽带广播的教学点，主要用于中小学普及计算机教育、帮助教师掌握网络技术，让西部农村的中小学生共享优秀教育资源，促进西部地区教育的跨越式发展；
◉ 同时，为提高上述西部地区中小学教师的信息技术操作技能水平，还实施了《西部地区中小学现代远程教育培训中心教师培训项目》，在西部十四所相关大学①设立“西部地区中小学现代远程教育培训中心”，主要任务是为西部中小学现代远程教育一万个教学示范点，培训骨干教师、技术维护和教育管理人员。确保当地教学示范点的远程教育设备正常运转，使之有效地为当地教学等提供信息服务。

2001年，为解决我国西部教育信息化发展滞后，高校校园网建设水平与东部差距大的问题，经国务院批准，国家计委批复立项，由教育部组织实施的重点建设项目“西部大学校园计算机网络建设工程”项目正式启动，总投资为9亿元。该项目建设总体目标是：

◉ 用一年左右的时间，建设西部152所大学②校园网网络基础设施；实现校园网与中国教育与科研计算机网(CERNET)高速联网；
◉ 建设一批基于校园网的教学、科研和管理的应用系统。

该项目建设内容包括建设校园计算机光纤主干网、校园网网络中心、开放网络机房、多媒体网络教室、省会城市城域网和非省会城市高速接入工程、网络管理和运行系统、教学、科研、管理系统和网络安全保障体系等。

2002年，教育部发表“关于推进教师教育信息化建设的意见”，指出“为适应信息社会的发展要求，以信息化带动教育现代化，促进教师教育跨越式的发展，积极推进教师教育信息化建设是一项紧迫的重要任务”。提出在教育信息化建设过程中，信息通讯技术的广泛应用已经引起中小学的教育思想、观念、内容、方法等方面发生深刻变革。要实现信息技术在中小学逐步普及和应用，建设一支数量足够、质量合格的具有较高信息素养的中小学师资队伍是关键。内容主要

① 这十四所大学分别是新疆大学、兰州大学、西北师范大学、青海大学、青海师范大学、西南科技大学、重庆大学、贵州大学、广西大学、内蒙古大学、云南大学、西藏大学、宁夏大学和西北大学。

② 包括西部12省(自治区、直辖市)、新疆生产建设兵团、湖南省湘西土家族苗族自治州、湖北省恩施土家族苗族自治州、吉林省延边朝鲜族自治州等3个自治州共152所本科高等学校。

包括：

◉ 加快以各级各类师范院校为主体的教师教育机构信息基础设施和资源建设，逐步构建全国教师教育信息化网络教育体系；
◉ 全面推进现代信息技术和教育技术在教师教育中的普及和应用，显著提高中小学教师的信息素养，促进信息技术与学科课程的整合；
◉ 积极促进教师教育教学方法和手段、管理体制和办学方式的改革创新，探索并初步构建信息环境下教师教育的有效模式。

2003年，教育部开始实施“全国教师教育网络联盟计划”①。其主要目的是，加强教师教育系统、卫星电视网与计算机互联网“三网”之间的沟通，实现教师教育领域内各领域之间的联合，充分借助现代远程教育手段，打破时空阻隔，使不同地区的教师共享优质教育资源，大规模开展教师继续教育，提高教师尤其是农村教师队伍整体素质。

主要措施包括：

◉ 创建教师网联门户网站，开设中国教育电视台教师学习频道；
◉ 利用中国教育卫星宽带多媒体传输平台和广播电视大学系统的学习支持服务体系，与“校校通”工程、农村中小学现代远程教育工程相结合，为农村地区中小学教师提供优质远程教育支持服务；
◉ 建立区域性教师学习与资源中心负责本地教师培训的组织、协调，为各种途径和形式的教师学习提供资源、信息和技术等方面的支持服务。利用和整合现有的教师进修院校、网络教育校外学习中心（点）、教研室、电大工作站、电化教育和教育科研等机构，逐步形成多功能的区域教师学习与资源中心。

该计划的运作模式是：

◉ 由开展现代远程教育试点的师范大学主要提供优质共享课程资源，主要

① 全国教师教育网络联盟的发起和首批参与单位有北京师范大学、华东师范大学、东北师范大学、华中师范大学、西南师范大学、陕西师范大学、华南师范大学、福建师范大学、中央广播电视大学、中央电化教育馆、中国教育电视台和高等教育出版社等。

实施研究生、专科升本科教育，实施骨干教师国家、省级研修；

◉ 中央广播电视大学主要提供优质共享课程资源，侧重提供卫星电视远程教育资源，重点面向农村、贫困地区和边远民族地区中小学教师实施本、专科教育，开展非学历培训；

◉ 中国教育电视台参与教师教育节目的设计播出、优质教育资源的开发，教师教育频道的管理和卫星电视宽带平台的技术维护；

◉ 中央电化教育馆参与教师教育的资源开发、支持服务以及相关的技术培训；

◉ 高等教育出版社参与"教师网联"课程资源的建设和开发以及国内外优质课程资源的引进等工作，积极为"教师网联"开展的教育教学活动提供支持服务；

◉ 区域教师学习与资源中心主要承担地方学习支持服务的职责。按照教育部制定的示范性区域教师学习与资源中心建设标准，负责本地教师培训的组织、协调与管理，为各种途径和形式的教师学习提供资源、信息和技术等方面的支持服务。

2004年，教育部又颁布"2003～2007年教育振兴行动计划"，其中包括：实施"农村中小学现代远程教育计划"和实施"教育信息化建设工程"。计划指出，构建教育信息化公共服务体系，建设硬件、软件共享的网络教育公共服务平台。加快中国教育和科研计算机网（CERNET）和中国教育卫星宽带传输网（CEBsat）的升级扩容工程建设，积极参与新一代互联网和网格（ChinaGRID）的建设，强化资源整合，加强地区网络建设和管理，建立健全服务体系及运行机制。加强高等学校校园网建设，创建国家级教育信息化应用支撑平台。加大涵盖各级各类教育的信息资源开发，形成多层次、多功能、交互式的国家教育资源服务体系。大力加强信息技术应用型人才培养，着力改革信息化人才培养模式，扩大培养规模，提高培养质量。

2006年5月，中国政府又发布了"2006～2020年国家信息化发展战略"。其中，将"加快教育科研信息化步伐"作为国家信息化发展的战略重点之一，提出要"提升基础教育、高等教育和职业教育信息化水平，持续推进农村现代远程教育，实现优质教育资源共享，促进教育均衡发展。构建终身教育体系，发展多层次、交互式网络教育培训体系，方便公民自主学习。建立并完善全国教育与科研基础条件网络平台，提高教育与科研设备网络化利用水平，推动教育与科研资源的共享”,这为我国教育信息化建设提出了明确的发展目标。

总体来说,经过多年努力,目前我国的教育信息化建设已取得较大成就。据2005年北京大学发布的一份关于中国基础教育信息化发展状况的调查报告数据显示,在校园网建设方面,在被调查的中小学校中,超过一半(64.1%)的学校已建成校园网,近四分之一(22.5%)的学校计划在今后2—3年内建设校园网,只有13.4%的学校目前尚无校园网建设计划(见表77)。同时,在建成校园网的学校中,97.3%的学校已与互联网连接,但是连接的方式各不相同,其中光纤接入比例最高(70.3%),其他依次为ADSL(22.4%),ISDN(2.6%)和MODEM(2.0%)。另外,在建成校园网的学校中有67.2%的学校建立了正式的网站。

表77 中小学校的校园局域网建设情况(2005年)

问题选项	回答样本百分比
是	64.1%
计划在今后2—3年内建设	22.5%
目前尚无建设计划	13.4%

数据来源:赵国栋,缪蓉等,中国教育信息化发展状况调查报告[R],2005年4月,北京大学教育学院.

在生机比率方面,调查数据显示,在被调查的中小学中,23.2%的学校是每20名学生使用1台计算机,只有11.4%的学校是每2~5人1台计算机(见表78)。经过换算①之后,平均生机比率为18.9∶1。

表78 学生与计算机的比率(生机比)

选　项	回答百分比
每人1台	4.7
每2~5人1台	11.4
每6~10人1台	21.2
每11~20人1台	22.2
每20人以上1台	23.2
其他(请注明)	17.3

① 按照问卷各选项中的人数的中位数(Median)进行计算,并将“其他”选项的数量假设为每50人1台,得到的均值为[1*19+3.5*46+8*86+15.5*90+20*94+50*70)]/(19+46+86+90+94+70)=7 643/405=18.9人/台。

关于教师的计算机装备情况，数据显示，在被调查的学校中，76.2%的普通学科教师在办公室中配备有计算机设备。另外，26.7%的学校会为教师提供电子邮件服务。在教师的信息技术培训方面，调查结果显示，一半以上(52.1%)的教师都表示学校经常提供信息技术培训，41.3%的教师表示学校提供的培训机会较少，只有6.5%的教师表示学校从不提供培训。

在教师的计算机使用时间上，数据显示，教师每周至少使用计算机4～5小时或以上的比例为69.3%(见表79)，这就意味着这些教师基本上每天都使用至少1小时。另外，在被调查的教师中，超过一半(58.3%)表示他们经常使用计算机来备课，只有10.8%的教师表示从不使用计算机来备课。

表79　中小学学科教师计算机使用时间

问题选项	回答百分比
没用过	5.3%
每周1小时之内	7.5%
每周2～3小时	16.0%
每周4～5小时	16.9%
每周6～7小时	12.5%
每周8～10小时	10.7%
每周10小时以上	29.2%
其他(请注明)	2.1%

在计算机的操作水平上，22.2%的教师自己感觉对使用计算机非常有信心，63.9%的教师感觉一般使用情况不错，但有时需要请教别人。而不愿意使用计算机和对使用缺乏信心的教师比例为10.9%(见表80)。

表80　学科教师使用计算机的信心

问题选项	回答样本百分比
使用非常熟练，而且有信心	22.2%
一般使用可以，但有时需要请教他人	63.9%
使用时很不熟练，经常出问题，因此不太愿意使用	7.0%
很少使用，因为对使用缺乏信心	3.9%
根本不用	2.9%

关于在教学中应用信息技术来与课程教学整合的问题，调查发现，教师普遍反

映基本上了解信息技术与课程整合的内涵，占总人数的61%，但是，在具体的实施过程中，又有64%的教师反映实践不多或不知道如何实施(见表81)。这说明在教育信息化深入推进的阶段，我国的中小学校从管理层到教师层都意识到了信息技术与课程整合的重要性，但是在如何进行具体实际工作时，面临一定的困难。

表81　学科教师对“信息技术与课程整合”的认识与实践情况

问题选项	回答样本百分比
认为在教学中已基本实现“信息技术与课程整合”	24.7%
对“信息技术与课程整合”的理论很清楚，但在教学中实践不多	37.8%
对“信息技术与课程整合”的理论有所了解，但不知道如何在教学中实施	28.0%
搞不清楚“信息技术与课程整合”究竟是指什么	7.5%
没听说过“信息技术与课程整合”	2.1%

在学生的信息素养培养方面，调查结果显示，在被调查学校中，43.4%在小学开设了信息技术课，37.2%在中学开设，33.9%在高中开设。学生信息技术能力发展同样也表现在了其学习过程之中。调查结果表明(见表82)，在被调查的学生中，61.0%的学生经常“利用互联网查找各种学习资料”，其次为使用word等应用软件来完成作业(25.0%)，浏览教师提供的电子网络课件(21.0%)。此外，对于教师在教学中使用计算机等教学工具，学生也持积极的态度。结果显示，认为教学中使用信息技术，对学习很有帮助的学生比例达到58.5%，另外也有26.2%的学生认为吸引了自己的注意力。

表82　中小学生在学习过程中使用信息技术情况

问题选项	回答样本百分比
利用互联网查找各种学习资料	61.0%
浏览老师提供的电子网络课件	21.0%
使用word等应用软件来完成作业	25.0%
使用电子邮件向老师递交作业	10.1%
使用网页制作工具制作个人或班级网页	16.1%
在网上某些学习讨论区中讨论	13.0%
使用学校的电子图书馆	12.5%

通过以上调查数据可以看出，中国的教育信息化建设经过十余年的不懈努力和发展，取得相当大的成就，使得信息技术的应用从电脑实验室走向了课堂，走上了教师的讲台，利用信息技术来改革和提高学校教育成为了广大教育者的共识。不过，许多研究也表明，由于受中国整体经济发展水平的限制，再加之国内各地区之间经济发展水平极度不平衡，导致教育信息化的发展也存在着诸多问题和障碍，数字鸿沟所造成的各地区学校之间在硬件基础设施建设、资源建设、师资培训、信息技术教育和应用水平方面的差异仍然巨大，教育信息化的发展还有很长的路需要走。

思考题

1. 欧美发达国家的教育信息化发展的共同特点有哪些？对我国的教育信息化建设有哪些启示？

2. 根据你的看法，你认为，我国教育信息化建设目前存在的问题主要有哪些？应该如何解决？

3. 试分析韩国的信息化发展水平迅速提高的主要原因是什么。

动手研究

利用数据来研究问题具有很强的说服力。根据本章中介绍的世界各国教育信息化的发展概况，请你设计一份调查某一地区学校教育信息化发展状况的问卷。在设计问卷时，请考虑应该选择谁作为调查对象，问卷内容应该包括哪些部分。调查问卷的内容应包括：问卷导语、填写指南，问卷分组及调查问卷和填写者背景信息等。

参考文献

中文：

[1] 刘小强，蒋喜锋(2005)，2000 年以来欧盟终身学习战略实施新特点，吉林工程技术师范学院学报，2005 年 4 月，第 21 卷第 4 期.

[2] 王文槿(2006)，解说欧盟的教育与培训信息化策略，中国职业技术教育，2004 年 24.

[3] 彭玉然，薛学通(2006)，欧盟推进 eTwinning 的现状及其对我国中小学

教育信息化的启示,中小学电教,2006 年 4 月,p72—75.

[4] 何亚力(2006),漫步英国基础教育信息化,教育信息化,2006 年 7 月,p5—7.

[5] 杨斌,郑燕林,王以宁(2000),中、英高等教育领域网络教育状况的比较,《教育技术研究》2000 年第四期.

[6] 王瑞香,英国教育信息化的特点论析,外国教育研究,2006 年第 12 期,p73—76.

[7] 于志涛,英国 ICT 国家教育计划及其启示,中国远程教育,2006 年 9 月,p71—75.

[8] 丁桂芝,薛勇(2005),英国高等教育 E-learning 发展战略及执行情况,计算机教育,2005 年 11 月.

[9] 赛迪网讯,法国信息技术处于欧盟成员中游 Wi-Fi 普及迅猛 it. sohu. com/20041101/n222789622. shtml 52K 2005 - 7 - 14.

[10] 王晓辉(2004),法国教育信息化的基本战略与特点,外国教育研究,2004 年第 5 期, p60—64.

[11] 张进京译(2005),2006 年德国信息社会行动纲领——德国走向信息社会的主体计划,2005 年 10 月,http://mii. bsgov. cn/html/2006 - 1/200611091952. htm.

[12] 辛仁周(2006),德国信息化战略的主要特点及对我国的启示,ttp://www. echinagov. com/echinagov/yanjiu/2006 - 10 - 17/8644. html(2007 - 2 - 14).

[13] 李雪垠(2006),透视芬兰中小学 ICT 教育,中小学信息技术教育,2006. 1,p66—68.

[14] 袁莉(2005),教育信息化和未来学校教育模式——透视伍德的国家教育信息化政策框架,教育信息化,2005 年第 9 期,p60—65.

[15] 王艳玲,苟顺明(2006),加拿大教师 ICT 培训对策,教育信息化,2006 年 6 月,p19—20.

[16] 秦晓文,加拿大安大略省信息技术与课程整合的特点及启示,http://www. bjesr. cn/esrnet/site/bjjykyw/jxyj/XXYY/005ee0013bf4d3822. html.

[17] 李志涛,李震英(2004),加拿大中小学的信息化发展走笔,中小学信息技术教育,2004. 11,p56—59.

[18] 王佑镁(2006),教新加坡教师教育信息化专业发展模式简述,教育信

息化/2006.1,p70—73.

[19] 沙红(2005),新加坡的教育信息化,中国远程教育,2005 年 2 月,p74—77.

[20] 李文英(2003),日本教育信息化发展及对我国的启示,外国教育研究,2003 年 2 月,p38—42.

[21] 王保中,黄松爱(2006),日本基础教育信息化:当前的举措与成果,外国教育研究,2006 年第 5 期,p46—51.

[22] 黄松爱,唐文和,董玉琦(2006),日本基础教育信息化最新进展述评,中国电化教育,2006 年 8 月,p89—93.

[23] 王晓平,李震英(2004),韩国中小学教育信息化的发展,教育信息化,2004 年 6 月,p17—19.

[24] 朴成日(2006),韩国重视 U-learning 实践与研究,信息技术教育 2006.9 p33.

[25] 国家统计局国际统计信息中心,中国信息化发展指数年均增速快,中国信息报,2006-12-29.

[26] 吕炳辉(2005),2004 年为止我国信息科技辅助教育应用之概况,资策会 ACI-IDEA,http://www.find.org.tw/0105/trend/0105_trend_disp.asp trend_id=1295(2007-2-14).

[27] 2006 年国中小学校基本资料、计算机设备更新和校园互联网建置统计表,台湾省教育部电算中心,http://www.edu.tw/EDU_WEB/EDU_MGT/MOECC/EDU6673001/ie/infra/index.html(2007-1-30).

[28] 施俊良(2004),历年信息教育的推展成效,http://www.nhu.edu.tw/ society/e-j/43/43—08.htm(2007-2-2).

[29] 何荣桂,吴正己,赖锦缘,篮玉如 (1999):各国信息教育课程实施概况及对九年一贯信息课程的启示.课程与教学季刊,p43—60.

[30] 王春蕾,刘美凤,黄少颖,吕留成(2006),香港中小学信息技术教育应用状况研究,中小学信息技术教育 2006 年第 3 期,p51—54.

[31] 中国互联网络信息中心(2007),中国互联网络发展状况统计报告,2007 年 1 月,http://www.cnnic.cn/html/Dir/2007/01/22/4395.htm(2007-1-10).

[32] 刘小强,蒋喜锋(2005),2000 年以来欧盟终身学习战略实施新特点,吉林工程技术师范学院学报,2005 年 4 月,第 21 卷第 4 期.

[33] 王文槿(2006),解说欧盟的教育与培训信息化策略,中国职业技术教育,2004 年 24.

[34] 刘宇,张连军(2006),欧盟基础教育信息化的现状与行动计划,中小学信息技术教育,2006. 12,p55—56.

[35] 彭玉然,薛学通(2006),欧盟推进 eTwinning 的现状及其对我国中小学教育信息化的启示,中小学电教,2006 年 4 月,p72—75.

[36] 刘宇,张连军(2006),欧盟基础教育信息化的现状与行动计划,中小学信息技术教育,2006 年 12 期.

[37] 陈凯,杨培芳,信息化测算方法概述,http://www. sts. org. cn/fxyj/other/documents/xxhcsff. htm.

[38] 东北师范大学信息技术教育研究所(2006),基础教育信息化国际比较研究报告书,2006 - 5 - 7.

[39] 韩国教育人力资源部教育课程政策科:中小学校信息技术教育运营指针解说书,2006,2. http://www. moe. go. kr,2006 - 5 - 7.

[40] 朴成日(2006),韩国基础教育信息化述评,信息技术教育,2006 年 9 月,p29—33.

[41] 香港教育统筹局(1996),与时并进,善用资讯科技学习五年策略 1998/99 至 2002/03. 1998 年 10 月.

[42] 香港教育统筹局(2004),资讯科技教育未来路向. 2004 年 3 月.

[43] 香港教育统筹局(2004),善用资讯新科技开拓教学新世纪,2004 年 7 月.

[44] 香港理工大学,2002—2004 年进行的《1998—2003 年信息技术教育应用计划进度检视及成效评鉴的整体研究》.

[45] 赵国栋,缪蓉等(2005),中国教育信息化发展状况调查报告[R],2005 年 4 月,北京大学教育学院.

[46] 于志涛,英国 ICT 国家教育计划及其启示,中国远程教育,2006 年 9 月,p71—75.

[47] 北京市基础教育信息技术考察团(2003),利用信息技术改变教育方式——关于英国信息技术教育的研究报告[R],北京:北京教育科学研究院,2003:3—7, 66, 161.

[48] 何荣桂(2001),他山之石可以攻错:亚太地区资讯教育的发展与前瞻[J]. 台湾资讯教育杂志,2001,(2):1—7.

[49] Okhwa Lee. 韩国中小学资讯教育的现况与展望[J],台湾资讯教育杂志,2001,(2):45—54,http://sun. tchcvs. tc. edu. tw/magazine/old/8105. pdf (2007-2-17).

[50] 赖锦缘,吴正己,何荣桂(2001). 新加坡资讯科技建设计划[J],台湾资讯教育杂志,2001,(2):93—104.

[51] 黄慧(2003),我国中小学网络教育教学的现状、问题、对策及其发展趋势[R]. 北京:中央电教馆,2003:8, 11.

[52] 黄德群(2003),香港信息技术教育研究,http://www. uniwant. com/show. aspx id=1872&cid=270(2007-2-14).

[53] 台湾省教育部(2002),中小学资讯教育总蓝图[R],台北:台湾省教育部,2002.

[54] 宋志扬,张豫虎,程家玲(2003),台湾 NII 推动互联网执行成果及展望之探讨. 2003.

[55] 温明正(2001),台湾国民小学教学软件应用与相关措施调查研究[D],台湾:台北师范大学研究所,2001.

[56] 张海,王以宁,英国政府的信息技术政策和计划对中小学的影响[J],中小学电教,2002(10).

[57] 吴明烈(2000),德国终生学习的发展现况与趋势[J],台湾成人教育,2000,(56)39—45, http://adumlw. ccu. edu. tw/Document/paper/11. doc 56K (2007-2-14).

[58] 吴呈奇(2002),大学推动校园 e 化之探讨[D],台湾:国立中山大学人力资源管理研究所,2002.

英文:

[1] British Educational Communications and Technology Agency(2003), Betca. ImpaCT2—New report shows ICT in schools raises standards. GTES Online, 3 January 2003,

[2] British Department of Educationa and Skills(2002). Statistics of Education: Survey of Information andCommunications Technology in Schools 2002.

[3] Canadian Teacher's Federation(2003), National. survey highlights need for common strategic vision, training, and support for teacher. http://www. ctf-fce. ca/en/press/2003/pr03-27. htm.

[4] Kenneth Green (2003). Campus Computing 2003: the 14th National

Survey of Computing and Information Technology in American Higher Education[R]. Encino, CA. 91426 - 1242. USA.

[5] Sheila Heaviside(1995), Advanced Telecommunications in U. S. Private Schools, K - 12 Fall 1995, al. National Center for Education Statistics, U. S. Department of Education, Office of Educational Research and Improvement NCES 97—394.

[6] Anne Kleiner, Laurie Lewis, Westat, Bernard Greene(2005), Internet Access in U. S. Public Schools and Classrooms: 1994—2002, U. S. Department of Education Institute of Education Sciences, National Center for Education StatisticsNCES 2004 - 011, October 2003.

[7] Werner B. Korte and Tobias Hüsing(2006), Benchmarking Access and Use of ICT in European Schools 2006: Results from Head Teacher and A Classroom Teacher Surveys in 27 European Countries. ttp://www. elearningeuropa. info/files/media/media11563. pdf(2007 - 2 - 17).

[8] Empirica (2006): Use of Computers and the Internet in Schools in Europe 2006. 27 country briefs-UK. http://europa. eu. int/information society/eeurope/i2010/docs/studies/learnind_countrybriefs_pdf. zip(2007 - 2 - 17).

[9] Empirica (2006): Use of Computers and the Internet in Schools in Europe 2006. 27 country briefs-French. http://europa. eu. int/information_society/eeurope/i2010/docs/studies/learnind_countrybriefs_pdf. zip(2007 - 2 - 17).

[10] Empirica (2006): Use of Computers and the Internet in Schools in Europe 2006. 27 country briefs-German. http://europa. eu. int/information_society/eeurope/i2010/docs/studies/learnind_countrybriefs_pdf. zip(2007 - 2 - 17).

[11] Empirica (2006): Use of Computers and the Internet in Schools in Europe 2006. 27 country briefs-Finland. http://europa. eu. int/information_society/eeurope/i2010/docs/studies/learnind_countrybriefs_pdf. zip(2007 - 2 - 17).

[12] Kubicek, H. (2004). "Fighting A Moving Target: Hard Lessons From Germany's Digital Divide Programs", IT& Society 1(6):1—19. (http://www. stanford. edu/group/siqss/itandsociety/v01i06/v01i06a01. pdf(2007 - 1 - 24)

[13] Empirica (2006): Use of Computers and the Internet in Schools in Europe 2006. 27 country briefs-German. http://europa. eu. int/information-so-

ciety/eeurope/i2010/docs/studies/learnind_countrybriefs_pdf. zip.

[14] Johanne Plante and David Beattie(2005), Connectivity and ICT integration in Canadian elementary and secondary chools: First results from the Information and Communications Technologies in Schools Survey, 2003—2004.

[15] David Wood(2002), the THINK Report Technology in Education Futures for policy, 02/2002, http://www. eun. org, Supported by the European Commission, http://sig. altransdb. com/sigVInternet/repositorio/nivel0/nivel1/Dossiers/eLearning/Projects/Schoolnet. pdf(2007 - 1 - 31).

[16] Johanne Plante and David Beattie(2005), Connectivity and ICT integration in Canadian elementary and secondary chools: First results from the Information and Communications Technologies in Schools Survey, 2003—2004, Culture, Tourism and the Centre for Education Statistics Division of Canada, www. statcan. ca/english/research/81 - 595 - MIE/81 - 595 - MIE2004017. pdf.

[17] N. Law, H. K Yuen, W. W. Ki, S. C. Li, Y. Lee(1999), TheSecond International Information Technology in Education Study Hong Kong SAR Report, 1999.

[18] N. Law, H. K Yuen, W. W. Ki, S. C. Li, Y. Lee, Y. Chow(2000), Changing Classrooms & Changing Schools: A Study of Good Practices in Using ICT in Hong Kong Schools, 2000.

[19] Preliminary Study on Reviewing the Progress and Evaluating the Information Technology in Education (ITEd) Projects (Dec 2000—Aug 2001), by The Centre for Information Technology in School and Teacher Education, Faculty of Education, The University of Hong Kong, Nov. 08, 2001.

[20] Overall Study on Reviewing the Progress and Evaluating the Information Technology in Education (ITEd) Projects 1998/2003, http://www. emb. gov. hk/FileManager/EN/Content _ 4447/finalreportfinalver. pdf (2007 - 2 -14).

[21] Werner B. Korte and Tobias Hüsing(2006), Benchmarking Access and Use of ICT in European Schools 2006: Results from Head Teacher and A Classroom Teacher Surveys in 27 European Countries, ttp://www. elearningeuropa. info/files/media/media11563. pdf.

[22] Empirica (2006), Use of Computers and the Internet in Schools in Europe 2006. 27_countrybriefs. http://europa. eu. int/information-society/eeurope/i2010/docs/studies/learnind_countrybriefs_pdf. zip.

[23] David Wood(2002), the THINK Report Technology in Education Futures for policy, 02/2002, Centre for Research in Development, Instruction and Training, Nottingham University, http://www. eun. org, Supported by the European Commission, http://sig. altransdb. com/sigVInternet/repositorio/nivel0/nivel1/Dossiers/eLearning/Projects/Schoolnet. pdf(2007 - 1 - 31).

[24] David Wood(2002), the THINK Report Technology in Education Futures for policy, 02/2002, Centre for Research in Development, Instruction and Training, Nottingham University, http://www. eun. org, Supported by the European Commission, http://sig. altransdb. com/sigVInternet/repositorio/nivel0/nivel1/Dossiers/eLearning/Projects/Schoolnet. pdf(2007 - 1 - 31).

[25] Johanne Plante and David Beattie, Connectivity and ICT integration in Canadian elementary and secondary chools: First results from the Information and Communications Technologies in Schools Survey, 2003—2004.

第 四 章

研究案例：中国东中部地区教育信息化调查及国际比较研究

内容导读

2006 年是国家进入“十一五”计划的第一年，随着国家 2006～2020 年信息化发展战略的提出，总结“十五”期间的教育信息化的建设成果，为制订和实施下一步的教育信息化发展策略做好准备，成为许多研究者关注的问题。在此背景之下，北京大学教育学院教育技术系与有关部门合作，于 2006 年 4 月～6 月共同合作实施了一项大规模的中小学教育信息化调研活动，以抽样调查的方式对东部和中部的中小学信息技术应用情况进行了调研，取得了大量第一手数据。以此次调查数据为基础，本章将从东部和中部的校园信息化基础设施建设、信息化管理和信息技术在教学中应用等角度介绍我国教育信息化发展状况。研究者希望，通过此次调查来进一步了解我国基础教育信息化的发展现状及问题，为有关部门的规划和决策提供参考信息。

关键词

东、中部地区，信息化基础设施，教学信息化，管理信息化，学生信息技术应用

数据摘要

东中部学校的调查数据：

◉ 参加调查学校的平均生机比率为 15.7∶1，师机比率为 3.3∶1

◉ 93.5%的学校已建成校园网络

◉ 中小学教室中安装比例最高的设备是“投影仪”(67.9%)，最低的是“电子白板”(8.4%)

◉ 教师办公室的平均计算机安装率为 81.3%，其中 79.3%的计算机已联网

- ◉ 71.8%的教师经常使用计算机来备课
- ◉ 76.5%的教师表示在教学中使用计算机演示文档
- ◉ 45.7%的教师表示,“我在教学中已基本实现‘信息技术与课程整合’”
- ◉ 71.9%的学生家庭已拥有计算机
- ◉ 78.6%的学生认为教师在教学中使用计算机有利于自己的学习
- ◉ 37.6%的学生表示已拥有 E-mail 信箱
- ◉ 45.6%的学校认为存在信息化经费短缺问题
- ◉ 78.6%的学科老师承认在所教的学生中曾出现过网络成瘾情况

东中部学校与国外的比较数据:

- ◉ 生机比率:中国东中部(15.7∶1),欧盟 27 国(8.8∶1),德国(11.2∶1),法国(8∶1),日本(7.6∶1),芬兰(5.9∶1),韩国(5∶1),加拿大(5∶1),英国(5∶1),新加坡(5∶1),美国(3.8∶1)
- ◉ 校园局域网建成比率:中国东中部(93.5%),美国(99.5%),韩国(99.5%),日本(99.8%)
- ◉ 学校宽带接入率:中国东中部平均值(77.2%),欧盟 27 国平均值(70%),英国(75%),法国(75%),芬兰(90%),德国(63%),美国(97%)
- ◉ 校园网站建成率:中国东中部(80%),欧盟 27 国(63%),英国(73%),法国(29%),德国(70%),芬兰(86%),美国(88%)
- ◉ 教学资源库应用率:中国东中部(75%),欧盟 27 国(74%),英国(94%),法国(74%),德国(69%),芬兰(78%)
- ◉ 教师 IT 培训比例:中国东中部(65%),英国(91%),美国(82%),日本(71%)
- ◉ 在教学中使用计算机的教师比例:中国东中部(36%),欧盟 27 国(74%),英国(96%),法国(65%),德国(78%),芬兰(85%)

二 研究设计与实施概述

(一) 研究目标及调查设计

根据计划,本调查的主要研究目标是:以抽样调查方式,在国内东部经济发达地区和中部经济比较发达地区选择一定数量的城市、县镇和农村中小学校作为调查对象,从基础设施建设、资源建设、管理和应用等角度对信息技术的应用状况进行全面的调研。主要是了解我国经济发达地区中小学教育信息化发展的现状。

根据研究者的设计，与其他有关调查研究相比，本课题的独特之处主要表现三个方面：

◉ 一是主要选择经济发达(东部)和比较发达地区(中部)的中小学校作为调查对象，因此调查结果所反映的更多是我国基础教育信息化的高端发展水平。换言之，从调查对象来说，本调查的主要目标是了解我国经济发达或比较发达地区基础教育信息化的发展状况，而不是全面是反映我国中小学信息化的整体水平；

◉ 二是完全采用"网络问卷调查"方式(Websurvey methodology)来实施调查。研究者认为，由于调查对象均为经济发达和较发达地区的学校，因此其硬件基础设施条件都较好，基本都已经具备了计算机和上网的条件。在这种情况下，利用网络问卷调查法可有效提高调研的效率，减少调查时间和成本支出；

◉ 三是采用多份问卷同步实施调查的方式。调研中，学校管理者、电教人员、学科老师、信息技术课教师和中小学生分别填写各自的问卷，研究者这样做的目的是，希望能够从各个层面和角度来反映我国发达和比较发达地区中小学信息化发展的现状和存在的问题，最终构建一个中小学信息技术应用状况的多维立体场景，较全面和清楚地反映我国基础教育信息化的建设成果，为有关部门制订基础教育信息化未来的发展规划提供参考数据和资料。

经过课题组成员的多次讨论，初步形成以下研究计划：

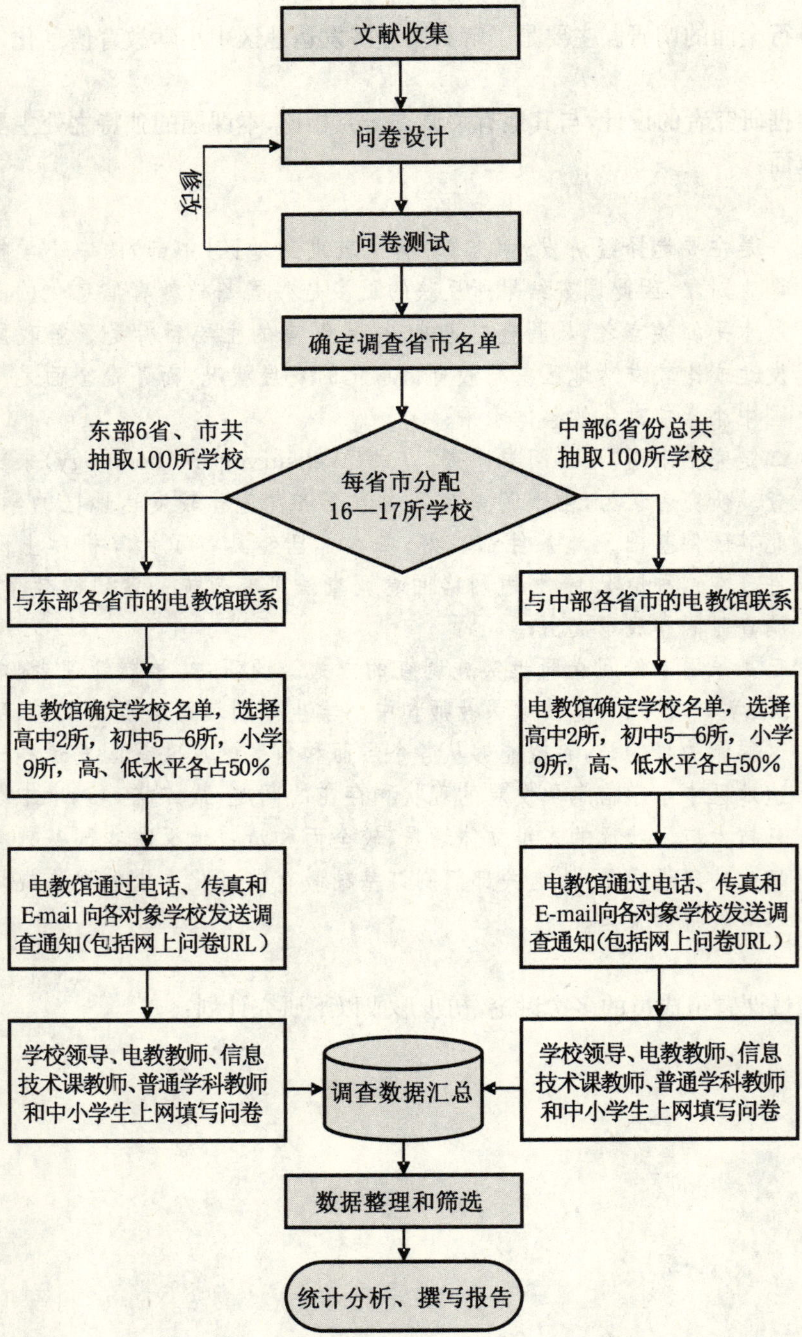
文献收集
问卷设计
修改
问卷测试
确定调查省市名单
东部6省、市共
抽取100所学校
中部6省份总共
抽取100所学校
每省市分配
16—17所学校
与东部各省市的电教馆联系
与中部各省市的电教馆联系
电教馆确定学校名单，选择
高中2所，初中5—6所，小学
9所，高、低水平各占50%
电教馆确定学校名单，选择
高中2所，初中5—6所，小学
9所，高、低水平各占50%
电教馆通过电话、传真和
E-mail 向各对象学校发送调
查通知(包括网上问卷URL)
电教馆通过电话、传真和
E-mail向各对象学校发送调
查通知(包括网上问卷URL)
学校领导、电教教师、信息
技术课教师、普通学科教师
和中小学生上网填写问卷
调查数据汇总
学校领导、电教教师、信息
技术课教师、普通学科教师
和中小学生上网填写问卷
数据整理和筛选
统计分析、撰写报告

图 44 调查流程设计

（二）调查问卷编制及工具选择

根据研究文献综述，研究者初步确定了调查问卷的框架、内容和具体调查问卷。经过多次讨论之后，研究者认为，根据国内外相关的研究成果，初步将教育信息化调查的内容确定为以下几方面：

◉ 校园信息化基础设施建设：主要内容包括校园网络建设、校园网站、信息技术软硬件设备、办公室、教室、学生宿舍联网情况等。同时还包括学校的电子资源建设情况，如数字图书馆、教学资源库和相关数字化资源的建设等；

◉ 管理信息化建设：主要包括各种校园管理信息系统建设情况，管理人员的信息技术培训及其应用，校园信息化管理部门的建设及相关政策的制订等；

◉ 教学信息化：主要包括信息技术在课堂教学中的应用情况，如教师信息技术培训、计算机操作水平、使用时间和各种信息技术工具在教学过程的使用，同时还包括各学校信息技术课开展状况；

◉ 信息化投资：主要包括学校信息化经费的来源、使用范围等。

考虑到问卷所涉及内容繁多，由学校中某一类人员来单独填写可能花费时间过长，而且所提供的信息也可能无法保证准确性，因此，研究者决定将问卷分为数份，以方便各类学校的填写。其中，中小学教育信息化调查问卷分为下列5份：

◉ 中小学主管领导问卷（内容涉及管理信息化和经费投资等）

◉ 中小学电教人员问卷（内容涉及校园信息化基础设施与资源等）

◉ 中小学普通学科教师问卷（主要调查信息技术在教学中的应用情况）

◉ 中小学信息技术课教师问卷（主要了解信息技术课的实施情况）

◉ 中小学学生问卷（主要了解学生在校内和校外使用计算机和互联网的情况）

问卷内容编制完毕后，研究者进行了问卷测试，并对其中存在的问题进行了修改。

根据本研究的内容和特点，研究者决定采用"网络问卷调查法"①来实施研究。

该研究方法的基本流程是：首先将问卷转换为电子网页放置于互联网上，并将问卷与服务器的数据库相连。然后根据调查对象名单，通过各种方式（如电话、电子邮件和信函通知等）将问卷的网址告知调查对象。受访者根据问卷网址直接登录问卷，经过身份验证后（如密码和账号），通过互联网填写问卷，数据库则直接保存于数据库之中。调查结束后，研究者将数据库中的问卷数据直接通过网络下载至本地机，即可开始数据整理和分析工作。

与传统的印刷问卷相比，网络调查法具有成本低、时间短和数据准确等特点，而且由于调查数据直接以电子形式存贮于数据库之中，省却了数据录入的过程，对提高社会科学研究的效率帮助很大。

在本次调查中，采用了由北京大学教育技术系开发的"Websurvey 网络调查系统"(Professional 2.0)②。该系统的全部功能都通过在线操作而实现，用户无须在本地计算机安装任何程序，使用方便。当用户登录系统之后，只须按照以下操作流程即可方便快捷地设计一份网络问卷并开始实施网络调查，操作流程如下所示：

① "网络问卷调查法"(WebSurvey Methodology)：是于20世纪90年代中期之后才开始在西方社会科学研究界逐渐兴起的一种新式研究方法。该法充分利用了计算机国际互联网(Internet)的信息交流与远程交互功能，将网页制作、数据库管理、数据统计和远程控制等技术结合于一体，使得研究者能够完全通过互联网络来收集、管理和处理问卷调查的数据和信息，不仅降低了问卷调查的成本，提高了科学研究的效率，同时也增加了调查数据收集的准确性和科学性，有效地降低了传统印刷问卷调查可能出现的各种调查计量误差。网络调查法的出现，为社会科学研究者提供了一条更加广阔的研究渠道。目前在西方发达国家，网络问卷调查法已广泛应用于政府人口普查、经济调查、民意调查和社会调查等领域。

② 有关 Websurvey 网络调查系统的详细信息，请参阅北大网络调查研究中心网站：http://www.websurvey.cn

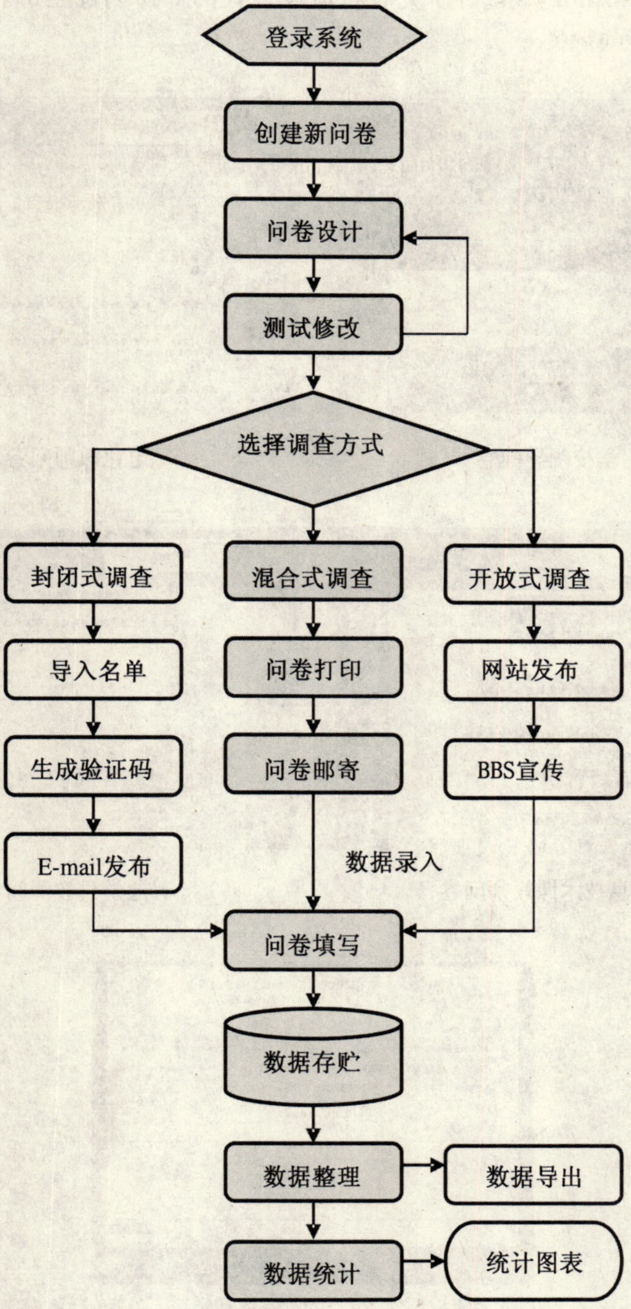

图 45　Websurvey 网络调查系统的操作流程

利用 Websurvey 系统，研究者将所设计好的 5 份问卷全部转换为网络问卷，如下图所示：

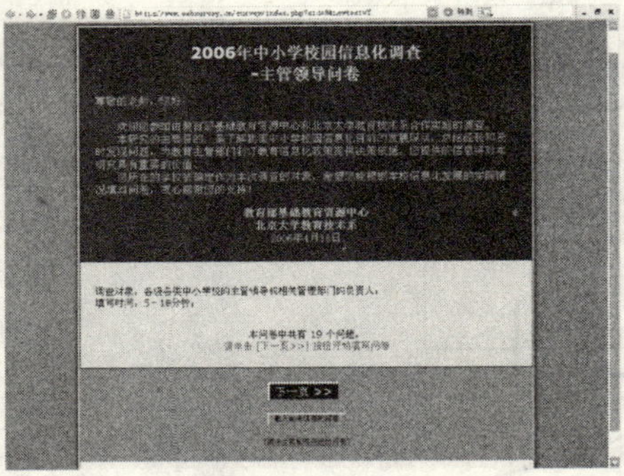

学校领导问卷

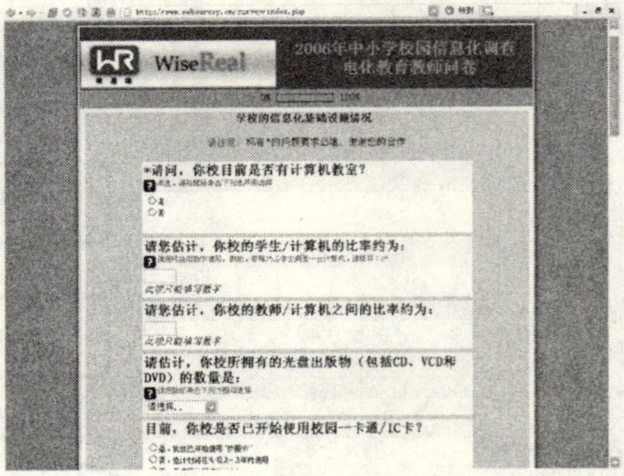

电化教师问卷

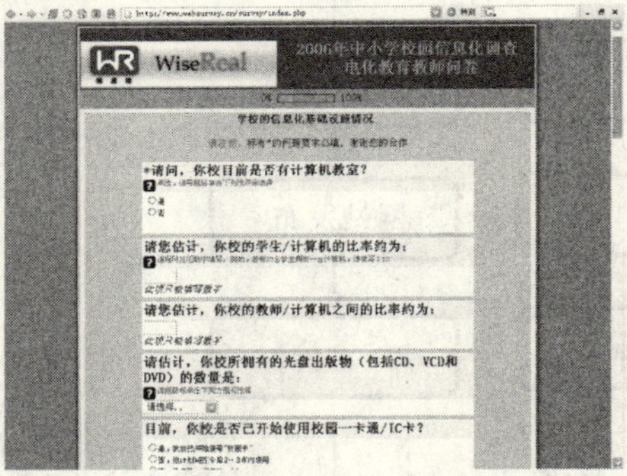

信息技术课教师问卷

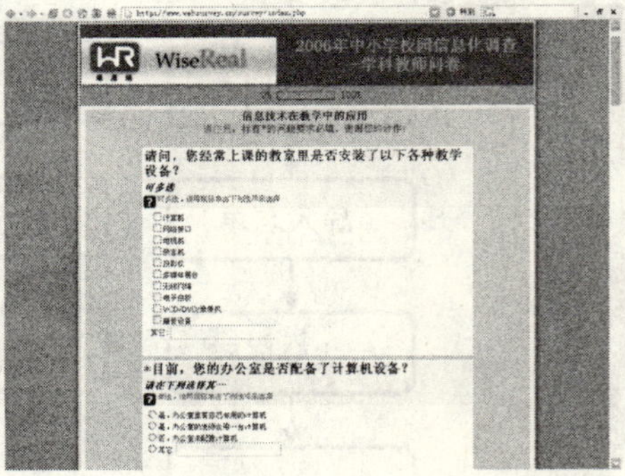

普通学科教师问卷

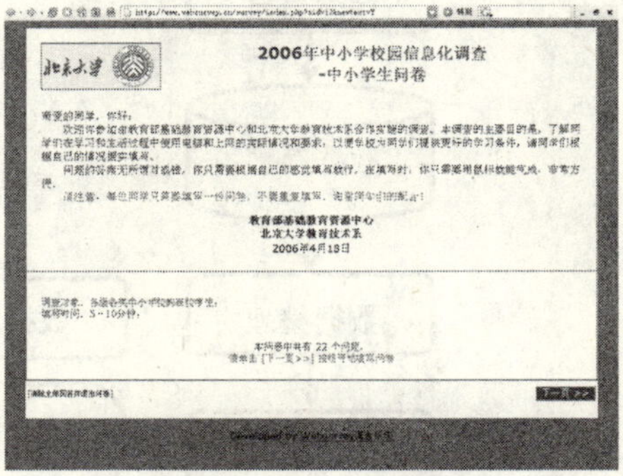

中小学生问卷

(三) 调查对象抽样及受访学校背景

根据研究设计，研究者采取分层抽样的方式，在东部和中部地区分别抽取了6个省/直辖市作为调查对象，共12个省市参加本次调研活动。然后，在东部和中部地区各抽取100所学校。各地区的学校名额分配情况如表83所示：

表83　东部和中部地区学校名额分配情况

地　区	省、市	学校总数	高级中学		初级中学		小学	
			高水平	普通	高水平	普通	高水平	普通
东部地区	北京市	17	1	1	3	3	5	4
	天津市	16	1	1	3	2	4	5
	上海市	17	1	1	3	3	5	4
	江苏省	17	1	1	3	3	4	5
	广东省	17	1	1	3	3	5	4
	浙江省	16	1	1	3	2	4	5
	总计	100	6	6	18	16	27	27
中部地区	河北省	17	1	1	3	3	5	4
	辽宁省	16	1	1	3	2	4	5
	江西省	17	1	1	3	3	5	4
	安徽省	17	1	1	3	3	4	5
	吉林省	17	1	1	3	3	5	4
	湖北省	16	1	1	3	2	4	5
	总计	100	6	6	18	16	27	27

最后，通过各省市电教馆，将调查邀请函(包括问卷网址)发送给被抽取的学校，由学校来组织老师和学生上网填写。

本次调研自2006年4月1日开始，至6月1日结束。在调查期间，共收到22 840份问卷。对回收的问卷进行整理和筛选之后，有效问卷总数为21 939份，总体问卷有效率为96.2%。详细数据如表84所示：

表 84　调查问卷回收状况

地　区	问卷类型	抽样数	问卷回收数	有效问卷数	问卷反馈率
东部地区（北京、天津、上海、江苏、广东省和浙江）	学校主管领导问卷	100	87	80	80%
	电化教师问卷	100	84	78	78%
	信息技术课教师问卷	100	91	87	87%
	普通学科教师问卷	1 000	624	569	56.9%
	中小学生问卷	至少 2 个班	15 510	15 209	NA
中部地区（河北、辽宁、江西、安徽、吉林和湖北）	学校主管领导问卷	100	92	48	48%
	电化教师问卷	100	53	51	51%
	信息技术课教师问卷	100	95	84	84%
	普通学科教师问卷	1 000	388	306	30.6%
	中小学生问卷	至少 2 个班	5 816	5 427	NA
总　计		NA	22 840	21 939	NA

从学校性质来看，以学校主管领导问卷的数据为依据，在参加调查的学校中，接近 95%的学校为“教育部门和集体办的学校”。“社会力量办的学校”和“其他部门办的学校”所占的比例仅为 5%左右（见表 85）。

表 85　参加调查学校的办学性质

选　项	频　数	百分比
教育部门和集体办的学校	129	94.85%
社会力量办的学校	5	3.68%
其他部门办的学校	2	1.47%

从学校类型来看，在参加调查的 136 所中小学校①中，超过一半的学校（52.5%）是普通小学，其次为初级中学（21.5%）。完全中学和高级中学的比例分别为 11.2%和 11.8%（见图 46）。

在参加调查的城市学校与农村学校的比例方面，统计数据显示，85.1%的受

① 在调查中，虽然共有 136 所学校参加了调查，但只有 127 所学校填写了自己的学校名称（在问卷中，此题为可选）。

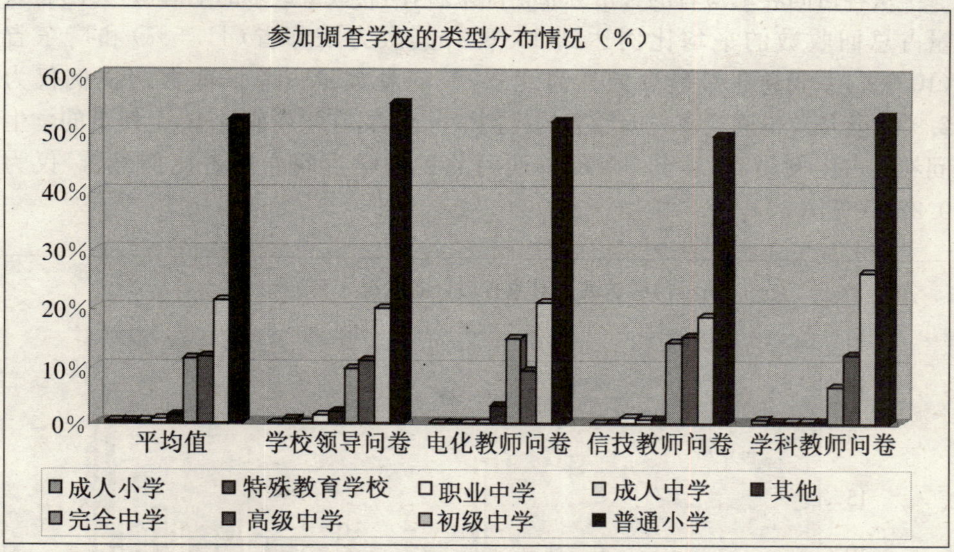

图 46　参加调查学校的类型分布情况

调查学校是城市学校；县镇学校和乡村学校所占的比例分别为 9.9%和 3.8%（见图 47）。

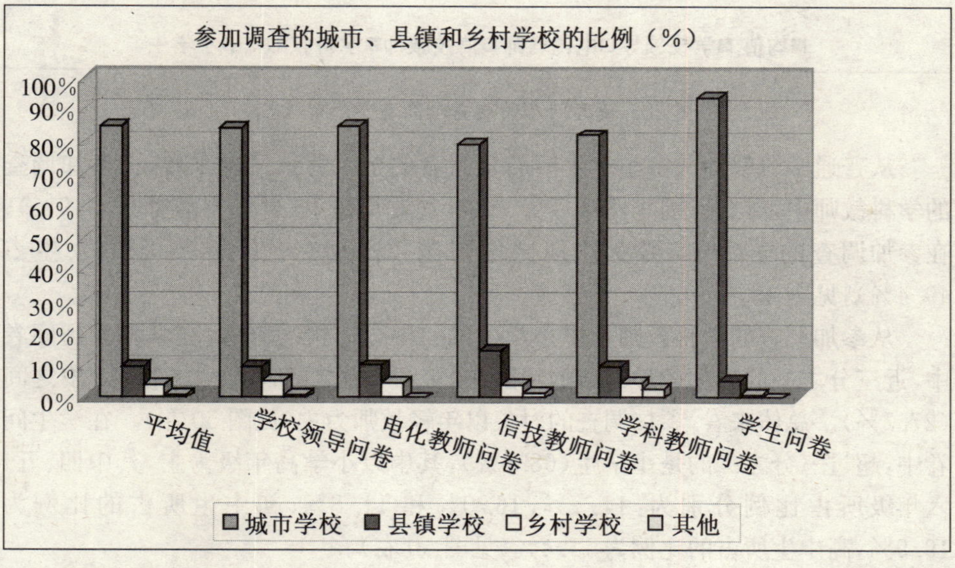

图 47　参加调查的城市、县镇和乡村学校的比例

从各份问卷填写者的省市分布情况来看，问卷数量最多的上海市，其问卷数量占总回收数的平均比例达到 16.6%；其次为江苏省(11.5%)和广东省(10.9%)。问卷数量最少的是河北省，其问卷数量占总回收数的比例仅为 2.9%。若从单份问卷占总问卷数的比例情况来看，在学生问卷中，上海市的学生问卷所占比例最高，达到 26.8%；而河北省的学生问卷所占比例最低，仅为 0.22%(见图 48)。

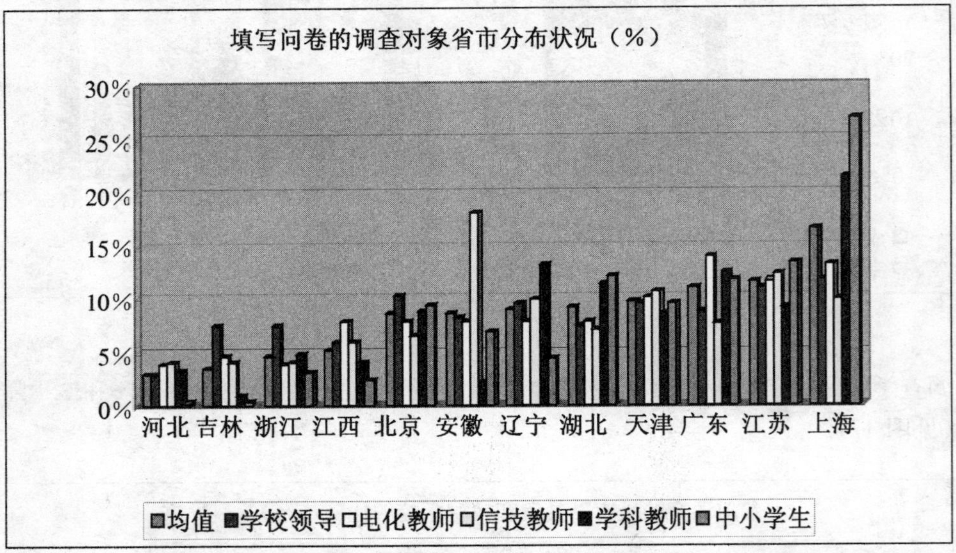

图 48　填写问卷的调查对象省市分布状况

从普通学科教师和中小学生问卷填写者的个人背景情况来看，在参加调查的学科教师中，男女性别比例接近为 7∶3(女教师是 70.0%，男教师是29.9%)；在参加调查的学生中，男女性别比例则比较平衡(男生占 50.6%，女生占 49.4%)，见图 49。

从参加调查的学科教师和中小学生的年龄分布情况来看，在学科教师问卷中，近三分之一的教师(31.8%)的年龄在 26—30 岁之间，其次为 31—35 岁之间(27.3%)。总体来看，参加调查的对象以年轻教师为主(见图 50 左)。在学生问卷中，超过三分之二的是小学生(68.6%)，其中以小学高年级为主，其中四、五、六年级所占比例分别为：14.7%，16.0%和 11.8%；初中生所占的比例为 19.9%，高中生所占的比例为 11.4%(见图 50 右)。

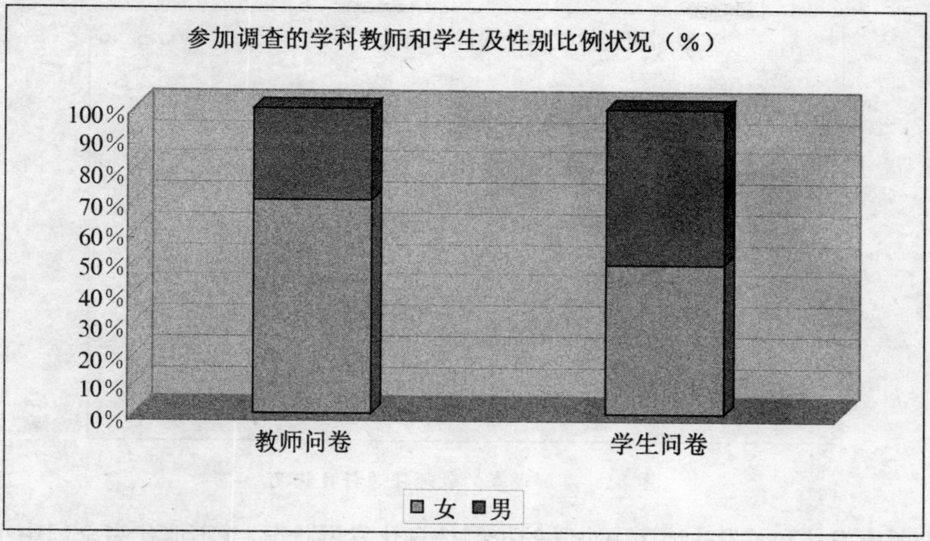

图 49　参加调查的学科教师和学生及性别比例状况

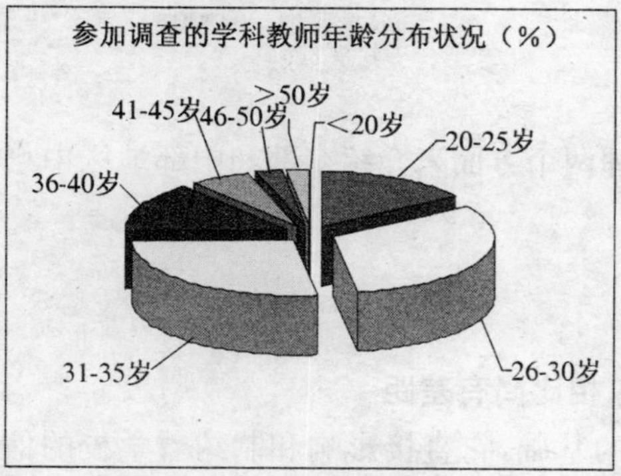

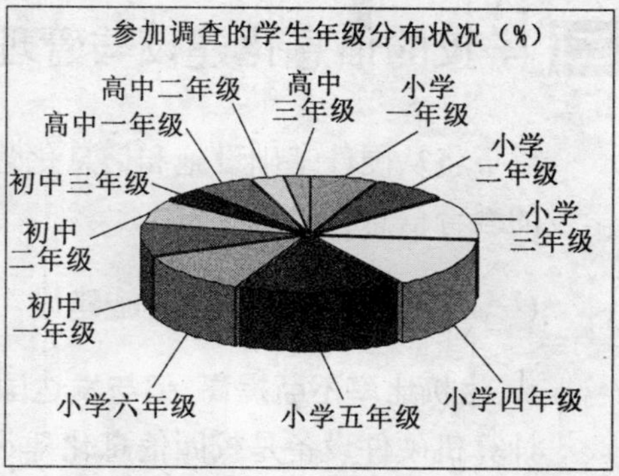

图 50　参加 2006 年调查的师生背景情况

从参加调查的学科教师所教课程来看，各个学科的教师都有，比例最高者分别是数学（18.8%）、语文（18.4%）和英语（12.1%），比例较低者为化学、政治和历史，分别为 3.2%、3.8%和 3.9%，见图 51。

综上所述，本次调查的对象主要分布在国内经济和教育发展水平都较高的东部地区（北京、上海、天津、江苏、浙江和广东）和中部地区（辽宁、吉林、河北、安徽、江西和湖北）。参加调查的学校 95%为公立学校，85.1%属于城市学校，74.0%是小学和初级中学。因此，本次调查所获得数据主要反映的是国内经济

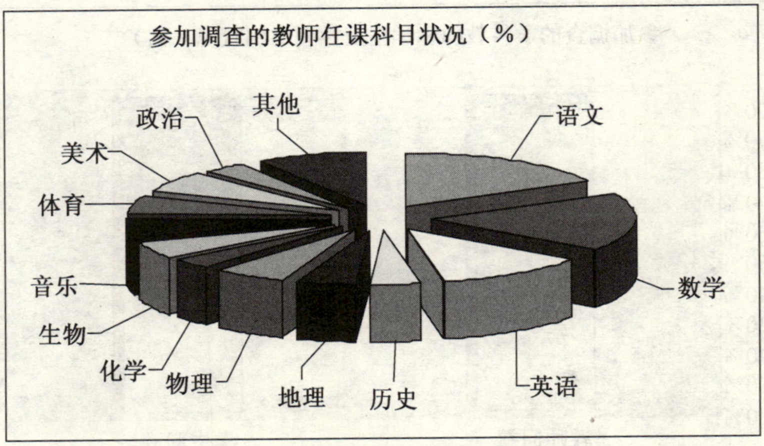

图 51　参加调查的教师任课科目状况

与教育发达和较发达地区中小学的校园信息化发展状况，并不能代表全国中小学教育信息化发展的普遍情况，这与本课题的研究目标基本相符。

二 学校的信息化建设与管理

以下将从硬件基础设施和信息化管理两个方面来介绍东部和中部地区中小学校的教育信息化发展状况。

(一) 校园信息化基础设施建设

1. 生机比率不断提高，但与发达国家相比尚有差距

计算机硬件设备是校园信息化建设的基础，它直接影响和制约着学校的信息技术应用水平。因此，使用者与计算机之间的比例（即生机比和师机比①），目前被世界各国研究者当做衡量信息化发展水平的一个重要指数。同样，在学校信息化建设中，人机比也是考察学校硬件基础建设水平的一项重要指标。调查数据显示，在参加调查的东、中部学校中，平均生机比率为 15.7∶1，平均师机比率为 3.3∶1。若从东部和中部地区学校比较的角度来看，东部地区中小学的计算机硬件条件显然要好于中部地区，例如，东部地区的生机比和师机比分别为：

① 本书中“生机比”和“师机比”的具体含义是指在学校中多少人共用一台计算机，其数字表示方式是：N∶1，其中 N 的数字越小，表示学校的硬件设备条件越好。

12.5：1 和 2.8：1，而中部学校则为 18.8：1 和 3.8：1(见图 52)。

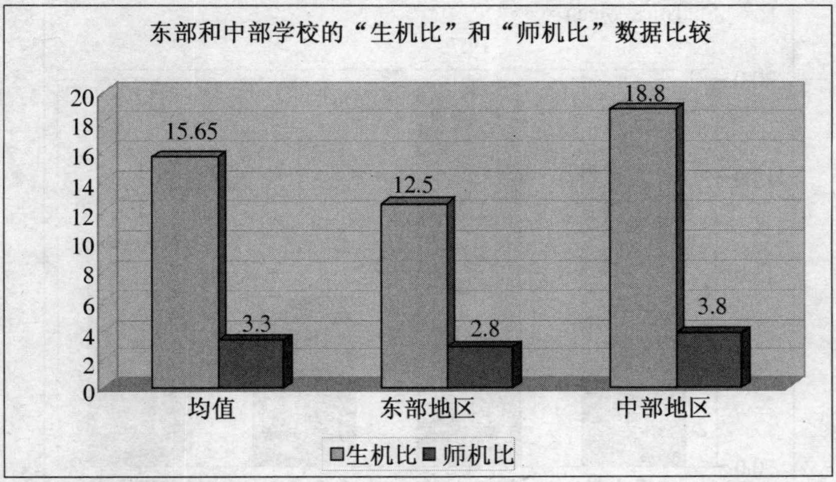

图 52　东、中部学校的平均生机比和师机比比较

与往年的调查数据进行比较，可以清楚地看出，近年来我国中小学的计算机硬件条件确实在不断改善。例如，北京大学 2004 年的调查显示，当时全国平均生机比为 18.9：1，其中东部和中部地区中小学的生机比率分别为 19：1 和 23：1。与今年的数据比较可以看出，东部和中部地区的生机比已有所提高。同时，师机比率同样也有所改善。

若从学校层次的角度来看，研究者发现，在参加调查的学校中，小学、初中和高中的生机比率有差距。统计数据显示(见图 53)，生机比最低的是完全中学(8.9：1)，其次为高级中学(11.7：1)；而初级中学和小学的生机比则远远高于前者，分别是 19.7：1 和 15.7：1。这说明，高中和完全中学的计算机硬件情况优于初中和小学。

在师机比率方面也存在着类似的情况。调查数据显示，师机比最低者为高级中学，达到了 2.0：1，而最高者为初级中学(3.8：1，见图 54)。这同样说明，高中学校的教师计算机配备情况要好于初中和小学。

然而，若从国际比较的角度来看，研究者发现，即使是在我国经济最发达和教育水平最高的东部地区，其生机比率与发达国家相比，仍然有一定差距。从图 55 的数据可以看出，即使与欧美诸国生机比最高的德国(11.2：1)相比，中国东部中小学的生机比(15.7：1)也与之有一定的差距。这表明，在计算机硬件设备配备方面，即使在我国最发达的东部地区的中小学校(12.5：1)中，其平均水平

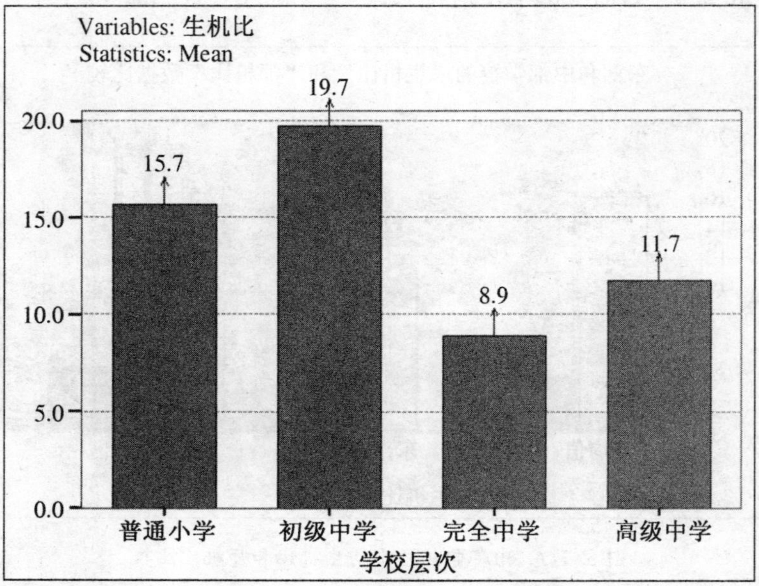

图 53　不同层次学校的平均生机比率

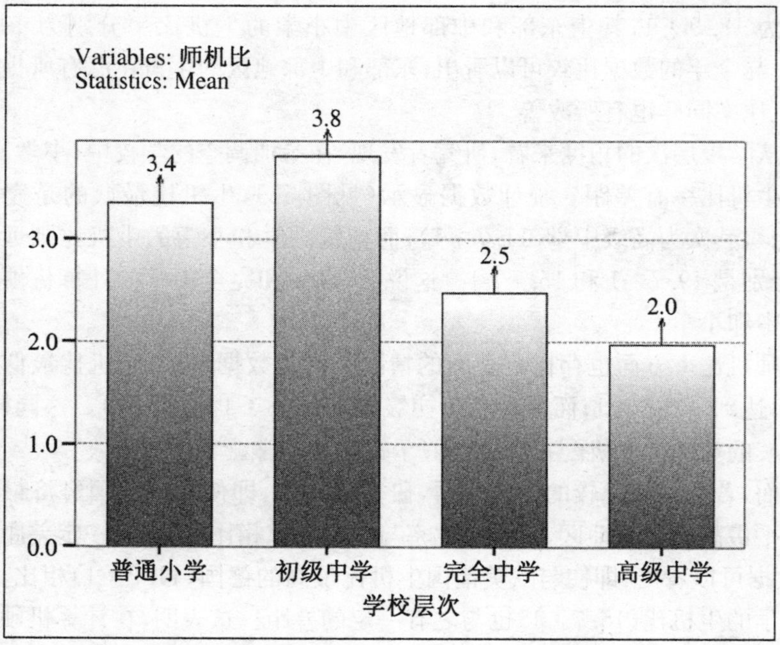

图 54　不同层次学校的平均教师/计算机比率

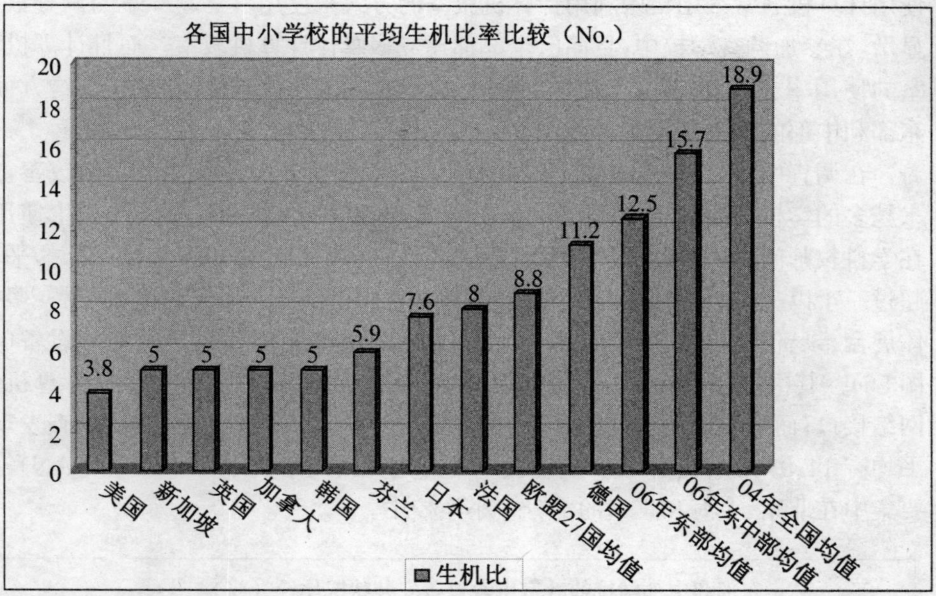

图 55　世界各国中小学校的平均生机比率比较①

也落后于发达国家。例如，美国在 2006 年时中小学校的平均生机比就已达到 3.8∶1，已接近于我国 2006 年中部地区学校的师机比水平。这表明，我国中小学校的计算机硬件配备水平仍然有待改善。

当然，需要指出的是，根据国内外的研究结果及教学实践，许多研究者认为，生机比并非是越低越好。因为从学习过程中学生之间的相互协作的角度来说，在许多情况下，数名学生合作使用一台计算机反而比学生每人一台的效果好，尤其在培养学生的问题解决能力方面。在操作计算机的同时，同学之间的互相帮助、分工协作和相互讨论对于培养学生的能力具有积极作用。因此，研究者认为，从目前其他国家的生机比率情况来看，3～5 名学生使用一台计算机已基本上能够满足一般的教学要求，而且也比较经济。

2. 计算机教室的利用率高，普通教室的硬件配备率逐步改善

通常，中小学校使用计算机的方式有两种：一是集中使用，例如建立计算机教室；另一种是分散使用，例如将计算机分散放置于教室中。目前，国内中小学

① 图中各国的生机比数据生成时间并不完全相同，例如，新加坡为 2003 年的数据；加拿大为 2004 年的数据，韩国为 2005 年的数据；欧盟 27 国均值、英国、芬兰、德国和美国为 2006 年的数据。

使用计算机通常采用集中利用计算机教室的方式来使用①。2006 年的调查数据显示，在参加调查学校中，目前已全部都建成多媒体计算机教室。而且计算机教室的使用率非常高，平均 91.5%的学校每天都在使用计算机教室。在这方面，东部和中部的学校基本上无差距。

在调查中，研究者也发现，随着国内中小学校硬件设备条件的不断改善，越来越多的学校开始在普通教室中也安装各种教学技术设备，以方便师生使用。在学科教师问卷中，当问及"您平常上课的教室中电教设备的安装情况"时，平均超过一半以上的教师回答，其平常上课的教室中已经安装了下列电教设备：多媒体展台、录音机、电视机、网络接口、计算机和投影仪等常用的现代教学设备（见图 56）。其中，居前三位的平均安装比例最高的设备分别是"投影仪"、计算机和网络接口；而平均比例最低的是"电子白板"（8.4%）。值得注意的是，调查发现，平均有 14.0%的中小学校开始在教室中应用无线网络技术（Wireless LAN），主要集中在北京、上海和广州的部分中小学校中。

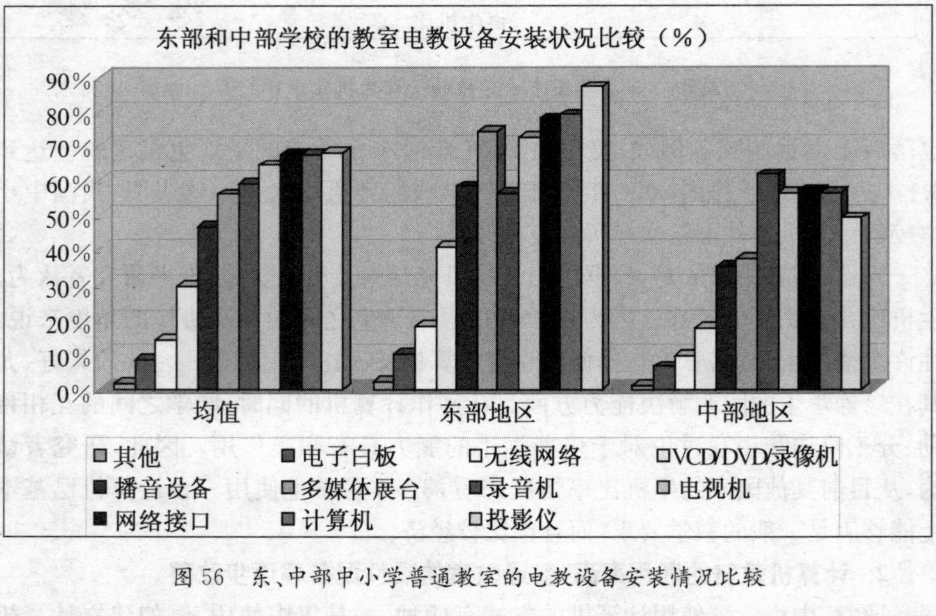

图 56　东、中部中小学普通教室的电教设备安装情况比较

不过，若从东部和中部比较的角度来看，两地区学校教室的电教设备条件的差距还是比较明显的。例如，在东部地区中小学教室中，配备比例最高的设备是

① 根据欧盟 2006 年的研究报告，发现目前越来越多的欧盟中小学校开始将计算机置于普通教室中，以方便师生随时使用。详细信息见本书欧盟教育信息化介绍部分的内容。

"投影仪"(86.8%),而在中部地区配备比例最高的则是"录音机"(61.4%)。整体来看,在计算机、网络、投影仪和多媒体展台等较为先进的数字化技术设备方面,东部学校的比例要高于中部学校。例如,东部学校的投影仪和计算机的配备比例分别是 86.8%和 78.9%,而中部学校的相应比例则仅为 49.0%和 55.8%,相差达到 20 个百分点以上。另一方面,一些传统的电教设备,如电视机和录音机等方面,东、中部学校之间差距则相对略小一些,差距仅为 5 个百分点。

若以东、中部教室中是否配备有"网络接口"(均值为 67.4%)作为教室是否联网的标志,那么,与 2005 年美国所公布的 93%的中小学教室已接入互联网的比例①相比,东、中部地区学校教室的联网率仍然较低,有待提高。

图 57 显示了不同层次学校的教室在教学设备安装方面的差异情况。从中可以比较清楚地看出,无论中小学还是高级中学,网络接口、投影仪、计算机和多媒体展台等现代化的电教设备都占有较高的比例,已经远远超过了各种传统的电教媒体(如电视机、播音设备和录像机等)的装备比例。不过,可能由于价格和具体需求等方面的原因,无线网络和电子白板的比例在各层次学校都较低。

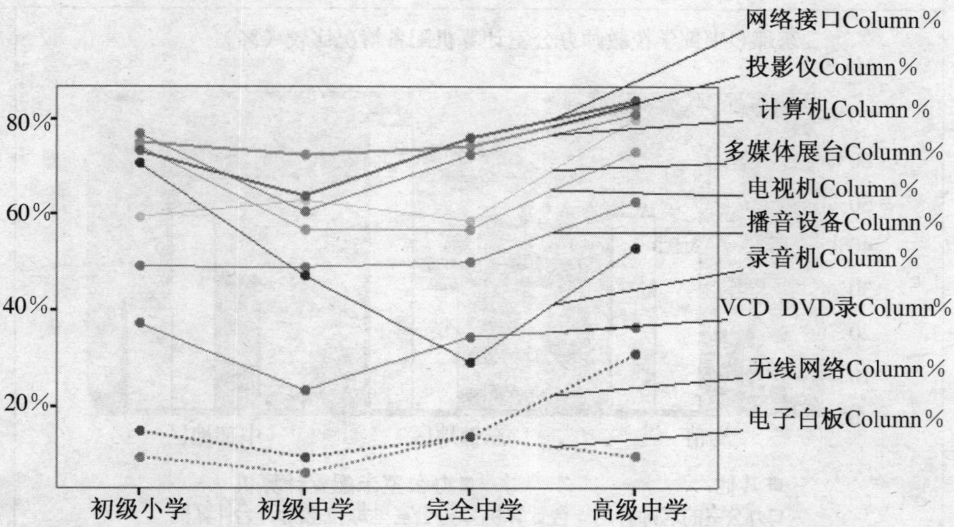

图 57 不同层次学校教室的电教设备安装情况

① 数据来源:Basmat Parsad, Jennifer Jones, Westat Bernard Greene, Internet Access in U. S. Public Schools and Classrooms: 1994—2003, National Center for Education Statistics, February 2005, http://nces.ed.gov/pubsearch.

3. 教师办公室计算机配备率有所提高，一人一机的比例东中部差距较大

虽然2006年的调查数据显示东、中部中小学的师机比率平均已达到3.3∶1，但是，由于此比率中的“教师”还包括学校行政人员，因此从一定程度上来说，师机比并不能准确反映中小学任课教师的计算机配备情况。因此，研究者在问卷中还设计了一个有关教师办公室计算机配备的问题，以便更准确地了解中小学校教学人员的计算机配备现状。与生机比不同的是，研究者认为，在经费允许的条件下，尽量为每一位教师配备计算机，将有助于实现信息技术与课程的充分整合。

调查数据显示，与2004年的75.6%的全国教师办公室计算机配备比例相比，2006年的比例有所上升，东部和中部学校中已在教师办公室安装计算机的平均比例达到了81.3%（见图58）。虽然仅增长了仅不足6个百分点，但值得注意的是，与2004年的32.2%的一人一机数据相比，今年一人一机的比例已近一半（44.7%），增长幅度超过了12个百分点。这种情况反映了东部和中部学校教师计算机配备水平确实有所提高。

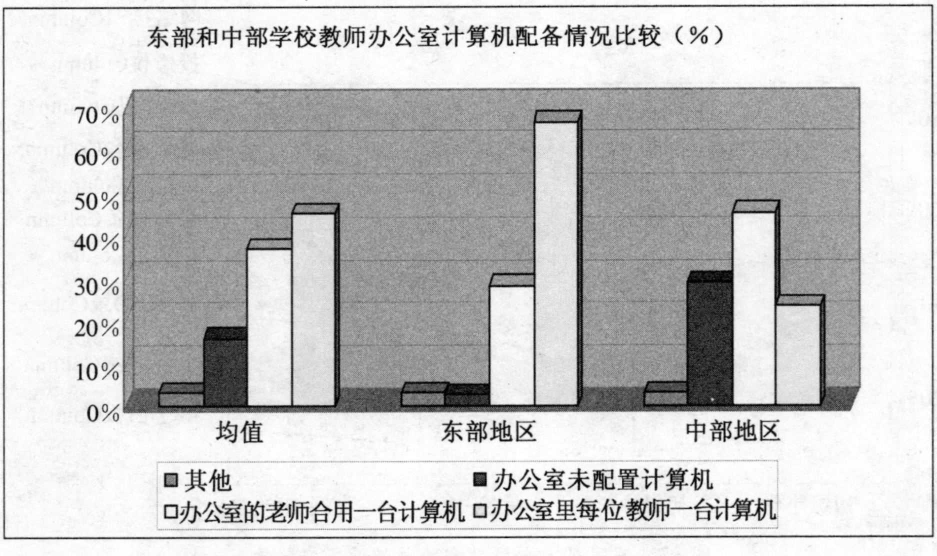

图58　东、中部学校教师办公室计算机配备情况

显而易见，在教师办公室的计算机配备率上，东部和中部学校的差距仍然明显。调查结果显示，东部中小学校教师办公室计算机配备率已达到94.8%，其中66.2%是一人一机，28.1%是合用一机；而在中部学校中，教师办公室计算机

配备率仅为 68.3%，其中一人一机的比例仅为 23.2%，合用一机的比例是 45.1%。可以看出，东部学校的一人一机比例（66.2%）远远超出中部的比例（23.2%）。

在调查中，研究者也发现，也有部分学校并非将计算机安装在教师的办公室中，而是集中在备课室，教师备课时可前去使用。这种方式对于提高计算机的使用率和促进教师之间的协作具有一定意义。

若从不同省市学校的角度来看，如图 59 所示，教师办公室一人一机之比例最高的三个省市分别是广东（85.3%）、上海（71.8%）和北京（61.8%）。而比例最低者则分别是湖北、河北和吉林，分别是 7.0%，13.8%和 14.3%。研究者发现，在这三个省份，还大约有 30%的教师办公室尚未配备计算机。如同图中所反映的那样，从整体情况来看，东部地区学校的教师办公室计算机配备率要好于中部地区。

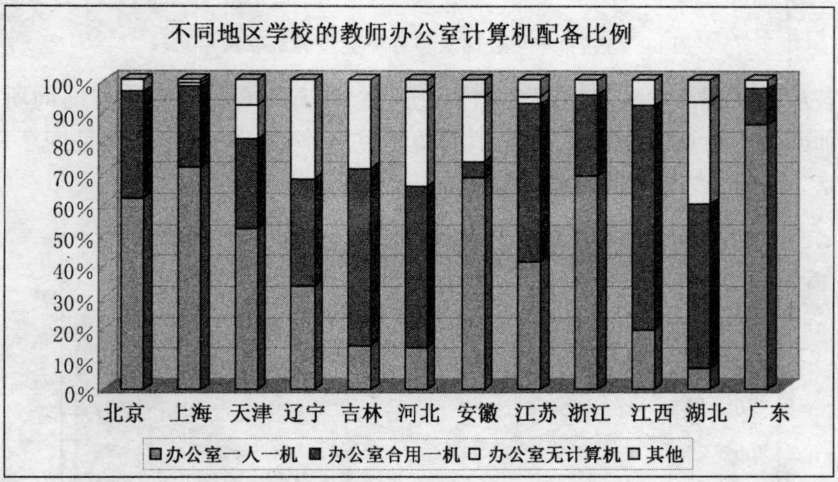

图 59　不同省份教师办公室计算机配备情况

在教学实践中，一台尚未与 Internet 相连的计算机，其功能是相当有限的。互联网为教学资源共享、教师的科研和师生交流提供了一个重要的虚拟平台。因此，考察教师办公室所安装的计算机的联网率，同样也是衡量学校信息化水平的一个重要方面。2006 年的数据显示，在那些已经在教师办公室安装了计算机设备的学校中，平均有 79.3%的计算机已联网。其中，东部的比例为 92.6%，而中部则仅为 66.0%，两者相差近 26 个百分点（见图 60）。这在一定程度上反映了东部和中部地区学校的网络基础条件差距仍然很大。

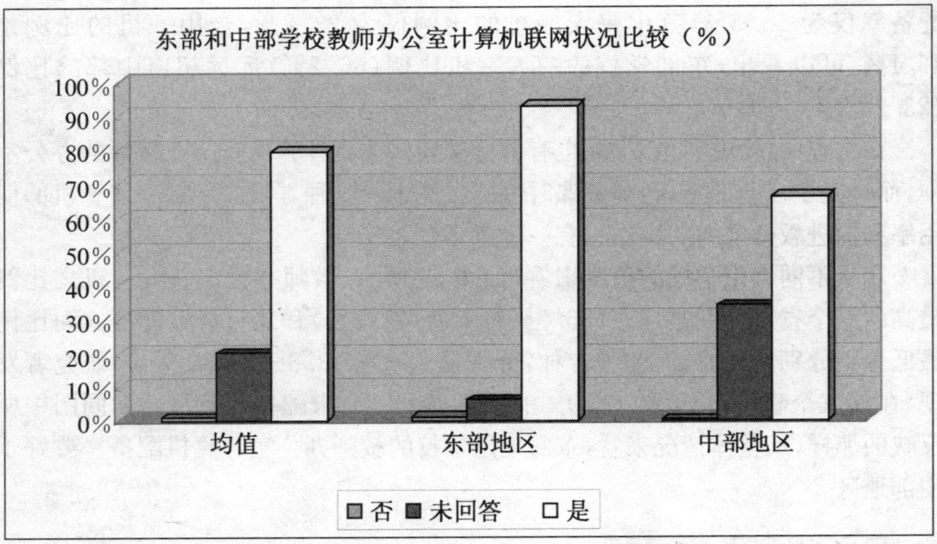

图 60　东、中部学校的教师办公室计算机联网率比较

若从不同省市学校的情况来分析，统计结果显示（见图 61），与前面所反映的教师办公室计算机配备率一样，其计算机联网率最高的省市仍然是广东、上海和北京，而最低者同样是湖北、河北和辽宁等省份。

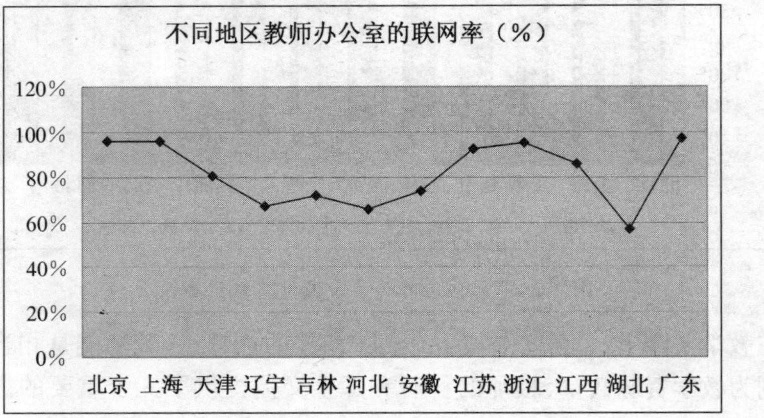

图 61　东、中部地区教师办公室的联网率

4. 东部校园网建成率和宽带接入率接近发达国家，IT 校务应用多于教学应用

尽管有一些学者认为，国内“校校通”建设项目的目标不应该是每个学校都

建校园网，但研究者认为，从长远发展来说，校园局域网络（无论是基于计算机实验室、校内某个建筑物或覆盖整个校园的校园网）是学校信息化建设的重要基础设施，对于学校的信息化发展来说至关重要。从国外中小学教育信息化的经验来看，对于达到一定规模的中小学校来说，建设校园网通常都是实施校园信息化建设的基础，那些处于单机状态的计算机，或用卫星电视等来代替校园网建设的想法，只能是暂时性的替代工具。今后，学校要想进行广泛和深入的信息技术应用，校园局域网是必不可少的。

2006年的调查结果表明，在参加调查的学校中，平均已有93.5%的学校建成了校园局域网络（见图62）。其中，东部地区中小学的比例达到98.7%，中部达到88.2%。与2004年的64.1%的全国平均比例相比，确实有了一个相当大的飞跃。当然，需要指出的是，这种比例的变化也可能与两次调查对象的地区分布差异有一定关系。

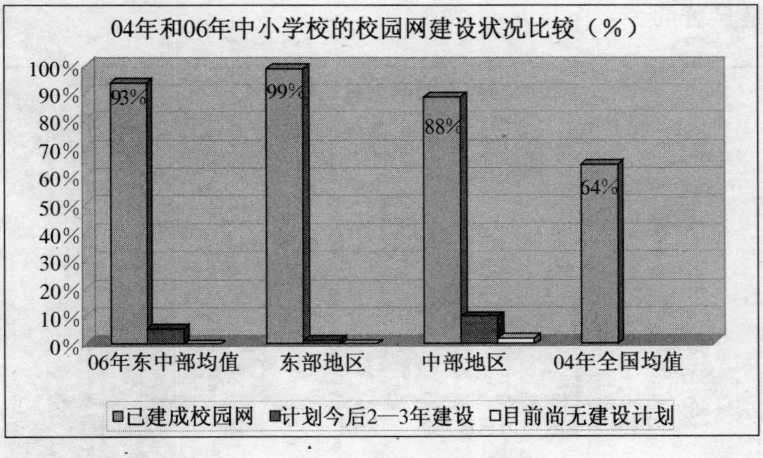

图62　东、中部学校的校园网建设情况比较

从不同层次学校的校园网建设情况来看，参加调查的高中和完全中学都已全部建成校园网。而初中和小学的建成率也分别达到了96.3%和90.8%（见图63）。

实际上，与国外中小学校的校园网建设比例相比，我国东部地区中小学的校园网建设比例已基本达到发达国家的程度。近年来，美国、英国、日本和韩国等国家的中小学校建成校园网并接入互联网的比例都已达到99%以上。而今年的调查数据表明，我国东部发达地区的校园网建成率已基本接近上述国家的水平（见图64）。这表明我国"校校通"工程所取得的建设成

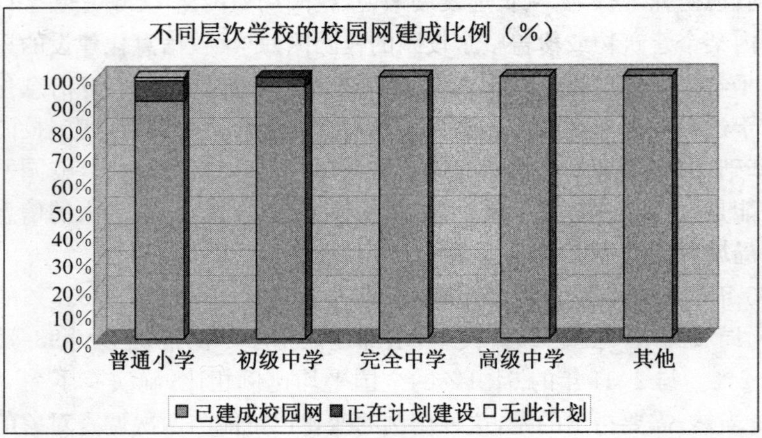

图 63　不同层次学校的校园局域网建成比例

就确实是显著的。

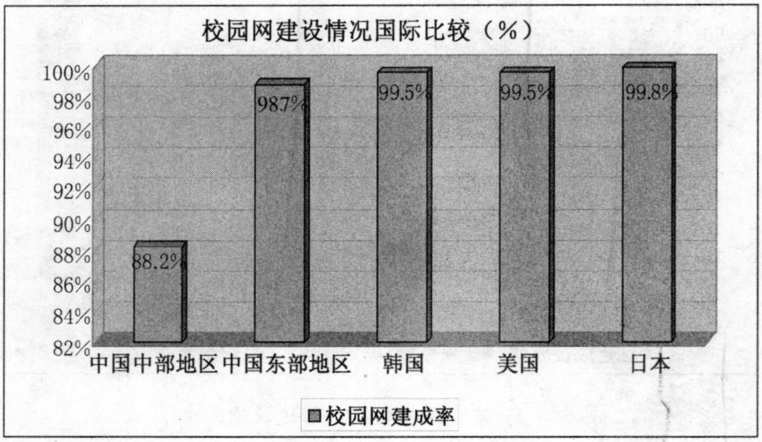

图 64　中小学的校园网建设情况国际比较

在调查中，研究者还发现，近一半的东部和中部中小学校(47.6%)的校园主干网带宽主要以 100M 为主，另有平均 22.2%的学校所使用的是 1000M 的校园网。不过，在千兆校园网建设方面，东部学校明显快于中部学校：34.6%的东部学校目前使用的是千兆校园网，而中部学校则仅有 9.8%(见图 65)。

从学校层次的角度来看，调查数据表明，校园主干网的带宽随着学校层次的不同而逐步提高。例如，在小学中，仅有五分之一的学校采用千兆网，而到了高

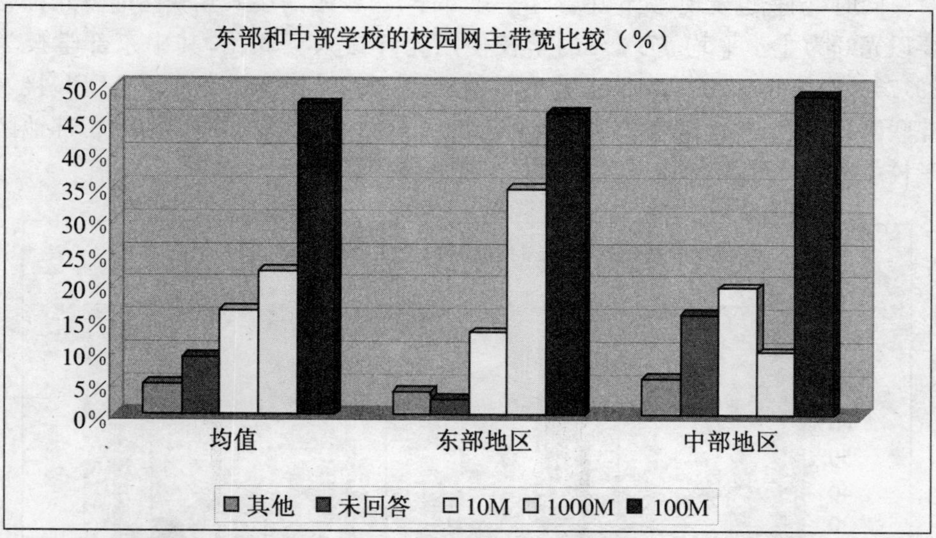

图 65 东、中部学校的校园网主带宽比较

中，则达到了 60%（见图 66）。可以看出，东、中部学校的校园网络基础条件在不断改善。

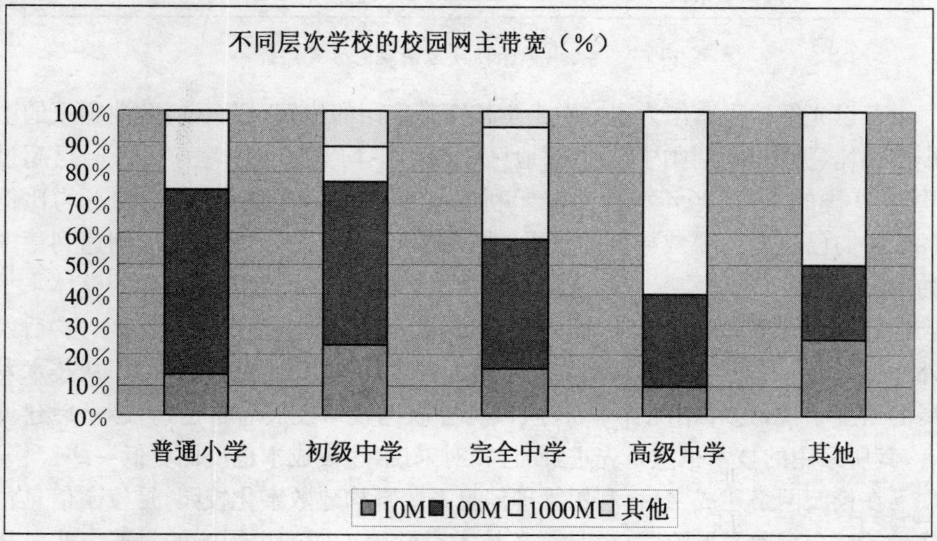

图 66 不同层次学校的校园网主带宽

同时,调查也发现,无论中部还是东部学校,校园网接入互联网的方式都主要以光纤为主。平均 77.2%的学校使用光纤接入互联网,其中东部学校为 89.7%,中部为 64.7%。不过,也有平均 20.1%的学校仍然在使用 ADSL 接入互联网,其中以中部的学校居多数(27.5%,见图 67)。这说明,在东、中部地区学校中,宽带接入率已经与发达国家比较接近。

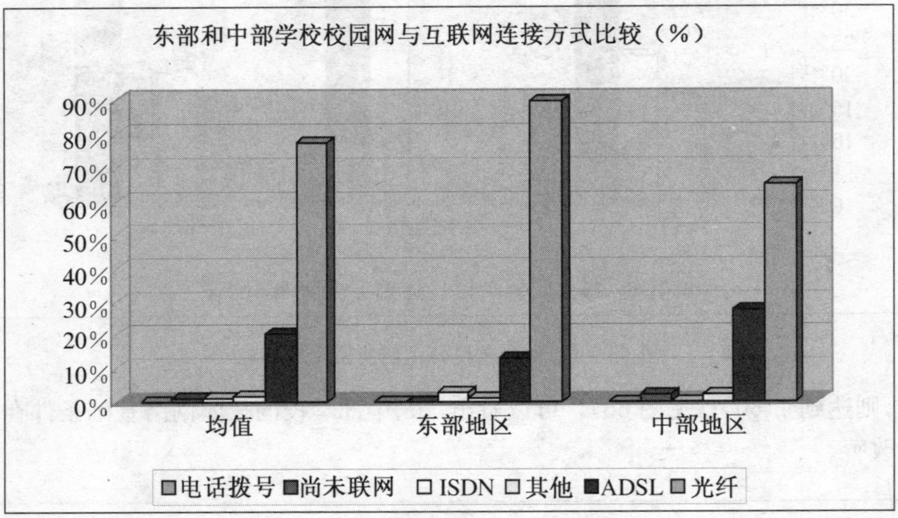

图 67　东、中部学校校园网联网方式比较

若以光纤接入率作为国内中小学校宽带应用的比例,那么,与欧洲国家的中小学相比(见图 68),国内东、中部地区学校的平均宽带接入率(77.2%)已超过欧盟 27 国的均值(70%),达到匈牙利的水平;东部地区中小学校的平均比例(89.7%)已达到与挪威接近的水平;中部地区的平均比例(64.7%)则达到德国的水平。当然,这种情况并非意味着我国东、中部地区的教育信息化的整体水平已达到欧盟国家的平均水平,而只是说明,在新技术的应用方面,我国作为“后发外生型”信息化发展国家,采用的网络接入技术通常都会比较先进。而从技术发展的角度来说,这种情况并不奇怪,因为互联网技术发展非常迅速,越是后建设者,其所采用的技术也愈是先进,而且相对来说,建设成本也反而更低一些。

在校园网络建成之后,利用管理信息系统来构建数字化校园,是校园信息化建设的一个重要发展阶段,也是信息技术对学校工作产生影响的重要方式。从国外的教育信息化经验来看,各种管理信息系统对提高学校的教学和管理效率将会产生重要影响,能够不同程度地实现校务处理的电子化和信息化,提高学校

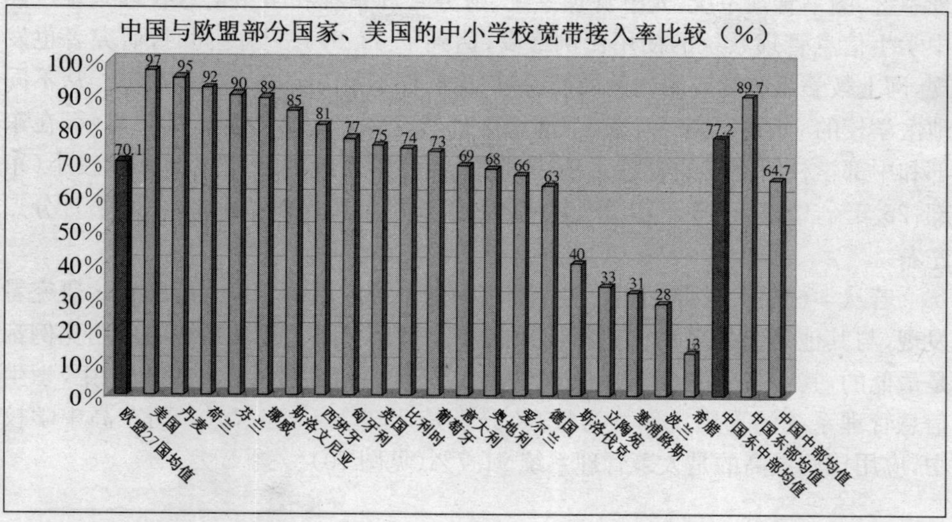

图 68　中国东中部学校宽带接入率与欧美部分国家比较

各部门之间的数据、信息和资源的流通、交流和共享利用。同时，也为学校之间的数字资源共享提供了基础。

2006 年的调查数据显示，在东、中部地区的学校中，采用管理信息系统的比例越来越高。例如，在图 69 中，平均使用比例超过 50%的系统有 5 种：办公管

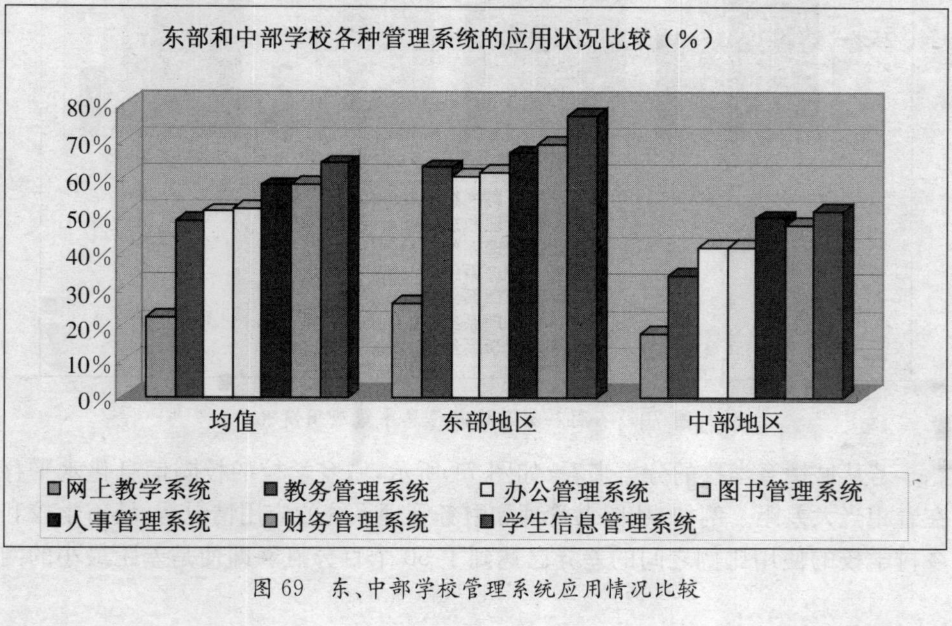

图 69　东、中部学校管理系统应用情况比较

理系统、图书管理系统、人事管理系统、财务管理系统和学生信息管理系统。其中学生信息管理系统的使用比例最高，达到了63.9%。与此同时，研究者也发现，网上教学系统的应用比例最低，平均比例仅不足五分之一(21.7%)。从不同地区学校的应用情况来看，东、中部地区仍然存在着明显差距。结果显示，在东部和中部学校所使用的管理系统中，除网上教学系统的使用比例差异较小(东部:25.6%，中部:17.7%)以外，其他各种系统的使用比例差距都在20个百分点左右。

若从学校层次来看，小学、初中和高中的系统应用情况也有所区别。研究者发现，与其他系统的采用比例相比，在各级学校中，网上教学系统的应用比例都是最低的，其中高中的比例最低，仅为16.7%。除此之外，在小学和初中，学生信息管理系统的采用比例均为最高，分别是75.9%和66.7%。而在高中学校中，应用比例最高的是人事管理系统91.7%(见图70)。

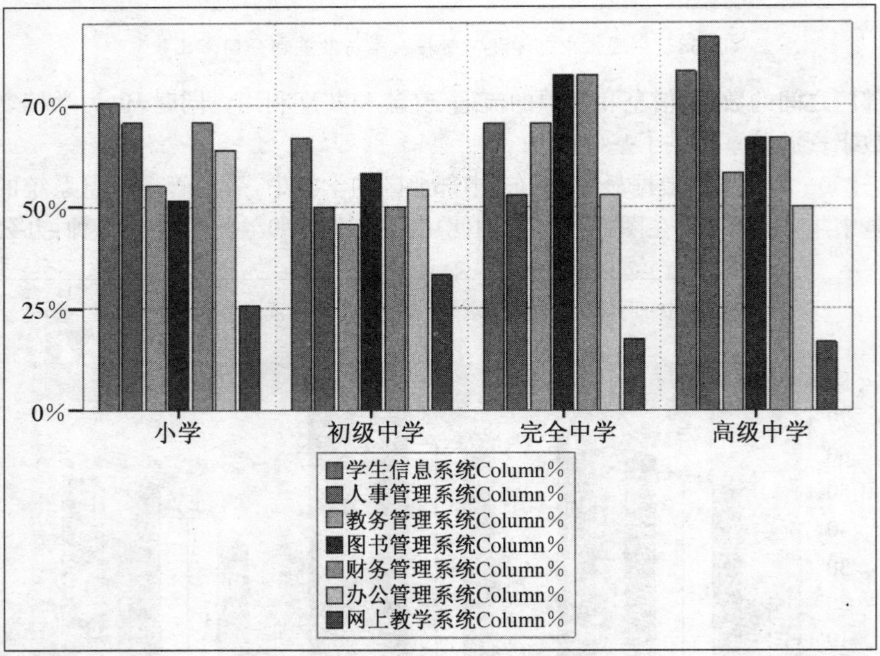

图70　不同层次学校的信息系统应用情况

若从城镇乡学校的分类来看，如图71所示，城乡学校的校园信息化水平存在着相当大差距。例如，从图书管理和财务管理系统的应用情况看，城市学校和乡村学校的使用比例之间的差异已达到了50个百分点。即使是差距最小的网上教学系统，其应用差异也达到了 10 个百分点。

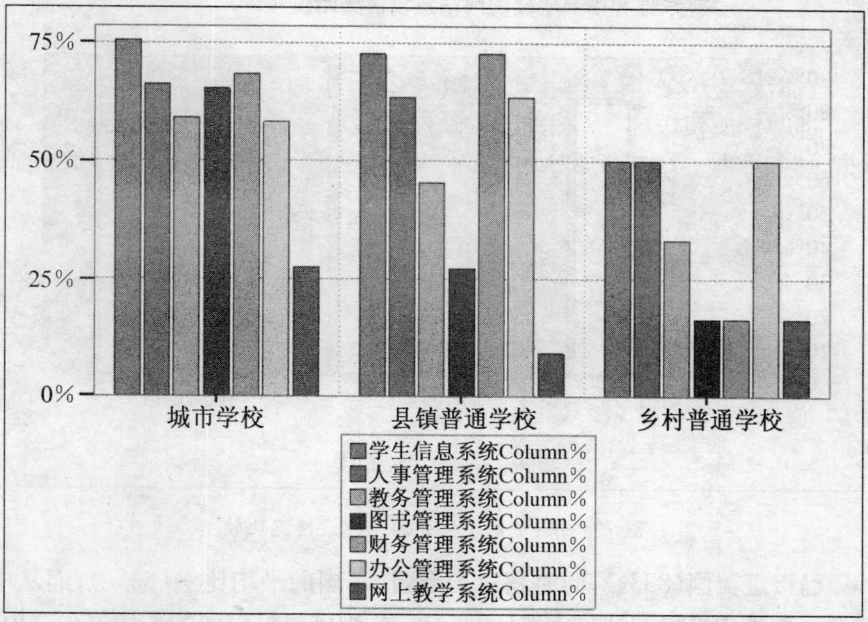

图 71　城镇乡学校的信息系统应用情况

综合上述数据分析可看出，在东、中部的学校中，信息技术在校务管理方面的应用普及率要远远高于在教学中的应用，换言之，管理信息化的水平要明显高于教学信息化水平。

5. 校园网站建成率已达到发达国家水平，信息化阶段从硬件步入系统建设阶段

校园网站（Campus website），虽然从技术角度来说只是学校与互联网连接的一个网络链接点，但实际上，在如今的信息时代，校园网站作为数字空间中学校与外界沟通的窗口，已逐渐成为代表学校在虚拟电子世界中地位和形象的一个重要表现形式。可以说，学校是否建立了校园网站，或校园网站所有提供的信息类型和服务项目，甚至校园网站本身设计技术的优劣、网页界面的美观与否，已成为衡量一所学校信息化程度和社会声誉的重要标志。2006 年的调查数据显示，在被调查学校中，平均有 79.5%已建成正式校园网站（Website）。其中东部学校的比例达到 88.5%，中部学校的比例为 70.6%（见图 72）。

从网站建成率的国际比较角度来看（见图 73），东中部学校的平均比例

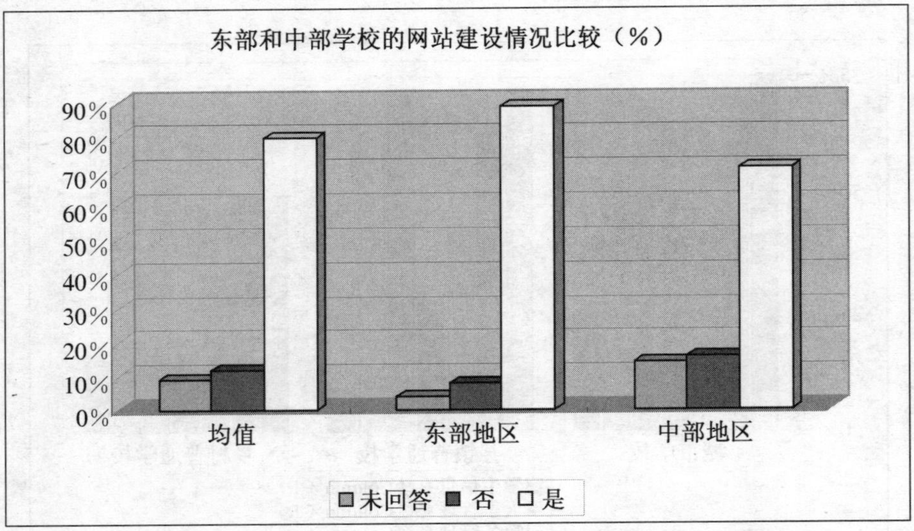

图 72　东、中部学校的网站建设情况比较

(80%)已接近美国(88%)，同时超过了欧盟 27 国的平均比例(63%)；而从中国东部地区学校的平均网站建成率(89%)来看，则已超过美国的平均值。这说明，我国东、中部中小学校的校园网站建成率已经接近发达国家的水平。

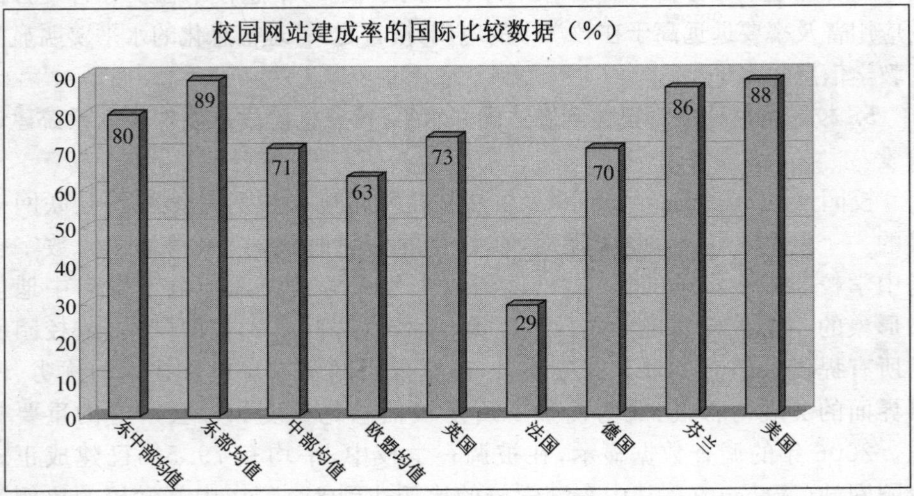

图 73　校园网站(Website)建成率国际比较

若从学校层次来看，随着学校层次上升，校园网站建成率也在不断提高。2006年的调查数据显示，在东、中部地区的小学中，平均84.7%的学校开始使用校园网站；而在高中学校则达到了100%(见图74)。

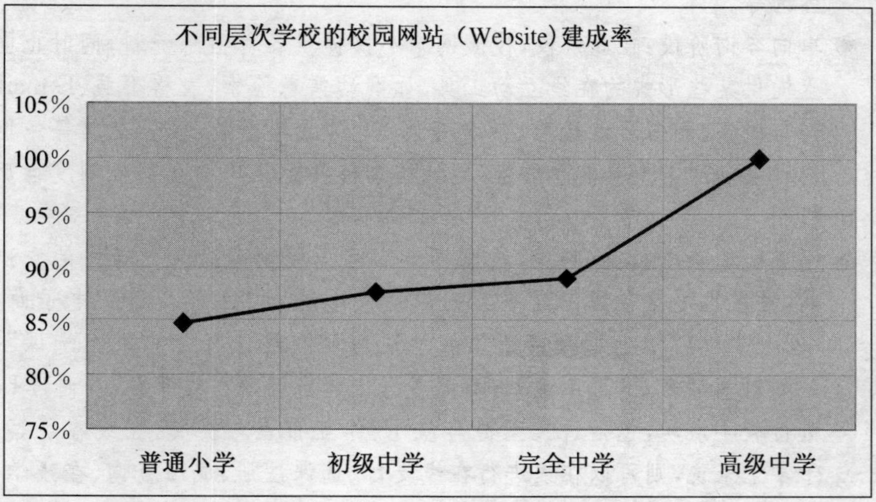

图74　不同层次学校的校园网站(Website)建成率

关于校园网站的应用效果评估问题，是目前国内外许多研究者关注的一个课题。从所掌握的资料来看，目前尚未提出一个被广泛接受的评估指标体系。不过，有研究者根据2001年联合国“经济与社会事务部的公共管理与发展计划处”所提出的“电子化政府评估体系”(Benchmarking E-Government，BEG)①，提出了一个对学校网站进行评估的基本框架。该阶段划分的主要特点是从校园网的主要使用者(教师和学生)的视角出发，将校园网站的应用水平划分为四个基本阶段：

◉ 信息提供阶段：校园信息化的最初发展阶段，主要是通过网站发布与学

① 在网站发展指数里，将政府网站划分为以下五个发展阶段，用以衡量其整体绩效水平：初始阶段(Emerging presence)：主要是通过网站发布与政府有关的各种静态信息；增强阶段(Enhanced presence)：向公众提供各种即时或动态信息服务；互动阶段(Interactive presence)：提供文件下载，并以e-mail与计算机和电话来整合客服中心，作为回复民众及与民众互动的途径；事务处理阶段(Transactional presence)，即以电子方式完成各项政府业务的处理，如网上报税、公司注册等。公众可以使用付费在线服务以及提供安全的在线付款机制等；整合阶段(Seamless presence)：可以提供整合的在线服务及功能，民众可以直接透过单一入口网站取得服务信息、下载相关文件表格、完成填表及付款程序；政府部门可以在后台完全整合跨部门的信息来源，自动更新所需的数据，与人工操作程序完美地结合。

校相关的各种静态信息，如学校新闻动态、历史介绍、招生信息、联系信息、公文内容和院系介绍等。此阶段的特点是：网站不具有互动交流功能，师生只能被动浏览接受信息，无法与网站进行互动，如下载、提问和咨询等。

◉ 单向咨询阶段：在此阶段，校园网站不仅提供各种信息资料，同时也向师生提供某些形式的在线互动工具，如网站信息检索、表格下载、E-mail 咨询与服务、图书目录检索、教学资源查询、课件下载、校长信箱等。但是这种互动通常仅具有单向性，网站或学校并无相应的全面或制度性反馈机制。

◉ 校务处理阶段：在此阶段，校园网站向师生提供了多种互动式的交流工具，可在线进行各种日常事务的申请和处理，如"入学申请""电子商务"（网上支付）"学生贷款申请""入学注册""在线课程"和"网上选课"等。例如对教师来说，可申请 LMS 账号并创建自己的在线课程，并通过 LMS 进行教学活动，包括讲义上传与演示、作业布置与提交、在线答疑等；对于学生来说，则可以在线进行在线支付、选课注册、成绩查询、在线学习、在线提问，提交作业、在线评估、师生间的联系交流（如 BBS 和各种即时通讯工具）和就业信息咨询等。本阶段与上一阶段的本质区别，在于学校网站通过各种管理制度和技术手段基本上实现了学校主要工作的网上提交与处理。

◉ 整合参与阶段：此阶段为校园网站的最高发展水平，从师生的角度来说，在通过网站实现教学、科研与校园生活的双向互动基础之上，校园网站进一步利用统一的 Portal（门户网站技术）实现了校内各种信息系统之间的无缝链接与整合，师生利用一个电子身份验证码即可获得与自己身份相关全部信息与服务。另外一个重要方面是，在学校的教学改革、管理决策过程中也可以通过各种在线工具发表自己的见解和意见，校方也已建立对这种建议的处理反馈机制。到这个阶段，则体现了信息技术与学校教学、管理等工作的完全结合。

以下研究者将以上述框架为基础，根据 2006 年的调查数据对东部和中部学校的校园网站建设水平进行概括性评估。

统计结果显示，参加调查学校的校园网站上提供服务最多（以超过 50%为标准）的项目分别是（见图 75）：学校概况和新闻、学校政策和规章制度、校长信箱、教学资源、管理部门网页和教研室网页。按照上述评估标准，其中，除“校长信箱”属于“单向咨询阶段”的服务项目之外，其余都属于“信息提供阶段”的项目。

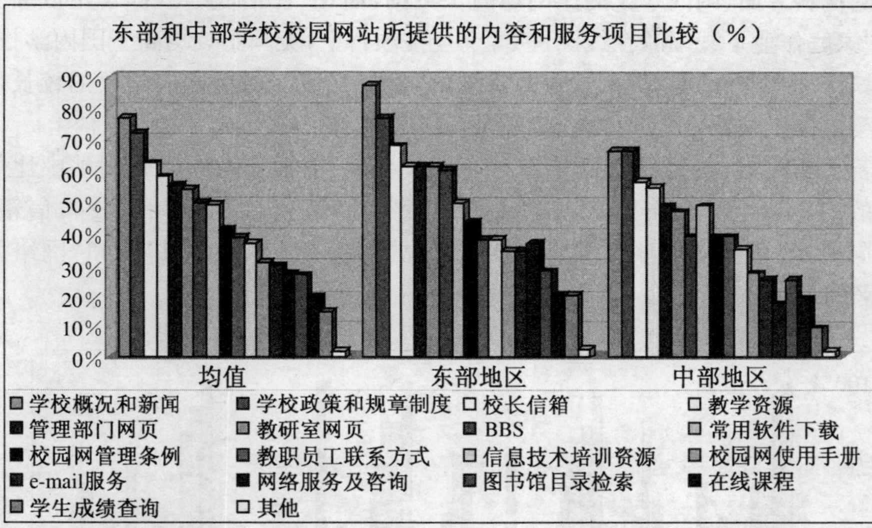

图 75　东、中部学校的校园网站服务内容与项目比较

将中国与英国部分校园网站提供的信息内容对比（见图 76），研究者发现，

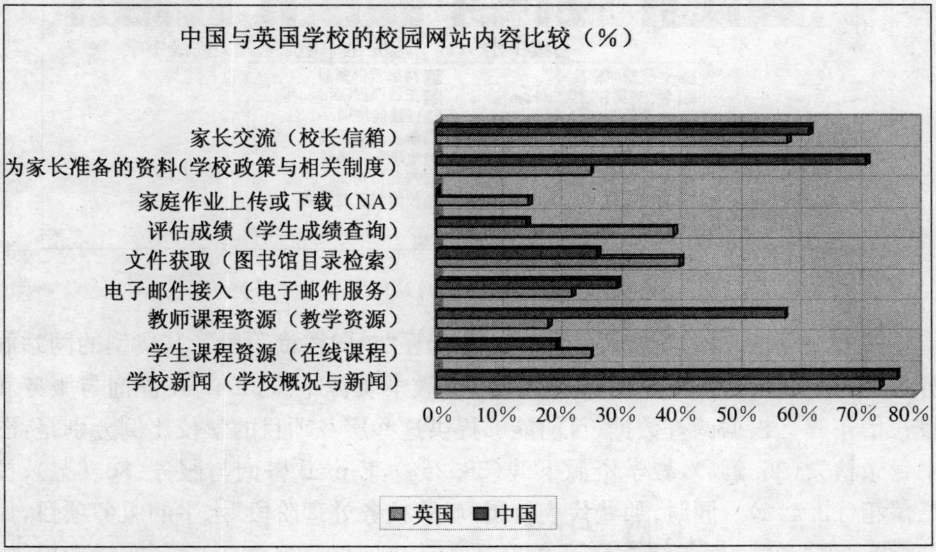

图 76　中国与英国学校的校园网站内容比较

总体来看，在信息提供方面，国内学校校园网站的静态信息内容多于英国学校；而在交互性动态信息方面，英国学校多于国内学校。例如，在学校新闻和为家长准备的资料方面，国内学校的比例均高于英国，而在“评估成绩”（即学生成绩查询）、“家庭作业下载”和“在线课程”等交互性项目上，英国学校均高于国内学校。不过，有一个例外的是，英国学校网站中的“家长交流”（对应国内学校的校长信箱），英国提供的比例低于国内，分别是 58.6%和 62.4%。

若从学校层次角度来看，如图 77 所示，小学、中学和高中校园网站中比例最高的内容有“学校新闻概况”、“政策规章”、“管理部门网页”和“校长信箱”等。同时，比例较低的项目主要包括“学生成绩查询”、“在线课程”和“网络服务与咨询”。

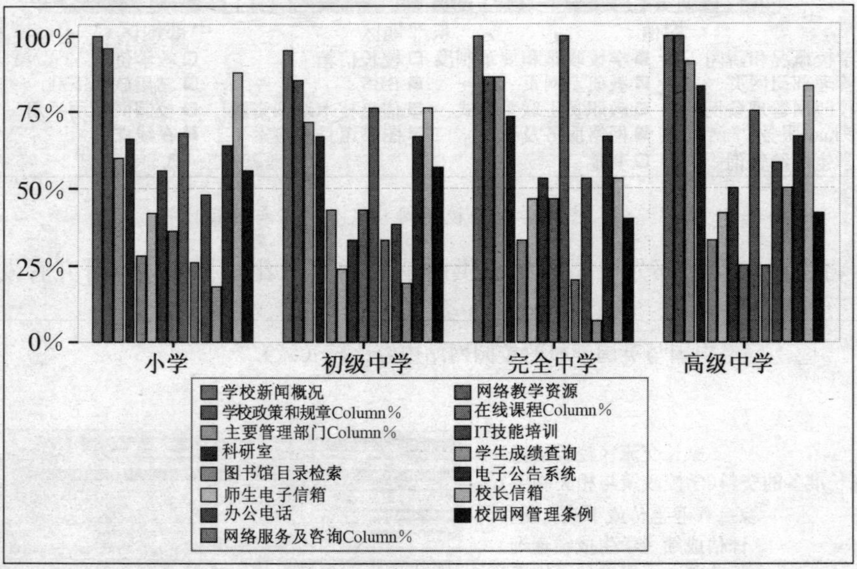

图 77　不同层次学校的校园网站所提供的服务项目

按照上述校园网站应用水平评估指标，在“单向咨询阶段”，其典型的网站服务项目包括：图书目录检索、E-mail 咨询、教学资源下载、E-mail 咨询与服务和校长信箱等。根据调查数据，目前能够提供这些服务项目的学校比例分别是：图书目录检索（26.9%），教学资源下载（58.2%），E-mail 咨询与服务（30.6%），校长信箱（62.4%）。同时，那些代表校园网站“校务处理阶段”水平的服务项目，如“在线课程”和“学生成绩查询”，这两项目前仅有 20.0%和 15.1%的学校提供。

其中，网上教学系统[①]被认为是达到此阶段的一个重要标志。前面所提及的调查数据也显示，目前平均仅有 21.7%的中小学校使用网上教学系统，其中东部学校为 25.6%，中部学校为 17.6%。

上述这些数据说明，绝大多数东部和中部中小学校的校园网站的建设水平仅处于“信息提供阶段”，能够达到校务处理阶段的学校比例很小，大约仅占总数的五分之一左右。这说明，从目前的整体来看，东、中部地区学校的校园网站所起到的作用主要是学校的社会形象展示、宣传及基本信息浏览，多数学校尚未正达到利用校园网站来进行校务处理、师生互动及与外界交流(如与学生家长互动等)的程度。以后在校园网站的服务项目多样化和交互程度等方面还有待于提高。

与校园网站的阶段性发展类似，学校整体信息化建设也具有阶段性特点。如果按照美国学者诺兰(Nolan)和埃德加·斯凯恩(Edgar Schein)曾经提出过信息化发展的四阶段理论[②]，那么，研究者认为，我国东部和中部的多数学校尚处于校园信息化的初级阶段，即从硬件基础建设向管理系统应用过渡的阶段，下一步将开始校内各种资源的整合。

这一点也从各参加调查学校对自身信息化发展水平的自我评估结果中得到了证实。例如，调查数据显示(见图 78)，目前多数学校的电教管理者认为，自己的学校目前正处于硬件基础建设阶段向管理系统建设阶段的过渡期间，校内各种应用系统与各个部门及信息资源的整合尚未真正实现：在东部地区，近一半的学校(49.9%)正处于硬件建设和管理系统建设阶段；而在中部地区，高达72.5%的学校也处于这两个阶段。因此，可以看出，在以后一段时间内，建设各种应用系统和与教学管理等工作相互结合将是中小学校信息化建设的重点工作。

再者，从不同省市的学校信息化发展水平来看，如图 79 所示，除上海、北京、广东、江苏和浙江这些东部发达地区的学校已接近或达到管理系统建设阶段以外，其余中部省份的学校基本上仍处于硬件基础设施建设阶段。

6. 教学资源库应用比例接近发达国家水平，开源软件开始进入中小学校

在校园信息化建设过程中，各种数字化的教学资源建设，向来被研究者认为是学校教育信息化发展过程存在的一个关键问题，直接影响到教学信息化的应

---

① 即所谓的“课程管理系统”(CMS)，其主要作用是为在线教学提供一个网络操作平台，老师和学生可在网络环境下进行学与教的组织与交互。其功能通常主要包括：课件编辑、在线演示、在线讨论、作业递交、成绩管理和学生管理等。

② 见本书第一章第二节中的相关内容。

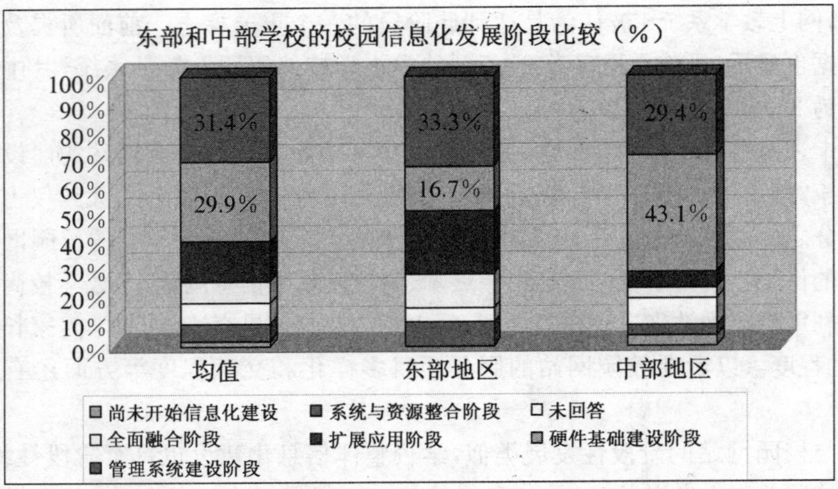

图 78　东部和中部学校的校园信息化发展水平自评

用水平。毫无疑问，在实际应用中，缺乏教学资源的硬件设备是无法在教学过程中起到任何作用的。

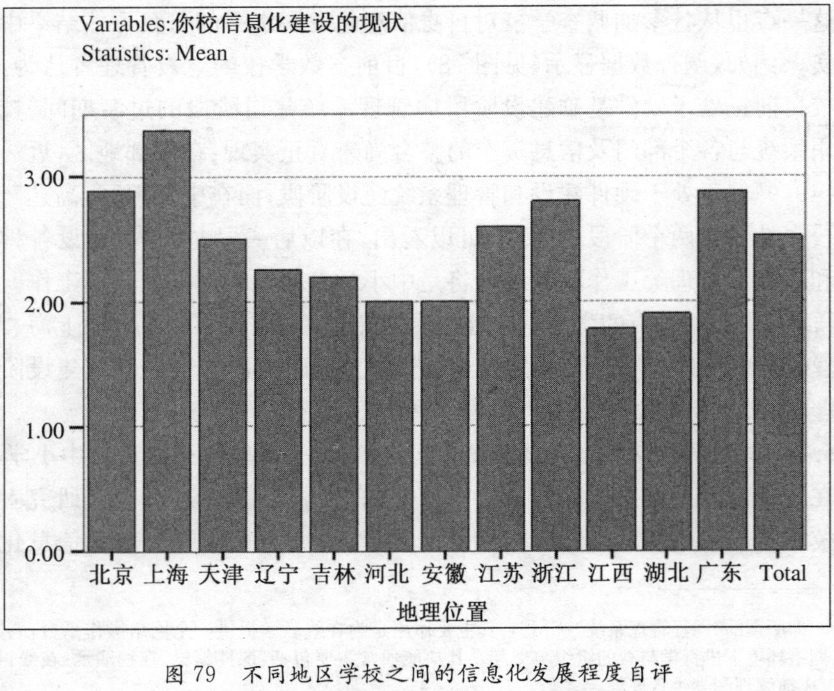

图 79　不同地区学校之间的信息化发展程度自评

（均值，1＝尚未开始，3＝管理系统建设阶段）

2006年的调查数据显示，在参加调查学校中，平均74.8%的中小学正在使用教学资源库，其中东部和中部的比例差异不大，分别是76.5%和73.1%(见图80)。与2004年关于全国中小学的数据相比，当时全国中小学应用资源库的平均比例仅为58.2%，今年已提高了16个百分点。这说明我国中小学的教学资源建设水平有一定程度的提高。

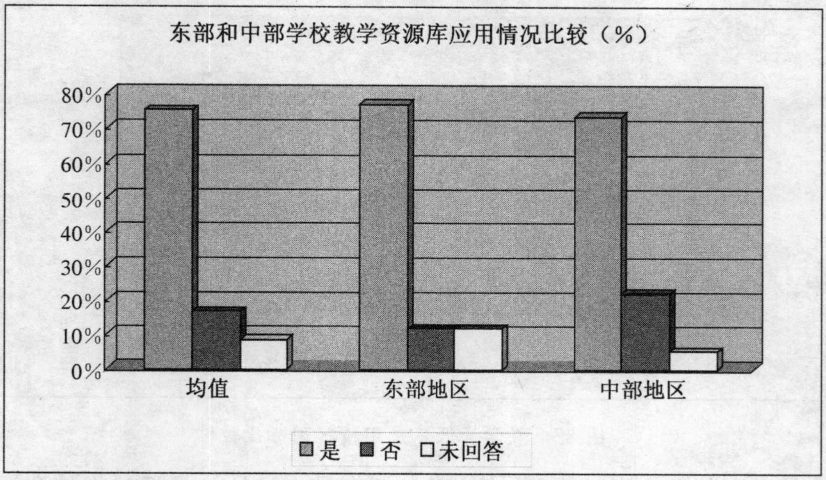

图80　东、中部学校的教学资源库应用情况比较

若从不同层次的学校使用资源库情况来看，基本上呈现出随着学校层次上升，教学资源库应用比例也随之提高的趋势：小学的使用比例为75.0%，而完全中学和高级中学则分别为94.4%和90%(见图81)。

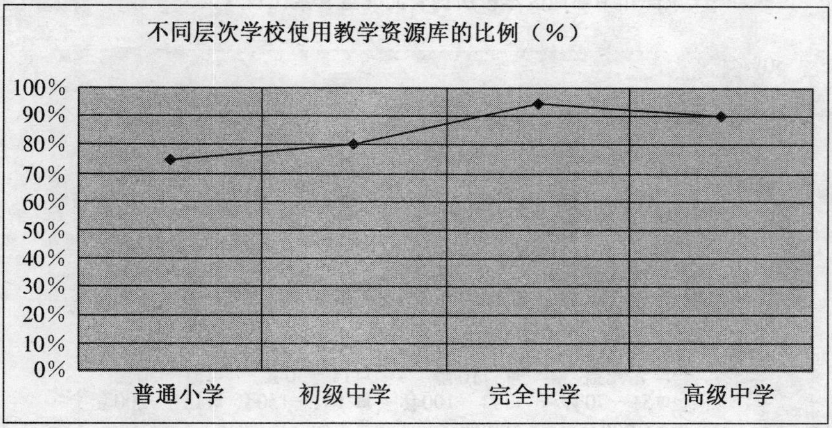

图81　不同层次学校使用教学资源库的比例

从国际比较的角度来看，若东、中部学校的教学资源库使用率与欧盟诸国教师使用教学资源库的比例进行对比（见图 82），则可看出，东、中部学校在教学资源库建设方面已接近欧盟部分国家的水平。例如，东、中部学校的平均教学资源库使用率（74.8%）已超过欧盟 27 国的平均值（74.2%）。

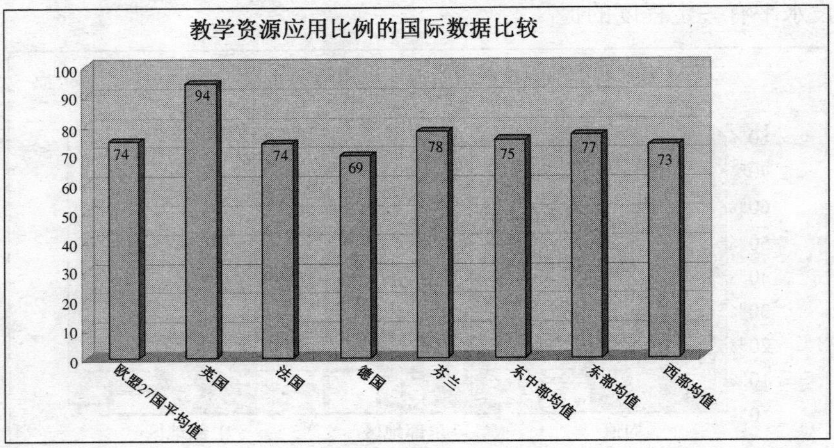

图 82　教学资源库应用情况国际比较

除教学资源库应用以外，学校的光盘拥有量也被认为是反映学校资源建设水平的一个衡量指标。2006 年的调查数据显示，在被调查的中小学校中，平均有超过三分之一以上（38.8%）的学校拥有 200 套以上的光盘。其中，东部学校的比例是 46.2%，中部学校是 31.4%（见图 83）。

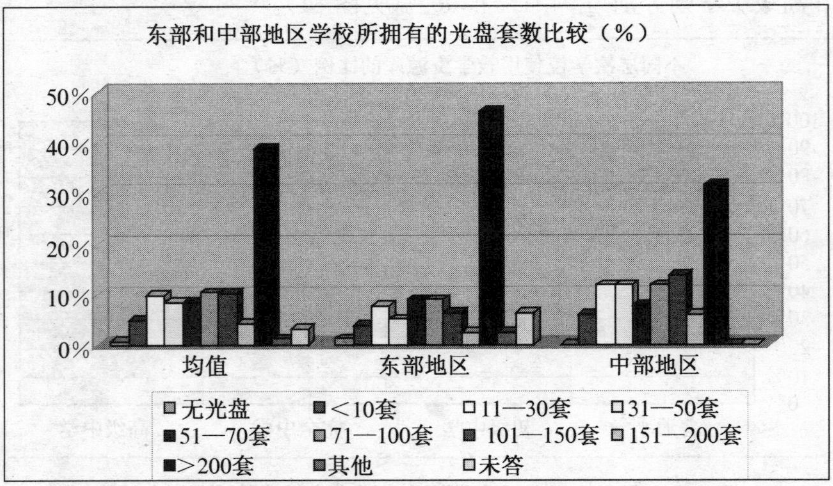

图 83　东、中部地区学校所拥有的光盘套数比较

研究者进一步比较后发现，与 2004 年全国的平均数据相比，东部和中部地区学校的光盘拥有数有了较大的提升（见图 84）。尤其是拥有 200 套以上光盘的学校比例数从 2004 年的 18.1%提高至 2006 年的 38.8%，提高幅度非常大。

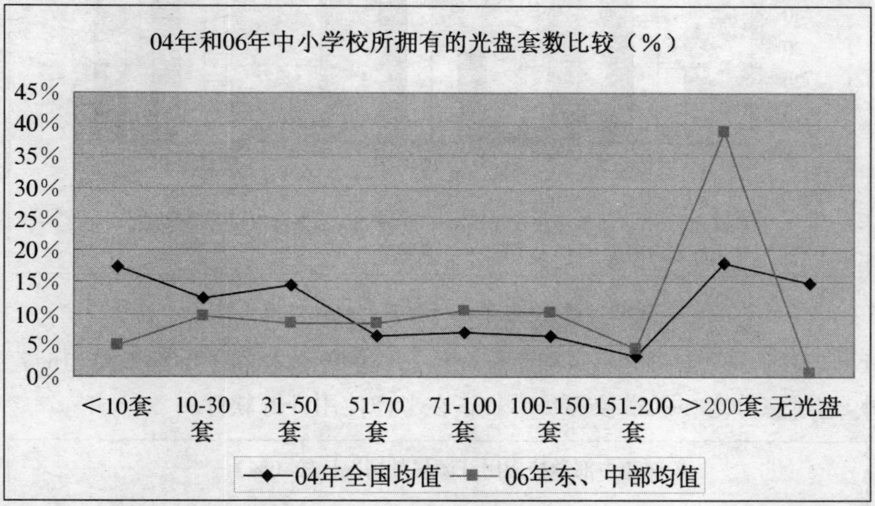

图 84　04 年和 06 年中小学校所拥有的光盘套数比较

不过，尽管近年来学校在数字资源建设方面取得了很大的成就，但研究者在调查发现，教学资源短缺仍然是目前制约信息化应用的一个重要因素。例如，针对学科教师的调查数据显示，当问及“你认为目前在教学中使用信息技术的主要障碍是什么”时，“教学资源短缺”名列其第二位，仅次于“硬件设备短缺”。这种情况说明，今后学校还应进一步加强教学资源建设，为教师的教学应用提供资源支持。

除上述内容性的数字化教学资源以外，研究者认为，各种技术性的数字资源（即应用软件）同样也是资源建设的一个重要组成部分。2006 年的调查数据显示，在被调查的学校中，其各种应用软件的三个主要来源是：学校购买（71.5%），网上下载（62.5%）和上级部门配拨（56%），详细数据见图 85。

同时，研究者还发现，在被调查的学校中，平均有 22.0%的学校正在使用开

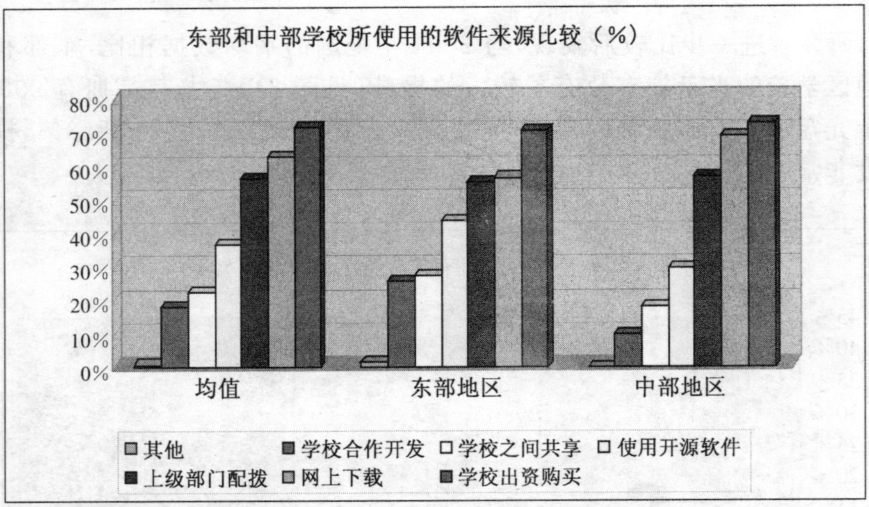

图 85　东、中部学校所使用的软件来源比较

源软件（见图 86）①。其中，东部学校（28.2%）的比例要高于中部学校（15.7%）。另外，超过三分之一的学校（34.0%）正在考虑使用开源软件。

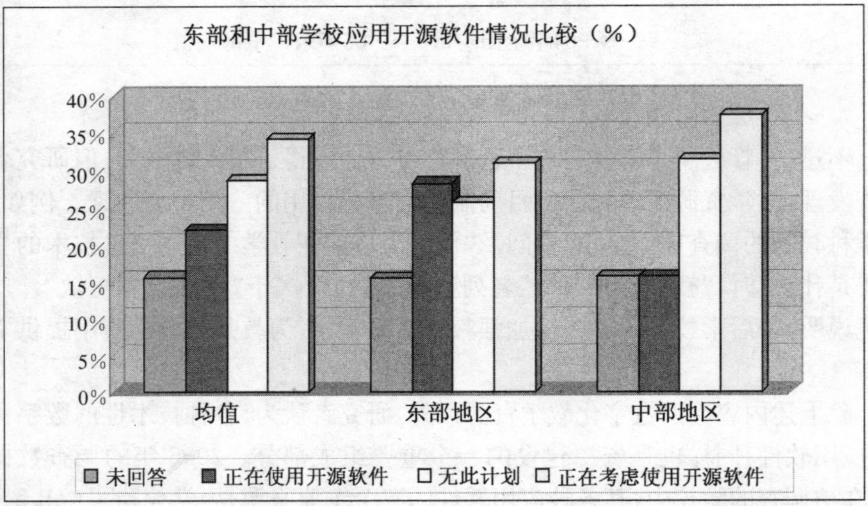

图 86　东、中部学校应用开源软件情况比较

① “开放源代码软件”（Open Source Software，OSS，简称“开源软件”），通常是指基于各种开放源代码许可证（如 GPL、BSD 等）而发布的软件。与商业软件相比，开源软件的一个突出特点是，用户不仅可免费获得程序的源代码，而且还可以自由复制、修改和分发程序源代码。与传统的只提供二进制的可执行程序而不提供源代码的商业软件相比，开放源代码软件的最明显的好处是可以节省软件使用者的“总体使用成本”（TCO），因为使用者无须支付使用许可费，只需要支付相应的支持服务费。

数据显示，不同层次学校使用开源软件的比例有所不同。如图 87 所示，高中学校使用的比例最高，达到了 40%，其次为完全中学(30.8%)，最低者为初中(21.7%)。这可能与不同层次学校的技术力量有一定关系，因为使用开源软件对于用户的信息技术操作水平要求较高，学校必须能够依靠自己的技术力量来实现系统的安装和使用等工作，而不像商业软件那样有完善的后续技术服务。

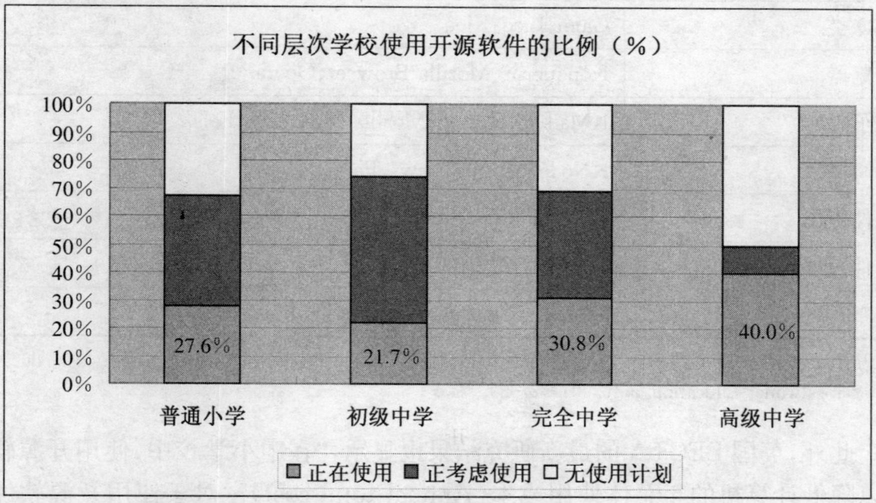

图 87　不同层次的学校使用开源软件的比例

从国际上来看，近年来，"联合国开发计划署"(UNDP)非常重视开源软件在教育领域的应用问题。2004 年，UNDP 启动了一项名为"国际开源网络"(International Open Source Network)的计划，积极推广各种开源软件在亚太地区学校的应用。同年，UNDP 发表了一项名为"Free/Open Source Software education"的报告，对开源的教育类软件进行了详细介绍，并提出了一个适用于学校教育领域的常用应用类开源软件列表，如下表所示：

表 86　常用的桌面类开源软件

软件类型	开源软件名称
文字编辑器	Vim、vi、pico、joe、emacs、xemacs
文书处理	Kword、AbiWord、TeX/LaTeX、LyX、xfig
办公室套件	Koffice、OpenOffice
绘图影像	GIMP、XV

续 表

软件类型	开源软件名称
看图浏览	IManager for ImLib、QtVu、Quickview
影音播放	mplayer、xine、realplayer
MP3 播放	XMMS、X11AMP
ICQ 类	Gaim、Licq、Kicq
浏览器	Konqueror、Mozilla Browser、Opera
电子邮件	KMail、Evolution、Mozilla Mail、pine、Balsa
新闻群组	KNode、Mozilla News、Pan
文件传输	gFTP、NFTP、SkateFTP、ncftp
文件管理	Kruiser、Xfm、llnlxdir
分布式资源共享	Gnutella、Gnapster、Freenet、Publius

资料来源：Tan Wooi Tong，FOSS Education Primer，2005，www. iosn. net/education/foss-education-primer/fossPrimer-Education. pdf(2007－2－3).

此外，英国 BECTA 的最新研究结果也显示，“在中小学校中，使用开源软件可以降低计算机的年总体使用成本(Annual total cost)。对于使用开源软件的小学来说，其每台计算机的使用成本仅为不使用开源软件同类学校的 50%；而对于中学来说，则可以节省 20%的计算机使用成本”。研究者认为，相对于国外学校来说，我国中小学校对于开源软件的了解和认识还较少，以后应大力加强这方面的研究和宣传。研究者相信，广泛使用开源软件，对于有效降低我国教育信息化的成本将有重要的意义。

(二) 校园信息化管理

校园信息化的管理是保障信息化顺利实施、应用和发展的重要制度保证。研究者在 2006 年的调查中发现，当请电教人员对各项有关校园信息化工作的重要性进行排序时，统计结果显示，电教人员认为最重要的三项工作分别是：“建立完善的校园信息化建设与管理体系”(22. 5%)、“加强教师的信息技术技能培训工作”(17. 1%)和“制订政策鼓励教师实现技术与课程整合”(14. 0%)。其中，东部和中部学校的数据基本无差异。这说明，许多中小学校已经意识到校园信息化管理的重要性。

1. 校园信息化管理倍受重视,信息技术应用规划已成共识

学校信息化专门管理机构的建设,是学校管理信息化建设的一个重要组成部分,因为有了这样的专门机构,就可以统筹规划整个学校的信息化建设,可以有效地提高经费和设备的使用效率。2006 年针对学校主管领导的调查数据显示,在参加调查的学校中,平均 89.8%的中小学校已经设置了专职主管学校信息化建设的领导者。其中,东部地区学校的比例(97.5%)明显高于中部地区(82.1%),详细数据见图 88。

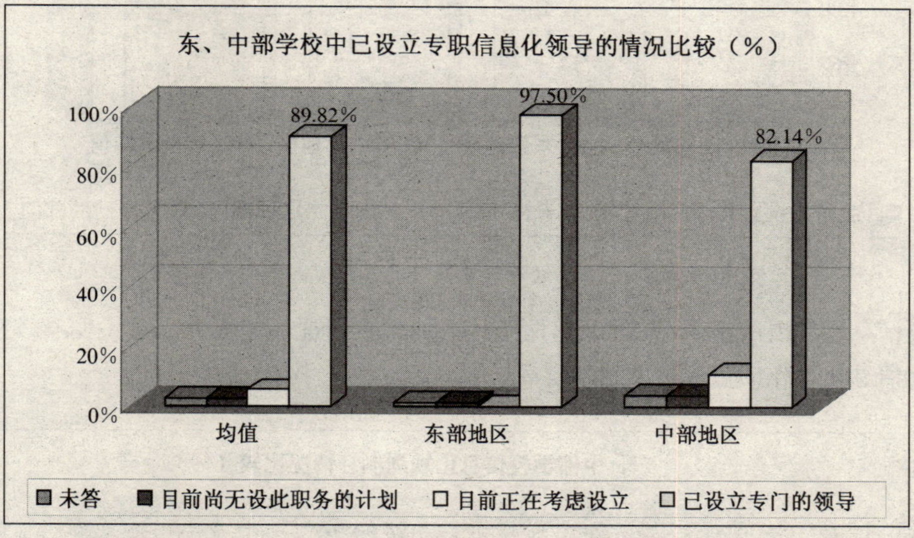

图 88　东、中部学校已设立专职信息化领导的数据比例

在设置专职信息化管理者的同时,许多学校也相应成立了主管全校信息化工作的专门机构。数据显示,在参加调查的东部和中部的中小学校中,平均 85.5%的学校已建立专门的信息化管理机构(见图 89)。与 2004 年全国中小学的平均数据(76.2%)相比,提高了近 10 个百分点。

中小学校主管领导的调查数据显示,对于上述已设立专门的主管领导和机构的学校来说,其部门所承担的职责和工作主要包括:为信息技术设备提供技术支持和服务(76.47%),制订和规划整个学校的近、中、长期信息化建设计划(77.21%),负责整个学校的信息化相关软、硬件设备的购置、安装和维护(77.21%),为教职员工提供信息技能咨询和培训(81.62%)和负责整个校园网络的管理(82.35%)。东部和中部学校的比例数无明显差异。值得注意的是,调查中,研究者发现,平均已有 73.2%的东、中部中小学校目前已制订一份有关学

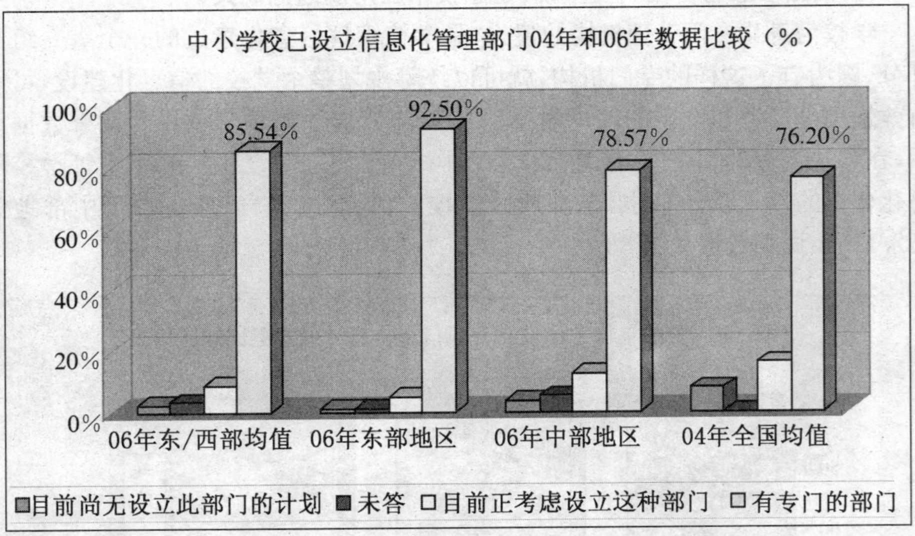

图 89　04 年和 06 年中小学校已设立信息化管理部门的数据比较

校信息化发展的规划(见图 90),两个地区的学校情况相差无几。这说明学校对于信息化工作的重视程度越来越高。

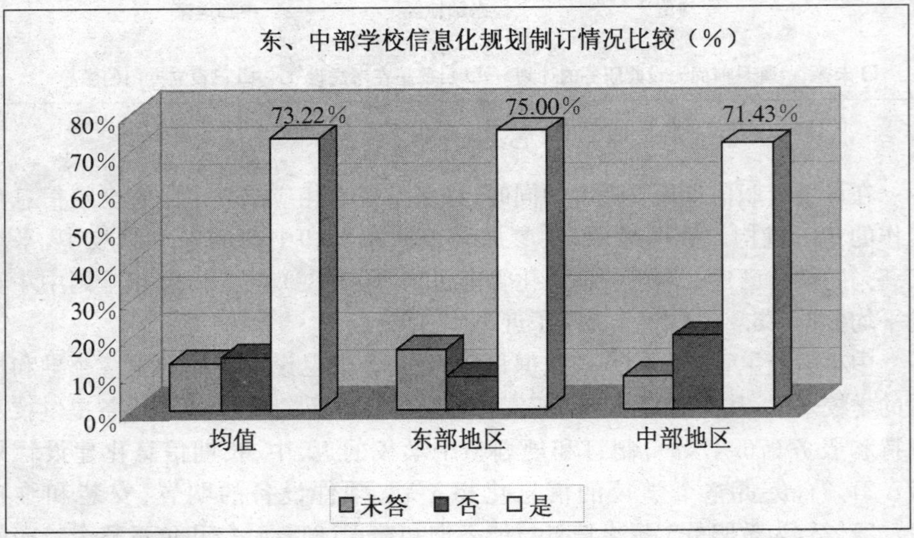

图 90　东、中部学校的信息化规划制订情况比较

研究者发现，在那些目前已经制订校园信息化规划的学校中，都将以下三个方面作为本校信息化的工作重点："帮助教师将信息技术有效地整合于教学中"(64.56%)、"加强教师信息技术技能培训"(60.36%)和"增加校园信息化建设的经费预算与投入"(59.73%)。确实，本次调查的其他数据也证明了上述各学校对于三方面工作的重视程度。

2. 校园信息化经费投入有所提高，东、中部差异比较显著

无疑，中小学信息化建设需要大量和持久的经费投入。校园信息化的经费投入，不仅包括信息技术硬件设备及其相配套的软件，同时还包括设备维护、用户支持、人员培训和资源建设等。而且，这种经费的支持会随着校园信息化建设的不断深入而逐步上升。以下将从信息化经费占学校经费的比例、来源和应用现状等方面来介绍。

通过将2006年的调查数据与2004年全国中小学校的数据进行比较，研究者发现，与2004年信息化经费占学校总经费的比例(6%～10%)相比，2006年东部和中部的数据要明显高于2004年。统计显示，总体来看，东部和中部学校的信息化经费占学校总经费数比例最接近的点是11%～20%(见图91)。这说明，东部和中部学校的信息化经费投入要高于全部的平均水平，同时也表明，04年后两年学校信息化的经费投入提高。

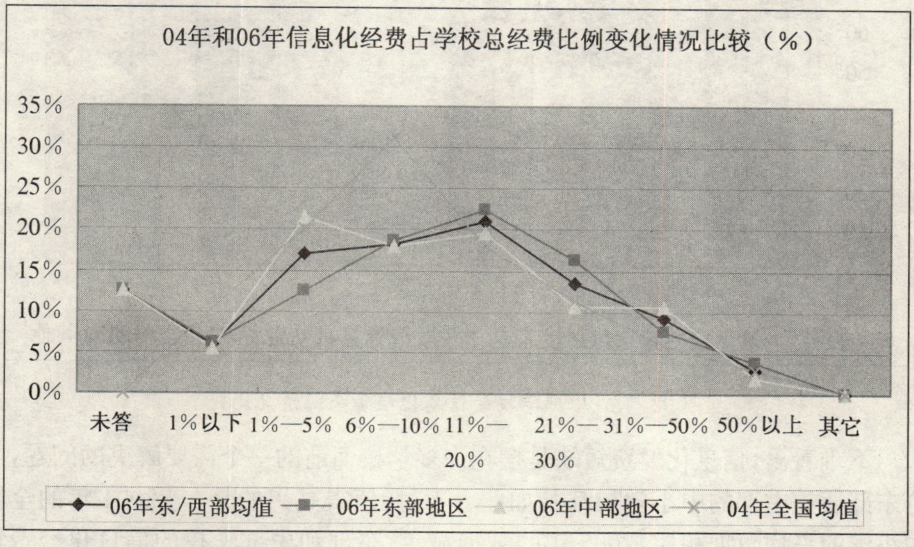

图91　04年和06年中小学校的信息化经费占总经费比例变化情况比较

关于学校信息化经费投入的具体数额,2006 年的调查显示,在被调查的学校中,到 2006 年为止,平均每所学校在信息化建设方面的投资总额约为 272.2 万元。其中,东部学校的投资总额比中部学校(143.4 万元)高接近 3 倍,平均每校的信息化投资总额达到 401.1 万元。这说明,虽然东部和中部的中小学校在信息化经费占学校总经费的比例上比较接近,但由于学校总经费绝对数的差异,两个地区学校信息化经费的投入数量差异还是比较大。这与两个地区之间的总体经济发展水平和教育政策等因素有着直接的关系。

关于中小学校的信息化经费来源,2006 年的调查结果表明(见图 92),绝大多数学校的经费来源主要是"学校自筹"(66.3%)和"上级主管部门划拨"(71.6%)。可以明显看出,东部地区中小学信息化经费来源中的"上级主管部门划拨"的比例(82.5%)要明显高于中部地区的相应比例数(60.7%)。同时,另一个值得注意的是,在中部地区学校中,"向学生收取计算机使用费"比例数(33.9%)要明显高于东部学校(6.25%)。

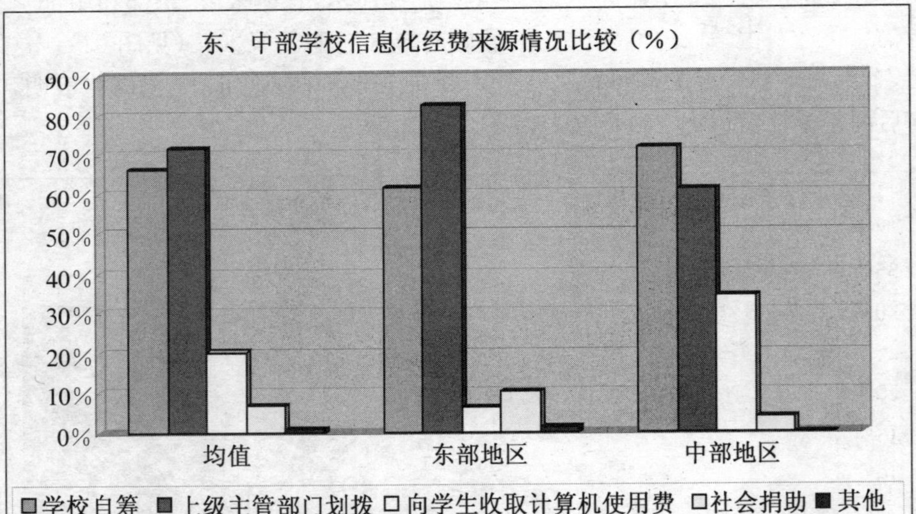

图 92　东、中部学校的信息化经费来源情况比较

不难看出,信息化经费短缺是摆在许多学校面前的一个需要解决的问题,无论东部还是中部的中小学校都是如此。不过,值得高兴的是,与 2004 年的全国中小学的平均数据相比,2006 年的数据显示,东部和中部学校的信息化经费短缺状况有所改善(见图 93)。例如,2004 年时,全国平均数据中"非常短缺"和"短缺"的比例之和为 66.5%,这就意味着全国三分之二的中小学校都面临着信息

化经费短缺的困境。而2006年的数据显示，平均有45.6%的东部和中部的中小学校认为自己的信息化经费短缺，比两年前降低近11个百分点。其中，尤其显著的是，东部学校内出现信息化经费短缺情况的比例数要明显低于中部(67.9%)，仅有30.0%。

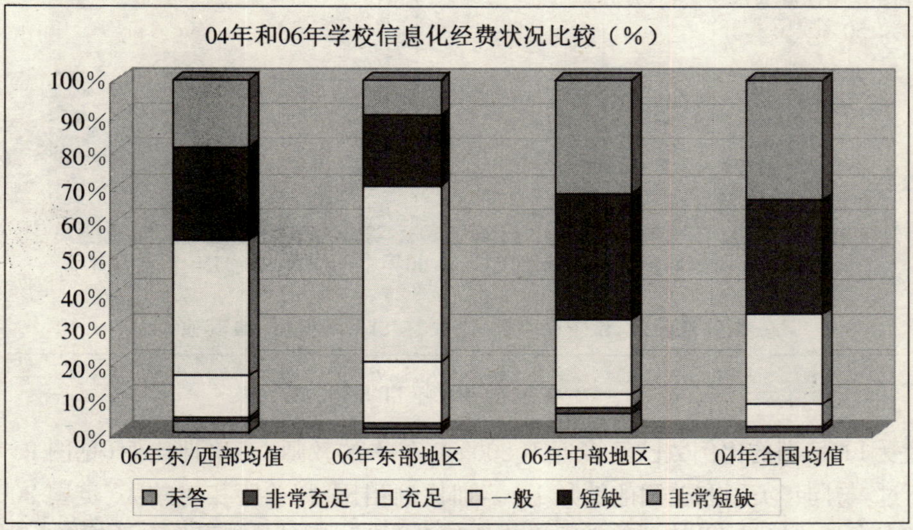

图93　04年和06年学校信息化经费短缺情况的比较

3. 教师接受培训的比例逐年提高，培训满意度较高

无论从哪个角度来说，在整个教育信息化的建设中，教师都起着举足轻重的作用。显然，要想推动教师在教学中充分应用信息技术，对教师的相关技能培训必不可少。2006年的学科普通教师的调查数据显示(见图94)，在参加调查的普通学科教师中，表示学校"经常提供IT培训机会"的平均比例为65.6%。其中，东部和中部教师的差异不大，分别是67.5%和63.7%。整体来看，虽然约有平均25%左右的教师认为自己所在学校"较少提供IT培训机会"，但是，相对于2004年的全国调查结果(52.1%)来看，回答"经常提供IT培训机会"的教师比例已经相当显著地上升了13个百分点。这表明，这两年来，至少东部和中部学校的教师IT技能培训工作有了相当程度的进步，这对于提高教师的信息化素养具有非常重要的意义。

从国际比较的角度来看，若以本次调查中学科教师问卷中"是否经常接受IT培训"的均值(65.6%)，作为我国东、中部地区学校的教师接受IT培训的比例数，以此与相关国家的教师培训数据相比，研究者发现，目前东、中部地区教师

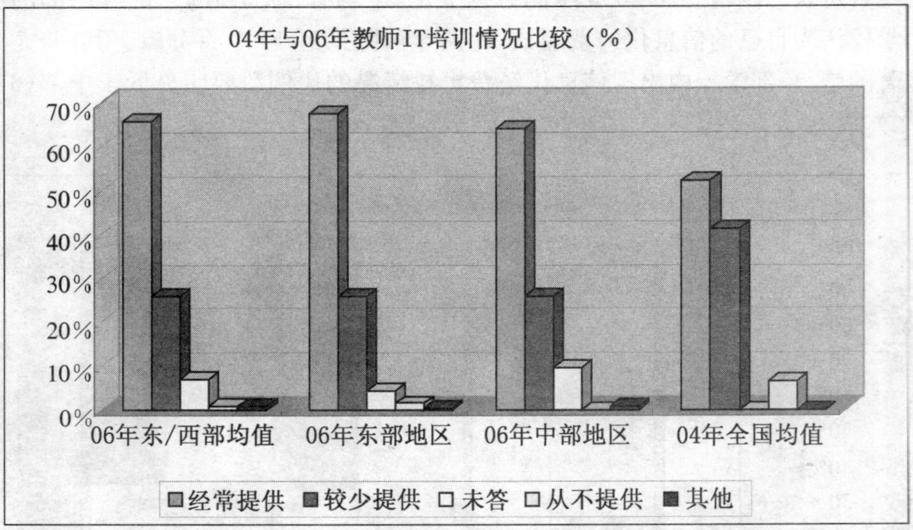

图 94　04 年和 06 年教师 IT 培训机会比较

接受 IT 培训的比例数已经接近于 2003 年日本的教师 IT 培训比例(见图 95)。不过,与同年英国和美国的教师 IT 培训比例相比,则差距相对较大(英国 2006 年中小学校接受 IT 培训的教师平均比例数为 91.0%[①],美国公立学校 2003 年接受 IT 培训教师的比例为 82%[②])。这说明,加强教师的 IT 培训工作将仍然是将来校园信息化的一项重要工作。

关于教师 IT 培训的实际效果,2006 年调查数据显示,绝大多数教师都对 IT 培训的效果表示"满意"(见图 96)。例如,平均 68.8%认为培训的效果"非常好"或"比较好"。其中,东部教师的满意率(65.7%)略低于中部学校的教师(71.9%),这可能也与发达地区教师对于 IT 技能的培训要求有所提高有一定关系。

不过,研究者通过数据统计发现,虽然从整体来看,东、中部地区学校的教师对于 IT 培训的满意度较高,但受训教师的年龄似乎也是影响其对 IT 培训满意程度的一个显著因素。例如,统计数据显示(见图 97),从数据的趋势来看,伴随

① 数据来源:Becta ICT Research, Survey of LAN infrastructure and ICT equipment in schools, November 2005 to January 2006, URL: http://www.becta.org.uk.

② 数据来源:Basmat Parsad, Jennifer Jones, Westat Bernard Greene, Internet Access in U.S. Public Schools and Classrooms: 1994—2003, National Center for Education Statistics, February 2005, http://nces.ed.gov/pubsearch.

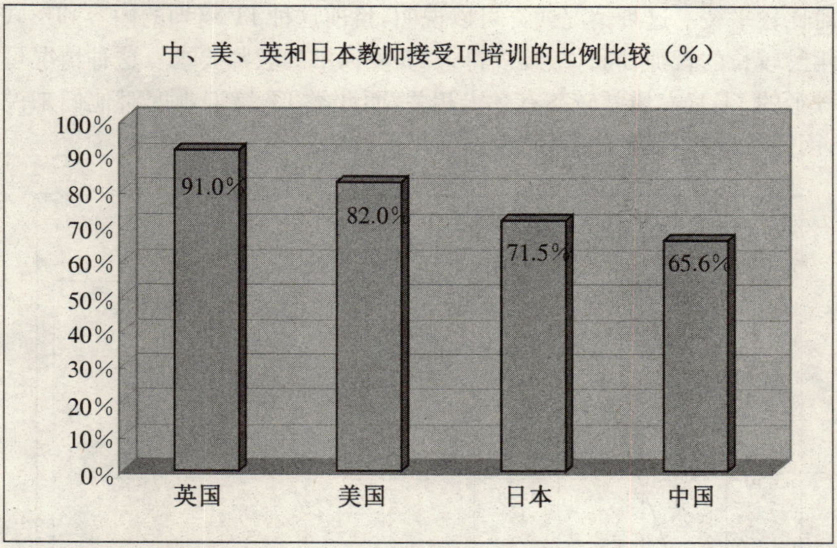

图 95　中小学教师接受 IT 培训比例数的国际比较

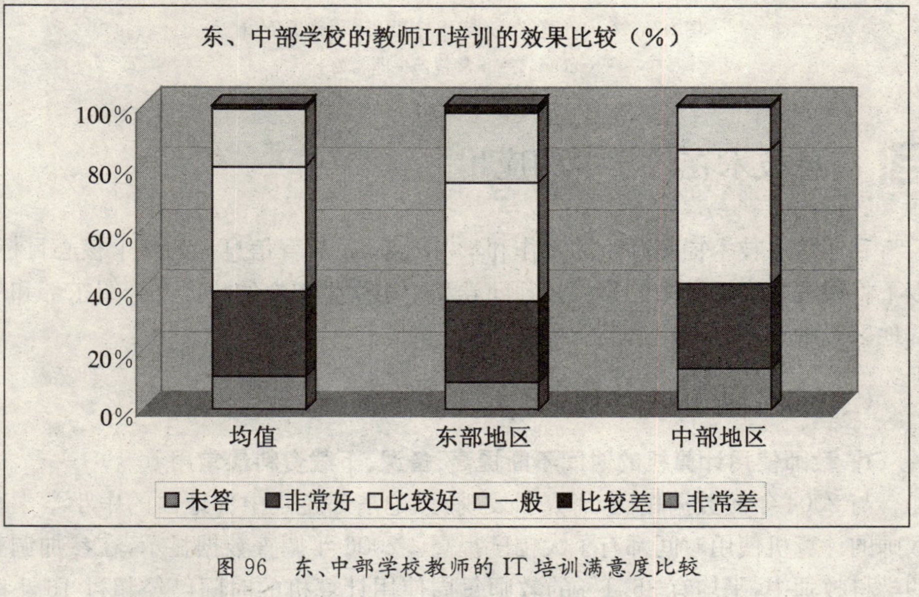

图 96　东、中部学校教师的 IT 培训满意度比较

着教师年龄的增长，其对IT培训的满意度也在不断提高。而且，此满意度的曲线相对比较平缓。这种情况或许可以说明，目前这种IT培训的内容和形式更适合于年龄较长的教师，同时却难以符合25岁以下的教师要求。这种情况可能与年轻教师的IT素养通常较高有一定相关，而此类IT培训难度对他们来说比较简单，因而导致其对培训的满意度低于年长教师。

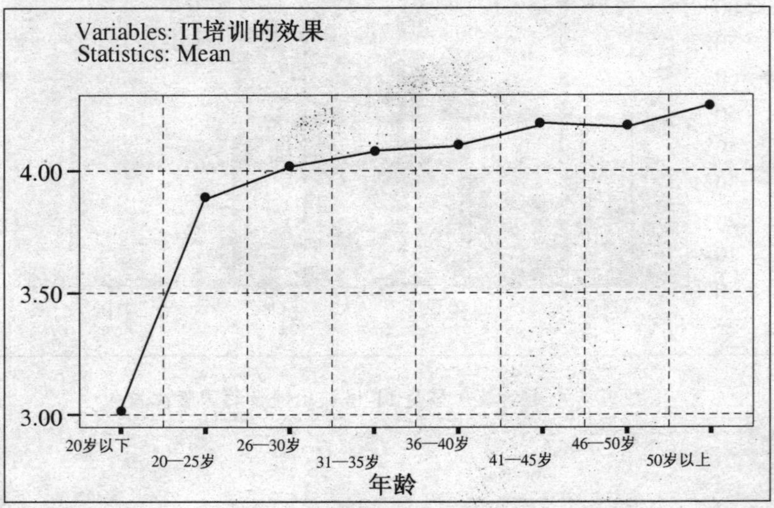

图97　不同年龄阶段教师对IT培训效果的看法

(mean，1＝非常差，5＝非常好)

三　信息技术在教学中的应用

利用信息技术提高师生的工作和学习效率，是教育信息化的一个核心目标。以下将根据本次调查中的学科教师问卷和中小学生问卷的数据来介绍东部和中部地区教师和学生使用信息技术的状况。

(一) 教师的信息技术应用

1. 教师使用计算机的时间不断提高，备课、下载资料最常用

与2004年的数据相比，研究者发现，无论东部还是中部地区的中小学学科教师的计算机使用时间都有了大幅度提高。2006年调查数据显示，在参加调查的学科教师中，平均有35.1%的教师每周使用计算机的时间已经超过16小时

(见图 98)。这实际上就意味着,这些教师每天计算机使用的时间至少在 3 小时以上。相比较而言,东部地区已有近一半的教师(45.3%)每周使用计算机 16 小时以上,中部地区则为 24.8%。此外,研究者还发现,与 2004 年的全国中小学校教师每周使用计算机的数据(每周 16 小时以上的比例仅为 11%)相比,2006 年的比例提高了近 3 倍。

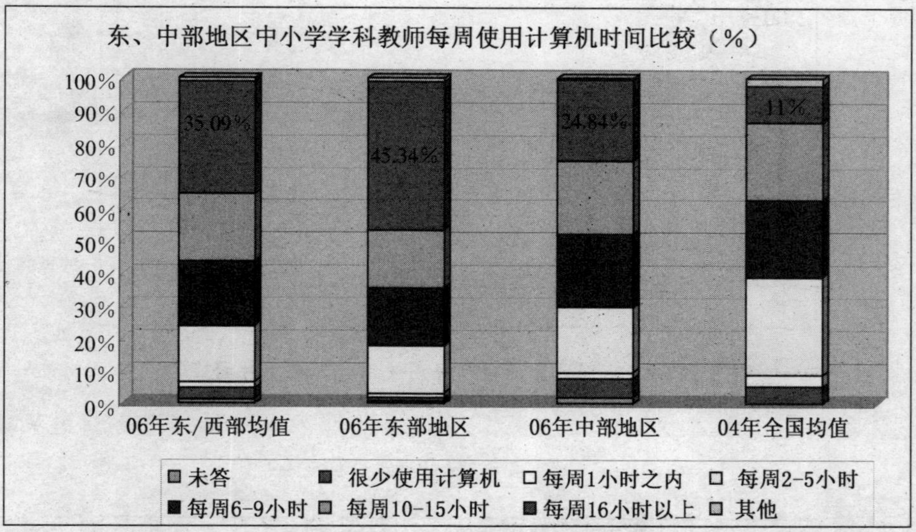

图 98　04 年和 06 年东、中部地区学科教师每周使用计算机时间的比较

分类统计结果显示,对于不同地区、年龄和学科的教师,其每周计算机的使用时间有所不同。若从教师的地区分布来看,如图 99 所示,可以看出,各地区教师的计算机使用时间差异较大。其中,使用时间最长的是北京地区的教师,其平均每周的计算机使用时间已超过 15 小时;而使用时间最短者为吉林省的教师,其平均每周的使用时间不足 9 小时。整体来看,东部省市的教师每周使用时间要高于中部地区的教师。

若从教师的年龄角度来看,如图 100 所示,可以清楚地看出,教师每周使用计算机的时间随着年龄的增长而不断下降。例如,对于 20—25 岁年龄段的教师,其平均每周计算机使用时间接近 10—15 小时;而 50 岁以上的教师,其时间则仅为 6—9 小时。这说明,年龄是影响教师计算机应用的一个重要因素。

那么,教师使用计算机时通常做那些工作呢? 2006 的调查结果显示(见图 101),教师们在使用计算机时,最经常做的工作包括:备课(84.9%)、下载教学科研相关的文献资料(77.8%)、利用搜索引擎检索文献资料(71.9%)、上网看新闻

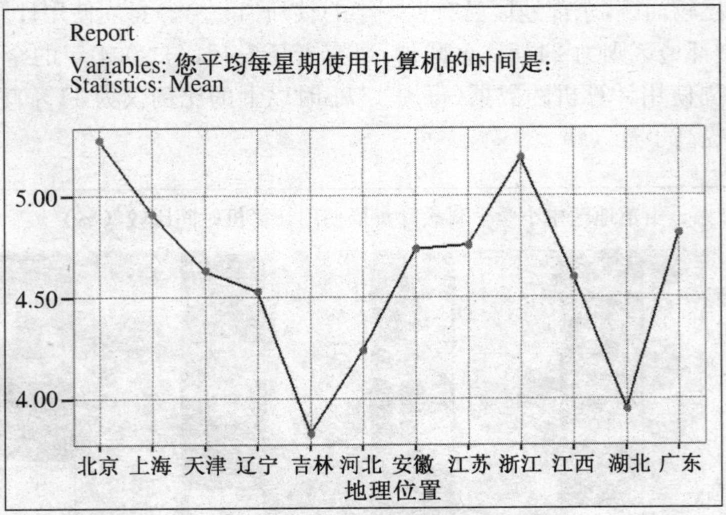

图 99　不同地区的教师每周使用计算机的时间

(Mean,1＝很少使用,6＝16 小时以上)

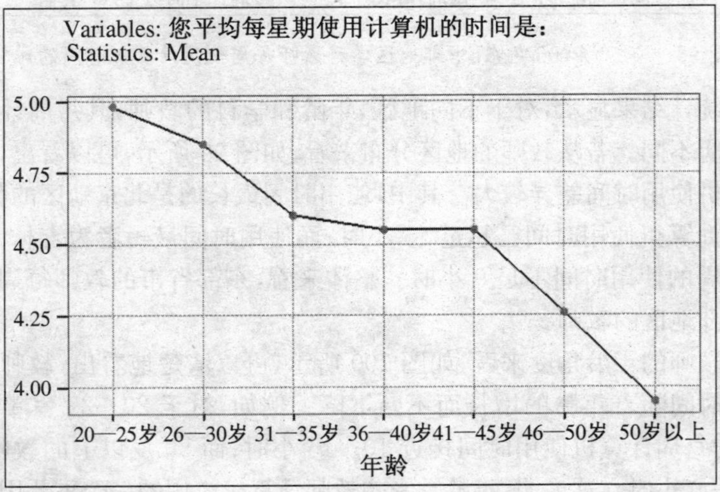

图 100　不同年龄阶段的教师每周使用计算机的时间

(Mean,1＝很少使用,5＝10—15 小时)

(71.6%)、收发 E-mail(68.2%)和撰写文章(55.8%)。同时,教师做得比较少的工作有"计算机编程"(4.8%)和"通过网上教学系统指导学生"(11.7%)。

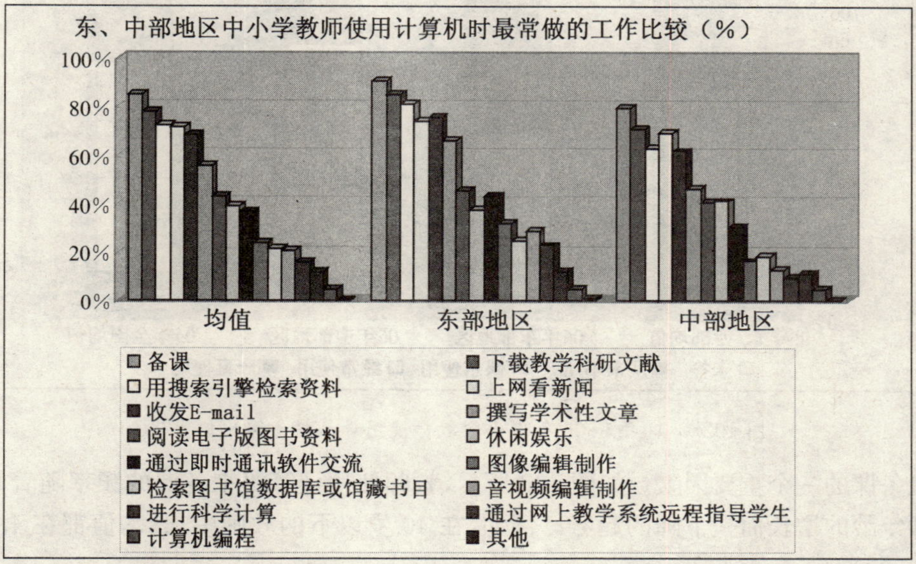

图 101　东、中部地区中小学教师使用计算机时最常做的工作

值得注意的是,从图中的数据可以看出,教师们使用计算机时经常做的工作的比例是伴随着操作的复杂性程度而逐步降低的。换言之,越是技术性要求低的工作,教师们采用的比例就越高;而同时,对于那些技术性要求较高和操作较复杂的工作,如编程、网上教学系统、影视编辑等,教师们使用的比例则较低。这种情况再次证实了国外以往的研究结果,越是简单的工具,其越容易被接受和使用。

上述数据分析说明,随着我国教育信息化建设的不断深入,使用计算机已成为越来越多教师日常工作的一个重要组成部分。

2. 使用计算机备课逐步普及,教师计算机使用信心呈上升趋势

另外,调查数据也显示,与 2004 年的调查数据相比,2006 年使用计算机来备课的教师比例有了一定程度提高。2004 年调查数据显示(见图 102),全国平均有 57%中小学教师"经常使用"或"一直使用"计算机来备课。而 2006 年的调查结果则表明,在参加调查的东部和中部学科教师中,已有 71.8%的教师开始经常使用计算机来备课。其中,东部地区的比例则达到了 84.2%。

通过对调查数据的进一步分析,研究者发现,年龄是影响教师是否使用计算

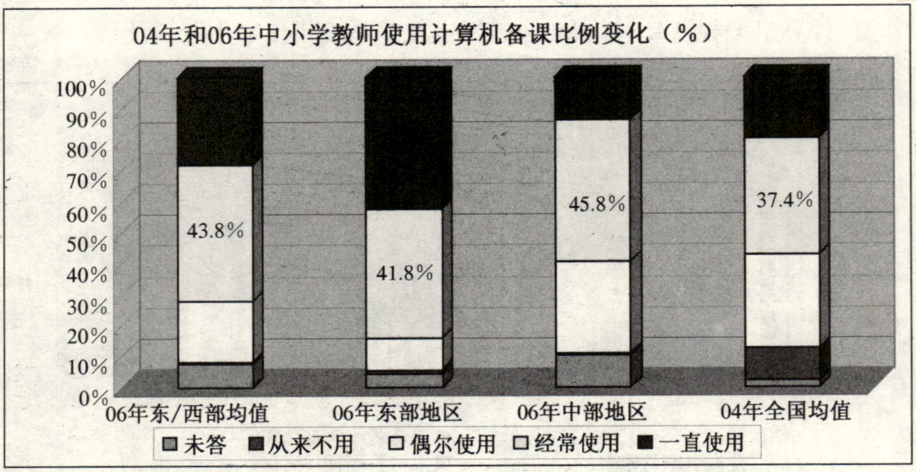

图 102　04 年和 06 年中小学教师使用计算机备课比例变化

机备课的一个重要因素。如图 103 所示，教师使用计算机来备课的频率随着教师年龄的增长而呈下降的趋势。例如，在 40 岁以下的教师中，其均值都在 4.0

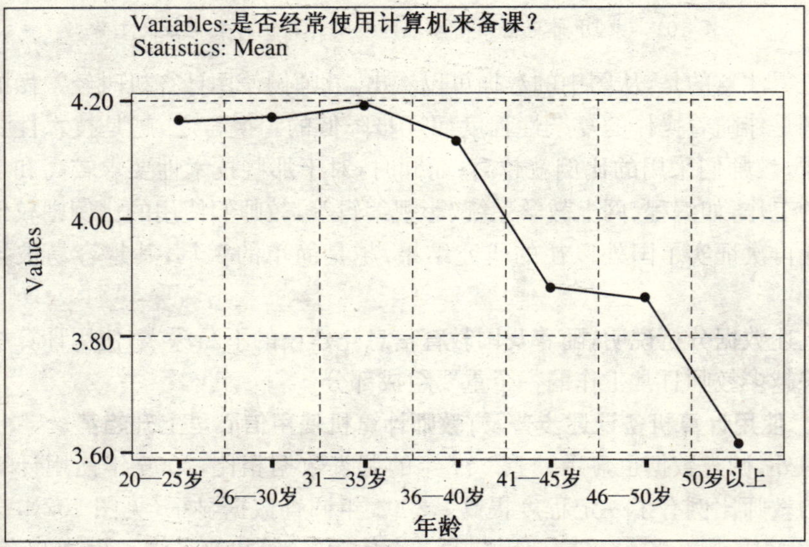

图 103　不同年龄阶段教师使用计算机备课的情况

(Mean，1=很少使用，5=一直使用)

以上，而 40 岁以上的教师，其均值则降至 4.0 以下，到 50 岁，则到了 3.6 左右。

不同地区的教师使用计算机备课的情况（见图 104），整体来看，东、中部地区教师的计算机备课的均值都在 3.0（偶尔使用）以上。但是，研究者发现，东部地区学校教师的计算机备课均值仍然要高于中部地区教师。例如，在北京、上海、江苏、浙江和广东地区，教师的计算机备课均值都达到了 4.0，而在江西、湖北则都低于 3.75。这说明，地域位置是影响教师计算机应用的一个重要因素。

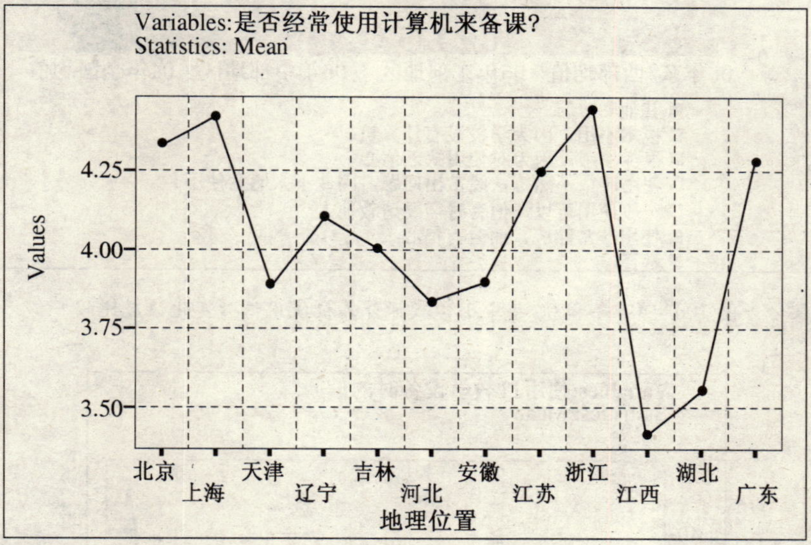

图 104　不同地区教师使用计算机备课的情况

（Mean，1＝从来不用，5＝一直使用）

不难发现，在接受 IT 培训的基础之上，随着中小学教师使用计算机时间的增长和操作的日益熟练，其使用计算机时的信心也在不断提高。例如，在 2006 年的调查中，当学科教师被问及使用计算机的感觉时，超过三分之一的教师（36.8%）表示自己“使用非常熟练，而且有信心”。其中东部和中部教师的比例分别是：43.8%和 29.7%。与 2004 年的全国平均比例（21.9%）相比，提高了近 15 个百分点（见图 105）。

虽然从整体来看，东、中部地区教师的计算机使用信心在不断增强，但是从不同地区的情况来看，教师计算机使用信心的区域差异还是比较明显的。如图 106 所示，教师计算机使用信心最强的省市为上海、北京、广东，而信心最弱的则为湖北、吉林和江西。

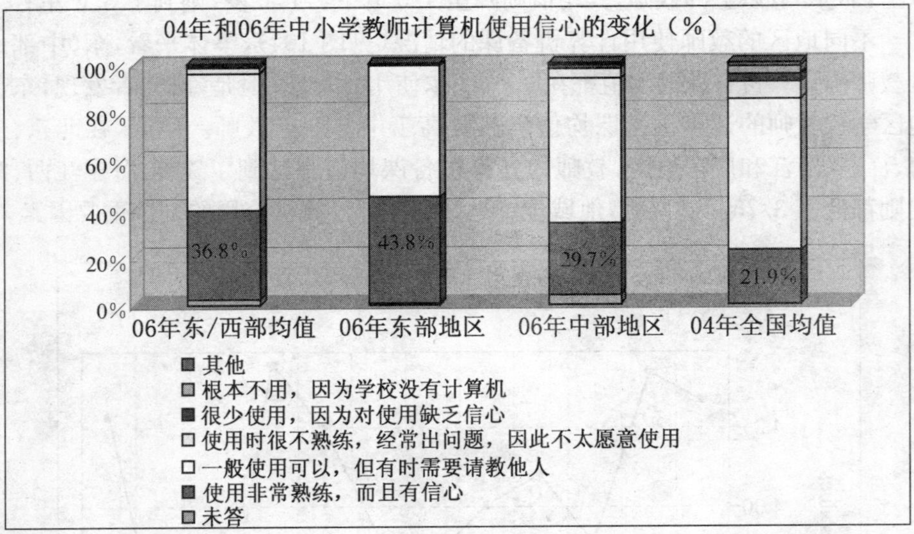

图 105　04 年和 06 年中小学教师计算机使用信心变化情况比较

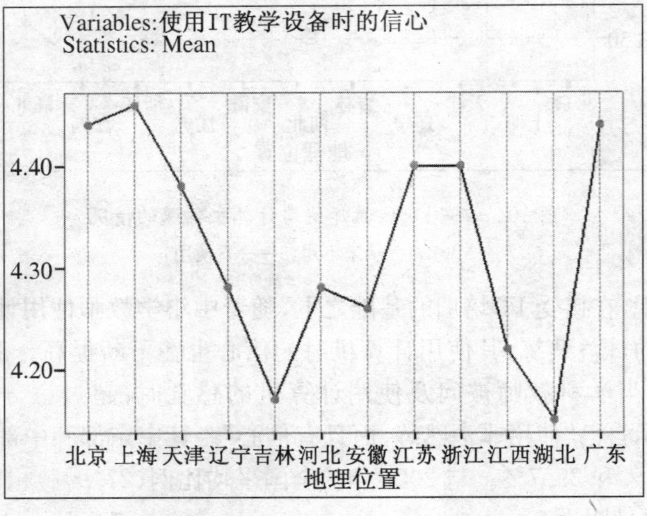

图 106　不同地区教师使用计算机的信心

（均值，1＝没有信心，5＝非常有信心）

另外，研究者也发现，年龄是影响教师计算机使用信心的一个重要因素。如图 107 所示，虽然从整体来看，各个年龄段教师的计算机使用信心均值都达到 3.8 以上，但是，伴随着年龄的增长，教师的计算机使用信心实际上是在不断下降。例如，26—30 岁教师的信心最强，其均值达到了 4.5，而 50 岁以上教师的信心则最弱，仅为 3.8。

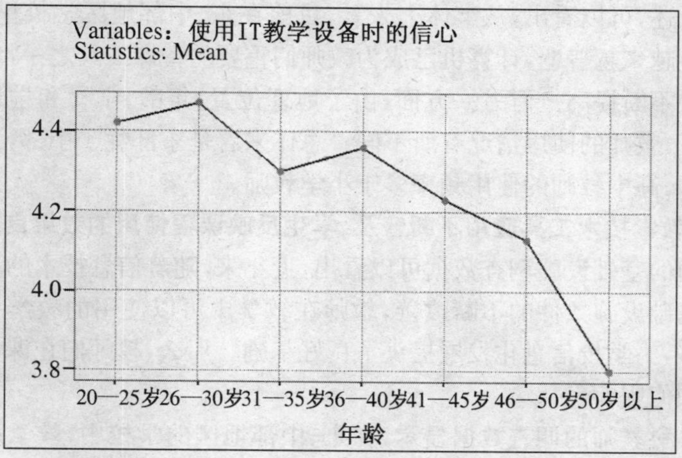

图 107 不同年龄阶段教师使用计算机时的信心

(Mean，1=没有信心，5=很有信心)

统计数据还显示，教师的计算机使用信心的差异不仅表现在省市地区上，同时城乡差别也是影响教师计算机使用信心的一个重要因素。如图 108 所示，在

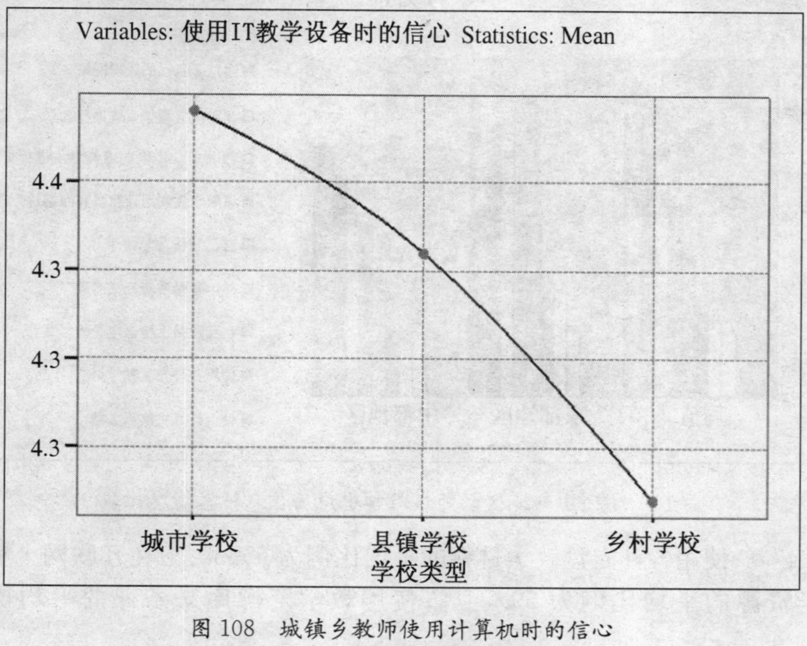

图 108 城镇乡教师使用计算机时的信心

(Mean，1=没有信心，5=非常有信心)

东、中部地区的学校中,虽然,城乡学校教师的计算机使用信心均值都在4.0以上,但是,城市学校教师的信心要略高于县镇学校和乡村学校的教师。

综上所述,可以看出,从整体上来看,目前在东、中部地区学校里,教师使用计算机已经越来越普遍,计算机已成为教师们重要的备课工具之一,老师们的操作水平也在不断提高。但另一方面,由于地理位置、年龄、学科和学校类型等因素的影响下,教师的使用情况有所不同。总体来看是东部优于中部,青年教师好于年长教师,高中教师的使用频率多于小学教师。

3. IT教学技术工具应用不断普及,学生反映课程使用的效果良好

从前面的基础设施调查数据可以看出,近年来,随着信息技术的不断发展和学校硬件基础设施条件的不断改善,教师在教学中可以使用的教学技术工具种类不断增多,为学校信息化发展提供了良好基础。那么,教师们在课堂教学中的应用情况如何呢?

针对学科教师的调查数据显示,在东、中部地区的学校中,教学过程中使用各类IT教学工具的教师比例越来越多。2006年的调查数据显示(见图109),在参加调查的教师中,教学中使用计算机演示文档(PowerPoint)的平均比例已达

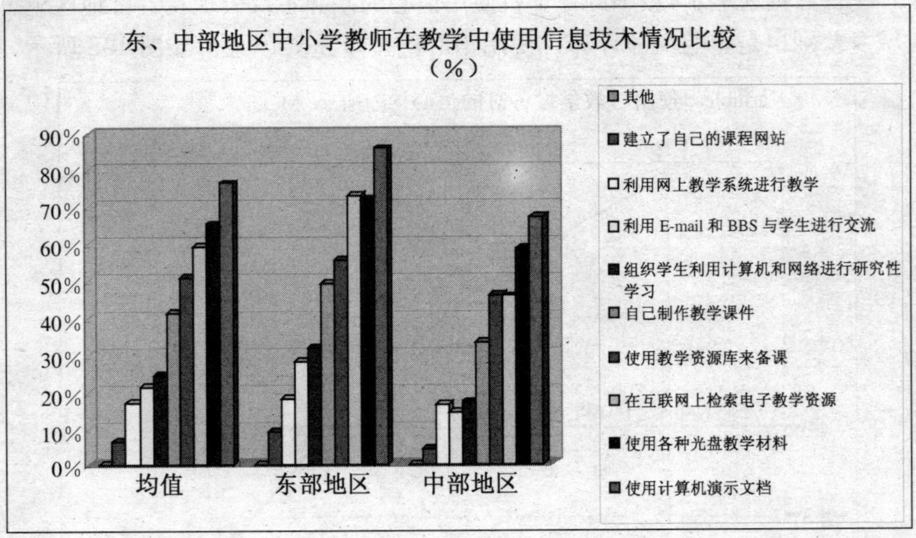

图109 东、中部地区教师在教学中应用信息技术情况比较

到76.47%;使用各种光盘教学材料的平均比例为65.35%;在互联网上检索电子教学资源的平均比例为59.34%;使用教学资源库来备课的平均比例为

50.81%。同时，还有41.2%的教师使用自制的课件来进行教学。相对来说，使用网上教学的比例较低，但平均也有17.2%。这些数据表明，信息技术已经成为教师课堂教学中必不可少的组成部分。

从东、中部的情况来看，东部学校教师使用各种IT教学工具的比例普遍高于中部地区，两者相差的比例至少在10个百分点。例如，在使用演示文档上，东部教师的平均比例为85.9%，而中部教师则仅为66.9%；建立网络课程的比例，东部是中部的2倍(8.9%：4.3%)。

从国际比较的角度来看，与欧盟四国的教师信息技术应用情况进行比较可以看出(见图110)，东中部地区教师除演示文档的使用比例较高(76.5%)以外，在其他应用方面，如教学中使用计算机的比例、使用教学资源库比例、在网上检索资源比例以及使用CD资源比例，国内教师的平均使用比例都低于欧盟四国。

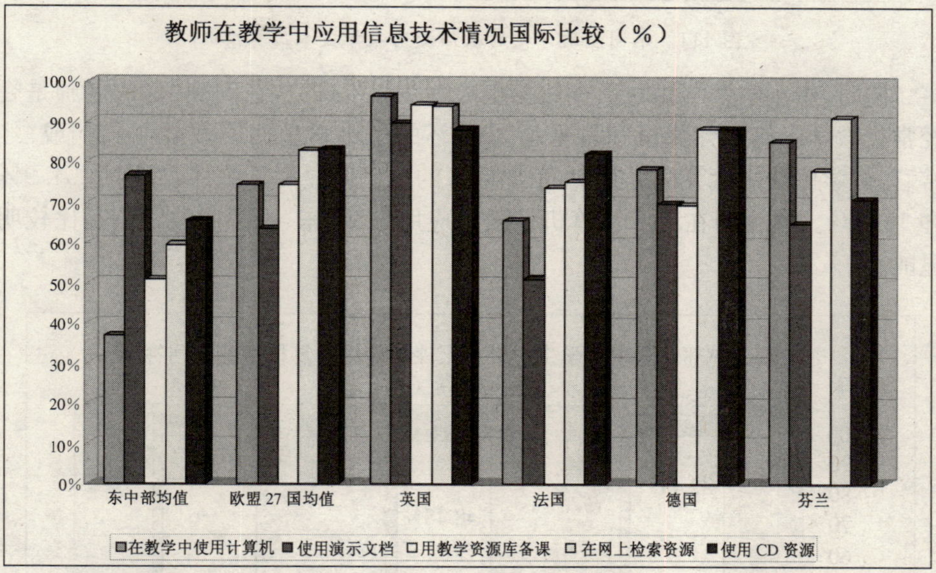

图110　教师在教学中信息技术应用状况的国际比较

若从不同层次学校教师的IT教学工具应用情况来看(见图111)，无论小学、初中还是高中教师，使用比例最高的教学工具都是演示文档(PPT)，光盘资源和网络资源；同样，使用比例最低的分别是建立课程网站和使用网上教学系统，这与前面“教师使用计算机时经常做的工作”的数据基本一致：工具的操作和技术复杂程度与其被应用的比例呈反比。其中，值得注意的是，高中教师应用“网上研究性学习”的比例要明显高于初中和小学教师，达到了40.8%。

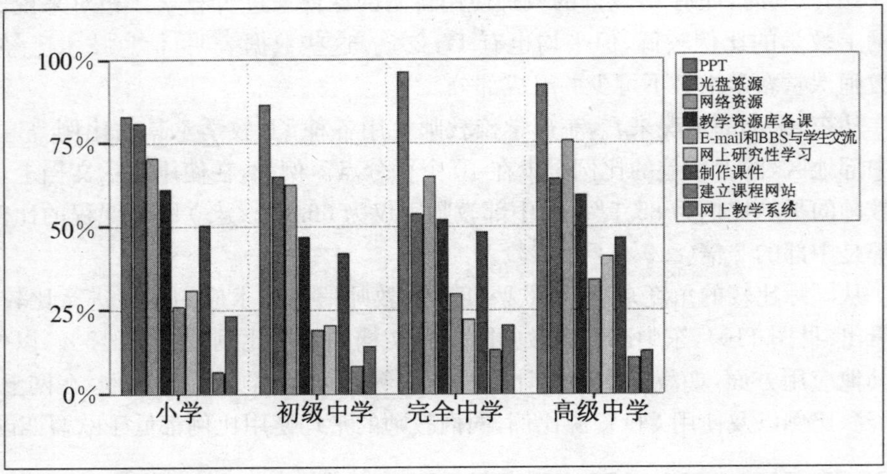

图 111　不同层次学校的教师使用教学技术工具情况

同时，中小学生问卷的调查数据也表明（见图 112），在问到“你的老师是否经常在教学中使用计算机”时，平均 36.7％的中小学生回答教师“一直”或“经常”在教学中使用计算机。其中，东部地区的比例明显高于中部，分别是 54.9％和 18.9％。这说明在教师计算机的教学应用方面，东、中部的差距还是比较明显的。

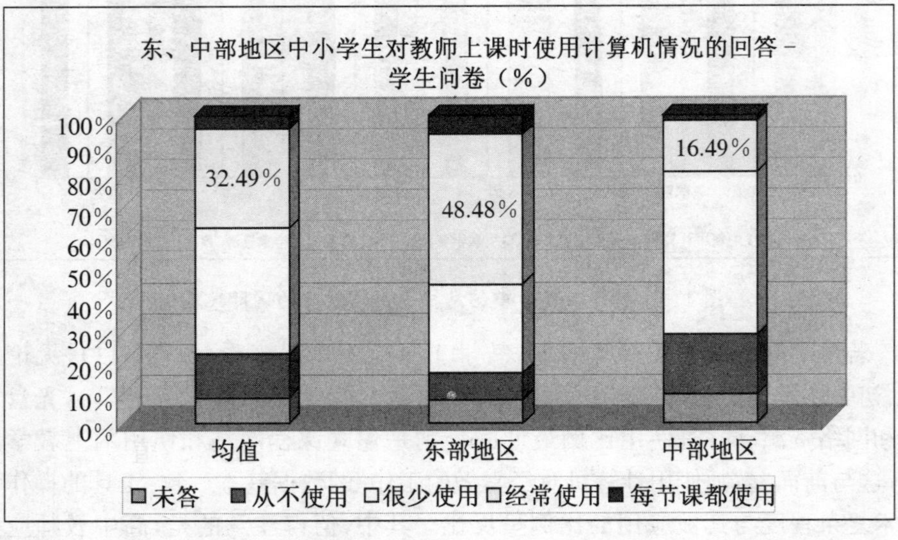

图 112　东、中部地区中小学生对教师上课使用计算机情况的回答

不过，研究者的进一步统计分析后发现，不同年级教师的计算机教学应用情况有一定差异性(见图 113)。虽然从整体来看，随着年级的增长，任课教师的计算机使用也在不断提高。但是，在几个特定的阶段，任课教师的计算机教学使用率会有所降低，例如小学 5、6 年级，初中 3 年级和高中三年级。这可能与这三个时间的升学考试有一定关系。

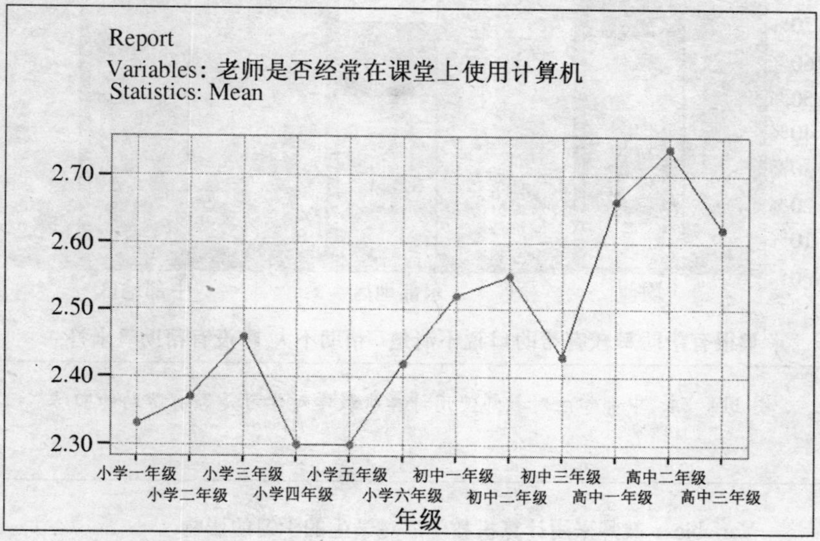

图 113　不同年级任课教师使用计算机教学的情况

(mean，1＝很少使用，4＝一直使用)

那么，教师在教学中使用计算机以后，对学生的学习是否有所帮助呢？调查结果显示，绝大多数学生都认为，在教学中使用信息技术对提高学习效果有一定帮助。数据显示(见图 114)，平均 78.6％的学生认为教师在教学中使用计算机有利于自己的学习。在这一点上，持此观点的中部学校的学生比例要明显高于东部地区的学生比例。

通过对调查数据的进一步分析，研究者发现，不同年级的学生对于教师使用计算机教学工具后对自己学习效果的影响，看法有所不同(见图 115)。从均值的趋势来看，随着学生年级的增长，计算机教学对其学习效果的影响程度呈逐步下降趋势。例如，在小学五年级之前，学生的均值都在 4.2 以上，而到了初中，则下降到 4.0 之下；而到高中则下降到 3.8 左右。因此，可以清楚地看出，学生对于教师使用计算机教学的效果的评价与学生的年级呈反比关系。

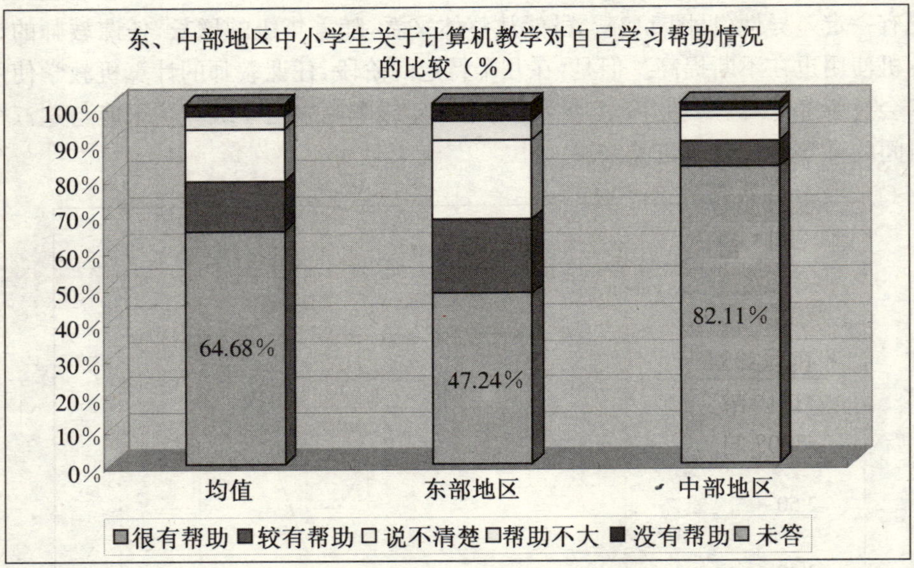

图 114　东、中部学生对教师使用计算机教学对学习是否有帮助的回答

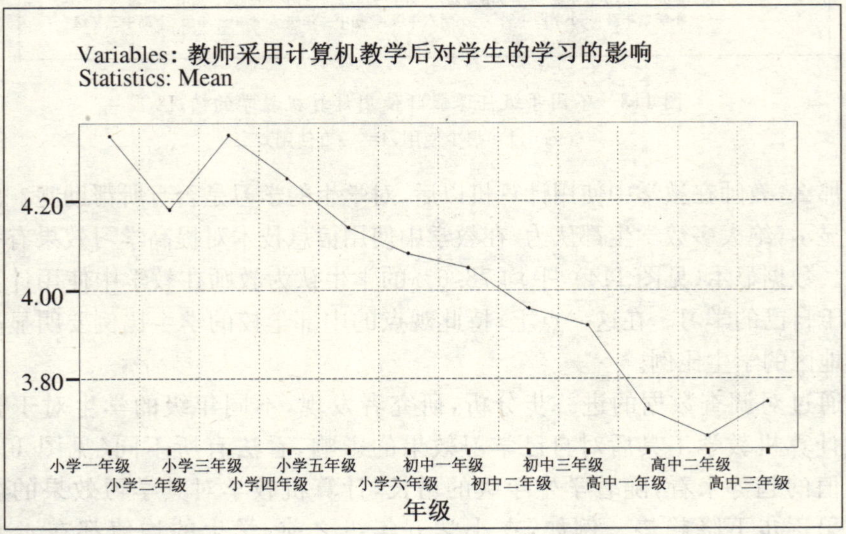

图 115　不同年级学生对于教师使用计算机教学效果的看法

（mean,1=没有帮助,5=很有帮助）

4. IT与课程整合的程度逐步提高，不同区域和年龄教师的IT能力有差异

总体来看，在东、中部地区学校中，伴随着教师的计算机使用信心的提高，其在教学中的应用水平也随之相应提高。以"信息技术与课程整合"的应用情况为例，2006年的调查结果显示（见图116），在参加调查的教师中，近一半的教师（45.7%）认为，"我在教学中已基本实现'信息技术与课程整合'"。其中，东部地区持此观点的教师比例已达到58.0%，中部为33.3%。可以看出，与2004年全国平均比例相比，2006年的调查数据提高了21个百分点。研究者认为，虽然教师的自我评估未必能够真正代表实际情况，但至少从一个侧面反映了教师对信息技术在教学中应用的信心比以前大有提高。

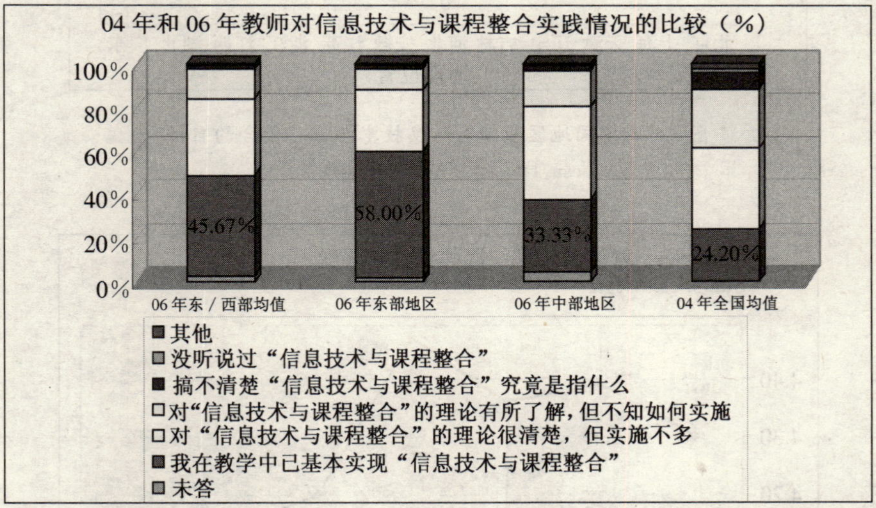

图116　04年和06年教师对信息技术与课程整合自我评估的比例

进一步，通过对调查数据的分析，研究者发现，不同地区和年龄段的教师，对于信息技术与课程整合的自我评估具有一定的差异性。如图117所示，地域是影响教师对信息技术与课程整合自评的一个显著的影响因素。例如，教师自评均值最高者的地区为浙江、广东、北京和上海，都在4.5以上；而教师自评最低的地区为河北、吉林和江西，均值都在4.0以下。

从年龄段的角度看，研究者也发现，年龄同样也是影响教师自评的一个因素。如图118所示，年龄在36～40岁阶段的教师，其自评均值较高，接近4.5；而到了40岁以后的教师，其自评的均值则呈现出下降的趋势，50岁以下的教师已经低于4.0。

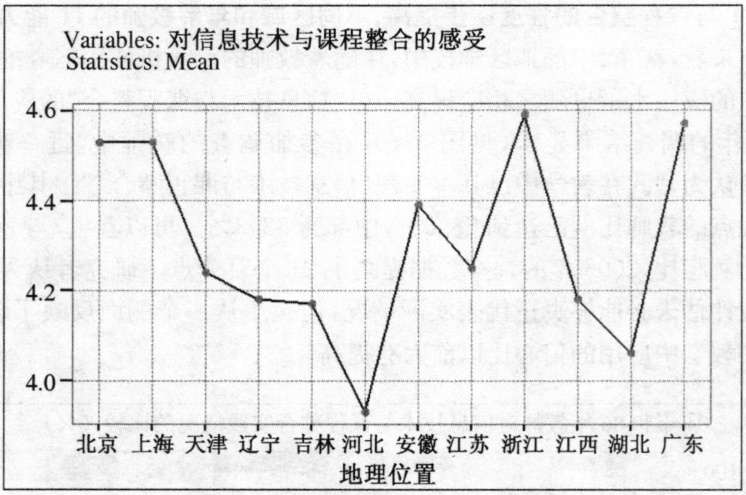

图 117　不同地区教师对信息技术与课程整合的自评

（mean，1=一无所知，5=已实现整合）

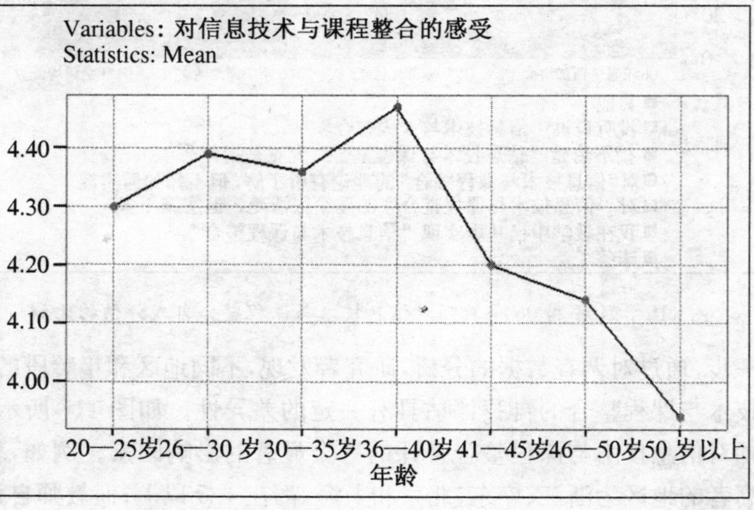

图 118　不同年龄段教师对 IT 与课程整合的自评

（mean，1=一无所知，5=已实现整合）

综上所述，研究者认为，东中部地区教师的信息技术与课程整合能力总体呈不断上升趋势，但在区域和年龄等方面具有一定的差异性。

5. 科研信息化初见端倪，教师之间网上资源共享渐成共识

近年来，随着信息技术和互联网的迅速发展，在学术界，研究信息化已经成为一种必然趋势，出现所谓的“电子研究”(E-Research)的概念。这里，所谓的“电子研究”是指“一种利用各种信息技术来将各种科学研究活动结合在一起的综合性研究方式，它包括各种能够促进研究者相互交流和共享的途径，例如：宽带网络、研究工具和设施、数据和信息存贮；保证研究者相互协作的信息系统和各种基础设施服务，以及提高各学科之间交流与共享的应用性工具等”。当然，E-research 是对科研活动的一种促进和补充，而不是完全替代各种传统的研究方法。正如有学者所指出的，“科研对信息技术的依赖程度正在逐步上升。利用信息技术来传播知识信息、共享研究成果将使研究者的科研活动更加具有创造性、更高效和提高合作性。不同机构之间的研究者将可以通过网络实现信息交流与共享。”

在 2006 年针对东、中部学校的调查中，引人注目的是，研究者发现，电子研究在中小学已经初见端倪，信息技术不仅广泛地应用于中小学校的课堂教学过程之中，同时也被应用于教师的科学研究活动之中，成为提高科研效率的重要辅助工具和手段。学科教师的调查结果显示，利用互联网来查找和检索科研文献资料，已成为中小学教师科研中一个重要的工具。例如，当问到“当您在教学科研工作中需要查找最新文献或数据时，您最常用的检索方法有哪些”时(见图 119)，平均 76.7%

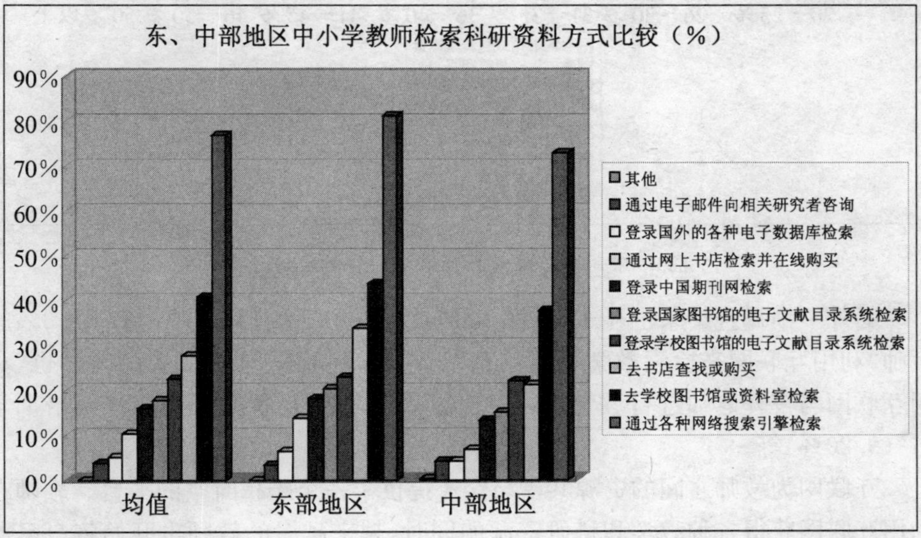

图 119　东、中部地区中小学教师检索科研资料方式比较

的教师表示，“通过各种网络搜索引擎检索”是他们常用的方式。另外，也有22.54%的教师利用“学校图书馆的电子文献目录系统检索”，“登录中国期刊网检索”(15.84%)和“登录国家图书馆的电子文献目录系统检索”(17.71%)。整体来看，东部地区教师利用各种信息技术来检索资料的比例要高于中部地区的教师。

不过，通过对不同年龄阶段教师的资料检索方式的统计分析，研究者发现(见图 120)，虽然通过网络搜索引擎来查找资源已经成为不同年龄阶段教师的通用做法，但同时，传统的到图书馆检索资料同样也是各年龄段教师经常使用的方式。

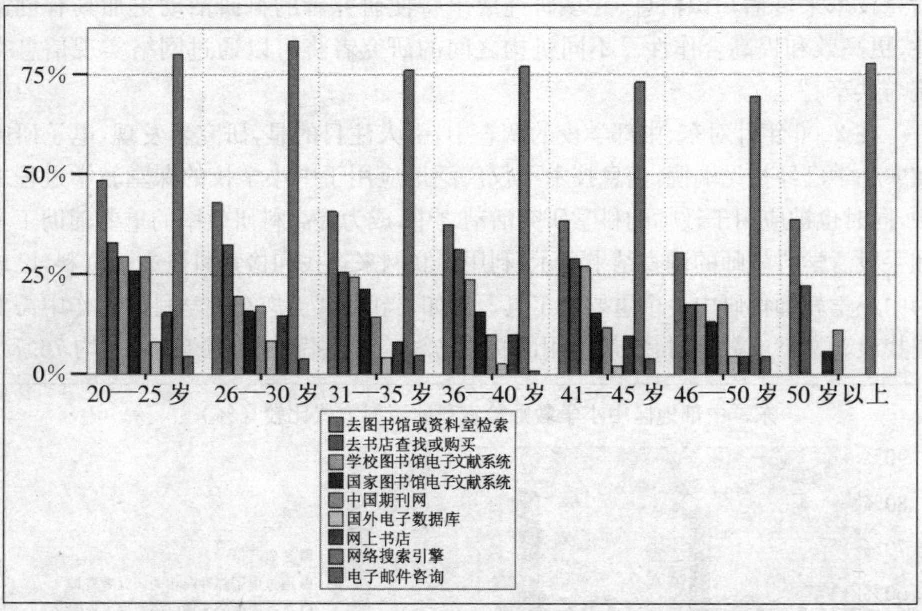

图 120　不同年龄阶段教师检索资料时常用的方式

另外一项调查结果也显示(见图 121)，在东、中部教师中，平均有 67.3%的教师“利用互联网来检索教学科研信息”。同时，还有平均 14.6%的教师也“利用互联网与校外老师进行教学、科研交流”，和“利用互联网来参加科研培训学习”(9.20%)等。

互联网为教师之间的资源共享与交流提供了一个跨越时空的平台。教师在利用互联网获得各种教学和科研资源的同时，越来越多的教师也开始将自己所制作的电子资源拿出来共享。2006 年的调查结果显示，在参加调查的教师中，

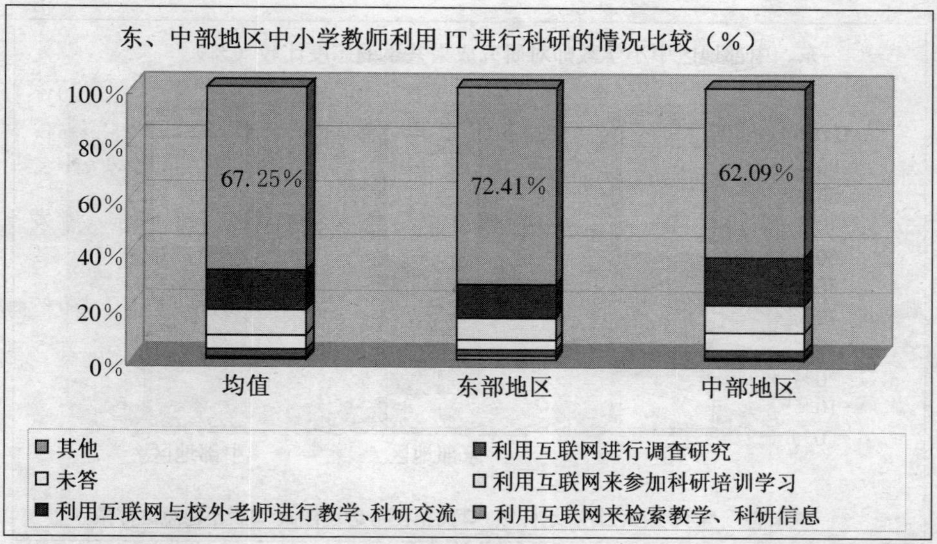

图121　东、中部地区中小学教师利用信息技术进行科研活动的情况

平均有44.7%的教师表示，“已将自己的电子版教学讲义或讲稿上传至网上供人传阅与学习”(见图122)。同时，也有32.6%的教师表示“正在考虑这样做”。除教学讲义之外，也有平均39.9%的教师表示，“已将正式发表的学术研究成果(如论文或研究报告)发布在网上供人阅读”(见图123)。

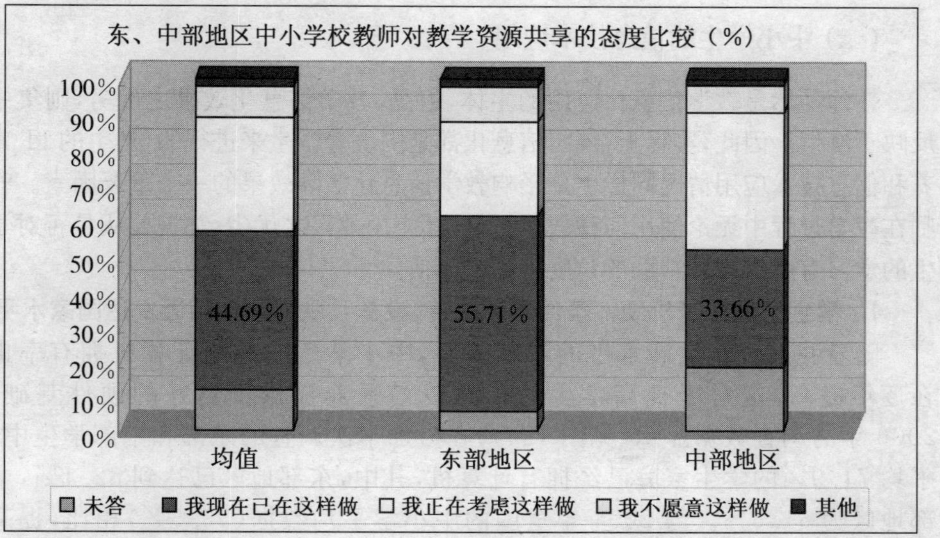

图122　东、中部地区中小学教师对教学资源共享的态度

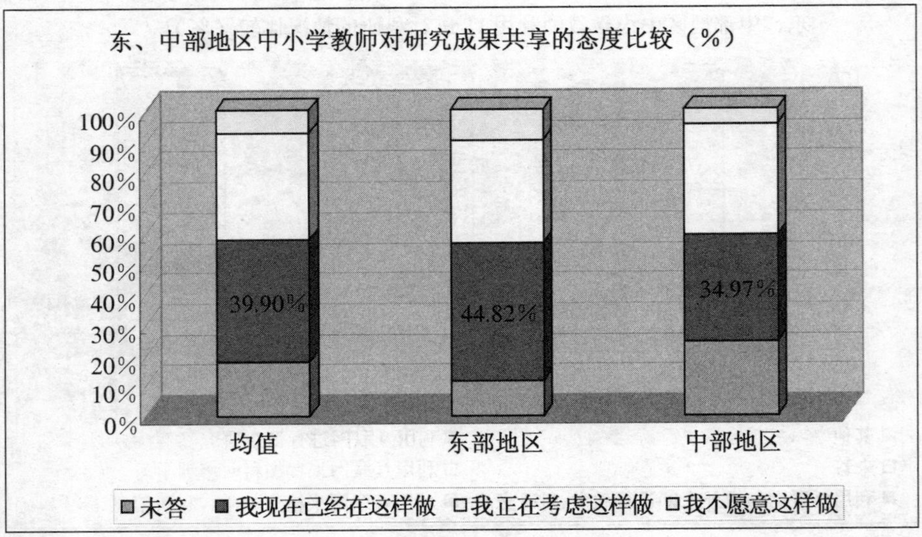

图 123　东、中部地区教师对研究成果共享的态度

综上所述，可以看出，信息技术不仅成为教师的教学工具，同时，也逐渐在其科研活动中扮演着越来越重要的角色。研究者相信，随着科研信息化的发展，这对于提高教师的科研效率和促进教师之间的科研交流将会有非常重要的意义。

(二) 中小学生的信息技术应用

教师虽然是教学信息化应用的主体，但是，教学信息化效果之优劣，则集中反映于学生。因此，实际上，校园信息化都是围绕着学生来进行的，学生的 IT 素养和信息技术应用情况同样也是影响教学信息化实际效果的一个重要因素。教师在教学过程中无论使用何种教学工具，其应用效果之优劣，都需要从是否对学生的学习有所促进和帮助的角度来予以评估。

1. 学生家庭计算机硬件条件不断改善，设备及联网条件接近发达国家水平

随着我国经济发展水平的不断提高，中小学生的家庭计算机拥有率也在逐年提高，这对于提高学生的信息技术素养提供了良好的硬件基础。2006 年的调查数据显示（见图 124），在参加本次调查的东部和中部学生中，平均 71.9%的学生家庭已经拥有计算机，其中，东部地区已达到 82.1%，中部地区为 61.6%。与 2004 年全国的中小学平均数据（52.5%）相比，提高了近 20 个百分点。

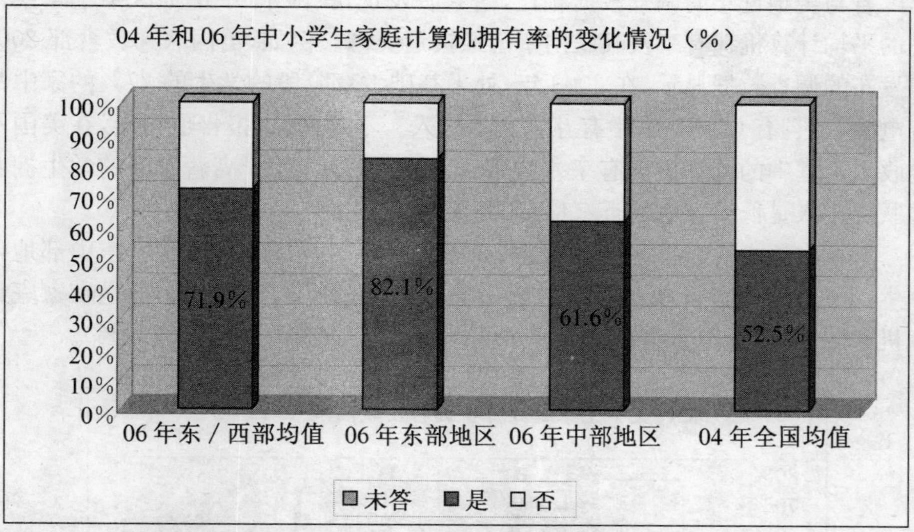

图124　04年和06年中小学生家庭计算机拥有率变化情况

同时，调查数据还显示，在拥有计算机的学生家庭中，平均超过一半的家庭计算机(54.0%)都已经联网(见图125)。其中，东部地区学生家庭的联网率要明显高于中部。

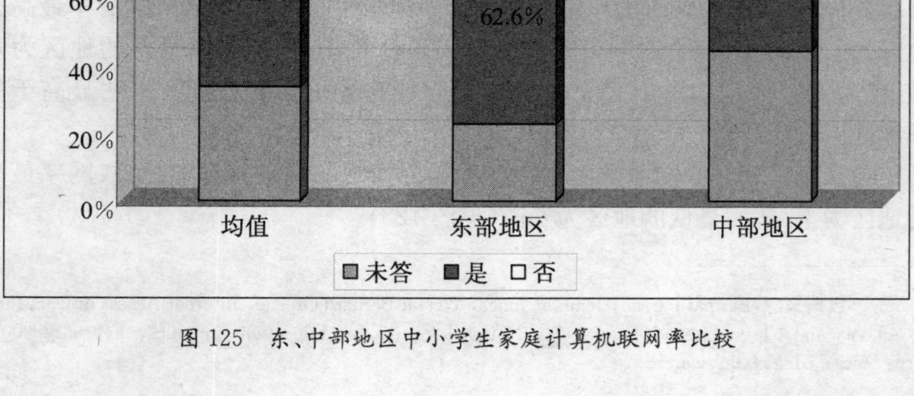

图125　东、中部地区中小学生家庭计算机联网率比较

若与美国近年的调查数据相比，研究者发现，我国东、中部地区中小学生家庭的平均计算机拥有率及其联网率已经接近美国。例如，美国联邦教育部 2005 年发布的调查数据显示，在 2003 年，处于基础教育阶段的学生的 77％的家中都有电脑，并且有 67％的家中有互联网的接入。不过，调查报告也指出，在美国不同收入家庭中的计算机拥有率差异很大。调查显示，处于高薪家庭的学生拥有互联网接入是低薪家庭的近三倍(90％比 32％)①。

将本次调查的数据与美国相比，如图 126 所示，可以看出，我国东中部地区学生的平均家庭计算机拥有率已接近美国(71.9％与 77.0％)。但是在家庭计算机联网率上，中国学生家庭比例对低一些，是 54.0％(美国是 67.0％)。

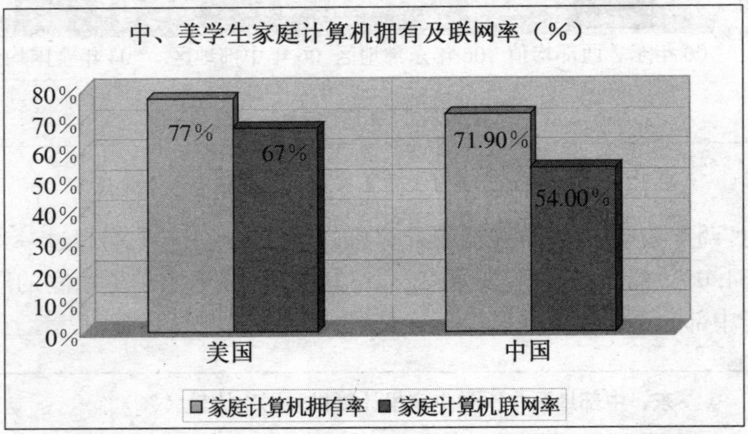

图 126　中、美中小学生家庭计算机拥有率及联网率比较

不过，需要强调指出的是，与美国一样，我国东中部地区中小学生家庭计算机和联网率同样也存在着明显的地区性差异，数字鸿沟现象非常突出。例如，统计数据显示，在参加调查的东中部地区的中小学生中，家庭计算机拥有率最高的地区为天津，89.2％的学生家庭已经购买了计算机；而拥有率最低的地区为安徽，仅为 49.8％。如图 127 所示，东部地区学生家庭计算机拥有率明显高于中部地区。

在家庭计算机联网率方面也存在着类似情况。调查数据显示，联网率最高的地区为上海，而最低的地区为安徽(见图 128)。

---

①　数据来源：Basmat Parsad, Jennifer Jones, Westat Bernard Greene, Internet Access in U. S. Public Schools and Classrooms: 1994 － 2003, National Center for Education Statistics, February 2005, http://nces. ed. gov/pubsearch.

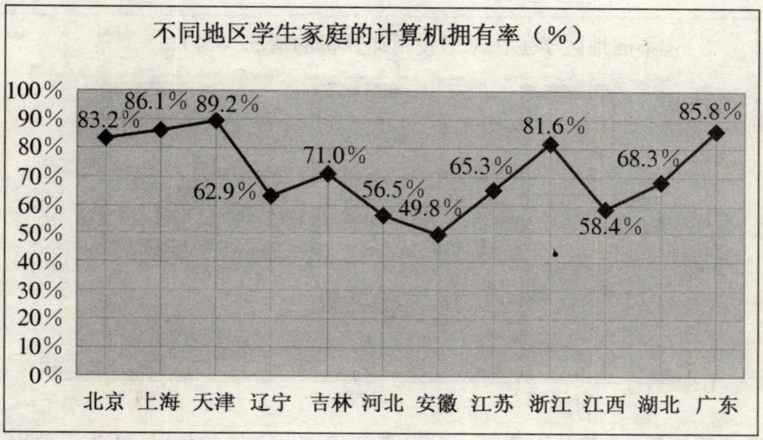

图 127　不同地区学生家庭的计算机拥有率

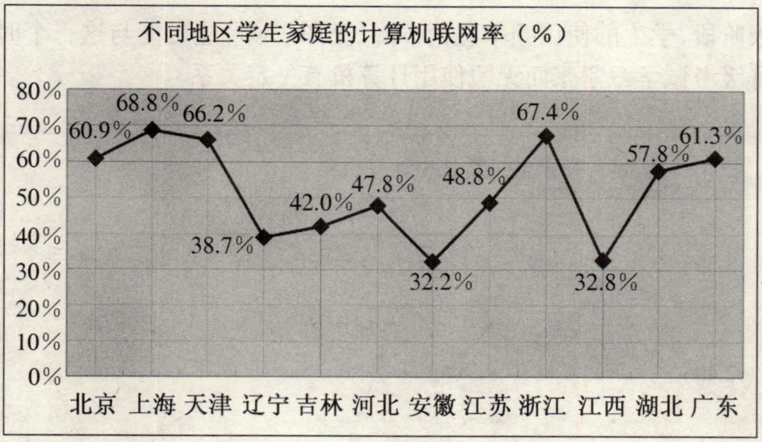

图 128　不同地区学生家庭的计算机联网率

2. 学生在家使用计算机时间随年级而变化，最喜欢上网、听音乐和聊天

那么，学生们在家里使用计算机及上网的情况如何呢？通过对调查数据的分析，研究者发现，在问及“你是否经常在家里使用计算机”时，平均超过三分之一（35.6%）的学生在家里“每天使用”或“经常使用”计算机。东、中部地区学生的比例差异不大（见图 129）。

从不同年级学生在家里使用计算机的情况来看，数据显示，从整体来看，伴随着年级升高，学生在家里使用的频率在不断降低，尤其是在小学、初中和高中

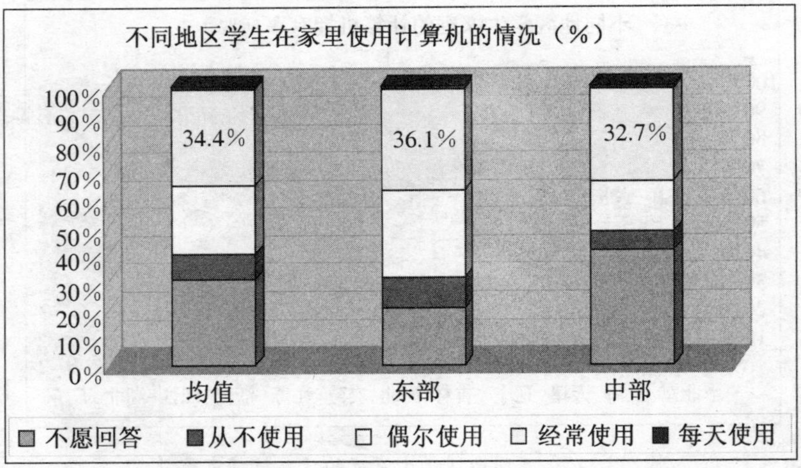

图 129　不同地区学生在家中使用计算机情况

的高年级阶段，学生的使用频率急剧下降（见图 130），这可能与这三个时间段学生参加升级考试学习紧张而无暇使用计算机有一定关系。

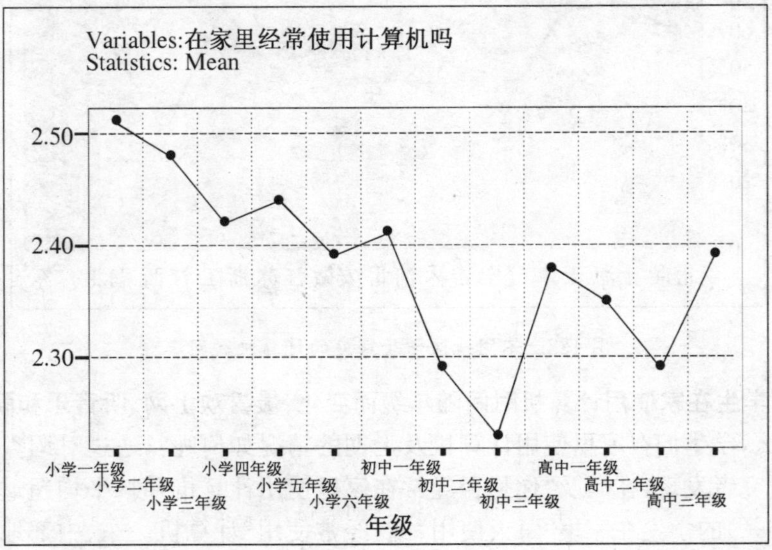

图 130　不同年级学生在家里使用计算机的频率

（mean，1＝从不使用，4＝每天使用）

上述结果与美国的相关调查结果有所不同。美国的研究者指出，在美国，"初中生和高中生使用互联网有不同。接入计算机的高中生使用互联网更加频繁：53%每天至少一次，36%不太经常但是至少每周一次，只有 11%少于每周一次。初中生是不太频繁的上网者，27%每天至少一次。而在高中，几乎所有的学生(91%)为完成学校作业而使用互联网。"

从学生在家里使用计算机的时间来看，调查数据显示，超过一半的学生(53.4%)每周在家里使用计算机的时间为 1～4 小时之间。其中，东部地区学生比例略高于中部地区(见图 131)。

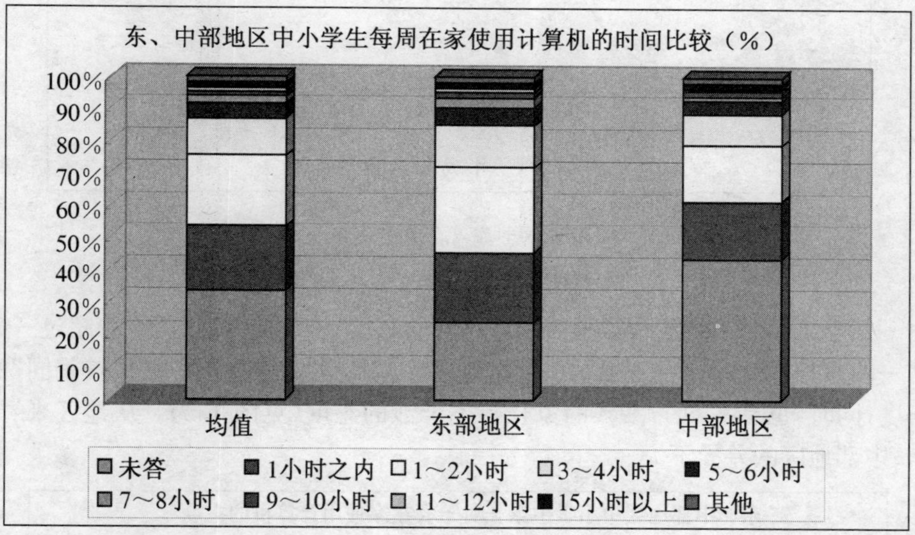

图 131 东、中部地区中小学生每周在家使用计算机的时间比较

虽然上述数据显示，随着学生年级的升高，其在家里的计算机使用频率的趋势在不断降低，另一方面，研究者也发现，伴随着学生年级的升高，学生每周在家中使用计算机的时间却在不断增加。如图 132 所示，从小学二年级开始，学生在家里平均每周使用计算机的时间约为 1.5 小时①，而到了高中三年级，平均时间提高到了每周接近 5 小时。不过，在初中三年级和高三阶段，学生每周使用计算机的时间都不同程度地出现了下降。例如，学生在初中二年级时的每周使用时间为 4 小时以上，而到了初中三年级则降至 3 个多小时。

---

① 此数据是取问题选项 2(1－2 小时)的中位数。本段内以下的其他数据来源同此方法。

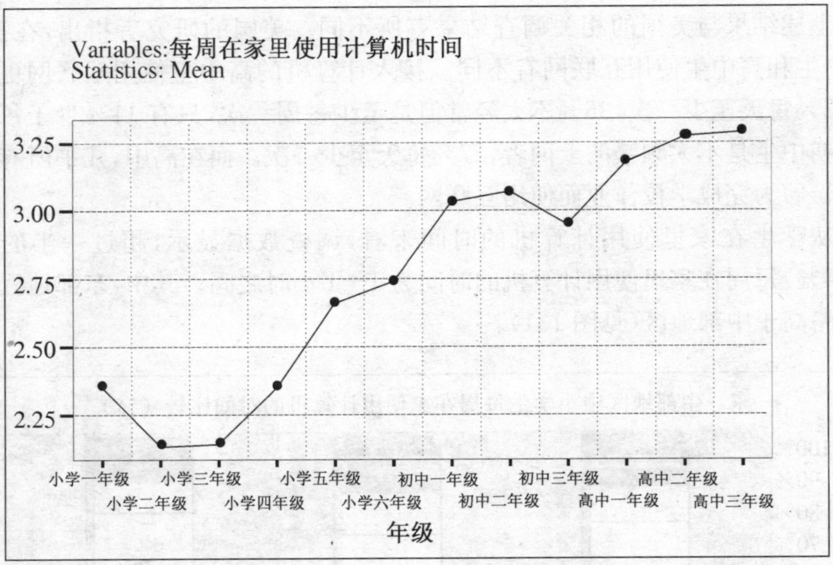

图 132　不同年级学生每周在家里使用计算机的时间

（mean，1＝1 小时之内，5＝7－8 小时）

关于家长对于学生在家里使用计算机的态度，统计数据显示，平均超过三分之一的家长（38.2%）对于子女在家里使用计算机持“非常赞同”或“比较赞同”的态度；同时，也有平均 17.9%的家长持不干涉的态度（见图 133）。从地区来看，东、中部地区的差异不大。

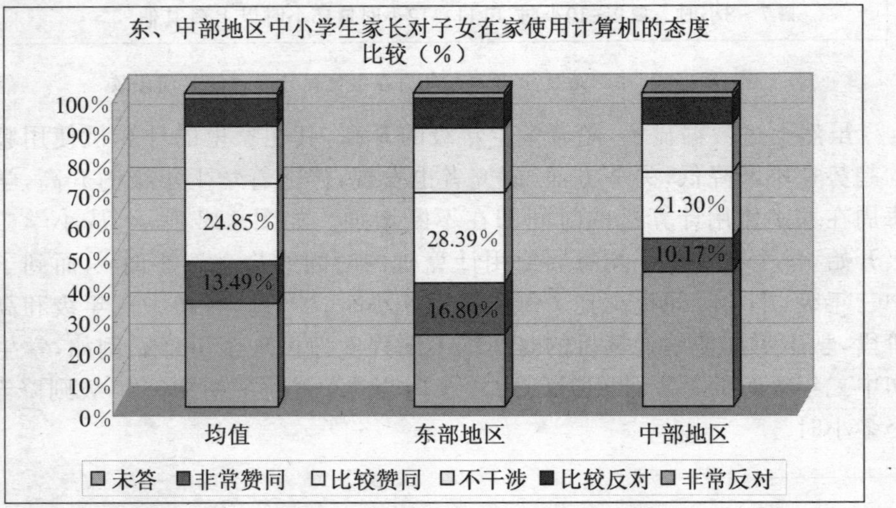

图 133　东、中部地区学生家长对子女在家里使用计算机的态度

不过，家长对于学生在家使用计算机的态度实际上是随着学生年级的升高而不断变化的。如图 134 所示，从小学三年级开始(通常这是许多学校开设信息技术课的时间)，家长对于子女在家使用计算机的态度基本上是朝着赞同的趋势发展。但是上初中以后，家长的态度就有所变化，曲线变缓，基本上处于“比较赞同”与“不干涉”之间；但到高中以后，可能由于学习任务的加重及高考的临近，家长对于学生在家里使用计算机的态度骤然变化，开始向“比较反对”的趋势发展。

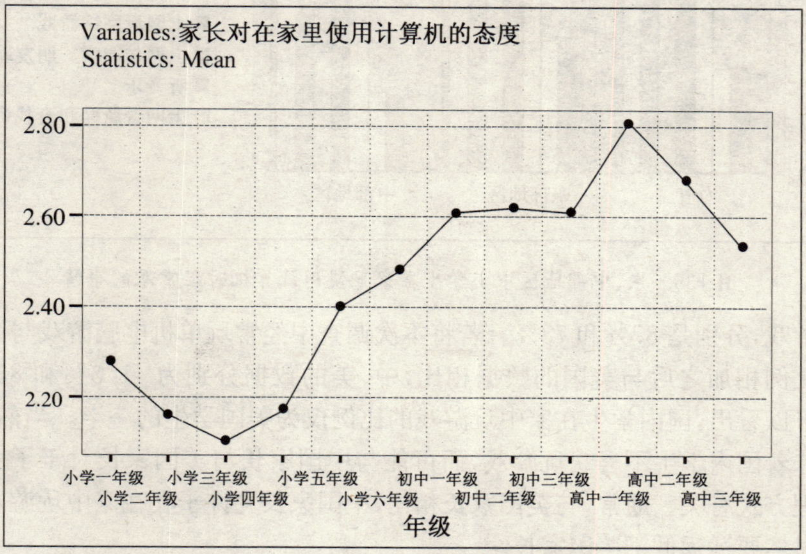

图 134　不同年级学生的家长对子女在家里使用计算机的态度

(mean，1＝非常反对，5＝非常赞同)

关于学生在家里使用计算机时所做的事情，数据显示，学生在家里使用计算机时，最经常做的事情分别是(见图 135)：“上网看新闻和查找资料”(30.50%)、“听音乐”(25.78%)和“上网与同学、朋友聊天”(25.13%)。其中，东部和中部地区学生的比例差异不大。另外，也有平均 10.5%的学生表示会使用计算机“做作业”。此项数据东、中部学生的比例差距较大，分别为 15.5%和 7.5%，中部仅为东部的一半。

令人注意的是，分别有 19.9%和 21.4%的学生表示经常在家里玩电脑游戏(指单机版)和网络游戏(指在线版)。美国的调查报告显示，在 2003 年中，平均 83%的中小学生经常玩游戏。其中，年纪小的学生比高年级的学生更容易玩计

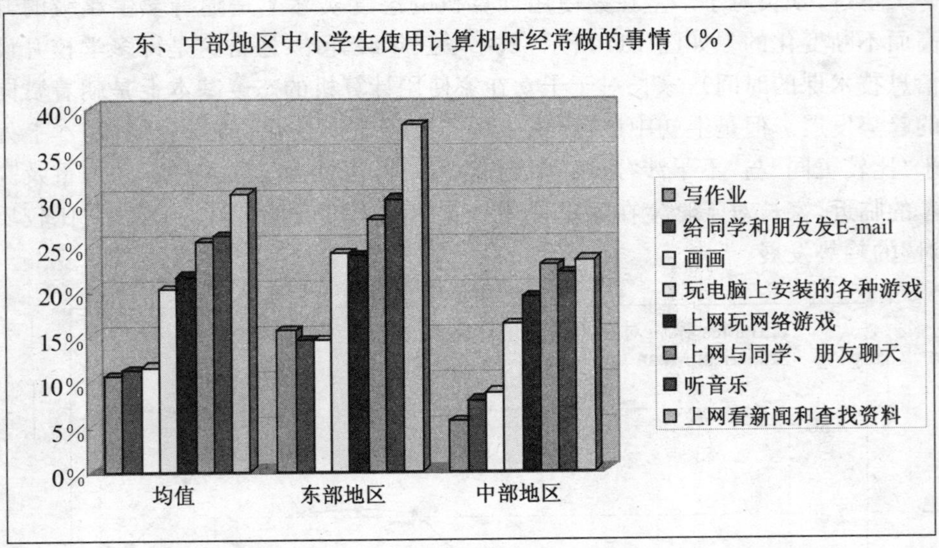

图 135　东、中部地区中小学生在家里使用计算机时经常做的事情

算机游戏，分别是 87%和 78%。若将本次调查中经常玩单机电脑游戏与网络游戏的比例相加之后与美国的数据相比，中、美的数据分别为 41.3%和 83.0%。从中可以看出，国内学生在家中玩游戏的比例仅为美国学生的一半。当然，这并不意味着国内学生不喜欢玩游戏，而可能与中国家长与美国家长对于子女的不同管理方式有关。通常，与美国家长相比，中国家长允许子女在家中玩游戏的可能性显然要远远低于美国家长。

从年级角度来看，研究者发现，整体来看，各年级的学生都喜欢“上网看新闻和查找资料”“听音乐”和“上网与同学朋友聊天”。其中，伴随着学生年级的升高，前两项的比例也在不断提高，而到高中阶段以后，学生在家上网聊天的比例则有所下降(见图 136)。另外，研究者也发现，在不同的年级阶段，学生在家里玩电脑游戏和网络游戏的比例大致处于 25%～35%。而且，随着年级的提高，学生喜欢玩游戏的比例呈下降趋势。如图所示，学生喜欢玩游戏的高峰时间大约出现在小学五年级至初中二年级。在此阶段，有近一半的学生表示喜欢玩游戏。而到了初中三年级之后，学生喜欢玩游戏的比例则有所下降，到高三约有三分之一的学生仍然喜欢玩游戏。

数据分析结果显示，性别似乎也是影响男女学生在家里使用计算机时最喜欢做的事情的一个因素。如图 137 所示，虽然喜欢“上网看新闻和查找资料”和

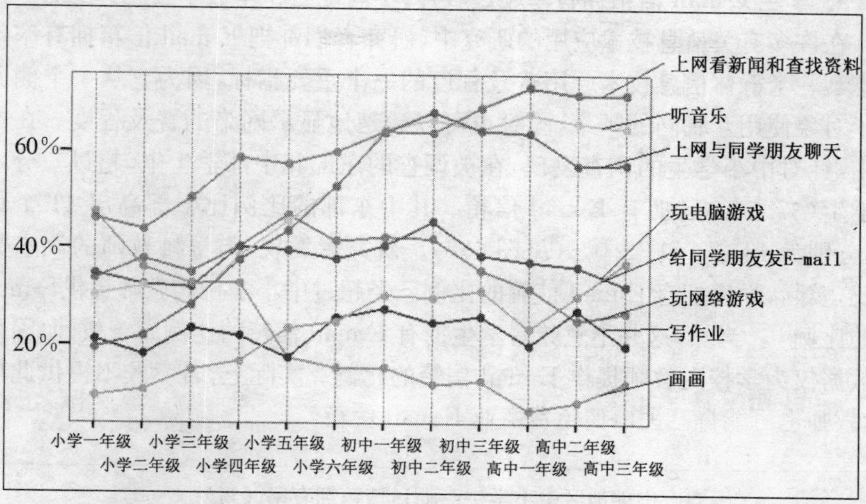

图 136　不同年级学生在家里使用计算机最喜欢做的事情

"上网与同学朋友聊天"的男生和女生的比例都比较高，但是，研究者发现，男生"玩电脑游戏"和"网络游戏"的比例明显高于女生，例如，男女生玩电脑游戏的比例分别是47.7%和28.5%，男女生玩网络游戏的比例分别是41.6%和31.9%。另一方面，女生喜欢用电脑听音乐的比例则明显高于男生(54.6%和41.0%)。这可能说明，男女生在使用计算机方面有一定喜好倾向性的差异。

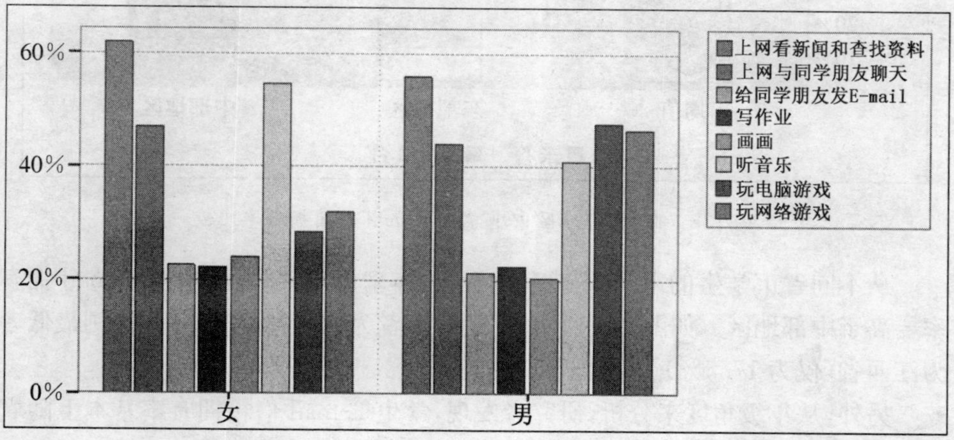

图 137　男女生在家里使用计算机时最喜欢做的事情

3. 学生 E-mail 信箱拥有率超过教师，不同地区和年级学生差异显著

在许多有关信息技术应用的研究中，研究者们都把 E-mail 信箱拥有率作为标志某一个群体信息技术应用普及程度的一个重要指标，因为它从一个侧面展示了对象使用互联网的频率，同时也可以清楚地显示网络的普及程度。在本调查中，针对中小学生的调查发现，在被调查的东部和中部学生中，超过三分之一的学生（37.6%）已拥有 E-mail 信箱。其中东部的比例比中部高出 11 个百分点，分别为 43.2%和 32.0%（见图 138）。研究者发现，与学科教师的调查数据相比，实际，学生拥有 E-mail 信箱的比例已经超过中小学校向教师提供E-mail服务的比例①。当然，这并不意味着学生拥有 E-mail 信箱的比例高于教师，因为上述数据仅为学校向教师提供 E-mail 信箱的比例。实际上，若学校不提供此项服务，教师也可能自己去申请免费商业 E-mail 信箱。

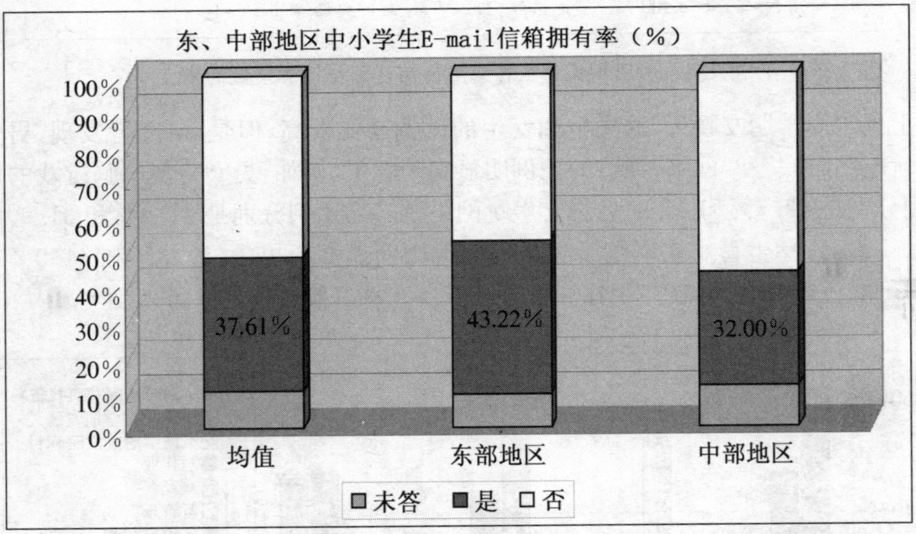

图 138　东、中部地区中小学生 E-mail 信箱拥有率比较

从不同省市学生的 E-mail 拥有率看，整体来说，东部地区学生 E-mail 拥有率要高于中部地区。如图 139 所示，比例最高者为浙江省（73.4%），比例最低者为江西省（仅为 17.5%）

另外，从年级角度来分析，研究者发现，学生 E-mail 信箱拥有率基本上随着

① 在本次调查中，数据显示，学校向教师提供 E-mail 信箱服务的比例平均为 34.6%，其中东部为 39.4%，中部为 29.4%。

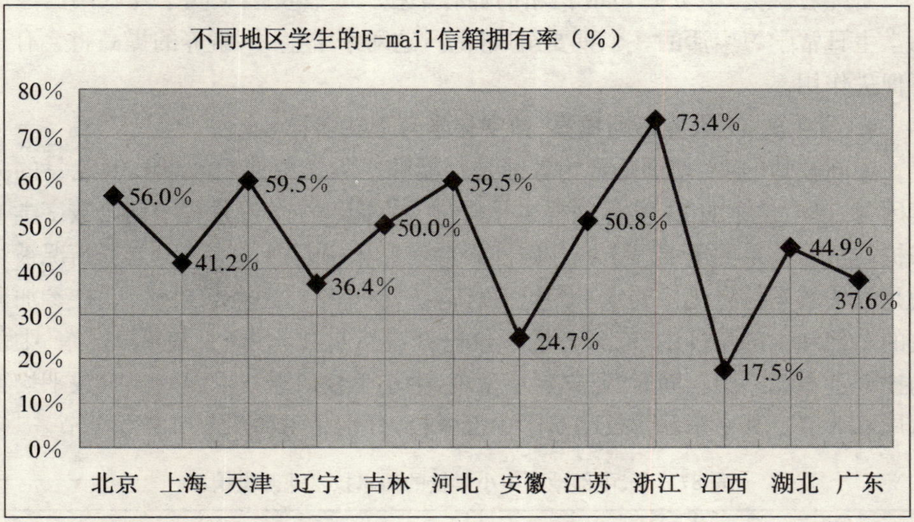

图 139　不同省市学生的 E-mail 信箱拥有率

年级的不断上升而相应提高(到高三年级时有所下降)。如图 140 所示,小学一年级拥有 E-mail 的学生比例仅为 15.9%,而到了高中二年级则达到了78.4%,增长速度较高。这从一个侧面表明,随着年级的升高,学生使用互联网的时间、机会和频率都大大提高。

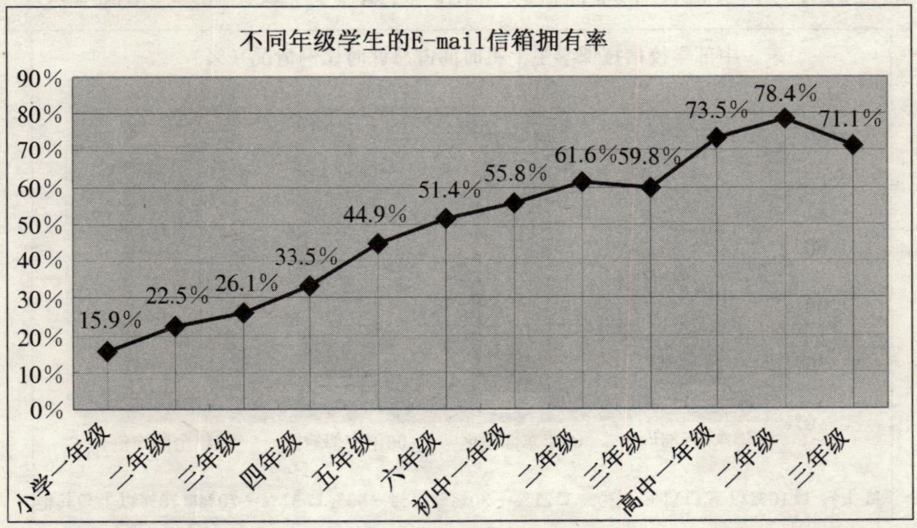

图 140　不同年级学生的 E-mail 信箱拥有率

研究者认为,学生 E-mail 信箱的拥有率在一定程度上反映了互联网已经成为学生日常学习生活的一个重要组成部分,这对于学生 IT 素养的提高将会有重要促进作用。

4. 学生的 IT 素养不断提高,数字化学习形式多样

如同教师的 IT 培训是影响教师是否能够在教学中使用教学技术工具的关键因素一样,学生的 IT 素养同样也是影响学生能否在学习过程中利用数字学习来提高学习效果的重要因素。在国外教育信息化研究中,学生 IT 素养情况被认为是评估教学信息化发展水平的重要标志。2006 年的调查结果显示,在参加调查的东部和中部学校中,95.0%的学校已开设信息技术课(见表 87)。东、中部的比例基本无差距。同时,研究者还发现,中小学校信息技术课的课时数平均为每周 6.3 节。其中东部学校略高于中部学校,分别是每周 7.5 节和 5.1 节。

表 87　东、中部地区中小学校的信息技术课开设情况

选项	均值	东部地区	中部地区
未答	0.03%	0.01%	0.04%
是	95.08%	94.42%	95.74%
否	4.90%	5.58%	4.22%

在针对信息技术课教师的问卷中,研究者发现,近年来,学生上信息技术课时的上机时间和生机比率都有较大变化。例如,调查数据显示(见图 141),与

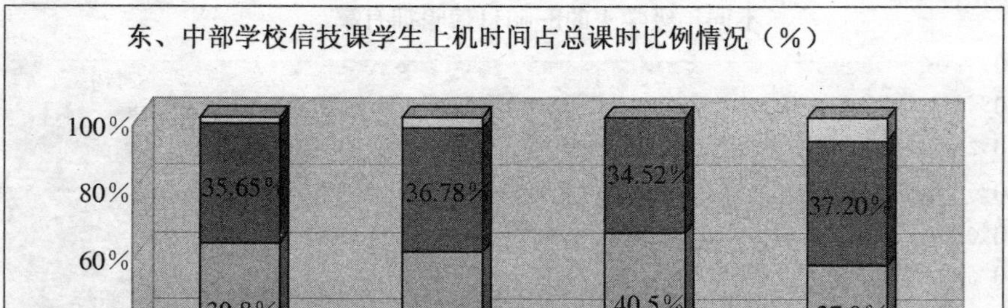

图 141　04 年和 06 年东、中部学校信息技术课上机时间占总课时的比例

2004 年调查数据相比，在信息技术课上机时间占全部课时比例方面有较大的提高，2004 年上机时间超过总课时一半的学校比例为 65.1%，而 2006 年东部和中部的比例则提高了 10 个百分点，达到了 75.4%。

学生问卷的调查结果显示，多数学生对于目前信息技术课的上机时间都表示满意。不过，与此同时，也有一定比例学生认为，应该增加信息技术课的上机时间。持此观点的学生比例随年级上升有提高的趋势(见图 142)，例如，在高二年级有 59.0%的学生认为应增加上机课时数。不过，总体来看，多数学生都认为上机时间比较合适。

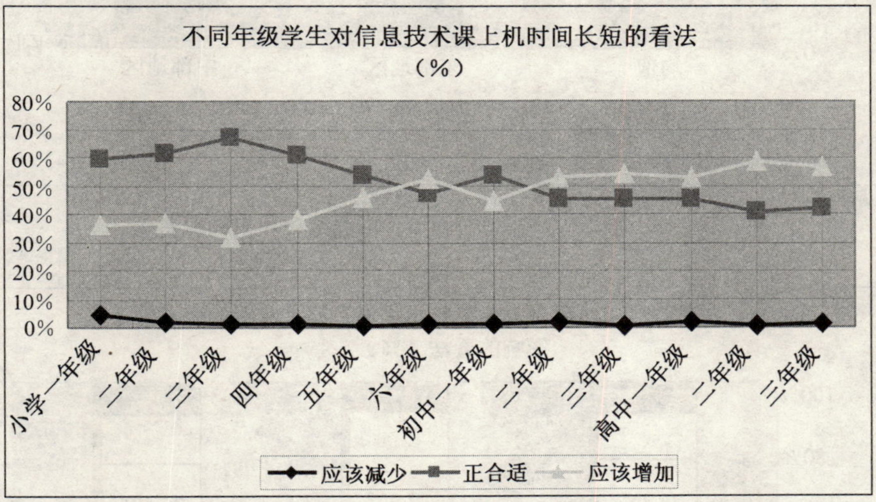

图 142　不同年级学生对信息技术课上机时间长短的看法

同时，在上课时使用的计算机硬件配备条件方面，2006 年的数据显示，平均 82.3%的学校已经达到上课一人一机的水平(见图 143)。不过，相比较而言，东部地区学校的条件要明显优于中部地区，其一人一机的比例分别是 95.4%和 69.1%。

信息技术课的开设及设备条件的不断改善，为中小学生提高信息技术素养提供了坚实基础。调查数据显示，绝大多数学生在调查中表明，信息技术课的开设对于其计算机操作技能等有相当大的帮助。例如，平均 65.1%的中小学生认为，信息技术课对自己的计算机操作技能有“很大帮助”或“有较大帮助”(见图 144)。其中，东部和中部基本相同。

通过对数据的进一步分析，研究者发现，随着年级升高，学生对于信息技术

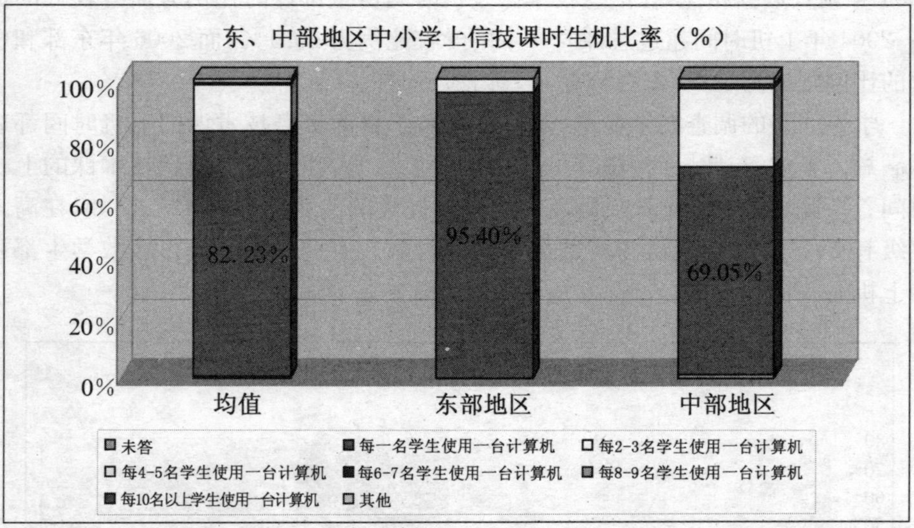

图 143　东、中部地区中小学生上信技课时的生机比率

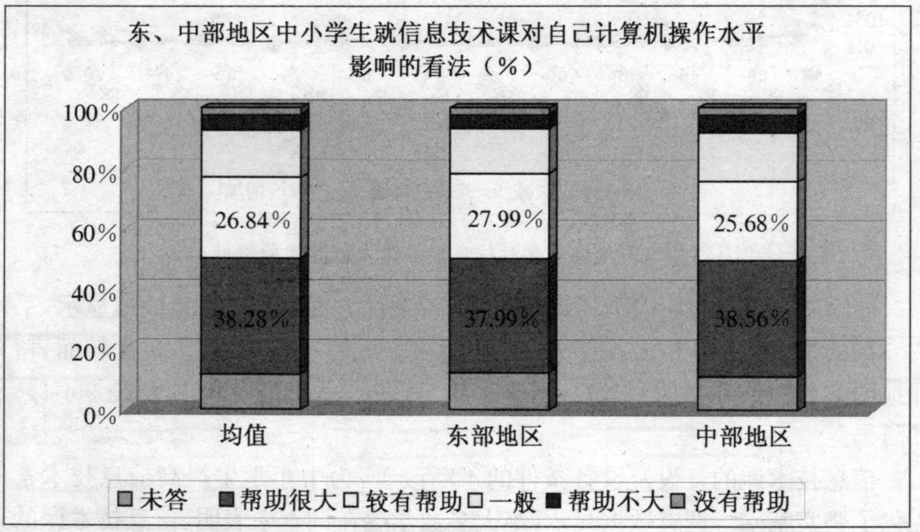

图 144　东、中部地区学生就信息技术课对自己 IT 技能影响的看法

课对自己 IT 技能影响程度的看法在逐步提高(见图 145)。

学生信息技术素养的不断提高，为他们在学习过程中使用计算机技术提供了必要条件。研究者发现，在参加调查的东部和中部地区的中小学生中，在课程

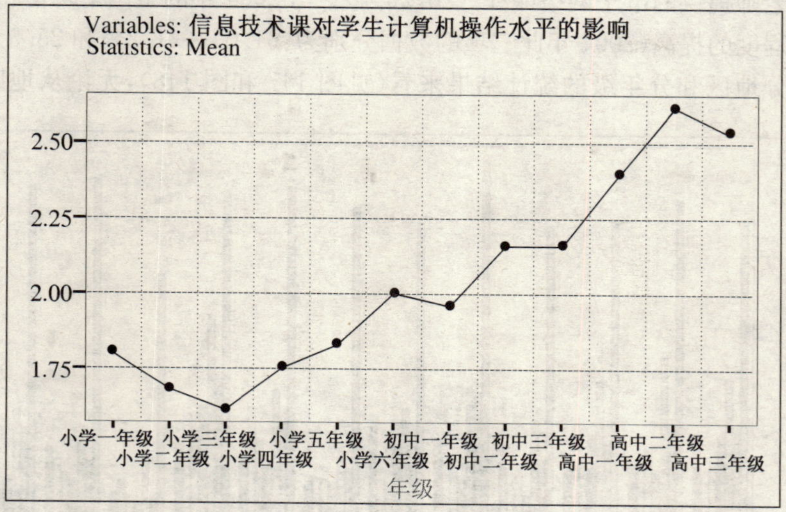

图 145　不同年级学生对信息技术课对自己 IT 技能影响的看法

（mean，1＝没有帮助，5＝很有帮助）

学习过程中使用各种信息技术的比例都有了一定程度提高。2006 年的数据显示，学生们经常使用计算机所进行的学习活动分别是（见图 146）：“上网查找各种学习资料”（77.04％）、“使用 word 等应用软件来完成作业”（29.03％）和“上

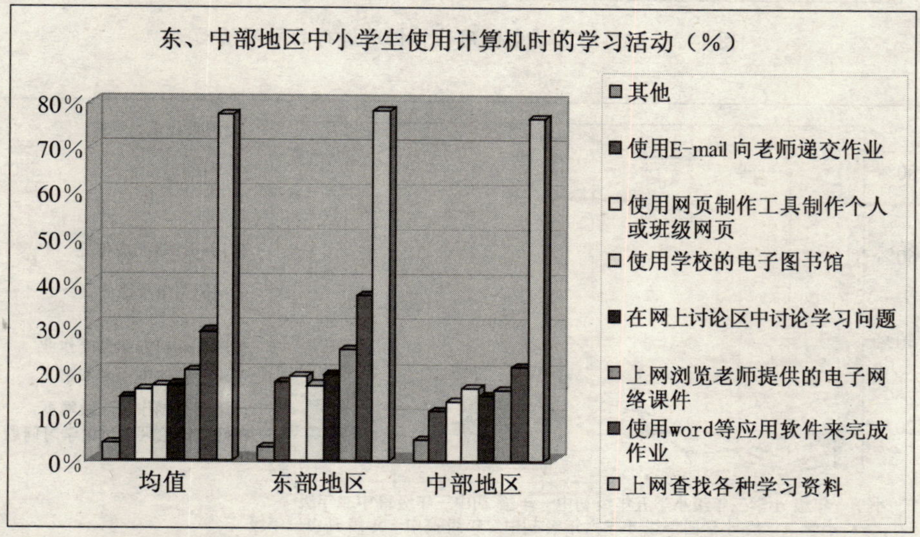

图 146　东、中部地区中小学生使用计算机时的学习活动

网浏览老师提供的电子网络课件”(20.26%)。与 2004 年的全国平均值相比，都有一定程度的提高(2004 年此三项的数据分别为:61.0%,21.2%和 25.3%)。

从分地区和分年级的统计结果来看(见图 147 和图 148),无论从地区还是

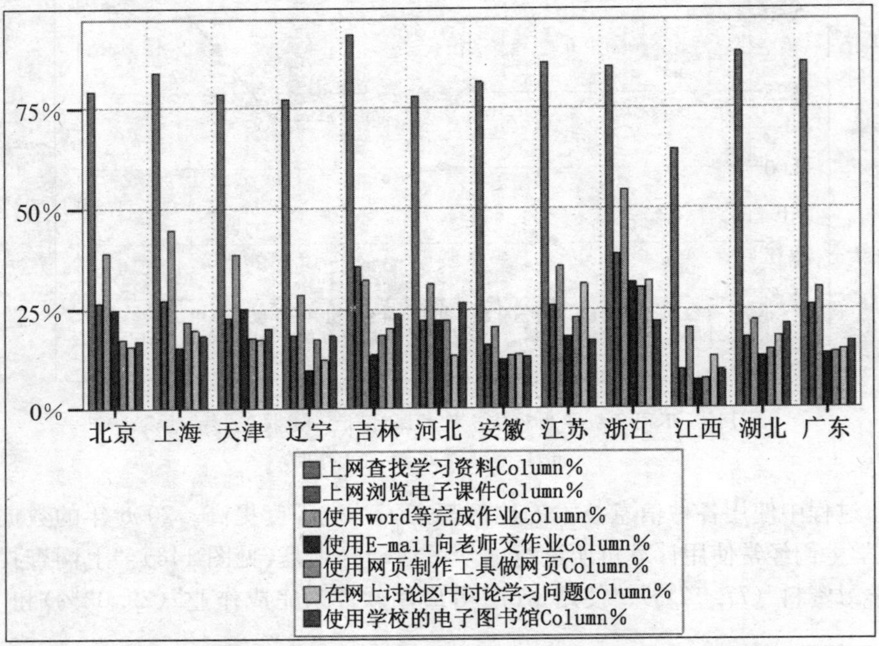

图 147 不同地区学生使用计算机所进行的学习活动

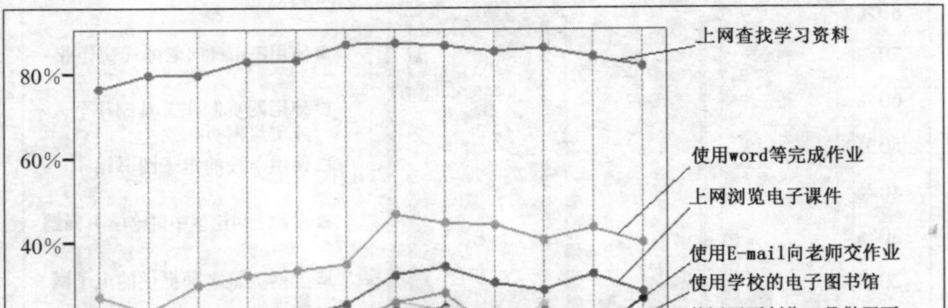

图 148 不同年级学生使用计算机时经常做的学习活动

年级的角度来看，“上网查找学习资料”和“使用 Word 等完成作业”都是学生们在学习过程中比例最高的学习活动。此外，随着年级的升高，各种活动的比例都有所提高。

综上所述，研究者认为，学生家庭计算机拥有率和联网率的不断提高，学校信息技术课的开设及上机时间的不断增长，使得学生的信息技术素养水平不断提高，进而也促进了学生在学习过程中使用计算机进行各种学习活动，数字化学习成为东、中部地区中小学生学习的一个重要组成部分。

5. 网吧成为学生校外用计算机的重要场所，学生最热衷于游戏和聊天

自 20 世纪 90 年代后期，随着计算机和互联网在国内的不断普及应用，出现一种专门提供上网服务的商业机构，即所谓的“网吧”。应该说，在网吧的初期发展阶段，它对国内互联网的普及应用起到了相当重要的促进作用。因为当时受国内居民家庭的计算机拥有率和联网率低的限制，即使是在国内的大中城市，能够购买得起计算机和上网的群体比例也非常低。正是由于有了网吧，为国内民众了解、使用和熟悉互联网提供了一个窗口。

但是，近年来，随着国内上网群体的不断扩大，网络使用者数量的增加，家庭上网率在不断攀升。由于上网场所的不断拓展，成年人在工作或家庭上网已经非常普遍，这使得网吧的客源不断减少。在这种情况下，由于市场管理和监督制度等方面的缺失，国内网吧的经营者开始把眼光放在了中小学生的身上，利用他们对网络这种新媒体好奇心强且自制力弱的特点，利用各种方法引诱中小学生进入网吧玩乐。尤其随着计算机视频处理和网络游戏技术的迅速发展，游戏技术的仿真程度不断提高，导致了网络游戏的出现和流行。由于学生家庭通常不会允许子女在家中长时间玩各种网络游戏，于是，网吧就成为中小学生长时间玩各种网络游戏的一个主要场所。网吧从此进入了一种无序发展的状态，其对中小学生的负面影响作用开始出现。近年来，有关学生在网吧中出现的各种事故及网络上瘾而导致的各种负面报道层出不穷，引起了社会各界的重视。为了解东、中部地区中小学生有关在校外使用信息技术的情况，研究者本次调查中特意增加了有关学生去网吧等方面的调查问题，以便了解学生们的真实情况。

中小学生问卷的调查结果显示（见图 149），在参加调查的 2 万余名学生中，平均有 13.6%的学生表示“经常去网吧”和“偶尔去网吧”。从地区差异来看，研究者发现，中部地区去网吧的学生比例数是东部地区的 2 倍多，分别是 19.5%和 7.8%。

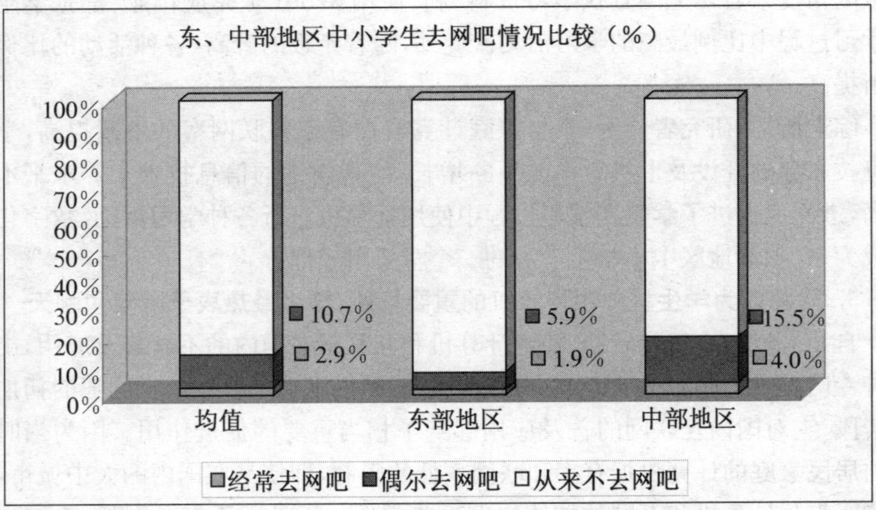

图 149　东、中部地区中小学生去网吧频率比较

通过对数据的进一步统计，研究者发现，不同省市的学生去网吧的比例存在着一定的差异。如图 150 所示，可以明显看出，东部地区学生去网吧的比例总体来说要低于中部地区，例如，在吉林、河北、安徽、江西和湖北，学生表示"偶尔去网吧"和"经常去网吧"的比例基本上都在 10% 以上；而东部地区的都在 10% 以下。

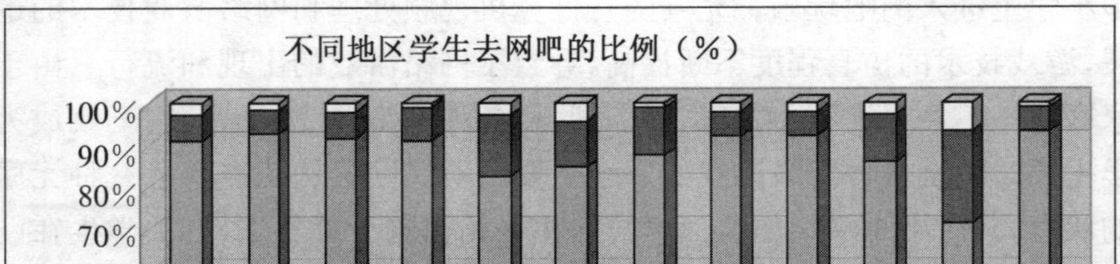

图 150　不同省市学生去网吧的比例

上述数据分析说明，中部地区学生去网吧的比例要高于东部地区。这一方面可能与东部地区学生家庭的计算机拥有率和联网率较高，因而学生都倾向于在家里使用计算机有一定关系。另一方面，也可能与东部发达地区对于网吧的管理相对较严格有关，因此在东部地区作为未成年人的中小学生进入网吧的比例较低。

另一项调查数据显示，在参加调查的学生，平均 9.8%的学生表示每次在网吧里待的时间在 2 小时之内。其中，中部地区学生在网吧里待的时间要远远长于东部地区的学生，分别是 4.9%和 14.8%。也就是说，中部地区学生不仅在去网吧的比例上高于东部学生，而且在网吧里待的时间上也长于东部地区。

另外，研究者也发现，从城乡学生的分类来看，乡村学生每次在网吧里待的时间要明显高于县镇和城市的学生。如图 151 所示，城市和县镇学生在网吧待的时间通常在 2 小时左右，而乡村学生在网吧待的时间则超过了 4 小时。这可能与乡村地区网吧的管理政策松懈有一定关系。

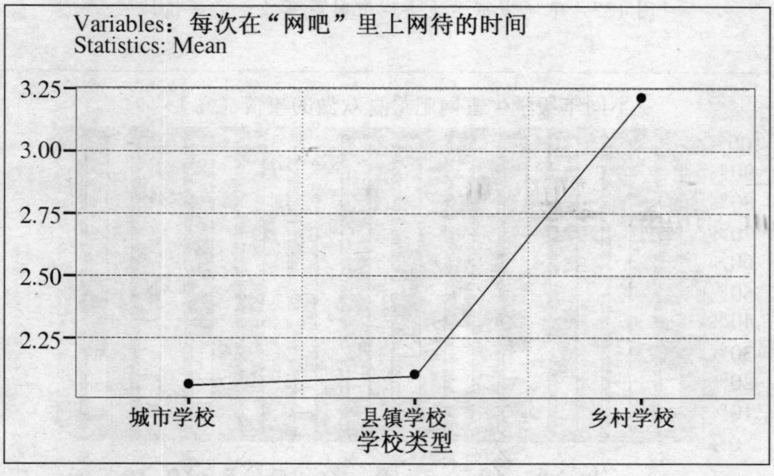

图 151　不同类型学校的学生在网吧待的时间

(mean，1＝少于 1 小时，3＝3－4 小时)

这些学生在网吧时通常做什么呢？调查数据显示，对于那些去网吧的学生来说，“玩网络游戏”和“网上聊天”是他们最喜欢做的事情。此外，进一步的统计分析结果显示，如图 152，图 153 和图 154 所示，无论是从省市，年级还是性别的角度分析，最后的结果都是相同的，即学生们在网吧里最喜欢做的居前两位的事情都是“玩网络游戏”和“网上聊天”。

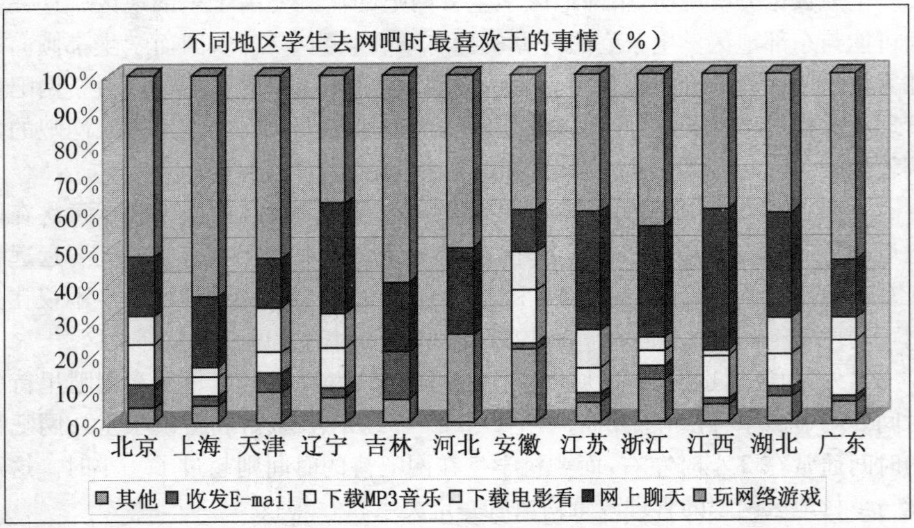

图 152　不同省市学生去网吧时最喜欢干的事情比较

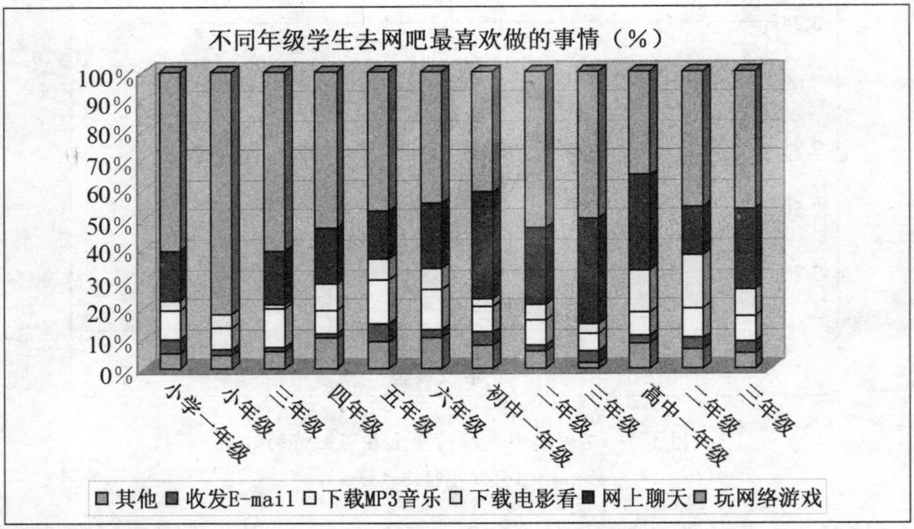

图 153　不同年级学生去网吧时最喜欢干的事情比较

综上所述，研究者认为，在东、中部地区的中小学生中，尽管去网吧的学生比例不高，但是在去网吧的学生中，喜欢玩网络游戏和网上聊天的学生比例最高，成为学生们在网吧消磨时间最主要的方式。考虑到目前国内许多地区互联网的

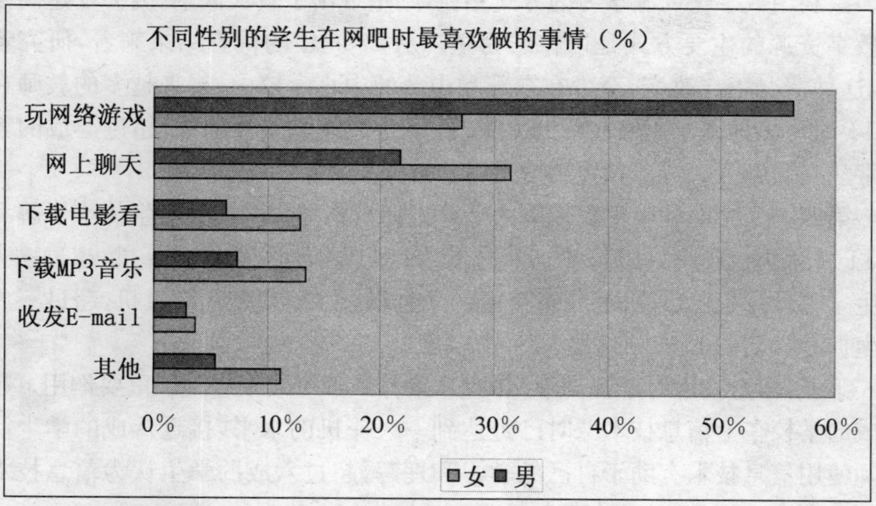

图 154　男女学生在网吧时最喜欢做的事情比较

网上环境较差，相关管理规范很不健全，因此，这种情况很有可能会对学生的身心产生负面的影响，应引起学校和相关部门的足够重视。

（三）关于师生信息技术应用的初步结论

基于以上关于东、中部地区教师与学生的信息技术应用数据分析，初步得出以下结论：

第一，各种基础性的 IT 应用已成为东、中部学校教师的经常性教学活动。超过三分之一的教师每天至少使用 3 小时的计算机；超过七成教师经常使用计算机备课；超过七成教师在教学中使用演示文档；超过六成的教师使用光盘资源；超过五成教师经常利用计算机写文章。

第二，信息技术与课程整合成为教师们追求的目标，但基于网络的教学活动开展并不多见。例如，在 IT 与课程整合方面，接近一半的教师认为自己已经实现整合；接近四成的教师对使用计算机等工具非常有信心；然而与此同时，只有接近二成教师开始使用网上教学系统（CMS）进行教学；近一成的教师建立了自己的课程网站。

第三，互联网络逐步成为教师教学科研的重要工具，IT 应用正从以往的离线方式向在线方式转变。以前，曾有研究者指出，以往我国基础教育利用数字化资源的主流为离线方式，这种情况与发展中国家的应用特点一致。但同时与发达国家利用数字化资源学习的方式相比，则呈现出了较大区别，因为发达国家利用数字资源的主要方式是以在线为主。从 2006 年的调查结果来看，研究者认为，这种情况正在改变，至少在东部和中部的中小学校中，越来越多的教师在使用 IT 时更多地基于网络在线的方式，而不是离线方式。例如，超过七成的教师经常从互联网下载资源和使用搜索引擎来查找资料。

第四，东、中部学生家庭较高的计算机拥有率和联网率为学生从小了解和熟悉 IT 技术提供了良好的环境。平均超过七成的学生家庭有计算机，超过一半的学生家里计算机已经联网，超过三成的学生每天在家里使用计算机，超过三成的学生拥有自己的 E-mail 信箱；

第五，信息技术对于提高学生的 IT 素养和学习效果起到了重要作用。超过八成的学校在上信息技术课时已经达到一人一机的水平，接近八成的学生认为教师使用信息技术有助于自己的学习和理解，超过六成的学生认为信息技术课对于提高自己的 IT 技能有帮助。

第六，越来越多的学生开始在家里和学校使用计算机来进行数字化学习。在学校中，超过七成的学生表示经常“上网查找各种学习资料”，近三成的学生用 Word 等软件来写作业，超过二成的学生的经常“上网浏览教师的电子课件”；在家里，超过三成的学生经常在家里“上网看新闻和查找资料”，超过一成的学生经常在家里用计算机写作业。

第七，游戏和聊天成为校外学生上网的主要内容，其负面影响不容忽视。在家里，超过四分之一的学生经常上网聊天，在网吧里，游戏和上网聊天是学生们最喜欢做的事情，接近八成的学科教师在自己的学生中发现过因上网或玩游戏而影响学业的例子，超过一半的信息技术课教师发现学生中存在网络成瘾的问题。

四 中小学信息化过程中存在的问题

(一) 经费和设备短缺依然存在，校园网络管理有待加强

在 2006 年的调查中，尽管与 2004 年相比，中小学校的信息化经费情况有所改善，但整体来看，信息化经费短缺的现象在东部和中部地区的中小学校中仍然是普遍存在的。例如，在调查中，研究者发现，平均近一半的学校(45.6%)反映信息化经费“比较短缺”或“非常短缺”(见图 155)。其中，东、中部学校的比例相

差较悬殊,分别是30.0%和67.9%。

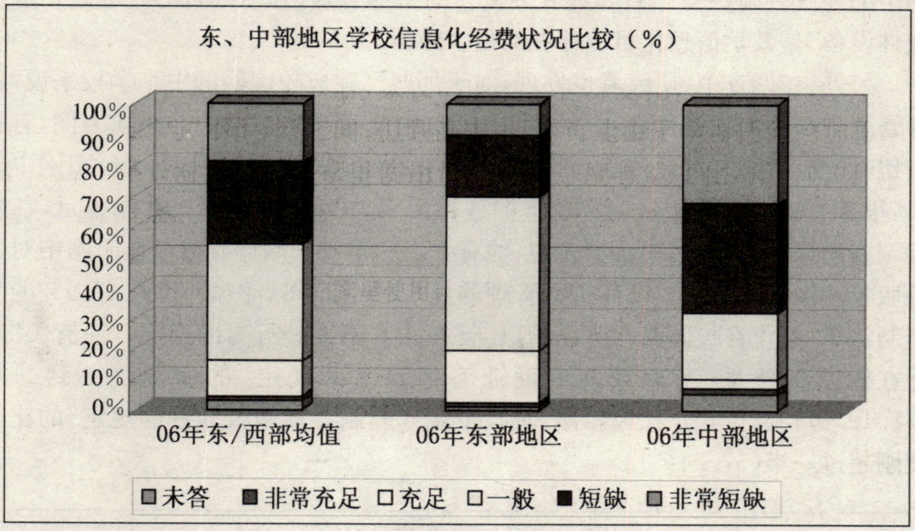

图155 东、中部地区学校信息化经费状况比较

从调查反馈情况来看,学校的信息化经费短缺大体表现为两种形式:一种是由于缺乏经费的支持而无力实施校园信息化建设,比如无法购买足够的计算机设备和各种教学设备等;另一种则是校园信息化建设已经实施了一段时间,各种硬件基础设施已经有了一定的基础,如建起了计算机教室或校园网络。但是,目前由于缺乏后续的资金投入而难以为继。比较典型情况表现为:缺乏设备和软件更新的费用,缺乏技术支持和维护所需要的费用,缺乏教师培训所需要的费用。一位东部地区中学的电教老师在问卷中这样写道:

> "信息化建设的前期投入都比较容易实现,但是后期的软件、设备维护、教师培训等费用往往没有足够的资金,尤其是设备使用较长时间后需要淘汰更新,缺乏后续的资金投入。我们的教师已经在日常的教学中频繁使用信息技术,如何有效地应用是各校都在摸索的难题,希望得到专家的有效指导。最好是能有实践性的指导,而不仅仅是以报告的形式。"(电教教师问卷)

另外,调查也显示,由于信息化经费短缺而造成的硬件设备配备不足,仍然是困扰许多中小学校教学信息化的一个困难。例如,在学科教师问卷中,当问到

"你认为目前在教学中应用信息技术存在的最大障碍是什么"时，超过三分之一的中部地区教师(39.9%)和近五分之一的东部教师(19.1%)认为"缺乏足够的硬件设备"是教学信息化目前存在的最大障碍。

另外，在调查中，研究者也发现，对于那些已建成校园网的中小学校来说，各种管理规章和制度有待加强。以目前国内比较敏感的盗版软件问题为例，有相当比例学校都未制订此方面的规章，各种非授权软件或音像资源在校园网中较多，很有可能给学校带来一些严重的法律后果。2006 年的调查数据显示，在参加调查的东、中部地区中小学校中，约有一半的学校未制订有关在校园网中对各种版权音像资料和版权软件进行管理的规章(见图 156)，例如，仅有 47.9%的学校制订了"禁止在校园私自开设 FTP 服务、BT 下载等行为的规定"，而有关"禁止在校园网传播、下载或复制商业音像制品的规定"的比例仅不到一半(48.19%)；制订"禁止在校园网传播、下载或复制各种版权软件的规定"的比例刚刚超过一半(57.24%)。

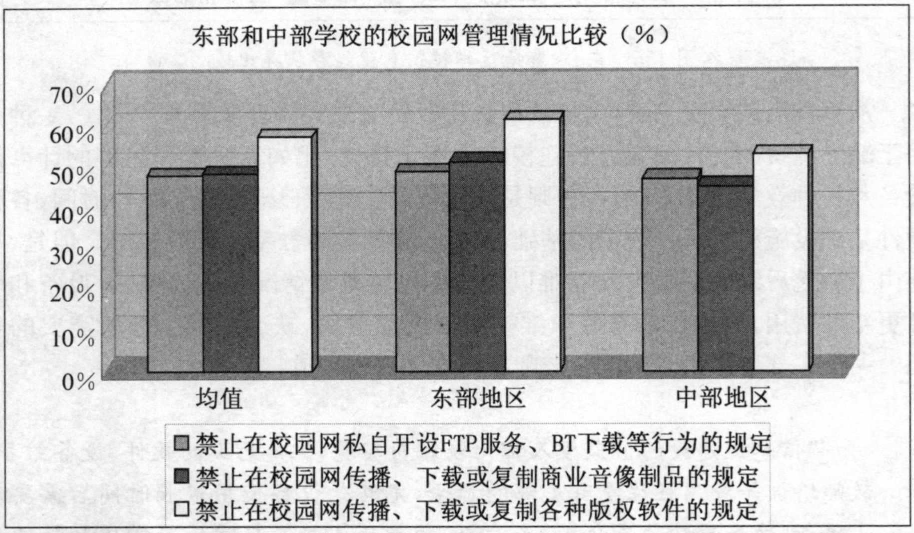

图 156　东、中部学校的校园网版权管理规章比较

某种程度上，研究者认为，可能正是由于学校在校园网使用的管理方面存在着问题，导致盗版软件的使用比较普遍。调查数据显示，在参加调查的学科教师中，当问及其所使用的计算机软件来源时(见图 157)，比例最高的是"从网上下载"(平均为 68.5%)，已超过"学校提供"的比例(62.6%)。

这种情况说明，尽管校园网络已经建成，但是许多学校对于其管理相对比较

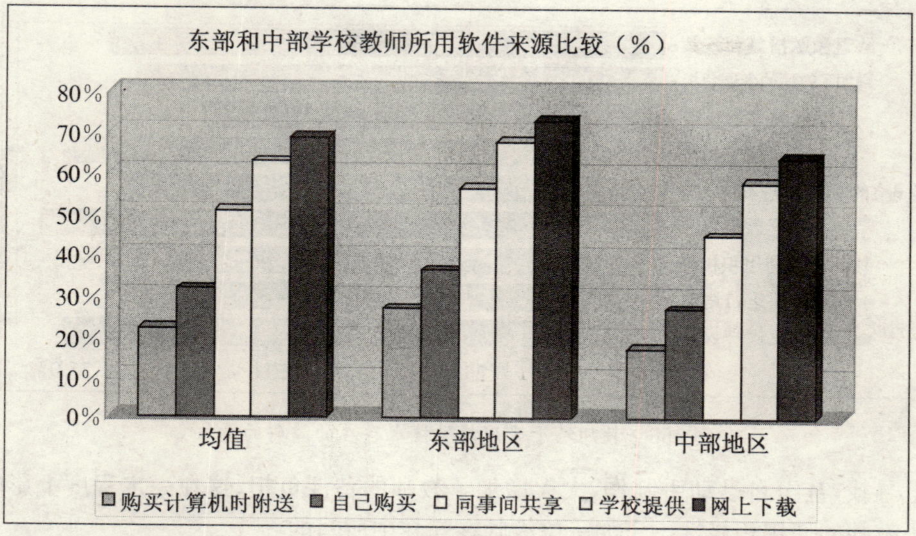

图 157　东、中部学校教师所用软件的来源比较

滞后，有待进一步加强。

（二）教学资源短缺仍是问题，需要有鼓励教师使用的措施

正如前面所指出的，尽管近年来中小学校的数字资源建设有了一定程度发展，但是，教学资源短缺仍然是制约教师在课堂教学中应用信息技术的一个重要因素。在针对学科教师的调查中，统计结果显示，如图 158 所示，教师们认为目前制约信息技术在教学中应用的三个主要障碍分别是："缺乏教学资源"(78.5%)"缺乏硬件设备"(75.5%)和"缺乏经费"(74.4%)。另外，值得注意的是，也有 69.8%的教师认为，学校缺乏激励措施和政策，也是影响教学信息化的一个制约因素。

例如，一位教师在问卷中这样写道：

> "在教师已掌握相关操作技能的情况下，教师的备课、授课所需资料的缺乏的矛盾已经显现，我们中心在成立之初就把资源库建设摆在首位来抓，有车、有路，更要有油库！领导对软件投入的不足也将成为制约因素。"(电教教师问卷)

教学资源不足，导致教师在使用时不得不自己花费大量的时间和精力去网

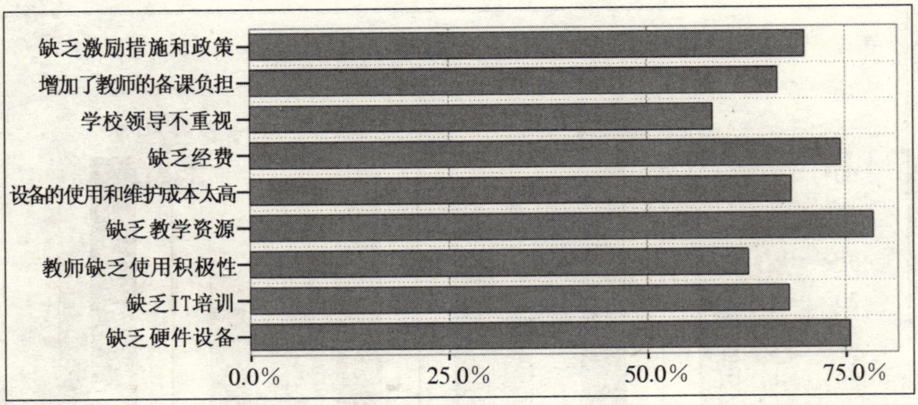

图 158　教师对于使用教学技术存在的障碍的看法

上寻找，甚至自己动手制作，大大增加了教师的备课负担，这在一定程度上影响了教师的使用积极性。正如一位教师在问卷中所写的：

"对大多数老师而言，教学信息化就意味着备课量的增加，因为并不是所有的老师对电脑的使用都非常的熟练。由于老师们平时的工作量还是比较大的，而且网络上的教学资源有时候并不是马上可以找到自己满意的内容，需要花比较多的时间去搜索，对信息技术不是很好的老师，有些资料又不能下载下来。学校中缺乏专门的老师负责对每一学科资料的收集和整理，资源共享只能在部分学科中实现，而对有些学科而言由于学科教学的特殊性，就不适合资源共享了。"（学科教师问卷）

在调查中，也有教师提出了一些解决资源短缺的方案。例如，有教师提出建立一整套在不同学校之间进行教育资源共享的机制，各个学校之间互通有无，提高资源的利用效率。也有教师建议，以后应规定教材出版社必须同时向学校提供与书面教材相对应的电子资源，以方便教师使用，以避免教师花费大量的时间自己制作。

除教学资源短缺之外，在调查中，研究者也发现，许多学校缺乏各种针对使用信息技术教学的教师的鼓励政策，同样也在一定程度上影响了教师的使用积极性。目前，国内外的许多研究成果都表明，与使用传统的教学方法相比，应用信息技术教学方式的教师在备课时间、所花费的精力和课堂教学实施等方面都要付出更多的努力。在这种情况下，学校若无相应的激励和促进教师在教学中使用信息技术进行教学的政策或制度，那么，不仅对于那些已经开始使用信息技术的教师不公平，而且也可能对那些正准备使用的教师产生消极的作用。有教师在问卷中写道：

“首先是推动和激励政策，积极使用的和不使用的没有什么区别对待的政策，因为制作课件毕竟是要花费一些精力的。其次就是学校这方面能够提供的资源不是很全面，而且使用起来不是很方便，这样就限制了使用，使得教师的积极性提高不起来，再有就是有些老师的信息技术技能稍差，需要培训，但老师的工作很忙，没有时间和精力去学习，也导致了教学信息化的发展进程。”

“现在我们学校教学信息化存在的主要问题是：老师普遍反映前期工作太复杂，有时候老师没有精力和时间来运用现代的信息技术。”

因此，许多教师都建议，学校应在工作量计算，工资晋级和职称评定等方面与教师的信息技术应用情况考核结合起来。这样可以在一定程度上促进教师的信息技术应用。当然，与此同时，也应该注意的是，应该避免形式化和表面化的信息技术应用。正如许多研究者所调查的，“信息技术与课程整合”并不意味着每节课都用计算机，或者每节课都用课件，而是应根据教学的需要来合理设计和应用，传统的教学工具或方法应与信息化教学工具结合使用，不能一味追求高技术化。一位教师在问卷中谈到这个问题时的分析非常有启发性，他写道：

“信息技术和课程需要有合理、恰当的整合点，而不是所有的课程都适合，对于一线老师，存在不少的误区，如：简单使用课件、整节课堂都有演示、公开课进行课件使用，等等。实际上，有时一节课或许只要一个环节运用信息技术，课堂就能体现亮点，信息技术也就能显示优点，而不是泛泛而“谈”；有时，信息技术运用于课堂外，能够帮助学生的课外学习和拓展，丰富的互动空间可以帮助学生借助网络了解更多的知识和内容。另外，对于更多老师来说，缺乏深入实践教学信息化的一个重要原因——一线教师工作量太大。忙于几个班级的日常教学也比较繁忙，从不熟悉到熟悉运用信息技术，可能更多人更愿意用传统的工具进行教学。”（学科教师问卷）

(三) 学生网络文化渐现雏形,网络成瘾有待关注

从 2006 年的中小学生调查结果可以明显看出,近年来,随着信息化硬件设施的不断改善,无论在家里还是学校中,中小学生上网比例都在持续增加,一方面表明我国教育信息化发展水平正在逐步提高,中小学生的计算机技能和信息素养不断提高,是一件值得高兴的事情。但另一方面,我们也不得不承认,随着互联网在学校领域的普及应用和学生上网数量的增加,网络的一些负面影响也相应在学生群体中显现出来:过度迷恋网络游戏、沉迷于网络聊天和视频对话、浏览色情网站,有关中学生因为上网而影响学习和身心健康的报道越来越多,值得教育研究者关注和重视。正是这种背景之下,学生网络文化①研究逐渐成为研究热点。总体来看,网络文化对青少年的影响主要分为两个方面:网络文化的积极影响和网络文化的消极影响。例如,从积极的方面来看,网络的开放性、交互性有利于青少年创造性思维的发展和开放性人格的完善;有利于青少年的知识获取,同时也利于扩大青少年的交流范围和方式等。但是与此同时,许多研究者也指出了网络文化中存在的可能对青少年成长有负面影响的因素。这主要表现在"网络成瘾"和"网络盗版"等。

近年来,随着我国网络游戏产业的发展,各种有关中小学生由于迷恋网络游戏而耽误学业的报道充斥着报纸和电视等各种媒体,网络游戏成瘾问题受到各方面的关注。在 2006 年的调查中,研究者发现,在普通学科老师问卷中,当问及"在您的学生中,是否曾出现过因过度迷恋上网、玩电脑游戏而影响学业的情况"时(见图 159),平均有 78.6%的老师做出了肯定的回答,其中,平均近一半的老师(43.4%)回答"有个别这样的学生"。从地区分布情况来看,中部地区的平均比例(82.7%)要高于东部地区(74.5%)。

同时,在信息技术课老师问卷中,研究者也发现了类似结果。当信息技术课老师被问到"在您教的学生中,是否存在着玩网络游戏上瘾的现象"时(见图 160),平均超过一半的信息技术课老师(56.8%)做出了肯定的回答。其中,从地区分布来看,同样是中部地区的比例高于东部地区,分别是 63.1%(中部)和 50.6%(东部)。

这种情况说明,计算机和互联网在为我们的学校带来各种进步的同时,也带来了一系列负面的影响,应该引起广大教育者的关注。在调查中,研究者也发

① 有关"网络文化"见本书第一章第三节中的相关内容。

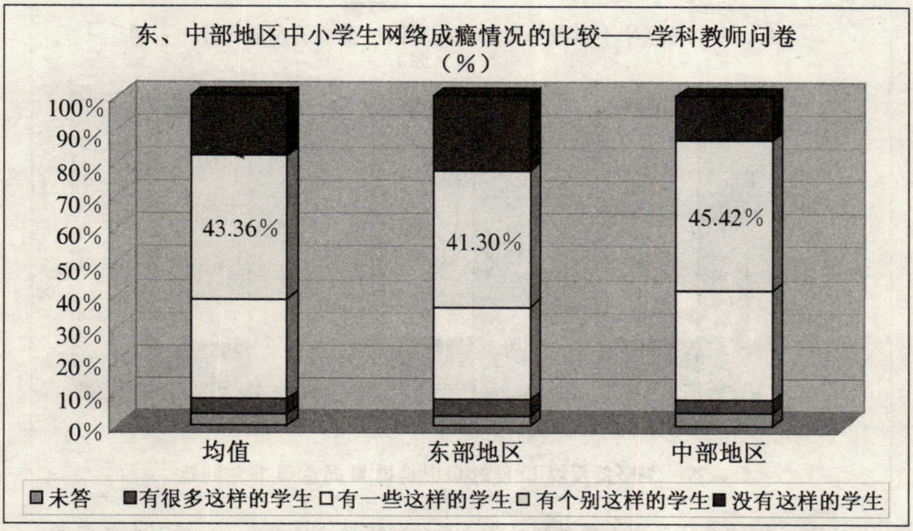

图 159　东、中部地区中小学生网络成瘾情况比较——学科教师问卷

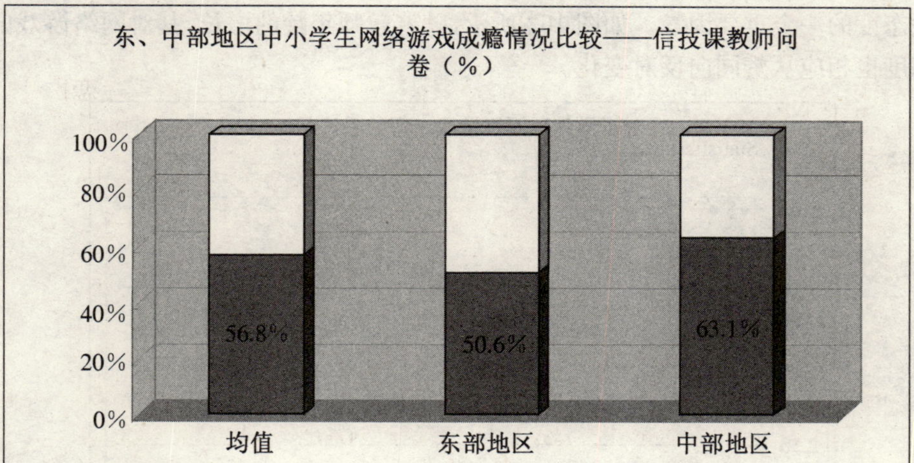

图 160　东、中部地区中小学生网络游戏成瘾情况比较——信技课教师问卷

现，实际上，许多中小学教师对于学生玩网络游戏并非是采取坚决反对的态度。例如，在学科教师问卷中，当问及“对于学生玩网络游戏，您的看法是什么”时（见图 161），在平均有 58.0%的教师表示反对学生玩网络游戏的同时，也有平均 33.1%的教师表示这很难直接判断。

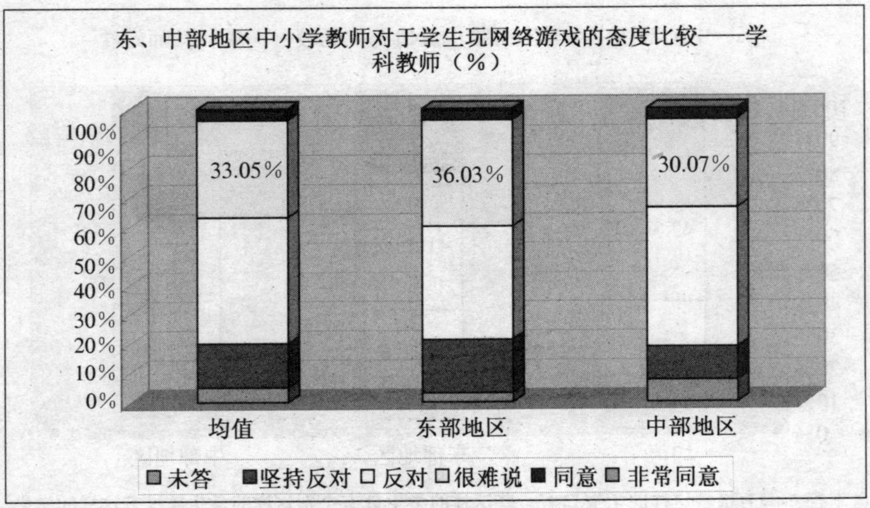

图 161 东、中部地区中小学教师对于学生玩网络游戏的态度——学科教师问卷

通过对数据的进一步统计，研究者发现，不同年龄阶段是影响教师对网络游戏态度的一个重要因素。如图 162 所示，随着教师年龄的增长，其对网络游戏的态度也相应从赞同向反对变化。

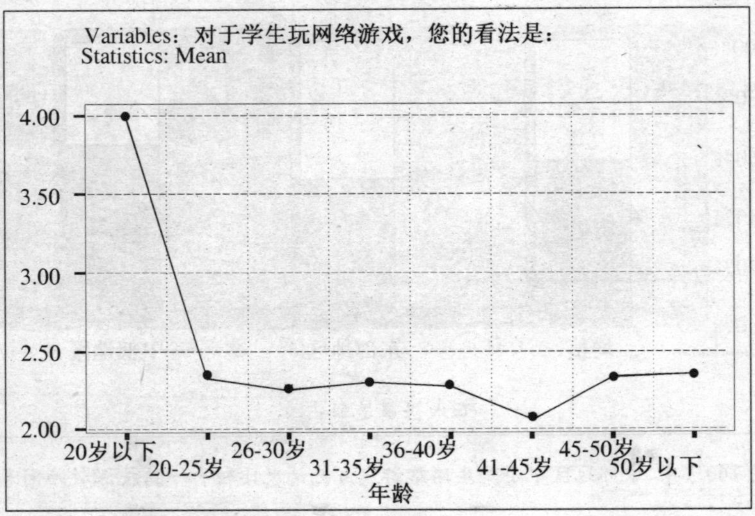

图 162 不同年龄阶段教师对学生玩网络游戏的看法

（mean，1＝坚决反对，5＝非常同意）

一位教师在问卷中这样写道：

“作为新兴的娱乐方式，网络游戏顺应信息社会的特点，所以不可能被禁绝。学生热衷于网络游戏主要是由于课业压力过重、其他娱乐方式匮乏以及不具备一定的自制力，归根到底是由于对现实生活缺乏热爱最终导致了青少年对虚拟世界的依赖。”

另外也有教师对目前简单依靠“堵”的方式来防止学生玩网络游戏提出了不同看法：

“游戏对于任何一个孩子来说都具有非常大的吸引力，关键在于度的把握。而且现在游戏的设计开发大多也是倾向于暴力、打斗等，这些能引起学生的兴趣。其次，现在独生子女接触面小，同伴之间的交流少，自然就把注意力放在人机交流上，学生接触多了，自然影响了其健康发展。现在关键在于游戏的设计，应该有益于学生身心健康，多一些益智类，还有要家庭与学校共同引导，把握度的问题。与其一味地堵，不如有效地疏。”

“因为学生也是社会人，难免会接触到各类网络游戏。我觉得一味限制往往会激发他们的逆反心理，起到反作用，因此我认为对待学生热衷于网络游戏，关键还是要对学生做正确引导，避免他们接触有色情和血腥成分的不良网络游戏，选择一些健康的游戏。同时注意要有个‘度’，不要荒废了学习。”

研究者认为，教师们的这种看法是有道理的。正如对待以往各种青少年的流行文化一样，对于学生网络文化，我们在承认其与校园主流文化有差异的同时，对于其中的负面内容应该更多的是采用引导的方式来使之逐步接近主流文化，而不是单纯依靠“禁”或“堵”的方式。从根本上来说，在如今的信息时代，计算机和网络是年轻一代成长过程中必不可少的组成部分，也是我们学校教育改革与发展的重要工具，因而中小学生的网络文化有其存在和发展的必要性和迫切性。

五 主要研究结果及讨论

第一，从硬件基础设施角度来看，近年来我国中小学信息化基础设施建设的步伐在不断加快，建设水平在持续提高，东部经济发达地区的部分城市中小学校的硬件设备水平已接近或达到发达国家学校的水平，充分显示了多年来我国教育信息化建设所取得的巨大成就。其建设成就主要表现为：校园局域网的发展、教室内各种教学设施的配备率提高、生机比的降低、教师办公室计算机及联网率的增加等方面。但与此同时，研究者也发现，目前，地区之间、省市之间和学校之间的信息化经费投入和硬件设施建设水平方面仍然存在显著的差距，东部地区明显好于中部地区，城市学校明显优于乡镇学校，甚至同一地区的不同层次的学校之间也存在着很大差异。这种情况说明，中小学校信息化建设上的数字化鸿沟问题仍然存在，其主要原因是不同地区的政府部门由于经济发展水平不同而给学校提供的经费水平差距巨大，直接导致优者愈优，差者愈差。研究者认为，在今后的教育信息化规划与建设中，这个问题不容忽视，需要有关教育主管部门采取各种必要措施来予以解决。

第二，从学校的信息化经费状况来看，近年来东部和中部的中小学校信息化经费投入不断增加，主要表现为：信息化经费占学校总经费的比例在不断提高，学校在信息化建设方面的投资总额迅速增长。但同时，研究者也发现，由于信息化建设的“滚雪球”式的特点，即一旦开始信息化建设工程，其硬件设备购置，软件花费，系统运行的常规性支持与技术维护，人员培训等费用则源源不断产生，并且由于目前软、硬件更新周期缩短和频率加剧，直接导致信息化成本如滚雪球般不断上升。在这种情况下，学校的信息化投入显然需要有一个长期和稳定的经费来源和渠道。从目前的情况来看，绝大多数学校主要依靠“学校自筹”和“主管部门划拨”等方式来获得信息化经费，而这种经费来源既不稳定也不充足，这就直接导致许多中小学校虽然已经开始信息化建设，但由于缺乏后续的培训、技术支持、软件购置以及设备维护等方面的费用而举步维艰，信息化发展缺乏长足的推动力量。例如，在中部的一些学校中甚至主要依靠向学生收取费用来维持计算机和网络等方面的应用。这些情况都充分说明，目前中小学校信息化建设的经费投入尚未形成一个可持继性发展的良性机制，经常出现“等米做饭”的情况，学校的设备有了，但无资源；或者资源有了，使用起来无维护费用，等等。因此，这就要求教育主管部门必须明确一个基本概念：校园信息化本身是一项需要巨额且长期稳定投入的建设工程，既然政府早就决定进行教育信息化建设，就必须在投入机制等方面给予充分保障，例如，在学校日常经费中增加或提高信息技术应用的专项费用，并且随着技术的发展不断增加投入的数额。否则，学校的信息化建设就有可能半途而废，或者做成“夹生饭”。

第三，从教师的信息技术应用情况来看，目前在东、中部地区学校中，学科教师在教学和科研过程中应用信息技术的比例明显提高，使用的水平不断提高，教学信息化水平的提高有目共睹。这主要表现在：教师利用计算机来备课的比例不断上升；在课堂教学过程中使用计算机和网络教学工具的比例提高；接受信息技术培训的教师数量在扩大，培训效果的反馈也较好；学生也对于教师在教学中使用信息技术的效果予以肯定；教师自己的信息技术应用信心高涨，其在教学中实施信息技术与课程整合的程度逐步提高；教师利用互联网进行教研活动的情况也越来越多，例如，利用互联网进行文献检索，资料共享，经验交流和培训提高等。因此，研究者认为，在东中部地区的中小学校中，越来越多的教师已将计算机和互联网作为自己教学和科研活动的一个必不可少的组成部分，充分反映和体现了我国在教学信息化方面所取得的巨大成就。但研究者也发现，教学信息化中同样也存在着一些亟待解决的管理性和政策性的问题，比较突出的表现为：一是对教师使用信息技术进行教学的政策推动和鼓励问题。国内外的多项研究都表明，教师在采用信息技术工具之后，肯定将产生额外的工作时间，增加教师的备课工作量，若无相应的鼓励性政策和措施，长久以往将可能打击那些在教学中积极使用信息技术的教师的积极性。例如，研究者发现，目前这种情况在许多学校都未得到校方的正式承认。从长远的角度来看，这种鼓励政策方面的缺失，有可能会对那些积极从事教学信息化尝试的教师产生消极影响，因此，有必要尽快制订相应的推动政策。二是在新课标的改革过程中，对有关信息技术与课程整合的重视程度不够，或者说，虽然在理论上重视，但未能在课程标准中充分体现出来，主要表现在未能在新课标中为教师提出切实可行的信息技术应用与整合方案，直接导致教师在按照新课标来实施教学时缺乏有效的指导。研究者认为，这种情况不利于教学改革的深入发展，今后有待改进。

第四，关于教师的教学技能培训问题，从调研的结果来看，目前在东中部地区的学校里，绝大多数学校都能够向教师提供有关信息技术教学技能的培训，而且教师们对于这种培训的效果也多表示满意。这种情况表明，教师的教学信息化技能的培训已经成为中小学校信息化建设的一个重要方面，取得了一定成果。但是，在调研中，研究者也发现，目前仍然有许多教师对于信息技术培训的方式、内容表达了他们的一些意见。其中最突出的意见表现在三个方面：一是多数培训的内容和方式都未能体现信息技术与教学相结合的理念。例如，在培训中，或者是只教给教师如何操作和使用各种工具软件来制作教学课件，同时对如何在学科教学中结合使用基本不谈；或者是只讲理论，如教学设计的方法和流程，步骤烦琐，在教学中的可操作性不强，导致理论上看似可行，但一到教学实践中，就不知如何去做；二是在培训中未能充分考虑到教师的实际情况，培训的目标经常是要求教师自己掌握各种复杂和专业的课件制作工具的操作方法，强调让教师自己动手制作课件，极大地加重了普通教师在实施信息技术与课程整合的备课负担。研究者认为，这种要求只能针对那些技术水平较高和对此兴趣较强的教师来提，不能将之视为对全体普通教师的要求，因为这种要求是不现实的，不可能要求各学科的普通教师都能精通课件制作技术，这种信息技术应用于教学的门槛太高，因此很难实现，最后的结果只能是打击大多数教师的教学技术使用积极性；三是许多学校缺乏稳定的教师培训经费，由于信息技术的发展和变化很快，其在教学中的应用方式也随之变化，需要经常为教师提供参加培训的机会。但由于许多学校在信息化建设中过分注重硬件设施的建设，有时也是由于上级主管部门在下拨经费时只有硬件经费，同时却无培训经费，导致教师的信息技术培训有钱则做，无钱则停，缺乏连续性，这对于教学信息化的发展同样是不利的。研究者认为，应从根本上转变这种重硬件轻培训的思想，没有适当和有效的培训，任何昂贵和先进的硬件设备都无法发挥出其应有的效能。

第五，从数字教学资源的建设及应用情况来看，近年来随着校园信息化建设的不断深入，越来越多的学校意识到了教学资源建设的重要性，故在此投入了较大的力量，取得了一些成就。这主要表现在：东中部地区中小学校使用教学资源库的比例愈来愈高，所拥有的光盘数量亦急剧上升，各种技术性资源，如教学软件和开放源代码软件的应用比例也在不断提高。但另一方面，从教师的反馈来看，目前在东、中部学校里，缺乏适用的教学资源和资源的质量不高问题仍然困扰着许多学校。例如，教师仍然普遍反映在教学信息化过程中缺乏高质量和适用的教学资源，认为这是目前教学信息化所面临的一个重要障碍；另外，由于目前中小学教育资源的产品质量良莠不齐，许多未经过审查的数字教学资源进入学校，导致许多学校虽然表面看起来拥有许多教学资源，真正能够符合教师的实际教学要求的高质量资源却不多，这使得许多教师在实施教学中仍然不得不自己动手制作和检索所需要的资源，费时耗力又浪费了大量的经费。因此，研究者认为，今后有关部门一方面应该仍然通过多种途径来提供高质量和充足的教学资源，以满足教师的教学需求；同时另一方面，也要加强数字教学资源的审查制度建设，建立和完善中小学数字教育资源的评审标准与方法，防止不合格的劣质资源进入中小学校，影响教学质量，浪费宝贵的信息化建设经费。此外，研究者认为，为响应UNESCO近年来所提出“开放教育资源运动”①，积极推动我国基础教育领域的数字教育资源的交流与共享，教育主管部门应通过各种政策性引导措施来促进中小学校之间实现教学资源的开放与共享，鼓励学校之间交流和共享各种形式的数字资源，推动各学校将自己具有特色的课程和教学资源通过互联网与其他学校共享，互通有无，提高教学资料的利用效率。研究者认为，可以考虑采用高校“精品课程”的运作模式来实施和推进此项政策。

第六，从学生的信息技术操作能力和信息素养的角度来看，研究者认为，校园信息化建设工程所取得的最大成就，就是表现在学生身上。换言之，学生们都已经将计算机和互联网视为自己生活、学习和未来发展的一个必不可少的组成部分。从某种程度上来说，如今的中小学生已经具备了“N世代”(Net generation)的基本特征。研究者认为，之所以能够获得如此的成就，一方面是由于学校信息技术课的教学效果，另一方面也得益于学生家庭计算机拥有率不断提高，学生使用计算机的机会和时间增加。例如，目前在东中部地区的许多城市中，学生家庭的计算机拥有率已经接近或达到发达国家的水平，学生在家里接触和使用计算机及互联网的机会不断增加；学校信息技术课目前基本已普及，对于学生的信息素养培养起到了重要作用；另外，在学生的日常学习过程中，计算机和互联网扮演着愈来愈重要的角色，对于提高学生的学习兴趣、学习效果和效率起到了重要作用。但与此同时，研究者也发现了一些在信息技术课教学中存在的问题，比较突出的就是，信息技术课教学内容和方式无法满足技术快速发展和学生使用需求的问题。例如，在调查中，研究者发现，随着学生年级的升高，他们认为信息技术课对于自己信息素养的作用就越来越小，为什么会出现这种情况呢？研究者认为，主要原因就在于目前许多地区的信息技术课教材的内容和教学形式已经落后于技术发展的水平和技术应用的形式，譬如有些地区的信息技术课还在教Windows98的使用方法；另外，对于信息技术的许多新应用形式，如网络游戏、教育游戏、网络即时通讯、视频会议等新技术工具，同时也是学生可能比较感兴趣的内容，教材基本上都未涉及。教学内容仍然主要局限于操作系统、办公软件和一般网络使用等传统内容，未能随着技术的发展而相应变化。在这种情况下，随着学生年级的升高，由于其自主学习能力的增强，因此开始自己寻找学习各种新技术和应用的途径(最突出的就是网络聊天、在线游戏等容易引起学生兴趣的应用形式)，学校开设的信息技术课对其的影响力自然相应下降。这一点

① 有关开放教育资源运动的内容见本书第二章第三节。

在发达地区的大城市的学生群体中尤其表现突出。由于学生对信息技术课堂上的内容“吃不饱”或“觉得没劲”，出于对新技术强烈的好奇心，他们经常会在课后在家里甚至网吧等地自己学习。而这种学习在缺乏教师有效引导的情况下，可能会出现一些问题，如网络安全、网络伦理等。此情况直接导致的结果是，随着年级的升高，学生对于信息技术课的兴趣愈来愈小，同时，信息技术课对学生信息素养的影响也越来越弱，学校方面逐渐失去了了解、指导和控制学生信息素养的培养方向和内容，其后果可能是严重的。因此，研究者建议，有关教育主管部门应及时和经常性修订各级各类学校的信息技术课课程标准，使之能够及时和充分地反映信息技术的最新成果，同时，也积极改进信息技术课教学的形式，强调激发和保持学生的兴趣，保持信息技术课对于学生信息素养教育的持续和有效的影响，使学生信息素养的培养能够被有效纳入到正规的学校教育范围内，防止学生在信息素养培训中某些方面的缺失，影响学生身心健康的成长。

第七，关于网吧、网络游戏、网络成瘾和网络文化等问题，研究者认为，所谓的学生的“网络文化”，就是一种由于计算机和网络在此群体中的广泛应用而形成的以高科技为工具，以日常学习，网上交流和休闲娱乐为主要表现形式的青少年亚文化形态。犹如不同时代的主流媒介技术曾对当时的青少年亚文化产生重要影响一样，计算机和网络同样也对目前一代的中小学生的行为、思想、交际方式和价值观念等方面产生了重要影响。在认识学生的网络文化现象时，应强调以下认识和问题：首先，应该承认，正如以往电视等大众传媒一样，计算机和网络已成为当前中小学生日常学习与生活的一个重要组成部分。学生的网络文化实际上是学校环境下青少年亚文化的一个重要表现形式，它反映了在信息科技发达时代，学生群体亚文化的最新发展和表现。以往的研究表明，青少年亚文化的具体内容、特点和形式实际上是反映不同时代的社会经济文化和技术发展的时代特点和特色。教育者、家长和学校管理者应该充分理解，如同电视等媒介工具一样，计算机和网络已经或即将成为中小学生亚文化的一个必然组成部分，学生对于这种技术的依赖和喜欢都是正常的，是青少年群体对于各种具有高科技特点的新应用和产品的正常反应。其次，教师和家长应充分理解学生网络文化的内涵，采取因势利导的方式来规范学生的计算机和网络应用，而不是简单地“禁”和“堵”。例如，为引导学生适当玩网络游戏，家庭和学校可以考虑适当为学生在学校和家庭环境中提供玩游戏的时间，释放学生对网络游戏的好奇感。研究者认为，一方面，学生家长应理解学生对于各种新式电子工具和电子游戏的好奇心，在学习之余，可作为一种业余娱乐方式适当玩一玩，家长可以在游戏类型选择和玩的时间方面加以控制;另一方面,在上信息技术课时,学校也应该增加信息技术课的课时量,并在教学内容中增加有关信息伦理、网络成瘾等方面的内容;这样,适当在信息技术课中增加一些游戏内容,通过这种方式来释放或稀释中小学生对于电脑游戏的心理需求,进而减少其负面影响。另外,利用网络游戏进行教学也是目前教育技术研究领域的一个前沿和热点性的问题,国外已经有一些教育性的网络游戏出现,这实际上也是利用网络游戏的一个非常好的形式。第三,正确认识和理解青少年对计算机网络的迷恋现象。研究者认为,目前,网络成瘾的概念和内涵已被泛化,许多媒体过分渲染了上网或网络游戏对于学生的负面影响,这种情况不利于鼓励学生学习和使用计算机与网络知识和技能。研究者认为,在这种网络成瘾泛化的影响下,学校管理者、教育者和家长可能会有意识地通过各种方式来控制中小学生接触和使用计算机和互联网的时间和途径,在某些情况下甚至完全禁止学生接触和使用计算机网络(例如为了升学考试和高考等)。研究者认为,这种做法实际上是剥夺了中小学生利用计算机和网络来促进和发展其信息获取、问题解决和社会交流等方面能力的机会,而在如今的信息社会里,这些能力如同各种传统的能力(听说读写等)一样,会对青少年的健康成长产生重要作用。第四,学生的网络文化实际上反映了我们的学校教育中所存在的一些深层次问题,例如课业负担过重,情感教育缺乏和学生缺乏与同伴交流等,正是由于教育在某些方面的缺失而导致了网络游戏的乘虚而入,补上这个长期以来学校缺乏而学生又迫切需要的内容。自古以来,游戏就被理所当然地当做一种非常有效的教育方法和手段。但是,在如今的高技术时代,网络游戏反而成为了教育者在学校中坚决禁止的内容。这说明什么问题呢?这说明我们的学校可能已经成为一种只追求理性知识,成绩和名次,同时却忽略了主观感性、情感、个性和成长情趣的"培训机构"。学生在学校中可以学到知识和技能,却无法满足成长过程中内心和情感上的诸多需求,如友情和归属感、自尊和成就感、好胜心和好奇心等。而网络游戏作为一种高科技的成果,从多个方面满足了学生的情感需求,补充了学校教育的不足。从这个角度来说,学生迷恋网络游戏的问题归根结底还是在学校教育或社会自身,仅归因于网络游戏本身或学生自身的问题,都可能无法从根本上解决问题。

思考题

1. 从研究设计和方法的角度来看,你认为,此次有关东、中部中小学校的教育信息化调查存在哪些不足或问题？请提出你的改进建议。

2. 你如何看待中小学生"网络成瘾"问题？请以"Internet Addiction"等为关键词在搜索引擎上查找一些有关国外中小学生网络成瘾的资料，看一看外国研究者是如何看待此问题的。

3. 你认为，目前我国中小学教师在使用信息技术方面存在着哪些问题？应如何解决？

动手研究

请以"大学生信息技术应用状况"为主题，设计一份调查问卷，并撰写一份调查计划书。若有兴趣，可利用网络问卷调查法在自己所在学校实施一次调查，并撰写研究报告。有关网络问卷调查系统的使用，请登录北京大学网络调查研究中心的网站查看：http://www.websurvey.cn.

参考文献

中文：

[1] 基础教育信息化国际比较研究报告书[R]，东北师范大学教育信息中心，2006 年 5 月.

[2] 韩国教育人力资源部教育课程政策科：中小学校信息技术教育运营指针解说书，2006，2. http://www.moe.go.kr，2006—5—7.

[3] 2005 年度中间学校教育信息化现状的调查结果[R]，日本文部科学省，2005 年 9 月 30 日.

[4] 新加坡教育部 http://www.moe.gov.sg/edumall/mpite/infrastrure/index.html(2005—10—3).

[5] Okhwa Lee. 韩国中小学资讯教育的现况与展望[J]，台湾资讯教育杂志，2001，(2)：45—54.

[6] 赵国栋，缪蓉等(2004)，中国教育信息化 2004 年调查报告[R]，北京大学教育学院教育技术系，2004 年 10 月.

英文：

[1] NSF National Science Board(2005). Science and Engineering Indicators 2006，Volume 1-Chapter 1Elementary and Secondary Education. http://nsf.gov/statistics/seind06/cl/clh.htm.

[2] Becta (2005), The Becta Review 2005. Becta ICT Research. http://becta. org. uk/leas/display. cfm? section=5_1(2007—2—6).

[3] BECTA (2005), Open Source software in Schools: A study of the spectrum of use and related ICT infrastructure costs, May 2005, http://www. becta. org. uk.

[4] Tan Wooi Tong (2003), Free/Open Source Software: Education, UNDP Asia-Pacific Development Information Program, http://www. apdip. net (2007—2—14).

[5] Terry Anderson and Heather Kanuka(2003), e-Research: Methods, Strategies, and Issues, 2003, http://www. e-research. ca/content/prummer. html(2006—4—6).

[6] Basmat Parsad, Jennifer Jones(2005), Westat Bernard Greene, Internet Access in U. S. Public Schools and Classrooms: 1994—2003, National Center for Education Statistics, February 2005, http://nces. ed. gov/pubsearch.

[7] Becta ICT Research, Survey of LAN infrastructure and ICT equipment in schools, November 2005 to January 2006, URL: http://www. becta. org. uk(2007—2—13).

第五章

研究案例：中国和美国高校信息化国际比较研究

内容导读

利用信息技术来促进高等院校的管理、教学和科研工作，目前已成为世界各国高等教育机构改革与发展的一个共同趋势。在大学校园中，无论是管理者、教师还是学生，其在日常工作、学习和生活过程中与信息通讯技术的关系都愈来愈密切。数字化校园已成为大学校园的进一步延伸和发展。本章以计算机和网络通讯技术在高校中的应用为主题，用大量调查数据和资料讨论了国内高校的信息化基础设施建设情况、管理信息系统建设以及师生在教学和学习中的应用等问题。进一步，以美国近年发表的多份研究报告为基础，研究者对中、美两国高校的信息化建设情况进行了比较研究，揭示了中国和美国高校在校园信息化建设和发展中的不同特点，并总结和提出了一些值得借鉴的经验和教训。最后，针对目前我国高校信息化建设中存在的一些问题，如信息化政策的制订、网络资源管理和开源软件的应用等问题，研究者提出了一些相关建议和对策。

关键词

数字化校园，中国，美国，信息基础设施，课程管理系统，开源软件，大学生，“N世代”

数据摘要

中国高校：

◉ 至2006年，29.7%的高校建成无线校园网络

◉ 78%的院校已建立或正在建设统一的校园管理信息系统

◉ 33.3%的高校开始使用网络教学系统

◉ 62%的高校为学生提供E-mail信箱服务

◉ 73.7%的大学生自己购买了计算机
◉ 81%的大学生宿舍已联网
◉ 85.1%的教师经常在教学中利用演示文档来讲课
◉ 72.9%教师通过各种网络搜索引擎检索文献资料
◉ 63.0%的教师已将正式发表的学术研究成果发布于网上供人阅读
◉ 75.9%的大学生在检索学习资源时常用的方法是网络搜索引擎
◉ 59.5%的大学生在学习过程中遇到问题时会通过搜索引擎来查找答案
◉ 46%的教师经常从学生提交的作业中发现有网上抄袭现象
◉ 62.0%的大学生表示周围有同学因沉迷于游戏而影响学习
◉ 11.1%的学生在课余时间最喜欢的电子娱乐方式是玩电脑游戏

美国高校：

◉ 至2006年，41%的美国高校中开始使用无线校园网
◉ 66.9%的美国院校开始使用ERP系统
◉ 86.5%的美国高校教室已联网
◉ 90.1%的美国高校正在使用CMS系统；19%在使用MOODLE，13%在使用Sakai。
◉ 78%的美国教师在教学中使用电子邮件作为师生交流工具
◉ 76.5%的美国教师在教学中使用E-mail与学生联系
◉ 96.1%的美国大学生拥有自己购买的计算机
◉ 88.0%的美国高校为学生提供E-mail服务
◉ 96%以上的美国大学生的宿舍已联网
◉ 99.7%的美国大学生上网经常做的事情是"收发E-mail"
◉ 73%的美国大学生使用互联网查资料的时间超过上图书馆
◉ 60.7%的美国学生经常玩电脑游戏

二 研究目标及设计

为深入了解我国高校信息化发展现状，为有关部门决策提供依据，同时，也为了保持研究的持续性，在2004年调查基础之上，研究者计划在2005年再次实施一次全国性的高校信息化调查。根据研究计划，主要研究目标包括：

◉ 通过问卷调查的方式来了解我国高校使用信息技术的现状，包括在教

学、科研、图书馆资源等方面；

◉ 信息技术在高校教学中的应用是本次调查的重点，主要探讨信息技术对于教师的教与学生的学的深刻影响；

◉ 将国内调查数据与美国相关研究数据进行比较，探讨两国校园信息化建设的水平、特点和存在的问题。

按照课题组所制订的研究计划，调查的实施共分为四个阶段：

第一阶段，课题组成立及研究论证。自 2005 年初，北京大学教育技术系与教育部相关部门的研究者共同成立了研究项目组，开始项目的设计与论证工作，主要内容包括：研究计划设计、研究主题选择、研究对象确定以及研究步骤的划分等。通过项目成员的数次交流，确定了整个研究项目的研究结构与构架。

第二阶段，文献资料搜集、整理与确定具体的研究问题。自 2005 年 3 月至 5 月，研究者通过多种方式广泛搜查了国内外有关教育信息化方面的文献资料，尤其重点研究了国外有关教育信息化调查方面的研究成果，主要包括：

◉ 美国的 Campus Computing Project①：这是一项自 1990 年就开始启动的关于美国高等教育信息化调查的项目，美国克莱蒙特大学的 Kenneth C. Green 教授主持，该项目至今已持续 16 年，是目前世界上最有代表性的高校信息化研究项目，其每年发布一份关于美国高校信息化建设现状的研究报告。其调查内容通常包括：美国高校信息化建设热点问题、基础设施建设、信息技术在教学、管理和学生校园生活中的应用、校园信息化经费预算等。

◉ CDS 项目(Core Data Service survey)：该调查项目是由美国 ADUCAUSE② 负责。该项目始自 2000 年，主要目标是建立一个美国全国范围内的有关高校数字化校园建设和发展状况的核心数据库，收集各种有关统计数据来了解和评估美国高校的校园信息化建设和发展水平。该项目的调查对象是 ADUCAUSE 的注册会员，是通过网络问卷调查的方式来收集美国高教信息化方面的各种数据，以便研究者和政府有关部门

① 详细信息请浏览：Http://www. campuscomputing. net

② Educause，是美国的一个旨在推动信息技术在高等教育领域内普及应用的非赢利组织，目前有 2000 多个学院、大学和教育机构成为其会员，主要从事一些与信息技术应用相关的专业发展活动，应用性研究、在线信息服务以及政策咨询等。另外，自 2001 年起，它也负责美国国内的互联网上教研机构域名的注册。详细信息见：http://www. educause. edu/

使用。

◉ DCC 项目(Digital Community Colleges Survey)①:是由“美国社区学院协会”(The American Association of Community Colleges, AACC)和“数字化教育中心”②(The Center for Digital Education)共同实施的一项专门针对美国社区学院的校园信息化发展状况进行调查与研究的项目。该项目自 2003 年开始,至今已经发布了三份研究报告,每年评比出全美校园信息化程度最高的十所社区学院。

通过对以上教育信息化调查项目的分析,课题组初步确定了本调查项目的实施的方法、基本内容和方案。

第三阶段,调查问卷的设计。根据以上相关研究文献综述,研究者初步确定了调查问卷的框架、内容和具体调查问卷。经过多次讨论之后,研究者认为,根据国内外相关的研究成果,初步将教育信息化调查的内容确定为以下几方面:

◉ 校园信息化基础设施建设:主要内容包括校园网络建设、校园网站、信息技术软硬件设备、办公室、教室、学生宿舍联网情况等。同时还包括学校的电子资源建设情况,如数字图书馆、教学资源库和相关数字化资源的建设等;

◉ 管理信息化建设:主要包括各种校园管理信息系统建设情况,管理人员的信息技术培训及其应用,校园信息化管理部门的建设及相关政策的制订等;

◉ 教学信息化:主要包括信息技术在课堂教学中的应用情况,如教师信息技术培训、计算机操作水平、使用时间和各种信息技术工具在教学过程的使用,同时还包括各学校信息技术课开展状况以及学生的计算机应用情况;

◉ 信息化投资:主要包括学校信息化经费的来源、使用范围等。

另外,考虑到调查问卷所涉及的内容繁多,由学校中某一类人员来单独填写可能花费时间过长,而且所提供的信息也可能无法保证准确性,因此,研究者决定将问卷分为 2 份,以方便各类学校的填写。

---

① 详细信息请浏览:http://www.centerdigitaled.com/surveys.php? survey=comm_coll

② 详细信息请浏览:http://www.campuscomputing.net

◉ 学校问卷(由各高校网络中心或教育技术中心负责人填写);
◉ 大学生问卷(由各高校学生填写)。

第四阶段,选择研究工具,确定研究对象选择和调查抽样方式。根据以上阶段的工作成果,研究组成员在多方面探讨的基础上,开始2005年调查的研究工具选择、对象确定和抽样工作。学校问卷将采用概率抽样调查;学生问卷将采用方便抽样调查。另外,在研究工具上,根据本研究的内容和特点,研究者决定采用"网络问卷调查法"(Websurvey Methodology)来实施研究①。

二 调查过程概述

在经过多次问卷测试与修改之后,研究者于2005年10月20日开始实施第二次全国性的高等教育信息化调查活动,将网络问卷正式发布于北京大学教育技术系网络调查研究中心②的网站上,并通过各种途径宣传本次调查。调查至11月25日结束,在为期35天的调查时间里,共收到教师问卷304份,学生问卷3584份。

(一) 调查实施过程

本次调查的对象分为大学教师和在校大学生两类,分别采用概率抽样和自愿填写的方式进行。例如,对于教师问卷,研究者通过分层抽样的方式,在国内已建成校园网的高校中抽取600所,并通过在其主页上浏览的方式获得高校教务处、网络中心或教学院系老师的E-mail地址,然后利用电子邮件群发的功能向300所各级各类高校中的600名教务管理人员、网站管理员和普通教师发送电子邮件邀请信。教师们在收到E-mail后,直接点击信件中的网络问卷URL,即可进入问卷填写(见图163)。

对于学生问卷(见图164),则采用自愿填写的调查方法。研究者通过国内各地区45所高校BBS网站③宣传等方式来邀请对象填写问卷。同时,还将网络

① 有关"网络问卷调查法"的说明,请参阅本书第四章第一节中的相关内容。

② 北京大学教育学院教育技术系"网络调查研究中心"是2003年由北大教育技术系成立的国内第一所专业从事网络问卷调查方法(Websurvey Methodology)研究与相关软件开发的学术性研究机构。在过去数年里,该中心的研究者主要致力于网络问卷设计的基本理论、方法与应用的探索与研究,组织和实施了多项全国规模的网络问卷调查项目。详细信息见:http://www.websurvey.cn

③ 见本书附录A。

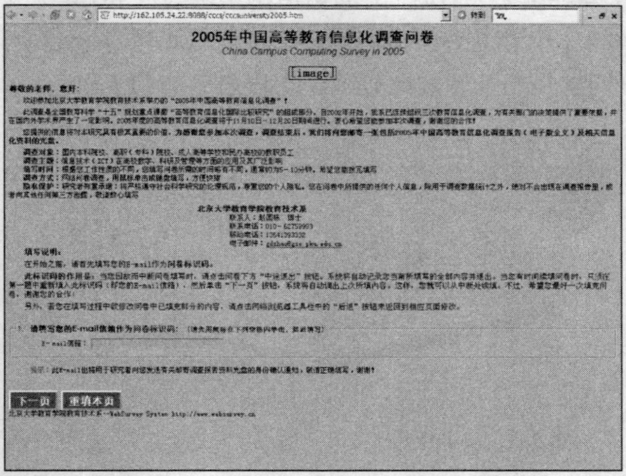

图 163　2005 年高校信息化调查教师问卷

问卷的链接置于北京大学天网搜索引擎入口（http://e. pku. edu. cn/）、Sohu 教育频道（http://learning. sohu. com/）和慧聪网教育频道（http://www. edu. hc360. com/）新闻栏目中，邀请在校大学生参加问卷调查。为吸引学生积极参加调查活动，研究者还采取了抽奖方式，奖品为电子词典。

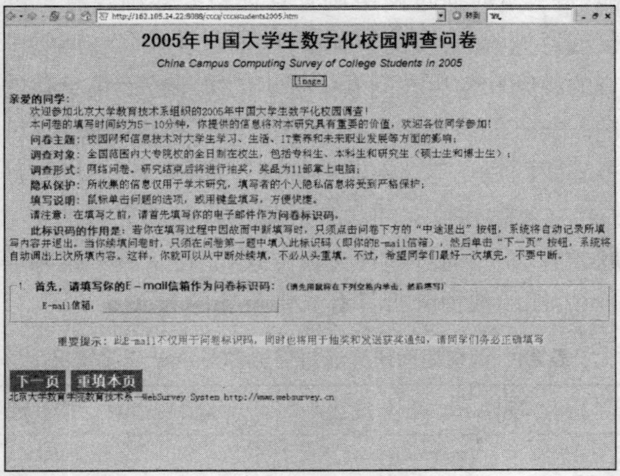

图 164　2005 年高校信息化调查学生问卷

通过下列对反馈问卷的数据分析结果可以看出，对于大学生问卷来说，利用各高校 BBS 来发送调查邀请函是一种有效的通知方式。如图 165 所示，有超过一半(57%)的大学生是看到BBS上的邀请函来填写问卷;其次为看到天网搜索上的调查通知(20%),第三为门户网站(sohu和慧聪教育频道),达到11%。另外,也有一部分同学是相互转告或教师通知后来参加调查。

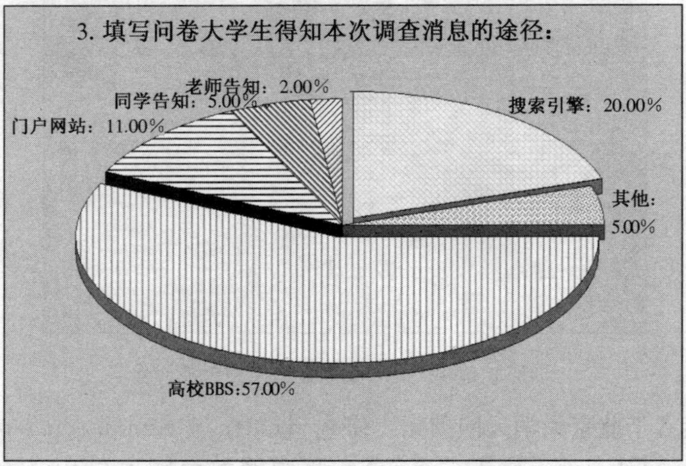

图165 参加调查大学生获知本次调查的主要途径

值得一提的是,在问卷调查过程中,研究者还充分利用网络问卷的实时监控与同步交流功能,每天定时通过网络调查管理系统详细查看每位填写者在问卷开放题中的建议或意见,在必要的情况下,则通过受访者在问卷中填写的E-mail信箱就参加调查的教师和学生在问卷中提出的关于校园信息化的各种意见及时进行交流和反馈。交流的内容主要包括有关调查内容的解释、对校园信息化的建议以及对调查方式的意见等。在某些情况下,研究者与受访者(包括教师与学生)之间的E-mail交流达到数次(例如,对象在收到研究者的E-mail后,又写信表达对某个问题的看法)。通过这种交流方式,获得了有关校园信息化的大量实际建议和意见,对后期的数据分析具有非常重要的意义。

表88 调查期间研究者与受访者E-mail交流情况

受访者	调查期间E-mail交流数	占总反馈人数的比例
教师	195	65%
学生	519	14.5%

另外,调查数据显示,绝大多数高校教师和大学生都对网络问卷调查这种研究方法持认同态度,认为这种调查方式具有填写方便、节省时间以及不受地域影

响等优势，都表示愿意再参加类似的网络问卷调查研究活动。例如，90%的大学生表示，当以后再有类似的调查项目时，可以通过他们在问卷中填写的 E-mail 直接通知他们参加；96%的高校教师也表示，以后愿意通过网络的方式再参加类似的调查。这些情况都表明，利用网络问卷调查的方式进行学术性调查与研究，是一种很有发展前途和值得推广的研究工具。

（二）受访者背景信息

通过对数据库内反馈数据的整理和筛选之后，本次调查的总体问卷反馈情况如下表所示：

表 89　调查问卷反馈情况

问卷	调查方式	抽样数	问卷反馈总数	有效问卷数	有效问卷比例	反馈率
教师问卷	概率抽样	600	304	248	81.6%	50.6%
学生问卷	自荐填写	N/A	3584	2735	76.3%	N/A

1. 参加调查的高校教师背景

在为期 35 天的调查中，共有来自全国 25 个省、市和自治区的 102 所高校的 304 名高校教师参加了问卷填写，填写者的分布范围遍及全国 7 个主要行政区域。从参加者所在省市来看（见图 166），人数最多的是北京市（共 54 名，

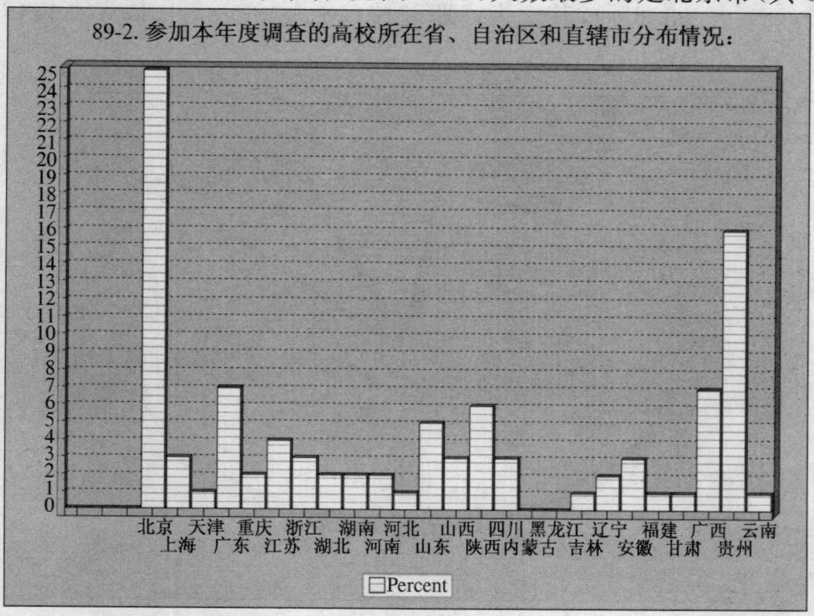

图 166　参加调查的高校教师省市分布情况

占反馈总数的24.6%);其次为贵州(共35名,占反馈总数的15.9%);居第三位的是广东省(共14名,占6.93%)。人数最少的是内蒙古和黑龙江,分别只有1名。

从参加填写者所在的行政区域来看,也基本上反映了上述情况。其中,华北地区的比例最高(26.6%),其次分别为:西南地区(22.9%)、华东地区(18.3%)、华南地区(12.3%)、西北地区(7.8%)、华中地区(6.8%)和东北地区(5.0%)(见表90)。

表90　参加调查的高校教师行政地区分布情况

行政区域	人数	百分比%
东北地区	11	5.05
华北地区	58	26.61
西北地区	17	7.80
西南地区	50	22.94
华南地区	27	12.39
华中地区	15	6.88
华东地区	40	18.35

从参加调查教师所在高校的类型来看(见图167),比例最高的是全日制本科院校(181人,83.8%),其次为高职院校(18人,8.08%)、成人高校(13人,6.06%)和民办高校(5人,2.0%)。

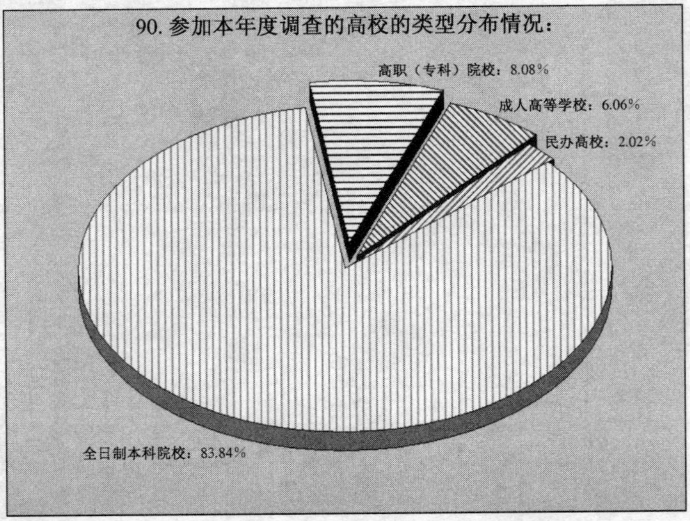

图167　参加调查的教师所在高校类型分布情况

在这些高校中，同时具有学士、硕士和博士学位授予权的比例为46.1%，具有学士和硕士学位授予权的比例为32.2%，具有学士学位授予权的比例为19.4%（见表91）。

表91　参加调查的教师所在高校的学术水平分布情况

问题选项	回答人数	百分比
同时具有学士、硕士和博士学位授予权的高校	83	46.1%
同时具有学士和硕士学位授予权的高校	58	32.2%
只具有学士学位授予权的高校	35	19.4%
其他	4	2.2%

从参加调查教师的工作性质来看（见图168），承担教学工作的教师比例最高，为40%，其次分别为行政管理部门的人员（21.8%）、教学管理部门（18.1%）、网络管理部门（11.7%）和信息化规划部门（2.4%）的人员等。

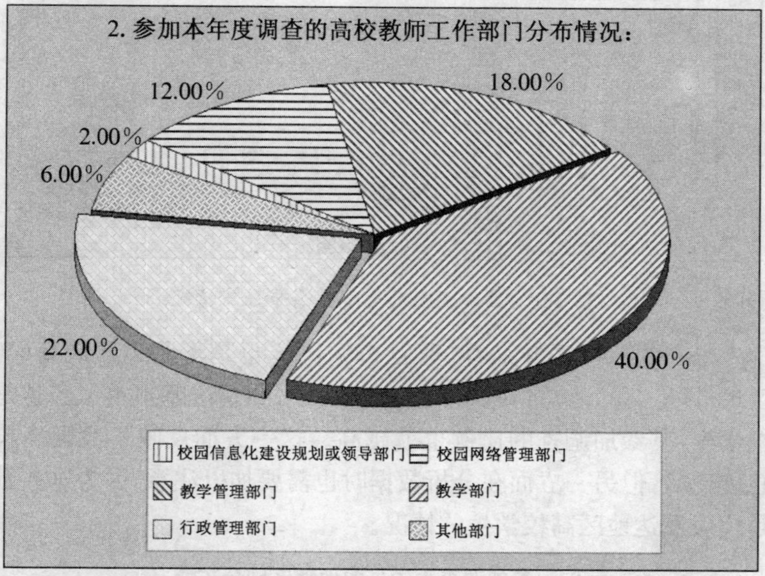

图168　参加调查教师的工作部门分布情况

总体来看，研究者认为，调查对象的分布具有相当的广泛性，所收集的数据能够在一定程度上反映高校信息化应用的各个方面，对于深入了解我国高校信息化目前的发展情况有一定的研究价值。但需要注意的是，由于参加调查的高校数量较少，且主要集中于国内部分地区，因此，本次调查的结果可能无法全面地代表全国的整体情况，仅能作为参考。

2. 参加调查的大学生背景信息

在大学生问卷中，国内 31 个省、市和自治区的 481 所高校中的 3584 名大学生参加了调查（见图 169）。其中，学生所在省市比例最高的是北京市（33.5％），其次是江苏（9.9％）、福建（6.8％）等。比例最低的是青海和西藏，分别为0.08％和 0.04％。

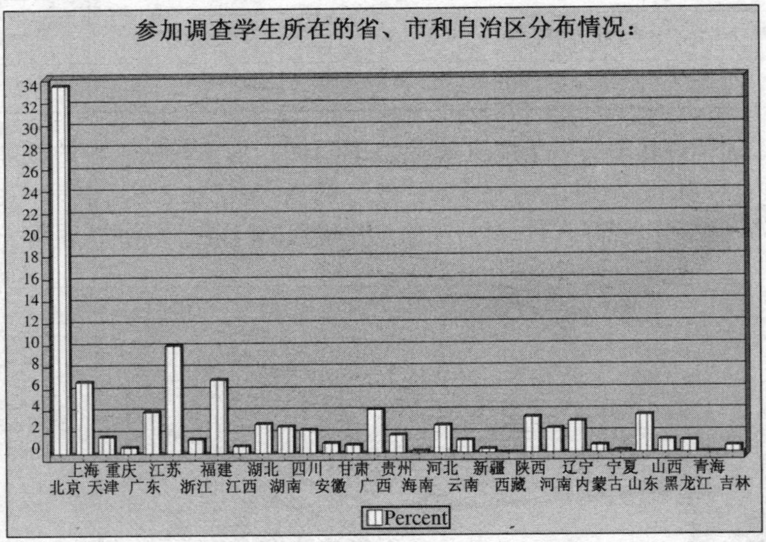

图 169 参加调查的大学生省市分布情况

从学生分布的地理区域来看（见表 92），同样也是华北地区最高（40.3％），西北地区最低（5.4％）。总体来看，与上述省市分布情况基本类似。越是发达地区的高校学生，其参加调查的比例也就越高。这一方面反映了我国高校信息化发展的总体现状，但另一方面在分析数据时也需要加以注意，因为这些数据可能更多的是代表发达地区高校学生的情况。

表 92 参加调查大学生的地理区域分布情况

地理区域	百分比％
东北地区：	5.50
华北地区：	40.38

续 表

地理区域	百分比%
西北地区：	5.42
西南地区：	6.77
华南地区：	12.04
华中地区：	6.58
华东地区：	23.31

与参加调查的教师一样，填写问卷的学生所在学校类型也主要以全日制本科院校为主（93.9%），其次为民办高校（3.7%）、高职（专科）院校（1.5%）和成人高校（0.7%），详细数据见图 170：

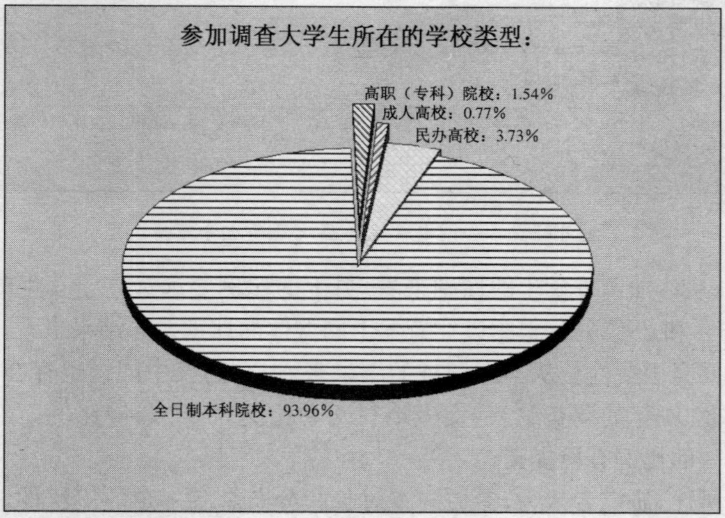

图 170 参加调查的大学生所在学校类型分布

从参加调查的大学生年级分布情况来看（见图 171），从专科一年级到博士三年级的学生都有，参加调查的本科生比例最高（93.9%），专科生所占的比例最低（7.0%）。在参加调查的本科生中，从年级角度来分，比例最高的是本科三年级（19.1%），其次为本科四年级（17.2%）；在硕士研究生中，一年级与二年级的比例基本相同（分别为 12.0%和 12.2%）；博士生层次三个年级参加调查的比例也基本相同，分别为一年级（2.7%）、二年级（2.9%）和三年级

(2.0%)。这在一个侧面可能反映了不同年级学生可能在使用网络的频率上也有所不同,总体来看,是随着年级的升高,学生的上网比例也相应上升。由于调查邀请函都是通过网络来发布的,只有那些经常上网的大学生才有可能看到邀请函并填写问卷。

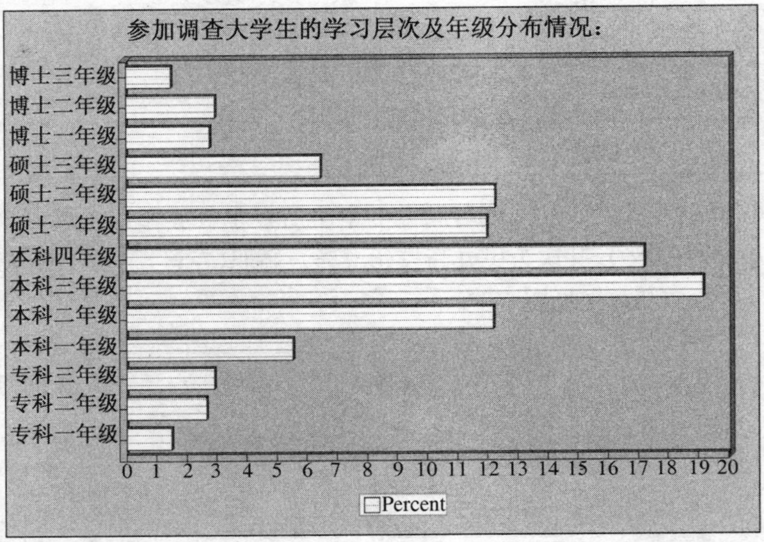

图 171　参加调查学生的层次及年级分布情况

最后,从参加调查学生的性别来看,男生的比例要远远高于女生的比例,分别为 71.6%和 28.3%。根据以往有关上网群体的性别差异结果来看,通常男性上网比例要高于女性。从本次调查的结果来看,在高校中同样也存在着类似情况。但与 2004 年的调查结果(女生填写问卷比例为 21.2%)比例,女生参加网上问卷填写的比例有所提高。

综上所述,研究者认为,参加调查对象的分布具有一定的广泛性,其所提供的信息能够在一定程度上反映我国高校信息化发展的实际情况。不过,考虑到学生问卷采取了自愿填写的方式,因此调查结果只能在一个侧面反映国内大学生对校园信息化的态度和看法,并不代表全体大学生的态度和意见,这一点在分析调查数据时应注意。

三 中、美高校信息化基础设施建设状况比较

（一）校园信息化基础设施建设

1. 高校有线网络基本普及，无线局域网络发展迅速

近年来，随着信息技术在我国社会各行业的普及应用，高校校园网络建设的发展也很快。据 CERNET 的统计数据，目前接入 CERNET 的教育机构总数已超过 1800 所，其中多数为大专院校和各级教育管理部门。调查数据显示，在参加调查的 102 所高校中，86%的学校已建成校园网，同时也有 14%高校则正处于建设过程之中。另一方面，在美国高校中，随着近年来无线局域网络技术（Wireless LAN）的不断发展，越来越多的高校也开始在校园中采用该项新技术①。例如，2005 年，在美国一项名为“高校无线校园网调查”②（Most Unwired College CampusesSurvey）中，调查结果显示（见表 93），在美国最著名的 50 所高校中，已有 98%建成了无线局域网络，比 2004 年的比例提高了 34%；其中建成覆盖整个校园的无线网络的高校比例也达到 74%，提高了 60%之多。

表 93　美国 2005 年高校无线校园网排名调查（前 10 名）

2005 年排名	大学名称	所在的州和城市
1	Ball State University	Muncie, IN
2	Western Michigan University	Kalamazoo, MI
3	University of Akron	Akron, OH
4	Dartmouth College	Hanover, NH
5	Carnegie Mellon University	Pittsburgh, PA
6	Bridgewater State College	Bridgewater, MA

① 根据国际无线局域网协会的调查表明，无线局域网可提高局域网络的应用效益，能够降低运行成本 40%，提高应用单位效率 6%。使用无线局域网不仅可以减少对传统有线网络布线的需求和与布线相关的一些开支，还可为用户提供灵活性更高、移动性更强的信息获取方法。

② the “America's Most Connected Campuses” ranking conducted by Princeton Review and published in Forbes; and an online survey that schools completed between May 1 and Sept. 1, 2005, which was executed by the Center for Digital Education and Intel Corporation. (http://www.intel.com/personal/wireless/unwiredcampuses.htm/2006.3.29)

续 表

2005 年排名	大学名称	所在的州和城市
7	St. John's University	Queens, NY
8	Case Western Reserve University	Cleveland, OH
9	Bryant University	Smithfield, RI
10	Trinity University	San Antonio, TX

资料来源：http://www.intel.com/personal/wireless/unwiredcampuses.htm/2006.3.29.

Campus Computing Project 的研究数据也显示，早在 2002 年，就已有 67.9%的被调查美国高校开始建设无线局域网络。其中有 10.0%的被调查学校已建成覆盖全校的无线网络，9.5%的美国高校计划将很快开通覆盖全校的无线网络。而到了 2006 年，平均 51.2%的美国高校教室已经被无线网络所覆盖（见图 172），比 2005 年（31.1%）有一定程度的提高。而在研究型大学中，有超过 55%的教室都已开始能够使用无线网络。

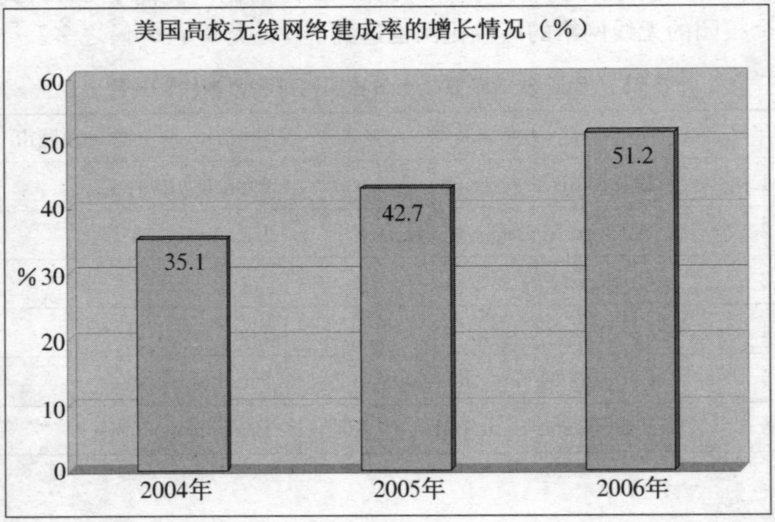

图 172　美国高校中无线网络覆盖教室比例的增长情况

在中国高校中，2005 年的调查结果显示，被调查高校中已有超过四分之一（29.7%）的高校开始使用无线校园网络（见图 173）。其中，已建成覆盖全校范围无线网络的比例为 3.9%。另外，40.7%的高校计划将建设无线校园网络。这些情况说明，无线局域网目前也成为国内高校校园信息化发展的一个重要趋势。

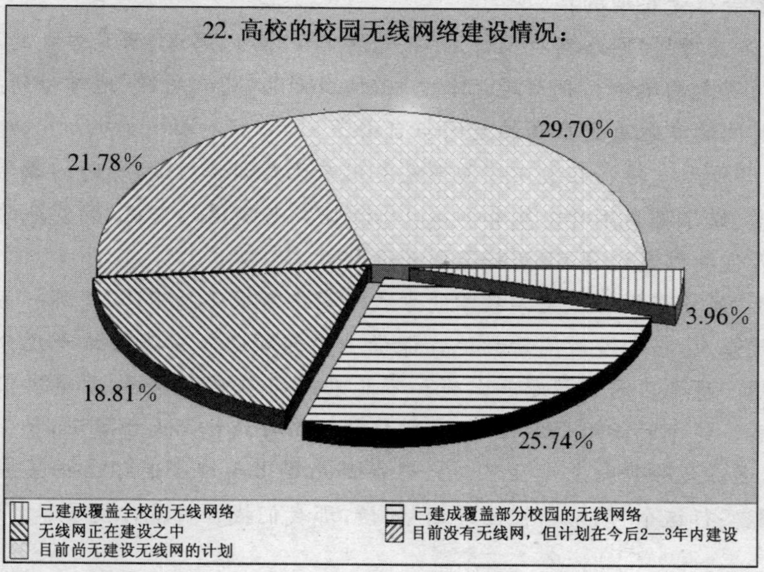

图 173　国内高校的无线网络建设情况

对于高校来说，在原有在线网络的基础上增加无线功能，不仅可以节省建设经费，同时更为重要的是，也可以在校园内实现“移动学习”或“随时随地学习”的目的，提高校园网络的利用率，方便师生随时上网查找资料或浏览信息。当然，另一方面，由于无线网络与笔记本电脑的发展密切相关，因此，近年来笔记本电脑硬件设备价格的不断降低也在一定程度上促进了高校无线网络的发展。例如，本次调查的学生问卷数据显示，在参加调查的大学生中，已有 26%的学生购买了笔记本电脑，而计划购买笔记本电脑的学生则高达 63%。

在调查中，对于 CERNET 等机构联合实施的“百所大学无线上网”计划，大学生们纷纷表明了自己的看法。数据显示，多数学生(63%)都对此计划持赞同的态度，认为如果向学生提供的笔记本电脑如果价格适当的话，会对高校笔记本电脑的普及和无线网络应用起到一定推动作用。例如，在问卷中有学生写道：

“支持，照目前来看大学生中的个人能力层次参差不齐，有关电脑方面的专业知识能够掌握并熟练应用的更少了。就我们学校来说吧，我们学校(本部)在南京的郊区，周围网吧本来就少，学校开放的机房每天无论何时都需排很长的队才能找台机子。学校的网络设施建得很好，但就是需自己备电脑,少有人买,主要就是价格问题。所以估计这个计划在我们学校和周边学校会很受欢迎的!”

“支持!‘网络新校园计划’将是对传统学习、思考、研究方式的革新,对传统观念的革命。拥有笔记本电脑,使我们能‘随心所欲’地学习研究,对自我时间的支配有更广阔的空间与自由。”

“强烈支持。在大学校园普及笔记本已是大势所趋,平时的教学、科研、生活、娱乐都离不开电脑和网络,CERNET若能借此良机,切实地为大学生打开便捷信息之窗,则必将赢取长远利益。”

“我觉得很好。大学教学的方式与高中有很大的不同,老师一般是上完课就走人,根本没时间请教他。课堂上的问题还能在下课的十几分钟里问老师。可课后遇到问题怎么呢?不能老问同学吧。那好,于是我们上网找答案。这个时候难题就出现了:学校的机房每到礼拜天都爆满,早上九点开门,迟去几分钟就没座位了。只好在哪儿等上半个小时了。如果我们学校也能实行这个‘网络新校园计划’的话,那我们找资料就方便多了。”

不过,也有一部分学生(22%)对于该计划的实施的对象学校、价格和实用性等方面提出了一些疑问:

“我想对学校的教学和学生的学习会有一定的帮助,同时很羡慕那些被提供‘学生特供机’的大学。希望这项活动的推广范围更大一些,关注西部地区的院校。”

“价格还是太贵,和香港等地的IBM计划等没法比。特别在内地消费水平还远远低于香港的情况下,价格还是太贵太贵。”

“没太多必要吧,学校里不太需要移动办公。”

“想法是好的,但未必会有好的结果。说句不好听的,这种300所笔记本大学的学生购买了笔记本用于什么?难道就是背着笔记本在校园里面东奔西走,只是为了便于学生能在学校的各个角落轻松使用电脑,轻松上网?要是用于学习,我想在学生宿舍就能够完成这项工作,要是用于其他方面,我想还是免了吧,反而让学生在宿舍之外都不能好好地看书、学习。要是真的要在外面上网,我想机房就是不错的选择。”

如果仅从技术发展角度来说,无线局域网技术确实可以为高校的教学、管理和学生学习带来许多变化，这一点是毫无疑问的。但是，正如许多同学在问卷中所表达的那样，任何技术的应用都必须充分考虑到我国高校的实际情况，如学生的硬件购买能力和学校的经费状况等，否则，盲目跟随国外的经验可能效果并不好，学生也未必支持。

2. 校园基础设施水平不断提高，师生信息技术使用条件越来越好

根据国外高校信息化发展经验，教师和学生的计算机硬件设备和相关联网条件建设，是构建数字校园的基础性工作。根据美国 CDS2005 的调查数据显示（见表 94），目前在美国公立高校中，平均约有 59.4%的高校为学生提供专用的计算机设备，其中具有博士学位授予权高校①的比例最高，达到 77%；最低的是专门院校（34.7%）。而私立院校为学生提供专用计算机设备的比例普遍高于公立院校，平均比例达到 80.9%，DR 类高校则达到 90.5%，最低的其他类院校也达到了 68.9%。

表 94　美国不同类型高校中为学生提供计算机使用的比例

学校类型	均值	DR 类高校	MA 类高校	BA 类高校	AA 类高校	其他
私立高校	80.9%	90.5%	79.1%	82.5%	41.8%	68.9%
公立高校	59.4%	77.0%	70.7%	67.4%	34.7%	59.0%

数据来源：Hawkins，Brian L. Rudy，Julia A. and Nicolich，Robert（2005），Core Data Service survey：Fiscal Year 2004 Summary Report，September，http://www.educause.edu/cds(2006-3-28).

由于美国大学生较高的消费能力，大学生中自购计算机的平均比例已达到相当高的比例，基本上每位学生都拥有自己的计算机。美国 2005 年的一项调查研究②显示，在被调查的 18039 名大学生中，96.1%的学生拥有自己购买的计算机（2004 年的比例为 93.4%），其中 61.6%的学生使用的是台式计算机，55.6%的学生使用笔记本电脑（2004 年的比例是 46.8%）。有趣的是，美国研究者在调查中发现，在那些拥有笔记本电脑的大学生中，仅有 14.1%的学生将电脑带到教室使用。在调查中，虽然那些经常带电脑去教室上课的学生认为这对他们的学习效果有很大帮助，但是多数学生并不赞同将笔记本电脑带到教室使用，一位

① 在 CDS 的调查中，研究者根据美国 Carnegie Classification 标准，将全部美国高等教育机构分为五大类：具有博士授予权的院校（DR），肯有硕士授予权的学院和大学（MA），具有学士授予权的学院（BA），具有大专学位授予权的职业学院（AA）和其他类型的院校（OTHER）。

② Robert B. Kvavik，2005，ECAR study of students and information technology，2005：convenience，connection，control，and learning，Research study from the EDUCAUSE Center for Applied Research，Volume 6，2005.

学生这样说：

“说实话，我还没遇到过任何一个学生（除了一位计算机系的学生），把笔记本电脑带到教室是真正为了学习。实际上，那些带笔记本电脑来上课的学生都是打着学习的幌子，在上课时玩在线游戏或上网聊天。”

还有学生则指出：

“我最讨厌上课时把笔记本电脑带来，一是因为很重，二是因为不一定有电源，另外，电脑风扇发出的噪声也会影响其他同学记笔记。”

另外，也有一些美国大学生对于学校所组织的“笔记本电脑计划”颇有微词：

“虽然学生也许应该拥有自己的笔记本电脑，但是，我还是不赞同学校所谓的‘笔记本电脑计划’。因为这个计划限定了学生能购买的电脑型号，我们没有太多的选择余地……”

从中可以看出，对于所谓的“无线校园”，美国大学生也有与中国大学生类似的看法。实际上，对于任何一种技术的应用，都必须考虑到使用者的具体需求，仅仅从技术先进性来推广是很难取得预期效果的，关键在于用户是否真有使用的需求。

大学生宿舍联网建设也是美国高校信息化建设的一个重点。CDS调查数据显示，在全部被调查高校中，学生宿舍宽带联网的平均比例为76.6%①。在那些向学生提供宿舍的高校中，DR类、MA类和BA类院校的比例则都在99%以上。即使AA类和OTHER类院校也分别达到70.0%和88.3%（见表95）。

① 在调查中，由于参加调查高校中有20%的院校（如部分社区学院）并不向学生提供宿舍，实际上也就不存在宿舍联网问题。若将此部分高校不计算在内，那么，在那些向学生提供宿舍的美国高校中，学生宿舍联网率则达到96.5%。

表 95　向学生提供宿舍的美国高校的宿舍宽带联网率

	均值	DR 类高校	MA 类高校	BA 类高校	AA 类高校	其他
已联网	96.5%	99.4%	99.6%	99.4%	70.0%	88.3%
未联网	3.5%	0.6%	0.4%	0.6%	30.0%	11.7%

在教室基础设施建设方面，CDS 的调查数据显示，从平均比例来看，在被调查的美国高校中，86.5%的教室已接入有线网络(见表 96)，50%的教室安装了投影仪，41.9%的教室配备了计算机，安装多媒体展台的比例也达到 18.7%。相对来说，电子白板使用率比例较低，仅有 4.6%。

表 96　美国不同类型高校教室中安装教学设备情况

	均值	DR 类高校	MA 类高校	BA 类高校	AA 类高校	其他
有线联网	86.5%	83.7%	90.9%	90.1%	88.4%	76.0%
无线联网	33.5%	40.4%	35.5%	32.8%	27.1%	30.3%
投影仪	50.5%	46.2%	52.1%	50.3%	49.9%	54.4%
计算机	41.9%	31.5%	43.2%	45.0%	47.6%	42.1%
电视机	31.7%	22.0%	34.5%	33.9%	39.8%	26.5%
电子白板	4.6%	3.3%	4.9%	3.9%	6.0%	4.9%
多媒体展台	18.7%	17.5%	19.0%	15.2%	18.0%	24.6%

另一方面，在国内高校中，2005 年的调查数据显示，校园信息化基础设施建设发展同样也非常迅速。研究者发现，在参加调查的教师中，93%表示其办公室已配置计算机，其中 76%的教师拥有自己专用的计算机(2004 年的比例为 35.4%)，17%的教师是共用一台计算机(见图 174)。在这些计算机中，97%的计算机都能上网。

同时在参加调查的大学生中，调查显示，73.7%的学生表示已购买了计算机。另外，也有部分学生能够使用学校机房或实验室的计算机设备(7.0%)(见图 175)。另外，从学生自购计算机的类型来说，台式机和笔记本电脑的比例分别为 74%和 26%。

在高校中，学生宿舍是学生生活、居住和学习的重要场所之一，在整个大学期间，学生在宿舍的时间可能仅次于教室。因此，学生宿舍是否能够具备相应的计算机和上网条件，被认为是一所高校校园信息化发展水平的一个重要标志。

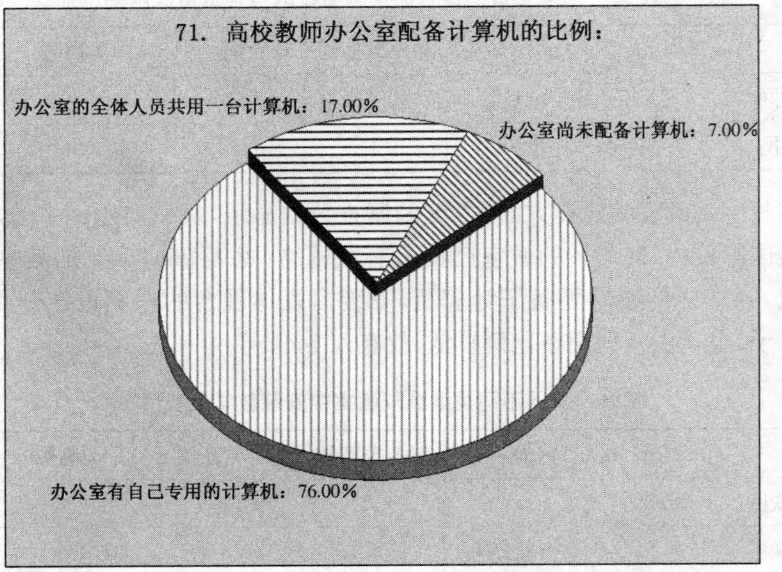

图 174　高校教师办公室中配备计算机的比例

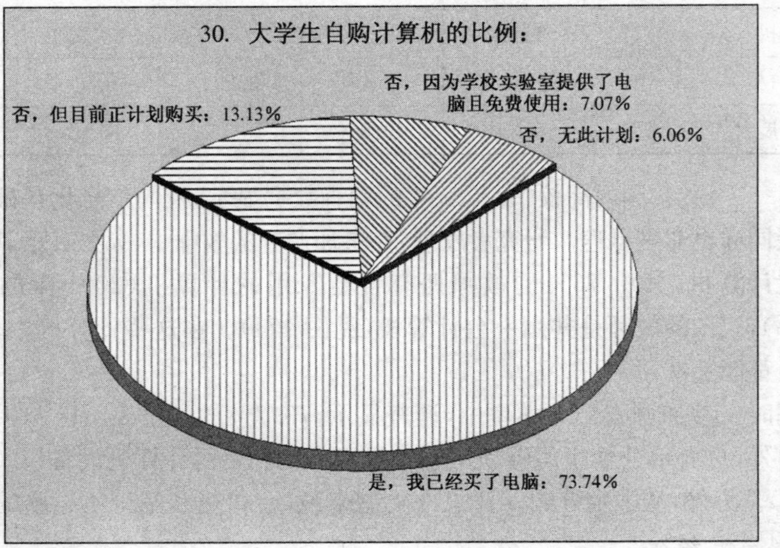

图 175　参加调查的大学生中自购计算机的比例

在参加调查的大学生中，81%的对象表示所居住的宿舍已有计算机；同时，宿舍联网率也达到同样水平(81%，见图 176)，其中 63%为宽带上网，16%为拨号上网，也有少数则通过无线方式上网（2%）。与2004年的学生宿舍上网率（49.4%）相比，2005年增长幅度较大，增加了31%。这说明，近年来各高校在学生宿舍联网方面投入较大，大学生的上网条件越来越好。

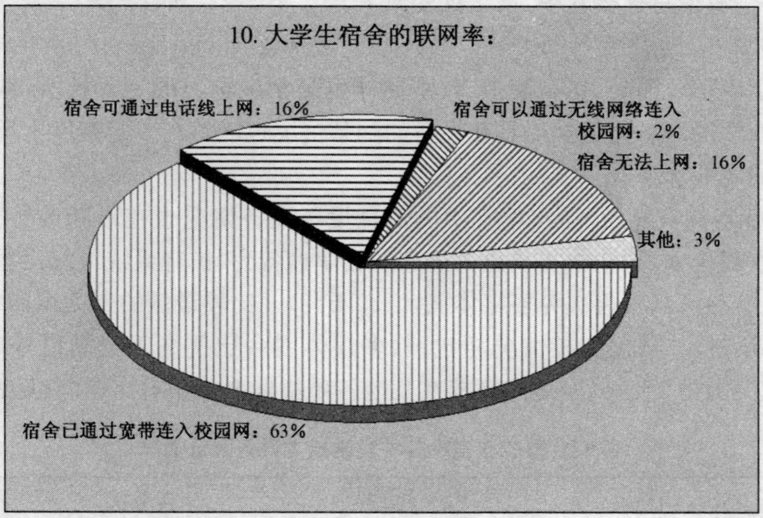

图176　参加调查的大学生宿舍联网率

在调查中研究者也发现，对于学生自购计算机和宿舍联网问题，各高校的政策有所不同。例如，有一些高校规定：一年级学生不得购买和在宿舍使用计算机。据研究者了解，学校做出这样的规定，主要目的是为防止一年级学生自控力弱迷恋于上网而影响学习。甚至，有些高校对二、三年级的学生也有类似规定，但由于无法有效控制学生自购计算机，则采取了每天晚上定时断网的措施（例如熄灯的同时网络也断开），以防止学生过长时间上网。

此外，也有部分高校在学生宿舍中已安装了网络接口，但由于各种原因实际上未开通：

“有网线，但还未开通，不知为什么。”
“有宽带，但目前还没有开通。”
“已经有宽带接口，但是学校还没开通。”

还有一些学生则由于各种原因（如校园网的速度太慢）而自己直接从电信运营商接入互联网（如ADSL），而不是通过校园网：

“铁通宽带接入宿舍，不能接入校园内部网。”

“我的宿舍通过宽带上网，但不连入校园网。”

“我使用电信宽带，属于校外网。”

除学生宿舍以外，在高校中，教室同样也是学生学习的主要场所，教室内各种方便教学的信息化教学工具和设备的配备情况也能够在一定程度上反映高校信息化的发展水平。

2005年调查显示，高校教室中的信息设备配备情况也在不断改善。例如，在被调查高校中，教室中安装比例最高的教学设备为“扩音系统”(26.2%)，其次为投影仪(24.6%)，再次为多媒体展台(23.8%)。比较最低的是无线网络，仅为1.6%。不过，与美国高校情况相比，除多媒体展台比例高于美国以外(中国为23.8%，美国为18.7%)，国内高校在其他各项指标上都相对比较低(见表97)。

表97　高校教室中各种教学技术设备配备情况

选　项	百分比
无线网络	1.60%
其他	2.00%
交互式电子白板	3.20%
挂图和模型	3.60%
录音机	8.10%
有线电视	8.50%
光学幻灯机	9.70%
录像机	10.10%
未联网计算机	11.70%
联网计算机	16.90%
整套多媒体教学设备	16.90%
VCD/DVD播放机	17.30%
多媒体展台	23.80%
投影仪	24.60%
扩音系统	26.20%

3. 教师 E-mail 服务基本普及，学生比例有待提高

目前，电子邮件服务已成为互联网上应用范围最为广泛的通讯手段之一。在许多国外高校中，通常也都会为教职员工提供带有本校域名的电子邮件信箱，以方便在工作中使用。而且，当大学生入学之后，学校也会为其提供电子信箱。甚至当学生毕业之后，学校仍然会保留学生的电子信箱服务，使之成为毕业生与母校之间的长期联系纽带。这表明，电子邮件在学校管理信息的传递、师生之间的教学讨论以及国内外的学术交流活动等方面扮演着越来越重要的作用。CDS 的调查数据显示，在被调查的美国高校中，为教师和管理人员提供 E-mail 服务的比例为 100%；同时，也有 88.0%的高校为全体学生提供 E-mail 信箱服务（见表 98），其中，BA 类高校比例最高，达到 96.4%，AA 类院校比例最低，为 61.4%。研究者在报告中指出："学校是否为全体学生统一提供 E-mail 信箱服务，无论对于学校管理还是教学来说，都是非常重要的，因为这意味着管理者和教师是否能够将学校的政策、通知或教学信息顺畅无阻地快速传达至每一名学生。"

表 98　美国高校为全体学生提供电子邮件服务的比例

	均值	DR 类高校	MA 类高校	BA 类高校	AA 类高校	其他
提供 E-mail	88.0%	93.7%	94.2%	96.4%	61.4%	91.4%
不提供 E-mail	12.0%	6.3%	5.8%	3.6%	38.6%	8.6%

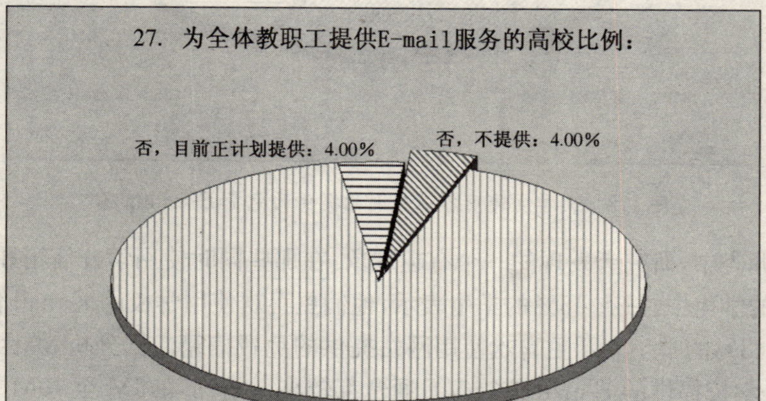

图 177　为教职员工提供 E-mail 服务的高校比例

在国内，北京大学的调查数据表明(见图 177)，在参加调查的高校中，92%的院校为教师提供 E-mail 信箱服务，目前正计划提供此项服务的比例为 4%。可以看出，中美两国高校在这方面的差异不大。

但另一方面，在为学生提供 E-mail 信箱服务方面，国内高校则相对比较落后。调查结果显示，在被调查的高校中，为全体学生提供 E-mail 信箱服务的比例仅为 62%。不过，这种情况并不意味着国内大学生使用 E-mail 信箱的比例也低。实际上，研究者在调查中发现，许多大学生都在使用商业网站提供的免费 E-mail 信箱，而且即使在使用学校所提供的信箱服务的同时，他们也经常会另外申请一个门户网站的免费信箱。例如，在参加调查的大学生中，65%表示他们同时拥有学校和商业网站的免费 E-mail 信箱(见图 178)，包括“网易”“新浪”和“雅虎”等。

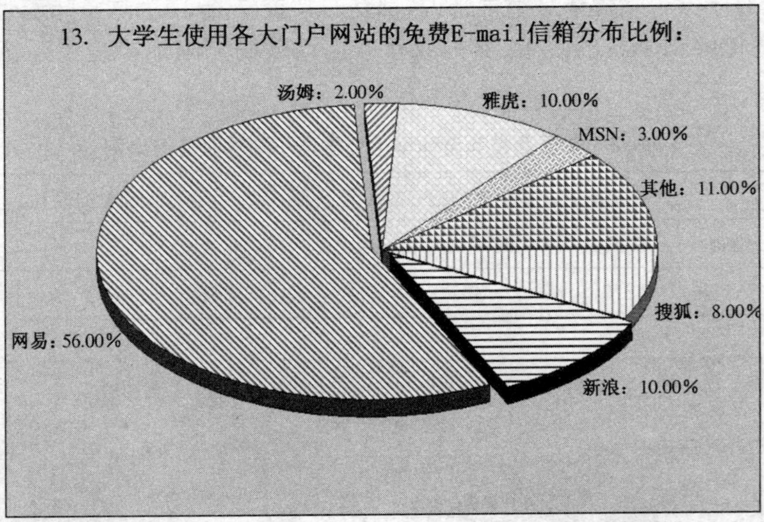

图 178　大学生使用各商业网站提供的免费 E-mail 情况

在调查中，研究者发现的一个有趣现象：在那些同时使用学校信箱和商业免费信箱的学生中，只有 15%的学生表示，他们更喜欢使用学校的 E-mail 信箱，同时却有 48%的学生表示更喜欢使用网站提供的免费信箱。据分析，原因可能在于：一是学校提供的 E-mail 信箱容量通常都较小，一般都在 5M 至 10M 左右，而免费信箱则高达数百 M 甚至上 G。同时，学校提供的 E-mail 附件的容量同样也有严格的限制，这在传递一些较大的文件时则很不方便；另一个原因是，在调查中研究者发现，72%的高校在向学生提供 E-mail 信箱时涉及收费问题，主要是向国外发送 E-mail 时要收取相应的国际流量费。而与此同时，商业免费信箱则无此规定。在这种情况下，学生们更喜欢使用免费商业 E-mail 信箱也就不足为奇了。

但应该指出的是，学生们大量使用商业免费 E-mail 信箱，对于高校来说可能意味着学校与学生之间的信息交流通道受到了影响，因为教师和管理者通常很难获得全体学生的免费 E-mail 地址，也就无法通过电子邮件向全体学生快速传达各种信息，这将可能在一定程度上影响学校的管理效率。研究者认为，为全体学生提供统一的学校 E-mail 信箱服务，是校园信息化的一个基本组成部分，对于有效提高学校与学生，教师与学生之间互动、交流效率和效果帮助非常大，以后应大力提倡。另外，美国高校在学生毕业后将学生 E-mail 信箱自动转入校友联系系统的做法也值得借鉴，这对于加强毕业生与母校之间的联系也大有裨益。

（二）校园管理信息系统的建设及应用

硬件基础设施只是校园信息化的基础，要想将信息技术真正整合于高校的教学、科研和管理过程中，各种信息管理系统是实现应用目标的重要工具。

1. 各种应用系统发展迅速，系统之间的整合有待提高

根据美国高校信息化发展的经验，目前 ERP① 被认为是整合校园内各个信息系统的一个枢纽，它可以通过校园网将多个校园管理工具整合为一个综合性系统，不仅可满足学校日常行政办公、财务管理、人员管理和学生等要求，同时也可有效地实现校内各管理与教学部门之间的信息交流和共享，提供整个学校的管理效率。正如研究者所指出的，“管理系统是校园信息技术应用的一个关键环节，它为学校的管理和决策提供了至关重要的数据和流程支持。因此，对于高校来说，那些能够支持和整合 ERP 的信息系统在整个校园信息化发展中扮演着重要的角色。”美国 CDS 的调查结果显示，在 2005 年被调查的高校中，平均有 66.9%已开始使用 ERP（见表 99），其中 43.9%的高校已完成建设，23.0%正在建设之中。从高校类型上来看，DR 类大学比例最高，已超过 70%，其他类院校比例最低，为 55.0%。

---

① ERP：见本书第一章第二节的相关注释。

表 99　美国不同类型高校的 ERP 实施情况

	均值	DR 类高校	MA 类高校	BA 类高校	AA 类高校	其他
已建设完毕	43.9%	44.8%	45.6%	49.7%	37.4%	40.7%
正在建设之中	23.0%	29.3%	26.1%	20.1%	22.3%	14.3%
已列入议事日程	2.1%	1.1%	1.2%	3.6%	1.2%	4.3%
正在考虑之中	10.8%	10.3%	10.4%	8.9%	10.8%	14.3%
无计划	20.1%	14.4%	16.6%	17.8%	28.3%	26.4%

关于 ERP 所整合的各类信息系统，调查结果显示，在美国高校中，最主要的包括 7 类：学生信息系统、财务信息系统、人事管理系统、科研开发系统、图书信息系统、课程管理系统和研究经费管理系统。其中，使用“学生信息系统”和“财务信息系统”的高校比例最高，分别达到 99.3% 和 99.0%，“研究经费管理系统”使用的比例最低，仅为 41.2%（见表 100）。研究者指出，“通常只有那些研究型高校才会使用这种系统，教学型院校使用率都比较低”。

表 100　美国高校中使用各种管理信息系统的比例

	均值	DR 类高校	MA 类高校	BA 类高校	AA 类高校	其他
学生信息管理系统	99.3%	100.0%	100.0%	98.8%	98.8%	98.6%
财务信息管理系统	99.0%	100.0%	99.2%	100.0%	97.0%	98.6%
人事管理系统	95.4%	98.3%	97.5%	92.3%	95.8%	91.4%
科研开发系统	76.6%	89.1%	88.4%	93.5%	45.2%	57.9%
图书信息系统	90.0%	89.1%	92.5%	89.3%	85.5%	92.9%
课程管理系统	95.7%	100.0%	98.3%	93.5%	91.6%	93.6%
研究经费管理系统	41.2%	83.3%	33.2%	24.3%	22.9%	45.0%

在调查中，研究者还发现，上述这七大类美国高校最常用的信息系统实际上是按照一定时间顺序建设的，这反映了高校信息化建设过程中各类管理信息系统应用的一个大致发展轨迹：学生信息系统（1994—1996 年）→财务信息系统（1995—1997 年）→人力资源系统（1996—1998 年）→科研开发系统（1996—1998 年）→图书信息系统（1996—1998 年）→研究经费管理系统（1997—2000 年）→课程管理系统（2000 年）。

从应用角度说，当各种信息系统建成之后，接下来通常会利用一个“网络门户”将之整合起来，即所谓的“网络门户”①。以此作为整个数字校园的访问入口点，为用户方便快捷地访问各种信息提供整合性服务。CDS 调查数据显示，平均已有 59.3%的美国院校开始或正在建设网络门户，29.2%的学校则表示正计划建设(见表 101)。同时，在使用网络门户的高校中，96.3%的被调查高校已将网络门户与校内各种管理信息系统整合起来。

表 101 美国不同类型高校中使用网络门户的比例

	均值	DR 类高校	MA 类高校	BA 类高校	AA 类高校	其他
已完成建设	38.5%	53.4%	38.6%	33.7%	24.1%	42.9%
正在建设之中	20.8%	19.5%	16.2%	23.1%	21.7%	26.4%
正在计划	29.2%	19.0%	34.4%	28.4%	39.8%	21.4%
无此计划	11.5%	8.0%	10.8%	14.8%	14.5%	9.3%

综上所述，可以看出，美国高校在管理信息系统的使用和相互整合方面已发展得比较成熟，学校中各类数据和信息的交换和共享对于提高学校管理效率起到了重要作用。

另一方面，在国内高校中，北京大学的调查数据显示，在被调查的高校中，78%已建立或正在建设一个统一的管理信息系统②(见图 179)。与 2004 年调查的 58%相比，有了较大幅度提高。

对于那些已开始使用 MIS 的高校来说，在管理信息系统的组成模块上(见图 180)，数据显示，比例最高的是“数字图书馆系统”(87.1%)和“教务管理系统”(88.0%)。比例相对较低是“实验仪器设备管理”“财务管理”和“远程教育”等模块，但后两者也已达到 50%的比例。

可以看出，与上述美国高校情况类似，国内高校的教务管理系统应用也较为普及，因为这对高校来说是日常管理工作中最重要的一个部分。从功能上来看，教务管理系统通常包括了从招生到教学和评估的主要工作环节，其功能比较复杂。例如，在使用教务管理系统的高校中(见图 181)，97%的系统具有“学籍管理”功能，90%以上的包括“学生成绩管理与查询”功能，86.1%的院校开始使用“网上选课”功能。相对来说，目前实现“网上学生注册”和“网上教学评估”的比例较低，分别是 37%和 50%。

---

① 网络门户：本书第一章第二节的相关注释。

② MIS，在本调查中，其与美国高校的 ERP 含义基本相同。由于国内高校对 ERP 这个术语尚不熟悉，故仍采用以往常用的管理信息系统的术语，以方便理解。

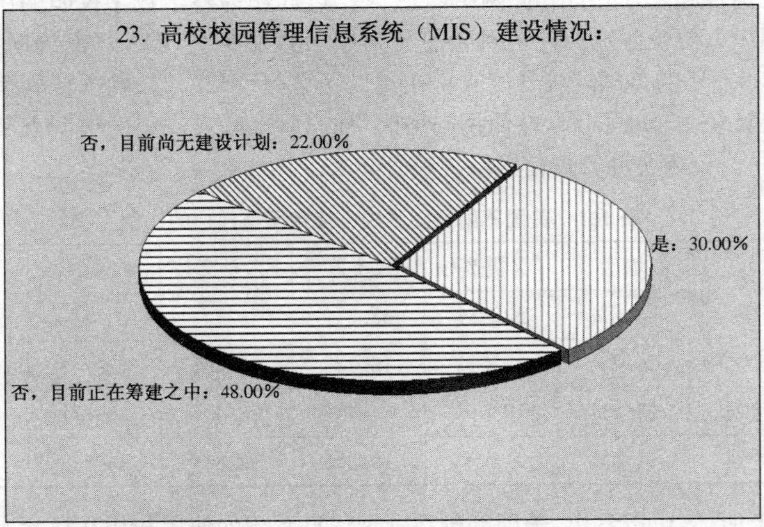

图 179 国内高校的校园管理信息系统建设情况

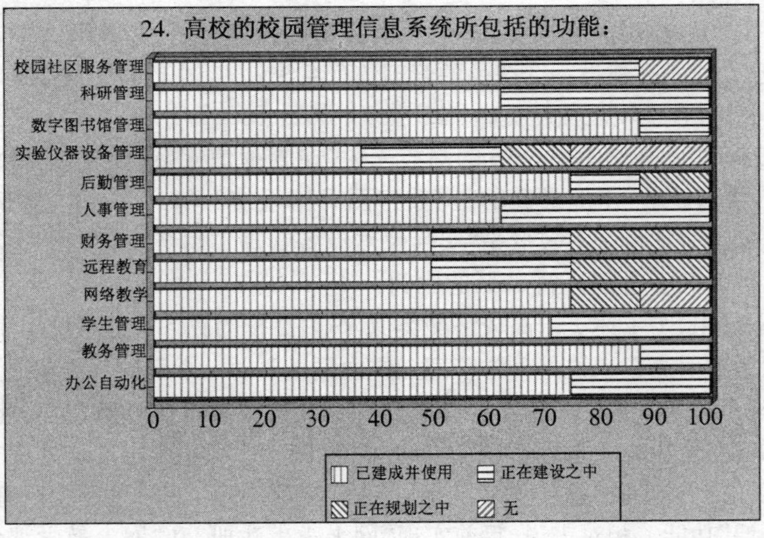

图 180 国内高校的校园管理信息系统所包括的主要功能

整体来看，与美国高校那种比较成熟的校园信息系统建设、应用和整合水平来比，国内高校的应用系统建设水平正处于发展初期，虽然各种应用系统的类型正在不断增加，但系统之间的整合、数据交换和共享等方面尚需进一步提高。正

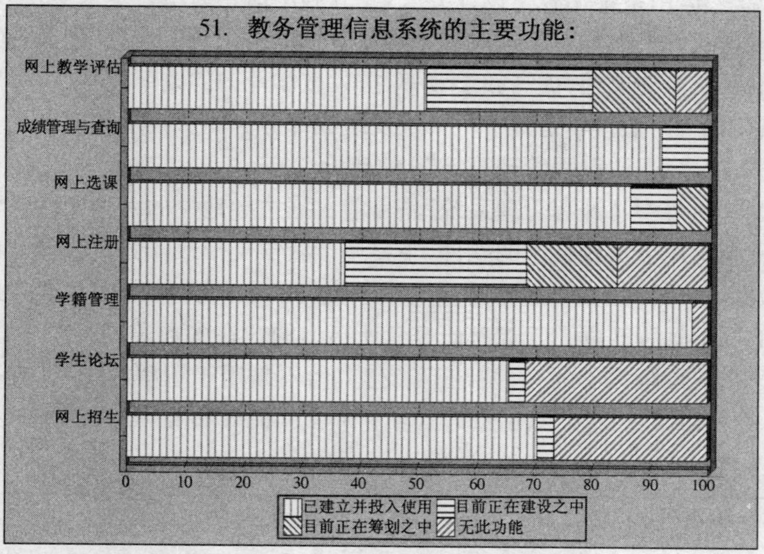

图 181　教务管理系统的主要功能

如有些教师在问卷中提及的:

“我校正在着手建设一个全校性的校园 MIS 系统,设置公共资源库,然后再按功能(或部门)建立子系统,以实现系统内自由上传、下载功能。但从工作进展来看,似乎在人力上、软件开发技术上难以在近一两年建设一个系统化的网络管理系统。”

“个人感觉,我校在教学信息化上的硬件投入还是很大的,但目前在校园教学信息化,校园管理信息化,校园服务信息化等各方面的发展都是单独进行的;校园信息化的建设应该是一个整合统一的系统建设过程,个人认为不应该割裂开来单独发展,对于学校内的各种资源应该共享使用,统一协调,同时校园信息化应该突出对教学信息化的投入。”

这说明,我国高校今后在校园内各种管理信息系统之间的整合应用方面还有待加强。

2. 网络教学系统的应用方兴未艾,教学信息化形式多样

在整个校园信息化建设中,将信息技术应用于教学即所谓“教学信息化”,是一个重要组成部分。通常,所谓“教学信息化”,主要是指在高校教学过程中,改革教学观念、运用系统化教学设计方法，充分利用信息通讯技术来实现教学组织形式的多样化、教学内容的电子化、教学方法和教学手段的信息化，从而拓展师生之间信息交流的渠道，提高教学效率，扩大教学范围的改革过程。在高校教学信息化应用中，网上教学是其中一个重要组成部分。而从技术角度来说，要实施网上教学，就离不开“课程管理系统”①的建设。

在美国高校中，“课程管理系统”是目前占据主导地位的一种网络教学系统。它是一种专门用于学校教学的软件，主要用于教学支持或作为在线课程的工具。实际上，目前 CMS 正在被越来越多地用于支持和强加传统的面对面授课，而不是单纯的网上远程教学。正如有研究者所指出的，“在多数美国高校中，CMS 主要被用于传统课程教学的一种补充和支持，而不是用于远程教学”。在功能上，CMS 通常包括信息管理、数据资源管理和师生交流等功能（见表 102）。

表 102　课程管理系统的主要功能

系统功能	主要内容
师生交流	讨论区、文件交换、E-mail、在线刊物及注释、实时聊天、视频交流、电子白板
制作工具	标签、导航/帮助、日历/课程进度浏览、异步/离线工具
学生参与	分组学习、自我测验、创建学生社区、学生文件夹
管理工具	身份认证、课程登录认证、课程注册
课程传递	课程管理、教师帮助、成绩评定、学生跟踪、自动测验和计分
课程设计	课程模板、定制外观和风格、教学标准兼容、教学设计工具、教学内容共享/重复使用

CDS 的调查显示，在被调查的美国高校中，平均有 90.1%的院校正在使用 CMS 系统（见表 103）。其中 77.8%的高校采用的是商业公司提供的 CMS 系统；4%是自主开发的 CMS；还有 8.4%使用的是基于自主和商业软件而开发的 CMS。可以看出，在 DR 类大学中这种情况的比例最高，达到 14.9%。原因是这类高校通常都拥有较强的技术开发力量，可自主开发 CMS，而一般院校则没有这种技术能力。

① 目前在国外教育领域，那些被用于学校网上教学的系统或工具的名称很不统一，例如，有的称为“课程管理系统”（CMS）、“学习内容管理系统”（LCMS）或“学习管理系统”（LMS），也有的称之为“虚拟学习环境”（VLE）等。虽然这些系统在许多方面具有相同的特点和功能，但是，在不同国家或不同行业中，这些术语的含义可能有一定差异性。通常，多数美国高校称之为“课程管理系统”（CMS），而在英国，则主要使用 LCM 或 LMS。

表 103　美国不同类型高校的课程管理系统(CMS)使用情况

	均值	DR 类高校	MA 类高校	BA 类高校	AA 类高校	其他
尚未使用	1.2%	0.0%	0.0%	1.8%	2.4%	2.9%
计划将采用 CMS	1.7%	0.0%	0.0%	5.3%	1.2%	2.9%
目前正在选择之中	4.7%	2.3%	2.5%	8.3%	4.8%	7.1%
正使用一个商业 CMS	69.3%	63.2%	78.4%	68.6%	75.3%	55.0%
使用一个以上的 CMS	8.4%	13.8%	7.9%	4.7%	7.2%	8.6%
使用一个自主开发的 CMS	3.6%	4.0%	3.3%	4.1%	1.2%	5.7%
使用多个自主开发的 CMS	0.4%	0.6%	0.4%	0.6%	0.0%	0.7%
混合使用(同时使用自主开发和商业 CMS)	8.4%	14.9%	5.4%	3.0%	6.6%	14.3%
其他	2.1%	1.1%	2.1%	3.6%	1.2%	2.9%

从表中可以看出,72.9%的美国高校都使用一个 CMS 系统;同时使用一个以上 CMS 系统的高校比例仅为 9.2%。研究报告中指出,"对于高校来说,一所学校只使用单个 CMS 系统是一种明智选择",美国卫斯理大学(Wesleyan University)的教育技术中心主任 Michael Roy 指出,"我校以前曾同时使用二套 CMS 系统,但后来只选择了其中之一。因为我们发现,当同时运行二套系统时,使用不同系统的教师之间无法交流和共享信息,同时也相应增加了学校的技术支持和培训服务的工作量。"实际上,即使对于那些正在使用一套以上 CMS 的院校来说,其主要原因是"由于这些学校正在使用非商业、自己开发或基于开源的 CMS 系统,或者为了满足某些学科的特殊教学需要。从长远发展来看,这些院校可能最终还是得采用一个 CMS"。从目前在美国高校所使用的"课程管理系统"类型来看,主要有三大类:商业公司产品,高校自主开发的产品和基于开源软件的产品。

开放源代码的课程管理系统:此类 CMS 是基于开放源代码[①]的项目发展而

① "开放源代码软件"(Open Source Software),指的是符合"开放原始码组织"(Open Source Initiative,OSI)所制订的开放原始码定义(Open Source Definition,OSD)的软件。目前开放原始码定义由 OSI 基金会维护,最新版为第 1.9 版,共有十项标准,分别是:自由再散布、原始码、衍生著作、原创作者程序原始码的完整性、不得对任何人或团体有差别待遇、对程序在任何领域内的利用不得有差别待遇、散布授权条款、授权条款不得专属于特定产品、授权条款不得限制其他软件和授权条款必须技术中立。

来，系统的源代码对于使用者来说是完全免费，或者说只需要支付一些象征性的会员费就可自由使用。近年来，由于商业 CMS 系统的价格不断上涨，学校使用 CMS 的成本直线上升。在这种情况下，在校园信息化建设中充分利用开源软件，这已经成为多数美国高校降低信息化建设成本的一种常见做法。其中，MOODLE 和 Sakai 就属于开放源代码的课程管理系统。

MOODLE① 是目前世界上最著名同时也是出现时间最早的一个开源课程管理系统，英国著名的开放大学就是采用此系统来实施远程教育。另外一个著名开源课程管理系统则是美国的 Sakai 项目②。目前，Sakai 在美国高校的影响正变得越来越大。有学者指出，“Sakai 的一个重要作用是帮助大学控制不断增长的商务性课程管理软件的成本。Sakai 的推出，一方面提供了开放的资源，另一方面也为抑制课程管理系统提供商起到了杠杆的作用。”

商业的课程管理系统：许多研究结果都表明，从功能和使用方法来说，商业性 CMS 与开源 CMS 的差别不大。但若从费用上来看，差异无疑是明显的：高校必须为商业 CMS 支付各种费用。通常，商业 CMS 的费用主要由三部分组成：使用许可费（Licensing Fee）、系统安装费（Installation Fee）、技术咨询费（Consulting Services Fee），此外，对于学校来说，当然还会涉及硬件设施费用和系统维护费等。目前在美国，比较著名的商业 CMS 提供商包括 Blackboard，WebCT 和 eCollege 等。从功能来看，这三家公司的产品都相差不多。

实际上，无论是商业还是开源的课程管理系统，也无论它能够提供哪些先进的功能，归根结底它只是一种技术工具，教师才是应用效果高低的关键因素。正如有研究者所指出的，“无论哪一种 CMS，其所提供的功能对于一般教师来说都已足够。教师才是决定任何 CMS 能否成功或有效应用的关键。”CDS 的调查表明，平均有 19.1%的高校已实现全部课程或多数课程都使用 CMS 教学；76.5%的高校则采取了教师自愿选择使用的方式，而教师不使用的比例仅为 4.4%（见表 104）。

---

① MOODLE 课程管理系统：全称为 Modular Object - Oriented Dynamic Learning Environment，面向对象的动态学习环境组件。是由一位澳大利亚的大学教师发起并组织的开放源代码项目。据统计，目前在世界范围内约有 1 800 所高校在使用 MOODLE，不过主要都分布于美国之外。目前在世界 115 个国家中，约有超过 50 000 名注册用户，所使用语言达到 60 种。详细情况见：http://www.moodle.org.

② Sakai 课程管理系统：是由美国的 4 所大学发起并组织开发的一个开源 CMS 项目，这 4 所大学是：印地安那大学、麻省理工学院、密西根大学和斯坦福大学。这些大学组织这个项目的目，是为了应对学校所面临的在商业性 CMS 上越来越高的费用开支，希望各高校联合开发一种 CMS，以开放源代码的形式共享。目前世界上共有 100 余所高校正在使用 Sakai。在中国目前有北京大学等。详细信息见：http://www.sakaiproject.org.

表 104　美国不同类型高校教师使用 CMS 情况

	均值	DR 类高校	MA 类高校	BA 类高校	AA 类高校	其他
全部或多数课程都使用 CMS	19.1%	17.2%	18.7%	14.8%	19.3%	27.1%
教师选择使用	76.5%	82.8%	79.7%	76.3%	74.9%	65.7%
教师不使用	4.4%	0.0%	1.7%	8.9%	6.0%	7.1%

在另一份研究报告①中，研究者发现，美国高校教师们使用 CMS 最重要的原因是“解决特定的教学问题”（见图 182）。研究者认为，实际上，可能更多地是为了解决教学中的管理问题，“教师使用 CMS 的一个主要原因是为了减轻教学中的管理工作压力，尤其是当所教授的班级人数较多时。因此，教师更多地将 CMS 视为一个能够帮助他们与学生交流，向学生方便地传递教学材料，以及方便和透明给学生在线打分的工具”。研究也发现，其他一些因素同样也有助于促进教师使用 CMS。例如，其他同事的成功应用对于教师是否会使用 CMS 也有重要影响（27.4%）；学校管理层的促进或压力也可能会对教师使用 CMS 产生一

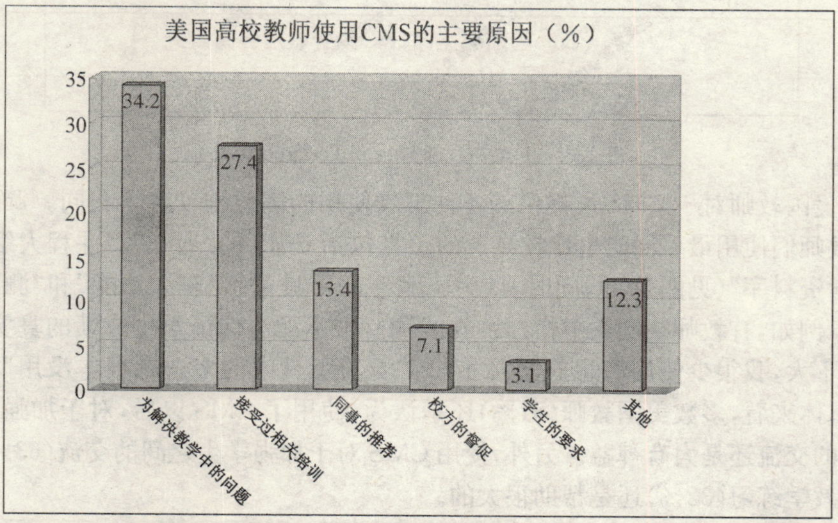

图 182　美国高校教师使用 CMS 的主要原因

① Glenda Morgan, Faculty Use of Course Management Systems, Volume 2, 2003, University of Wisconsin System, Research Study from the EDUCAUSE Center for Applied Research, http://www.aducause.edu(2006－4－1).

些影响。不过,学生的要求对于教师来说,显然并不是其决定是否使用 CMS 的一个重要因素。

研究发现,实际上美国教师在使用 CMS 时,更多的是为了加强面对面课堂教学的效果,或者说,将之视为课堂教学的一种补充形式。例如,80.0%的受访教师将 CMS 当作其课堂教学的补充;只有 27.2%的教师利用 CMS 来实施真正意义上的“在线教学”;另外还有 24.6%的教师则利用 CMS 进行“混合式学习”(见图 183)。

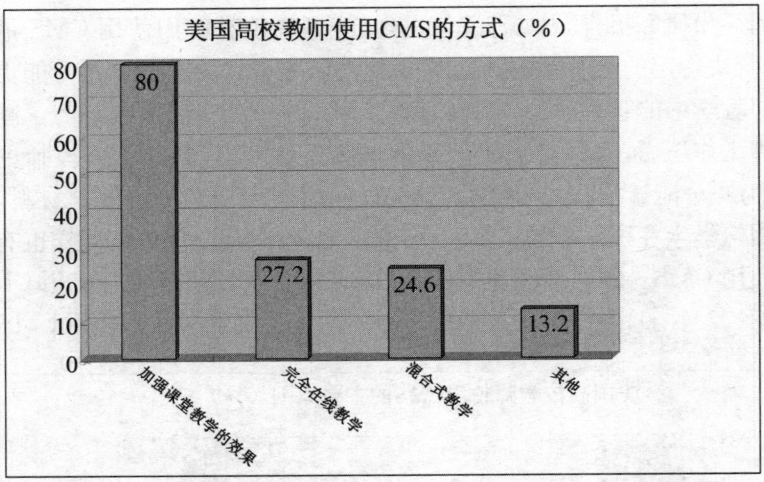

图 183 美国高校教师使用 CMS 的方式

美国教师对于 CMS 所提供的各种工具使用的满意程度各不相同。调查发现,教师们使用最多同时也比较满意的工具包括 CMS 的“通知”、“课程大纲”和“教学资料库”(见图 184);同时,认为不满意的工具包括“聊天功能”和“测验功能”。例如,有教师在调查中指出:“在线测验根本无法保证学生成绩的真实性,用处不大,我很少使用”;也有教师指出:“测验工具中的多选题根本没用”。不过,整体来看,多数美国教师(61%)还是认为,使用了 CMS 以后,对于加强师生之间的交流还是大有裨益。另外,使用 CMS 对于加强学生之间的交流(63%)和促进教学练习(32%)还是帮助很大的。

另一方面,随着课程管理系统在美国高校中的普及应用,相应地,美国大学生在学习过程使用 CMS 的比例也在不断上升。一份研究报告①显示,在被调查

① Robert B. Kvavik, 2005, ECAR study of students and information technology, 2005: convenience, connection, control, and learning, Research study from the EDUCAUSE Center for Applied Research, Volume 6, 2005. http://www.educause.edu/ir/library/pdf/ers0506/rs/ers0506w.pdf(2007-2-5).

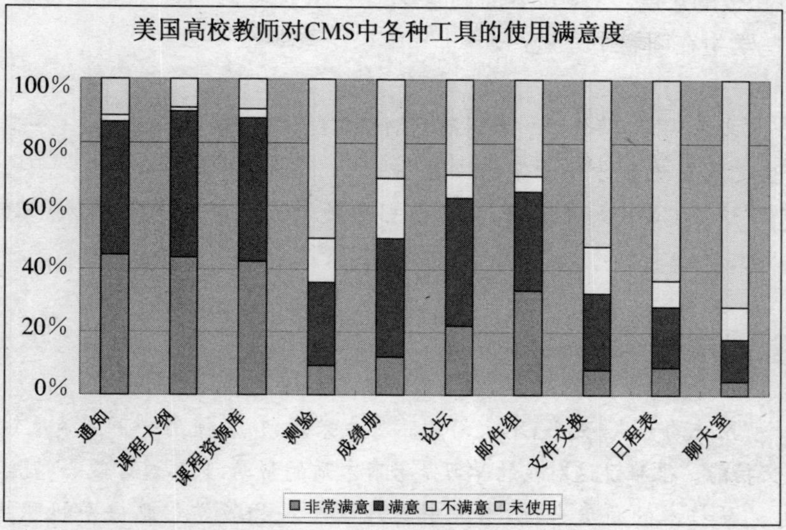

图 184 美国教师对 CMS 中各种工具的使用满意度

的 1 万余名美国大学生中，平均有 59%的学生在学习过程中使用 CMS(见图 185)。其中 DR 类和 AA 类院校的学生比例最高，分别为 75.1%和 70.9%。

从这些使用 CMS 美国大学生的反馈来看，多数学生都对在学习中使用

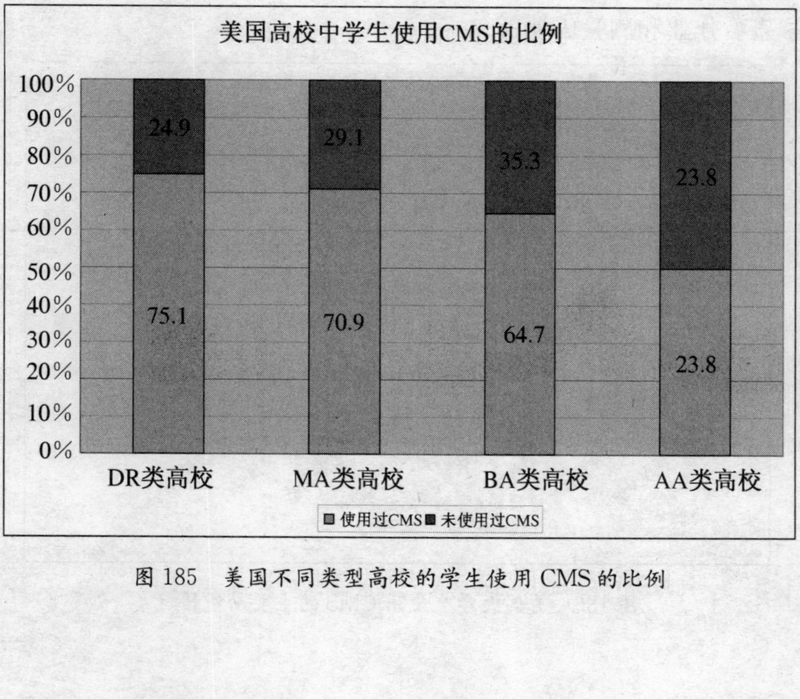

图 185 美国不同类型高校的学生使用 CMS 的比例

CMS持积极的态度:74.3%参加调查学生表示认可,只有5%的学生表示不认可。一些学生在问卷中写道:

“我真希望更多的老师利用CMS来组织教学,这确实是一个能够提高师生之间交流和方便学习的工具”;

“这个CMS效果不错,尤其是那个教学讲义浏览和打印功能真的很棒!这下上课作笔记的工作量就小多了,下课以后复习也方便。”

不过,也有学生表明了不同看法:

“系统的BUG太多,不太好用。对我来说,顶多使用一下成绩反馈和作业提交功能。很难说这对我的学习是否有本质的帮助,只不过方便一些罢了。”

“从技术的角度来说,系统中的师生个人和教学信息安全性很差,黑客很容易进入并篡改,因为用户的账号和密码都是一种非加密的方式在网上传递的,这很危险。另外,那些工具既昂贵又缺乏灵活性,而且经常出错!”

调查还发现,与教师使用CMS的情况类似,学生在使用CMS系统时,使用比例最高的部分是“课程大纲”,其次是“在线阅读材料和资源等”(见图186)。再次是“查看作业和测验成绩”。

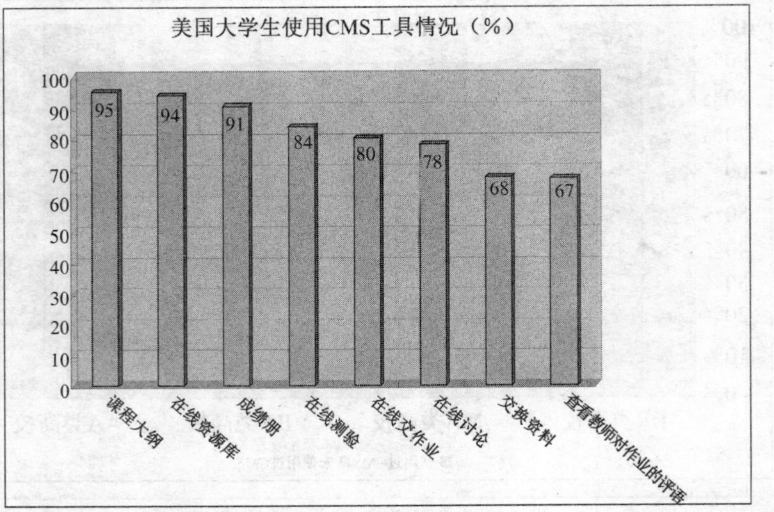

图186　美国大学生使用CMS的主要功能情况

学生在问卷中这样写道：

“自从学校开始 CMS 教学以来，我已经节省了 120 美元！因为老师已经把教学内容都放在网上了，我甚至不需要再去买课本了，只需要将电子讲义中最重要的部分打印出来就行了。”

“我喜欢 CMS 的查看成绩功能，你可以看到自己的学习成绩，同时也能与班上其他同学进行比较。这让我对自己的学习水平心中有数，也对教师对我的看法比较清楚。而在其他课上，你只能看到自己的成绩，同时对班上其他同学的情况基本上一无所知。”

综上所述可以看出，目前在美国高校中，课程管理系统已成为校园信息化中的一个重要组成部分。无论对于教师还是学生来说，利用 CMS 所提供的各种功能，有效地提高了教学过程中师生之间的交互性，在一定程度上提高了教学效果。

另一方面，在国内高校中，北京大学的调查数据显示，在被调查的高校中，目前开始使用网络教学系统的比例为 33.3%，也有 42.4%的高校表示，其网络教学系统正在建设之中。还有 24.2%的表示尚未使用网络教学系统。在已开始使用网络教学系统的高校中，与美国高校类似的是，近一半(43.4%)的院校表示本校全部院系都在使用单一的系统(见图 187)；21.2%的院校表示只有部分院

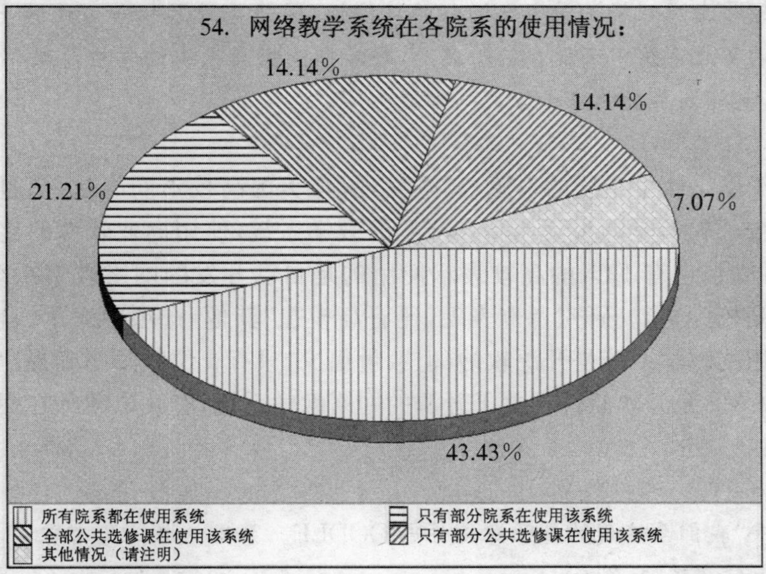

图 187　网络教学系统在各院系的应用情况

系使用一个统一的系统，而同时还有一些院系则使用自己的系统；另外，也有14.1%的院校表示，学校的公共课程使用统一的教学系统。

从这种情况可以看出，虽然许多国内高校已开始使用网络教学系统，但在系统的统一方面与美国高校差距还是比较明显的。最常见的情况就是学校缺乏统一的规划，一部分院系出于教学的需要建立了网上教学系统，只向本院系教师开放，其他院系教师则无法使用。这种情况产生的后果是不同院系重复建设，造成资源浪费；另一个方面，也在教学资源的共享方面产生很多障碍，因为不同教学系统之间通常很难进行信息交流。不过，调查也发现，尽管已有一些高校开始使用网络教学系统，但在应用中教师的使用率并不高。有教师在问卷中这样写道：

> “目前学校已建立网络学习平台，大部分教师和学生没有适应这种学习方式，或者由于硬件条件的欠缺，很多教师上网答疑次数为零，学校应加强网络课堂建设，引导师生课后交流与互动；同时广泛开发网络课件，进一步吸引学生，提高学生自主学习的机会和能力。”
>
> “教学信息资源不足(如网络课程、课件等)，网上答疑的课程较少……”
>
> “我们学校早在2年前就购买了一个商业课程管理系统，当时是按照5万名注册学生数量来购买的。虽然当时我校的学生总数尚不足此数，但当时领导考虑到将来学生数增加的可能性，因此花费了相当可观的一笔经费来购买此系统。可现在的情况是，每学期使用此系统的学生总数不足2000名，连计划总数的二十分之一都没有。”

关于网络教学系统的来源，调查发现，与美国高校不同的是，超过一半的国内高校(53%)是购买其他高校开发的教学系统，使用商业软件的比例只有20%。同时，也有13%的高校表示使用的是自己开发的网络教学系统(主要以知名高校为主)。研究者也表现，还有高校在“其他”选项中表示，自己所在学校使用的教学系统是开源软件，但数量很少，只有4位教师明确提出自己所使用的CMS是开源软件。关于开源的网络教学系统，有几位教师在问卷中这样写道：

> “我们系使用的是开源软件MOODLE。系里的教师们都觉得挺好用，我也觉得不错。”

> “我院使用的是国外一项非常著名的开源CMS,国外很多高校都在使用,我推荐国内高校也可以试一试。当然,由于是开源项目,没有像商业软件那样的安装和技术服务支持,对学校的技术要求比较高,你得会自己安装、调试和使用,但确实很经济,只要有台服务器就能用起来。”

同时,也有教师指出使用开源CMS存在的一些问题:

> “我觉得开源软件目前最大的一个问题就是缺乏持续和有效的技术支持服务,这是许多学校目前对使用开源软件仍然持观望态度的一个重要原因……试想一下,在使用某一套开源系统,虽然是免费,但如果出了问题,无法获得像商业软件一样的及时技术支持,那使用效果肯定会很差。”

关于高校中课程管理系统利用率不高的问题,有教师在问卷中指出:

> “教师使用在线教学的积极性不高,原因很多,我认为,一是宣传和培训不够,现在学校的教育技术培训效果太差,没针对性;二是许多教师认为太花时间。我试过,确实比用传统的教学方式费力和费时间……”

国外相关研究结果也证明,信息技术的应用增加了教师的工作时间。例如,使用课程管理系统之后,由于在备课、查找资料和网上讨论方面的时间增加,与那些仅采用传统教学方法的教师相比,使用CMS的教师每周平均会增加3—4小时的工作时间。因此,研究者建议,学校应对那些积极使用课程管理系统的教师制订相应的鼓励政策,例如:

◉ 在工作量的计量方法上,对老师们上述工作时间的增加予以认可,例如,在计算课时量时,使用课程管理系统的教师乘以系数;

◉ 学校可以设立“网络辅助教学奖教金”,对实施网络辅助教学好的老师进行奖励;另外,教务处可以联合一些学院设立教改立项项目,为参与课程管理系统上课的老师提供项目经费;

◉ 将网络辅助教学作为教师的考核指标与评价的条件:对教师的评价,传统的方法是听课、抽查或学生抽样调查,由于需要大量的人力和时间的投入,因此评课的覆盖面较窄,评价客观性相对要差一些;因此,利用网络辅助教学后，由于整个学期教师的教学工作流程都在系统内清楚地保留下来，在评估时可以一目了然，因此，对于教师的教学评价也更为客观和令人信服。另外，在使用网上教学之后，也可以利用网络问卷调查的方式对教学效果进行评估，时间短，成本低，学生也乐于参加。

尤其对于那些刚刚开始使用课程管理系统的高校来说，研究者认为，学校的教务处等相关管理部门应进行缜密的规划，有条不紊地在全校推进教学信息化的改革。例如，在规划课程管理系统的使用时，可采取以下方法和策略：

◉ 首先在刚入校新生的教学中使用 CMS：在学生刚入学时就每人分发一个系统登录账号，并尽量提供相应的计算机和联网设备，使学生从一年级开始就逐渐养成使用课程管理系统的习惯。这一点对于推广 CMS 的应用有非常重要的意义；

◉ 在全校中选择一至两个院系先开始使用：例如，在计算机辅助教学基础比较好、院长支持的学院实施；

◉ 在教师中选择一些各方面比较突出者来使用：例如，选择那些已经获得国家、省市或校级精品课资助的教师们来首先作为第一批使用 CMS 的使用者，由于是精品课程的负责者，通常他们的课程在电子讲义、教学材料等方面都准备比较充分，而且其教学技术操作水平可能也比较高；

◉ 可选择一些特定的课程来进行实验：例如公共基础课和公共选修课等的辅助教学等；

◉ 可应用于学校的成人教育的教学中：通常情况下，成人更希望采用网络来辅助教学，主要原因是他们的时间不像在校生那么能保障。而且他们硬件和联网的条件也相对较好，自主学习的能力强些。

关于大学生对于课程管理系统的态度，研究者发现，学生们对于选修在线课程还是持比较积极的态度。数据显示，在目前已经提供在线课程的院校中，81.3%的学生表示曾选修过或愿意选修在线课程（见表 105）；同时，在目前尚未提供在线课程的院校中，有 82.1%的学生表示对在线课程持欢迎的态度。

表 105　在提供在线课程的院校中大学生选修的比例

问题选项	回答样本百分比
选修过	30.2%
想选修	51.1%
不想选修	18.7%

利用信息技术来实现教育资源的共享，近年来一直是教育主管部门所提倡和强调的工作，例如各类精品课程计划及课程上网计划等，这对于促进高校之间优质教学资源共享有一定帮助。但问题是，这种计划所涉及的课程数量和类型还比较少，成本也较高，按照这种模式恐怕在短期内还无法形成大规模的共享课程资料。研究者认为，实际上，利用网络教学系统来实现各院校之间的优质教学资源互补和共享，应该是高等教育资源共享的一个重要组成方面。目前，若从技术角度来说，利用网上教学平台来实现各院校中有特色和专业水平较高的课程上网并实现院校之间的共享，并不是一件难事。但困难就在于，目前缺乏鼓励高校这样做的机制。例如，一是如何调动那些拥有优质教学资源高校的积极性，鼓励他们将课程资源上网；二是如何解决在院校之间实现学生网上跨校选课后的学分互认问题；三是选择共享教学资源的类型和层次问题，因为根据网上教学目前的实际情况，并非全部课程都适用于网上教学，这需要有步骤有计划地选择一些课程。

在调查中，研究者发现，实际上目前已有些高校开始考虑利用网上教学来实现资源共享的问题。数据显示，在被调查的高校中，有 22.7%的高校曾与其他院校讨论过双方学生选修在线课程的学分互认问题(见图 188)。

但是正如高校教务部门的教师在给研究者交流的 E-mail 中谈到的：

“这样做难度很大，与国外高校不同，我国高校目前的教学管理制度很难做到不同院校之间学生互选课程和学分互认。我校曾经做过一些这方面的尝试(不是通过网上)，刚开始时主要是通过与附近的高校教务部门达成协议，在双方学校中选择一些课程让学生互相选修，然后学生直接到对方学校里去上这些课。但后来发现学生的积极性并不高，管理的难度也较大，就放弃了。”

“我校做过一些尝试，不好做，因为首先在双方学校中选择出对方学生都感兴趣和愿意跨校选修的课程就不是一件容易的事儿，先得事先做一些调研工作。网上课程学习虽然不需要学生跑到对方学校上课，对学生来说

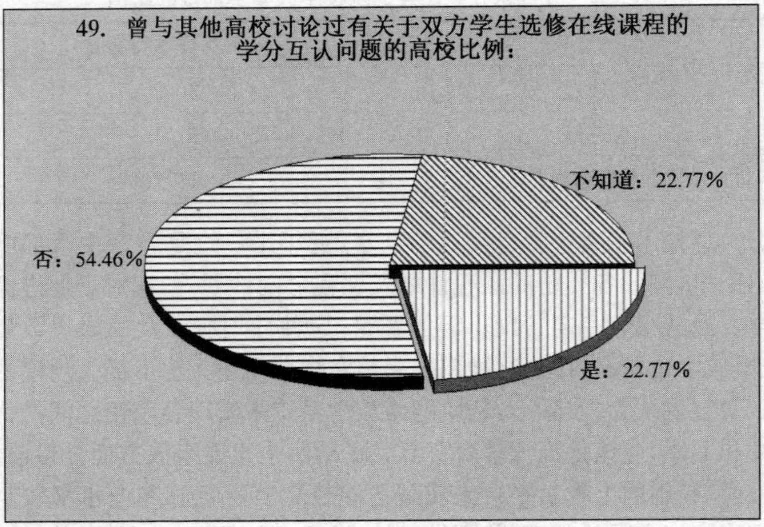

图 188　高校关于在线课程学分互认问题的看法

很方便，但开课教师的负担就比较大，因为学生数量增加了，又无法对老师的额外教学工作量进行补偿(没法给课时费)。”

可以看出，如果不制订一个校际课程互选和学分互认等方面的有效政策和机制，要想实现这种资源的共享并不是一件容易的事情。因此，目前有些高校的通常做法是，可以选择一些课程通过网络来共享，但只是让学生自己浏览学习，不涉及给学分的问题，任课老师也不会提供答疑的责任。在调查中，有 7.0%的被调查院校就正在这样做，可以向其他高校的学生提供教学材料，但是并不接受这些学生选修，也不提供学分。同时，也有 16.0%的院校目前正计划这样做(见图 189)。同时，数据也显示，承认本校学生在其他高校选修的在线课程学分的比例也非常低，仅有 4.0%。

在调查中，研究者也发现，出于为社会服务或社区教育服务的目的，目前有部分高校(53%)开始将本校的一些知名课程制作成网络课件开放并供公众学习(见图 190)。从严格意义来讲，这类课程实际上并不是放在网络教学系统之内，而更多的是将名师的讲座录像或文稿置于校园网站上，内容和体裁都比较广泛，并不能算作真正的课程。不过，也有部分高校实际上是将本校在精品课程建设中获得资助的课程制作成网页供公众浏览。

通过以上对国内高校网络教学系统应用情况的调查可以看出，目前，越来越

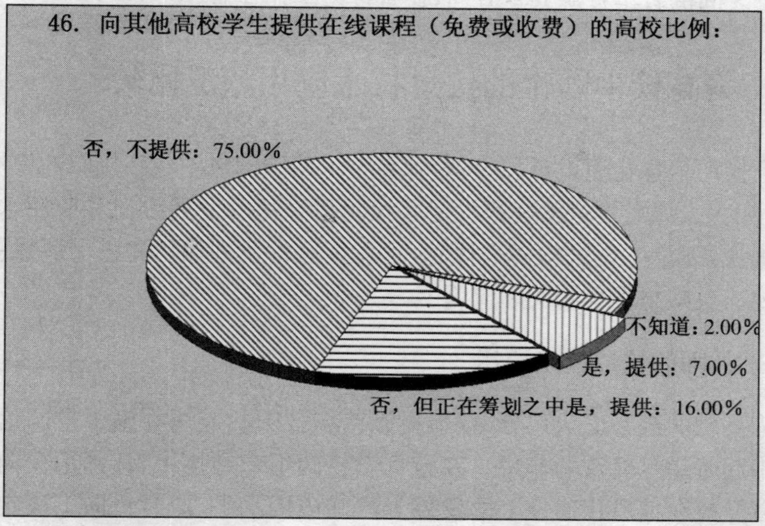

图 189　向其他高校学生开放在线课程的高校比例

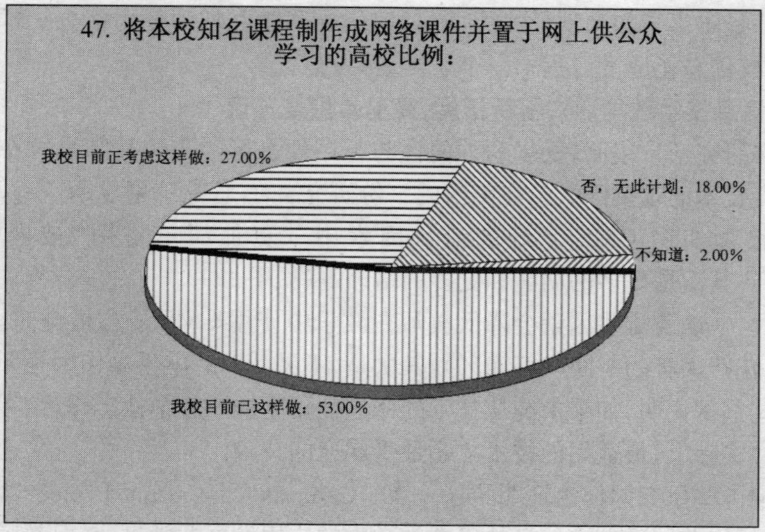

图 190　通过校园网向公众开放学习资源的高校比例

多的高校开始注重利用信息技术来改革高校的教学组织形式和方法，使用网络教学系统的院校比例也在不断提高，多数学生也对此持积极的态度。但由于处于应用初期，在系统的建设和应用方面还存在着许多问题，尤其是在利用网络来实现高校之间的教学资源共享方面，还有许多工作要做。

四 中、美高校中师生的信息技术应用状况比较

在高校的信息化建设过程中，教师与学生共同构成了数字校园的应用主体。在某种程度上，师生共同影响和决定着校园信息化的发展方向和应用水平。对于高校来说，无论基础设施多么优越，也无论硬件条件如何先进，其最终的效果都要体现在教师与学生的实际应用上。

(一) 教师的信息技术应用

作为高校的核心组成部分，教师对于信息技术的应用在整个校园信息化发展过程中起着举足轻重的作用。在整个学校的组织结构中，教师不仅向上影响并决定着学校在信息化建设上的发展方向和应用水平，同时也向下决定着在教学中如何运用信息技术以及实际效果。此外，学生在学习中信息技术的应用同样也受到教师的重要影响。可以这样说，没有教师的配合，任何新技术和新工具的应用都是难落实和实现的。因此，如何引导和激发教师使用信息技术的积极性，是高校信息化建设过程中一个非常重要的问题。

1. 信息技术教学形式不断拓展，简单易用是关键

许多研究结果表明，操作的方便性与易用性是影响高校教师是否在教学中使用信息技术的重要因素。在美国的一份研究①中，研究结果显示，在谈到可能会促进教师使用 CMS 系统的诸种因素中，“更加简单易用”被列于首位(39.2%)；其次是更多的功能和更多的培训等(见图 191)。

同时，在谈及哪些因素会降低教师在教学中使用 CMS 的积极性时，列于首位的是“花费太多的时间”(25.0%)，其次是“不灵活”和“学生操作困难”等(见图 192)。这些都说明，如果单纯从技术的先进性角度推广教学信息化，结果可能适得其反。实际上，最适用的技术才是最受欢迎的技术。

其他一些研究同样也证明了这一点。Campus Computing Project 项目的调查数据显示，美国高校中信息技术在教学中的应用发展非常迅速，但教师们使用不同类型信息技术工具的比例有所不同。至 2006 年，78%的教师已在教学中使

① Glenda Morgan, Faculty Use of Course Management Systems, Volume 2, 2003, University of Wisconsin System, Research Study from the EDUCAUSE Center for Applied Research, http://www.aducause.edu(2006－4－1).

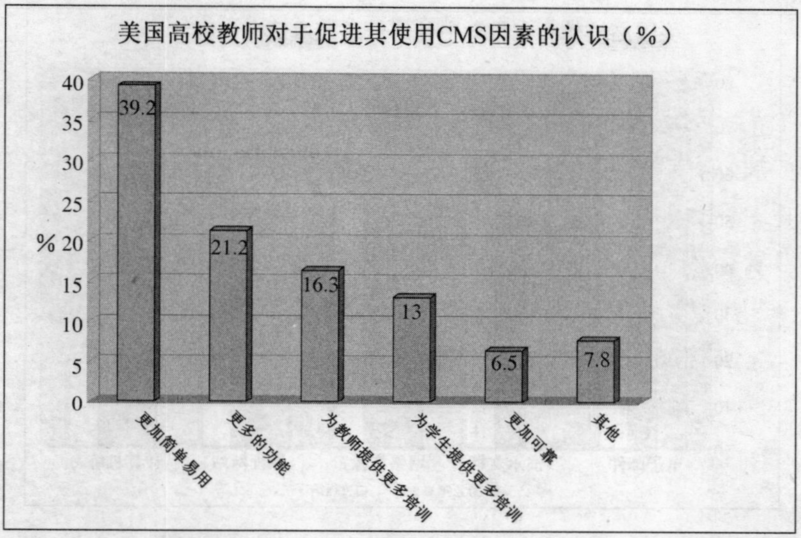

图 191　美国高校教师认为会促进其使用 CMS 的诸种因素

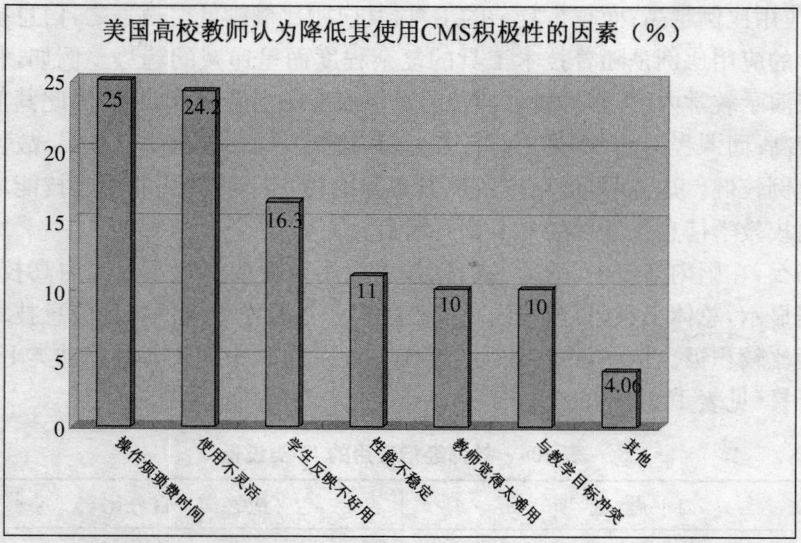

图 192　美国高校教师认为妨碍其使用 CMS 的因素

用电子邮件作为常用的师生交流工具（1994 年时仅为 8.2%）；同时，也有 55%的高校教师在教学中经常使用演示文档（如 PPT）；57%的教师使用各种网络资源进行教学；约有 43%的高校课程已建立课程网页（见图 193）。

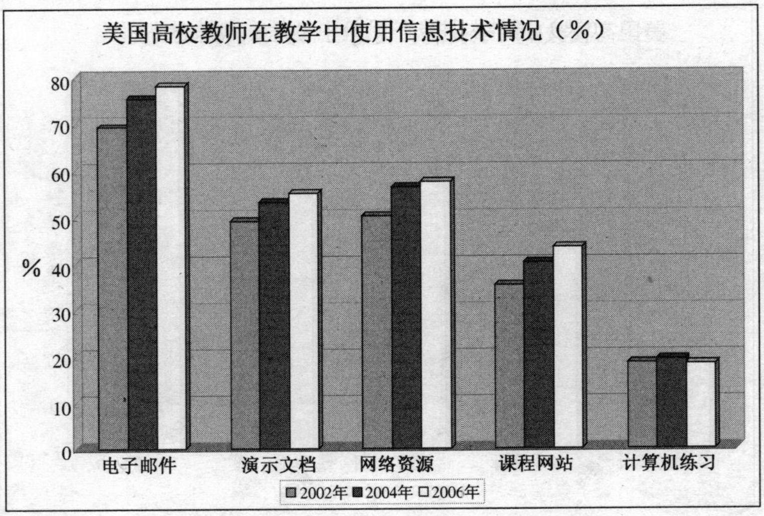

图 193　美国高校中各种 IT 技术在教学中的应用情况

从上述各种教学工具的应用比例可以比较明显地看出，越是简单实用的工具，其应用比例越高；而越是复杂的工具，其应用比例越低。换言之，信息技术手段教学的应用比例是随着技术工具的复杂程度而呈递减的趋势。例如，利用计算机来演示教学内容，其对教师的技能及课前准备上要求都较低，因此其使用的比例较高；而课程网站，相对于前者来说，其技能及操作要求都比较高，故教师应用的比例较低。这说明，信息技术工具本身的特点以及教师的相应技能培训是影响高校教学信息化发展的一个重要因素。

那么，在国内高校中，教师的信息技术应用情况如何呢？在国内高校中，调查数据显示，总体来看，目前国内高校教师对于在教学中应用各种信息技术工具的态度比较积极。例如，许多教师会经常在工作过程中使用各种移动类 IT 设备硬件工具(见表 106)。

表 106　教师经常使用的 IT 类设备

问 题 选 项	应答样本百分比
U 盘	97.00%
移动硬盘	55.60%
笔记本电脑	54.50%
数码相机	46.50%

问 题 选 项	应答样本百分比
MP3	28.30%
电子教鞭	16.20%
录音笔	9.10%
GPRS 或 CDMA 上网卡	4.00%
PDA	4.00%
GPS 卫星定位导航设备	4.00%
VoIP	2.00%
Wi-Fi 无线网卡	1.00%

在教学应用方面，调查数据显示，超过一半教师经常在教学中利用演示文档来讲课(85.1%，见表 107)，利用 E-mail 与学生交流或交作业(64.9%)；同时也有近一半的教师向学生提供各种电子版的文献(42.6%)和向学生提供各种网络资源来让学生使用(42.6%)。

表 107　教师在教学中经常使用的 IT 教学方法(教师问卷)

问 题 选 项	百分比
制作电子讲义演示文档	85.10%
使用电子邮件回答学生问题或让学生交作业	64.90%
向学生提供各种电子版参考文献让他们学习、阅读	42.60%
收集与整理各种网络教学资源供学生阅读与讨论	40.40%
鼓励学生通过博客或 E-mail 等技术手段，进行学习交流或分享	37.20%
建立本课程的专用网站，供学生学习和交流等	21.30%
利用 BBS 或聊天室解答学生问题	20.20%
让学生利用计算机来进行模拟实验或练习	18.10%
利用在线问卷了解学生的学习需求或教学效果	13.80%
运用网络工具鼓励学习与国内外高校的学生进行学术讨论或交流	12.80%
利用网络教学系统进行远程授课	12.80%
使用交互视频会议系统进行教学	5.30%
利用电视转播进行远程授课	2.10%

不过，可以看出，在教学中建立课程网站的比例则相对较低(21.3%)；利用CMS或视频会议系统来在线教学的比例则最低，分别仅为12.8%和5.3%。根据研究者的分析，后两种方式比例较低的原因可能多方面的，例如，所在院校本身就无法提供这样工具给教师使用，可能也是一个原因。正如有教师在问卷中指出的：

"硬件设备较落后，网速太慢；多媒体教室至今仍不能上网；教学所需的部分设备不能满足需要；能检索的数据库十分有限，特别是国外的，很多资料无法获得；部分单位职工的工作用机十分老化，对工作效率产生了极大的影响。"

"教学硬件条件远远不能满足实际教学需要，很多时候只能是老师介绍相关知识，教师可以尝试，但是给学生提供的信息化学习的机会还是欠缺了；另外，部分老师的信息化水平有待提高，大多是年轻老师经常使用信息化环境进行教学，年龄大一些的老师主动学习新技术的要求不高。"

"一方面，学校的硬件基础设施跟不上，多媒体教室比较少，需要使用的教师又很多；另一方面，有限的多媒体教室和网络机房常常不应用于一般教学，用来上公开表演课及某些部门的第三产业。"

值得注意的是，在调查中研究者发现，目前部分高校教师也开始使用各种网上即时通讯工具。以往，各种即时通讯工具被认为是年轻人上网聊天的主要方式，似乎与高校教师这样的职业关系不大。但如今，出于各种目的，一部分高校教师也开始使用这种工具。数据显示，在被调查的高校教师中，除了34%的教师表示很少使用IM以外，约有44%的教师表示经常使用QQ，也有11%的教师使用MSN(见图194)。关于使用IM的原因，有教师在问卷中写道：

"与以前的同学朋友联系，方便快捷，也不需要什么花费。"

"这是我们课题组成员之间联系的一个重要方式，可以随时相互传送电子资源，而电话就做不到这一点。"

与此同时，大学生调查问卷的统计结果也显示出，教师在教学中应用信息技术的比例，随着技术工具本身的复杂性提高而相应降低(见表108)。

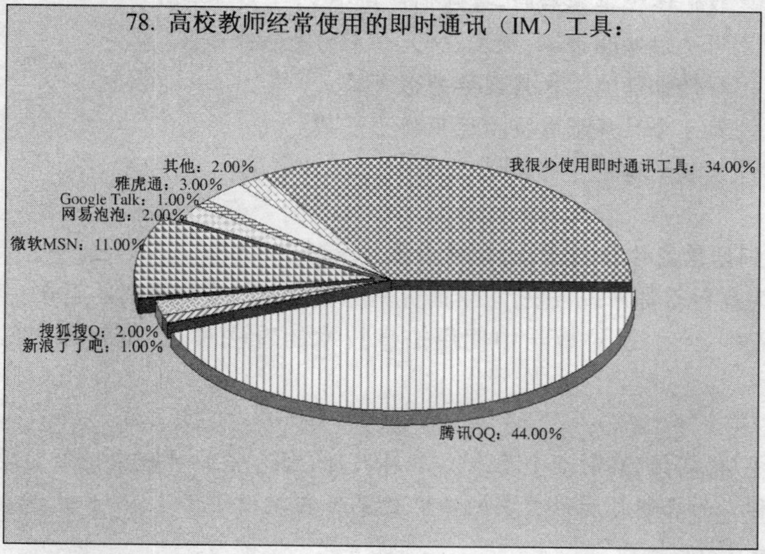

图 194　高校教师经常使用的即时通讯工具

表 108　学生在上课时所见到的教师常用的 IT 教学方法(学生问卷)

问题选项	百分比
用 PowerPoint 演示教学内容	89.4%
用 E-mail 向同学们发送各类教学信息	53.5%
通过 FTP 分发各种电子教学资料	41.9%
使用各种专业软件来辅助教学	40.0%
建立课程网页，用于存放各种与本课教学相关的教学资源	35.5%
利用计算机进行数理计算、虚拟实验等	25.3%
利用 BBS 与学生讨论、回答问题	17.0%
利用即时通讯工具与同学交流	13.5%
利用在线问卷来调查学生对教学的评价	11.6%
利用专门的在线教学系统，进行网上教学	10.9%
利用交互视频会议系统与同学交流	3.3%

不过，在大学生问卷中，也有不少学生认为，目前教师在教学技术的应用方面还有待提高和改进，有学生在问卷中写道：

“我们学校挺落后的，老师们能用个 PPT 就不错了。”

“很少用电脑讲课、交流，除大一上的电脑课！”

“个别老师偶尔采用网络的形式。”

“大部分教师教育技术运用能力差。”

“黑板+粉笔+唾沫横飞……”

2. 科研信息化日益普及，网络资源共享渐成共识

作为高校教师来说，进行科学研究是除教学以外最为重要的工作。例如，在调查问卷中，当谈及对教学中使用信息技术的看法时，一位教师非常坦率地写道：

“说实话，我对这个基本上不感兴趣，因为当前对我来说最重要的是评职称。而评职称时最重要的不是你是否在教学中用了 PPT 或 E-learning，而是 Paper……”

“现在计算机已经成了我工作的一个不可缺少的工具，教学中当然需要，更重要的是，研究也同样离不开它。”

诚如所言，计算机确实成为了高校教师的一个重要工具，不仅是教学的工具，同时更是进行科学研究的工具。调查结果显示，在参加调查的高校教师中，30.3%的教师表示，他们每天使用计算机的时间达到 3—4 小时；甚至有 20%的教师表示，其每天使用计算机的时间在 8 小时以上(见图 195)。这种情况说明，计算机确实已成为教师日常工作中必不可少的一种重要工具。

关于教师们使用计算机和上网所做的工作，调查数据显示，除基本网络应用之外(如收发 E-mail、上网看新闻等)，更多的教师是在利用做与科研相关的工作(见表 109)。例如，“利用搜索引擎检索文献资料”(44.2%)、“撰写文章”(21.5%)等。从中可以看出，除与教学相关的工作以外，多数都与科研活动直接相关。

表 109　高校教师上网时所做的主要工作

问 题 选 项	百分比
收发电子邮件	80.10%
上网看新闻	55.20%

续 表

问 题 选 项	百分比
利用搜索引擎检索文献资料	44.20%
撰写学术性文章	21.50%
下载科研相关的文献资料	21.50%
备课	17.10%
通过即时通讯软件与他人交流	14.40%
检索图书馆的数据库或馆藏书目	13.30%
填写各种工作相关类表格资料	10.50%
阅读各种电子版的图书资料	5.50%
通过网上教学系统远程指导学生	3.30%
计算机编程	3.30%
进行科学计算	0.60%

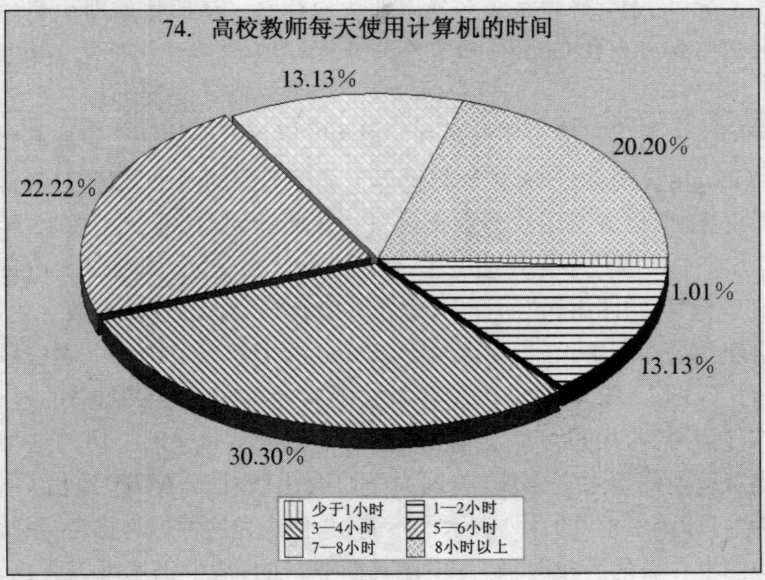

图 195 高校教师每天使用计算机的时间

昔日在大学里，学术研究曾经与“图书馆”紧密地联系在一起，做学问在过去就意味着钻入图书馆的藏书室中查找资料。当然，这种情形主要是针对人文和社会科学的研究者来说，理工科的学者则未必如此，他们更多的是在实验室中工作。但无论如何，不管在任何研究领域，学术研究确实是与文献资源的检索是密切相关的，获得充分的文献资料是任何研究的基础。在10年前，研究者更多可能是依靠图书馆来获得资料，而如今网络搜索引擎成了研究者获得信息的另一个重要来源。实际上，随着互联网的普及应用和搜索引擎技术的不断成熟，搜索引擎已逐渐发展成为互联网中应用中最广泛和最活跃的技术之一。在某种程度上，网络搜索引擎的快速发展甚至威胁到了大学中传统图书馆往昔无可替代的地位：

> “在过去，置身于图书馆里可以听到的声音是：翻书声，笔尖偶尔刮擦页面的声音，椅子的挪动声和低声谈话。如今，背景中似乎增加了更多的声音——在德国历史悠久的哥廷根大学始建于1734年的古老图书馆里，你能听到一种奇怪的嘶嘶声、敲击键盘声、CPU风扇吹出的风声以及鼠标被点击的声音——这是古老的欧洲和新媒体相遇而发出的声响……这是欧洲为抗击Google等新媒体巨头入侵而开展的行动。这能使欧洲小出版社和古老的图书馆避免在Google面前沦陷吗？”

基于网络搜索引擎的数字资源开始成为互联网发展的一个重要趋势。早在2004年，Google公司就宣布，计划将世界上成千上万的图书进行扫描，并且放置于搜索数据库中，以方便用户的搜索浏览。按照计划，它准备在2015年完成对1千5百万册书籍的数字化处理工作，费用高达2亿美元。随后，Google又发布了自己代号为“打印图书馆”的计划，宣布将所有“公共领域”图书数字化，这些图书将来自纽约公共图书馆、牛津大学Bodleian图书馆以及哈佛大学密歇根大学图书馆等。Google表示，在提供没有版权限制的“公共领域”图书的过程中，公司将不作任何限制，用户可以浏览完全版本。显然，Google公司的这种做法会对传统出版行业产生不利影响，美国大学协会出版社（AAUP）致信Google，对其代号为“打印图书馆”的计划表示了不满，并且认为这种行为将会“系统化地大规模侵犯图书作者的版权”。姑且不谈其商业目的，从中仍然可以看出，网络搜索引擎不仅动摇了传统的出版媒介在知识传递上的地位，同时也对高校里的学术研究方式产生深刻影响：

“美国网络巨头对图书搜索引擎市场的入侵，表明了一种影响深远的媒体革命的开始：书籍的出版印刷使得机器大工业式的知识传播成为可能，全文搜索能使人们获取知识和进行学术研究彻底简化。过去，如果想找到很久前读过的书的特定一段话，就需要花大量时间逐页翻查。而现在，只需要进行简单的关键词搜索就可以了。学者们不需再博闻强记、不必再皓首穷经，Google 图书馆会让学术研究变得如此简单——搜索＋拷贝＋粘贴。”

实际上，国内媒体也有类似搜索引擎对高校教学与科研影响的报道。有报道指出，虽然北京大学被称为亚洲高校第一的图书馆，近年却出现读者人数逐渐减少的现象。有人认为，这一方面是因为北大图书馆不对外开放，另一方面也是因为学生们已经习惯于使用 Google 来查找资料：

“该校一位图书信息研究专家认为，更为重要的是，包括北大学生在内，中国社会‘google 族’已势力大增，这已构成对北大图书馆的有力冲击。据悉，该校年初的一项统计显示，北大图书馆在最近一年的人流量相对于上世纪 90 年代中期已经减少了 11.3%左右，其主要原因是，许多在北大读书的年轻人也已成了一个彻底的 Google 族。”

确实，调查数据也显示出类似情况，利用网络来检索各种信息和资料，已成为高校教师学术研究工作的重要手段之一。调查结果显示，在谈到教师检索研究文献时所采用的方法时，比例最高的三种方法都与互联网或搜索引擎相关。例如，高达 72.9%的教师承认，他们是“通过各种网络搜索引擎检索”；超过一半(57.3%)的教师是采用“登录中国期刊网检索”(见表 110)。同时，只有三分之一的教师(31.3%)仍然采用“去学校图书馆或资料室去检索”、“去书店查找或购买”(22.9%)。

表 110　教师在检索研究文献时所采用的方法

问题选项	应答样本百分比
通过各种网络搜索引擎检索	72.90%
登录中国期刊网检索	57.30%
登录学校图书馆的电子文献目录系统检索	47.90%
去学校图书馆或资料室检索	31.30%

续 表

问 题 选 项	应答样本百分比
通过互联网登录国外与本专业研究相关的专业机构网站检索	25.00%
去书店查找或购买	22.90%
登录中国国家图书馆的电子文献目录系统检索	8.30%
登录国外的各种电子数据库检索	8.30%
登录国内外网上书店检索并在线购买	7.30%
通过电子邮件向国内外的本研究领域相关研究者咨询并索取	1.00%

在使用网络搜索引擎来检索文献资源的高校教师中，他们经常使用的搜索引擎主要是“Google”(88.4%)和“百度”(87.3%)。实际上，许多教师都采用交替使用搜索引擎的方式来查找资料：在查找外文信息时更多的是使用 Google，而查找中文信息时则使用“百度”。

搜索引擎的信息检索能力与互联网资源的建设步伐密切相关，只有当越来越多的研究者愿意将自己的研究成果置于网上，搜索引擎才能找到它，人们也才能利用它。正如国外许多研究者已经习惯于将研究成果发布于互联网上一样。目前在国内高校中，在利用互联网获得信息和资料的同时，高校教师也正逐步接受了那种利用互联网来发布和共享研究成果的方式。网络共享正在成为一种学术界发展的趋势。调查数据显示，在被调查的高校教师中，已有超过一半的教师(63.0%)表示，他们已将正式发表的学术研究成果发布于网上供人阅读；同时也有 34%的教师表示，他们正考虑这样做(见图 196)。

不仅在研究成果方面如此，在调查中，研究者发现，许多教师也正在开始将自己的电子版教学讲义发布在网上供学生学习。在被调查的教师中，近一半教师(42.5%)表示，他们已将教学讲义置于网上供学生浏览。不过也有 17.9%的教师表示不愿意这样做(见图 197)。研究者认为，对于不愿意这样做的教师来说，可能更多的是考虑到知识产权保护的问题。因为国内在这方面的法律尚处于空白状态，他们也许对此表示担心。不过，研究者相信，随着各种有关网络知识产权保护政策与法规的不断健全，至少在学术界，资源共享必然将成为一种发展趋势，这将对于提高学术研究的效率和传递范围产生重要影响。

实际上，近年来，随着信息技术和互联网的迅速发展，在学术界，研究信息化

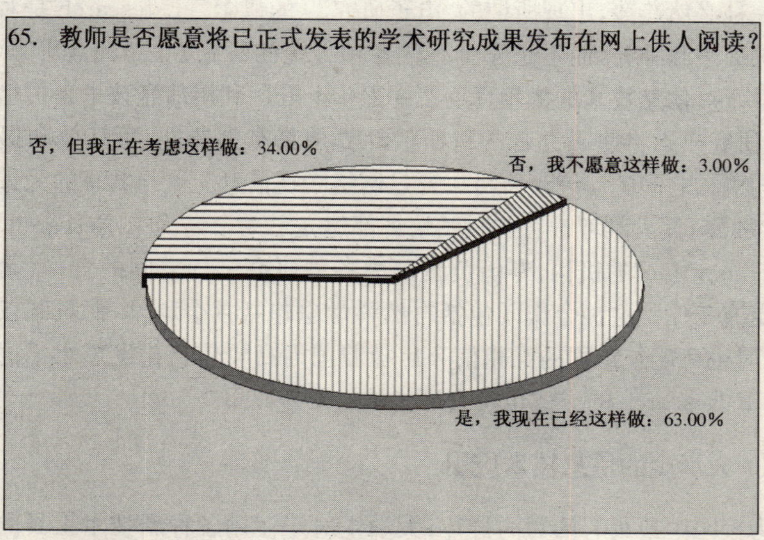

图 196　高校教师对于在线共享学术研究成果的态度

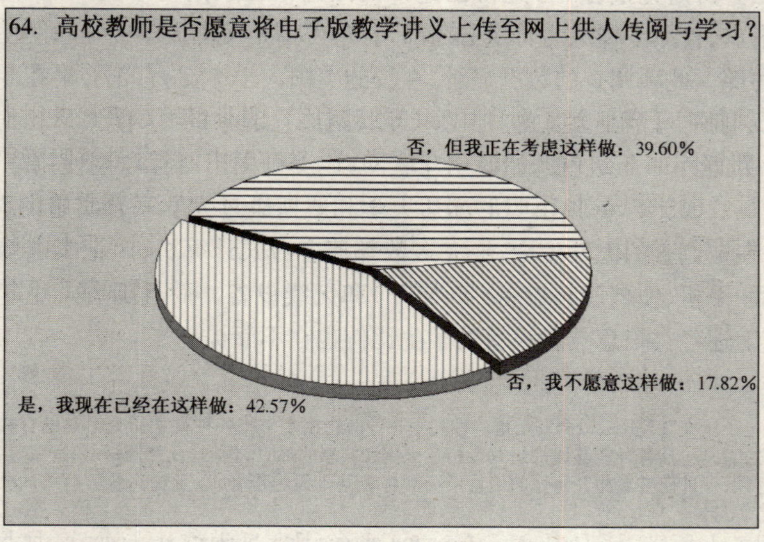

图 197　高校教师对在线共享教学讲义的态度

已成为一种必然趋势，出现所谓的“电子研究”①的概念。E-research 是对科研活动的一种促进和补充，而不是完全替代各种传统的研究方法。正如有学者所指出的，“科研对信息技术的依赖程度正在逐步上升。利用信息技术来传播知识信息、共享研究成果将使研究者的科研活动更加具有创造性、更高效和提高合作性。不同机构之间的研究者将可以通过网络实现信息交流与共享的无缝连接。”例如，2004 年，澳大利亚教育与科学培训部建立了一个名为“e-Research Coordinating Committee”的机构，专门负责国内各种研究机构之间的合作、信息共享与成果交流工作。这种合作既包括自然科学也包括社会科学，而且不仅是跨学科的，同时也可能是跨国的。相信今后随着国内高校信息化发展水平的不断提高，这种 E-Research 的方式也将会逐步被接受并应用。

（二）大学生的信息技术应用

作为校园中最具有活力的群体，大学生对于使用各种新技术工具的热情和接受能力显然要高于教师。国内外许多研究都显示，无论在课程学习、社会交往还是校园生活中，计算机和互联网络都逐渐成为学生们不可缺少的重要组成部分。美国一份研究报告②曾经得出这样的结论：“互联网对于美国大学生来说，已经像书本、食品一样成为日常必需品”。这可谓是美国大学生互联网使用状况的真实写照。此项调查的数据显示，在校的美国大学生，约有 1/5 早在 5 到 8 岁就开始玩电脑，可谓是真正的“伴随着互联网成长起来的‘N 世代’”。到了大学后，86%的学生一年级就开始使用互联网，比美全国当时互联网使用率高出 27 个百分点。2005 年，一项由明尼苏达大学和威斯康星大学联合实施的调查③数据显示，在被调查的大学生中，绝大多数都拥有台式计算机、笔记本电脑、PDA、智能电话、手机、便携音乐设备（如 MP3）和无线设备。而且随着学生年级的升高，拥有上述各类信息技术设备的学生比例也在不断提高。

---

① “电子研究”(E-Research)：是指一种利用各种信息技术来将各种科学研究活动结合在一起的综合性研究方式，它包括各种能够促进研究者相互交流和共享的途径，例如：宽带网络、研究工具和设施、数据和信息存贮；保证研究者相互协作的信息系统和各种基础设施服务，以及提高各学科之间交流与共享的应用性工具等。

② Steve Jones(2003)，The Internet Goes to College：How Students are Living in the Future with Today's Technology，http://www.pewinternet.org/report_display.asp? r=71(2007－2－5).

③ Robert B. Kvavik，(2005)，ECAR study of students and information technology，2005：convenience，connection，control，and learning，Research study from the EDUCAUSE Center for Applied Research，Volume 6，2005. http://www.educause.edu/ir/library/pdf/ers0506/rs/ers0506w.pdf(2007－2－5).

确实，互联网已成为美国大学生的一种生活方式。根据美国教育统计国家中心（NCES）2006年最新统计数据，美国目前有超过1 500万本科大学生，他们构成了美国年轻一代最活跃的“网民群体”（Netisen），热衷于在社交性网络①如MySpace. com②上活动。市场研究公司eMarketer的分析师认为：无论你把他们称作网络一代还是数字一代，必须承认的一点是，今天的大学生是伴随技术而生，是新兴网络技术应用的积极参与者。他们认为美国大学生网上活动的主要行为特征包括：

◉ 善于进行多任务处理（multitasking）；
◉ 无论是做作业和参与社区活动，都具有协作性和群体导向性；
◉ 活跃往返于各种社区平台间；
◉ 很在乎网上自我表达的自由权利；
◉ 在依赖网络的同时也担心网络环境的安全。

正是由于这些进入大学的“N世代”具有与以往年代大学生不同的特点，有研究者指出，高校教师应根据这些特点来转变自己的教学方式，以适应时代发展和学生的要求。斯科特·卡尔森（Scott Carlson）认为，教师也许应“改变自己的教学方式和风格，在教学中充分利用Blog，iPod和游戏来提高学生的兴趣，并且尝试着适应‘N世代’学生的特点：因为他们可能没有足够的耐心安静地在教室里连续听一小时的讲座……”。同样，在规划和实施校园信息化建设时，学校同样也应该重视这些作为“N世代”而进入高校的学生的独有特点，并将之作为一个重要参考点。学校管理者和教育者应当意识到，这些学生之所以被称为“N世代”，一个重要的原因就是他们从小就伴随着信息通讯技术而长大。对于他们来说，ICT是其生活的一个必然组成部分。

1. 信息技术逐渐融入大学生的学习过程，网络资源的合理使用有待规范

关于美国大学生的调查数据显示，互联网在校园生活中的无所不在，正在改变美国大学生的学习、科研和社交方式。73%被调查者表示，他们利用互联网查

① 据维基百科的解释，“社会网络（Social Networking：SN）”是指个人之间的关系网络。社会网络（或称为社会性网络）的理论基础源于六度分隔理论（Six Degrees of Separation）和150法则（Rule Of 150）。

② MySpace. com是一个时下在美国大学生中颇为流行的社交性网站，目前已拥有7 200万用户。网站可以让用户发布个人资料，比如照片、个人爱好、喜欢听什么音乐，很多用户在MySpace. com结交到了新朋友。

资料的时间要超过上图书馆，而利用网络查找资料少于图书馆方式的比例仅为9%(见表111)。这种情况说明，互联网已成为美国大学生获取信息和查找资料的重要途径之一。

表111　美国大学生使用互联网与图书馆的时间比较

选　项	百分比
使用互联网的时间超过图书馆	73%
使用互联网和图书馆的时间基本相同	16%
使用互联网的时间要少于图书馆	9%
不知道	2%

资料来源：Steve Jones(2003), The Internet Goes to College: How Students are livingin the Future with today's Technology.

实际上，相对于传统媒介(如报纸和电视等)来说，美国大学生可能对来自于互联网搜索引擎的信息更加信任。一项调查表明，在让大学生对给出的各种信息源进行评价后，研究者发现，在源自搜索引擎、家庭和朋友以及传统媒体的各种信息源之中，大学生对搜索引擎的依赖高于杂志、报纸和电视广告等其他传统媒体。例如，81%的受访学生认为，搜索引擎是最佳信息源；同时，也有63%的大学生认为，搜索引擎所获得的信息最可信，仅次于从家庭和朋友处获得的信息(见表112)。

表112　美国大学生对于信息来源的态度

信息源种类及可信性	评高分者的比例
搜索引擎是最佳信息源	81%
朋友和家庭是最佳信息源	64%
传统媒体是最佳信息源	34%
家庭和朋友处获得的信息最可信	64%
搜索引擎获得的信息最可信	63%
传统媒体获得的信息最可信	35%

数据来源：Yahoo! Search Marketing, Hall & Partners(2005).

研究者认为，搜索引擎之所以远远高于传统媒体深得大学生信任，主要原因在于：

◉ 通过搜索引擎获得信息的方式是用户主动搜索的结果，而不是像传统媒体那样将信息强迫呈现给用户，用户只能被动接受；

◉ 第二，搜索引擎的一大优势是定位性强，相关性高。

除检索信息以外，其他形式网上活动同样也成为大学生日常生活的重要部分。调查数据显示，在被调查的大学生中，当使用信息技术时，活动比例最高的分别是："收发 E-mail"（99.7%）、"写作业"（98.9%）、"在网上查找有关写作业的文献资料"（98.4%）和"利用电子设备进行班组活动和研究"。同时，美国大学生在使用 IT 时经常做的活动还包括："下载和收听音乐和 DVD"（75.1%）、"在线购物"（71.9%）、"玩计算机游戏"（60.7%）和"图片编辑"（48.7%）等。详细数据见表 113。

表 113　美国大学生使用 IT 时所做的活动

大学生的活动	百分比
收发电子邮件	99.7%
写作业	98.9%
在互联网上检索写作业用的资料	98.4%
用电子设备参与班级活动和讨论学习	96.2%
上网冲浪	94.8%
利用图书馆资源来完成课程作业	88.0%
使用即时通讯软件	81.1%
下载音乐或视频	75.1%
在线购物	71.9%
编辑演示文档(PowerPoint)	65.0%
通过课程管理系统完成学习活动或作业	63.4%
编辑电子表格	62.5%
玩电脑游戏	60.7%
娱乐性写作	60.4%
图像编辑	48.7%
制作网页	24.9%
视频编辑	24.1%

数据来源：RobertB. Kvavik(2005)，ECAR study of students and information technology，2005：convenience，connection，control，and learning.

研究者指出,上述调查数据一方面显示了美国大学生在学习生活过程中对于信息技术的广泛应用,是一件值得高兴的事情。但是,另一方面,也揭示出存在的一些问题,比较突出的就是网络文献资源的合理使用问题。研究者发现,随着互联网搜索引擎功能的发展,越来越多的学生开始将网络当做其复制作业和论文的方便工具。因此,指导学生如何正确和合理地利用网络信息已经成为高校教师在教学中需要格外强调的一项工作。

例如,2001 年美国弗吉尼亚大学的考试作弊,可以说是迄今为止美国高校中影响最大的一次利用互联网来作弊的事件,引起了美国各高校对互联网作弊行为的高度重视。据报道,在这起考试作弊丑闻中,总共有 122 名学生牵涉其中,他们被怀疑剽窃了他人的论文内容。学校的调查结果发现,在 1 500 篇学生考试作业中,有 122 份使用了极为相似的措词,这些人很可能存在作弊行为。教师们指出,目前学生作弊方式已更新换代,他们已不再满足于抄袭同学的考卷。他们现在可以轻易登录任何网站,下载所需要的各种相关文件。对此,美国杜克大学的“道德与互联网研究”课程的教师温迪·罗宾逊(Wendy Robinson)也表示,“校园的网络管理员目前面临着极为严峻的考验,如何禁止考生利用互联网作弊已成为他们的当务之急。”这种对于技术的滥用,正如北卡来罗那大学的研究者安托瓦内特·科罗(Antoinette Crawford)所指出的,“随着技术的进步,学生们作弊的花样也在增多。互联网一方面给学校带来了丰富的信息资源,但另一方面也带来了许多诱导学生剽窃和作弊的网站。例如,目前大约有 20 个在线提供论文的网站和数不胜数的张贴论文的网站。这些网站有的免费,有的则需要用信用卡付费,都可以根据学生的需要来提供各种专业的论文。学生得到以后就可以直接向教师交差得到成绩。”这种由于技术发展而带的新问题需要得到学校管理者和教师的重视,并采取一定相应的措施来予以解决。

另一方面,国内 2005 年的调查结果表明,目前,国内大学生们同样也开始将互联网作为获得信息资源的一个重要途径。调查数据显示,大学生检索学习资源时最常用的三种方法分别是(见表 114):“登录各种网络搜索引擎来查找”(75.9%)、“登录学校图书馆的各种电子数据库检索”(44.8%)和“直接去学校的图书馆查找和借阅”(44.1%)。可以看出,使用网上检索的大学生比例已远远超过了传统的去图书馆检索的比例,互联网已成为大学生学习过程中不可缺少的辅助工具。

表 114　大学生检索学习资料时最常用的方法

问 题 选 项	百分比
直接去学校的图书馆查找和借阅	44.1%
登录学校的图书馆馆藏书目检索系统去检索	39.0%
登录学校图书馆的各种电子数据库检索	44.8%
登录中国期刊网检索	33.2%
登录中国国家图书馆目录检索系统查找	6.3%
登录国外的数字图书馆网站检索	4.6%
登录各种网络搜索引擎来查找	75.9%
登录国内外各种专业机构的网站来查找	18.2%
通过电子邮件向本专业的有关专家学者咨询	2.9%

关于国内大学生在检索资料时常用的网络搜索引擎，调查数据显示，学生使用频率最高分别是：百度（95.2%）、Google 中文（81.1%）和北大天网（33.0%），见图 198。

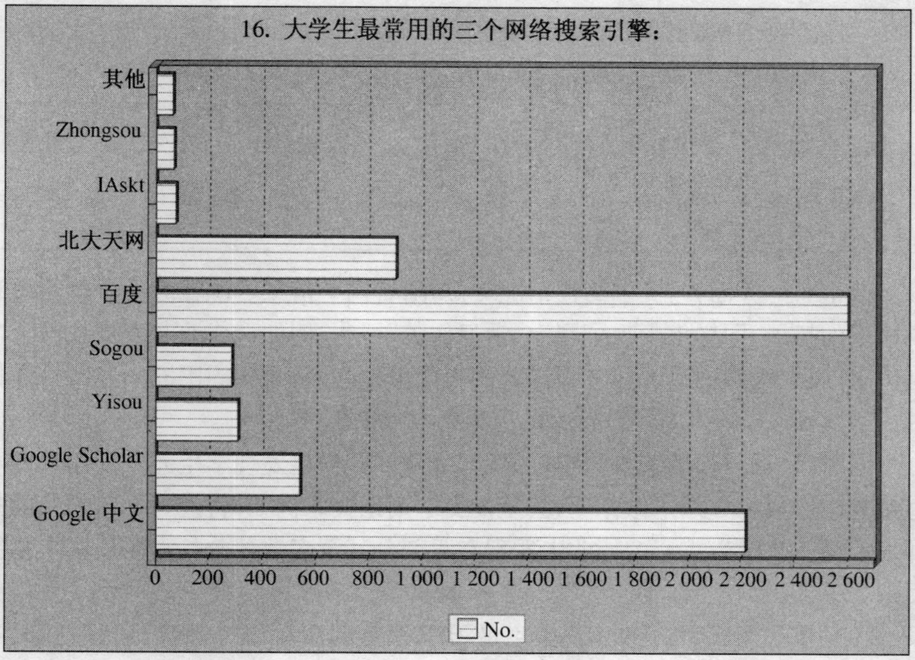

图 198　国内大学生常用的搜索引擎

此外，研究者也发现，目前越来越多的大学生也开始将网络当做一种解决学习过程中各种疑难问题的有效工具，例如通过各种网络通讯工具来向教师、同学，甚至校外的专家请教。调查数据显示（见表115），在参加调查的学生中，有超过一半的学生（59.5%）表示，当他们在学习过程中遇到问题时，会通过搜索引擎来查找答案。可以看出，利用网络来解疑的学生比例已经超过了传统的“直接向班里的其他同学当面讨论、请教”（49.8%）和“去图书馆查找资料解决”（47.9%）。同时，也有22.9%的学生表示会通过查找数据库或学术网站的方式来解决；或者写E-mail向教师和同学请教（26.2%）。可以看出，互联网强大的交互性特点已成为大学生学习过程中一个重要辅助工具。

表115　大学生解决学习过程中疑难问题的方式

问题选项	回答样本百分比
等到上课时向老师当面请教	34.1%
直接向班里的其他同学当面讨论、请教	49.8%
去图书馆查找资料解决	47.9%
上BBS在相应的版面中发帖请教	28.6%
通过网络搜索引擎来查找问题解决方案	59.5%
通过查找国内外相关网络数据库或学术网站来解决	22.9%
通过E-mail向老师、同学请教	26.2%
通过E-mail向校外的相关专家学者请教	3.8%
其他（请注明）	0.3%

但是另一方面，与美国高校情况类似，随着网上信息资源在大学生学习过程中应用的拓展，同样也出现了网上“学习作弊”行为，例如做作业时直接从网上复制信息，或者干脆抄袭。在参加调查的大学生中，表示看到周围同学经常这样做的比例达到31%，认为比较普遍的也达到47%（见图199）。

同时，针对教师的调查数据也显示，教师们同样也发现学生经常利用从网上直接复制资料的方式来做作业，甚至提交学期论文。例如，将近一半（46%）的教师表示经常从学生提交的作业中发现有一部分甚至多数部分是直接从网上复制而来。另外，也有同样比例的教师表示偶尔会出现这种情况。某种程度上，“拷贝/复制”似乎已成为“N世代”学生最习以为常的活动之一，随时可见，随时在做：听音乐需要“拷贝/复制”，看电影需要“拷贝/复制”，查资料需要“拷贝/复

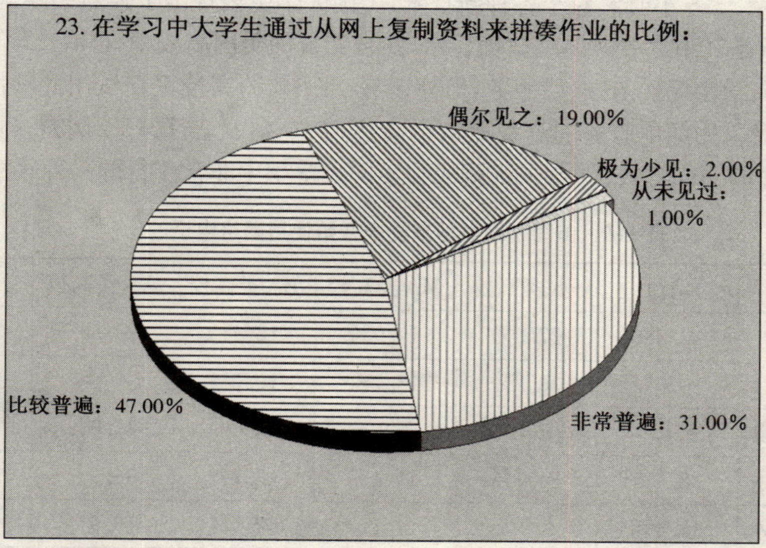

图 199　大学生从网上直接复制来做作业的比例

制”……现在，似乎理所当然的是，作业也要“拷贝/复制”。对于这些学生来说，自从他们上学开始，信息技术就成为他们学习的一个组成部分，因而也早已习惯于那些技术所带来的各种便利和快捷。然而，到了大学以后，这种被他们认为在其他领域已司空见惯的行为，当放在课堂教学之中时，显然是与传统的教育规范与理念发生了冲突。

那么，如何解决这个问题呢？就目前的情况来看，恐怕只能依靠学校制订相应的学术管理制度来规范学生的网上信息使用。例如，美国许多大学已经开始着手制订一项规定，要求学生撰写毕业论文应严守学术创作规范，以及正确引述的法则。违反者将受到严厉处罚。学校明确要求，对于学生提交的比较重要的作业（如学期论文、毕业论文），指导教师必须对学生的毕业论文内容进行关键词抽查，即利用搜索引擎来检查出特定章节是否抄袭。被证实有剽窃行为的学生必须承担各种可能后果：轻则报告退回重写，若再犯，可能遭退学，甚至已获得的学位也可能被撤销。

2. 数字校园中的生活丰富多彩，电脑游戏的负面影响不可忽视

信息技术使得大学生的校园生活变得丰富多彩，计算机和网络在他们的生活中占据了大量时间。数据显示，在被调查的美国大学生中，每周使用电子设备（除移动电话）的平均时间为 11—15 小时；每周使用电子设备进行课程学习的时间平均为 3～5 小时。对于各种新技术，美国大学生表现出了强烈兴趣，例如，IP 电话①就是其中之一。调查数据显示，在被调查的美国高校中，已有 23.5%的高校开始向学生提供 IP 电话服务，另外还有 16.0%的高校正在试用此项服务，而正在考虑采用此项服务的高校比例也高达 38.4%(见表 116)。例如，目前那种 PC—PC 的 IP 电话软件 Skype 就成为美国大学生中非常流行的一种联系工具。

表 116　美国不同类型高校中开始使用网络电话的比例

	均值	DR 类高校	MA 类高校	BA 类高校	AA 类高校	其他
已使用	23.5%	27.0%	19.9%	12.4%	29.5%	31.4%
正在测试	16.0%	36.2%	13.7%	10.7%	4.8%	14.3%
正在建设	8.8%	9.8%	7.9%	4.7%	12.0%	10.0%
正在考虑	38.4%	24.1%	44.4%	49.7%	36.7%	34.3%
无此计划	13.4%	2.9%	14.1%	22.5%	16.9%	10.0%

此外，校园卡②的广泛应用也使得美国大学生的校园生活变得更加方便。调查显示，在被调查的美国高校中，18.7%的学校已开始使用校园卡，目前正考虑使用的学校比例也达到 35.6%。在这些高校中，校园卡将取代以往的各种校内证件(包括学生证、工作证、借书证和出入证等)全部或部分功能，并可与信用卡对应，实现自助圈存(将银行卡里的钱划到校园卡中)。师生在学校各处活动和消费便可凭这张校园卡进行，实现一卡走遍校园。另外，一卡通系统还将提供自助查询功能，凭校园卡在多媒体终端上查询用户的各种信息(如选课记录、课程成绩、个人健康信息、个人消费信息、学校各类活动信息等)。

值得注意的是，在美国大学生的课余生活中，电子游戏也成为他们的重要娱乐方式。在数年前就有研究报告③发现，多数(69%)美国大学生在小学阶段时就开始玩各种电视游戏，28%的学生在小学时就开始接触计算机游戏；43%的学

① IP 电话是指在 IP 网上通过 TCP/IP 协议实时传送语音信息的应用。IP 电话始于在互联网上 PC 到 PC 的电话，随后发展到通过网关把互联网与传统电话网联系起来，实现从普通电话机到普通电话机的 IP 电话。IP 电话从形式上可分为四种：PC—PC、电话—PC、PC—电话、电话—电话，还包括 IP 传真等。

② 校园卡(Campus Smart Card)：是一张与一般常用的信用卡或提款卡大小相同的 IC 卡片，两者不同的地方在于此卡上多嵌入了一片 IC 芯片。这片 IC 芯片除了有记忆的功能之外，还具有运算、统计及处理数据的功能。

③ Steve Jones(2003)，The Internet Goes to College：How Students are living in the Future with today's Technology.

生在中学时就开始接触网络游戏。这种情况说明了游戏在大学生中的普及情况，研究者指出，“实际上，对于这些伴随着 ICT 成长起来的‘N 世代’学生来说，玩电脑游戏已经成为他们操作电脑时的一个重要内容，因为许多学生实际上是从玩游戏开始接触计算机的”。2005 年的调查数据显示，在被调查的美国大学生中，平均有 60.7%的学生表示经常玩电脑游戏。同时，研究者发现，男生和女生在玩游戏时间上具有一定差异（见图 200）。在玩游戏时间上，近一半女生(49.8%)每星期玩游戏的时间不超过 1 小时；而同时男生只有 32.8%。可以看出，随着玩游戏时间的增加，女生的比例不断下降，而男生的比例不断升高。例如，在每星期玩游戏超过 10 小时的情况下，男生的比例为 11.5%，而女生比例仅为 3.2%。

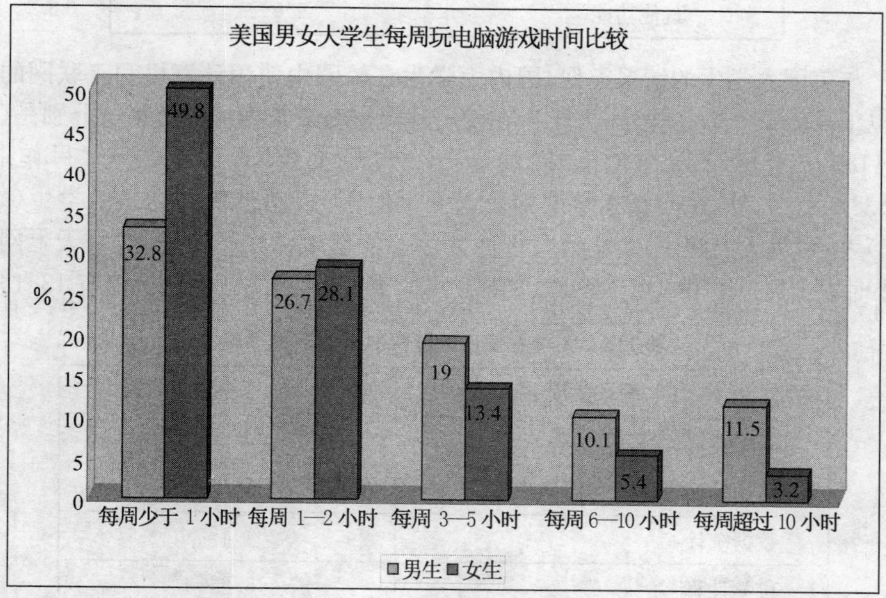

图 200　美国男女大学生每星期玩电脑游戏的时间

另一方面，在国内高校中，北京大学的调查结果显示，在被调查的高校中开始使用校园卡的高校比例已达到 76.0%，要远远高于美国的高校。在这些高校中，校园卡的功能主要包括：食堂就餐（90.3%）、图书借阅（77.3%）和上机上网（56.3%）等。另外，在校园卡的“其他”功能中，有一部分学校还实现其他功能，如澡堂计费、打开水计费、早操监督、校门出入凭证、公交 e 通卡和体能测验等。显然，校园卡的广泛应用，为学生的校园生活提供了很大的便利。

表 117 学生的校园卡所实现的功能

问题选项	百分比
入学注册	40.8%
食堂就餐	90.3%
图书借阅	77.3%
费用支付	47.5%
上机上网	56.3%
宿舍管理	39.4%
医院治病	34.8%
其他功能	9.9%

与美国大学生的情况类似，国内大学生在校园中使用计算机和互联网的频率也很高。调查数据显示，大学生在使用计算机时最常做的三件事情分别是（见表 118）："上网"（76.4%）、"阅读学习类电子文档"（40.1%）和"写作业"（38.8%）。另外，在问及本学期内每天上网时间时，超过四分之一的学生（28.2%）表示"每天上网 1～2 小时"；近四分之一的学生（24.2%）表示"每天上网在 4 小时以上"。而"很少上网"或"每天上网少于 1 小时"的学生比例仅有 13.1%。

表 118 大学生使用计算机时最常做的事情

问题选项	百分比
写作业	38.8%
阅读学习类电子文档	40.1%
数据统计	4.4%
科学计算	5.8%
编程	21.8%
实验	10.0%
图像编辑	6.7%
影视编辑	1.9%
安装、试用各种新软件	12.1%
上网	76.4%

续　表

问 题 选 项	百分比
听音乐	25.4%
看电影	34.6%
玩游戏	13.1%

那么，大学生们在上网时通常都做些什么呢？调查结果显示（见表 119），学生们上网最常做的事情是："收发 E-mail"（50.8%）、"上 BBS"和"使用即时通讯工具与同学、朋友联系"并列第二（45.3%），以及"查找各种学习相关的资料、信息"（36.7%）等。

表 119　国内大学生上网时经常做的事情

问 题 选 项	百分比
阅读新闻	28.2%
收发 E-mail	50.8%
上 BBS	45.3%
使用即时通讯工具与同学、朋友联系	45.3%
利用 VoIP 与家人、同学等通讯	1.8%
查找各种学习相关的资料、信息	36.7%
利用搜索引擎检索各类信息	27.1%
下载软件	12.0%
下载音乐、电影等	23.1%
下载电子图书	8.0%
使用博客	4.8%
玩网络游戏	5.0%
无目的网上冲浪	5.7%

除用于学习之外，计算机同样也成为国内大学生课余时间娱乐的重要工具。研究者发现，在被调查的大学生中，近一半的学生（41.4%）表示其最喜欢的电子娱乐方式是在课余时间用计算机看电影或电视；23.2%的学生表示是用电脑听音乐。同时也有 16.1%和 11.1%的学生表示课余时间最喜欢的电子娱乐方式是"上网聊天"和"玩游戏"（见图 201）。

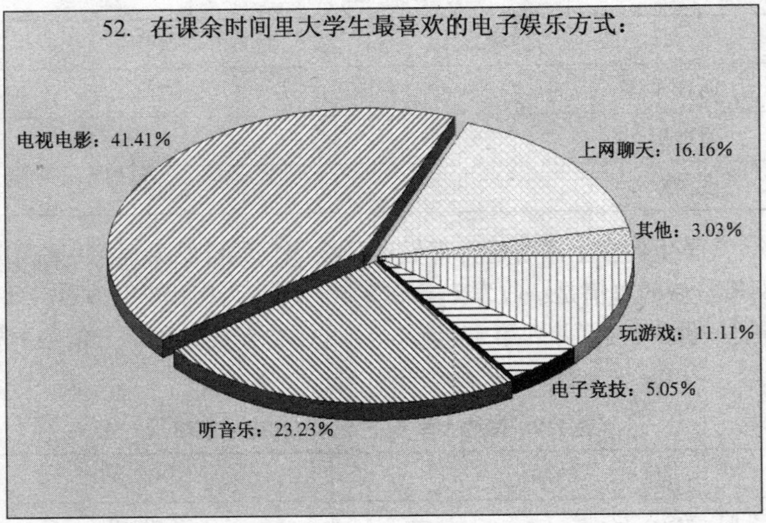

图 201　国内大学生在课余时间的电子娱乐方式

应该说，在课余时间利用计算机或上网来放松一下是很正常的事情，但问题是，由于年龄、自制力以及性格等差异，有一些学生由于过分沉迷于上网或玩游戏而影响了学习。在调查中，无论是在大学生中还是在高校教师中，受访者都对目前大学生过度迷恋上网或玩游戏表示了相当的关注。例如，在教师问卷中，有超过一半教师(62.0%)表示，在其所教的学生中曾经出现过因迷恋上网和玩电脑游戏而影响学业，甚至退学的情况。同时，在大学生调查问卷中，有超过一半的受访学生(62.0%)表示，在自己周围的同学中确实有个别因此而影响学习；将近四分之一的学生(22.0%)表示，在周围的同学中，因此而影响学习的同学为数不少。

关于电脑游戏对于大学生的负面影响，有参加调查的同学在问卷中写道：

"你是不知道有多少学生沉迷于游戏难以自拔。我只想说：它是一把双刃剑。"

"针对目前学生中普遍存在的游戏成瘾现象，学校确实应该发动辅导员、学生干部和广大同学，在积极宣传的同时开展各种丰富多彩的文化体育活动，并注重对学生心理健康的培养和自制能力的锻炼，真正将学生从网络游戏的深渊中挽救回来。"

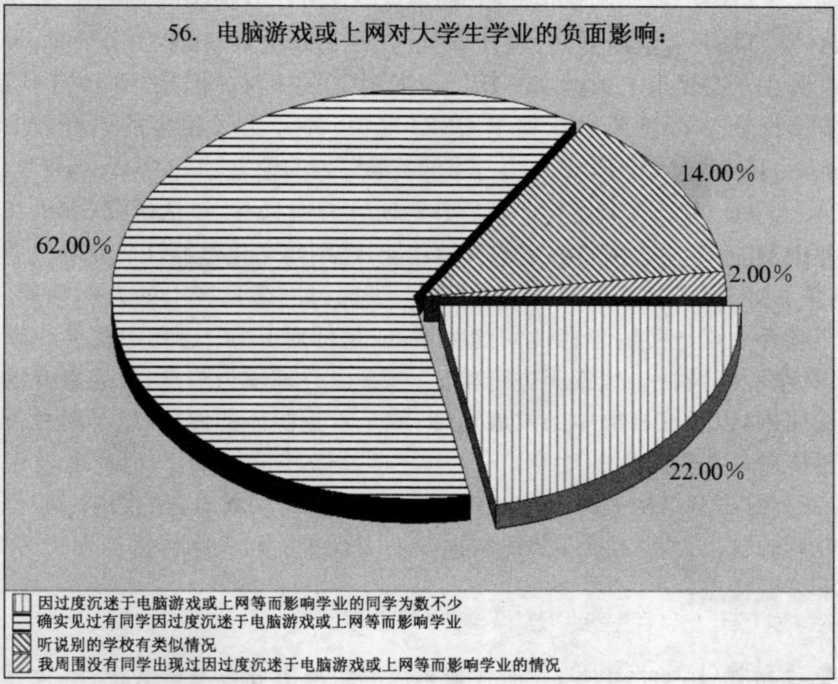

图 202　电脑游戏和上网对大学生的负面影响

研究者认为，高校今后在制度和学生辅导等方面加强对于学生使用计算机和网络的引导和帮助，为学生提供各种形式的心理咨询、正确使用网络指导等，应该同样是校园信息化建设中一个非常重要的方面。

3. 校园盛行基于计算机的交流，学生对 BBS 实名管理的看法反应不一

近年来，鉴于计算机和网络通讯技术对于当代大学生学习、生活和群体特征的深刻影响，有学者提出了“校园网络亚传播圈”的理论。这种观点认为，在高校校园中，校园网络媒介的作用实际上已超过报纸、广播和电视等传统大众传播媒介，成为大学生了解校内外信息和进行社会交际活动的主要途径。研究者认为，“在网络人际交往方面，随着年级的升高，大学生在网上的人际交往逐渐以大学班集体同学以及其他学生组织的同学为主，校园网络逐渐成为他们网上人际交往活动的主要场所。而在大学生的休闲娱乐活动方面，校园网络媒介的作用也非常显著……”

实际上，这种“校园网亚传播圈”的观点与国外学者提出的“基于计算机的交流”①有密切联系。众所周知，当计算机网络于 20 世纪 60 年代出现时，最主要的目的是用于交换电子数据，并未用于人际沟通的工具。但是，到 70 年代后期，国外许多社会学研究者注意到了 CMC 现象，并开始了相应的研究，如 Starr Roxanne Hiltz 与 Murray Turoff 于 1978 年发表的论著“The Network Nation”是 CMC 早期研究的经典之作。其后各种研究纷纷兴起，包括研究 CMC 在组织或企业中功能，专注于网络教室的教学功能，性别与文化差异性研究等。整体来看，有关 CMC 的相关研究可分为三类：一是探讨网络系统上的人际沟通问题。着重于媒介系统与使用者特性间的关系，或是针对 CMC 过程中社会心理学的因素、社会脉络及社会线索等进行检证；二是以心理学为焦点，研究媒介的传布与采用原因，以及在社群中的发展情形；或是着重媒体的评估，以了解社群或个人使用传播科技后产生的改变；三是语言学及修辞学的研究，研究者发现许多 CMC 特有的语意结构或内容，以解释传播科技对文字或语言的影响。根据近年来研究者的成果，通常认为，CMS 同时具有大众传播与人际传播的表现形式，带有以下显著特点：

◉ 互动性(Interactive)：指新传播系统有向使用者回复的功能，就像与一个人交谈一样。新媒体是互动的，这是旧式媒介无法作到的；新媒体也比面对面的传播更具潜力、可接触更多的个人。所以新媒体综合了大众媒体与人际传播的某些特质，它可以让使用者自行控制传播的过程，并同时兼具传播者与受播者的身份；

◉ 小众化(de-massified)：所谓“小众化”是指大众传播系统的控制权由传统的信息制造者移至信息消费者。与传统的大众媒体相比，新传播科技具有高度的小众化特性；

◉ 异步性(asynchronous)：异步性是指传播系统的控制权，一部分由来源转移至接收者，能够让个人在较适宜的时间里收发讯息。参与者不需要同时处在传播的情境中，这种超越时间的能力，是影响传播过程的一个变量，时间的控制权操纵在接收者的手中。

对于处于大学校园中的学生来说，由于校园通常为其提供了相当完备和方

① 基于计算机的交流：Computer-mediated Communication，简称 CMC，是指那些以计算机网络为传播媒介的信息交流和沟通行为。

便的网络基础设施，使得大学生对于网络的使用频率可以说是目前所有上网者群体中最高的，因而也导致了大学生对于网络的依赖程度不断上升。对于信息传播、社会交际以及工作学习等活动来说，其他一些社会群体可能多数仍然遵循着传统的模式来进行，而大学生则已经将其主要内容转移至网络之上。例如，E-mail通讯和 IM 交流在大学生群体中已具有超过传统电话交流的趋势；BBS 和聊天室等异步通讯方式同样也成为大学生们所青睐的日常交流工具。正如有学者所指出的，“在这种情况下，大学生们把他们的注意力集中在校园网络，在信息获取、人际交往、休闲娱乐等主要网络活动上对校园网络形成依赖，由此而形成校园网络亚传播圈。”

谈到校园中基于网络的传播与交流，就不能不谈到在大学校园中的“电子公告板”(BBS)①。如同 Internet 一样，BBS 在国内的发展历史并不长。据文献记录，大约是从 1991 年开始，国内开始出现 BBS 站点，但由于当时国内计算机硬件和互联网正处于起步阶段，因此发展非常缓慢。直到 1994 年，随着国内互联网接入服务的开始，尤其是 CERNET 的开始建设，BBS 开始在国内高校中出现。1995 年，清华大学的学生创建了 SMTH(水木清华)，成为国内高校的第一个 BBS 网站。由于清华大学本身的影响，再加之 BBS 这种新颖的交流方式，SMTH 的出现在国内高校中产生了巨大影响。在短短数年内，它就拥有数十万注册用户，同时在线人数经常超万人。此时，从技术角度来说，BBS 仍然处于 Telnet② 阶段，用户只能以 TELNET 方式来登录 BBS，基于 WWW 的论坛还尚未广泛应用。由于 TELNET 界面简陋，操作烦琐，使用者必须具备一定的技能操作，因此在当时多为专业人员使用。在高校中也是同样如此，多数情况下只有那些理工背景的大学生才有可能熟练使用 Telnet 方式的 BBS。不过，到 1996 年之后，随着技术的进步和互联网的逐步普及，BBS 在国内校园中以惊人的速度发展起来③。

---

① BBS：Bulletin Board System，即“电子公告板”。BBS 系统最初是为了给计算机爱好者提供一个互相交流的地方。70 年代后期，计算机用户数目很少且用户之间相距很远。因此，BBS 系统提供了一个简单方便的交流方式，用户通过 BBS 可以交换软件和信息。到今天，BBS 用户已扩展到各行各业，除原先的计算机爱好者们外，商用 BBS 用户、学校、研究机构、环境组织、宗教组织及其他各种团体也加入了这个行列。

② Telnet：Internet 上的远程访问工具，是 Internet 上最早提供的常用服务之一。利用它，在网络通信协议的支持下，用户计算机暂时成为远程计算机终端，从而可以使用对方远程计算机对外开放的所有资源。Telnet 远程登录的使用主要有两种情况。第一种是用户在远程主机上有自己的账号(Account)；第二种是许多 Internet 主机为用户提供了某种形式的公共 Telnet 信息资源，这种资源对于每一个 Telnet 用户都是开放的。

③ 本书附录 A 是目前国内比较著名的高校 BBS 名单。

无论国内外，近几年来BBS在高校校园中已成为一种流行校园文化，几乎成为绝大部分学生日常生活的一部分。许多学生一有空就上站“灌水”[①]，学生们经常因此而废寝忘食。BBS挟其特有的媒介特质，俨然成为校园中重要的媒介。有学者认为，之所以如此，是因为：“BBS这项媒介的匿名特质鲜明，尤其是BBS使用者通常以代号及昵称出在版面上交流。这种标示自我身份的符号，不但可以随时更改，还可以同时用好几个来代表。如此交流的特殊机制，让BBS使用者可以暂时抹除真实世界中的身份，摆脱既有身份和关系的约束，以新的自我来互动。和网下联系比起来，这种互动也相当有弹性，特别是使用者可以随时上站，决定以何种形象在线呈现，或者依据自己的兴趣与爱好，决定和什么人交往；必要时又可以随时抽身，中止在线联系”。

许多研究表明，计算机网络所提供的客观条件（例如成本低、突破互动空间和时间的限制等），有利于提高人与人之间的联系，让原本互不相识或者地理距离远的陌路之间互动交流。网络世界这种特殊交际工具所孕育的非传统式的人际交流关系，形成了异乎寻常的人际互动形态。有学者根据对大学生使用校园BBS的研究，提出了所谓的“BBS的陌路情境”理论，即大学生通过BBS而形成的一种虚拟的人际交往关系，这种人际关系的特点是网上“熟悉”和网下“陌生”的综合体现。确切地说，就是指学生们可以在BBS上相互聊天，无话不谈甚至成为一种基于网络的“知心”朋友。但在现实校园中，双方即使擦身而过，仍然是相互视为“陌路”，认不出对方。

当然，研究者认为，大学生在BBS上所形成的在线陌路之间的联系，未必像大都市街头上擦肩而过的陌生人那样毫不相干。实际上，由于校园BBS成员通常具有其明显的年龄、受教育背景和群体文化等共同特点，在网上交流和互动过程中，又可能有其他团体成员或背景相似者积极参与或旁观，所以，校园BBS的网络成员之间即使不相识，也比较容易互相产生较为强烈的认同感。换言之，“背景愈相同的人，或者兴趣愈接近、愈特殊的人，愈容易在网络上形成鲜明的亚文化群体。像BBS这种互动情境，更因为参与者多半为年轻、未婚的学生，明显具有共同的人口特征和社经背景，似乎更可能形成亚文化。”

如上所述，网络的匿名性特点是吸引上网者留恋网络甚至上网成瘾的一个重要影响因素。同样，校园BBS的匿名性也是激发学生热衷于网上“灌水”的一个重要原因。正如有学者所指出的，“匿名是CMC的重要特征，网络使用者多

---

① 灌水：大学生中流行的网络用语，意为在BBS上聊天。

是透过匿名方式互动，无法直接获知对方的性格、特质，以及所处的场景与情境。因此，使用网络系统的人际行为会因看不到对方而有‘群体极化’①的现象”。通常，这种“群体极化”在网络交际中可以分成两方面：一方面是计算机中介传播人际互动可能会相当公式化和缺乏感情要素；另一方面则可能因为匿名，而产生一些激动、情绪化行为。美国学者斯普瑞尔（Sproull）和凯兹（Kiesler）认为，在通过 CMC 进行网络交际时，由于在网络上看不到对方的社会背景、姓名、年龄、面貌等线索，人际沟通时可以摆脱面对面时会产生的束缚，因此产生更多的自我表白、非抑制的人际互动。台湾学者吴姝蒨也在研究中发现，网友 CMC 不仅扩展人际交往的范围，而且其发展过程与现实中人际感情关系发展类似，也有亲密关系与情感互动的出现；而 BBS 使用者隐藏于某代号之后，产生的自我表白、想象与期待，使得网络上的虚拟人际关系获得现实生活的人际情感与亲密关系的满足。

但另一方面，上述 BBS 的这些特性同时也存在着非常大的危机。因为匿名，许多学生在网络交际过程中变得非常勇敢、莽撞，甚至不计后果。恶意中伤、恶言相向、随便侮辱别人等都是司空见惯的事。也有人对教师或同学有成见或有过节，而在 BBS 上予以威胁、辱骂和诽谤。对于上述情况，台湾学者洪秀雄曾提出应严格控制校园 BBS 的使用：“归根结底，‘匿名’即使不是罪魁祸首，最少也是重要的助力。表面上看，BBS 提供一个相当畅通的沟通渠道，可是事实上，在校园 BBS 上很常见的情形是：有人由于误解或缺乏了解而提出某种批评，很快就会有人不甘寂寞跟着起哄，而加深误解。这些误解，本来用传统的方式面对面交谈，至多再检验一下证据文件就可以冰释的，可是在有了可以匿名的媒体以后，绝大多数人不会挺身而出，去面对面沟通，因为那样就暴露了自己的身份。其他的‘交谈’、‘寄信’的功能也同理。所以尽管使用者在 BBS 上和别人沟通，似乎是增进人际关系，其实他们面对的是他自以为的虚拟的人，而当需要面对真正的人时却又退缩了。可见 BBS 有激发颠覆伦理、超越规范、双面人格甚至于犯罪的潜意识的效果，而且对人际关系的增进应该是负面的比正面的为多；除非

① 群体极化（Group Polarization）：James Stoner (1961)和 Nordhoy (1962)提出的一种理论，指一个人在经过与群体讨论后所作的决定，往往是比讨论前更为冒险的决定，所以称之为“风险移转”（risky shift）；另一方面，有些决策在讨论后更明显地趋向保守谨慎，故称之为“谨慎移转”（cautious shift）。不论是风险移转或谨慎移转，后来在群体决策的研究领域中都统称为“群体极化”现象。后来，凯斯·桑斯坦（Cass Sunstein）据此提出了“网络群体极化”（Internet group polarization），认为由于网络为人们提供了一个可以对信息进行系统性过滤的环境，大家只选择接受合乎自己观点且不断强化这些观点的信息，所对话、沟通的对象很容易集中于观点类似者，渐渐走入一个自己也未能察觉的集体偏见立场。

有合理的规范。”

近年来，基于对校园 BBS 匿名性可能给学校教学和管理带来的一些现实或潜在的问题，一些学者和有关部门开始关注校园 BBS 的管理问题。2004 年，教育部明确提出：“高校校园网 BBS 是校内网络用户信息交流的平台，要严格实行用户实名注册制度。要加强对校园网 BBS 的规范和管理，及时发现和删除各类有害信息。对有害信息防范不力的要限期整改，对有害信息蔓延、管理失控的要依法予以关闭。要建立和完善校园网络安全防护、信息过滤、信息适时监测与跟踪、路由路径控制等系统，构建网络技术防控体系。”随后，在 2005 年，国内许多高校的 BBS 开始实施实名制管理，例如清华大学水木清华 BBS，北大未名、南大小百合、复旦日月光华等。应该说，高校对 BBS 实行实名制管理并非是一项孤立的行动，而是国内对于互联网实施整体治理的一个方面。因为其后不久，信息产业部就开始实施《非经营性互联网信息服务备案管理办法》，要求对所有非经营性个人网站实行实名制登记；信息产业部和文化部又联合下发《关于网络游戏发展和管理的若干意见》，其第十二点中明确规定“PK 类练级游戏应当通过身份证登陆，实行实名游戏制度，拒绝未成年人登录进入”。不难想象，上述这些管理政策的实施在大学生中所引起的影响是相当广泛的，不仅表现在高校学生群体中，同时在社会各界也引起了许多争论。

北京大学的调查发现，在被调查的高校中，已有 27%的院校 BBS 开始实施实名制管理，23%的院校正计划实施实名制管理。同时对于在 BBS 上实施实名制管理，近一半(47%)的高校教师表示赞同，同时也有近三分之一(29%)的教师认为没必要这样做(见图 203)。

在调查中，一位从事学生管理的教师对 BBS 实名制问题颇有想法，他在问卷中这样写道：

> “现在的学生与以前的大不相同，他们从小成长的环境不同，对事物的看法也有自己的特点，因此在学生管理方式上可能也需要有所变化。由于有了互联网，现在大学生的视野和眼界都比较开阔，因而想法也比较多。为他们提供一个校园 BBS 来作为讨论和交流的场所，总体来说是一个比较好的方式，也算是一个思想的‘泄洪口’吧，让学生们把平时在教室中不敢说或不愿说的想法在此无保留地谈出，而且同学们之间可以展开讨论，对于那些可能自己意识不到但实际上不现实或偏激的想法和观点，其他同学也可以及时指出，及时改正。一般情况下，学生们对于同学提出的意见都比较容易

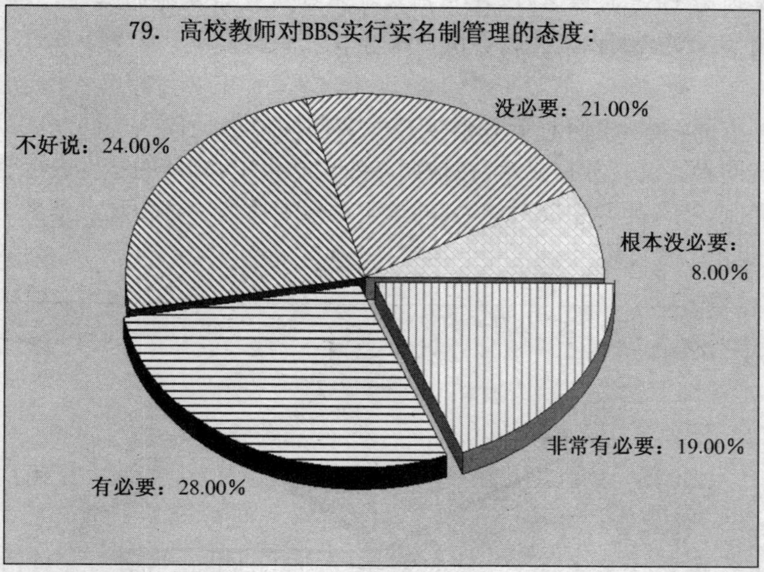

图 203　高校教师对 BBS 实名制的看法

接受，不易产生逆反心理。所以说，简单地使用实名制来管理校园 BBS 似乎必要性不大，因为相对于校外的网络环境来说，校园 BBS 总体来说还是比较健康的，即使其中有一些涉及政治性的话题，总体来说年轻学生们有一些看法也是正常的。但一旦实行实名，许多学生可能就不愿再发表真实的想法，这样对于学生的教育和管理反而并不好，因为教师连学生的想法都无法了解，如何又能有的放矢地管理学生呢？”

与此同时，也有一些教师对实施 BBS 实名制管理表示赞同，认为实名制有助于使学生对自己发表的言论负责，不至于由于匿名而在 BBS 上信口开河造成不良影响。一位教师指出：

“不能由于是在网络上就对自己发表的言论不负责任，网络是虚拟的，但网络的使用者是现实的。现在学生在校园 BBS 上有些话题和言论已经超出了聊天的范围，有时甚至带有非常强烈的情绪色彩。就拿我们学校来说，已经发生过好几次由于学生对教师给的成绩不满意而在校园 BBS 上发布一些对任课教师的攻击性言论，散布一些对教师的毫无根据的指责甚至漫骂，对教师的教学产生了非常不利的影响。我认为，学生之所以这样做，就是因为 BBS 的匿名性，反正别人也不知道是谁发布的信息，只图自己一时痛快。实名制以后应该会有所改善。”

另一方面，大学生们对于 BBS 实施实名制同样也是各执一词，既有反对者，也不乏赞同者。调查数据显示，在被调查的大学生中，32%的学生表示赞同 BBS 实施实名制，38%的学生反对，30%的学生表示无所谓。三种观点基本上各占三分之一(见图 204)。

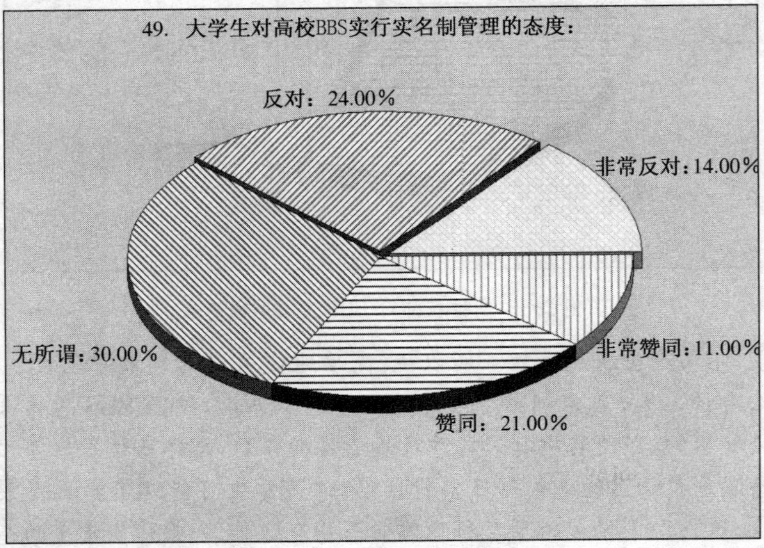

图 204　大学生对 BBS 实名制的看法

在问卷中，那些对校园 BBS 实名制表示反对的同学，其理由主要分为以下几类：

一是认为校园 BBS 对于大学生的主要魅力就在于其匿名性，使得学生敢于说一些在现实生活中由于各种因素而敢怒不敢言的事情。而一旦实名，许多学生会基于各种现实的考虑而不再发言，校园 BBS 也就失去了其存在的价值。例如，有学生在问卷中写道：

“BBS之所以吸引人，在很大程度上在于它的非实名制，在于它为用户提供了一个相对‘安全’的环境，充分体现了网络的虚拟性，让很多在现实世界无法实现的交流得以实现。一旦实行校园 BBS 的实名制，那么网络的魅力将荡然无存。而且，不但BBS失去了自身魅力，甚至会给很多同学的生活带来麻烦，不但达不到交流的目的，甚至BBS本身将会失去活力，直至消亡。试想：在平时的课堂讨论中或者其他面对面的讨论中，有许多言语是不便直接说出的，或者有些个人情绪是难于表露的，在BBS中，就可以真实地表达自己的想法，相反，一旦实行实名制，谁愿意说出真心话？而且面对面交流的时候，话说过去就不存在了，实名制的BBS下，话说了不仅存在，而且和自己的名字紧紧联系在一起，谁还会有真实的心声?！总之，这个时代需要真实的声音，需要真实的文字，需要真实的情感。在不违反政策的前提下，用狠一点，猛一点的方式讲真话，依然是目前最为紧缺的稀有资源！所以，我不希望看到有一天BBS变成实名制，如果真有那么一天，那必将是BBS从高校消亡的开始。实名制的BBS失去了真实、失去了乐趣、失去了它存在的价值！”

“因为BBS毕竟是虚拟的活动空间，虚拟的ID可以显现自己的个性特点，不必为了管理的方便而特地扼杀这点；还有，虚拟的ID可以让自己能够更大胆地（注意：不是乱来的，恶意的）发表一些建议和意见，因此，我反对BBS采取实名制管理。”

二是认为实行实名制后，可能使学生们失去一个能够发泄情绪的途径，当学生生活或心理出现问题时，无法再像以前那样在不暴露身份的前提下通过BBS获得帮助。

“BBS所构建的虚拟社会恰恰提供了这样的渠道。BBS作为一个虚拟空间，可以使人们在不暴露自己的情况下，去与他人进行交流，也可以按照自己的意愿去接触与使用信息。因此，BBS通常也被看做是一个减压阀，大学生在BBS中减轻压力的主要方式有：通过接触轻松的信息，改变自己的心情；通过聊天室、BBS等发表自己在现实空间不敢发表的言论，或者通过与他人辩论、争吵以宣泄不满情绪。起到了一个很好的疏通渠道的作用，也起到了民主化的推动作用。这不仅对个人，还对社会的民主化进程起到了良好的推动作用。”

“自己本来有些事是不方便同别人说的，不采取实名制就可以把自己很多心里话讲出来！”

“有的大学生现在的心理压力很大，BBS是一个发泄的地方。我觉得如果实行实名制管理，那上的人就不会有多少了。而且学校还有可能对那些言论有些偏激的人进行处理。”

“校园BBS是同学畅所欲言的地方，使用实名会使学生发言积极性受挫，不利于真正了解学生对学校和社会中一些普遍问题的看法，进而对学校把握学生心理趋向造成困难。”

“条件不成熟，是否实行实名制应该尊重主流民意。非实名制使人们在没有顾虑的情况下抒发或悲或喜、或好或坏的情感，尤其是不满情绪，在虚拟世界发泄减少了在现实生活中发泄，有利于排解冲突和维护社会稳定。”

“没有言论自由，提出反对意见后马上就被训话，学生的真实想法无法得到表达，失去了宣泄的渠道。当代大学生并不是刁民，大家都有自己的看法与观点，一些比较反动的言论是出自对社会的不满和失望，互联网只是大家宣泄的工具，大学生的理性和判断能力还是有的。疏的作用是大于堵的。”

三是有学生认为，BBS实名制后对于各高校的学生之间进行学术、资料和思想交流会产生障碍作用。有学生指出：

“实名制损害了本校以外人员的权利，他们不能在论坛上发表意见或是寻求帮助，事实上将大学与外界交流的平台封闭起来，也不利于校内学生的发展。大学的教育资源不是仅属于本校学生的，更不是某些人私有的，作为国家性的财富，它应该属于全体国民。实名制的初衷或许是为了保护一所学校的纯净，但是它真实地侵害了绝大多数人获取信息与知识的权利。这与自由共享的网络精神也是背道而驰的。”

“BBS应是大学生们进行交流的地方，我们学校的BBS没人气，非常想上外校的BBS，北大未名的学术气氛很浓，时有牛人出现，但现在只能看而不能‘说’，我想跟中科大的同学交流机器人的话题，可是我无法通过认证，又没有同学在中科大。”

“约束了学习、学术、思想等方面的交流。”

“学校的BBS如果认IP的话，毕业了还能回BBS逛？实行实名制想到外校BBS注册很难，浏览不方便。”

“有些著名的大学实行实名制度以后，有很多好的资料都无法共享。”

“校外想考研究生的同学不能登录那所学校的BBS，严重影响信息来源。”

“使大学BBS变得封闭，限制了学校内外的交流，一个开放的系统，才能得到健康发展！”

确实，正如有研究者所指出的，由于互联网在信息传播过程中重要性的逐步上升，校园网BBS所传达的实际上是一种新型的社会舆论类型——“网络舆论”，若管理和引导得当，将会对学生管理产生重要的积极作用。一些学者认为，目前，在网络上所传播的那种由群体性、广泛性和倾向性的意见或言论所组成的“网络舆论”①已经成为社会舆论力量的一个重要的组织部分。与传统媒体相比，网络舆论具有明显的优势，例如信息的海量、专门性和快捷性；信息传播的同时性、个人化和交互性；声音、画面、文字的一体性。但与此同时，网络舆论也存在一些不足：缺乏严谨性、深刻性和权威性，尤其突出的是，由于网络舆论是一种带有典型情绪性色彩的社会群体舆论形式，谩骂与攻击是网络上随处可见的现象。另一方面，由于网络信息缺乏传统媒体的监督审查监管体系，而论坛的管理员或所谓“版主”在现有条件下又很难扮演传统媒体的审查职能，因此很容易出现隐私披露与虚假信息发布等问题，许多未经核实的道听途说消息都现身于网络。

反映在校园的BBS上，上述情况同样也经常出现，由于大学生的年龄和心理特点的影响，在BBS上由观点的争论而引发的相互漫骂的事情时有发生。而且，上述老师在问卷中所提及的学生通过校园BBS来对教师施加舆论压力而达到自己某种目的的情况也是存在的，例如2004年北京大学发生的“阿甘事件”②。实际上，这种情况不仅国内存在，在国外高校中同样亦是如此。但是，与国内不同的是，国外高校并非采取实名制来进行控制，而是更多地通过法律手段进行管理，例如，当网络上出现不负责任的言论或针对某人不实之词时，通过技术手段找出发文者并通过正常的法律手段予以制裁，使得其他人引以为戒，规范

---

① 网络舆论：是在互联网上传播的公众对某一焦点所表现出的有一定影响力的、带倾向性的意见或言论。在中国，多数学者的看法是，网络舆论主要由网络中的媒体言论与BBS及新闻跟帖共同反映与形成。有学者认为，网络舆论是民意的一种反映形式。民意通常以3种形态表现出来：潜舆论、显舆论和行为舆论。网上的舆论多是处在潜舆论形态，多是一种情绪性的宣泄。

② 2004年3月13日，甘德怀参加了北京大学法律博士生入学考试。4月8日，北大研究生院在网上公布了笔试成绩，甘德怀的笔试成绩在全国67个法理学考生中名列第一，专业课法理学的单科成绩也是第一。但在后来3人参加的复试中，甘德怀被刷了下来。甘由此质疑此次博士招生的公正性，并于7月9日，将一篇题为《我的北大考博经历》的文章贴到了以“学术打假”著称的“新语丝”网站上，并由此在网络上引发一场对博士生招生录取方式的争论。

自己在BBS上的言行。这种方法总体来说还是比较适合于高校这种文化氛围比较浓厚的机构的，同时也有助于充分发挥BBS在学校教育中的积极作用，为师生之间提供一方便快捷的交流工具。另外，台湾高校的一些措施也值得我们借鉴。1997年，为解决校园BBS匿名所带来的问题，“台湾学术网”(TANet)就制订“BBS站管理使用公约”。其公约中明白表示：禁止利用BBS传送或发表具威胁性、猥亵性、攻击性的资料及文章；避免在公众讨论区讨论私人事务，发布文章时，尊重他人的权益及隐私。而各站之管理人与相关版主须为其版内之文章发布做适切的选择，必要时删除不适切的文章。这种管理制度对于规范校园BBS起到一定作用。

(三) 国内高校师生对校园信息化的意见与建议

在调查过程中，研究者也收集到了高校师生对于校园信息化建设方面的一些意见和建议。例如，在教师问卷中，当问及对校园信息化建设的意见或建议时，参加调查教师提出的意见主要集中在校园服务、信息系统建设、硬件经费投入、教师IT培训和网络规范管理等方面(见图205)。

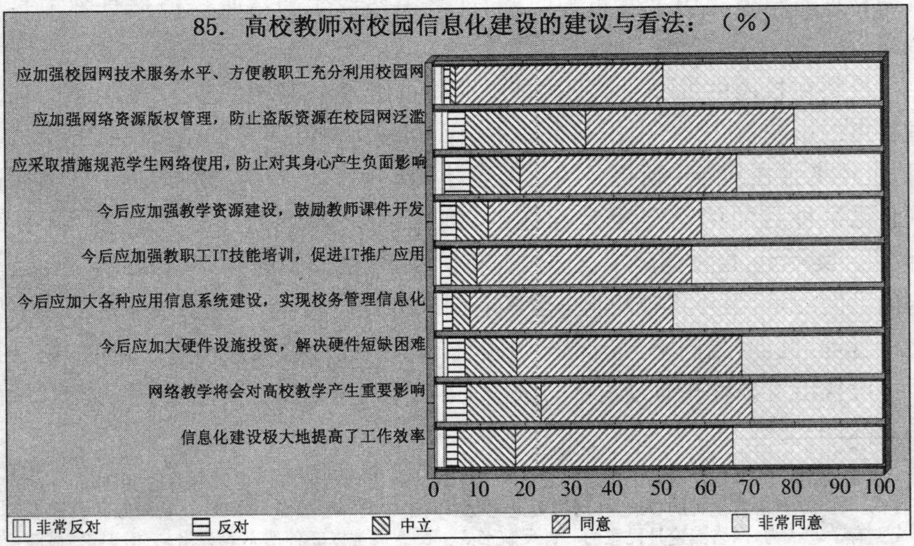

图205　高校教师对校园信息化的建议与意见

整体来看，虽然还是有一些教师指出在硬件设备方面尚需要进一步增加投入，但与2004年调查的结果相比，多数高校已基本上完成校园网络的基础设施建设，开始更多地关注各种管理信息系统的建设与应用情况。例如，有教师在问卷中写道：

“硬件设施虽然基本完善，但是缺乏管理。需要使用信息化设施的部门和老师得不到满足，而不需要的又占有部分资源。”

“硬件建设已基本到位，目前主要存在的问题是如何应用于教学实践。”

“目前硬件投入还可以，但使用率不高，网络教学几乎为零。网络管理系统不到位。目前学校已建立网络学习平台，大部分教师和学生没有适应这种学习方式，或者由于硬件条件的欠缺，很多教师上网答疑次数为零，学校应加强网络课堂建设，引导师生课后交流与互动；同时广泛开发网络课件，进一步吸引学生，提高学生自主学习的机会和能力。”

同时，也有教师在调查中指出校园信息化建设过程中学校各部门之间的相互协调问题，认为这是影响应用效率的一个重要影响因素。例如，有教师在问卷中谈到：

“应该在整合和系统集成上下工夫，公共数据库的建设已经开始了一段时间，但要督促各个部门把自己部门的管理服务功能与公共数据库的维护结合起来，还需要花很大工夫。”

“未实现部门之间及部门内部科室之间的信息交流与共享，使得有些工作重复，效率低下。”

“没有一个整合的部门具体负责校园信息化建设，各个部门都是独立单干，浪费资源且资源不能有效利用，而且学生上网不太方便，无法利用网络资源。”

“绝大多数高校没有统一规划、建设全校的网络管理系统，各个部门、院系相对独立地设计管理系统或简单的网页，系统性不强，作用不大，浪费资源。”

“个人感觉，我校在教学信息化上的硬件投入还是很大的，但目前在校园教学信息化、校园管理信息化、校园服务信息化等各方面的发展都是单独进行的；校园信息化的建设应该是一个整合统一的系统建设过程，个人认为不应该割裂开来单独发展，对于学校内的各种资源应该共享使用，统一协调，同时校园信息化应该突出对教学信息化的投入。”

此外，也有一些教师对于管理信息系统之间的信息共享、数据结构、身份认证以及教学信息化建设提出了自己的看法：

"存在的主要问题是：数据异构问题、一卡通问题、身份认证问题、资源库建设问题、网上支付问题，等等。"

"教学信息资源不足(如网络课程、课件等)，网上答疑的课程较少，未能在全校范围内应用网上办公系统进行办公，各部门的数据不统一，影响相互利用资源。"

"兼具技术和业务水平的人员太少，已有的人或者是计算机的技术人员，或者是单纯的工作业务人员，因此有技术而无人会用、业务需要技术却无人去做的情况较突出；各部门的信息共享、较完善的信息平台建设明显不足。"

"技术开发与教学结合并不紧密，特别是一些教室还没有多媒体设备，造成在教学过程中无法应用多媒体。现在课件制作的版权问题应当慎重考虑，比如在教学中引用别人的东西怎样处理版权问题?"

"1. 首要的问题是教育资源建设。现在很多院校过于重视硬件建设而忽略了教育资源建设问题，造成'路修好，路上无车可跑；车买好，车上无货可载'现象。2. 教师的教育技术培训。硬件设施、软件资源等等都建设完备，但若教师没有相应意识，没有相应能力。一切将大打折扣。3. 行政管理人员的信息化意识。考虑实际情况，改变行政职能部门的意识，也是非常重要的一个方面。可以使信息化建设工作顺利、高效开展。"

另一方面，在大学生问卷中，当谈及对自己所在学校的校园信息化建设的满意程度时，近一半的学生(41%)表示满意，同时45%的学生认为自己所在学校的信息化建设一般。只有14%的学生表示对学校信息化建设不满意。从回答学生的院校类型来看，越是比较有名的高校，其学生对学校的信息化建设的满意度也越高，这可能与名校在信息化建设方面较为充足的经费投入有一定关系。

对于目前校园信息化建设中存在的主要问题，调查数据显示，学生们反映比较强烈的问题主要集中于校园网的速度和稳定性、校园网提供的服务项目和资源、国际网流量费、以及学校机房计算机的数量和配置不能满足要求等(见表120)。

表 120　大学生认为目前校园信息化存在的主要问题

问题选项	百分比
网络速度太慢	49.30%
校园网不稳定,经常断网	38.40%
学校提供的网络服务项目太少	32.00%
访问国外网站时流量费太贵	26.00%
网络中心服务差	24.30%
校内机房的计算机配置太落后	23.90%
校园网上与学习有关的资源太少	23.20%
校园网收费太高	21.00%
校内机房的计算机太少,不够用	19.80%
校园网的病毒太多	18.50%
宿舍里尚未联网	9.00%
校园网上盗版资源太多	6.60%

调查中,研究者发现,近一半的大学生(49.3%)抱怨校园网的速度太慢。不过,需要指出的是,这里学生所说的"网络速度太慢",一方面指的是"与CERNET网外的连接速度不够快",另一方面则是指"访问国外网站速度太慢"。同时,在校园网内实际上并不存在速度慢的问题,因为相对于 ADSL 等上网方式来说,高校的主干网带宽通常都在 100M 或 1 000M 以上,即使到桌面 100M 的带宽也很常见,对于一般应用来说,这种带宽已足够使用。在校园网内,学生们反映最为强烈的就是网络的稳定性较差、经常断网和过高的上国外网站的国际流量费,学生们怨言颇多。有学生在问卷中写道:

"与公众网接口速度太慢,出国速度慢。"

"最好能降低国外网价格,每次找代理太麻烦了,况且目前来说要寻求新资料都要能出国。"

"由于在校使用电脑做作业的几率很大,经常要泡在电脑房好几个小时,甚至是一天的,导致我们的钱用掉很多(2 元/小时),基于上述情况,价格上能够便宜些,最好是让本校的学生免费使用网络!"

"校园网是广大同学利用最多的网络,针对目前存在的问题,我提出一些建议：一、学校网络中心要进一步加大投入，加强校园网络安全改造，为广大同学提供一个安全舒适的上网环境，阻止病毒侵害。二、提高校园网络维护的技术水平，进一步解决网络稳定问题，彻底解决高峰期的网络拥挤堵塞问题。三、加大校园网络资源开发力度，为同学们提供内容更为丰富、形式更加多样化的服务，诸如开放更多 FTP 站点等。四、网络收费的价格还应该再低一些，学校不应该把网络收费作为盈利的渠道，象征性地收费是可以的，但是这个'象征'，也不要太离谱，应该充分听取同学们的意见。"

"我校是按流量收费的，而且每晚 12 点断网，网速慢不说，还经常断。有的时候急于上网查资料，可就是没网。希望学校真正地从学生角度出发，不要有那些冠冕堂皇的理由。"

"我校的校园信息化建设和周边地区的其他高校比起来处于领先地位，但是在校园里面使用网络还有很大的限制，一般只能在国内网站晃悠，如果想找点国外网上的资料就相对困难不少。建议学校申请代理，方便访问国外网站。另外对于学校个人及网管的 FTP 上的内容应予以适当监管，不要出现太多的会影响到学生学习的内容。"

"适当加大网络带宽，特别是改进上外网的效率，提高稳定性，适当减免网络收费；增加网络使用费用的收取形式，比如可以有包月的，也有实时计时收费等等，满足不同的上网需求；在教室与图书馆等地建立网络终端，使得那些已经缴交费用有了个人网络账户的同学利用笔记本电脑等设施随时随地可以上网；也可以在这些地方建立服务网络终端，实现随时随地无线上网。"

"上国际网费用过高，以至于绝大部分同学都选用免费国际网代理。实际上，在边际成本较低的情况下，网络中心完全可以大幅降低收费，为学生提供稳定、高速的代理。另外，网络中心的收费时不时地出差错，引起不少同学不满，而这是完全可以避免的。"

其中，关于从教育网内上国际网的费用太高的问题，在 2004 年的调查中也是大学生们反映最为强烈的问题之一。CERNET 自建网开始就执行着一种与电信公司管理的公众网完全不同的收费政策，即国内站点可免费浏览，但上国际网则需要交费。虽然近年来随着硬件基础设施的不断改善，CERNET 的国际流量费用在不断下降，但在调查中，许多大学生仍然对于 CERNET 的收费政策表示不满意。在参加调查的学生中，许多学生，尤其是研究生指出，由于自己在学习过程中经常需要上国外的网站查找文献资料，但昂贵的国际流量费使得他们不得不在网上到处找免费的代理服务器(这实际上是一种违法行为)，浪费了大量的时间。实际上，不仅学生们认为 CERNET 的国际流量费高，即使是在参加调查的高校老师中，也有一些教师认为出国费用太高。因此，降低教育网的国际流量费目前已经成为师生共同的愿望。与此同时，也有一部分高校的学生对于 CERNET 的网络服务质量和水平表示了强烈不满：

"学校的都是赛尔的在着手这一切，很失望。服务态度差，这可能是他们是教育网的主宰者，所以态度差。"

"我校的校园网是赛尔公司负责的，但公司一是不对校园网管中心的人进行技术培训，二是一旦流量异常就一股脑推责任给学生，不下力气查出究竟，导致我校校园网近半年来频频断网(2—3 分钟一次)，没有人能来对此负责。"

"希望学校和赛尔多沟通把大三大四网费降下来服务态度好一点速度比拨号快一点，希望校园网可由电信与赛尔竞争提高整体服务质量，希望取消实名制 BBS 替之以严格的信息管理(BBS 要有专员 24 小时值班管理)。"

"校园信息化是一个必然的趋势，可是校园信息化要以人为本，很多学校为校园信息化投入不少，却得不到使用者(包括老师和学生)的满意，应该优化校园信息化系统，加强校园网络管理，提高管理人员的专业水平和服务意识。"

除此之外，也有一部分学生对于校园网的内容管理、软件使用以及利用网络进行交流提出了自己的看法：

"对于校园信息化建设应该规范化，对在其中发表的内容应进行审查后再加以发表，因其中有一部分内容可能带有色情性、反动性等不符合在校园网内传播的内容，所以应给其制定一个规则，利用此规则来规范校园网，让其能健康地发展。"

"我认为学校应该为学生提供更多的正版软件使用。学生的购买能力弱，很难购买正版软件，但是不能因此鼓励学生使用盗版。"

"加快网络管理，提高网络速度。学校领导通过网络与学生的交流能够多点，学生的反映能尽快答复(比如在 BBS 或 E-mail 通信)。"

五 研究结论及讨论

第一,从整体来看,我国多数高校的信息化建设已经基本结束大规模的硬件基础设施建设,开始逐渐步入管理信息系统的建设、应用与整合阶段。各高校信息化工作的重点也已经从以往的设备采购、安装向应用培训、资源建设和信息整合过渡。例如,从校园信息化的基础设施建设情况来看,多数高校的校园网络已初步建成,办公室、教室、实验室、图书馆和宿舍等主要校内建筑的网络布线和计算机配备率逐年上升。虽然在一些院校中仍然存在着硬件短缺的情况,但从总体来看,硬件设备目前已经基本上能够满足多数高校的需求;同时,在一些条件比较好的高校里,已开始向高一层次发展,例如升级校园网主干网的带宽,或者建设无线校园网络等。若从校园信息化建设的主要硬件指标上来看,国内高校的信息化硬件水平已与美国高校差距不大(见表121)。但是,若从应用水平来看,两者的差距还是比较明显的,例如,若按照电子校务管理的水平来看,多数美国高校已经达到"双方咨询"和"校务处理"的水平,而国内高校的校园网站建设绝大多数仍然处于"信息提供"或"单向咨询"阶段。

表121 中、美高校校园基础设施及应用服务比较

基础设施建设	美国高校	中国高校
使用无线网的比例	41.0%	29.7%
学生宿舍联网率	96.0%	81.0%
学生计算机拥有率	96.1%	73.7%
教室联网率	86.5%	16.9%
教室的计算机安装率	41.9%	28.6%
教室的投影仪安装率	50.0%	24.6%
教师办公室计算机安装率	100%	93%
教师办公室联网率	100%	97%
为教师提供 E-mail 服务比率	100%	92.0%
为学生提供 E-mail 服务比率	88.0%	62.0%

第二,在校园管理信息系统的建设过程中,依据高校不同部门之间的组织特

点、人员组成及工作方式等不同，各种管理信息系统的建设和应用状况也有所不同。概括来看，那些日常管理性、所涉及的数据量较大以及具有重复性工作特点的部门，如学生管理、教务管理、财务管理和人事管理等，其应用管理信息系统的时间比较早；同时，那些与教学科研相关的部门，如科研管理系统和课程管理系统，其应用时间则相对较靠后。此外，为加强校内各部门之间的信息交流与共享，越来越多的高校开始建立统一的校园管理信息系统。从中美高校的各类管理信息系统的应用情况来看(见表 122)，美国高校的总体应用水平显然要高于国内高校。不过，相比较而言，应用差距最大还是表现在课程管理系统(CMS)的应用方面，美国已有 90.1%的高校开始使用，而国内高校仅有 33.3%，其间的比例差距是各类信息系统之间最大的。这说明在教学信息化方面，国内高校的发展较为落后。

表 122　中国与美国高校各种信息系统的应用情况

信息系统建设	美国高校	中国高校
ERP/MIS	43.9%	30.0%
人事系统	95.4%	63.4%
学生信息系统	99.3%	71.2%
财务信息系统	99.0%	50.0%
科研管理系统	41.2%	61.2%
课程管理系统	90.1%	33.3%

第三，在高校教师应用信息技术方面，随着校园信息化建设的不断深入，信息通讯技术已成为高校教师工作中一个必不可少的工具，今后应积极推进高校网上教学的发展。越来越多的高校教师将 E-mail、PPT、各种网络资源、网络问卷、课程网站和网上教学作为教学工具(见表 123)。与美国高校教师的信息化教学工具应用情况相比，国内高校教师使用 E-mail 和 PPT 的比例要高一些，但是，在使用网络资源、在线问卷、课程网站和 CMS 方面则要比例低一些。可以明显看出，国内高校教师使用课程管理系统(CMS)进行教学的比例要远远低于美国教师。

表 123 中美高校教师教学技术应用情况比较

信息技术应用	美国高校的教师	中国高校的教师
在教学中使用 E-mail 的比例	76.5%	89.4%
在教学中使用 PPT 的比例	53.1%	85.10%
在教学中使用网络资源的比例	57.3%	40.40%
在教学中使用在线问卷的比例	19.9%	13.80%
建立课程网站的比例	40.1%	21.30%
经常使用 CMS 教学的比例	90.1%	12.8%

研究者认为,之所以如此,一个主要原因在于在国内高校各种信息系统中,CMS 的建成比例是最低的。根据分析,CMS 的使用成本太高是目前许多国内高校尚未采用的重要原因。在调查中,研究者发现,目前国内高校所使用的 CMS 主要有三类:一是学校自主开发的系统;二是购买其他高校开发的系统;三是直接购买商业公司的产品。通常情况下,只有那些具有非常强大的技术开发实力的高校才会选择自己来开发 CMS 系统(13%),多数高校都是购买其他高校开发的产品(53.3%);还有一部分高校也会选择购买商业 CMS 系统(20.0%)。但无论采用哪种方式,都需要大量的经费支出,尤其是商业公司出售的 CMS 系统高昂的价格使许多准备使用网上教学的高校望而却步①。根据目前国外高校信息化的经验,充分利用开放源代码的 CMS,是目前高校解决商业 CMS 价格过高的一个最佳的方案。例如,目前越来越多的美国高校开始使用开放源代码的课程管理系统,19%的美国高校在使用 MOODLE,13%的美国高校在使用 Sakai。而在国内参加调查的高校中,仅有 4 所高校表示正在使用开源课程管理系统。实际上,在校园信息化建设中充分利用开源软件,不仅可以大大降低使用成本,同时也能够根据学校的具体需要对系统进行相应的修改,适合各学校的个别化需要,对于提高校园信息化应用水平大有裨益。

第四,在大学生应用信息技术方面,与美国的大学生一样,许多国内大学生也已经步入"N 世代"的行列。电脑和校园网已经像日常必需品一样成为他们校园学习与生活的一个必不可少的组成部分,在日常生活和学习过程中扮演着越

① 例如,目前多数商业 CMS 都是按照注册学生数来支付年许可费。以国内某商业 CMS 为例,若学生数为 2 000 名,则学校每年需要支付近 9 万元。若一次性买断,则需要 25 万元左右。这还不包括 CMS 系统运行所需要的各种人员、维护和配套的软硬件费用。这对于那些中小规模的高校来说,几乎相当于一年的信息化经费预算总额,许多学校都无法承担这笔费用。

来越重要的角色(见表 124)。但需要注意的是,作为伴随着计算机和互联网而成长起来的大学生,其对信息技术工具的看法及其应用方式都与上一代大学生有着重要的区别,进而出现了一些教育者从未遇到的问题,如网络沉迷、游戏上瘾和电子剽窃等。这些都对教育者提出了新的挑战,需要教育研究者和管理者对上述问题进行深入探讨和研究,因势利导地提出解决问题的方案,使得信息技术成为大学生健康成长的促进工具而不是障碍物。

表 124　中美大学生信息技术应用情况比较

信息技术应用	美国大学生	中国大学生
信息检索方式	73%的学生利用互联网查资料的时间超过上图书馆	73%的大学生经常利用网络搜索引擎而不是图书馆查找学习资料
上网经常做的事情	“收发 E-mail”(99.7%)、“写作业”(98.9%)、“在网上查找有关写作业的文献资料”(98.4%)、“利用电子设备进行班组活动和研究”(96.2%)	“收发 E-mail”(50.8%)、“上 BBS”(45.3%),“查找各种学习相关的资料、信息”(36.7%),利用搜索引擎检索信息(27.1%),下载音乐、电影等(23.1%)
上网时间	每周使用电子设备的平均时间为 11—15 小时;使用电子设备进行课程学习的时间平均为 3—5 小时	28.2%的学生“每天上网 1—2 小时”; 24.2%的学生“每天上网在 4 小时以上”
玩电脑游戏	60.7%的学生经常玩电脑游戏	62.0%的学生表示周围有同学因沉迷于游戏而影响学习

第五,在通过互联网来实现高校之间的资源共享方面,国内高校所做的工作要落后于美国高校,今后应努力挖掘校园网在优质教育资源交流与共享方面的潜力。研究者认为,信息技术应用的核心就是交流与共享,而资源是共享和发展的基础。高校信息化建设同样也是如此。在传统教育环境下,由于时间和空间的隔离,各高校之间的优质教学资源共享很难实现,或者实现的成本很高,难以广泛应用。而如今,随着校园信息化的发展,各高校的校园网络为实现这种资源共享提供前所未有的条件。如果各高校都能将本校的优秀课程内容放置于校园网上,利用网络来进行学生的校际课程互换选修、学分共认,这不仅可以加强各学校之间的教学交流,同时也可以极大地提高学校的教学质量。从目前国内高校的信息化建设的技术水平来说,完全是能够实现的。

例如,在美国高校中,自 2001 年麻省理工学院开始 OCW 项目以来,随后 30 余所美国高校开始实施开放课件项目,目前有超过 2 000 门课程向全球免费开放；除教学资源以外，美国高校还创建了三十余项开放源代码的教育类软件项目，供全球教育机构免费下载使用。通过上述工作，近年来美国高校掀起了一场声势浩大的“开放教育资源”运动，在世界范围内影响很大。而在国内高校，自从2003年教育部开展“国家精品课程”计划后，全国各地陆续开始实施省市级或学校级的精品课程计划。在过去数年中，虽然有关教育主管部门投入了大量资金、人力和物力实施此项工作，建成了数百门精品课程，并都置于网上供各高校共享。但是，由于这些精品课程的资源都分散于各高校自己的校园网之中，所使用的技术工具和方法各不相同，导致这些网上精品课程资源的共享与利用率很低。因此，建议有关教育管理部门改变原来的精品课程建设模式，首先建设一个基于开源软件的统一的课程管理平台，该平台向全国的高校免费开放。然后，要求全体精品课程负责教师按照统一的格式和要求将各自所负责的课程资源上传至此平台。研究者认为，这种课程资源共享方式要比原来的那种各自为政式的网上课程共享模式效果要好得多。

思考题

1. 试分析中国与美国大学生在信息技术应用方式方面的差异性，你认为，形成这种差异的主要原因是什么？

2. 你所在的学校有BBS网站吗？你认为，BBS对于学生的学习、人际交往等方面具有哪些重要作用？

3. 你使用过某种开放源代码的软件吗？请在网上查找有关开源软件的资料，看一看目前有哪些开源软件可以使用。

动手研究

课程管理系统是目前高校实施网上教学的主要工具。目前国内有许多高校都在使用开源的CMS来进行网络学习（例如北京大学教育学院使用的MOODLE，http://162.105.24.22/elearning/）。同学们若有兴趣的话，请到著名开源课程管理系统MOODLE的项目网站（http://www.moodle.org）下载其最新的汉化版，尝试安装并试用该系统的功能。

参考文献

中文：

[1] 蒋东兴等，大学资源计划的方案研究，清华大学计算机与信息管理中心.

[2] 张瑜等(2005)，“校园网络亚传播圈”现象实证研究，青年研究 2005 年第 1 期.

[3] BBS 发展简史（2004），http://it. icxo. com/htmlnews/2004/08/09/289787. htm(2007－2－6).

[4] 洪秀雄(1995)，试论信息科技快速发展对人际关系的影响，国立中央大学图书馆通讯，第二十三期.

[5] 谭伟（2003），网络舆论概念及特征［J］，湖南社会科学，2003. 5. 188－190.

[6] 陈明，杨国炜，陈樵哥，中国网络舆论现状及舆论引导[J]，瞭望 2005. 1. 11，www. ccmedu. com.

[7] 杨桃源，韩冰洁，苗俊杰(2004)，中国网络舆论问题多多期待理性深入[J]，瞭望，2004. 2. 24.

[8] 肖余恨(2004)，应重视“网络舆论”的合理内核[N]. 中国经济时报，2004. 11. 18.

[9] 章忠信(2003)，从自由软件运动之发展看市场经济的理性抉择，台湾清华大学科技法律研究所 2003 年通信法律环境系列研讨会.

[10] 台湾经济部工业局(2005)，全球自由软件产业发展趋势研究，财团法人信息工业策进会信息市场情报中心(MIC)，2005 年 11 月 30 日.

[11] 教育部、共青团中央关于进一步加强高等学校校园网络管理工作的意见，2004 年 17 号文件.

英文：

[1] Basile and J. M. D’Aquila(2002). “An experimental analysis of computer - mediated instruction and student attitudes in a principles of financial accounting course”, Journal of Education for Business, volume 77, number 3, pp. 137—143.

[2] American Association of Community Colleges(2005), Digital Community Colleges Survey, http://www. centerdigitaled. com/highlightstory. php?

docid=93605(2006—3—28).

[3] A. E. Dunbar(2004), "Genesis of an online course", Issues in Accounting Education, volume 19, number 3, pp. 321—344.

[4] Hesseldahl(2005),"The U. N. Will Not Bridge The Digital Divide", Forbes (25 February), at http://www. forbes. com/window/technology/2005/02/25/cx_ah_0225tentech. html, accessed 24 August 2005.

[5] A. J. Kenny (2005), "Interaction in cyberspace: An online focus group", Journal of Advanced Nursing, volume 49, number 4, pp. 414—423.

[6] Antoinette Crawford and Kimberly Juday(1999),Academic Dishonesty at UNC: A Collaborative Study. Alan Kay quoted in Marc Prensky, Digital Game-Based Learning (New York: McGraw—Hill, 2000), p. 38.

[7] Abel, R J. (2006). Best Practices in Open Source in Higher Education Study The State of Open Source Software. March, 2006. Lake Mary, FL, The Alliance for Higher Education Competitiveness, Inc.

[8] Collis and W. De Boer(2004),"Teachers as learners: Embedded tools for implementing a CMS", Tech Trends, volume 48, number 6, pp. 7—12.

[9] Brad Wheeler(2004), Open Source 2007, how did this happen? EDUCAUSE Review July/August 2004.

[10] Brian L. Hawkins, Julia A. Rudy, and Robert Nicolich(2005), Core Data Service survey: Fiscal Year 2004 Summary Report, http://www. educause. edu/cds(2006—3—28).

[11] Cerri and M. C. B. Barufi(2003). "Differential and integral calculus III through WebCT: Analysis of results", International Journal of Mathematical Education in Science and Technology, volume 34, number 3, pp. 335—342.

[12] Kenneth C. Green (2004), Campus Computing Project, "National Survey of Information Technology in US Higher Education", at http://www. campuscomputing. net/summaries/2004/, accessed 24 August 2005.

[13] Kenneth C. Green (2006), Campus Computing Project, 2006, the 17 National Survey of Information Technology in US Higher Education(印刷版). 2006. 12.

[14] Gerdes and P. Kuhr(2005), "The instructional design portfolio",

BbMatters (22 June), at http://www.bbmatters.net/bbmattersproject/Articles/article_item.asp? SubmitArticleID=137, accessed 24 August 2005.

[15] Hawkins, Brian L. Rudy, Julia A. and Nicolich, Robert(2005). Core Data Service survey: Fiscal Year 2004 Summary Report, September, http://www.educause.edu/cds(2006—3—28).

[16] David HM Spector(2003), Calculating TCO and ROI on open source platforms By , Bittersweet Labs. http://techrepublic.com.com/5100—10877_11—6058525.html? tag=sc#(2006—7—21).

[17] Department of Economic and Social Affairs Division (DESA), UN Global E-government Readiness Report 2005: From E-government to E-inclusion, http://unpan1.un.org/intradoc/groups/public/documents/un/unpan021888.pdf (2006—3—28).

[18] David A. Wheeler (2003). Why Open Source Software / Free Software (OSS/FS)? Look at the Numbers! www.dwheeler.com/oss_fs_why.html(2007—2—14).

[19] David G. Glance, Jeremy Kerr, and Alex Reid(2004), Factors affecting the use of open source software in tertiary education institutions, First Monday, volume 9, number 2 (February 2004), URL: http://firstmonday.org/issues/issue9_2/glance/index.html(2007—2—14).

[20] Distance Education Report(2004). "University collaborative releases free course-management software", Distance Education Report, volume 8, number 15 (1 August), p. 3, and at http://www.magnapubs.com/pub/magnapubs_der/8_15/.

[21] Diana G. Oblinger and James L. Oblinger(2005), Educating the Net Generation Editors, 2005 EDUCAUSE, http://www.educause.edu/educatingthenetgen(2007—2—14).

[22] Edward L. Ayers (2004), THE ACADEMIC CULTURE & THE IT CULTURE: Their Effect on Teaching and Scholarship, EDUCAUSE review November/December 2004.

[23] Educational Marketer, 2003. "Colleges increase use of course management systems, says MDR", Educational Marketer, volume 34, number 8, pp. 4—5.

[24] Edutools (2005), "Course management systems", at http://www.edutools. info/course/(accessed 10 May 2005).

[25] Electronic Education Report(2003),"Interest growing in open-source distance learning platform Moodle", Electronic Education Report, volume 10, number 23, pp. 7—8.

[26] Graham B. Spanier(2003), Testimony Before The Subcommittee On Courts, The Internet, And Intellectual Property, Committee On The Judiciary, United Stated House Of Representatives, February 26, 2003, http://www. aau. edu/intellect/SpanierTest. pdf(Oct. 25,2003).

[27] Glenda Morgan(2003),Faculty Use of Course Management Systems, Volume 2, 2003, University of Wisconsin System, Research Study from the EDUCAUSE Center for Applied Research,http://www. aducause. edu(2006—4—1).

[28] Robert B. Kvavik (2005), ECAR study of students and information technology, 2005: convenience, connection, control, and learning, Research study from the EDUCAUSE Center for Applied Research, Volume 6, 2005. http://www. educause. edu/ir/library/pdf/ers0506/rs/ers0506w. pdf (2007—2—5).

[29] Robert B. Kvavik(2005), ECAR study of students and information technology, 2005: convenience, connection, control, and learning, Research study from the EDUCAUSE Center for Applied Research, Volume 6, 2005.

[30] Terry Anderson and Heather Kanuka (2003), e-Research: Methods, Strategies, and Issues,2003, http://www. e-research. ca/content/prummer. html(browsed on 2006—4—6).

[31] J. M. Angelo (2004), "New lessons in course management," University Business (September), at http://www. universitybusiness. com/page. cfm? p=616, accessed 24 August 2005.

[32] Georgia Institute of Technology, n. d. "Global classroom project description", at http://www. lcc. gatech. edu/~herrington/gcpdescription/gcpdesc. html(accessed 24 August 2005).

[33] P. Jacobsen(2002), "LMS vs. LCMS", E-learning (June), pp. 3, 6, 54.

[34] Kaiser Family Foundation (2005), "Generation M: Media in the lives of 8—18 year-olds", at http://www. kff. org/entmedia/entmedia030905pkg. cfm, accessed 24 August 2005.

[35] R. N. Katz(2003), "Balancing technology and tradition: The example of course management systems", EDUCAUSE Review, volume 38, number 4 (July/August), pp. 48—59.

[36] T. A. Koszalka and R. Ganesan(2004), "Designing online courses: A taxonomy to guide strategic use of features available in course management systems (CMS) in distance education", Distance Education, volume 25, number 2, pp. 243—257.

[37] J. LeBaron, J. Pulkkinen, and P. Scollin (2000), "Promoting cross-border communication in an international Web-based graduate course", Interactive Multimedia Electronic Journal of Computer-Enhanced Learning, volume 2, number 2 (October), at http://imej. wfu. edu/articles/2000/2/01/index. asp (accessed 24 August 2005).

[38] H. F. Linck(2004), "The virtual academy: Assuring online teaching success", Community College Journal of Research and Practice, volume 28, number 1, pp. 49—51.

[39] Morgan (2003), "Faculty use of course management systems", EDUCAUSE Center for Applied Research, at http://www. educause. edu/ir/library/pdf/ERS0302/ekf0302. pdf, accessed 24 August 2005.

[40] National Education Association (2000), "A survey of traditional and distance learning higher education members", at http://www2. nea. org/he/abouthe/dlstudy. pdf, accessed 24 August 2005.

[41] K. Oakes(2002), "LCMS, LMS - "They're not just acronyms but powerful systems for learning, T + D, volume 56, number 3 (March), pp. 73—75.

[42] R. L. Oliver and E. P. Sautter(2005), "Using course management systems to enhance the value of student evaluations of teaching", Journal of Education for Business, volume 80, number 4 (March-April), pp. 231—234.

[43] PR Newswire(2004), "Blackboard course cartridge catalog grows to more than 3,500 course offerings", (16 December); and at http://investor.

blackboard. com/ phoenis. zhtml? c=177018 & p=irol-newsArticle & ID=655315 & high light=(accessed 24 August 2005).

[44] Sloan Consortium (2004), "Sizing the opportunity: The quality and extent of online education in the United States, 2002 and 2003", at http://www. sloan-c. org/resources/survey. asp, (accessed 24 August 2005).

[45] J. R. Young (2004), "Sakai Project offers an alternative to commercial/course-management programs", Chronicle of Higher Education, volume 51, number 5 (24 September), pp. B12—B15.

[46] Scott Carlson (2005), The Net Generation Goes to College, October 7, 2005, http://chronicle. com Section: Information Technology Volume 52, Issue 7, Page A34.

[47] Susan C. Herring(1996), Computer-Mediated Communication: Linguistic, Social, and Cross-Cultural Perspectives (Amsterdam; Philadelphia: J. Benjamins, 1996): 1.

[48] The Development of Open Source Software and its Potential Implications for Higher Education Background Paper Prepared for a Meeting Sponsored by the Mellon and Hewlett Foundations October 6, 2005.

附录 A：发放大学生问卷的各高校 BBS 网站名单

地理区域	学校名称	BBS 名称
华北地区（共 12 所高校）	1. 清华大学	水木清华
	2. 北京大学	北大未名
	3. 中国人民大学	天地人大
	4. 北京航空航天大学	未来花园
	5. 北京工业大学	知新园
	6. 北京电影学院	金字塔
	7. 中国农业大学	五色土
	8. 对外经贸大学	小天鹅
	9. 天津大学	天大求实
	10. 华北水利大学	白鹭论坛
	11. 河北大学	燕赵 BBS
	12. 山西大学	亦狐
东北地区（2 所高校）	13. 哈尔滨工业大学	紫丁香
	14. 东北大学	白山黑水
华东地区（共 13 所高校）	15. 南京大学	小百合
	16. 南京邮电大学	紫金飞鸿
	17. 东南大学	虎踞龙蟠
	18. 同济大学	同舟共济
	19. 南京理工大学	星海之舟
	20. 浙江大学	海纳百川

续 表

地理区域	学校名称	BBS 名称
华东地区(共 13 所高校)	21. 河海大学	水上明珠
	22. 福州大学	庭芳苑
	23. 复旦大学	日月光华
	24. 厦门大学	鼓浪听涛
	25. 上海交通大学	饮水思源
	26. 中国科技大学	瀚海星云
	27. 山东大学	泉韵心声
华南地区(共 7 所高校)	28. 华南农大	采菊东篱
	29. 汕头大学	郁金香
	30. 广西师大	烟雨漓江
	31. 中山大学	逸仙时空
	32. 广东外语外贸大学	白云
	33. 广西大学	雨无声
	34. 暨南大学	暨南园
华中地区(共 3 所高校)	35. 华中科大	白云黄鹤
	36. 武汉大学	珞珈山水
	37. 中南大学	云麓园
西南地区(共 5 所高校)	38. 四川大学	蓝色星空
	39. 电子科技大学	一网深情
	40. 西南交大	锦城驿站
	41. 云南大学	滇池湖畔
	42. 昆明理工大学	红土高原
西北地区(共 3 所高校)	43. 西安交大	兵马俑
	44. 西安电子科大	雁塔晨钟
	45. 兰州大学	新人类

附录B:凯伯莉·杨设计的网络成瘾量表

这份评量表是由美国匹兹堡大学凯伯莉·杨教授(Kimberly S. Young)设计的评量问卷,用于测量个体是否有了网络成瘾的倾向。

网络成瘾倾向量表	基本不会 1	偶尔 2	经常 3	几乎常常 4	总是如此 5
你是否发现上网时间超过原先的计划时间?					
你是否会不顾该做的事而都将时间用来上网?					
你是否会觉得上网的兴奋感更胜于对伴侣之间的亲密感?					
你是否会在网络上结交朋友?					
你是否会因为上网耗费过多时间而受他人抱怨?					
你是否会因为上网耗费时间而产生课业或工作上的困扰?					
你是否会不由自主地检查电子邮件信箱?					
你是否会因为上网而使得工作表现或成绩不理想?					
当有人问你在网上做什么的时候,你会有所防卫或隐瞒吗?					
你是否会因为现实生活纷扰不安而在上网后得到慰藉?					
再次上网之前你会迫不及待地提前上网吗?					
你是否会觉得少了网络而认为人生无趣?					
若有人在你上网时打扰你,你会感到很恼火吗?					
你是否会因为上网而牺牲晚上睡眠时间吗?					
你是否在离线时对网络念念不忘,或是一上网便充满遐思?					

续 表

网络成瘾倾向量表	基本不会 1	偶尔 2	经常 3	几乎常常 4	总是如此 5
当你上网后会常常说"能再上几分钟就好了"这句话吗?					
你是否有尝试减少上网时间但失败的经验?					
你是否会试图隐瞒自己的上网时数?					
你是否会选择把时间花在网络上而不想与他人出去散步?					
你是否会因为没上网而心情抑郁、易怒和心神不定,而一上网就精神焕发?					

计分方式:

将每题的分数相加。计分方式为:"基本不会"1 分,"偶尔"2 分,"经常"3 分、"几乎常常"4 分、"总是如此"5 分。所得的总分就是"网络上瘾指数"。

结果分析:

1. 正常级(20—49 分)你是属于正常的上网行为,虽然有时候你会多花了些时间在网络上消磨,但尚有自我控制的能力;

2. 预警级(50—79 分)你正遭遇到因网络而引起的问题,虽然并非到了积重难返的地步,还是应该正视网络带给你人生的冲击。最好要有警觉,并改变上网习惯;

3. 危险级(80—100 分)你的网络使用情形已引起生活上的严重问题,你应该评估网络带来的重大人生影响,并且找出依赖网络的问题根源。建议你赶快找专业的心理咨询人员。

附录C：陈淑惠设计的中文网络成瘾量表

台湾学者陈淑惠(2003)编制的“中文网络成瘾量表”(Chinese Internet AddictionScale,CIAS-R)。

中文网络成瘾量表	极不符合 1	不符合 2	符合 3	非常符合 4
曾不止一次有人告诉我，我花了太多时间在网络上。				
我只要有一段时间没有上网，就会觉得心里不舒服。				
最近我发现自己每次上网的时间比以前增加。				
网络断线或接不上时，我觉得自己坐立不安。				
不管再累，上网时总觉得很有精神。				
其实我每次都只想上网待一下子，但常常一待就待很久不下来。				
我曾不止一次因为上网的关系而睡眠不足。				
最近我每周上网的时间比以前增加许多。				
我只要有一段时间没有上网就会情绪低落。				
我不能控制自己上网的冲动。				
发现自己投入在网络上而减少和身边朋友的互动。				
我曾因上网而腰酸背痛，或有其他身体不适。				
我每天早上醒来，第一件想到的事就是上网。				
上网对我的学业已造成一些不好的影响。				
我只要有一段时间没有上网，就会觉得自己好像错过什么。				

续 表

中文网络成瘾量表	极不符合 1	不符合 2	符合 3	非常符合 4
因为上网的关系，我和家人的互动减少了。				
因为上网的关系，我平常休闲活动的时间减少了。				
我每次下网后，其实是要去做别的事，却又忍不住再次上网看看。				
上网对我的身体健康造成不好的影响。				
我曾试过想花较少的时间在网络上，却无法做到。				
我会减少睡眠时间，以便能有更多时间上网。				
比起以前，我会花更多的时间上网才能感到满足。				
我曾因为上网而没有按时进食。				
我会因为熬夜上网而导致白天精神不济。				
没有网络，我的生活就毫无乐趣可言。				
虽然上网对我的日常人际关系造成负面影响，我仍未减少上网。				

中文网络成瘾量表共26题，内容包含5个因素："强迫性上网行为"5题、"网络戒断与退瘾反应"5题，"网络成瘾耐受性反应"4题、"时间管理问题"5题、"人际及健康问题"7题。

计分方式：

"极不符合"得1分、"不符合"2分、"符合"3分、"非常符合"4分。总分即代表个人网络的成瘾程度，总分高表示网络成瘾的程度高。

总分及分量表的分数介于Mean ±1SD之间范围者，可视为一般性，若大于Mean +1SD可视为轻度成瘾倾向，如果大于Mean + 2SD可视为高危险群。同时以四点量表记分来看，各分量表平均未超过平均值2.5者为一般值，3分以上为高危险群。

附录 D:本书图索引

图索引:

附录 E:本书表索引

fu · lu